Les régions du guide :
(voir la carte à l'intérieur de la couverture ci-contre)

Belgique

Luxembourg

elgique Luxembourg

Le Guide Vert, mode d'emploi : un guide en 3 parties

Organiser son voyage :

- Avant de partir.
- À faire sur place de A à Z.
- Des activités pour tous.
- Un agenda des événements.

Comprendre la destination :

- La destination aujourd'hui.
- Histoire.
- Art et culture.
- Gastronomie.
- Nature...

Découvrir la destination :

- Notre sélection de sites.
- Des circuits conseillés.
- Des cartes.
- Notre sélection d'adresses pour tous les budgets.

En fin de guide :
l'explication des symboles et la table des cartes et plans

Le Guide Vert : découvrir la destination

[1]

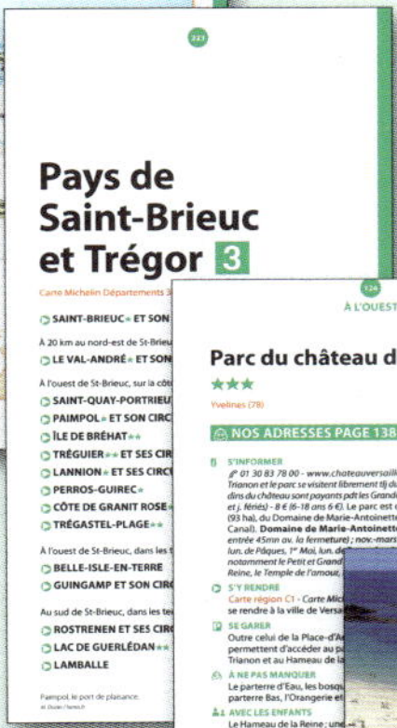

[2]

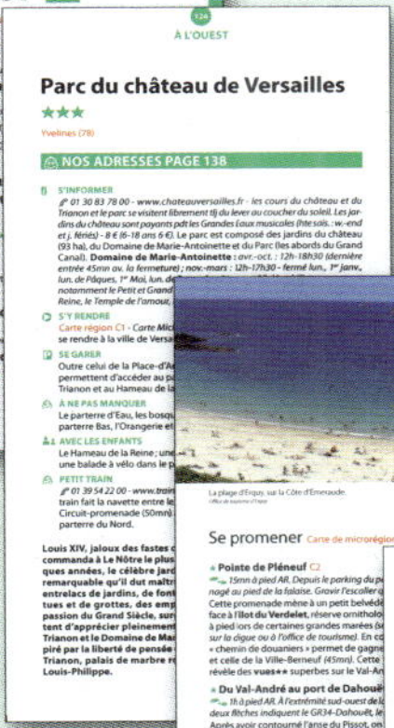

[3]

[4]

[5]

[6]

Un chapitre = une zone géographique

[1] Une carte de présentation de la région.

[2] Le sommaire de la région traitée.

[3] La description des sites.

Pour chaque chapitre

[4] La description des circuits conseillés.

[5] Nos adresses classées par catégories de prix.

[6] Des pages thématiques pour en savoir plus.

Retrouvez-nous sur : ***Voyage.ViaMichelin.fr***

Sommaire Belgique

1/ ORGANISER SON VOYAGE

ALLER EN BELGIQUE

AVANT DE PARTIR

SUR PLACE DE A À Z

MÉMO

2/ COMPRENDRE LA BELGIQUE

LA BELGIQUE AUJOURD'HUI

ARTS ET TRADITIONS POPULAIRES

GASTRONOMIE

CULTURE

PAYSAGES ET RÉGIONS

ART ET ARCHITECTURE

HISTOIRE

3/ DÉCOUVRIR LA BELGIQUE

1 BRUXELLES ET SES ENVIRONS

2 LA FLANDRE OCCIDENTALE

3 LA FLANDRE ORIENTALE

4 LA PROVINCE D'ANVERS

5 LE LIMBOURG

6 LE BRABANT FLAMAND

7 LE HAINAUT

8 LA PROVINCE DE NAMUR

9 LA PROVINCE DE LIÈGE

10 LE BRABANT WALLON

11 LA PROVINCE DE LUXEMBOURG

Sommaire Luxembourg

1/ ORGANISER SON VOYAGE

ALLER AU LUXEMBOURG

AVANT DE PARTIR

SUR PLACE DE A À Z

MÉMO

2/ COMPRENDRE LE GRAND-DUCHÉ DE LUXEMBOURG

LE LUXEMBOURG AUJOURD'HUI

GASTRONOMIE

HISTOIRE

ARCHITECTURE

LES PERSONNALITÉS LUXEMBOURGEOISES

3/ DÉCOUVRIR LE GRAND-DUCHÉ DE LUXEMBOURG

1 LE GRAND-DUCHÉ DE LUXEMBOURG

1/ ORGANISER SON VOYAGE EN BELGIQUE

M. Barraud/Ojo Images/Photononstop

Aller en Belgique

Par la route

La Belgique est située au cœur de l'Europe et dispose d'excellentes connexions avec les pays environnants via un réseau national et international d'autoroutes.

AUTOUROUTES

L'autoroute E 40 traverse le pays de Bruges à Liège en passant par Gand et Bruxelles. L'E 17 relie Anvers à Gand et Courtrai. L'E 411 va de Namur à Arlon selon un axe sud-est et se prolonge dans l'A 6 jusqu'à Luxembourg. L'E 25 relie Liège à Arlon. L'E 19 relie Anvers à Mons au sud, en passant par Bruxelles.

INFORMATIONS SUPPLÉMENTAIRES

Le site **www.viamichelin.fr** offre une multitude de services et d'informations pratiques : calcul d'itinéraires, cartes du pays, plans de villes, sélection d'établissements du *Guide Michelin Hôtels et Restaurants*.
Pour définir l'itinéraire entre votre point de départ en France et votre destination en Belgique, consultez également les **cartes Michelin** n°s 721 France et 716 Belgique.

En train

Au départ de la gare du Nord de Paris, le **Thalys** (TGV) relie plusieurs fois par jour la gare du Midi de Bruxelles. Le trajet dure environ 1h20. Le Thalys dessert aussi Anvers, Bruges, Charleroi, Gand, Liège, Mons, Namur et Ostende. Rens. : www.thalys.com.

La plupart des grandes villes françaises sont également reliées directement à Bruxelles : Lille (35mn de trajet), Lyon (3h40), Strasbourg (4h40), Marseille (5h), Bordeaux (5h45), Perpignan (7h30), Nice (8h).
Si vous venez de Luxembourg, comptez 3h de trajet jusqu'à Bruxelles.
Le **train Vauban** relie Bruxelles à Luxembourg, Metz et Strasbourg.
À partir de la gare du Midi, possibilité de prolonger votre parcours belge pour quelques euros grâce au billet « Toute gare belge ».
De **Bruxelles-Midi**, Bruges (2 ou 3 fois par heure en 1h), Ostende et Knokke (une fois par heure en 1h20 et 1h30) sont rapidement atteints.
Sachez que le week-end, à partir de Bruxelles, les billets aller-retour offrent d'importantes réductions.
Pour obtenir des réductions, renseignez-vous auprès de la SNCF en France et la SNCB en Belgique.
SNCF – ✆ 3635 (0,34 €/mn depuis la France) - www.voyages-sncf.com.
SNCB – ✆ 070 79 79 79 (0,30 €/mn) - www.b-rail.be. Liaisons internationales.

En car

La compagnie Eurolines assure plusieurs liaisons journalières de Paris vers Bruxelles-Midi et Gand (à partir de 10 € l'aller, en réservant longtemps à l'avance).
Eurolines – 28 av. du Général-de-Gaulle, BP 313, 93541 Bagnolet Cedex - ✆ 0 892 89 90 91 (0,34 €/mn depuis la France) ou 01 41 86 24 21 (si vous appelez de l'étranger) - www.eurolines.fr.

En avion

La plupart des compagnies aériennes desservent l'aéroport de Bruxelles-National, situé à Zaventem (14 km au nord de Bruxelles).

Brussels Airport – ✆ 0900 70 000 (0,50 €/mn depuis la Belgique) ou 0032 2 753 77 53 (depuis un poste fixe à l'étranger) - www.brusselsairport.be.

Certains vols low-cost et charters atterrissent à Charleroi (46 km au sud de Bruxelles).

Charleroi Bruxelles-Sud – ✆ 0902 02 490 (depuis la Belgique) ou 0032 7 815 27 22 (depuis un poste fixe à l'étranger) - www.charleroi-airport.com.

COMPAGNIES RÉGULIÈRES

Air France – En France : ✆ 3654 (0,34 €/mn) ; en Belgique : ✆ 070 22 24 66 - www.airfrance.com. La compagnie effectue des liaisons entre Bruxelles et Paris, Lyon, Marseille, Lille, Bordeaux, Montpellier, Nantes, Nice, Toulouse et Perpignan.

Brussels Airlines – En Belgique : ✆ 0902 51 600 (0,750 €/mn) ; en France : ✆ 0892 64 00 30 (0,337 €/mn) - www.brusselsairlines.com. La compagnie dessert à partir de Bruxelles-National les aéroports de Lyon, Marseille, Nice, Paris, Strasbourg et Toulouse.

Swiss International Air Lines – En Suisse : ✆ 848 700 700 ; en France : ✆ 0 892 232 501 ; en Belgique : ✆ 078 15 53 19 - www.swiss.com. La compagnie dessert Bruxelles-National à partir de Zurich, Genève et Bâle-Mulhouse.

COMPAGNIES LOW-COST

Elles permettent de réaliser des économies à condition de réserver très tôt vos billets. Ce marché étant très changeant, des dessertes apparaissent (et disparaissent) constamment. Les billets ne se réservent que par Internet et il convient de bien vérifier toutes les conditions d'achat.

Jetairfly – www.jetairfly.com. La compagnie relie les deux aéroports de Bruxelles (Bruxelles-National et Charleroi) à Nice, Toulon, Lourdes et la Corse.

Easy Jet – www.easyjet.com. La compagnie relie Bruxelles-National à Lyon, Nice, Toulouse et Genève.

Ryanair – www.ryanair.com. La compagnie relie Charleroi Bruxelles-Sud à Marseille, Bordeaux, Biarritz, Montpellier, Bergerac, Carcassonne, Nîmes, Perpignan, Rodez, La Rochelle et Figari. Certaines dessertes sont saisonnières.

Comparateurs de prix – www.easyvols.fr, www.opodo.fr, www.ebookers.com, www.last minute.com, www.govoyages.fr, www.jetcost.com. Ces sites comparent des tarifs négociés et vous permettent de réserver en ligne.

Avant de partir

Fiche d'identité

Superficie : 30 528 km^2.
Villes principales (chiffres 2012) :
Bruxelles (1 124 497 habitants),
Anvers (493 920 habitants),
Gand (248 285 habitants),
Charleroi (202 981 habitants),
Liège (195 076 habitants),
Bruges (116 342 habitants),
Namur (109 686 habitants),
Louvain (97 756 habitants),
Mons (91 930 habitants).
Population :
10 989 474 habitants (urbanisés à 97 %), dont 1 119 256 étrangers (117 000 Français, 2e communauté après les Italiens).
Capitale : Bruxelles
Langues officielles : français, néerlandais et allemand.
Régime politique : monarchie constitutionnelle, parlementaire et fédérale.

Météo

LES PAYS AU FIL DES SAISONS

Les meilleurs moments pour partir sont les mois de juin, juillet, août et septembre quand il fait doux. Pour les inconditionnels de la plage – en l'occurrence, celle qui longe la mer du Nord de La Panne à Knokke – juillet et août sont les meilleurs moments. Mais ce sont également les vacances d'été et il est alors difficile de se loger. Prenez donc soin de réserver vos billets d'avion ou de train ainsi que les hôtels longtemps à l'avance.

Au printemps et en automne, les forêts d'Ardenne prennent des couleurs magnifiques. C'est la période des randonnées dans les vallées de la Semois et de la Meuse, parsemées de petits villages de charme, de châteaux et d'abbayes. L'hiver est la période par excellence pour découvrir les villes d'art : Bruxelles, Anvers, Gand, Bruges…

Adresses utiles

EN CAS DE PROBLÈME

Police fédérale – ✆ 101.
Service d'incendie et service de secours médical – ✆ 100.

OFFICES DE TOURISME

En France
Office belge du tourisme Wallonie-Bruxelles – 274 bd St-Germain, 75007 Paris - ✆ 01 53 85 05 20 - www.belgique-tourisme.fr et www.opt.be. Informations par correspondance ou téléchargement. Sites Internet bien faits.
Offices du tourisme de Flandre et Bruxelles – BP 143, 75363 Paris Cedex 08 - ✆ 01 56 89 14 42 - www.tourismebelgique.com - lun.-vend. 9h30-17h. Informations uniquement par téléphone ou envoi postal et brochures téléchargeables.

En Belgique
Toerisme Vlaanderen – R. du Marché-aux-Herbes 61, 1000 Bruxelles - ✆ 02 504 03 90 - www.toerismevlaanderen.be - 9h-17h.
Info Tourisme Wallonie-Bruxelles – R. St-Bernard 30, 1060 Bruxelles - ✆ 02 504 02 00 - www.opt.be.

FÉDÉRATIONS TOURISTIQUES DES PROVINCES BELGES

En Belgique, les offices de tourisme et syndicats d'initiative sont signalés par « i » (information). En néerlandais, ils sont nommés « Dienst voor Toerisme » ou « VVV » (« Vereniging voor Vreemdelingen Verkeer »).

En Belgique

Anvers - Toerisme Provincie Antwerpen – Koningin Elisabethlei 16, 2018 Anvers - ✆ 03 240 63 73 - www.tpa.be.

Brabant flamand - Toerisme Vlaams-Brabant – Provincieplein 1, 3010 Louvain - ✆ 016 26 76 20 - www.toerismevlaamsbrabant.be.

Brabant wallon - Fédération touristique du Brabant wallon – Parc des Collines, bât. Galilée, chaussée des Collines 54, 1300 Wavre - ✆ 010 23 63 31 - www.brabantwallon.be.

Flandre occidentale - West-Vlaanderen, Westtoer – Kasteel Tillegem , 8200 St-Michiels (Bruges) - ✆ 050 30 55 00 - www.westtoer.be.

Flandre orientale - Toerisme Oost-Vlaanderen – St-Niklaasstraat 2, 9000 Gand - ✆ 09 269 26 00 - www.tov.be.

Hainaut - Fédération du tourisme de la province de Hainaut – R. des Clercs 31, 7000 Mons - ✆ 065 36 04 64 - www.hainauttourisme.be.

Liège - Fédération du tourisme de la province de Liège – Bd de la Sauvenière 77, 4000 Liège - ✆ 04 237 95 30 - www.ftpl.be.

Limbourg - Toerisme Limburg – Universiteitslaan 3, 3500 Hasselt - ✆ 011 30 55 00 - www.toerismelimburg.be.

Luxembourg - Fédération touristique du Luxembourg belge – Quai de l'Ourthe 9, 6980 La Roche-en-Ardenne - ✆ 084 41 10 11 - www.ftlb.be.

Namur - Fédération du tourisme de la province de Namur – Av. Reine-Astrid 22, BP 2, 5000 Namur - ✆ 081 77 67 57 - www.ftpn.be.

Formalités

DOCUMENTS IMPORTANTS

Papiers d'identité

Pour un voyage de moins de trois mois, il suffit aux citoyens de l'Union européenne d'être en possession d'un passeport en cours de validité ou d'une carte d'identité. Les enfants mineurs voyageant seuls doivent être en possession de leur passeport ou carte d'identité ainsi que d'une autorisation de sortie signée par les parents, délivrée par le commissariat de police.

Pour le véhicule

Permis de conduire national ou international. Les automobilistes doivent détenir une attestation d'assurance valable (carte verte) et un certificat d'immatriculation.

DOUANES

En vertu de l'accord de Schengen, aucun contrôle n'est effectué lors du passage de la frontière avec l'un des États de l'Union européenne. Si vous arrivez d'un pays hors U.E., vous devez passer la douane et déclarer les marchandises que vous apportez.

ANIMAUX DOMESTIQUES

Tout animal domestique voyageant dans l'Union européenne avec son propriétaire devra être identifié, vacciné contre la rage et être en possession d'un passeport européen fourni et rempli par un vétérinaire (www.agriculture.gouv.fr).

SANTÉ

Afin de profiter de la prise en charge de leurs frais médicaux, les citoyens de l'UE et de la Suisse doivent

demander la carte européenne d'assurance maladie (valable un an). Les Français doivent s'adresser auprès de leur caisse d'assurance maladie ou sur www.ameli.fr, au moins 15 jours avant le départ.
Centre des liaisons européennes et internationales de Sécurité Sociale – 11 r. de la Tour-des-Dames, 75436 Paris Cedex 09 - ✆ 01 45 26 33 41 - www.cleiss.fr.
Les voyageurs qui prennent régulièrement des médicaments peuvent demander un passeport médical à leur médecin traitant, lequel mentionne les informations concernant la maladie et les médicaments nécessaires. Informez-vous à temps auprès de votre mutuelle ou de votre compagnie d'assurance privée sur les modalités de fonctionnement si vous deviez avoir besoin d'une assistance médicale et/ou de médicaments au cours de votre séjour.

Urgences

Voir « En cas de problème » p. 12 et « Assistance » p. 19.

Pharmacies

Les pharmacies (*apotheken* en néerlandais) sont le plus souvent ouvertes de 8h30 à 18h30. Lorsqu'une pharmacie est fermée, les noms et adresses des pharmacies de garde à proximité sont affichés.

Téléphoner en Belgique

Pour téléphoner vers la Belgique, composez le 0032 + l'indicatif de la zone sans le 0 + le numéro. Pour téléphoner de la Belgique vers la France, composez le 0033 + l'indicatif de la zone sans le 0 + le numéro.
Voir aussi « Téléphone » p. 19.

Se loger

Nous vous conseillons vivement d'effectuer vos réservations longtemps à l'avance, notamment lors d'un week-end si vous devez vous rendre dans une ville d'art ou lorsqu'une fête a lieu dans la localité. Sachez que de nombreux établissements pratiquent des tarifs intéressants ou proposent des forfaits économiques pour des week-ends ou des séjours prolongés.

NOTRE SÉLECTION

Les établissements sont classés par catégories de prix *(voir tableau ci-dessous)*. Tous les tarifs indiqués dans la partie « Découvrir » correspondent au **prix d'une chambre double en haute saison**.
Retrouvez notre sélection dans « Nos adresses à » de la partie « Découvrir la Belgique ».

LES TYPES D'HÉBERGEMENT

Hôtels

Le petit-déjeuner est généralement compris, mais il arrive que les petits établissements ne pratiquent pas cette formule. Dans ce cas, le prix du petit-déjeuner est indiqué après celui des chambres.
Pour des séjours courts dans les grandes villes, consulter une agence de voyages pour obtenir un forfait train + hôtel, ou avion + hôtel.

NOS CATÉGORIES DE PRIX

	Hébergement	Restauration
Premier prix	moins de 65 €	moins de 15 €
Budget moyen	de 65 € à 120 €	de 15 € à 25 €
Pour se faire plaisir	de 120 € à 180 €	de 25 € à 40 €
Une folie	plus de 180 €	plus de 40 €

Chambres d'hôtes

Vous êtes reçu directement par les habitants qui vous ouvrent leur maison. Sachez qu'une durée minimum de séjour est souvent demandée, et que les cartes de crédit sont rarement acceptées. Cependant, les chambres d'hôtes vous offrent une ambiance plus intime et plus familiale qu'un hôtel, à des prix compétitifs. Pour plus de renseignements, vous pouvez contacter les centrales suivantes :

Taxistop – ✆ 070 22 22 92 - www.taxistop.be.

Bed & Brussels – ✆ 02 646 07 37 - www.bnb-brussels.be.

Campings

La Belgique possède plus de 500 terrains aménagés répartis en 4 catégories. Ils sont très chargés en juillet et août. Les campings permettent de se loger, pour un prix abordable, dans un cadre souvent verdoyant. Ils disposent généralement d'un restaurant, d'un bar et d'un petit magasin d'alimentation, et parfois même d'une piscine. Certains mettent à disposition des bungalows ou des mobile homes d'un confort moins spartiate. Le camping sauvage, c'est-à-dire en dehors des terrains officiels, est interdit.

Fédération internationale de Camping et de Caravaning – R. des Colonies 18-24, boîte 9, 1000 Bruxelles - ✆ 02 513 87 82 - www.ficc.org.

Auberges de jeunesse

Elles sont réservées aux membres. La carte peut être facilement obtenue auprès de n'importe quelle auberge affiliée à la Fédération. Elle est valable un an. Les auberges de jeunesse sont accessibles aux voyageurs individuels, aux familles et aux groupes.
Il n'existe pas de limite d'âge.

Auberges de jeunesse – R. de la Sablonnière 28, 1000 Bruxelles - ✆ 02 219 56 76 - www.laj.be.

Vlaamse Jeugdherbergcentrale – Beatrijslaan 72, 2050 Antwerpen - ✆ 03 232 72 18 - www.vjh.be.

Hébergement rural

Vous obtiendrez aux adresses suivantes des informations sur les différentes formules de séjour à la campagne (tourisme à la ferme, gîtes ruraux, chambres d'hôtes, campings).

Accueil champêtre en Wallonie – Chaussée de Namur 47, 5030 Gembloux - ✆ 081 62 74 58 - www.accueilchampetre.be. Vacances à la campagne et à la ferme.

Fédération des gîtes de Wallonie – Av. Prince-de-Liège 1-21, 5100 Jambes (Namur) - ✆ 081 31 18 00 - www.gitesdewallonie.net.

Vlaamse Federatie voor Hoeve- en Plattelandstoerisme – Diestsevest 40, 3000 Leuven - ✆ 016 28 60 35 - www.hoeve toerisme.be.

Se restaurer

Pour répondre à toutes les envies, nous avons sélectionné des restaurants typiques, mais aussi classiques ou exotiques. Et des lieux plus simples, où vous pouvez grignoter une salade composée, une tarte salée, une pâtisserie ou déguster des produits régionaux sur le pouce.

NOTRE SÉLECTION

Les gammes de prix indiqués sont calculées sur la base d'**une entrée-plat** ou d'**un plat-dessert**, sans les boissons. Les restaurants sélectionnés sont classés selon quatre types de budget *(voir tableau ci-contre)*.

Retrouvez notre sélection dans « Nos adresses à » de la partie « Découvrir la Belgique ».

... Et aussi

Si vous n'avez pas trouvé votre bonheur parmi toutes nos adresses, vous pouvez consulter *Le Guide Michelin Belgique-Luxembourg Hôtels & Restaurants*. Pour chaque établissement, le niveau de confort et de prix est indiqué, outre de nombreux renseignements pratiques.

Sur place de A à Z

ACHATS

Dans les grandes villes, la plupart des magasins restent également ouverts pendant la pause déjeuner. Les autres sont ouverts de 9h à 12h(30) et de 14h à 18h(30). Ils sont le plus souvent fermés le dimanche. Les boulangeries artisanales sont ouvertes le dimanche matin.
Voir aussi « Souvenirs » p. 18.

AMBASSADES ET CONSULATS

Ambassade de France – R. Ducale 65, 1000 Bruxelles - ✆ 02 548 87 11 - www.ambafrance-be.org.
Consulat général de France – Bd du Régent 42, 1000 Bruxelles - ✆ 02 548 88 11/12 - www.consulfrance-bruxelles.org.
Ambassade du Luxembourg – Av. de Cortenbergh 75, 1000 Bruxelles - ✆ 02 737 57 00 - http://bruxelles.mae.lu.
Ambassade de Suisse – R. de la Loi 26, 1040 Bruxelles - ✆ 02 285 43 50 - www.eda.admin.ch.

ARGENT

L'euro est la monnaie officielle.

Banques

Les banques sont généralement ouvertes de 9h à 12h30 et de 14h à 15h30 (vendredi 16h ou 19h à proximité des grands centres commerciaux) ; centre-ville : de 9h à 15h30 ; certaines agences bancaires sont ouvertes le samedi matin. BNP Paribas Fortis, Belfius, KBC et ING sont les principales enseignes locales.

Cartes de crédit

Les principales cartes de crédit internationales (Mastercard, Visa, Eurocard, American Express, Diners Club) sont acceptées dans presque tous les commerces, hôtels et restaurants. La délivrance de billets dans les distributeurs automatiques (nombreux dans les grandes villes) se fait par le système Bancontact qui exige de taper son code personnel.

Chèques de voyage

Peu employés, ils peuvent être changés dans les banques et les bureaux de change.

HANDICAP

Un certain nombre de lieux décrits dans le guide sont accessibles aux handicapés et signalés par le signe ♿. Consultez les sites www.museumsite.be, www.toevla.be et www.bruxellespourtous.be (pour Bruxelles seulement).

INTERNET

Si les cafés Internet sont rares, les zones Wi-Fi, bien indiquées, se généralisent dans les cafés et les hôtels (notamment dans les grandes villes).

JOURS FÉRIÉS

Sont fériés en **Belgique** : 1er janvier, dimanche et lundi de Pâques (avr.), 1er Mai (fête du Travail), Ascension, dimanche et lundi de Pentecôte, 21 juillet (fête nationale), 15 août (Assomption), 1er novembre (Toussaint), 11 novembre (Armistice) et 25 décembre (Noël). Certaines fêtes locales peuvent entraîner la fermeture des services publics (fête de la Communauté flamande : 11 juillet ; fête de la Communauté française : 27 septembre).

Cartes et Guides MICHELIN :
pour un voyage réussi !
QUEL ITINÉRAIRE ?
OÙ DORMIR ?
OÙ DÎNER ?
QUE VISITER ?
À QUEL PRIX ?
BOURGOGNE
France
France
MICHELIN
www.michelin-boutique.com
www.voyage.viamichelin.fr
MICHELIN
FRANCE 2013
CRÈTE
DORMEZ INSOLITE
FLORENCE
MICHELIN
Une meilleure façon d'avancer

LANGUES

La Belgique parle trois langues : le français, le néerlandais et l'allemand. Le premier est parlé en Wallonie, le second en Flandre et le dernier dans la région d'Eupen. Mais il existe aussi un grand nombre de dialectes qui diffèrent non seulement du néerlandais des Pays-Bas (prononciation, vocabulaire…) mais aussi du flamand de la ville voisine… Ainsi, on ne parle pas de la même manière à Bruges, Louvain ou Anvers. Le français est compris et parlé par de nombreux Flamands. En vous introduisant en flamand (apprendre à dire « bonjour » n'est pas si compliqué) et en précisant que vous êtes français et non belge…, cela peut faciliter les contacts.

Voir aussi p. 28 et le lexique p. 638.

MUSÉES ET MONUMENTS

La plupart des musées ferment leur billetterie une demi-heure ou une heure avant la fermeture même. En général, les musées sont ouverts du mardi au dimanche de 9h30 ou 10h à 17h. Les sacs doivent souvent être déposés au vestiaire. L'usage du flash est généralement interdit.

PARC ET RÉSERVES NATURELLES

Il s'agit de territoires strictement protégés par les régions ou gérés par des associations privées comme Natagora (Wallonie et Bruxelles) et Natuurpunt (Flandre). Quelques-unes de ces réserves sont ouvertes au public, du moins en partie. Dans certaines, la visite n'est possible que sous la conduite d'un guide.

En pays flamand, on peut citer :

Parc national de la Haute Campine (Nationaal Park Hoge Kempen, *voir p. 316*) – www.nationaalparkhogekempen.be. Le premier parc national de Belgique couvre 5 750 ha entre Genk et la vallée de la Meuse.

De Kalmthoutse Heide *(voir p. 281)* – On y arrive depuis Anvers par le R 1 (périphérique d'Anvers). Prendre la sortie 5, puis la N 11 en direction de Kapellen. Un peu avant la frontière belgo-hollandaise, vous prenez la N 111.

Le Zwin *(voir p. 183)* – On y accède depuis Bruges par la N 376, puis par la N 49 en direction de Knokke-Heist et la N 384.

En Wallonie, citons :

Les Hautes Fagnes *(voir p. 499)* – On y parvient depuis Spa par la N 629.

La réserve naturelle de Furfooz *(voir p. 440)* – Accès depuis Dinant par la N 95, puis la N 910.

L'étang de Virelles *(voir p. 387)* – Accès depuis Chimay par la N 53, puis la N 589.

POSTE

Les bureaux de poste sont ouverts de 9h à 12h et de 14h à 17h ; dans le centre des grandes villes de 9h à 17h ; ils sont fermés le w.-end, mais un certain nombre de grands bureaux sont ouverts le samedi matin.

Vous pouvez acheter des timbres dans les bureaux de poste et dans un certain nombre de Points Poste (notamment les supermarchés, magasins de proximité et maisons communales ; vous les reconnaîtrez à un logo Point Poste).

PRESSE

Les principaux quotidiens francophones sont *Le Soir*, *La Dernière Heure* ou *La Libre Belgique*. Leurs cousins flamands sont *De Standaard*, *Het Laatste Nieuws* et *De Morgen*.

La presse nationale française est vendue (avec un léger supplément de tarif) dans les points presse.

SOUVENIRS

Voir aussi « Achats » p. 16.

Vous n'aurez pas de mal à trouver les rues commerçantes des villes que vous visiterez. Par province ou région, nous vous proposons une petite liste de produits locaux.

Flandre occidentale : *kletskoppen* (fines gaufrettes au beurre et aux amandes), *potjesvlees* (veau, lapin ou poulet), *babeluttes* (caramels durs au beurre), speculoos, *mastelles* (biscuits à l'anis) et *knopen* (petits gâteaux au beurre au sucre brun).
Flandre orientale : pain au sucre, tarte au maton (tarte avec un mélange de fromage frais, de petit-lait et de pâte d'amande ; uniquement dans la région de Gramont), *mokken* (biscuit aux amandes à la cannelle ou à l'anis), *mastelles* (biscuits à l'anis).
Anvers : *Antwerpse handjes* (sablés ou chocolats fourrés), élixir d'Anvers (liqueur d'herbes douce), *Lierse vlaaikens* (tartelettes aux prunes).
Bruxelles : cramiques (pain aux raisins), pain au sucre, manons (pralines fourrées de crème), kriek, gueuze, lambic (bières spéciales).
Limbourg : sirop de pommes et de poires, genièvre.
Hainaut : tarte *al djote* (tarte au fromage à la betterave, herbes et oignons), spantôles (pâtisserie sucrée), macarons.
Namur : couques (biscuit dur aux épices), flamiche (tarte au fromage).
Liège : *potkès* (fromage frais salé), *pékèt* (genièvre), pain d'épice, élixir de Spa (sorte de liqueur chartreuse), baisers de Malmedy (meringues fourrées de crème).
Luxembourg : *maitrank* (boisson apéritif d'Arlon).

TÉLÉPHONE

Des cartes sont disponibles dans les points de vente Belgacom, les bureaux de poste, les gares et dans certains magasins.
Numéros de renseignements nationaux – ✆ 1307.
Numéros de renseignements internationaux – ✆ 1304.
Voir aussi « Téléphoner en Belgique » p. 14.

VOITURE

Voir « Aller en Belgique » p. 10.

Réseau routier

Le réseau routier comprend des autoroutes et des routes régionales. Les routes régionales sont indiquées le plus souvent par des flèches bleues à lettres et chiffres blancs, les autoroutes par des flèches vertes à lettres et chiffres blancs.
Les échangeurs (nœuds routiers) sont munis de numéros ; ces numéros figurent également sur les cartes Michelin.

Routes à péage

En Belgique, seul le tunnel Liefkenshoek, qui passe sous l'Escaut (province de Flandre orientale), est à péage.

Limitation de vitesse

Une limitation de vitesse de 120 km/h sur les autoroutes, 90 km/h sur les routes ordinaires et 50 km/h dans les agglomérations est appliquée.
Il existe également des zones où la vitesse est limitée à 30 km/h.

Assistance en cas de panne ou d'accident

En cas d'accident grave, vous pouvez appeler jour et nuit le numéro 100 (services d'urgence) ou le numéro 101 (police fédérale). En cas de panne ou d'accident, vous pouvez faire appel jour et nuit à l'assistance de Touring Assistance. Sur autoroute, utilisez les bornes d'appel. Le VAB et le Royal Automobile Club de Belgique assurent également une assistance en cas de panne sur la route.
Touring Assistance – ✆ 070 344 777 (24h/24) - www.touring.be.
VAB – ✆ 070 22 40 30 - www.vab.be.
Royal Automobile Club de Belgique – ✆ 02 287 09 11 - www.racb.be.

Mémo

L'agenda bruxellois

JANVIER-FÉVRIER

Foire des antiquaires – De mi-janvier à mi-février, avec des antiquaires de toute la Belgique, au pôle événementiel « Tour et Taxis ». Rens. : www.brafa.be.

FÉVRIER

Anima – À Flagey (Ixelles), l'animation internationale à l'honneur, durant 10 jours. Rens. : www.animatv.be.

MARS-AVRIL

Museum Night Fever – Durant une nuit, 20 musées servent de cadre à des fêtes, défilés, performances. Rens. : www.museumnightfever.be.
Ars Musica – Musique contemporaine, de mi-mars à mi-avril. Rens. : www.arsmusica.be.
Festival du film fantastique – International et très prisé, le BIFFF, à « Tour et Taxis », durant 2 semaines, en mars ou en avril selon les années. Rens. : www.bifff.org.

AVRIL-MAI

Serres royales de Laeken – Ouverture au public des serres royales du château de Laeken, 2 semaines fin avril-début mai *(voir p. 126)*. Rens. : www.visitbrussels.be.
Eurantica – Foire européenne des antiquaires, au parc des expositions du Heysel, durant 4 jours. Rens. : www.eurantica.be.

MAI

Fête de l'Europe – Journée portes ouvertes des institutions européennes, du 7 au 9 mai. Rens. : www.europa.eu.
Fête de l'iris – Fête de la région bruxelloise, dont le symbole est l'iris. Animations le long de la rue Royale et concerts en ville, le 2e week-end de mai. Rens. : www.fetedeliris.be.
Kunstenfestival des Arts – Festival urbain, arts scéniques et plastiques dans des théâtres et maisons d'art, durant 3 semaines. Rens. : www.kfda.be.
Lesbian & Gay Pride – Défilé avec des milliers de participants qui dansent derrière les sound-machines. Les dates changent chaque année. Rens. : www.thepride.be.
Les Nuits Botanique – Concerts non-stop (reggae, rock, hip-hop, électro) au centre culturel Le Botanique durant une semaine. Rens. : www.botanique.be.
Brussels Jazz Marathon – Trois jours 100 % jazz (125 concerts) sur les places de la ville et 50 autres lieux, début mai. Rens. : www.brusselsjazzmarathon.be.
Zinneke Parade – Tous les deux ans, pendant tout un week-end, une longue parade colorée dans le centre-ville. Rens. : www.zinneke.org.

JUIN

Foire des Arts anciens, non-européens et orientaux – Durant 5 jours, parcours guidé des antiquaires du Sablon. Rens. : www.baaf.be.
Bivouacs napoléoniens à Waterloo – Grande reconstitution de la bataille de Waterloo, en costumes d'époque, le week-end le plus proche du 18 juin. Rens. : www.waterloo1815.be.
Fête de la musique – Importée de France. Le 21 juin, en divers lieux de la capitale. Concert principal devant le Palais royal. Rens. : www.fetedelamusique.be.

Couleur Café – Au pôle événementiel « Tour et Taxis », fiestas, expos et concerts de *world music*, dernier week-end de juin. Rens. : www.couleurcafe.be.

Brussels Film Festival – À Flagey (Ixelles), juin-juillet. Festival du film européen. Rens. : www.brff.be.

JUILLET

L'Ommegang – Sur la Grand-Place, parade historique symbolisant l'entrée à Bruxelles de l'empereur Charles Quint en 1549 (1er jeudi de juil. et le mardi précédent). Rens. : www.ommegang.be.

Fête nationale – Le 21 juillet, animations le long de la rue Royale : défilé militaire, stands, jeux pour les enfants et feu d'artifice. Rens. : www.sibp.be.

JUILLET-AOÛT

Foire du Midi – Grande fête foraine le long du boulevard du Midi et de l'avenue de la Porte de Hal.

Bruxelles-les-Bains – Sur le quai des Péniches, une plage, des bars et des terrains de jeux sont aménagés, sur le modèle de « Paris Plage ».

Brussels Summer Festival – 280 concerts gratuits (rock, jazz, *world*, classique), une dizaine de jours en août dans toute la ville. Rens. : www.bsf.be.

AOÛT

Meiboom – Le 9 août, plantation de l'arbre de mai *(voir p. 112)*.

Tapis de fleurs sur la Grand-Place – La place se couvre de millions de fleurs fraîches composant un motif dont le thème change à chaque édition. Autour du 15 août les années paires. Rens. : www.flowercarpet.be.

Mémorial van Damme – Prestigieuse réunion d'athlétisme au stade du Roi-Baudouin *(voir p. 129)*. Rens. : www.memorialvandamme.be.

AOÛT-SEPTEMBRE

Visite du Palais royal – La résidence officielle de la royauté belge ne s'ouvre au public que l'été *(voir p. 103)*.

SEPTEMBRE

Week-end de la bière – Sur la Grand-Place, la Belgique célèbre ses bières, 1er week-end de septembre. Rens. : www.weekenddelabiere.be.

Week-end des designers – Les dernières tendances s'exposent dans les galeries et boutiques branchées, reliées par une navette gratuite. Rens. : www.dwe.be.

Journées du patrimoine – Les édifices bruxellois habituellement fermés au public ouvrent durant le 3e week-end de septembre. Rens. : www.monument.irisnet.be.

Balloon's Day Parade – Une journée, parade « new-yorkaise » de ballons géants à l'effigie de personnages de BD sur les boulevards de la ville. Rens. : www.balloonsdayparade.be.

OCTOBRE

Parcours de stylistes – La mode s'expose dans une quarantaine de lieux emblématiques. Rens. : www.modobrussels.be.

Biennale Art nouveau – Découverte de l'Art nouveau en visitant à pied, à vélo ou en car des lieux habituellement fermés. Un week-end d'octobre, années impaires. Rens. : www.voiretdirebruxelles.be.

DÉCEMBRE

De la Grand-Place au Vismet, **marché de Noël et festivités**. Rens. : www.plaisirsdhiver.be.

L'agenda belge

AUTOUR DE L'ÉPIPHANIE

Renaix – Zotte Maandag célébré les samedi, dimanche et lundi après l'Épiphanie.

AUTOUR DU MARDI GRAS

Eupen – Carnaval et Rosenmontag. Les festivités durent 6 jours, du jeudi précédant le Mardi gras jusqu'au Mardi gras.
Blankenberge – Le carnaval court du samedi précédant le Mardi gras jusqu'au Mardi gras.
Malmedy – Carnaval les samedi, dimanche, lundi et Mardi gras.
Alost – Carnaval les dimanche, lundi et Mardi gras.
Binche – Carnaval les dimanche, lundi et Mardi gras.

AUTOUR DU CARÊME

Ligny – Représentation de la Passion chaque dimanche pendant le carême (réserv.: ✆ 071 88 54 47).
Hal – Carnaval le dimanche de la Mi-Carême.
Fosses-la-Ville – Cortège carnavalesque avec les Chinels le dimanche de la Mi-Carême.
Maaseik – Cortège carnavalesque le dimanche de la Mi-Carême.
Stavelot – Cortège carnavalesque avec les Blancs-Moussis le dimanche de la Mi-Carême.

FÉVRIER

Gramont – Cortège folklorique et lancer de craquelins le dernier dimanche.

MARS

Ostende – Bal du Rat mort la première quinzaine de mars.

SEMAINE SAINTE

Lessines – Procession de pénitence à 20h le Vendredi saint *(voir p. 406)*.
Coxyde – Marché aux fleurs annuel le Samedi saint.

LUNDI DE PÂQUES

Hakendover – Procession à cheval à 10h *(voir p. 352)*.

AUTOUR DE L'ASCENSION

Malines – Procession de Notre-Dame de Hanswijk le dimanche précédant l'Ascension.
Bruges – Procession du Saint-Sang le jour de l'Ascension *(voir p. 158)*.
Blankenberge – Fêtes portuaires le jour de l'Ascension et les vendredi, samedi et dimanche suivants.

AUTOUR DE LA PENTECÔTE

Hal – Cortège de Marie à 15h le dimanche de Pentecôte (années paires).
Gerpinnes – Marche militaire le lundi de Pentecôte.
Soignies – Grand Tour et cortège historique le lundi de Pentecôte.
Écaussinnes-Lalaing – Goûter matrimonial le lundi de Pentecôte.
Walcourt – Procession religieuse et militaire le dimanche qui suit la Pentecôte *(voir p. 450)*.
Mons – Le Lumeçon et la procession du Car d'or le dimanche qui suit la Pentecôte *(voir l'encadré p. 366)*.
Renaix – Fiertelommegang le dimanche qui suit la Pentecôte.

MAI

Ypres – Cortège des chats tous les trois ans le 2e dimanche de mai (prochaine édition en 2015). *Voir p. 198.*
Thuin – Marche militaire en l'honneur de saint Roc le 3e dimanche de mai.
Arlon – Fête du Maitrank le dernier week-end de mai *(voir p. 526)*.

JUIN

Ligny – Le 1er week-end, marche commémorant la dernière victoire de Napoléon.
Tournai – Journées des quatre cortèges le 2e week-end.

Hôtels ?
Restaurants ?
Savourez les meilleures adresses !
France
Envie d'une bonne petite table entre amis, d'une chambre d'hôtes de charme pour s'évader le temps d'un week-end, d'une table d'exception pour les grandes occasions ? Plus de 8700 restaurants, hôtels et maisons d'hôtes vous sont recommandés partout en France. Savourez les meilleures adresses avec le guide MICHELIN.
MICHELIN
France
le guide MICHELIN
HÔTELS & RESTAURANTS
MICHELIN
Une meilleure façon d'avancer

Oostduinkerke – Fête des crevettes et cortège aux crevettes le dernier week-end.

JUILLET

Rock Werchter – Gigantesque festival pop-rock qui réunit de très nombreuses têtes d'affiche internationales. Les 1ers vendredi, samedi et dimanche du mois.
Gistel – Procession de Ste-Godelieve le dimanche suivant le 5 juillet *(voir p. 180)*.
Schoten – Festival de danse folklorique la 2e semaine de juillet.
Spa – Les Francofolies de Spa (chanson française) la 2e semaine de juillet.
Gand – Fêtes gantoises la 3e semaine de juillet.
Jumet – Marche militaire le dimanche le plus proche du 22 juillet *(voir p. 384)*.
Furnes – Procession de pénitence le dernier dimanche de juillet à 15h30.
St-Hubert – Juillet musical et Académie d'été (stages).
Blankenberghe – Bénédiction de la mer.
Tongres – Procession tous les sept ans (prochaine édition en 2016).
Dour – 4 jours de musique pour ce festival à la programmation éclectique mais de haute tenue.

JUILLET-AOÛT

Villers-la-Ville – Représentations théâtrales dans les ruines de l'abbaye.
Stavelot – Vacances-théâtre et festival de musique de chambre.
Watou – Été de la poésie.

AOÛT

Spa – Festival de théâtre de Spa.
Hasselt – Ommegang de la Madone Virga Jesse tous les sept ans (prochaine édition en 2017).
Ham-sur-Heure – Marche militaire le dimanche suivant le 15 août.
Overijse – Fête du raisin la seconde moitié d'août.
Ath – Ducasse le 4e dimanche d'août *(voir p. 402)*.
Blankenberghe – Corso fleuri le dernier dimanche d'août.

AOÛT-SEPTEMBRE

Waregem – Waregem Koerse, Grand Steeple-Chase de Flandre le mardi qui suit le dernier dimanche d'août *(voir p. 247)*.
Termonde – Cortège traditionnel de géants le jeudi qui suit le 4e dimanche d'août *(voir p. 239)*.

SEPTEMBRE

Coxyde – 1er dimanche de septembre, cortège « Hommage à la peinture flamande » tous les deux ans (prochaine édition en 2013).
St-Hubert – Journées internationales de la chasse et de la nature le 1er week-end de septembre.
Namur – Fêtes de Wallonie le 3e week-end de septembre *(voir p. 427)*.
Poperinge – Fête du houblon tous les trois ans le 3e week-end de septembre (prochaine édition en 2014).
Nivelles – Tour de Ste-Gertrude le 29 septembre ou le dimanche qui suit *(voir p. 519)*.

OCTOBRE

Lierre – Procession de St-Golmmaire le dimanche suivant le 11 octobre.

NOVEMBRE

St-Hubert – Fêtes de St-Hubert le 3 novembre.
Montaigu – Cortège aux flambeaux le dimanche qui suit la Toussaint à 14h30 *(voir p. 349)*.
Tongerlo – Pèlerinage de St-Siardus le dimanche qui précède le 14 novembre.

DÉCEMBRE

Bruges, Liège, Cantons de l'Est, Anvers – Marchés de Noël.
Bastogne – Foire aux noix *(voir p. 541)*.

Bibliographie

HISTOIRE

La Spectaculaire Histoire des rois des Belges, Patrick Roegiers (Ed. Perrin)
Histoire des Belges, H. Dorchy (Bruxelles, De Boeck)
Histoire de la Belgique, G.-H. Dumont (Bruxelles, Le Cri)
Les Racines de la Belgique, Jean Stengers (Bruxelles, Racine)
Waterloo 1815, l'Europe face à Napoléon, A. Bruylants, Ph. de Callatay, E. Évrard, J. Logie et J.-H. Pirenne (Liège, Du Perron)

ART ET ARCHITECTURE

Le Guide de l'architecture en Belgique, Linda van Santvoort, Michel Heirman (Bruxelles, Racine)
Architecture romane en Belgique, Mathieu Piavaux, Albert Lemeunier, Marie-Christine Laleman, Johnny Demeulemeester, Laurent Deléhouzée (Bruxelles, Racine)
Architecture gothique en Belgique, Marjan Buyle, Jan Esther, Thomas Coomans, Luc-Francis Génicot (Bruxelles, Racine)
Architecture Renaissance et baroque en Belgique, Rutger Tijs (Bruxelles, Racine)
*Architecture du XVIII*e *s. en Belgique*, Marie Fredericq- Lilar, Dirk van de Vijver, Jean van Cleven, Jean-Christophe Hubert, Christophe Vachaudez, Luc Dhondt (Bruxelles, Lannoo)
*Le XIX*e *s. en Belgique*, Jos Vandenbreeden, Françoise Dierkens-Aubry (Bruxelles, Racine)
Art nouveau en Belgique, Jos Vandenbreeden, Françoise Dierkens-Aubry (Bruxelles, Racine)
Art déco et Modernisme en Belgique, Jos Vandenbreeden, France Vanlaethem (Bruxelles, Racine)
Architecture contemporaine en Belgique, Geert Bekaert (Bruxelles, Racine)
L'Art en Belgique, 1975-2000, s.l.d. Flor Bex (Fonds Mercator)
Bruegel, Philippe et Françoise Robert-Jones (Snoeck-Ducaju, Gand)
Le Surréalisme en Belgique, 1924-2000, Xavier Canonne (Actes Sud)
D'Ensor à Magritte, Michael Palmer (Bruxelles, Racine)
Magritte, Jacques Meuris (Taschen)
Pierre Alechinsky, D. Abadie, W. van den Bussche (Fonds Mercator)

OUVRAGES RÉGIONAUX

Le Patrimoine majeur de Wallonie (Éd. du Perron, Alleur-Liège)
Le Patrimoine industriel de Wallonie (Éd. du Perron, Alleur-Liège)
Escaut, fleuve sans frontières, Michel Voiturier et Patrick Meire (La Renaissance du Livre)

LITTÉRATURE

La Littérature belge d'expression française, R. Burniaux et R. Frickx (Paris, PUF, coll. Que Sais-je ?)
À travers la Belgique, Alexandre Dumas (Paris, Entente)
Le Chagrin des Belges, H. Claus (Paris, Robert Laffont)
Les Éblouissements, P. Mertens, (Seuil, Paris)
Œuvre intégrale, de Jacques Brel (Paris, Robert Laffont)
Simenon, biographie, P. Assouline (Paris, Julliard)
Une enfance gantoise, S. Lilar (Grasset)
Projets pour un naufrage prémédité, Jean Portante (Editions PHI)

Filmographie

Si le vent te fait peur, L. Deroisy et É. Degelin, 1960
Jeanne Dielman, 23, quai du Commerce, 1080 Bruxelles, Chantal Akerman, 1975
Le Maître de musique (1988) et *Farinelli* (1995), Gérard Corbiau
Toto le héros (1991), *Le Huitième Jour* (1996) et *Mr. Nobody* (2009), Jaco Van Dormael
C'est arrivé près de chez vous, R. Belvaux, A. Bonzel et B. Poelvoorde, 1992
Rosetta (1999), *L'Enfant* (2005) et *Le Gamin au vélo* (2011), J.-P. et L. Dardenne
La Merditude des choses, Felix Van Groeningen, 2008

GREG
MARTIN
JANSENS
CAUVIN
WARNAUTS-RAIVES
DE GROOT
VICQ
DUVAL
DESBERG
YANN
LAPIERE

2/ COMPRENDRE LA BELGIQUE

Le Centre belge de la bande dessinée, à Bruxelles.

Till Jacket/Photononstop

La Belgique aujourd'hui

Au cœur de l'Union européenne dont elle accueille les principales institutions, la Belgique « si loin, si proche » véhicule l'image d'un étrange pays asymétrique que l'on aime autant admirer que gentiment moquer. On envie son multiculturalisme, ses centaines de bières, ses chocolats, ses villes fascinantes, ses fêtes colorées, ses artistes et la bonhomie assumée de ses habitants. Mais on renonce vite à comprendre son système politique propice aux crises sans fin et ses divisions autour d'une capitale pourtant symbole d'union. Certains s'étonnent même de l'existence de ce petit royaume, si récent et si souvent remis en question. Car la mosaïque de langues teintées d'accents que l'on y parle traduit une complexe division de la population et du territoire. Trois communautés se côtoient (flamande, francophone, germanophone), chacune avec ses particularismes et ses revendications. Une cohabitation pour le pire : extrémismes, manque de cohésion... mais aussi pour le meilleur : une population polyglotte très majoritairement attachée à son pays et un sens aigu de l'autodérision. Des Belges qui s'enthousiasment et se rassemblent autour de symboles communs, de Jacques Brel au roi, du père Damien à Eddy Merckx et aux Diables Rouges, de la Kriek à la tomate-crevettes. C'est évidemment ce « meilleur » du pays où l'union fait la force que l'on vous propose de découvrir.

Langues

UN PAYS TRILINGUE

Trois langues sont employées en Belgique : le néerlandais en Flandre (parlé par environ 60 % de la population belge), le français en Wallonie (parlé par près de 39 % des Belges) et l'allemand dans la région d'Eupen (la minorité germanophone représente un peu moins de 1 % de la population).
La frontière linguistique correspond à peu près aux limites des provinces. Bruxelles, sorte d'enclave en pays flamand, est officiellement bilingue avec une majorité francophone (85 à 90 %).

LA QUERELLE LINGUISTIQUE

L'existence de la frontière linguistique remonte aux 4e ou 5e s., époque où Rome abandonne aux Germains la partie nord du pays ; dans le sud, plus fortement latinisé, le langage gallo-romain résiste à la germanisation malgré l'occupation par les Francs Saliens. Pour les Francs, « Walha » (d'où vient le mot « wallon ») signifiait étranger.
En Flandre, une littérature d'expression néerlandaise se développe dès le 12e s., mais connaît une éclipse quasi totale après la scission des Pays-Bas à la fin du 16e s. C'est seulement sous le gouvernement de Guillaume Ier, de 1814 à 1830, qu'est favorisée une

L'entrée du Parlement européen de Bruxelles, signalée dans toutes les langues de l'Union.
Clément Philippe/ArTerra Picture Library/age fotostock

certaine renaissance du néerlandais. Par réaction, les constituants de 1831 imposent le français comme seule langue officielle. Depuis, l'antagonisme parfois violent qui oppose Flamands et Francophones domine considérablement la politique intérieure du pays.

DES LANGUES ET DES LOIS

Afin de mieux comprendre la complexité du conflit linguistique, voici quelques dates clés :

1898 – La **loi de l'Égalité** prévoit que toutes les lois soient promulguées à la fois en français et en néerlandais qui devient alors la seconde langue officielle du pays.

1962-1963 – De nouvelles **lois linguistiques** fixent les frontières linguistiques. La Belgique est divisée en quatre régions : la Flandre, la Wallonie, la région de langue allemande et l'arrondissement bilingue de Bruxelles-Capitale.

1968 – De violentes manifestations (avec pour slogan *Walen buiten*, « les Wallons dehors ») entraînent la scission de l'université de Louvain. Une université francophone sera créée à Louvain-la-Neuve.

ÊTRE BELGE AUJOURD'HUI

Plongeons dans les clichés assumés ! Qu'ils soient flamands, wallons ou bruxellois, les Belges partagent nombre de traits communs : ils conservent un état d'esprit qui fait tout leur charme, fait de respect des règles, d'autodérision permanente et de jovialité que l'on pourrait résumer par le belgicisme « **amitieux** » (affectueux, gentil).

Quant à leurs différences, vous ne manquerez pas d'apprécier la décontraction et la simplicité wallonne, et l'esprit perfectionniste et pince-sans-rire flamand. Quelque part à mi-chemin entre le Wallon et le Flamand, le Bruxellois est connu pour son sens de la convivialité et de l'humour, esprit que l'on appelle « *zwanze* » (radotage en brabançon) : Bruxelles n'a-t-elle pas choisi comme emblème un garçon qui se soulage face aux passants ?

1970 – La **réforme de l'État** reconnaît alors l'existence de trois communautés culturelles : néerlandaise, française et germanophone. Les réformes de l'État consécutives (1980, 1988 et 1993) ont transformé l'État unitaire belge en un **État fédéral**.

Administration et régime politique

UN ÉTAT FÉDÉRAL

La Belgique est une monarchie constitutionnelle, parlementaire et représentative. Sa Constitution date de 1831 et a connu plusieurs révisions dont la dernière remonte à 1993.

Le roi choisit le Premier ministre qui constitue son gouvernement. Le pouvoir législatif est exercé par les deux Chambres : le Sénat (71 sénateurs) et la Chambre des représentants (150 députés). Les élections législatives se déroulent tous les quatre ans au suffrage universel direct. L'État fédéral exerce des compétences notamment en matière de finances, de politique étrangère et de défense nationale.

DES LANGUES ET DES RÉGIONS

D'une part, il existe 3 **communautés** : la communauté flamande, la communauté française et la communauté germanophone. Elles ont en charge

BHV, UN PETIT TERRITOIRE ENFIN SCINDÉ

« BHV » pour **B**ruxelles, **H**al et **V**ilvorde. Rien à voir donc avec le Bazar de l'Hôtel de Ville, bien connu des Parisiens… même s'il est un peu question de « bazar ». Ce sigle, qui correspondait à une circonscription électorale à cheval sur la région bruxelloise et sur une partie du Brabant flamand qui entoure la capitale, était l'une des pierres d'achoppement entre Flamands et Francophones. Les premiers souhaitaient la supprimer arguant que le Brabant flamand, comme toutes les provinces du pays à l'exception de Bruxelles, est officiellement unilingue.

Or, depuis le 18e s., et bien qu'elle soit historiquement flamande, Bruxelles s'est radicalement francisée pour devenir aujourd'hui presque entièrement francophone. La capitale se développant très vite, les Bruxellois sont de plus en plus nombreux à s'installer en périphérie, à commencer par le Brabant flamand (10 000 personnes par an). Ainsi les communes flamandes de BHV subissaient-elles à leur tour une **francisation** (environ 150 000 Francophones) au point que plusieurs communes sont désormais majoritairement francophones, et perdent, *de facto*, leur caractère flamand. Les habitants pouvaient voter, au choix, pour un parti francophone ou un parti flamand ; ce qui, concrètement, permettait à des Francophones du Brabant flamand de voter pour un parti francophone bruxellois. Cette situation, insupportable pour certains Flamands, constituait l'un des principaux blocages durant la crise de 2010-2011.

Depuis le mois de juillet 2012, la Chambre des députés a voté, dans le cadre de la réforme de l'État, la scission de cet arrondissement électoral. Désormais, les Francophones qui vivent dans la région flamande ne pourront plus voter pour un parti bruxellois (sauf pour six communes à facilités). L'arrondissement judiciaire est également réorganisé pour que chaque citoyen puisse être défendu dans sa langue. Le gouvernement doit encore trouver des solutions pour le financement de la région bruxelloise et concernant les droits linguistiques et administratifs spéciaux des Francophones…

PARTICULARITÉS LOCALES
Première règle de politesse, adressez-vous dans la langue de la région, ou, à défaut, en anglais. Un *goeidag* (prononcez *gouidar*, « bonjour » en flamand) et un *dank u well* (« merci bien ») vous sera rendu au centuple. À une table belge, la carafe d'eau n'existe pas ; pour éviter tout quiproquo, sachez que le « déjeuner » désigne le petit-déjeuner, le « dîner » correspond au déjeuner et le « souper » au dîner. Notez qu'en Belgique, on se fait la bise une fois (principalement en Wallonie), quel que soit le sexe, que « savoir » veut aussi dire « pouvoir », et que votre « soixante et onze » au lieu de « septante et un » trahira immédiatement vos origines.

les affaires culturelles, l'emploi des langues, l'enseignement et la coopération entre les communautés. Les communautés sont également compétentes pour les matières « personnalisables », c'est-à-dire la politique de la santé et l'aide aux personnes. À part la communauté germanophone, elles ne disposent pas vraiment d'un territoire.

D'autre part, le pays est partagé en **3 régions** : la région bilingue de Bruxelles-Capitale, comprenant les 19 communes bruxelloises ; la région flamande composée des cinq provinces d'Anvers, du Brabant flamand, de la Flandre occidentale, de la Flandre orientale et du Limbourg ; et la région wallonne couvrant les cinq provinces du Hainaut, de Namur, de Liège, du Brabant wallon et du Luxembourg. Elles sont responsables en matière d'économie, de logement, d'emploi, d'environnement, de la rénovation rurale et de la conservation de la nature, d'agriculture, d'aménagement du territoire, de travaux publics...

Chacune des communautés et des régions dispose d'un conseil (assemblée législative) et d'un gouvernement (pouvoir exécutif) à l'exception de la région flamande, dont les compétences sont exercées par le conseil et le gouvernement de la communauté flamande.

Les mandataires des conseils régionaux sont élus tous les cinq ans au suffrage universel.

L'essor économique

Avec son formidable réseau de voies navigables, la Belgique est un carrefour commercial historique et une des régions les plus prospères et les plus densément peuplées d'Europe. La Flandre, avec ses grands ports ouverts sur le monde (Anvers principalement), ne cesse de se développer autour de pôles économiques dynamiques (Gand, Genk, Anvers, Hasselt...). Quant à la Wallonie, elle fut la première région industrialisée du continent à partir de cités comme Liège et Charleroi. Et même si elle a connu une importante crise dans les années 1960 et que sa métallurgie se meurt, elle s'en relève peu à peu en accueillant nombre de sites de recherche et de nouvelles technologies. Mais c'est Bruxelles, la « capitale » de l'Europe, qui a connu la croissance la plus fulgurante du pays, depuis l'installation des institutions européennes en 1958 (Commission européenne, Conseil de l'Union européenne...) et celles de l'OTAN en 1967. Les sièges de sociétés internationales y sont légion et un système fiscal avantageux (pour les plus aisés seulement...) attire les grandes fortunes.

Arts et traditions populaires

De la Fête des chats haute en couleur au célébrissime carnaval de Binche, le folklore est extrêmement important et vivace en Belgique. Cortèges, processions et kermesses se déroulent toute l'année. Le moindre prétexte est l'occasion d'un défilé, d'une manifestation, d'une réunion publique.

Le charme envoûtant des villes

Symboles de l'autonomie municipale et de la fierté médiévale des villes belges et surtout flamandes, le beffroi, l'hôtel de ville et les halles sont d'imposants monuments, et pourtant, ils ne créent pas à eux seuls l'atmosphère de ces villes qui émane tout autant du charme des canaux, de la musique allègre des carillons, de la tranquillité des béguinages, de l'ambiance chaleureuse des cafés et des « estaminets ».

GRANDS-PLACES

La Grand-Place, appelée « Grote Markt » en pays flamand, est encadrée par les principaux monuments de la cité, dont l'hôtel de ville, les halles et le beffroi, et par les maisons de corporations. Elle était autrefois le centre d'activités de la ville. C'est sur la Grand-Place qu'avaient lieu les mises au pilori, les exécutions, les marchés, et que les cortèges, processions, cavalcades, kermesses et foires déroulaient leurs fastes. Les Grands-Places les plus célèbres sont celles de Bruxelles, de Bruges, d'Anvers et de Malines. D'une superficie de 3,19 ha, celle de St-Nicolas est la plus grande en Belgique.

CARILLONS

Depuis des siècles, les carillons égrènent leurs notes mélodieuses aux heures de répit de la vie trépidante des villes. Quand, par un après-midi ensoleillé, l'on flâne le long des terrasses aux alentours de la cathédrale d'Anvers, on n'est pas surpris d'observer les amateurs de musique se laisser bercer par ces concerts « célestes » tout en dégustant une bière fraîche. Le carillon n'est pas toujours installé dans le clocher de l'église (comme à Anvers et à Malines), mais il se trouve aussi parfois dans le beffroi (comme à Gand et à Bruges). Le mot carillon vient de « carignon » qui désigne un ensemble de quatre cloches. Ces cloches de tons différents étaient toujours reliées à une horloge (la première horloge publique apparaît en 1370) et on les faisait jouer avant la sonnerie de l'heure. Longtemps, elles furent frappées à la main au moyen d'un marteau, mais à la fin du 15e s. fut créé le premier carillon mécanique qui était actionné par le mécanisme de l'horloge.

Les jaquemarts du Mont des Arts à Bruxelles.
Peter Alix/Iconotec RM/age fotostock

La découverte du clavier joué avec les poings, utilisé pour la première fois en 1510 à Audenarde, permit d'augmenter le nombre de cloches, tandis que l'invention du pédalier, en 1583 à Malines, autorisa l'emploi de bourdons. L'art de fondre les cloches s'étant remarquablement perfectionné, la plupart des carillons importants comptent de nos jours au moins 47 cloches. Les plus célèbres en Belgique se trouvent à Malines (49 cloches), Bruges et Anvers (47 cloches), Nieuport (67 cloches), Gand (52 cloches) et Florenville (48 cloches). Malines possède une école de carillonneurs de renommée internationale.

JAQUEMARTS

À partir du 14e s., certains beffrois s'ornent d'une horloge animée de jaquemarts. Ces personnages en métal frappant les heures avec un marteau sur une cloche sont une curiosité que l'on trouve entre autres à Courtrai, Nivelles, Bruxelles (Mont des Arts), Virton, Lierre et St-Trond.

BÉGUINAGES

Les béguinages sont des lieux de quiétude et de silence, mais ce n'était pas toujours le cas autrefois. Bien que souvent situés hors des centres et entourés de murs, la plupart bruissaient d'activités. Les béguines formaient d'ailleurs une communauté florissante de femmes non mariées et de veuves au sein de la ville. Celles qui s'y retiraient étaient tenues à certaines observances, comme le port du costume, la présence aux offices et l'exercice de travaux manuels. Contrairement aux membres des ordres religieux, les béguines ne prononçaient pas des vœux éternels de pauvreté et de chasteté et elles étaient libres de quitter la communauté à tout moment. C'est ce qui explique la popularité de la vie de béguine, surtout parmi les femmes seules qui y trouvaient refuge et sécurité en période de troubles. Pendant la journée, les béguines vaquaient librement à leurs occupations : soigner les malades, faire de la dentelle, filer

et tisser. À la nuit tombante, le béguinage fermait ses portes et les béguines devaient être rentrées. La « grande demoiselle » était à la tête de la communauté et chacune lui devait obéissance.
On ignore l'origine exacte des béguinages. Selon certains, la première institution de ce genre aurait été créée à la fin du 12e s. par Lambert le Bègue à Liège. Cependant, la tradition attribue la fondation des béguinages à sainte Begge qui fut la supérieure d'un couvent à Andenne où elle mourut en 694. Au 13e s., les béguinages prirent leur forme définitive de maisonnettes serrées autour de leur église dans des enclos indépendants avec plusieurs portes d'entrée. Beaucoup de béguinages ont été détruits lors des mises à sac iconoclastes en 1566 et reconstruits à la fin du 16e et au 17e s.
Ces béguinages paisibles furent des lieux de mysticisme. Il en reste environ une vingtaine dans le nord du pays. Certains d'entre eux sont encore habités par des religieuses (les bénédictines à Bruges), des personnes âgées, des associations culturelles et parfois même des étudiants et des professeurs d'université comme à Louvain. Depuis 1998, treize béguinages flamands figurent sur la liste du Patrimoine mondial de l'Unesco. Ce sont les béguinages de Hoogstraten, Lierre, Malines (Grand Béguinage), Turnhout, St-Trond, Tongres, Termonde, Gand (Petit Béguinage), St-Amandsberg, Diest, Louvain (Grand Béguinage), Bruges et Courtrai.

MAISONS-DIEU

C'étaient des sortes d'asiles pour vieillards ou miséreux, financés par des corporations. Ils formaient des rangées de maisonnettes basses en brique, blanchies à la chaux, avec une porte et une fenêtre surmontées d'une haute lucarne et d'une cheminée. On trouve encore des maisons-Dieu à Bruges et au musée du Folklore à Gand qui a été aménagé dans l'ancien hospice des enfants Alijn du 14e s.

ESTAMINETS

Estaminet est un mot wallon qui désigne le café. C'est le lieu où l'on se rencontre pour boire une chope de bière, jouer aux cartes, discuter, et où se réunissent les colombophiles, les « coulonneux ». Bien entendu, on peut venir y boire une simple tasse de café. Quelques estaminets célèbres à Bruxelles sont *In 't Spinnekopke*, *La Grande Porte* et *À la Bécasse*.

Fêtes et traditions

L'origine religieuse ou profane de ces manifestations folkloriques remonte souvent loin dans le passé et évoque des légendes ou des mystères anciens. Le passage des peuples d'origines diverses sur le territoire belge n'a fait qu'enrichir ce patrimoine. Sans cesse, les fêtes se multiplient et d'anciennes coutumes revivent. Dans les villes flamandes, les corporations ont joué un grand rôle ; en Wallonie, l'influence de la Picardie se fait notoirement sentir.
Tout est organisé longtemps à l'avance par les membres des **sociétés** ou confréries, et la préparation de la fête mobilise les énergies des mois durant. Le jour dit, on se déguise, on se restaure, et la bière coule à flots. Peu de choses ont changé au fil du temps, si l'on compare les peintures du 16e s. de Pieter Bruegel l'Ancien avec les fêtes populaires actuelles.

CARNAVAL ET CARÊME

Le **carnaval** est fêté un peu partout en Belgique. Probablement de

source païenne, cette manifestation qui se déroule le jour du Mardi gras a été présentée par l'église catholique comme symbole des réjouissances précédant le Carême. Les trois carnavals les plus célèbres de Belgique se déroulent à Binche, Eupen et Malmedy. À **Binche**, les festivités durent trois jours et les célèbres **Gilles** n'apparaissent que le jour du Mardi gras. Seuls les hommes Binchois de naissance ont le privilège d'endosser le costume aux couleurs éclatantes. Au rythme du tambour, ils parcourent les rues de la ville. Pendant l'immense cortège qui a lieu l'après-midi, les Gilles lancent des oranges dans le public, et la fête se termine par le rondeau devant l'hôtel de ville.
Eupen est connu pour son carnaval de type rhénan qui commence le Lundi gras, le **Rosenmontag**. Tout comme dans beaucoup d'autres villes, défile un joyeux cortège de groupes costumés et dansants, le Prince Carnaval et sa suite fermant la marche.
Quant à **Malmedy**, son « **Cwarmê** » se distingue du carnaval des autres villes par ses représentations satiriques qui ont lieu le lundi dans le patois local. Les fameuses **Haguètes** – plutôt de mauvaise fréquentation – prennent un malin plaisir à enserrer les chevilles des spectateurs à l'aide de leur « happe-chair », sorte de pince articulée en bois.
Parmi les carnavals les plus renommés en Flandre, citons ceux d'Alost et d'Ostende.
À **Alost**, le dimanche précédant le mercredi des Cendres, a lieu un cortège de géants et de chars, à caractère satirique, mettant en scène les événements de l'année écoulée. Le lundi est organisé le jet d'oignons, **Ajuinworp**, et le Mardi gras est le jour des travestis grotesques, les **Voil Jeannetten**.
Le carnaval d'Ostende a lieu le premier week-end de mars et comprend un cortège de mille feux et de masques (Cimateirelichtstoet), un bal de charité costumé (**bal du Rat mort**) et le jet des sabots (Kloefenworp).
La **Mi-Carême**, le jeudi de la 3e semaine du carême, constitue un moment de répit dans cette période d'austérité. Elle est particulièrement fêtée à **Stavelot** avec les **Blancs-Moussis**, amusants personnages portant un masque au nez rouge et revêtus d'un habit blanc à capuchon qui évoquent l'époque où les moines de l'abbaye de Stavelot participaient au carnaval. Pendant le cortège, ils lancent des confettis et frappent les spectateurs avec des vessies de porc gonflées.
À **Fosses-la-Ville** défilent les **Chinels** (du nom de polichinelle). Ces irrésistibles farceurs ne ratent pas une occasion de caresser de leur sabre les mollets des filles et d'arracher les cigarettes des hommes. À Maaseik également, la Mi-Carême est une fête très animée.
À **Ligny**, tous les dimanches du carême, se déroule le **Jeu de la Passion**, série de tableaux évangéliques faisant allusion au monde moderne. Le Vendredi saint, à Lessines, a lieu la célèbre **procession des Pénitents** : ceux-ci en cagoule, portent à travers les rues les instruments de la Passion et le corps du Christ.
Un autre usage pratiqué pendant le carême est la **décapitation de l'oie** par des cavaliers dans les provinces d'Anvers et de Liège. Dans d'autres villes, on allume de grands **feux de carême** où l'on brûle parfois un mannequin. Le plus célèbre est celui de Grammont, « le Tonnekensbrand », où l'on met le feu à un tonneau après le jet de craquelins.

GÉANTS ET MARIONNETTES

En Belgique, beaucoup de cortèges folkloriques et carnavalesques

comportent des **géants**. Si les géants se sont multipliés depuis le début du 20e s., il semble pourtant qu'il s'agisse d'une coutume qui remonte au 15e s. Née en Belgique, elle a été transmise à l'Espagne par le biais de l'occupation espagnole.
Le premier personnage gigantesque est probablement apparu lors d'une procession religieuse ou d'un « Ommegang » où il symbolisait Goliath ou saint Christophe. Goliath est d'ailleurs toujours présent à la **ducasse d'Ath** où il est surnommé monsieur Gouyasse.
Peu à peu interviennent des personnages profanes et même le cheval Bayard, chevauché par les quatre fils Aymon (à Termonde, Ath et Bruxelles). Les géants sortent aussi à Nivelles (Argayon, Argayonne, leur fils Lolo et le cheval Godet), Grammont, Lierre et Arlon.
Parmi les géants les plus connus, citons : Polydor, Polydra et le petit Polysorke à Alost, Cagène et sa compagne Florentine à Belœil, Pie, Wanne et leur fils Jommeke à Tervuren, Baudouin IV le bâtisseur et Alix de Namur à Braine-le-Comte.
Le théâtre de **marionnettes** apparaît à **Liège** au 19e s. et connaît un grand succès avec son fameux **Tchantchès**. La marionnette liégeoise est mue par une tringle fixée au sommet de la tête ; elle est sculptée en bois, peinte et couverte d'étoffes. Le répertoire, plutôt destiné aux adultes, fait appel aussi bien à l'histoire qu'à la légende ou à la vie moderne. De la même époque date le théâtre fondé par **Toone** à **Bruxelles** dont le héros actuel est Woltje qui parle un savoureux patois bruxellois. Le répertoire conserve ses classiques *(Les Quatre fils Aymon, Thyl Uylenspiegel)* tout en s'enrichissant de pièces nouvelles.
Il existe aussi des théâtres de marionnettes à Anvers, Gand et Malines, où le répertoire est joué en patois local.

PROCESSIONS, JEUX ET DRAMES

L'homme du Moyen Âge savait rarement lire et les **processions** devinrent un instrument didactique sur le thème de la Bible. En plus des personnages habituels qui évoquaient les apôtres, les prophètes ou les anges, on vit apparaître des chars sur lesquels étaient représentés des tableaux vivants illustrant des épisodes de l'histoire religieuse. Aujourd'hui, ces processions sont souvent accompagnées de cortèges historiques hauts en couleur et perdent en conséquence quelque peu de leur caractère religieux.
La procession la plus impressionnante est celle du **Saint-Sang** à **Bruges**. Tout aussi importantes sont les fêtes de la Madone **Virga Jesse** à **Hasselt** qui n'ont lieu que tous les sept ans.
D'autres présentent un caractère champêtre. Les fidèles, derrière la statue ou la châsse du saint, parcourent des kilomètres à travers champs – plus de 30 à Renaix – en priant et en chantant.
La **procession des Pénitents** qui a lieu à **Furnes** est une survivance de l'occupation espagnole. Coiffés d'une cagoule, les pénitents portent une croix et participent au fameux chemin de croix.
À l'image des mystères d'autrefois, les **jeux** d'origine religieuse et médiévale sont la reconstitution d'événements légendaires. L'un des plus connus est celui de **Rutten** (Russon) qui évoque le meurtre de **saint Évermeire** au 7e s. Chaque année, au cours d'un cortège costumé, la vie de **saint Hubert** est commémorée dans la ville du même nom.
À **Mons**, se déroule la procession du **Car d'or** à laquelle participent des confréries de métiers portant leur patron et la statue de la Vierge. Le Car d'or contenant les reliques de sainte Waudru clôt le cortège.

Après la procession, un spectacle historique, dit **Lumeçon**, représente le combat entre le bien et le mal. À **Ellezelles**, le **sabbat des sorcières** évoque chaque année l'exécution de cinq sorcières en 1610. À **Vielsalm**, les « **Macrâlles** », sorcières jeteuses de sort, sont les vedettes d'une réjouissance comique. En revanche, pendant la **Fête des chats** à **Ypres**, ce sont les félins, complices des sorcières, qui jouent le premier rôle. Des chats en peluche sont jetés du haut du beffroi pour conjurer le diable et la sorcellerie. À **Wingene**, les **fêtes bruegeliennes** illustrent des tableaux de l'illustre peintre.

DUCASSE ET ARBRE DE MAI

Le mot **ducasse** vient du mot dédicace ; en wallon, c'est l'équivalent du mot **kermesse** qui en néerlandais signifie « foire à l'occasion d'une messe solennelle ». Cette fête patronale de village, où les joies profanes se mêlent aux cérémonies religieuses, a conservé quelques aspects de son origine religieuse : la messe et la procession, mais aussi des jeux traditionnels, des concours, parfois un marché et une kermesse classique viennent s'y ajouter. Les ducasses les plus connues sont celles d'Ath et de Mons.
Certaines villes plantent un **arbre de mai**, symbole du renouveau : c'est le cas à Hasselt, Genk et Tongres. À Bruxelles, cet arbre s'appelle le « Meiboom » *(voir l'encadré p. 112)*.

DÉFILÉS ET MARCHES

Merveilleusement reconstitués, de fastueux **défilés** font revivre les grandes heures d'antan : ainsi, chaque année, **l'Ommegang** à Bruxelles, présidé pour la première fois en 1549 par Charles Quint et sa cour, ou, à Bruges, le **Cortège de l'Arbre d'Or**, évoquant tous les cinq ans le règne des souverains bourguignons.
Les premières **marches militaires** de l'Entre-Sambre-et-Meuse qui commencent fin mai datent du 17e s. On suppose qu'elles trouvent leur origine dans la nécessité de protéger les processions en périodes de troubles. Le cérémonial strict et le port d'uniformes napoléoniens sont remarquables. Les marches les plus connues sont celles de **Gerpinnes** (35 km), **Ham-sur-Heure** et **Thuin**.

FÊTES ET COUTUMES POPULAIRES

Outre les processions, cortèges, défilés et drames, la Belgique compte d'autres fêtes et coutumes populaires, telles les **Fêtes gantoises** à Gand, les **Fêtes de Wallonie** à Namur et les **Fêtes d'Outremeuse** à Liège. Pendant plusieurs jours, la ville est sens dessus dessous : théâtre de rue, concerts, marchés, cortèges, marionnettes et stands de toutes sortes embrasent les lieux. Dans les stations balnéaires ont lieu des bénédictions de la mer, et **Coxyde** organise tous les ans la **Fête de la crevette** où l'on peut voir les pêcheurs de crevettes à cheval.
Il existe des sports populaires tels la **colombophilie** et les concours de **pinsons** et de **coqs**. Parmi les sports villageois traditionnels, citons le jeu de quilles, la balle pelote et le tir à l'arc. Les jeux de drapeaux et les combats d'échasseurs se déroulent surtout lors des cortèges historiques et des fêtes folkloriques. Enfin, la plus grande fête des enfants est celle de **St-Nicolas** qui, accompagné du Père Fouettard, leur apporte des cadeaux le 6 décembre.

Gastronomie

Bons vivants, les Belges savent apprécier les mérites d'une table bien garnie. Loin des clichés des traditionnelles « moules-frites », le pays propose de nombreuses spécialités régionales à la fois succulentes et raffinées. Profitez du fameux jambon d'Ardenne, des délicieuses asperges à la flamande, du fromage de Herve piquant, des « pralines » et des gaufres de Liège, sans oublier les multiples bières…

Délices de la table

Les cuisines française et belge sont proches l'une de l'autre par leur style, mais les spécialités du terroir créent les différences.

LE REPAS BELGE

Les potages aux légumes, les bouillons de viande ou de volaille sont servis au début des repas, avec du pain et du beurre. À la place du potage, vous pouvez prendre une entrée : jambon ou saucisson d'Ardenne, fruits de mer, croquettes de crevettes ou de fromage. Comme plat de résistance, les spécialités régionales sont nombreuses : le **waterzoï gantois** (soupe de poulet ou de poisson), le **hochepot flamand** (pot-au-feu de morceaux de porc, bœuf et mouton), l'**oie à la mode de Visé** ou, si la chasse est ouverte, du gibier de l'Ardenne. Si vous préférez du poisson ou des crustacés, il y a au menu des **moules**, de **l'anguille au vert** (revenue au beurre avec une sauce au persil, cerfeuil, oseille, sauge, citronnelle et estragon, finement hachés), une sole ou une truite. Les **frites**, traditionnellement cuites à deux reprises dans la graisse de bœuf, accompagnent pratiquement tous les plats de résistance.

Pour clore le repas d'une petite touche sucrée, laissez-vous tenter par un délicieux morceau de tarte aux fruits, au sucre ou à la rhubarbe.

VIANDE, POISSON ET VOLAILLE

La bière est aussi un ingrédient de la cuisine belge et s'utilise dans la préparation de certains plats, comme les **carbonades flamandes** (bœuf braisé aux oignons, épices, vinaigre et sucre mouillé de bière ou d'eau) et le **lapin aux pruneaux**. D'autres spécialités de viande sont les **choesels de Bruxelles** (abats avec sauce au madère et aux champignons), le **filet américain** (steak tartare), le **filet d'Anvers** (viande de bœuf ou de cheval fumée) et la **potjesvlees** (terrine de veau, de lapin ou de poulet). Le **coucou de Malines** est une variété de poulet. L'**escavèche** (poisson frit conservé dans une marinade aux aromates) et la **friture de la Moselle** (poisson à chair blanche frit) comptent aussi parmi les spécialités.

LÉGUMES

Parmi les savoureux plats de légumes, citons les jets de houblon à la sauce mousseline (en mars), les chicons ou witloof de Bruxelles (endives) au jambon, gratinés ou

Moules à speculoos.
Jean-Daniel Sudres/Photononstop

étuvés, les choux de Bruxelles et les asperges à la flamande (avec du persil et un œuf dur écrasé).

FROMAGES

Il existe en Belgique pas moins de cent sortes de fromages. Les plus connus sont le Herve bénéficiant d'une appellation d'origine protégée (AOP) depuis 1996, le Maredsous, le Passendale, le Chimay, le Nazareth, l'Orval et le fromage de Bruxelles. Les **doubles** (deux crêpes fourrées de fromage de Herve ou de Maredsous) sont délicieuses ainsi que les **potkès** ou **boulettes de Huy** (fromage blanc salé de Huy).

PAIN ET SUCRERIES

La réputation des chocolats et des pralines (chocolats fourrés) belges n'est plus à faire. Bruges et surtout Bruxelles, où les grands chocolatiers (Marcolini, Wittamer, Neuhaus, Galler…) s'alignent autour du Sablon, en sont les capitales. Les gaufres de Bruxelles et de Liège sont également très appréciées.

Les boulangeries en Belgique présentent non seulement une grande diversité de pains, mais aussi des spécialités de la région : la **couque** (pain sucré et aromatisé à Bruxelles, pain d'épice dur au miel à Dinant), le **craquelin** (brioche fourrée de sucre), le **nœud** (biscuit au beurre et à la cassonade), le **cramique** (pain brioché aux raisins), le **pistolet** (petit pain rond) et le **mastel** (pain biscotté à l'anis). Les **Lierse vlaaikens** (tartelettes de Lierre), la **tarte au maton** (tarte au fromage blanc, lait battu et aux amandes), la **flamiche** (tarte au romedenne, fromage local, servie chaude), la **tarte al djote** (tarte aux bettes, fromage, œufs, lardons et crème, servie chaude) et la **tarte au stofé** (tarte au fromage blanc, œufs, amandes et pâte de pommes) sont délicieuses !

En accompagnement du café, on sert souvent un **speculoos** (biscuit sec à la cassonade), des **kletskoppen** (galettes fines au beurre, aux amandes et noisettes), des **mokken** (macarons à la cannelle ou à l'anis), des spantôles (biscuit de dessert dont le nom est celui d'un canon célèbre) ou des **lukken** (gaufrettes au beurre de forme ovale). Goûtez aussi les **manons** (chocolats fourrés de crème fraîche), les **babeluttes** (caramels durs au beurre) et les **baisers de Malmedy** (meringues fourrées à la crème Chantilly).

BOISSONS

Si la bière est la boisson nationale *(voir ci-dessous)*, on sert du vin dans les restaurants. Le pays produit des alcools et des liqueurs, notamment l'**élixir d'Anvers** (liqueur aromatisée sucrée) et l'élixir de Spa (sorte de chartreuse). Le **genièvre** bu pur ou fruité est distillé surtout à Hasselt. À Liège, le genièvre s'appelle **péket**. Le **Maitrank** arlonais est un apéritif original.

Au pays de la bière

De fermentation basse ou haute, blonde ou brune, douce ou amère, aigrelette ou sucrée, légère ou corsée, fruitée ou épicée, filtrée ou trouble… nulle part ailleurs, il n'existe autant de variétés de bière qu'en Belgique. La bière était déjà connue dans l'Antiquité, puis chez les Gaulois qui l'appelaient « **cervoise** ». Au Moyen Âge, le brassage de la bière était le privilège des monastères. Les abbayes perpétuent aujourd'hui la tradition. Tout comme le vin, la bière a été pendant longtemps une boisson plus potable que l'eau. Le pays compte aujourd'hui plus de 100 brasseries. Mais la consommation de bière décline chez les Belges, accusant même une baisse de 30 % sur un peu plus de vingt ans (86 l consommés en moyenne par habitant en 2012 contre 121 l en 1989). Les habitudes de consommation changent et si la bière reste la boisson nationale, le vin gagne des adeptes...

LE PROCESSUS DE FABRICATION

Le **malt** est obtenu à partir de l'orge. Les grains sont trempés dans l'eau, ce qui provoque leur germination. L'orge germée est ensuite séchée, placée dans une touraille, puis réduite en farine : c'est le **maltage** ; le malt constitue la matière première de la bière. Selon les différents processus de séchage, l'on obtient différentes sortes de malt qui donneront à la bière sa couleur après le brassage.
Le **brassage** consiste à transformer le malt moulu en jus sucré : le **moût**. C'est la partie la plus importante de la fabrication qui consiste à faire tremper le moût dans de l'eau chaude, opération pendant laquelle l'amidon contenu dans le moût est transformé en sucre maltose. La variété de bière obtenue dépend de la durée d'infusion et des paliers de température. Dans les brasseries, on utilise encore à cet effet des cuves en cuivre. L'ajout de houblon pendant l'ébullition donne à la bière sa saveur et son amertume.
Le **houblon** est une plante grimpante qui peut atteindre 5 à 7 m de haut. La cueillette a lieu en septembre. Seuls les cônes sont utilisés pour la préparation de la bière. On en produit surtout à Alost et Poperinge.
Une fois le moût refroidi, la **fermentation** commence sous l'action de la levure dont on a ensemencé les cuves. Cette opération dure quelques jours, pendant lesquels le moût se change en alcool et gaz carbonique. Selon la température et la durée de fermentation, on obtient trois types de bières.

Les **bières de fermentation basse** sont des blondes du type « Pilsener » appelées « pils ». La fermentation et surtout la garde ou maturation se font à basse température, notamment à 9 °C et 0 °C. Les plus connues sont la Stella Artois, la Jupiler et la Maes.

Les **bières de fermentation haute** s'obtiennent grâce à une température « haute » (24-28 °C) à laquelle succède généralement une maturation à 13-16 °C, sorte de deuxième fermentation en tonneau ou en bouteille. La plupart des bières « spéciales » en font partie.

La méthode de fabrication des **bières de fermentation spontanée** consiste à laisser la fermentation se développer spontanément, sans apport de levure. Après un temps de conservation assez long, de 2 à 3 ans dans de vieux tonneaux à vin, la bière porte le nom de « **Lambic** ». Ce procédé ne se pratique que dans les environs de Bruxelles. Selon les spécialistes, c'est la bière la plus pure et la plus naturelle...

À VOTRE SANTÉ...

La Belgique compte plus de 400 bières commercialisées sous plus de 800 noms. Vous aurez l'embarras du choix...

Le Lambic

Le Lambic sert au brassage de différentes autres bières. Après une période de conservation assez longue, la bière est soutirée en bouteilles où se produit une deuxième fermentation. Elle devient ce qu'on appelle la **Gueuze**, pétillante et acide. La **Kriek** doit sa couleur rouge et son goût fruité aux cerises macérées dans du Lambic. La **Framboise** est fabriquée selon le même procédé. Les producteurs les plus connus de Lambic sont Belle Vue, St-Louis et Gambrinus.

Les trappistes et bières d'abbaye

La réputation de la bière trappiste belge, encore toujours brassée dans des abbayes, n'est plus à faire. Parmi les cinq abbayes qui fabriquent de la trappiste, **Orval**, **Chimay** et **Westmalle** jouissent d'une grande renommée, d'autres bières trappistes sont brassées à **Rochefort** et **Westvleteren**. Parmi les bières d'abbaye, citons celles de **Corsendonk**, **Leffe**, **Maredsous**, **Grimbergen** et **Affligem**.

Les autres bières spéciales

Les bières blanches (**Hoegaarden**, **Brugs Tarwebier**) ont une couleur pâle et sont troubles. Les bières rouges (**Rodenbach**, **Petrus**) sont typiques de la Flandre occidentale et ont un goût âpre. Les bières brunes (**Liefmans**) sont plutôt sucrées et s'emploient surtout en cuisine. Les **Saisons de Wallonie** sont des bières artisanales locales qui sont généralement soutirées dans des bouteilles de vin. La **Palm** et la **De Koninck** sont des ales ambrées ; l'ale la plus connue en Wallonie est la **Vieux Temps**. Parmi les bières les plus fortes, citons la **Duvel**, la **Hapkin** et la **Delirium Tremens**. Et l'on ne compte plus les bières locales : **Brigand**, **Kasteelbier** et **Kwak** en Flandres, **Bush Beer** et **La Chouffe** en Wallonie, pour n'en citer que quelques-unes.

Culture

Si les lettres belges s'exportent peu, elles sont pourtant prolifiques, riches et d'une incontestable originalité. En revanche, la musique du « Plat Pays » d'hier (Jacques Brel) et d'aujourd'hui (Ghinzu, dEUS et Arno) et le cinéma belge, emmené par les frères Dardenne et l'inclassable Benoît Poelvoorde, sont plus célèbres hors de leurs frontières. Mais plus que tout, ce sont les aventures de Tintin, les exploits de Lucky Luke, les péripéties de Blake et Mortimer et les gaffes de Gaston, qui ont conquis le cœur du public. Tous nés sous la plume d'auteurs belges, ces héros de papier connaissent un immense succès dans le monde entier.

La littérature

BELGIQUE FRANCOPHONE

Au cours des siècles, le pays a eu des chroniqueurs célèbres : au 14e s., Froissart, né à Valenciennes et mort à Chimay ; Philippe de Commines, au 15e s. ; Jean Lemaire de Belges, né à Bavay au 16e s.

Au 18e s., un mémorialiste, le prince de Ligne, se distingua par son cosmopolitisme.

Depuis plus de 100 ans s'est développé un mouvement littéraire original et vivant.

Après le grand précurseur **Charles De Coster**, auteur du célèbre *Uylenspiegel* (1867), l'époque du groupe « La Jeune Belgique » (1881) vit surgir des romanciers comme l'Anversois Georges Eekhoud (1854-1927), **Camille Lemonnier** (1844-1913) (*Un mâle*, 1881), des poètes comme le Gantois van Lerberghe (1861-1907), qui écrivit en 1904 l'exquise *Chanson d'Ève*, l'Anversois Max Elskamp (1862-1931), **Georges Rodenbach** (1855-1898) connu pour son recueil des Vies encloses et son roman *Bruges la Morte* (1892). Certains ont acquis la gloire universelle, tels le grand poète **Émile Verhaeren** (1855-1916) et le Gantois **Maurice Maeterlinck** (1862-1949), dramaturge mystérieux et triste de *Pelléas et Mélisande*, mais aussi essayiste de *La Vie des abeilles* et prix Nobel en 1911.

Parmi les générations qui ont suivi, citons les poètes **Maurice Carême** (1899-1978), Robert Goffin (1898-1984), Jean de Boschère (1878-1953), **Marcel Thiry** (1897-1977), auteur de *Toi qui pâlis au nom de Vancouver*, Marie Gevers (1883-1975) qu'on a comparée à Colette, le Bruxellois Franz Hellens (1881-1972), également romancier, tourné vers le fantastique, Pierre Nothomb (1887-1966), à qui l'on doit aussi quelques romans *(La Vie d'Adam)*.

Le Montois **Charles Plisnier** (1896-1952) est un romancier célèbre (prix Goncourt pour *Faux Passeports*). **Fernand Crommelynck** (1886-1970) est connu pour sa pièce pleine de truculence, *Le Cocu magnifique* (1921). **Michel De Ghelderode** (1898-1962) est un dramaturge fécond et audacieux.

Il faut rendre hommage à **Maurice Grevisse** (1895-1980), auteur du *Bon Usage* (1936), et à M. Joseph Hanse (1902-1992), auteur du *Nouveau Dictionnaire des difficultés du français*

moderne, ouvrages de référence grammaticale et linguistique.
Ont acquis une renommée internationale : le Namurois **Henri Michaux** (1899-1984), qui a adopté la nationalité française, le Liégeois **Georges Simenon** (1903-1989), père du fameux inspecteur Maigret, lancé en 1930, et auteur de nombreux romans d'analyse, **Marguerite Yourcenar** (1903-1987), née à Bruxelles, première femme élue à l'Académie française, l'essayiste **Suzanne Lilar** (1901-1992) à qui l'on doit des œuvres comme *Le Journal de l'Analogiste*, *Le Couple* et *Une enfance gantoise*, l'historien **Carlo Bronne** (1901-1987), ou la romancière **Françoise Mallet-Joris** (née en 1930), pseudonyme de Françoise Lilar, auteur de romans et d'essais.
L'auteur-compositeur de chansons *(Le Plat Pays, Ne me quitte pas, Quand on n'a que l'amour)*, **Jacques Brel** (1929-1978) peut prendre rang parmi les poètes de Belgique. Il faut également citer l'auteur bruxellois **Pierre Mertens** (né en 1939) qui reçoit en 1987 le prix Médicis pour son roman *Les Éblouissements*. En 1996, ce même prix prestigieux est attribué à la romancière, scénariste et psychanalyste **Jacqueline Harpman** (1929-2012) pour *Orlanda*. D'origine flamande, **Liliane Wouters** (née en 1930) publie des pièces de théâtre et des essais. Auteur de *La Place du mort*, **Jean-Luc Outers** (né en 1949) est responsable du Service général des lettres et du livre auprès du ministère de la Culture de la Communauté française. Les romans d'**Amélie Nothomb** (née au Japon en 1967) se caractérisent par un style simple et direct.
Plusieurs institutions défendent la littérature d'expression française : l'Académie royale de langue et de littérature françaises de Belgique et l'Association des écrivains belges.

BELGIQUE FLAMANDE

Née au 12e s., la littérature flamande s'affirme au 13e s. avec la poétesse Hadewijch et **Jacob van Maerlant**, poète et moraliste, et, au 14e s., avec le mystique **Ruusbroec l'Admirable**, considéré comme le père de la prose néerlandaise.
Au 19e s. se signalent l'Anversois **Hendrik Conscience**, auteur romantique de romans et de nouvelles, et le grand poète catholique **Guido Gezelle**.
Au 20e s. apparaissent de nombreux poètes parmi lesquels **Karel van de Woestijne** (1878-1929), sensuel et mystique, et le moderniste expressionniste **Paul van Ostaijen** (1896-1928). Au nombre des romanciers figurent Cyriel Buysse (1859-1932), **Stijn Streuvels** (1871-1969) qui puise son inspiration dans le plat pays du sud-ouest *(Le Champ de lin)*, **Herman Teirlinck** (1879-1967), fécond romancier et aussi dramaturge, Willem Elsschot (1882-1960), **Ernest Claes**, aux récits malicieux, **Félix Timmermans** et Gérard Walschap (1898-1989).
Après 1930, la poésie est dominée par **Jan van Nijlen** (1884-1965), **Richard Minne** (1891-1965), **Karel Jonckheere** (1906-1993), **Anton van Wilderode** (1918-1998) et **Christine D'Haen** (1923-2009).
Vers 1948 apparaît une seconde vague moderniste où se distinguent le Brugeois **Hugo Claus** (1929-2008), également dramaturge (*Andréa ou la Fiancée du matin*, 1955 ; *Vendredi*, 1970), romancier (*La Canicule*, 1952 ; *L'Étonnement*, 1962 ; *Le Chagrin des Belges*, 1983) et poète, Paul Snoek (1933-1983) et **Hugues Pernath** (1931-1976).
Le roman flamand compte **Marnix Gijsen** (1899-1984), révélé par un conte philosophique (*Joachim van Babylon*, 1948) ; **Louis-Paul Boon** (1912-1979), prosateur réaliste passionné (*Route de la Chapelle*,

1953 ; *Menuet*, 1955) et peintre de surcroît ; **Johan Daisne** (1912-1978), auteur de *L'Homme au crâne rasé* (1947) et de *Un soir, un train* (1950) dont André Delvaux a tiré des films (1965 et 1968) ; **André Demedts** (1906-1992) ; **Hubert Lampo** (1920-2006) ; Ward Ruyslinck (né en 1929) ; Jef Geeraerts (né en 1930) qui s'intéresse au problème congolais (*Je ne suis qu'un nègre*, 1961 ; *Gangrène I-IV*, 1968-1977) ; **Ivo Michiels** (né en 1923), dont les recherches formelles s'inscrivent dans le contexte de l'avant-garde européenne (*Le Livre Alpha*, 1963). Parmi la jeune génération, citons **Leo Pleysier** (né en 1945), **Walter van den Broeck** (né en 1941), **Eriek Verpaele** (né en 1952), **Erik de Kuyper** (né en 1942), **Monika van Paemel** (née en 1945), **Kristien Hemmerechts** (née en 1955), **Herman Brusselmans** (né en 1957), **Tom Lanoye** (né en 1958) ainsi que les poètes **Leonard Nolens** (né en 1947) et **Herman de Coninck** (1944-1997), disparu trop jeune.
Jean Ray (1887-1964), né à Gand, publia sous le nom de John Flanders des contes noirs en néerlandais et, en français, des romans fantastiques parmi lesquels *Malpertuis* (1943) adapté au cinéma.

Les sons de Belgique

En Belgique figurent des artistes radicalement différents qui ont su exporter leur talent au-delà des frontières du Plat Pays et marquer le paysage musical en France.

CHANSONS À TEXTE ET VARIÉTÉS

Jacques Brel est certainement le plus emblématique d'entre eux. Débarqué à Montreuil en 1955, ce fils d'industriels catholiques flamands enflamma pendant près de vingt-cinq ans Bobino, l'Olympia et la France entière grâce à ses tubes *(Ne me quitte pas, La Valse à mille temps, Jeff, Ces gens-là)*. Ce stakhanoviste des tournées, qui ne cédait jamais à la tentation du rappel, compléta son CV flatteur par des passages réussis au cinéma et termina sa vie, malade, en 1978, dans la douceur des îles Marquises, en Polynésie française. Il fut élu Plus Grand Belge de tous les temps par le public de la RTBF, en 2005.
Dans le même registre émotionnel que Brel, la voix brisée d'**Arno** fait la part belle à des textes empreints d'une grande sincérité servis par des prestations scéniques électriques…
De nombreux autres artistes belges ont connu la célébrité en France, grâce à un répertoire surfant allégrement sur la vague de la variété (Frédéric François, Lara Fabian, Adamo, Maurane, Axelle Red). Le jeune **Stromae**, à qui la planète entière a répondu positivement à sa proposition de danser (*Alors on danse !*), se réclame du Grand Jacques. Et **Selah Sue**, la jeune et jolie auteur-compositeur blonde de Louvain, impose sa voix unique.

UNE SCÈNE ROCK DYNAMIQUE

Dans les années 1990, un groupe belge secoue la planète rock : **dEUS**. Mené par un leader charismatique, le chanteur Tom Barman, ces Anversois furent les premiers à imposer le rock *Made in Belgium* hors des frontières nationales. C'est grâce à l'album *The Ideal Crash* (1999) que dEUS charma le public et la critique en Europe et assura une tournée américaine. Loin des expérimentations de leurs débuts, l'album propose un son rock imparable, des mélodies entêtantes et une production particulièrement soignée. Si le groupe continue d'écumer les salles européennes et d'entretenir sa discographie, il a entraîné dans son sillage des formations décomplexées qui font du rock *Made in Belgium* une vraie marque de fabrique :

K's Choice et **Hooverphonic** dans les années 1990, **Girls in Hawaii** et **Ghinzu** dans les années 2000. Ghinzu connaît un succès foudroyant en France grâce à des albums nerveux et flamboyants et des prestations scéniques euphorisantes. Le troisième opus du groupe, *Mirror, Mirror* (2009), est celui de la consécration pour John Stargasm et ses acolytes bruxellois, réclamés dans tous les plus grands festivals européens.
D'autres groupes permettent également de propager l'énergie belge sur le reste du continent, parmi ceux-ci **Sharko**, **Montevideo**, **Soulwax**, **Malibu Stacy**, **Millionaire**, **Venus** ou encore **Dead Man Ray** sont à découvrir.

L'étrange univers du cinéma belge

Longtemps éclipsé par les cinémas voisins, et en premier lieu par le cinéma français, le cinéma belge est pourtant réputé pour la qualité de ses œuvres documentaires – représentées par le réalisateur **Alfred Machin** (1877-1929) –, ses nombreux films sur le thème de l'art (*Nos peintres*, 1926), son cinéma expérimental (*Le Combat de boxe*, 1927, et *Images d'Ostende*, 1930), sans oublier ses films d'animation rendus célèbres par **Raoul Servais** (*Harpya*, 1979, palme d'or du court-métrage, *Chromophobia*, 1966, primé à Venise).

LA CONSÉCRATION EN FRANCE

Subventionné à partir des années 1960, le cinéma belge se révèle véritablement dans les années 1990, avec une rafale de récompenses, en particulier au festival de Cannes : après *Toto le héros* (1991), de **Jaco van Dormael**, l'inclassable **Benoît Poelvoorde** entre dans la célébrité pour le cynisme de *C'est arrivé près de chez vous* (1992), Prix du public. Dès lors, le Namurois ne cessera de tourner pour s'imposer comme l'un des acteurs les plus populaires et... les plus rentables du cinéma français. Un chemin que suivent la talentueuse **Cécile de France** (*L'Auberge espagnole*, *Au-delà*), l'inimitable **François Damiens** (*L'Arnacœur*, *OSS 117*) ou, devant et derrière la caméra, l'étrange et sensible **Bouli Lanners** (*Les convoyeurs attendent*, *Eldorado*). De leur côté, les frères **Jean-Pierre** et **Luc Dardenne** sont récompensés à Cannes pour *Rosetta* (1999), *L'Enfant* (2005), *Le Silence de Lorna* (2008) et *Le Gamin au vélo* (2011). Les deux réalisateurs révéleront des acteurs tels que **Émilie Dequenne** *(Rosetta, La Fille du RER)*, **Olivier Gourmet** *(La Promesse, Le Fils)* et **Jérémie Renier** *(L'Enfant, Les Amants criminels)*.
Voir aussi Filmographie p. 25.

Le neuvième art en Belgique

Éditant chaque année près de 40 millions de BD (75 % d'exportation), la Belgique fait figure de proue ! La plupart des ouvrages paraît en français, seulement un cinquième des albums est publié en néerlandais. Cette différence s'explique par l'évolution de la BD dans les années 1930-1940. À cette époque, les bandes dessinées étaient incluses dans les quotidiens. En Wallonie, cela prit la forme d'un supplément hebdomadaire, tandis qu'en Flandre, la BD prenait place chaque jour parmi les articles du journal (*Néron* de Marc Sleen, 1944). La BD évolua donc plus rapidement en Wallonie au point de devenir un média indépendant à part entière, à la différence de la Flandre où les auteurs de BD continuaient de dépendre des journaux.

Si vous voulez en savoir plus sur l'histoire de la BD belge, une visite s'impose au **Centre belge de la bande dessinée** à Bruxelles *(voir p. 112)*, où l'on peut admirer les dessins originaux des maîtres classiques et ceux de la nouvelle génération.

LES DIFFÉRENTES ÉTAPES

Scénariste et dessinateur

La bande dessinée naît d'une étroite collaboration entre un scénariste et un dessinateur. Le **scénariste** invente l'histoire, rédige les dialogues, choisit le découpage des cases et la position des personnages, et décrit les décors. Le **dessinateur** met le scénario en images. Après le crayonné des personnages, viennent le montage des vignettes et de la planche, et le croquis à l'encre de Chine. Un **lettreur** calligraphie le texte. Ensuite, les originaux en noir et blanc sont envoyés chez l'éditeur qui, après approbation, en reproduit un « bleu » sur lequel le **coloriste** apporte les couleurs. La BD est alors prête pour l'impression.

Studios de BD

Certains auteurs allient les tâches de scénariste et de dessinateur, composant eux-mêmes l'histoire et le dessin. C'était le cas de Hergé. Son succès le contraignit à engager des collaborateurs, et il créa les **Studios Hergé**, inspirés du modèle américain : une équipe composée de documentalistes, de coloristes, de dessinateurs spécialisés dans les décors, vêtements et véhicules… Ce système devait permettre de poursuivre l'œuvre du père spirituel du héros (comme c'est le cas pour les personnages de Willy Vandersteen). Mais, à l'instar d'autres créateurs, Hergé eut un avis différent et décida d'emmener ses héros avec lui dans la tombe.

DEUX ÉCOLES, DEUX COURANTS

La Belgique connaît deux écoles de bandes dessinées, l'une à Bruxelles et l'autre à Marcinelle. Toutes deux publiaient dans un journal et mettaient en scène un héros ou un leader autour duquel gravitaient les autres personnages.

L'école de Bruxelles

Bruxelles est indissociable du fameux **Tintin** ; il vit le jour en 1929 dans *Le Petit Vingtième*, supplément hebdomadaire pour enfants du quotidien bruxellois *Le XXe Siècle*. Ce jeune reporter est la création géniale de Georges Remi (1907-1983), dit **Hergé** (nom composé des initiales de son nom R. G.). Le fidèle Milou, l'irascible capitaine Haddock et le lunatique Tournesol l'accompagnent dans ses multiples aventures autour de la planète. Dix-sept ans plus tard, le 26 septembre 1946, parut, sous la direction de Hergé, le *Journal de Tintin*. Tout auteur de la légendaire bande dessinée bruxelloise a été édité par ce journal : **Edgar P. Jacobs** qui allait se rendre célèbre avec ses héros *Blake & Mortimer* (1946), **Jacques Martin** et sa série historique *Alix l'Intrépide* (1948) et *Lefranc* (1952), **Willy Vandersteen** qui, parmi de nombreuses autres BD, se tailla un franc succès avec *Bob et Bobette* (1945), et **Bob De Moor** qui fut le principal collaborateur de Hergé pendant plus de trente ans. L'école bruxelloise se caractérise par son réalisme, tant au niveau du récit et des héros que des décors. Les textes relativement longs sont placés dans des bulles rectangulaires tandis que le dessin au graphisme particulièrement soigné et les personnages sans ombre se conforment à ce qu'on appelle la « ligne claire ».

L'école de Marcinelle

Spirou était le héros de l'école de Marcinelle (un faubourg de Charleroi). Né le 21 avril 1938 sous la

plume de Rob-Vel pour le *Journal de Spirou*, ce groom espiègle fut repris en 1941 par Jijé et en 1946 par Franquin. Le pivot et l'inspirateur de cette école fut **Joseph Gillain** (1914-1980), alias **Jijé** qui en plus de *Spirou* créa d'autres séries telles que *Jerry Spring*, *Tanguy et Laverdure*. Parmi ses élèves et collaborateurs les plus renommés, citons **Franquin**, le père spirituel du *Marsupilami* (1952) et de l'antihéros *Gaston Lagaffe* (1957), **Morris** dont le cow-boy *Lucky Luke* (1947) conquit le monde entier, **Peyo** qui inventa les *Schtroumpfs* en 1958, **Roba**, le père de *Boule et Bill* (1959) et le scénariste **Charlier**.
À l'encontre des dessinateurs de BD de Bruxelles, l'école de Marcinelle est caractérisée par un dessin souple, faisant usage d'ombres. Les textes sont en général caricaturaux et humoristiques et placés dans des bulles arrondies. Les décors sont très simplifiés ou n'existent pas.

À la mode

D'ABORD ANVERS…

Paris, Milan, Londres, New York sont les villes phares de la mode depuis des décennies. Mais le secteur s'internationalise et de nouveaux pôles apparaissent. Dans les années 1970, **Olivier Strelli** et **Edouard Vermeulen** placent la Belgique sur la carte du monde de la mode. Dans les années 1980, la Flandre lance un programme de soutien à son industrie textile moribonde, notamment en aidant de jeunes créateurs. En 1986, six jeunes diplômés de l'Académie royale des Beaux-Arts d'Anvers exposent leurs créations à Londres et remportent un succès fulgurant. Les **Six d'Anvers** (Van Noten, Van Saene, Yee, Bikkembergs, Demeulemeester, Van Beirendonck) sont nés ! Les journalistes, les créateurs, les designers se tournent vers le port du nord qui brasse les influences et les talents. Les quais se transforment en podiums. Le quartier du Zuid devient branché. Les boutiques, les galeries et les bars s'y alignent et un musée de la mode (le MoMu) voit le jour *(voir p. 265)*. D'autres talents du monde de la mode y prennent leur envol comme l'organisateur de défilés **Étienne Russo** et **Raf Simons**, qui est depuis avril 2012 le nouveau directeur artistique de la maison Dior.

… PUIS BRUXELLES

De par son statut, Bruxelles attire les stylistes et suscite les vocations via ses écoles de renommée internationale comme Mode(s) et La Cambre. De jeunes créateurs s'épanouissent dans divers quartiers de la ville adaptés à leur style, leur caractère, leur clientèle potentielle. Dans le sillage de la boutique Stijl, celle qui a « importé » les Anversois à Bruxelles, les stylistes colonisent la **rue Dansaert** et les ruelles alentour. Ce quartier, dit « quelconque » et un peu trop calme, s'est mué en quelques années en terrain de chasse favori des fashion victims exigeantes et des découvreurs de talents. S'y côtoient les grands noms locaux comme Olivier Strelli et toute une génération de jeunes talents, qui s'approprient les espaces disponibles – minuscules boutiques ou loft épurés. Citons **Annemie Verbeke**, **Mieke Cosyn**, **Y Dress**, **Prototype**, **Jean-Paul Knott**, **Cathy Pill**, **Mademoiselle Jean**… entre autres. Les boutiques vintage et les designers leur emboîtent le pas et bien d'autres quartiers méritent des « séances d'essayage ». En attendant l'ouverture envisagée en 2015 d'un Centre de la Mode et du Design dans le quartier Dansaert, la promotion de la mode bruxelloise est assurée par le **MAD** (Mode and Design Center - *www.madbrussels.be*).

Paysages et régions

De la mer du Nord en terre flamande aux forêts profondes des Ardennes, des paysages variés se succèdent dans ce pays relativement petit qu'est la Belgique. Plages de sable fin, dunes, polders, régions vallonnées, terres de bruyère, vallées et plateaux se fondent harmonieusement.

Le territoire belge

Il s'étend sur une superficie de 30 528 km^2 et compte 10 989 474 habitants (2012). Avec 360 habitants au km^2, la Belgique est l'un des pays les plus densément peuplés d'Europe.

La circulation des personnes et des marchandises bénéficie d'une infrastructure remarquable (nombreuses voies navigables et un réseau routier très dense) et les déplacements entre domicile et lieu de travail y trouvent une ampleur gigantesque.

Le pays se divise en trois régions.

LA BASSE BELGIQUE

La Basse Belgique (jusqu'à 100 m d'altitude) est formée par les provinces d'**Anvers** (1 682 683 habitants en 2012), du **Limbourg** (805 786 habitants), de **Flandre orientale** (1 389 199 habitants) et de **Flandre occidentale** (1 130 040 habitants) dont les chefs-lieux sont respectivement Anvers, Hasselt, Gand et Bruges.

La côte

Elle s'étend sur 66 km de front rectiligne. De belles plages de sable fin en ont fait un grand lieu de villégiature, mais elles n'ont guère favorisé l'implantation de ports. La côte ne possède qu'un lieu abrité, l'embouchure de l'Yser où est situé Nieuport. Zeebrugge est un port de pêche artificiel.

Actuellement bordé par des digues, ou par un épais cordon de **dunes**, le littoral a beaucoup évolué depuis le Moyen Âge. C'était jadis une terre amphibie parcourue d'innombrables voies d'eau qui ont connu un envasement progressif comme celui de l'estuaire du Zwin, à l'origine de la ruine du commerce de Bruges. D'autre part, le travail de l'homme a complété les transformations naturelles en créant, au-delà des dunes, une région de polders.

Les polders

S'ils n'ont pas l'ampleur des polders des Pays-Bas, ils ont été aménagés de la même manière. Ce sont d'anciens marais asséchés et drainés que des écluses protègent des fortes marées. La vaste étendue des polders possède une terre très fertile qui se prête parfaitement à l'agriculture.

La Campine

Cette plaine entre l'Escaut, la Meuse et le Demer s'étale sur les provinces d'Anvers, du Brabant et du Limbourg et se prolonge aux Pays-Bas. Les sables et les cailloux charriés en masse par les fleuves

Le village de Frahant-sur-Semois, dans le Hainaut.
Wang Mo/Archibel/age fotostock

ont fait de la Campine une terre pauvre et marécageuse où ne croissent que de la bruyère et des pins sylvestres.
Peu peuplée, elle était jadis le lieu de prédilection des monastères (Postel, Westmalle et Tongerlo) ; quelques terres ont été défrichées au 19e s. ; d'autres reçurent une fonction militaire (Leopoldsburg, fondé en 1850). Au 20e s., la région a accueilli le Centre d'études nucléaires de Mol (1952) et quelques industries favorisées par la présence du canal Albert, creusé en 1939. Sa seule richesse naturelle était la houille dont les gisements, découverts à la fin du 19e s., près de Genk, ont été abandonnés car ils ne satisfaisaient plus aux exigences actuelles de rentabilité.

Une autre région sablonneuse

Vallonnée par endroits, cette région sablonneuse s'étend entre les polders de la côte, la Lys et l'Escaut. Plusieurs collines pointues sont le résidu de terrains plus résistants : les monts **Kemmel**, **Kluisberg** et **St-Aubert**. L'agriculture est pratiquée plus intensivement que dans la Campine et la population est beaucoup plus dense. Les champs cultivés sont bordés de rideaux de peupliers.
Le sol ancien, d'accès aisé, permet l'exploitation de nombreuses carrières (le porphyre de Lessines et Tournai). D'autres régions sont densément boisées comme le **Houtland** près de Torhout.
Au Moyen Âge, la présence de cours d'eau a favorisé le développement de l'industrie drapière qui perdure encore de nos jours dans l'industrie textile aux alentours de Courtrai, Tournai et Gand.

LA MOYENNE BELGIQUE

Les provinces du **Brabant flamand** (chef-lieu : Louvain, 1 037 786 habitants en 2012), du **Brabant wallon** (chef-lieu : Wavre, 370 460 habitants) et du Hainaut (chef-lieu : Mons, 1 294 844 habitants) constituent avec la région de Bruxelles-Capitale (1 151 670 habitants) le cœur du pays. Du point de vue géologique, cette région est formée par un plateau crétacé d'altitude modérée

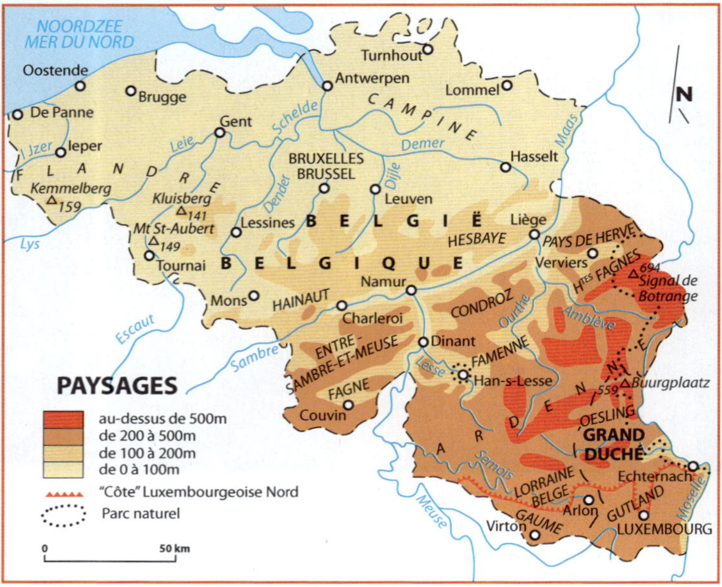

(de 100 à 200 m d'altitude) qui s'élève graduellement vers le sud, en direction du haut massif ardennais, jusqu'à près de 200 m. Son sol relativement fertile permet à la fois la culture et l'élevage.

La **Hesbaye** à l'est, le **Hainaut** à l'ouest sont des plateaux couverts de lœss, particulièrement fertiles. Les villages se dissimulent dans le fond des vallées. Les fermes sont grandes et isolées. Les bâtiments, en calcaire, en grès ou en brique souvent blanchis à la chaux, se répartissent autour d'une vaste cour centrale à laquelle on accède par un porche unique, parfois monumental.

Au sud de la Moyenne Belgique, à la jonction du massif ardennais, une longue vallée a été creusée par la Sambre et la Meuse, de Charleroi à Liège, et se prolonge dans le Borinage (Mons). Cette fracture géologique a fait apparaître des couches carbonifères qui constituent le **bassin houiller**. Sur ce « sillon Sambre-Meuse » (région liégeoise, Charleroi, La Louvière) se situent les plus fortes concentrations d'industrie métallurgique.

LES ARDENNES OU LA HAUTE BELGIQUE

Les provinces de **Namur** (461 983 habitants en 2012), **Liège** (1 047 414 habitants) et **Luxembourg** (261 178 habitants) forment la Haute Belgique (à partir de 200 m d'altitude). Leurs chefs-lieux respectifs sont Namur, Liège et Arlon. Vestiges d'un massif montagneux primaire et usé, les Ardennes sont le prolongement de l'Eifel allemand. Dans cette région, connue pour ses forêts du temps des Romains (le terme Ardenne est dérivé du nom de la déesse Arduinna), on distingue la Basse et la Haute Ardenne.

Basse Ardenne

D'altitude moyenne (200 à 500 m), c'est un ensemble de plateaux situés au sud de la Meuse : le

Condroz, une région assez fertile, composée de calcaire et de schiste, ayant pour capitale Ciney, l'**Entre-Sambre-et-Meuse** au sud de Charleroi, les dépressions de la **Famenne** (capitale : Marche-en-Famenne) et de la **Fagne**, des régions de schiste et de grès, marécageuses et boisées.
Entre ces plateaux, s'inscrivent des vallées très encaissées, celles de la Lesse, de l'Ourthe et de la Meuse. Le **pays de Herve**, région humide vouée à l'élevage, et la région de Verviers se rattachent à la Basse Ardenne. Le **pays des Rièzes et des Sarts**, au sud de Couvin, à plus de 300 m d'altitude, est une émergence du socle ardennais.

Haute Ardenne

Ce sont des plateaux bombés de plus de 500 m. Les crêtes les plus dures forment la zone inhospitalière des Hautes Fagnes, avec le point culminant du pays, le **Signal de Botrange** (694 m). Sur son sol imperméable, très humide, se sont développées les tourbières. Une partie de ces régions a été reboisée de conifères. Les vallées sinueuses, comme l'Amblève, sont plus avenantes.
Pauvre en ressources, défavorisée par des difficultés de communication et par un climat rigoureux, la Haute Ardenne, restée longtemps à l'écart du développement du pays, s'est ouverte de nos jours au tourisme.
La **Lorraine belge** (Arlon) et la **Gaume** (Virton) appartiennent géologiquement à la partie sud du Luxembourg.

LES GROTTES

Sur le plateau moyen ardennais, une véritable couronne de rivières circonscrit la région du Condroz. Ce sont la Meuse, l'Ourthe et la Lesse qui, sur le pourtour du plateau, ont creusé de profonds sillons à travers schiste et calcaire. Des gouffres se sont formés, comme le **Fondry des Chiens** à Nismes, ou différents types d'abîmes nommés chantoirs (Vallon des Chantoirs à Sougné-Remouchamps). L'eau pénétrant dans ces gouffres dissout la couche calcaire. Il se forme ainsi des rivières souterraines dont certaines ne sont que le parcours souterrain d'une rivière de surface, telle la Lesse qui disparaît près de Han pour reparaître 10 km plus loin. Elle y traverse la fameuse **grotte de Han**. La salle du Sabbat dans la **grotte de Rochefort** est également impressionnante. Le plus souvent, la rivière souterraine a tendance à pénétrer plus en profondeur. Ainsi le lit plus ancien, de niveau supérieur, n'est plus inondé qu'en période de forte crue. On peut parfois circuler en bateau dans la galerie inférieure : à **Remouchamps**, le trajet atteint 1 km. Les grottes de Goyet, de Furfooz et de Han étaient habitées à l'époque préhistorique.

La formation de concrétions

Au cours de sa circulation souterraine, l'eau abandonne le calcaire dont elle s'est chargée en pénétrant dans le sol. Ainsi se créent des concrétions aux formes fantastiques dont les représentations les plus connues sont les **stalactites**, colonnes descendant de la voûte. Les **stalagmites** s'élèvent, à l'inverse, du sol vers le plafond. Une juxtaposition de stalactites forme des draperies, une stalactite et une stalagmite réunies constituent un pilier.
Les « excentriques » sont de fines concrétions qui, produites par cristallisation, n'obéissent pas aux lois de la pesanteur et se développent souvent en diagonale. Généralement en calcite, de couleur blanche, les concrétions sont parfois teintées par la présence de minerais, l'oxyde de fer donnant une couleur rouge, le manganèse une couleur marron…

Art et architecture

Au cours des siècles, la Belgique a vu affluer sur son territoire des peuples porteurs de grands courants artistiques : Romains, Français, Allemands, Bourguignons, Autrichiens, Espagnols, Hollandais y ont laissé leurs empreintes. Cependant, des styles bien spécifiques et originaux y sont nés et se sont développés : l'art mosan, dans la principauté de Liège, et l'art flamand, particulièrement florissant sous les ducs de Bourgogne, ont donné de véritables chefs-d'œuvre.

De la préhistoire à l'Empire carolingien

Quelques mégalithes (Wéris) subsistent de l'époque préhistorique. Les fouilles pratiquées dans les villes occupées par les Romains ont fourni une multitude d'objets attestant de l'habileté des artisans : poterie, verrerie, monnaies, bronzes, statuettes en terre cuite et bijoux. C'est surtout dans les environs de **Tongres** qu'ont été découverts un grand nombre d'objets antiques. Le **pays des Trévires** (Arlon et Luxembourg) a livré d'innombrables statues, des stèles votives, des monuments funéraires dont des bas-reliefs. Du 5e au 10e s., dans les régions dominées par les Francs Saliens (Tournai) et les Francs Ripuaires (Arlon et Luxembourg), le mobilier funéraire comprenait des armes en fer damasquiné, des bijoux et des broches en bronze ou en or, sertis de verroterie. Peu de monuments architecturaux de cette période ont été conservés. Les seuls exemples qui subsistent encore sont l'église mérovingienne d'Arlon (5e s.) et le complexe abbatial de Nivelles avec ses trois églises du 7e s.

Charlemagne, installé à Aix-la-Chapelle, introduit le christianisme dans son empire. Il est à la source d'un renouveau culturel qui se manifeste dans l'art de la miniature. Les églises carolingiennes de Lobbes et de Theux sont caractéristiques par leur avant-corps, leur plafond en bois, leurs piliers carrés, la tribune située à l'ouest de la nef.

L'art roman (11e-12e s.)

Cette période voit le développement des villes et des abbayes. La Belgique actuelle est divisée en deux parties : à l'ouest de l'Escaut, la Flandre appartient à la France, tandis que les régions situées à l'est et traversées par la Meuse relèvent de l'Empire germanique. L'art roman se répand surtout le long des voies commerciales que constituent ces deux vallées. Deux courants se forment, l'art scaldien (de Scaldis : Escaut) et l'art mosan (de Meuse), qui ne manquent pas d'originalité, même si les églises présentent bien des points communs dans leur architecture : plan basilical, transept, chœur à abside, plafond plat en bois.

Détail de la cathédrale de Tournai.
Vidler Steve/Prisma/age fotostock

ART ROMAN SCALDIEN

Dans les régions scaldiennes dévastées par le passage des hordes normandes, l'architecture romane apparaît dans des édifices isolés, telle la collégiale St-Vincent de Soignies. Puis, la construction de la **cathédrale de Tournai** entraîne au 12e s. celle de plusieurs églises s'inspirant du même style. La tour à la croisée du transept, les tourelles sur la façade ouest et, à l'intérieur, des tribunes et des galeries de circulation d'influence normande caractérisent ces monuments. Plusieurs édifices civils, notamment le château des Comtes et la maison de l'Étape à Gand, la tour Burbant à Ath et quelques habitations à Tournai, appartiennent aussi à l'art scaldien : au-dessus du rez-de-chaussée aux ouvertures en plein cintre, les fenêtres, partagées en deux par une colonnette, s'alignent entre deux cordons de pierre.

Dans la région, dès le 12e s., la sculpture, favorisée par la présence de la pierre tournaisienne, est remarquable : portails et chapiteaux (cathédrale de Tournai), fonts baptismaux (Zedelgem, Termonde).

ART ROMAN MOSAN

On appelle ainsi l'art qui, au 11e et surtout au 12e s., s'est développé dans le diocèse de Liège, c'est-à-dire dans la vallée de la Meuse et son arrière-pays. Déjà important foyer artistique à l'époque gallo-romaine, la **principauté de Liège**, qui comprenait Aix-la-Chapelle, subit l'influence de l'art carolingien. Plus tard, grâce à des relations particulièrement développées avec l'archevêché de Cologne (dont dépend le diocèse de Liège) et le Rhin, c'est l'influence du style roman rhénan qui se fait sentir. Au 13e s., l'influence française prédomine : c'est la fin de l'art mosan en architecture.

Architecture

L'**architecture romane** de la région mosane conserve un certain nombre de composantes de l'art carolingien dont elle est en quelque sorte le prolongement. Tout d'abord, l'architecture ottonienne, qui se répand en Allemagne au 10e s. et au début du 11e s. sous l'empereur Otton Ier, influence une partie de la **collégiale de Nivelles**. Nivelles appartenait alors à l'évêché de Liège, qui relevait de l'Empire. Au 12e s., l'avant-corps devient plus imposant, il est flanqué de tourelles d'escalier (St-Denis et St-Jean à Liège), ou plus rarement de deux tours carrées (St-Barthélemy de Liège). L'église est décorée à l'extérieur d'arcatures lombardes. L'abside se double parfois d'une galerie extérieure (St-Pierre à St-Trond). L'église possède souvent une crypte, et parfois un beau cloître (Nivelles, Tongres). Plusieurs de ces caractéristiques se retrouvent dans la partie la plus tardive de la collégiale de Nivelles et dans de nombreuses églises rurales (Hastières-par-delà, Celles, Xhignesse).

Dinanderie et orfèvrerie

La **dinanderie** (qui doit son nom à la ville de Dinant), art de fondre et de battre le cuivre ou le laiton, pratiquée dans la vallée de la Meuse, d'abord à **Huy** puis à **Dinant**, est probablement à l'origine d'une importante tradition d'orfèvrerie liturgique qui se répand dans tout le pays mosan et produit des châsses, reliquaires, croix et reliures d'une grande richesse.
L'orfèvre **Renier de Huy** exécute probablement, de 1107 à 1118, les fameux fonts baptismaux en laiton de St-Barthélemy à Liège, d'une perfection classique exceptionnelle pour l'époque.
Par la suite, les œuvres deviennent plus complexes, plus chargées et les matériaux plus variés. **Godefroy de Huy** emploie l'émail champlevé dans la plupart de ses réalisations, notamment le chef-reliquaire du pape saint Alexandre exposé au musée du Cinquantenaire à Bruxelles. Ce véritable chef-d'œuvre fut réalisé pour l'abbaye de Stavelot, dirigée à l'époque par le célèbre moine bénédictin Wibald. Autre fleuron de l'art mosan, l'autel portatif de Stavelot (également exposé au musée du Cinquantenaire) illustrant des scènes extraites de l'Évangile et de la Bible. **Nicolas de Verdun**, qui marque la transition romano-gothique, exécute la châsse de N.-D. pour la cathédrale de Tournai en 1205. Au début du 13e s., le frère **Hugo d'Oignies** cisèle des œuvres délicates et raffinées qui sont visibles à Namur, au couvent d'Oignies. Bien des œuvres anonymes, telles la châsse de Visé (12e s.) ou celle de Stavelot, du 13e s., appartiennent à l'art mosan.

Sculpture

L'art mosan fournit d'excellentes sculptures en bois : le Christ de Tongres, les célèbres Vierges en majesté nommées **Sedes Sapientiae** (Siège de la Sagesse) comme celles de Walcourt du musée d'Art religieux et d'Art mosan.
Les **sculptures en pierre** sont également intéressantes, en particulier les chapiteaux (Tongres), les bas-reliefs (Vierge de Dom Rupert, au musée Curtius à Liège).
Beaucoup d'églises mosanes possèdent des fonts baptismaux dont la cuve est sculptée de quatre têtes d'angle (Waha) et le pourtour décoré de rinceaux, d'animaux (St-Séverin).

L'art gothique (13e-15e s.)

ÉDIFICES RELIGIEUX

Dans les édifices religieux, l'art rhénan s'éclipse au bénéfice du gothique français importé par les communautés monastiques venues de France ou diffusé par l'intermédiaire de Tournai. Cependant, l'art gothique apparaît plus tardivement en Belgique qu'en

France. Sa première manifestation est la construction du **chœur de la cathédrale de Tournai** (1243), inspiré de celui de la cathédrale de Soissons. Des variantes propres à la Belgique ou à certaines régions peuvent être observées. L'église gothique est plus large en Belgique qu'en France et souvent moins élevée. Par contre, la tour servant de clocher est très imposante.

Gothique scaldien

Cette variante du gothique perpétue les caractères apparus à l'époque romane sous la forme d'un triforium et d'une tour carrée à la croisée du transept, mais sa principale particularité est la présence de fenêtres à trois lancettes, ou **triplets**. Le plus bel exemple du gothique scaldien est l'**église St-Nicolas** à Gand. N.-D.-de-Pamele (1235-1300) à Audenarde relève aussi de ce style.

Gothique brabançon

Dans le Brabant, le style gothique ne fait son apparition qu'au 14e s. Les architectes, sculpteurs et tailleurs s'inspirent des grandes cathédrales françaises (Sts-Michel-et-Gudule à Bruxelles), mais les modifications qu'ils apportent créent un style particulier qui se répand au-delà de la province (cathédrale d'Anvers).
L'église brabançonne, large édifice à trois nefs et déambulatoire à chapelles rayonnantes, se distingue par la présence d'une tour massive formant porche à l'ouest (la tour de la cathédrale St-Rombaut à Malines en est l'exemple le plus remarquable) et ses chapelles latérales surmontées de pignons triangulaires. Le transept fait souvent défaut (basilique de Hal) ainsi que les rosaces qui sont remplacées par de grandes baies. L'intérieur est très caractéristique. La nef est portée par de robustes piliers cylindriques, dont les chapiteaux sont ornés, à l'origine, d'une double rangée de feuilles de choux frisés. À ces piliers, s'adosseront par la suite de grandes statues d'apôtres. La voûte est d'un gothique encore peu évolué. Les chapelles des collatéraux communiquent entre elles, formant ainsi de nouvelles nefs. Enfin, le triforium est parfois remplacé par une balustrade très ouvragée, sans galerie de circulation. La basilique de Hal en est un des plus beaux exemples.

BEFFROIS, HALLES ET HÔTELS DE VILLE

Dès la fin du 13e s., l'originalité des architectures se manifeste, surtout en Flandre, dans les **édifices communaux** : beffrois, halles et hôtels de ville. L'industrie drapière florissante favorise la création et la croissance des villes. Pour défendre leur prospérité, les habitants obtiennent des privilèges et des chartes urbaines garantissant le libre exercice de leur commerce. Ces précieux documents sont conservés en lieu sûr, notamment au beffroi. Les bourgeois construisent pour leurs réunions et leurs affaires des monuments imposants. Témoignant d'une autonomie locale jalousement défendue et d'une vie communale active, ces édifices s'ordonnent autour de la Grand-Place.

Beffrois

Symbole de la puissance communale (le clocher affichant la puissance ecclésiastique), le beffroi se dresse sur la Grand-Place. Il est parfois isolé, comme à Tournai et à Gand, ou englobé dans un édifice communal, halles (Bruges, Ypres) ou hôtel de ville (Bruxelles). Il est conçu comme un donjon avec échauguettes et mâchicoulis. Dans les fondations, on trouve la prison ; au-dessus, deux salles superposées avec, en saillie, une bretèche ou balcon d'où se font les proclamations. On y conserve aussi les chartes. Au sommet, la salle des cloches composant le carillon et la loge des guetteurs, porteurs de trompes. Enfin, couronnant l'ensemble, une girouette symbolisant la cité : dragon (Gand), lion des Flandres, guerrier, saint (Bruxelles) ou personnage local (Audenarde).

Halles

Le développement de la commune allait de pair avec celui de la draperie : au 15e s., il y avait à Gand 4000 tisserands sur 50000 habitants.
Les halles se composent d'un bâtiment rectangulaire scindé à l'intérieur en vaisseaux formant marché couvert; à l'étage sont disposés des locaux de réunion ou des entrepôts. Les plus belles sont celles de Bruges, commencées à la fin du 13e s., et celles d'Ypres, construites à la même époque et réédifiées après la Première Guerre mondiale. À Bruges comme à Ypres, les halles englobent le beffroi car, jusqu'à la fin du 14e s., elles servent généralement de maison communale.

Hôtels de ville

Les plus beaux hôtels de ville (Bruges, Louvain, Bruxelles, Audenarde) sont édifiés à partir de la fin du 14e s., alors que se fait déjà sentir le déclin du commerce du drap. Bruges donne l'exemple avec son hôtel de ville construit en 1376. Il ressemble encore à une chapelle. Après celui-ci, viendra l'hôtel de ville de Bruxelles.
Les hôtels de ville de Louvain et de Gand sont achevés sous la Renaissance, et celui d'Audenarde constitue une synthèse des précédents.
À l'extérieur, la façade est ornée de niches abritant les statues des comtes et comtesses de Flandre et des saints patrons de la cité. Au 1er étage, la grande salle des Échevins, faisant office de salle de réunion ou de salle des fêtes, est décorée de tapisseries ou tableaux représentant l'histoire de la ville ou la vie de son saint patron, et comporte toujours une cheminée monumentale. À Damme, le rez-de-chaussée de l'hôtel de ville abrite les halles.

Demeures et maisons des corporations

Le style gothique se manifeste également dans les demeures et maisons de corporations flamandes, notamment à Bruges où se crée un style bien particulier, de tendance flamboyante, qui se perpétue au 16e s. : les fenêtres sont à l'origine surmontées d'un tympan décoré, par la suite fenêtres et tympans sont réunis sous une accolade, ce qu'on appelle la **travée brugeoise**.
Toutes les réunions des corporations avaient lieu en leurs sièges, où les biens de la guilde étaient conservés. Les façades richement décorées, ornées de la statue du saint patron ou d'un animal symbolique, témoignent du rôle de premier plan que les corporations jouaient dans la société. Les plus belles maisons de corporations gothiques se dressent encore sur le Quai aux Herbes à Gand.

RETABLES EN BOIS ET STALLES

Pendant la seconde moitié du 15e s. et au début du 16e s. se développa en Brabant (Bruxelles, Louvain) à Anvers et Malines une école de sculpture qui produisit d'innombrables retables en bois, remarquables pour leur finesse d'exécution et leur réalisme empreint de pittoresque et d'une facture encore gothique. Parmi ces **retables brabançons**, outre celui d'Hakendover (1430), le plus

ABC D'ARCHITECTURE

Architecture religieuse

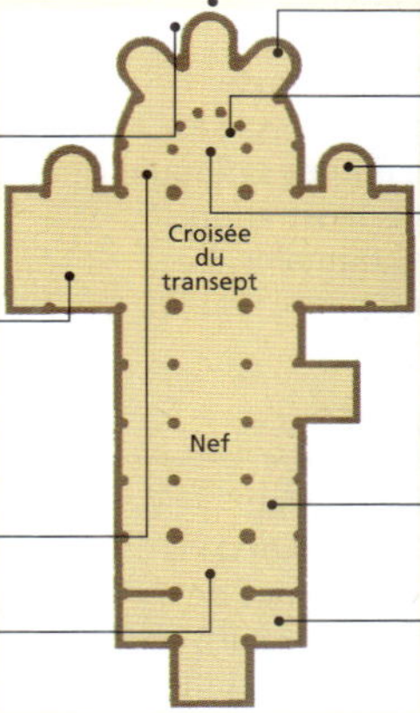

ANVERS – Coupe longitudinale de la cathédrale (14ᵉ-16ᵉ s.), transept et chœur

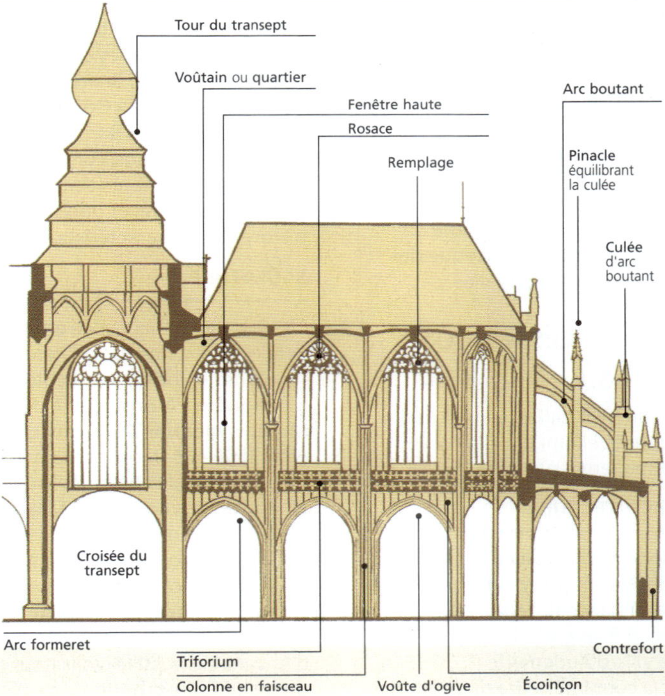

R. Corbel/MICHELIN

ancien conservé en Belgique et aussi l'un des plus élégants, il faut signaler le magnifique retable de saint Georges (1493) par Jan Borreman exposé au musée du Cinquantenaire à Bruxelles.
La même veine pittoresque se manifeste dans la sculpture des stalles dont les accoudoirs et les miséricordes (supports de sièges) s'ornent, dans les églises brabançonnes, de figures satiriques pleines de fantaisie, illustration sans pitié des vices humains. Celles de Diest sont parmi les plus remarquables.

LES ARTS DÉCORATIFS

En Belgique le gothique fait surtout preuve d'originalité dans la **décoration** des intérieurs de monuments religieux ou civils. Le travail du bois (retables, statues, stalles, poutres) est remarquable, de même que celui de la pierre, ainsi qu'en témoignent les **jubés** flamboyants de Lierre, Walcourt et Tessenderlo. L'orfèvrerie mosane disparaît après le 13e s.; en revanche, les dinandiers, répandus dans tout le pays, exécutent de magnifiques chandeliers, fonts baptismaux et lutrins.
La peinture et la tapisserie produisent à cette époque des œuvres exceptionnelles.

La Renaissance (16e s.)

L'influence italienne n'est que superficiellement ressentie et seulement à partir de 1530 environ.

ARCHITECTURE

Alors que les édifices religieux conservent le style gothique, la Renaissance italienne apparaît dans les édifices civils. Bien que l'hôtel de ville d'Audenarde (1526-1530) et la cour intérieure du palais des Princes-Évêques à Liège (1526) restent pour la plupart fidèles à l'esprit gothique, ils annoncent déjà la Renaissance. À Anvers, l'hôtel de ville (1564), construit par **Cornelis Floris de Vriendt** (1514-1575), ainsi que les maisons de corporations de la Grand-Place (fin du 16e s.), traduisent un goût nouveau. Celui-ci touche surtout les façades où apparaissent des colonnes engagées, des pilastres, des statues (hôtel de ville d'Anvers), des frises (ancien greffe à Bruges), des pignons soulignés de volutes et couronnés de statues (hôtel de ville de Furnes). Les fenêtres sont souvent surmontées de tympans moulurés, apport régionaliste hérité du gothique.
En fait, l'ampleur et l'exubérance de la décoration ont permis de qualifier de **pré-baroque** le style Renaissance dans les Flandres.
Dans la seconde partie du 16e s., sous la domination espagnole, un style nommé **hispano-flamand** se développe dans les châteaux. Il se caractérise par la présence de bulbes, comme à Ooidonk, de tourelles, comme à Rumbeke, ou de pignons à redans, comme à Beersel. Ces éléments décoratifs donnent aux édifices une silhouette pittoresque et caractéristique.

SCULPTURE

La sculpture Renaissance en Belgique s'exprime pour la première fois dans le jubé de la collégiale Ste-Waudru à Mons, œuvre du Montois **Jacques Du Brœucq** (vers 1500-1584), dont seulement quelques reliefs et statues en albâtre ont été conservés. Malgré les représentations iconographiques encore traditionnelles, l'artiste arrive à développer un style personnel. **Cornelis Floris de Vriendt**, architecte de l'hôtel de ville d'Anvers, est aussi le réalisateur du magnifique tabernacle de Léau.

Les œuvres de **Jérôme Duquesnoy l'Ancien** (vers 1570-1641), connu pour son Manneken Pis, rappellent celles de Cornelis Floris, notamment dans le tabernacle d'Alost. Sculpteur de Charles Quint, **Jean Mone** (mort vers 1548), originaire de Metz (France), est l'auteur de monuments funéraires (Enghien, Hoogstraten) et de retables (Hal) dans la plus pure ligne italienne.

L'art baroque (17e s.)

Le début du 17e s. correspond à une ère de tranquillité après les guerres de Religion et d'Indépendance. L'Espagne est alors représentée par les archiducs Albert et Isabelle, tenant une cour fastueuse à Bruxelles. Ces souverains catholiques font construire de nombreux édifices religieux. Mais jusqu'au milieu du siècle, le grand centre artistique est encore Anvers où Rubens meurt en 1640.

ARCHITECTURE RELIGIEUSE

Au début du siècle, la basilique de Montaigu, surmontée d'un dôme, et réalisée par **Cobergher** à la demande des archiducs, marque l'apparition du style baroque en Belgique. Puis, de nombreux édifices religieux de la Compagnie de Jésus, tels St-Charles-Borromée à Anvers, St-Loup à Namur, St-Michel à Louvain, s'inspirent de l'église du Gesù édifiée à Rome au siècle précédent.

À la fin du siècle, plusieurs abbatiales de prémontrés adoptent le style baroque : Grimbergen, Averbode, Ninove. Ce sont des édifices grandioses dont le plan en forme de croix tréflée est prolongé par un chœur particulièrement long ; celui-ci est réservé aux moines. Ces églises sont parfois surmontées d'une coupole comme à Grimbergen.

ARCHITECTURE CIVILE

Quelques édifices civils sont à signaler, tel le **beffroi de Mons**. Le plus bel ensemble urbain relevant du style baroque est la **Grand-Place de Bruxelles**. Réédifiée après le bombardement de 1695, elle témoigne d'une verve décorative débridée tout en restant tributaire d'un certain esprit Renaissance encore visible dans l'ordonnance des ordres dorique, ionique et corinthien, qui rythme les façades, et dans les balustrades de certains frontons.

En pays mosan, les maisons du 17e s., très caractéristiques, n'affichent aucune fantaisie, avec leurs murs de brique entrecoupés de rangées de pierre de taille entre lesquelles s'ouvrent de hautes fenêtres à meneaux, comme le musée Curtius à Liège.

SCULPTURE

Nombre d'églises de l'époque sont ornées à l'intérieur de sculptures de l'Anversois **Artus Quellin le Vieux** (1609-1668), très influencé par Rubens, ou de son cousin **Artus Quellin le Jeune** (1625-1697). Au Malinois **Luc Fayd'herbe** (1617-1697), élève de Rubens, on doit de colossales statues adossées aux colonnes de la nef et des retables. **François Duquesnoy** (1597-1643), fils de Jérôme, travaille surtout à Rome. Il est connu pour ses angelots ou « putti », gracieuses figurines de marbre, de terre cuite ou d'ivoire. Il serait l'auteur, ainsi que son frère **Jérôme Duquesnoy le Jeune** (1602-1654), d'innombrables crucifix d'ivoire tous semblables par leur finesse et leur élégance (château de Spontin).

À Liège, **Jean Del Cour** (1627-1707), qui fut collaborateur du Bernin à Rome, sculpte d'élégantes effigies de madones et de saints.

Enfin, l'Anversois **Henri-François Verbruggen** (1655-1724) s'illustre dans le travail du bois : ses confessionnaux de Grimbergen, précédés de personnages grandeur nature, montrent un mouvement et une vigueur remarquables. Ils furent très imités par la suite. Verbruggen crée aussi, à la cathédrale des Sts-Michel-et-Gudule de Bruxelles, le prototype de ces chaires à prêcher, nommées en Belgique **chaires de vérité**, représentant Adam et Ève chassés du paradis terrestre. Il faut signaler enfin les stalles d'Averbode, de Floreffe, de Vilvorde, ornées de personnages, qui sont remarquables.

Le 18ᵉ siècle

ARCHITECTURE

Le baroque subsiste dans les édifices religieux, mais à la fin du siècle, sous la domination de Charles de Lorraine (1744-1780), se répand le **style néoclassique**. La **place Royale de Bruxelles** est aménagée dans ce style par les architectes français Guimard et Barré. **Laurent Dewez** (1731-1812), architecte de ce gouverneur, construit dans le même style l'abbatiale d'Orval (1760), aujourd'hui détruite, puis celle de Gembloux (1762-1779) et enfin celle de Bonne-Espérance (1770-1776).

SCULPTURE

La sculpture baroque prolifère encore dans les églises. Les chaires deviennent **rococo**, comme l'élégant ensemble réalisé en chêne et marbre à St-Bavon de Gand, par **Laurent Delvaux** (1696-1778) qui adoptera par la suite le style néoclassique. **Théodore Verhaegen** (1700-1759), outre plusieurs chaires, exécute à Ninove un exubérant confessionnal aux figures majestueusement sculptées dans le bois. **Michel Vervoort le Vieux** (1667-1737) est l'auteur de chaires et de confessionnaux garnis de statues comme ceux de l'église St-Charles-Borromée à Anvers.

ARTS DÉCORATIFS

Les arts décoratifs sont à l'honneur au 18ᵉ s. : tapisserie, dentelle, céramique de Tournai, ébénisterie de Liège. Les meubles liégeois, inspirés du style français, garnissent de riches intérieurs aux murs tendus de cuirs peints et de tapisseries (musée d'Ansembourg, Liège). Dans la province de Liège, la richesse de l'aménagement intérieur des châteaux contraste avec la sobriété de l'architecture liégeoise (Aigremont).

Le 19ᵉ siècle

ARCHITECTURE

Au début du 19ᵉ s., le style néoclassique triomphe à Bruxelles (théâtre royal de la Monnaie, hospice Pacheco), à Gand (Grand Théâtre, palais de justice, université) et à Anvers (théâtre Bourla).
La fin du siècle voit le goût pour les pastiches de styles anciens et les **styles néo**, dont le plus bel exemple est le Palais de justice de Bruxelles de style gréco-romain, conçu par **Poelaert** (1817-1879). D'autres exemples de style néo sont l'abbaye néogothique de Maredsous (1872, J. B. Béthune), les galeries St-Hubert à Bruxelles en style néo-Renaissance (1846, J. P. Cluysenaar) et l'église néo-byzantine Ste-Marie à Schaarbeek (1845, L. van Overstraeten). Les **éclectiques** ne se contentent pas d'un seul style mais combinent des éléments empruntés au vocabulaire historique. La **gare centrale d'Anvers** (1895-1905, L. de La Censerie) et le quartier Zurenborg

À Anvers, statue de David Teniers devant deux immeubles mêlant néogothique et Art nouveau.
Heinz-Dieter Falkenst/imagebroker/age fotostock

avec la Cogels-Osylei à Berchem près d'Anvers en sont les exemples les plus remarquables.
Cependant, à partir de 1890, quelques architectes en révolte contre le plagiat du passé cherchent à renouveler formes et matériaux.

SCULPTURE

Guillaume Geefs (1805-1883), représentant du néoclassicisme, est l'auteur de la statue de Léopold Ier au sommet de la colonne du Congrès à Bruxelles. À partir de 1830, le romantisme et le goût pour le Quattrocento s'expriment dans les sculptures de **Charles Fraikin** (1817-1893) et de **Julien Dillens** (1849-1904). Celui-ci participe avec Rodin, exilé, à la décoration de la Bourse de Bruxelles. **Thomas Vinçotte** (1850-1925) compose le groupe de chevaux impétueux de l'arc de triomphe du Cinquantenaire. **Jef Lambeaux** (1852-1908) séduit par sa fougue et son élan rappelant Jordaens (fontaine Brabo à Anvers). **Constantin Meunier** (1831-1905), d'abord peintre, se tourne vers la sculpture en 1885 ; il s'accorde à l'ère industrielle nouvelle et s'attache à représenter l'homme au travail, le mineur en plein effort.

L'Art nouveau

Courant artistique typique de la Belle Époque, l'Art nouveau jouit de nos jours encore d'une renommée internationale. Doit-il son succès aux formes florales audacieuses et à la décoration élégante en fer forgé ou plutôt au coup d'œil auquel n'échappe aucun détail et au raffinement du savoir-faire ? Un fait est certain, quiconque visite la maison de Victor Horta à Bruxelles ne peut rester insensible à tant d'harmonie et d'esthétique.

LES DIFFÉRENTS COURANTS EUROPÉENS

L'Art nouveau, mouvement artistique international de la période 1893-1914, naît de façon convergente dans plusieurs pays européens où il porte des noms différents. En premier lieu, vient le mouvement franco-belge qui se caractérise par une ligne organique et asymétrique, inspirée par la nature. Le terme Art nouveau est emprunté au nom de la galerie d'art que Samuel Bing ouvrit à Paris à la fin du 19e s. Le terme allemand « Jugendstil », issu de la revue Die Jugend publiée à partir de 1896, désigne davantage la tendance géométrique de ce style. En Autriche, l'on parle de « Sezessionsstil » dont les représentants les plus importants sont Josef Hoffmann et les « Wiener Werkstätte » (les ateliers viennois). En Espagne, apparaît le « Modernismo » avec Antonio Gaudí et en Angleterre, enfin, le « Modern Style » (le mouvement « Arts and Crafts » avec William Morris et la Glasgow School of Art avec Charles Rennie Mackintosh). En dépit des caractéristiques propres, le lien qui unit ces mouvements européens est avant tout la volonté de rompre avec l'historicisme dominant.

L'ART NOUVEAU BELGE

Lorsque à la fin du 19e s., les différents styles néo et l'éclectisme triomphent, quelques jeunes architectes en révolte contre le plagiat du passé cherchent à renouveler formes et matériaux ; ils créent un tout nouveau style.
La première maison Art nouveau, l'hôtel Tassel (1893), est l'œuvre de l'architecte gantois **Victor Horta** (1861-1947). La même année, **Paul Hankar** (1859-1901), appartenant à la tendance plus géométrique de l'Art nouveau, construisit sa propre maison à St-Gilles (Bruxelles). Deux ans plus tard, **Henry van de Velde** (1863-1957) fit ériger la villa Bloemenwerf à Uccle (Bruxelles) dans un style qui rappelle les cottages anglais.
L'Art nouveau en Belgique n'avait rien d'un style artistique ordinaire. Ses inspirateurs étaient de jeunes intellectuels libres-penseurs et avant-gardistes, qui étaient souvent associés au mouvement socialiste. Ce sont eux qui en 1896 chargèrent l'architecte Horta de la construction de la célèbre **Maison du Peuple** à Bruxelles. Celle-ci fut démolie dans les années 1960 malgré un concert de protestations internationales. Parmi la clientèle de Horta, figurent des personnages progressistes de la vie économique, politique et sociale, tels l'industriel Solvay ou les propriétaires des magasins Waucquez.

MATÉRIAUX ET FORMES

Il faut attendre l'Art nouveau pour que le fer, l'acier et le verre, nouveaux matériaux déjà utilisés dans les usines, gares et halles, deviennent apparents dans les habitations et ne soient plus dissimulés sous briques ou plâtrage. D'ailleurs, non contents de renouveler uniquement la forme, les adeptes de l'Art nouveau se mirent en quête d'une nouvelle esthétique des matériaux. Il en fut de même pour la conception de l'espace où la fonctionnalité prit le dessus. C'est ainsi que Victor Horta révolutionna le plan de l'habitation en créant un puits de lumière autour duquel les pièces sont organisées.
L'Art nouveau se rallie aussi au principe du « Gesamtkunstwerk » (œuvre d'art totale). La construction et le langage des formes de l'habitation étant totalement différents des styles courants, les architectes se virent contraints de concevoir aussi sols de mosaïque, vitraux, clenches, rampes d'escaliers, charnières, lampes, tapis et meubles. Van de Velde poussa le raffinement jusqu'à assortir les tentures, la vaisselle et les toilettes de sa femme à leur intérieur. Tous ces objets aux courbes sinueuses étaient fabriqués par des artisans spécialisés, mais leur coût élevé,

dans un climat socio-économique en pleine mutation, ne contribua pas à prolonger l'essor de l'architecture Art nouveau.

L'ART NOUVEAU À BRUXELLES

Bruxelles est la capitale de l'Art nouveau par excellence. De la période 1893-1914, on a répertorié plus de 500 façades d'une valeur exceptionnelle, c'est-à-dire plus que dans toute autre ville au monde. La plupart de ces maisons se trouvent dans les faubourgs de la capitale belge. Parmi les bâtiments de **Victor Horta** subsistant encore de nos jours, citons sa propre maison, l'actuel **musée Horta** (1898-1901) à St-Gilles, les **magasins Waucquez** (1903-1906) qui abritent aujourd'hui le Centre belge de la bande dessinée, et l'**hôtel van Eetvelde** (1895-1898). D'autres maisons importantes de style Art nouveau à Bruxelles sont : **Old England** (1899), abritant actuellement le musée des Instruments de musique, de Paul Saintenoy, la **maison du peintre de St-Cyr** (1900) de Gustave Strauven, remarquable par l'étroitesse de sa façade et son exubérance, la **maison Cauchie** (1905), habitation de Paul Cauchie, et sa façade-affiche, et l'**hôtel Hannon** (1901) de Jules Brunfaut. Signalons également l'intérieur de la **maison Cohn-Donnay** (1904, actuellement le café-restaurant « De Ultieme Hallucinatie ») de Paul Hamesse.
Le célèbre **palais Stoclet** (1905-1911), conçu par l'autrichien Josef Hoffmann et les « Wiener Werkstätte » pour la famille Stoclet, annonce la fin de l'Art nouveau et le début du modernisme.

L'ART NOUVEAU DANS LE RESTE DU PAYS

La ville d'Anvers est également réputée pour ses magnifiques maisons Art nouveau, notamment dans le **quartier Zurenborg**, illustrant à merveille la diversité des styles fin de siècle. Les demeures de style Art nouveau, dans ce quartier remarquablement bien préservé, sont de Jos Bascourt, Jules Hofman et Frans Smet-Verhas. C'est à ce dernier que l'on doit aussi l'immeuble **Les Cinq Continents** (1901). La maison du peuple libérale **Help U Zelve** (1881) de van Averbeke et van Asperen mérite également d'être citée.
À Gand, les adeptes du nouveau style étaient les architectes Geo Henderick et Achiel van Hoecke-Dessel tandis qu'à Liège, les personnalités les plus importantes étaient Paul Jaspar et Gustave Serrurier-Bovy, ce dernier surtout dans le domaine de l'ébénisterie et des arts décoratifs.

De l'Art déco à l'époque contemporaine

Grands noms de l'architecture belge, Victor Horta et Henry van de Velde n'ont pas fait d'émules à l'époque moderne et contemporaine. En raison de sa situation au cœur de l'Europe, la Belgique a toutefois réalisé une synthèse parfois unique des styles d'avant-garde nombreux et divergents des pays voisins.

ARCHITECTURE

Le **palais Stoclet** (1906-1911, Josef Hoffmann) eut une énorme influence sur l'évolution de l'architecture tant en Belgique qu'à l'étranger. Façades blanches, toits plats et volumes géométriques annoncèrent déjà l'architecture moderne et trouvèrent partout des adeptes. La Première Guerre mondiale mit toutefois un frein à ce développement, car en général la préférence fut donnée à la reconstruction des villes dévastées dans les styles historiques, tentant ainsi de renouer avec les traditions et les certitudes d'avant-guerre. Mais l'évolution se poursuivit. Parmi les mouvements architecturaux en Belgique pendant l'entre-deux-guerres, nous nous limiterons ici aux deux styles les plus importants : l'Art déco et le modernisme.

L'Art déco

L'Art déco (le terme est dérivé de l'« Exposition internationale des Arts décoratifs et industriels modernes » organisée à Paris en 1925) est un mouvement qui s'inscrit entre le modernisme et l'architecture traditionnelle. Les formes cubiques rigoureuses sont encore parées d'éléments traditionnels : colonnes sans chapiteau, frises et plafonds à caissons. Les pavements de mosaïque, les carrelages colorés habillant les sols et les éléments en argent, acier et laiton étaient très en vogue. Tout comme pour l'Art nouveau, la construction et l'intérieur forment un ensemble harmonieux selon le principe sacro-saint du « Gesamtkunstwerk ». Quelques exemples d'édifices de style Art déco à Bruxelles sont la basilique de Koekelberg (1920-1970, **Albert van Huffel**), l'hôtel de ville de Forest (1925-1936, **J. B. Dewin**), l'Institut national de radiodiffusion, place Flagey (1933-1939, **Joseph Diongre**) et le palais des Beaux-Arts (1919-1928), l'une des dernières œuvres de Horta. **Antoine Pompe** et **Jef Huygh** sont d'autres représentants importants de ce courant.

Le modernisme

Tout comme l'acier et la fonte servirent au 19e s. à créer de nouvelles constructions, les modernistes introduisirent l'utilisation du béton armé et le système du vitrage. Les lignes abstraites, la sobriété des ornements et les volumes simples et purs étaient typiques du mouvement moderniste. Les formes mais aussi les techniques étaient nouvelles. La pénurie de logements de l'après-guerre plaça les architectes devant un nouveau défi : construire rapidement des habitations sociales bon marché. Ce fut l'éclosion des cités-jardins dans les années 1920 : « Floréal » et « Le Logis » à Watermael-Boisfort réalisés par les architectes **Jean J. Eggerickx** et **Louis van der Swaelmen**, « Klein Rusland » à Zelzate et « Kapelleveld » à Woluwe-St-Lambert de **Huib Hoste** et la Cité moderne à Berchem-Ste-Agathe de **Victor Bourgeois**. D'autres représentants importants du modernisme sont **Henry van de Velde** (bibliothèque universitaire de Gand, 1932-1935), **Eduard van Steenbergen** (Athénée royal de Deurne, 1936), **Louis Herman De Koninck**, **Gaston Eysselinck** et **Marcel Leborgne** construisent des habitations dans le style de Le Corbusier, et **Léon Stynen** (casino d'Ostende, 1948).

De 1945 à nos jours

Après la Seconde Guerre mondiale, Bruxelles s'attaque à la reconstruction avec acharnement. L'axe nord-sud est enfin achevé et plusieurs complexes monumentaux sont érigés, tels le nouvel immeuble de la Banque nationale, la Cité administrative (1958-1984) et le World Trade Center (1969). Le Mont des Arts retrouve un nouveau look et on commence la construction de la Bibliothèque royale (1949-1964). Symboles de la modernité, les « tours », dans les années 1950, servent surtout de logements sociaux (ensemble d'habitations, quartier du Kiel, Anvers). L'architecture moderne des années 1960-1970 compte parmi ses représentants les plus importants le militant social **Renaat Braem**, **Roger Bastin** (musée d'Art moderne à Bruxelles, 1973), **Jacques Dupuis**, **Claude Strebelle** et **Charles Vandenhove** (campus universitaire du Sart Tilman près de Liège, 1960), **André Jacqmain** (université catholique de Louvain à Louvain-la-Neuve, 1972) et **Lucien Kroll** (la Mémé ou Maison médicale sur le terrain de l'UCL – université catholique de Louvain – à Woluwe-St-Lambert, 1975). **Bob van Reeth** (café « Zuiderterras » à Anvers, 1987), **Bruno Albert** (École des hautes études commerciales à Liège, 1994), **Jo Crepain**, **Willem-Jan Neutelings** (caserne Hollain à Gand, 1993-1998), **Xaveer De Geyter**, **Christian Kieckens**, **Stéphane Beel** (musée Roger-Raveel à Machelen-aan-de-Leie, 1999), **Paul Robbrecht** et **Hilde Daem** (Concertgebouw à Bruges, 2002) représentent la jeune génération d'architectes.

SCULPTURE

La période impressionniste est surtout illustrée par **Rik Wouters** (1882-1916) qui laisse éclater sa spontanéité dans des réalisations très enlevées comme *La Vierge folle*. **George Minne** (1866-1941) jette les bases de l'expressionnisme qui a comme principaux représentants **Oscar Jespers** (1887-1970) et **Joseph Cantré** (1890-1957). **Georges Grard** (1901-1984) célèbre l'image sensuelle du corps féminin. Dans les années 1920, l'art abstrait fait déjà une apparition dans les œuvres de **Victor Servranckx**. Parmi les pionniers de l'après-guerre, citons **Maurice Carlier** et **Félix Roulin** (né en 1931) qui martèle dans le cuivre un monde très personnel en insérant des fragments de corps humain (mains, bouches, jambes…) dans des reliefs. **Jacques Moeschal** (1913-2004), architecte et sculpteur, jalonne les autoroutes et les espaces urbains de ses œuvres d'acier ou de béton. **Vic Gentils** (1919-1997) réalise des assemblages avec du matériel de récupération. **Pol Bury** (1922-2005), héritier des surréalistes et proche du groupe **CoBrA**, s'est attaché depuis les années 1950 à concevoir des sculptures où le mouvement est toujours présent. L'Anversois **Panamarenko** (né en 1940) fait l'analyse de la relation entre l'art et la science moderne. Ses aéronefs et autres « avions » sont à la fois ludiques et poétiques.

La peinture

Jan van Eyck, Pierre-Paul Rubens, Pieter Bruegel, James Ensor et René Magritte sont les grands noms belges de la peinture d'Europe occidentale. Synthèse unique des influences de leur époque, leurs œuvres fascinent encore le spectateur du 21e s.

LES PRIMITIFS FLAMANDS

Le 15e s. est l'âge d'or de la peinture flamande. Un courant naturaliste est déjà apparu dès la fin du 14e s. avec Hennequin de Bruges ou Jean Bandol, dessinateur des cartons de la tapisserie *L'Apocalypse* d'Angers (France), et Melchior Broederlam, d'Ypres, peintre des retables de la chartreuse de Champmol, en Bourgogne. Leur art reste cependant très proche de la **miniature** où les Flamands d'ailleurs excellent, sous l'égide des ducs de Bourgogne. Au début du 15e s., les frères Pol, Jean et Herman de Limbourg, miniaturistes des *Très Riches Heures du duc de Berry* (château de Chantilly, France), montrent un réalisme descriptif étonnant.

L'art des primitifs flamands délaisse le cadre restreint de la miniature pour s'attaquer à de nouveaux supports et formats. Guidés par

l'esprit du siècle, ces artistes, qui occupent une place de choix dans la société de leur époque, vont observer le réel avec un souci d'objectivité qui révolutionnera la composition.
Le plus grand peintre innovateur est **Jan van Eyck** (probablement né vers 1390/1400 à Maaseik dans le Limbourg et mort à Bruges en 1441) dont le retable de *L'Agneau mystique* (église St-Bavon, Gand), par son utilisation de la perspective, du détail réaliste et de couleurs vives adoucies par la lumière, reste une des merveilles de la peinture occidentale. On lui a longtemps attribué, à tort, l'invention de la peinture à l'huile.
À la même époque travaille à Tournai **Robert Campin** (vers 1379-1444) que la plupart identifient avec le Maître de Flémalle. Il a pour élève le Tournaisien Rogier de la Pasture, mieux connu sous le nom de **Rogier van der Weyden** (vers 1400-1464), qui devint le peintre officiel de la ville de Bruxelles en 1436. Ses compositions pathétiques sont imprégnées de mysticisme, tandis que ses portraits sont remarquables par la précision et la netteté du dessin. Ses vierges au doux visage ovale et au large front firent école.
Après avoir étudié dans l'atelier de van der Weyden, **Dirk Bouts** (1415-1475), originaire de Haarlem (Pays-Bas), s'établit à Louvain en 1468. Si dans ses tableaux, le dépouillement et la sobriété de la composition dénotent l'influence de van der Weyden, le style est bien caractéristique : l'impassibilité des expressions, tempérée par la finesse de la touche, la richesse des coloris et la minutie du décor donnent à ses peintures un cachet nordique.
Après van Eyck, l'école de Bruges compte **Petrus Christus** (né à Baarle vers 1420 et mort à Bruges vers 1473), bon portraitiste dont les réalisations se caractérisent par la richesse du coloris, et l'Allemand **Hans Memling** (vers 1435-1494) qui offre dans ses tableaux une séduisante synthèse des caractères picturaux de l'époque, tant dans ses compositions religieuses suaves et recueillies que dans ses admirables portraits d'une maîtrise exceptionnelle. **Gérard David** (vers 1460-1523) en est le continuateur. Ce dernier des grands primitifs réalise d'excellentes compositions aux coloris saturés et aux ombres parfois profondes. À Gand, les tableaux religieux aux personnages populaires réalistes de **Hugo van der Goes** (vers 1440-1482) apportent un souffle nouveau.

LA RENAISSANCE ET LE MANIÉRISME (16E S.)

Au début du 16e s., la Renaissance italienne ne trouve que peu de résonance dans l'art flamand.
À cette époque, le gothique flamboyant domine encore, et les rares éléments de style Renaissance n'y portent pas ombrage. Anvers, qui sur le plan économique prend le relais de Bruges, devient alors le foyer artistique le plus important des Pays-Bas méridionaux.
Le premier peintre qui s'inspire de la Renaissance est **Quentin Metsys** (1466-1530). Ami d'Érasme, il présente un style teinté d'influence italienne qui annonce le maniérisme anversois. Ses disciples **Patinir** (1485-1524) et **Henri Blès** (mort en 1560), deux artistes mosans, sont d'habiles paysagistes.
Des artistes comme **Jan Gossaert** (vers 1478-1532) et **Barend van Orley** (vers 1492-1542) entreprennent le voyage en Italie et, à leur retour, répandent l'italianisme que poursuivent **Pieter Coecke van Aelst** (1502-1550, œuvrant à Anvers) et **Lambert Lombard** (1505-1566, œuvrant à Liège).

Vers 1550 se développe le maniérisme dont les principaux représentants sont l'Anversois Frans Floris (vers 1516-1570), son élève **Maarten de Vos** (1532-1603), et le Brugeois **Pieter Pourbus** (vers 1523-1584). **Pieter Bruegel l'Ancien** (vers 1525-1569) fait également partie de cette génération. Son style unique le hausse toutefois au-dessus de ses contemporains. Ses tableaux où abondent les détails pittoresques sont le reflet de la vie au Brabant au 16e s. Son fils, Pieter Bruegel le Jeune (vers 1564-1638), dit Bruegel d'Enfer, l'imite avec talent.

LES 17E ET 18E SIÈCLES

Le 17e s. est, comme le 15e s., un âge d'or de la peinture avec Anvers comme principal centre artistique. **Pierre-Paul Rubens** (1577-1640), artiste universel, dont le style baroque exubérant exprime la joie de vivre et la sensualité, réalise l'accord entre le réalisme flamand et l'harmonie italienne. Il peint de nombreux tableaux religieux, mais s'adonne aussi à l'art du portrait et du paysage. **Antoine van Dyck** (1599-1641), qui vécut en Angleterre à partir de 1632, est sans doute l'élève et le collaborateur le plus talentueux de Rubens. Ce technicien extraordinaire, au style très raffiné, est l'auteur d'œuvres souvent mélancoliques, mais aussi de tableaux religieux et d'élégants portraits.

Autre élève et assistant de Rubens, **Jacob Jordaens** (1593-1678) préfère les scènes populaires truculentes et colorées.

Parmi les autres artistes de la même époque, citons **Frans Snijders** (1579-1657), peintre animalier qui se spécialise également dans les natures mortes, et son élève **Paul de Vos** (vers 1591-1678) dont le frère **Cornelis de Vos** (vers 1584-1651) est un portraitiste exceptionnel. Jan Bruegel, nommé **Bruegel de Velours**, est connu pour ses peintures de fleurs et de paysages. Son gendre, **David Teniers le Jeune** (1610-1690), met à la mode le genre rustique. **Jan Siberechts** (1627-1703) est un paysagiste important tandis que **Daniel Seghers** (1590-1661) réalise des tableaux de fleurs. **Adriaen Brouwer** (vers 1605-1638), mort jeune, réalise de magnifiques tableaux de genre.

Le 18e s. s'attarde un peu dans les peintures religieuses de **Pieter Jozef Verhaghen** (1728-1811), continuateur de Pierre-Paul Rubens.

LES 19E ET 20E SIÈCLES

Au début du 19e s., on assiste au plein essor du néoclassicisme dont le principal représentant est le portraitiste **François-Joseph Navez** (1787-1869), élève du Français Jacques-Louis David, en exil à Bruxelles. Le romantisme fait son apparition en 1830 avec **Gustaaf Wappers** (1803-1874), **Nicaise de Keyser** (1813-1887) et **Antoine Wiertz** (1806-1865). Ce dernier, au style visionnaire, est considéré comme un précurseur du symbolisme et du surréalisme en Belgique.

En 1868, la Société libre des Beaux-Arts à Bruxelles réunit les peintres réalistes **Félicien Rops** (1833-1898), qui réalisera ultérieurement des œuvres de caractère érotique, **Alfred Stevens** (1823-1906), un portraitiste de talent, et les artistes inspirés par le monde des ouvriers **Charles de Groux** (1867-1930) et **Constantin Meunier** (1831-1905).

À l'exception d'Émile Claus (1849-1924) qui dépeint la vie tranquille à la campagne et de **Théo van Rysselberghe** (1862-1926) qui adopte la technique pointilliste de Seurat, les peintres de la fin du 19e s. ignorent les courants nouveaux et notamment l'impressionnisme.

Henri Evenepoel (1872-1899) retrace l'existence quotidienne, tandis que **Henri De Braekeleer** (1840-1888) donne une poésie lumineuse aux scènes de la vie bourgeoise. **Jakob Smits** (1855-1928) est le peintre de la Campine. Les œuvres de **William Degouve de Nuncques** (1867-1935), **Xavier Mellery** (1845-1921) et **Fernand Khnopff** (1858-1921), peintre d'étranges femmes sphinx ou méduses, se rattachent au **symbolisme**.

Encore empreintes d'impressionnisme et de symbolisme, les toiles du jeune **Ensor** (1860-1949) font preuve d'un grand talent et d'originalité. Les masques et squelettes qui animent ses œuvres tardives annoncent déjà le surréalisme.

Vers 1900, la peinture belge retrouve un nouvel essor grâce au **groupe de Laethem-St-Martin**, du nom d'un petit village près de Gand. Les artistes les plus importants de la première génération de Laethem sont le paysagiste **Valerius de Saedeleer** (1867-1941) qui peint à la manière de Bruegel, le sculpteur Georges Minne et **Gustaaf van de Woestijne** (1881-1947) qui, avec ses personnages tout simples, rejoint le symbolisme. Entre 1905 et 1910, la seconde vague de Laethem est expressionniste. Parmi les principaux représentants de cette école, citons **Albert Servaes** (1883-1966), qui verse dans le mysticisme, **Gustave de Smet** (1877-1943) et **Frits van den Berghe** (1883-1939) dont les œuvres ont un caractère plutôt surréaliste. Leur chef de file, **Constant Permeke** (1886-1952), réalise des paysages et personnages dotés d'une force tranquille qui expriment, de même que ses sculptures, un lyrisme un peu primitif.

Le fauvisme a été dans le Brabant un mouvement aussi important que l'expressionnisme en Flandre. Le chef de file est **Rik Wouters** (1882-1916) dont les tableaux sont teintés de constructivisme (influence de Cézanne). **Jean Brusselmans** (1884-1953), qui puise son inspiration dans ce qui l'entoure (femmes du peuple, ouvriers, paysages, intérieurs pauvres), **Léon Spilliaert** (1881-1946), qui réalise surtout de paisibles paysages et des natures mortes, et **Edgar Tytgat** (1879-1957) se réclament aussi de l'expressionnisme.

Le surréalisme s'affirme avec **René Magritte** (1898-1967) et ses univers fantastiques où la technique précise est mise au service de l'imaginaire. **Paul Delvaux** (1897-1994) peint des femmes nues errant dans des décors de théâtre.

L'art abstrait eut en Belgique ses représentants et théoriciens avec **Joseph Peeters** (1895-1960) et **Victor Servranckx** (1897-1965) dont les œuvres géométriques rappellent Fernand Léger.

Au lendemain de la Seconde Guerre mondiale, en juillet 1945, naquit une nouvelle vague d'art abstrait avec la création de la **Jeune Peinture belge** qui réunit Gaston Bertrand, Louis van Lint, **Anne Bonnet**, Antoine Mortier et **Marc Mendelson**. En 1948, le groupe **CoBrA** (**Co**penhague, **Br**uxelles, **A**msterdam) est fondé par le Belge **Christian Dotremont**. Le Danois Asger Jorn, le Néerlandais Karel Appel et le Belge **Pierre Alechinsky** (1927) en sont les principaux représentants. CoBrA se veut une manière d'être, une forme d'art ouverte à toutes les expériences.

Depuis 1960, les peintres belges ont suivi les grands courants internationaux sans perdre leur identité. L'œuvre de **Roger Raveel** (1921) se caractérise par des silhouettes abstraites aux couleurs vives. Avec **Raoul De Keyser** (1930), Raveel est considéré comme l'un des chefs de file du mouvement « Nouvelle Vision », proche du nouveau réalisme. La monochromie domine les compositions de **Marthe Wéry** (1930-2005), tandis qu'**Octave Landuyt** (1922) retrace plutôt un monde magique. Parmi les artistes belges de renommée internationale, figure **Marcel Broodthaers** (1924-1976) dont l'art conceptuel, exprimé dans des assemblages de moules et d'œufs, fait fi des valeurs établies. On retrouve la même ironie dans les réalisations de **Jacques Charlier** (1939). La relation entre l'individu et l'univers est au cœur de l'œuvre de **Thierry de Cordier** (1954). **Jan Fabre** (1958) est surtout connu pour ses dessins au Bic bleu, ses assemblages et ses productions dramatiques, tandis que **Lili Dujourie** (1941) et **Marie-Jo Lafontaine** (1950) pratiquent l'art de la vidéo. Les pastels poétiques de **Jean-Michel Folon** (1934-2005) méritent également d'être cités.

Au fil des tissus

Si aujourd'hui elle occupe une place plutôt discrète dans le domaine des arts décoratifs, la **tapisserie** a été autrefois l'un des plus beaux fleurons de la vie artistique dans les Pays-Bas méridionaux. Chaque cour européenne se devait tout simplement de posséder au moins une suite de tapisseries flamandes !

L'ART D'HABILLER LES MURS

Destinée à l'ornementation des murs des châteaux ou des églises, la tapisserie serait apparue en Europe à la fin du 8e s. Elle s'y développa surtout à partir du 14e s. et prit en Flandre une importance considérable. Au début du 16e s., Bruxelles possède plus de 1 500 artisans tapissiers. Les tapisseries tissées en Flandre sont commandées par les plus grands princes de l'Europe, par les rois d'Espagne et par le pape.

Technique et sujets

La tapisserie est réalisée sur un métier où des fils de trame colorés et des fils de chaîne de couleur neutre s'entrecroisent pour former des motifs. La trame est constituée de fils de laine souvent mêlée de soie, d'or ou d'argent. Les motifs s'inspirent d'un modèle peint ou « carton ». Si la chaîne est horizontale, le métier est dit de **basse lisse** ; si elle est verticale, il s'agit d'un métier de **haute lisse** (le premier cas est le plus courant en Belgique).
Les premières tapisseries furent surtout des compositions religieuses. Plus tard, apparurent les tableaux historiques, les scènes de chasse, les allégories, les scènes mythologiques. Plusieurs tapisseries illustrant le même thème forment une tenture ou une suite.

LES PRINCIPAUX CENTRES DE PRODUCTION

Dans les Pays-Bas méridionaux, Tournai, Bruxelles et Audenarde étaient les trois principaux centres de production.

Tournai

Le principal centre de production est d'abord Arras, sous la domination des ducs de Bourgogne. La prise de la ville par Louis XI, en 1477, entraîne son déclin. Tournai, déjà entrée en concurrence avec Arras, va complètement la supplanter.
Les compositions tournaisiennes sont sans bordure ; l'histoire y est représentée en plusieurs scènes étroitement juxtaposées. On n'y observe pas d'espace vide : entre les personnages aux vêtements somptueux s'inscrivent des végétaux. L'ensemble est d'ailleurs très stylisé, même lorsque le sujet s'inspire d'un tableau comme la **Justice de Trajan et d'Herkenbald** (musée d'Histoire de Berne), réalisée d'après des œuvres de van der Weyden, qui

aujourd'hui ont malheureusement disparu. On peut citer parmi les plus fameuses réalisations tournaisiennes : *La Tonte des moutons*, *L'Histoire de Gédéon* (disparue) (1449-1453) et *L'Histoire d'Alexandre* (1459), tissées pour Philippe le Bon, et *La Bataille de Roncevaux* (seconde moitié du 15e s.).

Bruxelles

Dès le 14e s., la tapisserie est en honneur à Bruxelles. Cependant, les plus anciennes tapisseries bruxelloises connues remontent à la seconde moitié du 15e s. : en 1466, les ducs de Bourgogne passent leur première commande. Au début, les compositions de technique très raffinée sont d'esprit encore gothique : **David et Bethsabée** (début du 16e s.). La tapisserie bruxelloise atteint son apogée à la fin du 15e s. Un nouveau style se crée sous l'impulsion de **Barend van Orley** (vers 1488-1541) : la composition devient monumentale, les scènes sont désormais présentées avec une grande recherche et ne traitent qu'un seul sujet, soigneusement mis en valeur (personnages vêtus de somptueux costumes, paysages enrichis d'édifices Renaissance, plantes minutieusement reproduites, bordures chargées de fleurs, de fruits et de grotesques animaux ou arabesques). À partir de 1525, on distingue dans l'encadrement les initiales BB (Bruxelles Brabant). À van Orley, on doit la série des **Honneurs**, exécutée pour Charles Quint vers 1520, la **Légende de Notre-Dame-du-Sablon** (1515-1518) et les **Chasses de Maximilien**, que réalisa Guillaume de Pannemaker, membre d'une talentueuse famille de tapissiers. Dans ces dernières, la nature est dépeinte d'une façon remarquable. Raphaël exécute les cartons des **Actes des Apôtres** (1515-1519) commandés par le pape Léon X. Le peintre **Pieter Coecke van Aelst** est l'auteur des cartons des *Péchés capitaux* et de *L'Histoire de saint Paul*. *La Légende d'Herkenbald* (1513) et la série des **Vertus et des Vices** sont également admirables.
En 1662, est créée à Paris la Manufacture royale des Gobelins. Bien que Bruxelles perde sa suprématie, les commandes continuent à affluer. De nombreuses tapisseries comme *Les Triomphes du St-Sacrement* y sont effectuées d'après des cartons de **Rubens**. Elles se distinguent par leur sens dramatique, leur effet de perspective et l'importance de leur encadrement. **Jordaens** réalise également plusieurs cartons : *Proverbes* et *Vie à la campagne*. À la même époque, **Anvers**, **Bruges**, **Enghien** et **Grammont** tissent également des tapisseries. À la fin du 17e s. et au 18e s., les cartons de Rubens sont encore utilisés, mais la mode est aux sujets rustiques et les paysages et kermesses de **David Teniers le Jeune** sont fréquemment reproduits.

Audenarde

À Audenarde, où la tapisserie prospère pendant la seconde moitié du 16e s., les sujets ont toujours été d'un genre plus modeste qu'à Bruxelles. Le 18e s. voit le triomphe des **verdures**, tapisseries où sont représentés plantes et paysages boisés et que confectionnaient déjà depuis le 16e s. d'autres centres comme Enghien et Grammont. Audenarde imite aussi, tout comme Bruxelles, les tableaux rustiques de David Teniers le Jeune.

LA TAPISSERIE AUJOURD'HUI

À la fin du 18e s., la mode des cuirs dorés, des étoffes en soie et des papiers peints entraîna le déclin de la tapisserie. Au 20e s., celle-ci connut un renouveau à Malines avec la Manufacture royale de tapisseries De Wit, à Audenarde et à Tournai où s'est créé en 1945 le groupe Force murale animé par Roger Somville et Edmond Dubrunfaut.

Histoire

Née officiellement en 1830, la Belgique aura connu moult tutelles étrangères durant les siècles précédents. Au 15e s., aux mains des ducs de Bourgogne, elle vit un véritable âge d'or, tant sur le plan artistique qu'économique. Sous l'ère espagnole, elle voit les 17 provinces des Pays-Bas se désunir, et son futur cadre territorial se dessiner. La Belgique doit encore patienter et passer sous la domination successive des Autrichiens, des Français et des Hollandais avant de conquérir définitivement son indépendance. Mais à peine réalisée, l'unité entre Wallons et Flamands qui lui a donné naissance apparaît bientôt comme un défi permanent à la continuité du pays. Sa transformation en un État fédéral à la fin du 20e s. ne fait qu'officialiser la fracture linguistique et communautaire qui n'a cessé de ressurgir tout au long de son histoire mouvementée. Et la longue crise politique durant laquelle le pays vécut 541 jours sans gouvernement traduit la difficulté à faire aller de l'avant un pays si complexe… mais qui survit, tant bien que mal.

Celtes et Romains

Avant J.-C. – Les Belges, d'origine celtique, résistent vainement à Jules César, qui les soumet en 57. Trois ans plus tard, une révolte des Éburons, conduits par Ambiorix, est réprimée.

1er au 3e s. – **Paix romaine** : la Belgique actuelle est partagée en 3 provinces romaines : Belgique Première (capitale Trèves), Belgique Seconde (Reims), Germanie Seconde (Cologne). Tongres et Tournai sont des villes importantes.

4e et 5e s. – Invasions barbares : des Francs s'installent en Toxandrie (Campine) et au Luxembourg. C'est la première évangélisation.

Des Mérovingiens à la féodalité

5e s. – Tournai passe sous la domination des Francs Saliens. Childéric, père de Clovis, donne naissance à la dynastie mérovingienne. Clovis, après sa conversion, fait de Tournai le siège d'un évêché.

7e s. – Seconde évangélisation. Éclosion de grandes abbayes.

843 – **Traité de Verdun** : partage de l'Empire carolingien entre la France à l'ouest de l'Escaut, la Germanie et, entre les deux, un territoire étroit allant de la mer du Nord à la Méditerranée attribué à Lothaire Ier. À la mort de ce dernier, son territoire est partagé en trois : Italie, Bourgogne et **Lotharingie** dont les limites correspondent à peu près à la Belgique actuelle sans la Flandre (qui dépend de la couronne de France).

862 – Baudouin Bras-de-Fer devient premier comte de **Flandre**.

962 – La Lotharingie est rattachée au Saint Empire romain germanique.

980 – **Notger**, prince-évêque de **Liège**, acquiert le pouvoir temporel sur son territoire.

Début 11e s. – La Flandre s'agrandit aux dépens des territoires de l'Empire : c'est la Flandre impériale. Le comte de Flandre est vassal du roi de France et de l'empereur.

12e-13e s. – Émancipation des villes flamandes : du 12e au 14e s., le fait marquant est l'essor du commerce, notamment dû au tissage de la laine. La richesse des cités donne naissance à une autonomie communale. C'est l'âge d'or de Bruges et de Ypres. Bien que vassale du roi de France, la Flandre a partie liée dans son activité économique avec l'Angleterre et l'Empire germanique et il y a scission entre le peuple qui voit son intérêt économique, et les nobles soutenus par les Français. Le roi de France **Philippe Auguste** a des prétentions sur les États du Nord et une coalition se forme contre lui : les Flamands sont soutenus par le roi anglais Jean sans Terre et l'empereur germanique Othon IV, mais en 1214 Philippe Auguste gagne la **bataille de Bouvines** dont le perdant est le comte de Flandre Ferrand.

1300 – **Philippe le Bel** annexe la Flandre, mais la population se révolte et le 11 juillet 1302 la **bataille des Éperons d'or** se termine par la victoire du peuple flamand sur la chevalerie française de Philippe le Bel. Une date devenue fête de la communauté flamande depuis le début du 20e s.

1337 – La **guerre de Cent Ans** éclate entre la France et l'Angleterre. Révolte à Gand.

1369 – Le duc de Bourgogne **Philippe le Hardi** épouse Marguerite de Male, fille du comte de Flandre Louis de Male.

Tutelle étrangère

LES DUCS DE BOURGOGNE

1384 – À la mort de Louis de Male, Philippe le Hardi hérite de ses possessions et la Flandre devient alors partie du duché de Bourgogne.

1429-1477 – Règne des ducs de Bourgogne **Philippe le Bon** et **Charles le Téméraire** : une grande période de prospérité. Au moment de son mariage avec Isabelle de Portugal, Philippe le Bon fonde l'**ordre de la Toison d'or**. Par l'acquisition du Luxembourg en 1441, il complète l'unification des « pays de par-deçà » (par opposition avec la Bourgogne, pays de par-delà). Les ducs de Bourgogne sont entourés d'une somptueuse cour, incomparable centre d'art.

En 1468, Charles le Téméraire détruit Liège révoltée et annexe la principauté. À sa mort en 1477, sa fille **Marie de Bourgogne** hérite de ses possessions et se marie avec Maximilien d'Autriche. L'aigle bicéphale prend la place de l'écusson bourguignon.

LES HABSBOURG

1482-1519 – À la mort de Marie de Bourgogne, **Maximilien** hérite du titre. En 1494, il abandonne les Pays-Bas à son fils **Philippe le Beau**. En 1496, celui-ci épouse Jeanne, fille des Rois Catholiques d'Espagne. En 1500 à Gand naît leur fils Charles, le futur Charles Quint. Celui-ci est élevé en Flandre en partie par sa tante, **Marguerite d'Autriche**, fille de Maximilien, qui gouverne après la mort de Philippe le Beau en 1506.

1519-1555 – Le règne de Charles Quint : à la mort de Maximilien, Charles Ier roi d'Espagne devient l'empereur Charles Quint. Son empire « où le soleil ne se couche jamais » comprend les possessions bourguignonnes, l'Empire autrichien et l'Espagne avec toutes ses colonies d'Amérique et d'Asie. Il agrandit le territoire des Pays-Bas vers le nord et vers le sud. En 1548, Charles Quint érige en « cercle de Bourgogne » avec Bruxelles pour capitale, la Franche-Comté et les 17 provinces des Pays-Bas.

RÉGIME ESPAGNOL ET CHAMP DE BATAILLE CONTINENTAL

1555-1598 – Règne de Philippe II d'Espagne : en 1555, Charles Quint

Épisode des journées de septembre 1830, par Egide Charles Gustave Wappers (1834).
D.R.

renonce aux Pays-Bas en faveur de son fils Philippe II. Autant Charles Quint était attaché à son pays d'origine et l'avait protégé, autant son fils est avant tout espagnol. Ce fervent catholique lutte contre les iconoclastes protestants qui ravagent les églises catholiques. Sous son règne explose le sentiment national des Pays-Bas, et la lutte pour les libertés politiques va de pair avec la lutte des calvinistes pour la tolérance religieuse. En 1567, le **duc d'Albe**, Espagnol qui avait été nommé gouverneur des Pays-Bas, est envoyé par Philippe II pour extirper l'hérésie calviniste et lutter contre la révolte des Pays-Bas. C'est alors que se situe l'exécution des comtes d'Egmont et de Hornes à Bruxelles. En 1576 à Anvers se déchaîne la « furie espagnole », suivie par celle de Gand. Philippe II est alors obligé de concéder la **pacification de Gand** libérant les 17 provinces des Pays-Bas des troupes espagnoles. En 1579, après que la **confédération d'Arras** eut réuni les provinces catholiques qui ont choisi de demeurer dans l'obédience espagnole, les provinces protestantes forment l'**union d'Utrecht** (sept provinces des actuels Pays-Bas), puis la république des Provinces-Unies.

1585 – Chute d'Anvers ; scission définitive entre les Pays-Bas du Nord et du Sud.

1598-1621 – Règne des **archiducs Albert et Isabelle**, fille de Philippe II.

1648 – Par le **traité de Münster**, Philippe IV d'Espagne reconnaît l'indépendance des Provinces-Unies et leur cède le nord du Brabant, le nord du Limbourg et la Flandre zélandaise. Le cadre territorial de la future Belgique se dessine.

1659-1678 – Le **traité des Pyrénées** entre la France et l'Espagne décide du mariage de Louis XIV et Marie-Thérèse d'Espagne. Celle-ci, d'après une coutume du Brabant favorisant les enfants du premier lit, devrait hériter par sa mère de toute cette région. Louis XIV déclare en 1663 la **guerre de Dévolution** aux Pays-Bas espagnols pour récupérer l'héritage de sa femme. Il annexe alors le sud de la Flandre (Lille).

La Triple-Alliance arrête cette guerre qui se termine par le **traité d'Aix-la-Chapelle**. Mais Louis XIV, en 1672, déclare la **guerre de Hollande**, qui s'achève par le **traité de Nimègue** en 1678 ; la Flandre et le Hainaut sont alors amputés.
1693-1700 – Les conflits reprennent sous le nom de **guerre de la ligue d'Augsbourg**. Particulièrement meurtrière, elle sera marquée par le bombardement de Bruxelles par les troupes de Louis XIV menées par le maréchal Villeroy. Le 13 août 1695, la Grand-Place et 4 000 maisons sont ravagées !

LES PAYS-BAS AUTRICHIENS

1701-1713 – **Guerre de Succession d'Espagne**. Charles II d'Espagne est mort sans descendance et laisse comme héritier Philippe d'Anjou, petit-fils de sa sœur Marie-Thérèse et de Louis XIV. Mais l'Angleterre, la Hollande, le Danemark et les princes allemands appuient l'archiduc d'Autriche contre la France pour qu'il obtienne la succession.
1742-1748 – Guerre de Succession d'Autriche : Louis XV envahit les Pays-Bas du Sud et, par le traité d'Aix-la-Chapelle, ceux-ci sont à nouveau annexés à l'Autriche.
1780-1789 – Le despotisme éclairé de l'**empereur Joseph II** ne tient pas compte des particularismes locaux, ce qui suscite une révolte de la part des populations : le fait national belge devient une réalité. En 1789, la révolution brabançonne chasse les Autrichiens et réunit à Bruxelles les états généraux. Les Autrichiens sont expulsés temporairement.

PARENTHÈSE FRANÇAISE ET ROYAUME DES PAYS-BAS

1795 – Après les victoires de Jemappes (1792), de Fleurus (1794) et lors du siège de Luxembourg (1795), la France républicaine annexe les Pays-Bas autrichiens et la principauté de Liège. Elle institue neuf départements qui deviendront les neuf provinces.
1814 – Chute de **Napoléon**. Les Pays-Bas du Nord et du Sud forment le royaume des Pays-Bas, dont le souverain Guillaume Ier devient en outre grand-duc du Luxembourg.
1815 – **Bataille de Waterloo** suivie par le **congrès de Vienne**. Eupen et Malmedy sont alors attribués à la Prusse.
1830 – La Belgique va conquérir définitivement son indépendance aux dépens de la Hollande, maîtresse des Belges depuis le congrès de Vienne à la suite de la révolution bruxelloise. La Belgique renonce à la Flandre zélandaise, au Brabant du Nord et à une partie du Limbourg.

De l'indépendance à nos jours

1831 – La conférence de Londres reconnaît l'indépendance de la Belgique. La Constitution est promulguée et la couronne est remise à Léopold de Saxe-Cobourg-Gotha qui devient roi des Belges sous le nom de **Léopold Ier** (1831-1865). Mais déjà… guerre belgo-hollandaise.
1839 – Guillaume Ier reconnaît l'indépendance belge. La Belgique surmonte de graves difficultés économiques (disette en Flandre 1845-1848) et s'engage dans la « révolution industrielle ».
1865-1909 – Règne de **Léopold II** marqué par une forte industrialisation, des expéditions scientifiques audacieuses et de grands projets d'urbanisme à Bruxelles… mais aussi une forme aiguë de mégalomanie et de terribles massacres au Congo, la colonie « privée » du souverain.
1894 – Le suffrage universel est établi en Belgique.
1908 – Le **Congo**, propriété de Léopold II depuis 1885, devient colonie belge dont les richesses font croître le port d'Anvers et prospérer le pays.

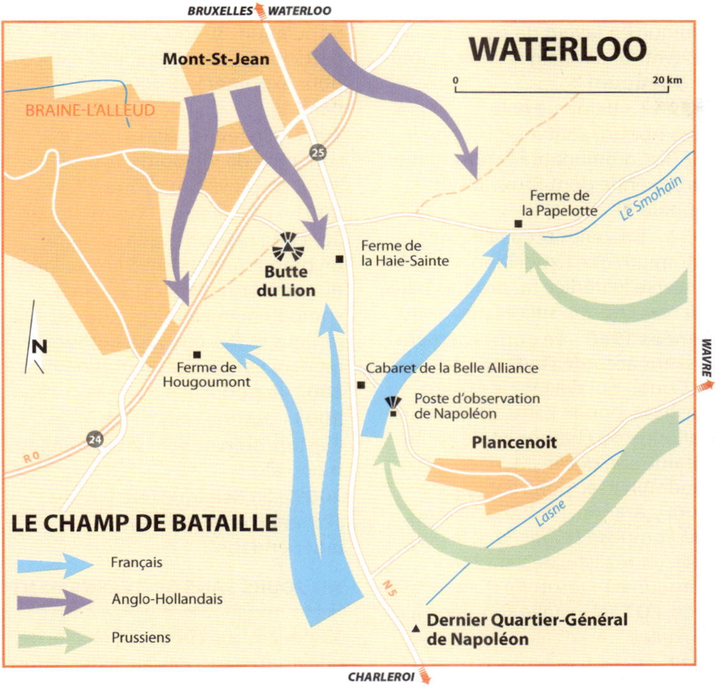

1909 – **Albert Ier** devient roi des Belges.

1914-1918 – **Première Guerre mondiale**. L'Allemagne occupe presque toute la Belgique, pourtant neutre, dont Albert Ier, le Roi-Soldat, dirige les opérations : résistance héroïque et décisive de Liège – qui vaudra à la ville la légion d'honneur française en 1919 –, avant la prise de Namur, de Bruxelles, d'Anvers. L'armée belge se replie sur le littoral : bataille de l'Yser à laquelle met un terme l'inondation des polders. Le front se reporte sur le saillant d'Ypres, puis les monts de Flandre.

1919 – Au traité de Versailles, la Belgique récupère Eupen, Malmedy, Moresnet, St-Vith.

1920 – Les Jeux olympiques sont organisés à Anvers.

1922 – Union économique belgo-luxembourgeoise ou UEBL.

1934 – Mort accidentelle d'Albert Ier à Marche-les-Dames. **Léopold III** lui succède (1934-1944). L'année suivante, en 1935, la reine Astrid, épouse de Léopold III, meurt dans un accident de voiture à Küssnacht en Suisse.

1940-1944 – **Seconde Guerre mondiale**. L'Allemagne viole à nouveau la neutralité de la Belgique dont elle occupe le territoire en 18 jours. Le roi signe la capitulation contre l'avis du gouvernement – un acte vécu comme une trahison et qui constituera une partie de « la question royale ». Le gouvernement en exil met à disposition des Alliés les richesses du Congo pour financer la guerre. Bataille des Ardennes et siège de Bastogne.

1944-1951 – Après la guerre se déclenchent de violentes manifestations liées à la « question royale ». Charles de Belgique, frère de Léopold III, devient alors régent.

1948 – Union douanière **Benelux** : **Be**lgique-**Ne**derland-**Lux**embourg.

1951 – Confronté à la menace d'une véritable guerre civile, Léopold III abdique en faveur de son fils qui devient roi des Belges sous le nom de **Baudouin Ier**.

1957 – La Belgique et le Luxembourg sont membres de la CEE, la Communauté économique européenne dont Bruxelles est la capitale.

1958 – Bruxelles accueille sous l'Atomium une Exposition universelle dédiée au progrès par la science. Énorme succès populaire.

Années 1960 – Le gouvernement Eyskens accorde l'indépendance au Congo qui devient le Congo-Kinshasa, puis le Zaïre. L'économie wallonne du charbon et de l'acier entame son déclin. Mariage du roi Baudouin avec doña Fabiola de Mora y Aragón. En 1962, Jacques Brel compose *Le Plat Pays*, la plus belle (et réaliste) déclaration d'amour à un territoire qu'il soit. En 1966, l'**OTAN** installe son siège à Bruxelles.

1977 – Accord prévoyant trois régions fédérées : Bruxelles, Flandre, Wallonie.

1980 – Vote de la régionalisation : nouvelles institutions en Flandre et en Wallonie.

1986 – La Belgique termine à la troisième place de la Coupe du Monde de football au Mexique.

1989 – La région de Bruxelles-Capitale dispose désormais d'un pouvoir législatif (conseil) et d'un pouvoir exécutif (gouvernement).

1993 – La mort du très populaire Baudouin Ier émeut le pays, momentanément uni dans sa peine. **Albert II** lui succède. Par l'accord dit de « la St-Michel », la Belgique devient un **État fédéral**, composé de trois régions (Flandre, Wallonie et Bruxelles-Capitale) et de trois communautés (flamande, française et germanophone).

1996 – Le scandale Dutroux, inculpé de l'enlèvement, de la séquestration, du viol et de la mort de plusieurs jeunes filles, provoque une grande émotion auprès de la population. 300 000 personnes participent à la « Marche Blanche », pour exprimer leur soutien aux parents.

1997 – En février, Renault ferme son usine de Vilvoorde laissant 3 100 employés au chômage.

2001 – La faillite de la compagnie aérienne belge Sabena entraîne un grand traumatisme. Les accords du Lambermont accordent des compétences supplémentaires aux régions et aux communautés et le refinancement des communautés.

2002 – Introduction officielle de l'euro.

2003 – Justine Hénin et Kim Clijsters dominent le tennis féminin mondial.

2005 – La Belgique fête le 175e anniversaire de son indépendance.

541 JOURS SANS GOUVERNEMENT !

13 décembre 2006 – La chaîne de télévision francophone RTBF diffuse un faux journal d'information dans lequel elle affirme que la Flandre vient de déclarer unilatéralement son indépendance. L'émission brise un tabou et suscite de nombreuses réactions.

2007 – Les élections législatives sont remportées par les démocrates-chrétiens flamands (CD-V), alliés aux indépendantistes flamands de la N-VA, et par les libéraux francophones. Le mois qui suit, au cours d'une interview de la RTBF, **Yves Leterme** (chef du CD-V), entonne la *Marseillaise* lorsqu'on lui demande de chanter l'hymne national belge. En novembre, les députés flamands votent la scission de la circonscription électorale de Bruxelles-Hal-Vilvorde (BHV). Aux tout derniers jours de l'année, après six mois de négociations, Guy Verhofstadt est nommé à la tête d'un gouvernement intérimaire.

2008 – Yves Leterme est nommé en mars par le roi à la tête du gouvernement fédéral belge.

Durant l'automne, le pays subit de plein fouet la **crise bancaire mondiale** et voit ses banques Fortis et Dexia sérieusement ébranlées… puis démantelées. Leterme démissionne en décembre et laisse sa place à Herman van Rompuy.

19 novembre 2009 – Herman van Rompuy devient le premier président du conseil de l'Union européenne. Il est de nouveau remplacé par Yves Leterme à la fonction de Premier ministre…

2010 – Tandis que le *Alors on danse* de Stromae fait bouger le monde entier, Yves Leterme remet une nouvelle fois sa démission suite à l'action des partis francophones belges qui déclenchent, à la Chambre des députés, un mécanisme de protection en réponse au vote des partis flamands le 7 novembre 2007. Des militants du Vlaams Belang (extrême-droite flamande) entonnent l'hymne flamand à la Chambre des députés. En juin, les **élections législatives anticipées** sonnent la victoire des indépendantistes flamands de la N-VA, suivie du Parti socialiste francophone. Les chefs de file des deux formations, Bart de Wever (N-VA) et Elio di Rupo (PS) sont chargés par le roi de former un gouvernement, mais y renoncent. Les négociations se cristallisent en particulier sur le degré d'autonomie des régions en matière fiscale. Johan Vande Lanotte, ancien président des socialistes flamands (sp.a) accepte une mission royale de conciliation, qui échoue elle aussi. Parallèlement, au second semestre, la Belgique assure la **présidence tournante de l'UE**.

2011 – En mai, Albert II remet Elio di Rupo à l'œuvre. Lors de la Fête nationale, le roi lance une mise en garde au monde politique dont les querelles mettent en danger la Belgique. La population se lasse du défilé de formateurs et autres démineurs qui se succèdent au chevet d'un pays qui laisse le reste du monde dubitatif. Les Belges se mobilisent sérieusement sans oublier leur sens de l'humour, organisant une « révolution de la frite » ou un G100 des citoyens. Mais les **blocages** sont innombrables : répartition des compétences, financement du système fédéral, statut de Bruxelles et du BHV… En septembre, un accord est trouvé sur ce dernier point *(voir l'encadré p. 30)*, puis, le mois suivant, une sérieuse réforme institutionnelle prend forme. Début décembre, après **541 jours sans gouvernement** (un record mondial), un an et demi de phrases assassines, de discussions acharnées et d'accords âprement négociés, le pays pousse un soupir de soulagement quand un gouvernement de coalition réunissant 6 partis est formé autour du patient **Elio di Rupo**. Un gouvernement dit « papillon », en référence au nœud porté par le nouveau Premier ministre.

2012 – Tous les problèmes politiques et communautaires ne sont certes pas résolus, mais la Belgique possède désormais un gouvernement à même d'orienter le pays. L'équilibre entre **confiance** et **scepticisme** revient, à l'image de la prudente mais nouvelle histoire d'amour du peuple belge pour sa prometteuse équipe de football (les Diables Rouges). Durant l'été, l'affaire Dutroux refait surface quand son épouse Michelle Martin obtient une liberté conditionnelle plus que controversée. La circonscription de BHV est définitivement scindée, mettant fin aux longues tractations entre Flamands et Francophones. En octobre, les élections communales sont marquées par une forte poussée des indépendantistes flamands dont le leader Bart de Wever (dont le spectaculaire amaigrissement fascine le pays) remporte la mairie d'Anvers.

3/ DÉCOUVRIR LA BELGIQUE

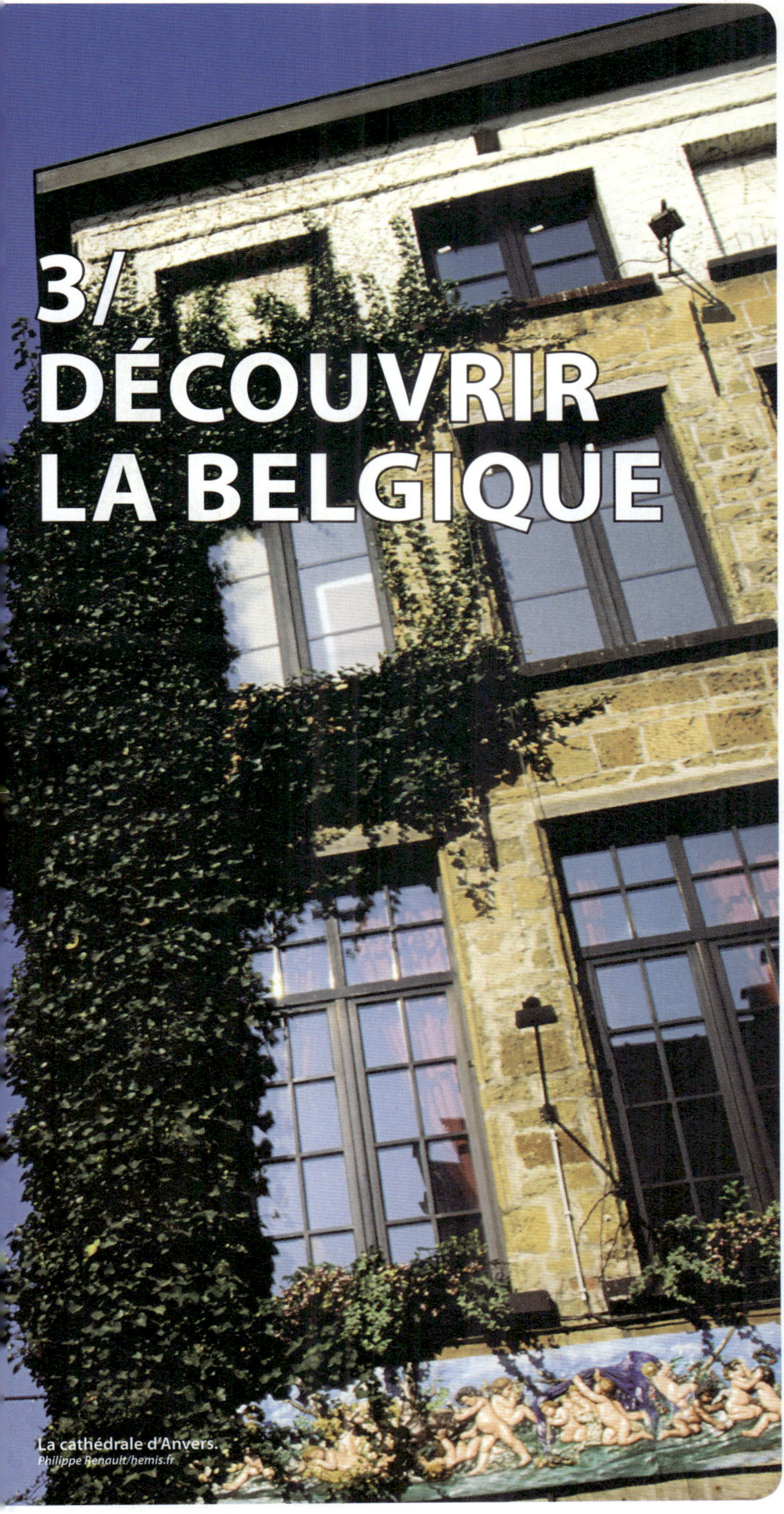

La cathédrale d'Anvers.
Philippe Renault/hemis.fr

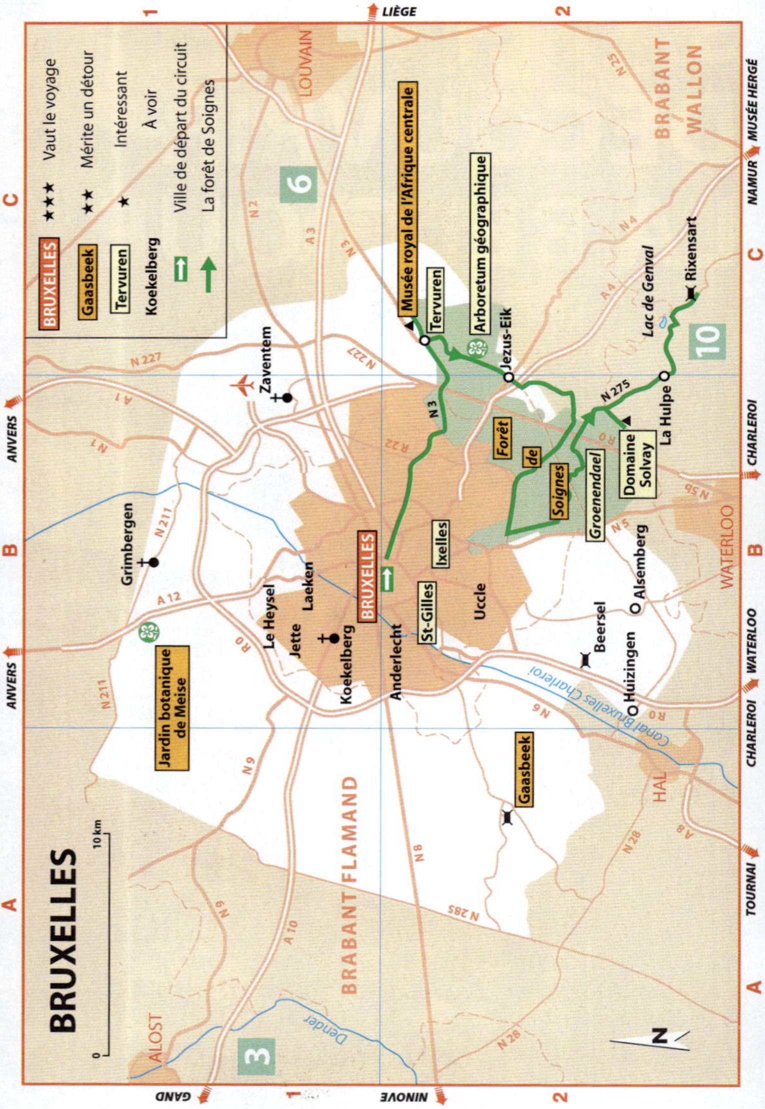
BRUXELLES
0
10 km
BRUXELLES ★★★ Vaut le voyage
Gaasbeek ★★ Mérite un détour
Tervuren ★ Intéressant
Koekelberg À voir
Ville de départ du circuit
La forêt de Soignes
LIÈGE
ANVERS
GAND
NINOVE
TOURNAI
CHARLEROI
WATERLOO
NAMUR
MUSÉE HERGÉ
LOUVAIN
ALOST
HAL
WATERLOO
BRABANT FLAMAND
BRABANT WALLON
Musée royal de l'Afrique centrale
Arboretum géographique
Tervuren
Jezus-Eik
Forêt de Soignes
Groenendael
Domaine Solvay
La Hulpe
Lac de Genval
Rixensart
Zaventem
Grimbergen
Jardin botanique de Meise
Le Heysel
Jette
Laeken
Koekelberg
BRUXELLES
Anderlecht
St-Gilles
Ixelles
Uccle
Beersel
Alsemberg
Huizingen
Gaasbeek
Canal Bruxelles Charleroi
Dender
N 227
A 1
N 1
N 211
A 12
R 0
N 211
N 9
A 10
N 9
N 8
N 285
N 28
N 28
A 8
N 6
N 5
N 5b
N 275
R 0
N 3
R 22
N 227
N 3
A 3
N 2
A 4
N 4
N 25
3
6
10
1
2
A
B
C
N

Bruxelles et ses environs 1

Plan Michelin nº 44

Bruxelles

Brussel

★★★

1 124 497 habitants (agglomération : 2 303 472 hab.) – Bruxelles-Capitale

NOS ADRESSES PAGE 133

S'INFORMER

Visit Brussels compte deux bureaux en centre-ville, disposant notamment d'intéressantes brochures proposant des itinéraires thématiques : histoire (le port, les enceintes, les palais...), cinéma, Art nouveau, BD, quartier africain... Mais aussi des services de réservation de nuitées, de location d'audio-guides.

Sur la **Grand-Place** – *Hôtel de Ville - Grand-Place, 1000 - ✆ 02 513 89 40 - http://visitbrussels.be - 9h-18h - fermé 1er janv. et 25 déc.*

Au **Brussels Info Place (BIP)** – *R. Royale 2, 1000 - ✆ 02 513 89 40 - http://visitbrussels.be - ♿ - 10h-18h - fermé 1er janv. et 25 déc.*

Ils sont complétés par des **annexes :** Gare du Midi *(hall central)*, aéroport Bruxelles-National *(hall d'arrivée - 8h-21h)*, et des **kiosques** estivaux à la Gare Centrale, au Sablon et à la Bourse.

Use-it – *Quai de la Houille 9 - www.use-it.be - lun.-sam. 10h-13h, 14h-18h.* Informations à destination des jeunes.

La **Brussels Card** est valable 24h *(24 €)*, 48h *(34 €)* ou 72h *(40 €)* avec accès à une trentaine de musées et aux transports publics STIB (sauf bus de/vers aéroport). Guide et réductions (boutiques, restaurants, institutions et attractions) offerts. En vente dans les offices de tourisme, dans les Bootik de la Stib et dans certains musées. Rens. : *www.brusselscard.be.*

SE REPÉRER

Carte de région B1-2 (p. 80) et plans de ville (p. 86 à 92 et p. 95) – *Cartes Michelin nos 716 G3, et pour l'agrandissement plis 21 et 22, et 533 L17. Plan Michelin no 44.* La ville se trouve au centre d'un nœud routier important. On pourrait même dire que toutes les autoroutes belges mènent au ring RO (ou boulevard périphérique) de Bruxelles.

À NE PAS MANQUER

La Grand-Place, les galeries St-Hubert, le musée d'Art ancien, le musée des Instruments de musique, la cathédrale des Sts-Michel-et-Gudule, les serres royales (Laeken).

ORGANISER SON TEMPS

Au moins deux journées entières pour découvrir la capitale ; une semaine si l'on englobe les communes périphériques.

AVEC LES ENFANTS

Le muséum des Sciences naturelles, le Centre belge de la bande dessinée et évidemment le Manneken Pis.

Bruxelles aujourd'hui

Vivre Bruxelles, même pour quelques jours, c'est être constamment surpris. Ce n'est pas un hasard si le surréalisme fut florissant dans cette ville faite de juxtapositions incongrues. À peine sorti de la gare du Midi et après avoir entendu parler français, néerlandais, arabe, portugais, roumain, wolof et chinois, le visiteur se demande déjà dans quelle langue il devra s'exprimer… En tout cas, sachez qu'on ne prononce pas « bruksel » mais « brussel » !

UN QUARTIER, UNE AMBIANCE

Le centre-ville, concentré autour de l'Îlot sacré, est surnommé le « Pentagone ». Bien souvent, les touristes s'en contentent. Car en déambulant de la Grand-Place aux innombrables musées, du Sablon chic aux Marolles colorées, le week-end passe vite. Ajoutez à cela les terrasses de St-Géry, les vitrines des galeries St-Hubert et les boutiques de stylistes de la rue Antoine-Dansaert, et il est déjà temps de penser au retour.

Mais l'agglomération s'étend bien au-delà des limites du Pentagone. Elle regroupe 19 communes aux identités bien affirmées, des quartiers aux ambiances villageoises. Il serait dommage de les oublier. Des musées, des marchés, des parcs et des restaurants, autant de prétextes pour les découvrir. Ixelles et St-Gilles, chic et populaires à la fois, alignent de superbes villas Art nouveau le long de rues arborées. Là règne une harmonie architecturale que Bruxelles n'offre pas. Laeken la royale ravira les lecteurs des gazettes qui chroniquent l'actualité des dernières familles couronnées d'Europe. Le nom d'Anderlecht l'ouvrière renvoie autant à Érasme qu'au football. Schaerbeek parle turc le long de la Chaussée d'Haecht. Louise rassemble les grands noms du luxe et attire la population aisée d'Uccle.

VRAIS ET FAUX CLICHÉS

Non, la capitale du « plat pays qui est le mien » (Jacques Brel) n'est pas plate, loin de là… En témoignent les appellations ville haute et ville basse.

Oui, les meilleurs chocolats, frites et bières du monde se dégustent ici. Mais aussi le waterzoï, les anguilles au vert, les tartines au fromage blanc, les speculoos…

Non, Bruxelles n'est pas une ville ennuyeuse. D'innombrables manifestations culturelles y sont organisées (expositions, théâtre, concerts, fêtes de rue…).

Oui, ici se côtoient deux communautés linguistiques, ce qui, pour le visiteur, ajoute une touche « exotique ».

Non, Bruxelles n'est pas une ville grise. Si le ciel l'est souvent, la ville n'est devancée que par Vienne et Washington au classement des capitales vertes. Parcourez le bois de la Cambre ou le parc de Tervuren pour vous en convaincre.

Oui, Bruxelles est une ville créatrice, comme le prouvent les stylistes et designers de la rue Antoine-Dansaert et les innombrables artistes belges qui font le bonheur des Français.

Non, Bruxelles n'est pas une ville métro-boulot-dodo. Ici on aime prendre son temps, s'asseoir aux terrasses ou s'allonger sur les pelouses des parcs au moindre rayon de soleil.

Oui, Bruxelles est la capitale de la bande dessinée. Ici, les murs s'ornent de héros bien connus qui parlent dans des bulles.

Bruxelles dans l'histoire

UN MOYEN ÂGE SANS HISTOIRE

Bruxelles apparaît à la fin du 10e s. lorsque Charles, duc de Basse-Lotharingie, y fait construire un château dans l'île St-Géry, formée par les bras d'une rivière, la Senne. Le site est marécageux : il est nommé Bruocsella, mot franc signifiant « établissement dans les marais ». Bruxelles devient une étape commerciale entre Cologne et la Flandre tandis que se développe la draperie. L'église St-Michel, édifiée sur une colline, prend le titre de collégiale en 1047 ; elle est placée sous l'invocation de sainte Gudule, vierge dont la piété triomphe du diable qui éteint sa lanterne lorsqu'elle se rend à ses dévotions. Les premiers remparts s'élèvent au 12e s. Une nouvelle enceinte est construite de 1357 à 1379. Détruite sur ordre de Napoléon, elle est marquée de nos jours par la couronne de boulevards appelée Petite Ceinture. Des sept portes fortifiées, il ne reste que la porte de Hal, au sud. Durant le Moyen Âge, des conflits opposent artisans et bourgeois, mais la commune reste fidèle à son prince.

Au 15e s., sous l'impulsion de la bourgeoisie marchande et des ducs de Bourgogne, Bruxelles s'adonne aux arts. On y érige un magnifique hôtel de ville, orné de peintures de Rogier van der Weyden (détruites en 1695). Dès la fin du siècle, la tapisserie de Bruxelles produit des œuvres remarquables.

LES MALHEURS DE LA CAPITALE DES PAYS-BAS

Au 16e s., la ville fête l'avènement de Charles Quint qui est couronné à Ste-Gudule en 1516. La gouvernante Marie de Hongrie s'installe en 1531 à Bruxelles qui remplace peu à peu Malines comme siège du gouvernement central des Pays-Bas. C'est au palais du Coudenberg que Charles Quint abdique en octobre 1555, transmettant à son fils Philippe II ses pouvoirs sur les Pays-Bas.

Sous Philippe II, Bruxelles est mêlée aux troubles religieux du 16e s. : ses bourgeois protestent par les armes contre le régime espagnol symbolisé par le duc d'Albe. En 1568, l'échafaud du **comte d'Egmont** et celui de son compagnon, le comte de Hornes, se dressent sur la Grand-Place. Egmont, capitaine général des Flandres, avait été condamné pour avoir soutenu le comte de Hornes et Guillaume de Nassau dans la révolte des Pays-Bas contre Philippe II.

En 1575, la ville, qui s'était affranchie de la tutelle espagnole, est reprise par Farnèse. En 1695 la guerre de la Ligue d'Augsbourg vaut à Bruxelles d'être assaillie par le maréchal français de Villeroi sur l'ordre de Louis XIV qui veut ainsi dégager Namur assiégée. Du centre de la ville, il ne reste que des ruines. Un grand effort de reconstruction est réalisé.

Après le passage du gouverneur Charles de Lorraine qui contribue à son embellissement, Bruxelles devient, sous la domination française, en 1795, chef-lieu du département de la Dyle. Elle reprend en 1815 son rôle de capitale qu'elle partage en alternance avec La Haye pendant quinze ans.

UNE TERRE D'ACCUEIL

Le peintre Jacques-Louis David, proscrit en 1816, y passe les dix dernières années de sa vie. C'est le lieu de rassemblement des politiciens français s'opposant à Napoléon III : Barbès, Proudhon, Blanqui. Victor Hugo séjourne sur la Grand-Place en 1852 ; Baudelaire effectue là – sans succès – une série de conférences en 1864 ; c'est près de la Grand-Place, en 1873, que Verlaine tire sur Rimbaud qui menaçait de l'abandonner *(p. 94)*.

LA CAPITALE DE LA BELGIQUE

À la suite de la Révolution de 1830 marquée par les « **journées de septembre** » à Bruxelles, les provinces belges sont séparées de la Hollande. Le pays devient indépendant ; c'est le royaume de Belgique avec pour capitale Bruxelles où le roi **Léopold Ier** fait son entrée solennelle le 21 juillet 1831 (depuis lors, le 21 juillet est le jour de la fête nationale).
À partir de 1830 et particulièrement à la fin du siècle, la ville prend un essor considérable. 1834 marque la fondation de son Université libre. C'est de la gare de l'Allée verte qu'a lieu, en 1835, la première liaison ferroviaire d'Europe (Bruxelles-Malines). En 1859 est érigée la colonne du Congrès commémorant le Congrès national qui promulgua la première Constitution belge.

LA RAGE URBANISTIQUE DE L'APRÈS-GUERRE

De nombreuses maisons bruxelloises ont été laissées à l'abandon et des centaines d'autres détruites à des fins de spéculation. Un des exemples les plus retentissants de cette pratique fut la démolition de la très célèbre **Maison du Peuple** de Horta dans les années 1960. Un concert de protestations internationales n'y fit rien. Certains quartiers populeux, dont le quartier nord et le quartier de l'Europe, furent rasés. Des constructions nouvelles, en hauteur, supplantèrent les anciennes. L'aménagement de la jonction ferroviaire souterraine entre les gares du Midi et du Nord (1911-1914 et 1935-1952) changea l'aspect du quartier situé entre la ville haute et la ville basse. On y érigea de nombreux immeubles et des complexes de bureaux dont la Banque nationale, de Marcel van Goethem, et la Cité administrative (groupe Alpha, 1958-1984). La physionomie du Mont des Arts s'en trouva bouleversée. Sur le plateau du Heysel, les palais du Centenaire, datant de 1935, furent construits pour l'Exposition universelle. 1958, année de la deuxième Exposition universelle tenue au Heysel, vit la construction de l'**Atomium** et le percement des tunnels de la **Petite Ceinture**. Depuis, une pléthore d'édifices ont contribué à la modernisation de la ville : l'immeuble de la BBL (1959) sur l'avenue Marnix, la Bibliothèque royale (1969), le centre européen du Berlaymont (1969) et le musée d'Art moderne (1973-1984). La faculté de médecine de l'Université catholique de Louvain est implantée à Woluwe-St-Lambert. Lucien Kroll y construit la multicolore **Mémé** (Maison médicale) et la station de métro Alma. À Watermael-Boitsfort, quelques immeubles de bureaux remarquables jalonnent la chaussée de La Hulpe et le boulevard du Souverain : l'immeuble circulaire de Glaverbel (1963), le siège de la Royale Belge (1966-1967 et 1985) et le siège de la société CBR (1968-1970), caractérisé par sa façade ajourée.

UNE NOUVELLE POLITIQUE URBANISTIQUE

La mentalité change progressivement sur le plan urbanistique, sous l'impulsion de comités de quartier et d'organisations. À l'exception du cœur historique de la ville, où des maisons anciennes ont été conservées, des quartiers ont été rénovés et des édifices restaurés : la Monnaie, le Botanique, le Kaaitheater, les Halles de Schaerbeek, l'église N.-D.-de-la-Chapelle, l'église Ste-Marie, la cathédrale des Sts-Michel-et-Gudule, l'ancienne caserne des pompiers de la place du Jeu-de-Balle, les studios du Kaaitheater, l'Old England…
Outre une série d'immeubles gigantesques dans le quartier nord, le quartier de l'Europe et le quartier du Midi, on relève de beaux projets de moindre envergure, comme les complexes d'habitations et de commerces rue de Laeken et la rue du Marché-au-Charbon.

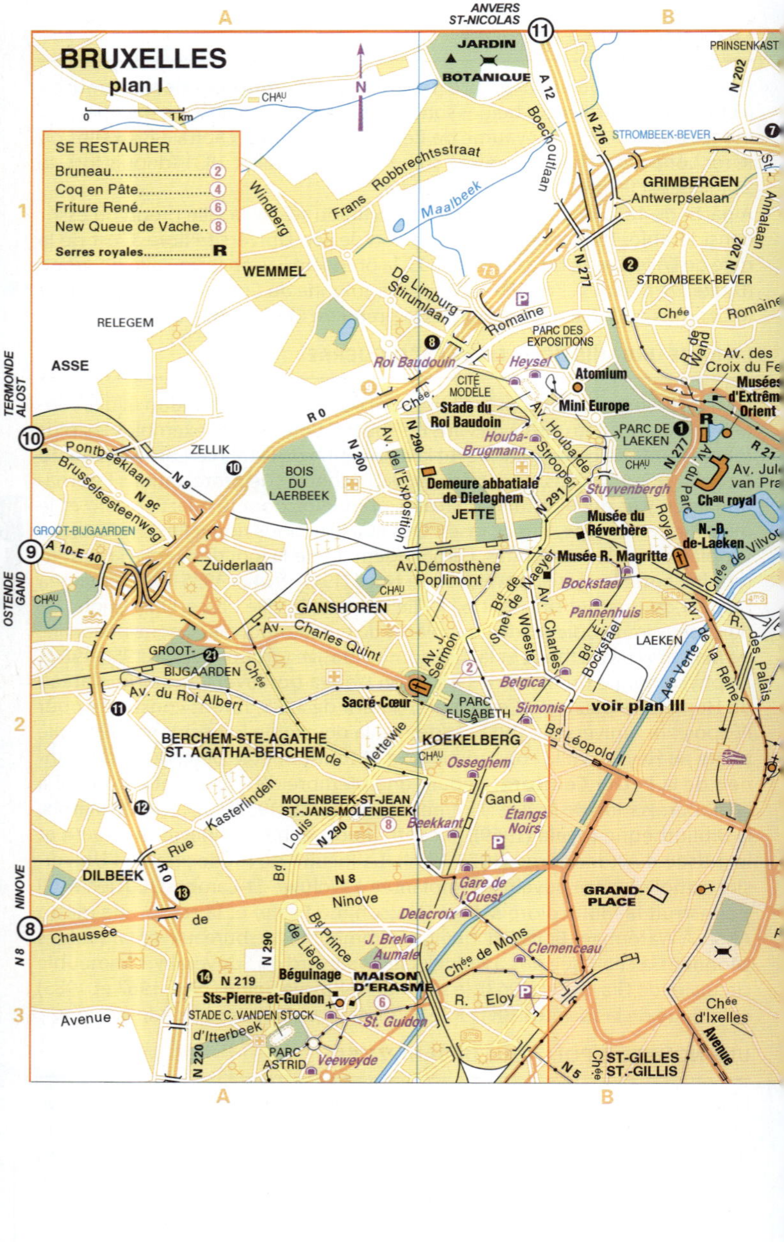
BRUXELLES
plan I
0
1 km
SE RESTAURER
Bruneau........................2
Coq en Pâte...................4
Friture René..................6
New Queue de Vache..8
Serres royales..................R
A
B
1
2
3
ANVERS
ST-NICOLAS
11
JARDIN
BOTANIQUE
A 12
N 276
PRINSENKAST
N 202
STROMBEEK-BEVER
7
GRIMBERGEN
Antwerpselaan
St.-Annalaan
Boechoutlaan
Frans Robbrechtsstraat
Maalbeek
Windberg
WEMMEL
N 277
2
STROMBEEK-BEVER
Chée Romaine
De Limburg Stirumlaan
Romaine
PARC DES
EXPOSITIONS
R. de Wand
Av. des Croix du Fe
Musées d'Extrême Orient
RELEGEM
8
Roi Baudouin
Heysel
Atomium
Mini Europe
ASSE
TERMONDE
ALOST
CITÉ
MODÈLE
Stade du
Roi Baudouin
PARC DE
LAEKEN
1
R
Chée.
Av. Houba de Strooper
R 0
N 290
Houba-Brugmann
CHAU
N 277
R 21
10
Pontbeeklaan
ZELLIK
10
BOIS
DU
LAERBEEK
N 200
Av. de l'Exposition
Demeure abbatiale
de Dieleghem
N 291
Stuyvenbergh
Av. du Parc Royal
Av. Jules van Pra
Chau royal
N 9
N 9c
Brusselsesteenweg
JETTE
Musée du
Réverbère
N.-D.
de-Laeken
Chée de Vilvorde
GROOT-BIJGAARDEN
9
A 10-E 40
Zuiderlaan
Av. Démosthène
Poplimont
Musée R. Magritte
Bockstael
OSTENDE
GAND
CHAU
CHAU
GANSHOREN
Bd de Smet de Naeyer
Av. Charles Woeste
Pannenhuis
Av. de la Reine
R. des Palais
Av. Charles Quint
Av. J. Sermon
Bd É. Bockstael
LAEKEN
GROOT-
BIJGAARDEN
21
Chée
2
Belgica
Aée Verte
Av. du Roi Albert
Sacré-Cœur
PARC
ELISABETH
Simonis
voir plan III
11
BERCHEM-STE-AGATHE
ST. AGATHA-BERCHEM
de Mettewie
KOEKELBERG
CHAU
Bd Léopold II
Osseghem
Kasterlinden
MOLENBEEK-ST-JEAN
ST.-JANS-MOLENBEEK
Gand
Étangs
Noirs
12
Louis
N 290
8
Beekkant
Rue
R 0
DILBEEK
NINOVE
13
Bd
N 8
Ninove
Gare de
l'Ouest
GRAND-
PLACE
8
de
Chaussée
Delacroix
N 8
N 290
Bd Prince de Liège
J. Brel
Aumale
Clemenceau
Chée de Mons
14
N 219
Béguinage
MAISON
D'ERASME
Sts-Pierre-et-Guidon
6
R. Eloy
P
Chée d'Ixelles
Avenue
3
Avenue
d'Itterbeek
STADE C. VANDEN STOCK
St. Guidon
PARC
ASTRID
Veeweyde
N 220
N 5
Chée
ST-GILLES
ST.-GILLIS
A
B

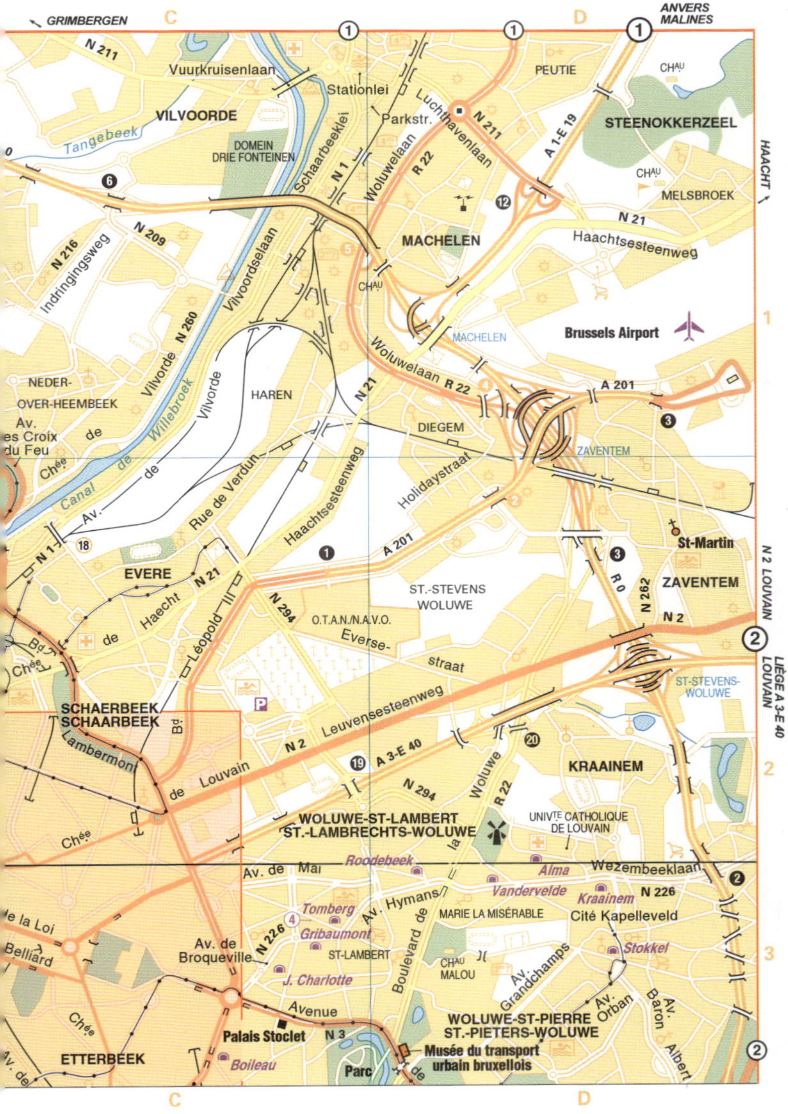
GRIMBERGEN
ANVERS MALINES
HAACHT
N 2 LOUVAIN
LIÈGE A 3-E 40 LOUVAIN
VILVOORDE
STEENOKKERZEEL
MACHELEN
MELSBROEK
PEUTIE
Brussels Airport
HAREN
DIEGEM
ZAVENTEM
St-Martin
EVERE
ST.-STEVENS WOLUWE
ST-STEVENS-WOLUWE
O.T.A.N./N.A.V.O.
SCHAERBEEK SCHAARBEEK
KRAAINEM
WOLUWE-ST-LAMBERT ST.-LAMBRECHTS-WOLUWE
UNIVTE CATHOLIQUE DE LOUVAIN
WOLUWE-ST-PIERRE ST.-PIETERS-WOLUWE
ETTERBEEK
Palais Stoclet
Musée du transport urbain bruxellois
Parc
Cité Kapelleveld
MARIE LA MISÉRABLE
NEDER-OVER-HEEMBEEK
DOMEIN DRIE FONTEINEN
Vuurkruisenlaan
Stationlei
Parkstr.
Luchthavenlaan
Schaarbeeklei
Woluwelaan
Haachtsesteenweg
Indringingsweg
Vilvoordselaan
Canal de Willebroek
Tangebeek
Av. de Vilvorde
Rue de Verdun
Holidaystraat
Everse-straat
Leuvensesteenweg
Chée de Louvain
Bd Lambermont
Bd Léopold III
Chée de Haecht
Av. des Croix du Feu
Av. de Mai
Wezembeeklaan
Av. Hymans
Boulevard de la Woluwe
Av. de Broqueville
Avenue de Tervuren
Av. Grandchamps
Av. Orban
Av. Baron Albert
Bd Belliard
Roodebeek
Alma
Vandervelde
Kraainem
Tomberg
Gribaumont
ST-LAMBERT
J. Charlotte
Stokkel
Boileau
CHAU MALOU
A 201
A 1-E 19
A 3-E 40
R 0
R 22
N 1
N 2
N 3
N 21
N 209
N 211
N 216
N 226
N 260
N 262
N 294
C
D
1
2
3

BRUXELLES ET SES ENVIRONS

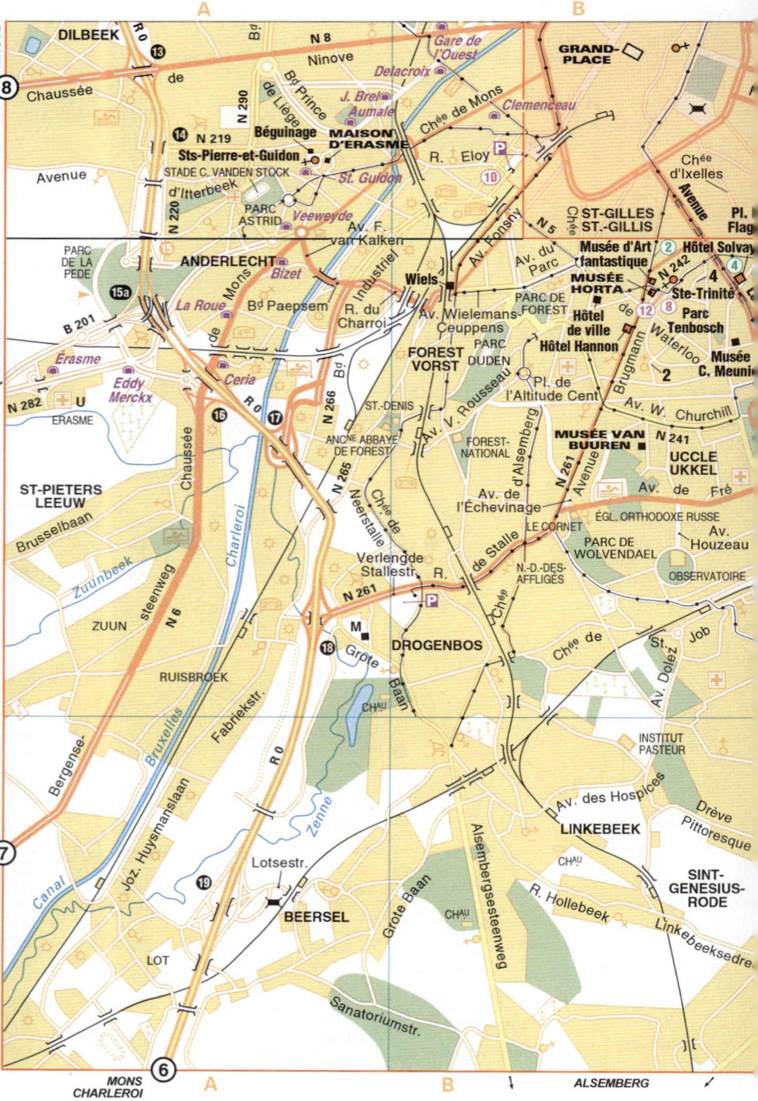

SE LOGER

Manos Premier.. 2

The White.. 4

SE RESTAURER

La Quincaillerie.. 8

Midi Station.. 10

Tan.. 12

INDEX DES RUES

BRUXELLES ET SES ENVIRONS

SE LOGER

Aloft Brussels 1	Monty 10
Be Manos 2	Pantone 11
Bloom 4	Odette en Ville 12
Chambres en Ville 6	Pacific 14
Galia 8	Rembrandt 16
Le Berger 9	Vintage 18

SE RESTAURER

Comme Chez Soi 1
Houtsiplou 5
In't Spinnekopke 7
L'Épicerie 9
La Grande Écluse 11
La Manufacture 13
La Marée 15
Maison Antoine 17
Mamy Louise 19
Tout Bon 23
Viva M'Boma 25

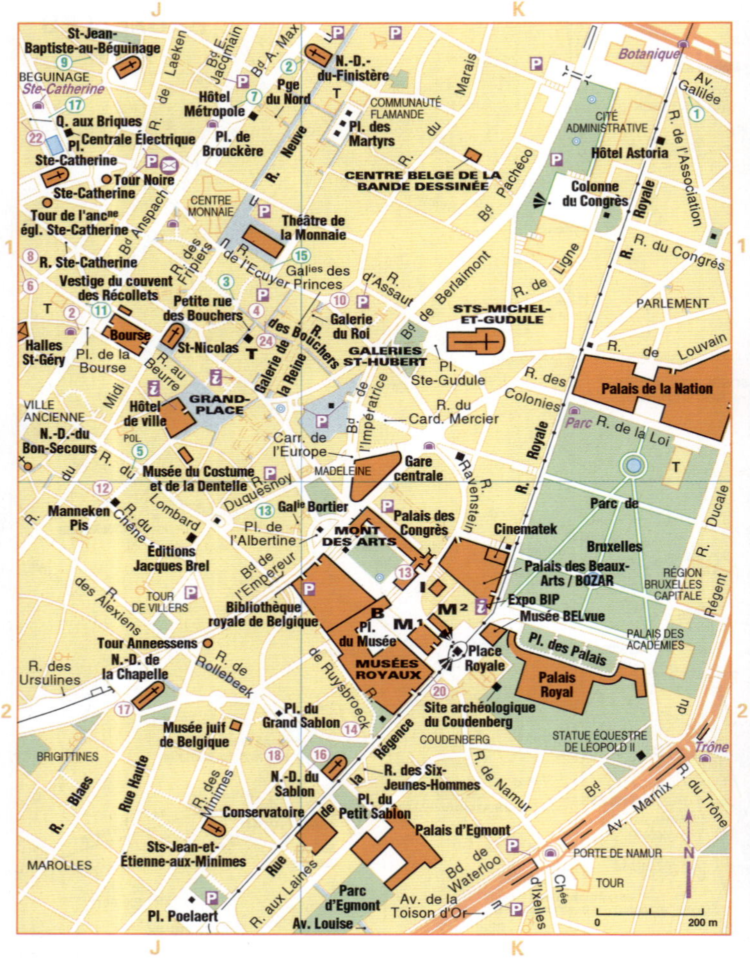

BRUXELLES
plan IV

SE LOGER

AJ Jacques Brel 1
Espérance 2
Floris Arlequin 3
La Légende 5
Métropole 7
Noga 9
Orts 11
Royal Windsor 13
The Dominican 15
Welcome 17

SE RESTAURER

Au Suisse 2
Aux Armes de Bruxelles 4
Bonsoir Clara 6
Comocomo 8
De l'Ogenblik 10
Kokob 12
Kwint 13
L'Écailler du Palais Royal 14
Le Pain quotidien 16
Les Brigittines 17
Lola 18
Museumbrasserie 20
Nordzee/La Mer du Nord 22
Vincent 24

Palais Charles de Lorraine .... **B**
Hôtel Ravenstein .... **I**
Musée Magritte **M1**
Musée des Instruments de Musique (MIM) **M2**
Théâtre-musée de marionnettes de Toone .... **T**

Bruxelles. Voilà un nom qui revient souvent dans nos médias. De là tombent les lois européennes, bienvenues ou contestées. Mais cette ville correspond-elle à l'image que l'on en a souvent, celle d'une tour de Babel peuplée de bureaucrates qui, de là-haut, décident de tout ? Oui, sans doute, si l'on ne parcourt que le quartier européen, enclave du péricentre. Non, quand on découvre Bruxelles dans sa globalité : une cité de taille modeste, avec des ruelles médiévales, l'une des plus belles places du monde, un atome géant, des ruines, des merveilles de l'Art nouveau, des artères haussmanniennes, des vides, des constructions modernes plus ou moins réussies, des rues piétonnes trop peu nombreuses... Vous découvrirez que Bruxelles est tout en contrastes, en paradoxes, voire en contradictions. Et malgré ses multiples titres, en dépit des vagues de démolitions successives dont elle fut victime, la cité a su conserver son caractère chaleureux et convivial.

Se promener Plans de ville

★★★ AUTOUR DE LA GRAND-PLACE Plans III et IV, p. 90-91 et 92

La « plus belle place » qu'admira Victor Hugo, le « riche théâtre » que célébra Jean Cocteau, est unique au monde. En perpétuelle effervescence par la foule de visiteurs qui y convergent, il en émane une atmosphère incomparable. Classé par l'Unesco, l'espace pavé et pentu est au cœur d'un centre-ville confus, une agréable anarchie qui permet au marcheur de se laisser surprendre là par d'élégantes galeries, plus loin par un petit bonhomme hautement symbolique.

Grand-Place Plan IV J1

La Grand-Place, à l'harmonie intemporelle, est une oasis de calme et de perfection au sein d'une cité qui a trop souvent traité sans ménagements son patrimoine architectural.

Le cœur de Bruxelles y bat depuis des siècles. Le marché de la ville naissante grandit spontanément dans cette zone dès le 10ᵉ s., comme en témoignent les noms de la plupart des rues alentour : rues au Beurre, des Harengs, du Marché-au-Charbon, du Marché-aux-Herbes...

Centre de la vie économique, le marché est également le lieu des assemblées politiques, des révoltes, de la justice et des réjouissances publiques. Peu à peu, la ville prescrit un certain recul aux maisons afin de dégager une place, en exproprie même certaines afin d'aligner les bâtiments. Un carré est ouvert dans le dédale : la Grand-Place est née.

Celle que les Flamands appellent toujours « le grand marché » *(Grote Markt)* est aujourd'hui une « scène urbaine » géante, animée par les mariages le samedi et par de fréquents concerts. Les figures médiévales de l'**Ommegang** foulent ses pavés, que l'on couvre même d'un tapis de fleurs tous les deux ans au mois d'août. Les rues qui la bordent sont constamment fréquentées, jour et nuit.

Hôtel de ville Plan IV J1

Grand-Place - ✆ 02 279 43 65/22 11 - www.bruxelles.be - visites guidées merc. à 14h, dim. à 12h et 15h - fermé j. fériés - 5 € (3 € tarif réduit, gratuit -6 ans).

Édifice phare de la capitale, sa flèche et ses dizaines de statues captivent tous ceux qui le contemplent ou, désespérément, tentent de le prendre en photo de toute sa hauteur...

Deux siècles après la pose de la première pierre en 1401, l'édifice de pur style gothique ne comprenait que l'aile gauche et un beffroi. Depuis l'ajout d'une

ET VERLAINE TIRA SUR RIMBAUD
Juillet 1873 : Paul Verlaine gagne Bruxelles et écrit à Arthur Rimbaud qu'il va s'engager dans l'armée espagnole. L'auteur du *Bateau ivre* accourt. Les deux poètes se disputent tout en traînant d'un café à l'autre. Verlaine, qui menace de se suicider, achète un revolver dans une armurerie des galeries St-Hubert. Au n° 1 de la rue des Brasseurs, il tire deux balles sur Rimbaud qu'il blesse au poignet. Celui-ci le dénonce et retourne à Paris pendant que son impétueux camarade est incarcéré aux Petits-Carmes. Jugé en correctionnelle, Verlaine sera condamné à deux ans de prison.

aile droite plus courte, la porte de l'hôtel de ville n'est pas parfaitement dans l'axe. Ce n'est guère à cause d'une erreur de calcul de l'architecte – qui s'en serait tué de désespoir selon une légende tenace – mais au contraire parce qu'il conserva le porche du beffroi et qu'il le renforça pour asseoir l'élévation de sa géniale maçonnerie.
L'ensemble est dominé par la tour dessinée par van Ruysbroeck, élégante dentelle de pierre culminant à 96 m, que surmonte un saint Michel de cuivre doré, le symbole de la ville. Deux fontaines, l'Escaut et la Meuse, décorent la cour intérieure.
Dans la salle du conseil communal, où siégeaient autrefois les États de Brabant, le plafond peint par V. Janssens représente une assemblée des dieux. Les tapisseries de la salle Maximilienne illustrent la vie de Clovis, tandis que celles de la salle gothique évoquent les corporations bruxelloises.

Maison du Roi Plan Bruxelles Grand-Place ci-contre

Grand-Place - ✆ 02 279 43 76 - www.bruxelles.be - visite guidée (1h) à 12h30 - fermé j. fériés - 4 €.
L'ancienne halle au pain, puis maison du Duc, fut reconstruite au 19e s. d'après des plans de 1515. Malgré son nom, aucun roi n'y résida. Elle abrite le **musée de la Ville de Bruxelles**, qui retrace l'histoire de la cité à travers, entre autres, diverses œuvres d'art.
Au rez-de-chaussée, parmi les peintures et retables des 15e et 16e s., on admire le paisible *Cortège de noces*, attribué à Pieter Bruegel l'Ancien, et le *Retable de Saluces*, chef-d'œuvre du début du 16e s. Parmi les tapisseries bruxelloises se distingue celle qui représente la légende de N.-D.-du-Sablon (1516-1518) d'après des cartons attribués à B. van Orley. Les collections de porcelaines et d'argenterie constituent de beaux exemples d'art décoratif bruxellois. Notez les huit prophètes provenant du portail de l'hôtel de ville dans la salle consacrée à la sculpture gothique. Au 1er étage, des tableaux, gravures, photos et une maquette de Bruxelles au 13e s. illustrent la croissance de la ville et les transformations qu'elle a connues au cours des siècles. Le 2e étage évoque l'histoire des Bruxellois, tandis que la dernière salle contient la garde-robe du Manneken Pis, incroyable collection de 760 costumes miniatures confectionnés depuis le 18e s.

Maisons de corporations Plan Bruxelles Grand-Place ci-contre

Bâties après la destruction de la ville par les Français en 1695 et restaurées au 19e s., elles entourent la Grand-Place de leurs belles façades baroques. En général, les trois ordres, ionique, dorique et corinthien, s'y superposent ; le tout est surmonté de pignons à volutes et décoré de sculptures, de motifs dorés et de pots à feu. En faisant le tour de la place dans le sens contraire des aiguilles d'une montre, vous détaillerez successivement :

1-2 – Le Roi d'Espagne ou maison des Boulangers, surmontée d'une girouette représentant la Renommée.
3 – La Brouette, maison des Graissiers.
4 – Le Sac, maison des Tonneliers et des Ébénistes.
5 – La Louve, maison des Archers, portant Romulus et Remus allaités et, au 2e étage, les statues de la Vérité, du Mensonge, de la Paix et de la Discorde.
6 – Le Cornet, maison des Bateliers, au pignon en forme de poupe de frégate.
7 – Le Renard, maison des Merciers. Au sommet, la statue de saint Nicolas.
8 – L'Étoile. Sous l'arcade, le **mémorial 't Serclaes**, par Dillens, assurerait le bonheur à ceux qui y posent la main (comme en témoigne l'usure du bronze).
9 – Le Cygne, maison des Bouchers.
10 – L'Arbre d'Or, maison des Brasseurs, occupée en partie par la Confédération des brasseries en Belgique. Elle est surmontée de la statue de Charles de Lorraine. Dans les caves est installé le **musée de la Brasserie** (*☏ 02 511 49 87 - 10h-17h ; déc.-mars : w.-end 12h-17h - fermé 1er janv. et 25 déc. - 5 €*), reconstitution d'une brasserie du 17e s. avec les accessoires de préparation de la bière ; une salle évoque les techniques ultramodernes du brassage.
13 au 19 – Maison des ducs de Brabant. Sa façade (1698) surmontée d'un fronton sculpté et d'un attique dans le style de l'Italien Palladio dissimule six maisons de corporations. Une rangée de bustes des ducs de Brabant orne les pilastres.
24-25 – La Chaloupe d'Or, maison des Tailleurs.
26-27 – Le Pigeon, maison des Peintres, où Victor Hugo séjourna en 1852.
28 – La Chambrette de l'Amman (magistrat du duc de Brabant).

★ Église St-Nicolas Plan Bruxelles Grand-Place ci-dessous et plan IV J1

R. au Beurre 1 - ☏ 02 513 80 22 - 10h-18h30 (pas de visite durant les offices).

Tels des coquillages s'accrochant à un rocher, de vieilles demeures se pressent autour de cette église, citée dès le 12e s. Sa dédicace au patron des bateliers en faisait une église de marché, ce qui n'a rien de surprenant étant donné la proximité de la Grand-Place. L'édifice fut presque entièrement détruit lors du bombardement de 1695, entraînant la chute de sa tour en 1714. En 1956, on le dota d'une nouvelle façade de style gothique. À l'intérieur, illuminé par de

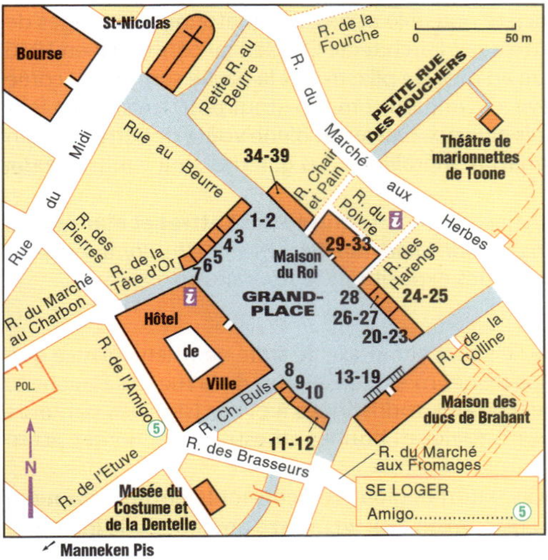

BRUXELLES
Grand-Place
MAISONS DES CORPORATIONS

- 1-2 Le Roi d'Espagne
- 3 La Brouette
- 4 Le Sac
- 5 La Louve
- 6 Le Cornet
- 7 Le Renard
- 8 L'Étoile
- 9 Le Cygne
- 10 L'Arbre d'Or
- 11-12 La Rose et le Mont Thabor
- 13-19 Maison des ducs de Brabant
- 20-23 Le Cerf, Joseph et Anne, l'Ange
- 24-25 La Chaloupe d'Or
- 26-27 Le Pigeon
- 28 La Chambrette de l'Amman
- 29-33 Maison du Roi
- 34-39 Le Heaume, Le Paon, Le Petit Renard et Le Chêne, Sainte Barbe, L'Âne

BRUXELLES-SUR-SENNE

Impressionné par les boulevards percés à Paris par Haussmann, le futur roi Léopold II souhaitait des travaux de transformation du centre de Bruxelles. Après l'épidémie de choléra en 1866, les autorités décidèrent de voûter la Senne aux eaux polluées. Ce fut chose faite entre 1867 et 1871 par le bourgmestre Jules Anspach. Selon Louis Quiévreux, initiateur de l'Îlot sacré, « ces travaux gigantesques ont isolé la rivière et transformé le centre de Bruxelles plus radicalement que ne l'aurait fait un bombardement aérien ». Il est vrai qu'ils modifièrent totalement le visage du berceau de la ville dont les chroniqueurs du temps passé soulignaient la ressemblance avec Bruges. Les travaux dégagèrent de grands boulevards, ouvrirent des places et rectifièrent le tracé des ruelles sinueuses percées au Moyen Âge, permettant le développement rapide de la cité.

beaux vitraux, le chœur est désaxé par rapport à la nef, à cause d'un ancien ruisseau, dit-on. Vous remarquerez une toile attribuée à Rubens, *La Vierge et l'Enfant endormi*.

Bourse Plan Bruxelles Grand-Place p. 95 et plan IV J1

Pl. de la Bourse.

L'imposante construction (1873), qui rappelle l'Opéra de Paris, a été dessinée par Léon Suys. L'inspiration est classique bien que sa simplicité soit vaincue par une abondance décorative due à plusieurs artistes, parmi lesquels Auguste Rodin. Ses marches, tribune sur le boulevard animé, attirent les rassemblements spontanés : manifestations, victoires sportives…

Bon à savoir – Voyez les fondations de l'ancien couvent franciscain des Récollets (1238), sous une baie vitrée côté gauche.

★★ Galeries royales St-Hubert Plan IV J-K1

R. du Marché-aux-Herbes.

La **galerie du Roi** et la **galerie de la Reine**, qui précèdent dans le temps la galerie Victor-Emmanuel de Milan, forment la plus belle rue de la ville. Elles abritent des magasins de luxe et des cafés où il fait bon s'asseoir et profiter de l'animation. Apparus avec la Révolution industrielle, ces passages couverts étaient la vitrine d'une société nouvelle et des axes piétonniers protégés de la boue projetée par les attelages. L'architecte Cluysenaar construisit en 1846 l'élégante façade classique animée de pilastres et la partie centrale décorée de sculptures et de la devise « Omnibus omnia » (tout pour tous). Avec leur élévation classique sur trois niveaux, couvertes d'une voûte de verre en plein cintre tendue sur une armature métallique, les galeries sont « mitraillées » par les touristes.

Au n°1 de la galerie du Roi, vous trouverez le **Musée des Lettres et Manuscrits** (*✆ 02 514 71 87 - www.mlm.be - mar.-vend. 10h-19h, w.-end. 11h-18h)*, annexe du musée parisien, qui présente des expositions temporaires.

Rue des Bouchers Plan IV J-K1

Le contraste est fort entre l'élégant complexe de style néo-Renaissance que sont les galeries et le chaos de néons et d'enseignes de la rue des Bouchers. Cette ruelle bordée de restaurants touristiques à éviter (signalés par leurs rabatteurs polyglottes) et de quelques bonnes adresses à fréquenter, attire autant qu'elle révulse.

Au bout de l'impasse de la Fidélité glougloute la petite fontaine de « **Jeanneke Pis** » (pendant féminin du Manneken Pis), un bronze de Debouvrie inauguré en 1987. Une piécette jetée dans la vasque assurerait la vertu dont l'impasse porte le nom…

La **petite rue des Bouchers★**, avec ses quelques belles maisons des 17e et 18e s., abrite le célèbre **théâtre de marionnettes de Toone** *(impasse Ste-Pétronille et r. du Marché-aux-Herbes 64-66, voir « Nos adresses » p. 144)*. Plan IV J1. Frondeuses par nature, ces *poechenellen* malicieuses ont trouvé ici un foyer passionné où est exprimée toute la magie de leur présence. Elles perpétuent l'esprit moqueur et farceur des Marolles *(voir p. 106)*.

Musée du Costume et de la Dentelle Plan IV J1

R. de la Violette 12 - ✆ 02 213 44 50 - www.museeducostumeetdeladentelle.be - tlj sf merc. et j. fériés 10h-17h - 4 €.

Abrité dans deux maisons du 18e s., ce musée présente les artisanats du costume du 17e au 20e s. : dentelle, broderie, passementerie. Rappelons que durant les 17e et 18e s., les Pays-Bas méridionaux furent extrêmement féconds dans ces artisanats où style et technique sont très étroitement liés. La collection offre des exemples saisissants de la dextérité des dentellières. Des expositions temporaires sont également proposées.

★ Manneken Pis Plan IV J2

Angle r. de l'Étuve et du Chêne.

En route, vous passez devant la fresque murale « Tintin ». Aujourd'hui entourée de boutiques qui exploitent son image, cette drôle de fontaine hissée au rang de mascotte bruxelloise a été sculptée par Jérôme Duquesnoy l'Ancien en 1619 pour alimenter le quartier en eau. À l'époque, celle-ci était potable et la sculpture portait le nom de « petit Julien », en souvenir d'une fontaine du même type déjà présente au 15e s. Pour sauvegarder la décence ou plutôt pour honorer le plus célèbre et « le plus ancien citoyen de Bruxelles » *(voir l'encadré ci-dessous)*, la coutume est de lui offrir un vêtement. Cet usage remonte à Maximilien-Emmanuel de Bavière, gouverneur au nom du roi d'Espagne Charles II, qui lui fit cadeau d'une tenue en 1698.

Depuis, ce cupidon a été doté d'une riche garde-robe exposée au musée de la Ville *(voir p. 94)*. Plusieurs chefs d'État étrangers l'ont habillé de la tenue la plus représentative de leur pays, copiant ainsi le geste de Louis XV, qui fit don d'un habit à la française.

Bon à savoir – Retrouvez une autre vedette belge en remontant la rue du Chêne. Les **Éditions Jacques Brel** J2 *(pl. de la Vieille-Halle-aux-Blés 11 - ✆ 02 511 10 20 - www.jacquesbrel.be - mar.-dim. 12h-18h ; juil.-août tlj 10h-18h - 8 €)* permettent de redécouvrir le chanteur à travers des moments qu'il aimait.

1

PETIT BONHOMME, GRAND SYMBOLE

Eh non ! Il n'est pas plus grand… celui qui est l'objet de l'affection populaire des Bruxellois depuis 1619. Son geste naturel s'accompagne d'une grâce charmante qui symbolise la goguenardise et la verdeur brabançonnes. Victime de son statut de symbole, le Manneken Pis a été volé à maintes reprises. La première fois au milieu du 18e s. par des soldats anglais puis par des soldats français de Louis XV. Le dernier vol date des années 1960, lorsque des étudiants voulurent attirer l'attention sur des problèmes liés à la politique de l'enseignement. Savez-vous que le Manneken Pis n'est pas le seul à se soulager en pleine ville ? Son équivalent féminin, la Jeanneke Pis, est accroupie près de la rue des Bouchers. Et récemment, la famille s'est agrandie du Zinneken Pis. Allez découvrir cet animal levant la patte aux angles de la rue des Chartreux et de la rue du Vieux-Marché-aux-Grains.

N.-D.-de-Bon-Secours Plan IV J1

R. du Marché-au-Charbon.

Elle fut dessinée par l'architecte Jean Cortvrindt en 1694. Le plan associe l'axe traditionnel de la nef et des bas-côtés à un hexagone ouvert sur des absides semi-circulaires : une combinaison qui a donné une église italo-flamande intéressante. À l'intérieur, il émane une atmosphère toute Renaissance.

Halles St-Géry Plan IV J1

Pl. St-Géry.

Avec ses cafés animés, le quartier est un pôle majeur de la vie nocturne. Berceau de la ville, l'**île St-Géry** a vu son rôle historique de marché central se matérialiser par l'édification d'une halle en 1881, à l'emplacement de l'église rasée à la fin du 18e s. par les révolutionnaires français. Le bâtiment combine un style néo-Renaissance flamand et des matières assez nouvelles pour l'époque comme le verre et le fer. À l'intérieur, l'édifice s'est doté d'une fontaine pyramidale provenant de l'ancienne abbaye de Grimbergen. Elle égaye le café et les espaces d'**expositions** aménagés ici. Ces dernières *(étage et cave - 10h-18h)* présentent le patrimoine urbain et les habitants de la capitale.

Derrière les halles, une grille marque l'entrée d'un passage cocher menant à une cour intérieure *(no 23 - 9h-18h)*. Dans ce lieu calme, la boulangerie de l'ancien couvent surplombe le voûtement de la **Senne**, ici visible sur quelques mètres.

N.-D.-des-Riches-Claires Plan III E2

R. des Riches-Claires 23.

Attribuée au Malinois Lucas Fayd'herbe (1617-1697), l'église fut commencée par les religieuses en 1665 puis agrandie au 19e s. La présence d'un gâble à volutes au-dessus des parties arrondies caractérise son style italo-flamand. Le plan tréflé à un seul vaisseau répondait à une double exigence : une partie était destinée au public, l'autre, attenante au cloître, réservée aux religieuses. Les travaux d'agrandissement ont supprimé cette distinction grâce à l'ajout de nefs latérales.

★★★ LE MONT DES ARTS Plan IV, p. 92

Créé par Léopold II qui avait l'ambition d'y concentrer une des plus riches collections d'art du monde, le quartier des musées domine la ville basse. Aux divers palais présents depuis des siècles, on ajouta des constructions qui remplacèrent au 19e s. le quartier de St-Roch, jugé insalubre. Y sont regroupés

ZWANZE ET BRUSSEILER

Les Bruxellois se moquent bien de ce que les autres disent de leur cité, aussi imparfaite soit-elle. Ce n'est pas dans les endroits les plus courus que survit l'âme de la ville, mais peut-être davantage auprès d'un vendeur de *caricoles* (bigorneaux) ou dans quelque estaminet des Marolles. Le vrai Bruxellois, l'authentique *Brusseleir*, véhicule dans son langage très accentué cet esprit tout en truculence et en jovialité. Et le *zwanze* (l'esprit bruxellois) est contagieux. Le « m'as-tu-vu » n'est pas de mise ici. Profitez d'une *drache* (averse) pour vous asseoir dans un café et, l'une des 400 bières belges à la main, apprenez quelques mots-clés du parler local. Découvrez « L'Américain », les pistolets, la signification locale de BHV, l'incompréhensible système politique belge… C'est ça Bruxelles, de l'ordinaire qui prend une autre intonation, une capitale aux allures de province, une espèce de bric-à-brac où tout le monde trouve son compte… surtout les heureux visiteurs.

les plus beaux musées de la capitale, le palais des congrès et quelques-uns des hauts lieux de la vie culturelle bruxelloise. Une autre récompense attend ceux qui gravissent le Coudenberg : une vue superbe sur la capitale belge.

Galerie Bortier J2

R. de la Madeleine - mar.-sam. 10h-18h30.
Ce royaume des bouquinistes fut construit d'après les plans de l'architecte Jean-Pierre Cluysenaar en 1848. Passage couvert au décor inspiré de la Renaissance, il porte le nom de son fondateur.

Bibliothèque royale K2

Mont des Arts et bd de l'Empereur 2 - ✆ 02 519 53 11 - www.kbr.be - lun.-vend. 9h-19h (17h sam. et juil.-août) - fermé j. fériés, 24 déc.-1er janv., sam. de juil. et août - 2,50 €/j.
Cet édifice abrite depuis 1969 les collections de la bibliothèque née au 15e s. sous le règne des ducs de Bourgogne. Elle renferme cinq millions de volumes : manuscrits et imprimés, estampes et dessins, cartes et plans, monnaies et médailles. Le bâtiment englobe la **chapelle de Nassau**, ou chapelle St-Georges, vestige de l'ancien palais de Nassau. De style gothique flamboyant (1520), elle sert de cadre à des expositions temporaires. À voir également, une reconstitution des cabinets de travail d'Émile Verhaeren à St-Cloud et de celui de Michel de Ghelderode à Schaerbeek. Le **musée de l'Imprimerie** *(✆ 02 519 53 56 - tlj sf dim. 9h-16h45 (sur demande) - fermé j. fériés et dernière sem. déc., août)* expose une série de machines et presses de la fin du 18e s. au début du 20e s., illustrant l'histoire de l'imprimerie (typographie, taille-douce, lithographie, offset) et de la reliure-dorure.

1

Palais des congrès K2

Parallèle à la Bibliothèque royale, sa construction a elle aussi transformé le quartier. Après des années de travaux, le complexe a rouvert ses portes fin 2009 sous le nom de **Square**.
Espace de congrès ultramoderne annoncé par un immense cube de verre, son décor fait la part belle à l'art contemporain. Il est relié par un souterrain à BOZAR *(voir p. 102)*. Au-dessus de l'arcade, une horloge à jaquemart représentant des personnages historiques et folkloriques fait entendre son carillon.

Place du Musée K2

Il ne manque ici qu'un canal pour s'imaginer à St-Petersbourg ! Ce calme espace à l'écart de la circulation montre une harmonieuse ordonnance néoclassique. Il est en partie fermé par le **palais de Charles de Lorraine** *(pl. du Musée 1 - ✆ 02 519 53 72 - merc. et sam. 13h-17h - fermé j. fériés, 24 déc. et 1er janv. - 3 €, -13 ans gratuit)*, seule aile conservée d'un bâtiment que le gouverneur des Pays-Bas fit construire entre 1756 et 1780 à l'emplacement de l'ancien hôtel de Nassau. On y admire notamment un salon rond décoré d'un pavement de marbre (remarquer la rosace de 28 marbres belges).

★★★ Musées royaux des Beaux-Arts K2

Pl. Royale 3 et r. de la Régence 3 - ✆ 02 508 32 11 - www.fine-arts-museum.be - tlj sf lun. 10h-17h - fermé j. fériés et 2e jeu. de janv. - 8 € (13 € billet combiné avec le musée Magritte) - boutique, cafétéria, brasserie.
Bienvenue au Louvre bruxellois, réputé pour ses collections et ses expositions temporaires de stature internationale.
Si le temps vous manque, faites tout de même un tour dans le hall, notamment pour voir briller un vaste globe de Jan Fabre couvert de... à vous de

LES BRUEGEL, UNE DYNASTIE DE PEINTRES

Sans doute originaire d'un village dénommé Brueghel, situé dans le Brabant hollandais ou dans la Campine limbourgeoise, Peeter Brueghels (vers 1527-1569) signe vite Bruegel, orthographe qu'il adoptera jusqu'à sa fin. Bruegel de Oudere, c'est-à-dire l'Ancien, fait son apprentissage à Anvers, puis voyage jusqu'à Messine avant de rentrer en Flandre en 1554, alors le pays le plus riche d'Europe.

Il s'installe à Bruxelles en 1563 et épouse Marie Coecke, la fille de Pieter Coecke, peintre de Charles Quint. La famille qu'il fonde accouchera de 26 peintres ! Son fils aîné, Pieter Bruegel le Jeune (1564-1638), fut essentiellement un copiste. Son fils cadet, Jan Bruegel (1568-1625), qui alla se fixer à Anvers, fut surnommé « de Velours » au 18e s. Il reçut le deuxième surnom « d'Enfer », den Helschen Brueghel, en raison des diableries qu'il avait représentées dans sa jeunesse. Un quiproquo fit dériver ce surnom sur son frère Pieter.

le découvrir ! Quant à la boutique du musée, elle offre le meilleur choix de cartes postales de la ville.

Musée d'Art ancien★★★ – Occupant un palais de style classique achevé par Alphonse Balat en 1880 et prolongé d'une aile moderne, ce musée est mondialement connu pour ses admirables primitifs flamands et ses œuvres de Bruegel l'Ancien et Rubens.

15e-16e s. – Cette section renferme des trésors de l'école flamande. L'un des tableaux les plus anciens est *Scènes de la vie de la Vierge*, exécuté par un maître anonyme des Pays-Bas méridionaux (fin du 14e s.). L'œuvre de **van der Weyden** est représentée par les portraits d'*Antoine, grand bâtard de Bourgogne*, et de *Laurent Froimont*, merveilleux dans leur simplicité, ainsi que par une magnifique *Pietà* dont le caractère dramatique est renforcé par une lumière rougeoyante. Voyez aussi l'*Annonciation* de **Robert Campin** (que certains identifient au Maître de Flémalle), qui se démarque par la douceur du visage de la Vierge et la précision avec laquelle sont traités les différents objets. Dans la *Pietà* de **Petrus Christus**, dont les œuvres sont si rares, se sent l'influence de van Eyck, dont l'artiste suivit l'enseignement. De **Hans Memling**, le Brugeois, on admirera la *Vierge à l'Enfant*, pleine de tendresse, et le *Martyre de saint Sébastien*, au fond, représentant une ville flamande. **Jérôme Bosch** s'illustre avec un *Calvaire avec donateur*, au paysage tout en nuances chromatiques. De **Hugo van der Goes**, remarquez *La Vierge et l'Enfant*, œuvre dont émane une certaine froideur. La *Vierge à la soupe au lait* de **Gérard David**, le dernier des grands primitifs, frappe par son côté intimiste tandis que l'œuvre de **Quentin Metsys** se teinte de l'influence italienne et annonce le maniérisme anversois. **Jan Gossaert**, dit Mabuse, montre avec *Vénus et l'Amour* la première œuvre à sujet mythologique dans la peinture flamande.

Notoriété oblige, les visiteurs s'attardent longuement dans la salle consacrée à **Bruegel l'Ancien**. Elle réunit plusieurs de ses chefs-d'œuvre témoignant de l'étendue de son talent et de son registre. L'ironie, le réalisme du détail, la sérénité du paysage qui lui sont si caractéristiques se manifestent dans le *Dénombrement de Bethléem* et dans l'étrange *Chute d'Icare*, où certains voient des symboles alchimiques.

17e-18e s. – Les vedettes sont ici les grandes toiles religieuses de **Rubens** : l'*Adoration des Mages*, aux très beaux coloris, la *Montée au Calvaire* et le *Martyre de saint Liévin*. Mais aussi des œuvres plus intimistes comme les fameuses *Têtes de nègre* et un *Portrait d'Hélène Fourment* plein de malice et de séduction.

De **Jordaens**, remarquez l'*Allégorie de la fécondité*, peinture très vivante à la sensualité aiguë, *Le Roi boit* et *Suzanne et les Vieillards*. Des œuvres de Corneille de Vos, van Dyck, Teniers et Frans Hals complètent ces collections.

Musée Fin de siècle – Ce musée occupe la partie souterraine de l'immeuble de la place du Musée, érigé par Bastin et Beek autour d'un puits de lumière. Remanié depuis l'ouverture du musée Magritte *(voir ci-après)*, le musée d'Art moderne a été totalement repensé. Une partie des collections royales (James Ensor, Francis Bacon, Marcel Broothaers, les membres de CoBrA…) n'y a pas trouvé sa place. Elle devrait être exposée par rotation temporaire en attendant la création souhaitée d'un musée d'Art moderne et contemporain.

À partir des années 1860, 31 salons réunissent à Bruxelles l'essentiel de la création européenne. Des cercles artistiques voient le jour, une Société libre des Beaux-Arts est créée, et le débat sur la modernité est lancé. La muséographie restitue cette période de transition en offrant un parcours qui replace les œuvres dans leur contexte historique : le paysage et la modernité, De Coster et la naissance d'une littérature nationale, l'art social, la redécouverte des Primitifs, le symbolisme littéraire et pictural, la réception de l'impressionnisme. **Spilliaert** *(La Digue, 1909 ; Baigneuse, 1910)*, Maeterlinck, Minne… Les arts décoratifs entre Bruxelles et Nancy sont mis en avant (Gallé, Daum…). Et Bruxelles, capitale de l'Art nouveau, est bien sûr à l'honneur dans cette réponse belge au musée d'Orsay parisien.

1

★★ Musée Magritte K2

1 pl. Royale - ✆ 02 508 32 11 - www.musee-magritte-museum.be - mar.-dim. 10h-17h (merc. 20h) - fermé j. fériés - 8 €. Billetterie : 3 r. de la Régence. Vente en fonction des disponibilités, il est donc conseillé de réserver votre billet par Internet ou au ✆ 02 508 33 33.

Le musée est aménagé dans l'hôtel Altenloh où désormais, même en pleine nuit, quelques fenêtres reflètent ce ciel bleu si souvent peint par **René Magritte** (1898-1967). L'exposition chronologique présente 250 des 1 200 réalisations du chef de file du surréalisme.

Les dessins, huiles sur toile, gouaches, affiches publicitaires et sculptures côtoient des documents photographiques, des articles, des tracts politiques et des films qui retracent la vie de l'artiste tout en présentant l'évolution de son œuvre (surréalisme « en plein soleil », période vache…).

La scénographie, les pièces volontairement sombres qui contrastent avec les vues lumineuses sur la ville, la mettent parfaitement en valeur. Nombre de ses citations ornent les murs, telle l'une de ses définitions du surréalisme : une « connaissance immédiate du réel ».

D'abord influencé par le cubisme et le futurisme, Magritte se place à la lumière du travail de De Chirico avant d'affirmer pleinement sa vocation. Il crée des tableaux-mots qu'il orne de sa signature si particulière. Autant (plus ?) poète que peintre, Magritte a anticipé le conceptuel ou le Pop Art pour devenir un artiste de portée universelle.

Parmi les toiles « vedettes », voyez *L'Homme du large*, *L'Empire des lumières*, *Le Joueur secret*, *La Magie noire*, *La Page blanche*, *La Réponse imprévue*, *Le Galet* ou *Le Domaine d'Arnheim* et bien d'autres aux titres volontairement sans rapport évident avec l'œuvre.

Ce musée à vocation internationale entend dans les années à venir réunir temporairement d'autres toiles de l'artiste et les rapprocher, par exemple, de celles de Dalí ou Miró.

Si le sujet vous passionne, ne manquez pas de visiter également la maison de Magritte p. 129 et le café Greenwich p. 143.

★★★ **Musée des Instruments de musique** (MIM) K2

R. Montagne-de-la-Cour 2 - ✆ 02 545 01 30 - www.mim.be - tlj sf lun. 9h30-17h, w.-end 10h-17h - fermé j. fériés - 5 € (gratuit 1er merc. du mois à partir de 13h et -13 ans).

Deux bâtiments se partagent le MIM : le splendide bâtiment Art nouveau d'**Old England** (1899) de l'architecte Paul Saintenoy, et l'édifice néoclassique de Barnabé Guimard. Le premier fut une commande de la société britannique du même nom qui s'implanta à Bruxelles en 1886. La restauration a redonné à ces anciens magasins toute leur splendeur d'antan.

Sur quatre étages ont été rassemblés quelque **7 000 instruments** de toutes les régions du monde et de toutes les époques, que le visiteur peut écouter grâce à un casque. Vous découvrirez des chants de carnaval, des arias célèbres interprétés par des instruments rudimentaires ou modernes. Passionnant !

Bon à savoir – Le restaurant, au sommet, offre une vue superbe sur Bruxelles.

Hôtel Ravenstein K2

R. Ravenstein 3.

En contrebas de l'immeuble néogothique de la pharmacie Delacre, ce bel hôtel (fin 15e s.-déb. 16e s.) fut bâti par les Clèves, seigneurs de Ravenstein. Le dernier hôtel seigneurial de l'époque bourguignonne subsistant dans la capitale présente une façade flanquée d'une tourelle, une charmante cour intérieure ainsi qu'une bretèche visible depuis l'étroite rue Terarken.

★ **Musée BELvue** K2

Pl. des Palais 7 - ✆ 02 70 22 04 92 - www.belvue.be - mar.-vend. 10h-17h, w.-end 10h-18h - fermé 1er janv. et 25 déc. - 5 € (-18 ans gratuit) ; 8 € billet combiné avec le musée Coudenberg.

Achevé en 1777, l'hôtel Bellevue, de style néoclassique, abritait jadis un hôtel de luxe pour voyageurs. Le bâtiment fut incorporé au Palais royal et servit de résidence à la princesse Clémentine, fille de Léopold II, et au futur Léopold III. Il abrite un passionnant musée consacré à l'histoire de la Belgique, de la révolution de 1830 à nos jours.

Le musée donne également accès au **site archéologique du Coudenberg** *(✆ 02 553 61 79 - www.coudenberg.com - mar.-vend. 10h-17h, w.-end 10h-18h - fermé 1er janv. et 25 déc. - 5 € (-18 ans gratuit) ; 8 € billet combiné avec le musée BELvue).* Voici les vestiges souterrains du palais du Coudenberg, ancien palais ducal détruit par un incendie en 1731 et où Charles Quint abdiqua en 1555. Flanquée de tours polygonales, la Magna Aula, ou grande salle d'apparat, fut construite sous le règne de Philippe le Bon. À proximité se trouve la rue Isabelle par laquelle l'archiduchesse Isabelle se rendait à la cathédrale.

Bon à savoir – Au **BIP** *voisin (p. 82)*, une exposition présente Bruxelles sous toutes ses coutures *(R. Royale 2-4 - 10h-18h - fermé 25 déc. et 1er janv. - gratuit).*

Palais des Beaux-Arts/BOZAR K2

R. Ravenstein 23 - ✆ 02 507 82 00 - www.bozar.be - 10h-18h (jeu. 21h) - fermé 1er janv. et 25 déc. - billetterie, salle de concert, boutique : voir p. 144 et 147.

Achevé par Victor Horta en 1928, ce centre culturel multi-fonctions (le premier en Europe) à la façade Art déco surmontée de drapeaux colorés est un haut lieu de la vie événementielle bruxelloise. De nombreuses **expositions** temporaires de niveau international s'y déroulent. Sa superbe salle de concert accueille notamment le prestigieux concours Reine Elizabeth. Une visite, « De Horta à Horta », permet de découvrir le bâtiment *(dim. 12h - 9 €).*

Le palais abrite également la riche collection de films et le petit musée de **Cinematek** *(r. Baron-Horta 9 - ✆ 02 551 19 19 - www.cinematek.be - lun., mar., vend. 16h30, merc., w.-end 14h30 - 3 €). Voir p. 145.*

Le Musée des Instruments de musique dans le bâtiment Old England.
David Ewing/IQ Images/age fotostock

1

★ Place Royale K2

Au sommet du Coudenberg (« montagne froide »), cette place pavée de style Louis XVI fait partie du quartier réaménagé à la fin du 18e s. par Charles de Lorraine. Bâtie par les architectes Guimard et Barré, qui s'inspirèrent de la place Stanislas à Nancy, elle est dominée par l'**église St-Jacques-sur-Coudenberg** *(mar.-sam. 13h-18h, dim. 9h-18h)* consacrée en 1787. À l'intérieur, simple et solennel, vous remarquerez un chemin de croix de J. Geefs. De la statue de Godefroy de Bouillon au centre de la place, le regard porte vers le dôme du palais de justice.

Palais royal K2

Pl. des Palais - ✆ 02 551 20 20 - www.monarchie.be - de fin juil. à déb. sept. : tlj sf lun. 10h30-16h30 - gratuit.

Du balcon du Palais royal, le roi des Belges (qui ne réside pas ici mais à Laeken) jouit d'une vue superbe sur le parc et la vaste esplanade pavée de la place des Palais. La façade à colonnade en arc de cercle fut construite sous Léopold II à l'emplacement de l'ancienne cour des ducs de Brabant. Un drapeau, au sommet, signale la présence du souverain dans le pays.

À l'intérieur, la **salle du Trône★**, de 1872, ornée de grands lustres, est somptueuse. Tout comme celle décorée de scarabées par l'artiste provocateur Jan Fabre.

À l'est de la place, l'ancienne résidence du prince d'Orange est devenue le **palais des Académies** (1823).

★ Parc de Bruxelles K1-2

Les joggers tournent sans cesse autour de ce vaste rectangle vert, les pelouses font office de solarium en été, tandis que de bruyantes perruches assurent l'ambiance sonore.

L'ancien terrain de chasse des ducs de Brabant fut transformé en jardin à la française au 18e s. par Barnabé Guimard et Joachim Zinner. Unique zone verte

LÉOPOLD II, LE ROI BÂTISSEUR
Sous l'impulsion du roi Léopold II (1865-1909) sont entrepris d'importants travaux qui renouvellent la physionomie de la capitale. À l'initiative d'Anspach, le Haussmann bruxellois, on trace les grands boulevards centraux. On aménage de nombreux parcs, dont celui de Laeken. On construit d'imposants monuments, notamment le palais du Cinquantenaire et son arcade, le musée de Tervuren, reliés entre eux par l'avenue de Tervuren, et la basilique de Koekelberg (commencée en 1905, mais achevée… en 1970 !) desservie par la grandiose avenue Léopold-II. Citons encore, parmi une multitude d'édifices : le musée d'Art ancien, la Bourse, le théâtre de la Monnaie, le palais de justice. La façade du Palais royal date de cette époque.

du centre-ville, il est affectionné par les promeneurs qui zigzaguent entre ses statues, dont la charmante *Fillette à la coquille* de A. de Tombay.
Le palais de la Nation, qui borde le nord du parc est décrit dans le chapitre « La cathédrale et le Parlement », p. 113.

Gare centrale K1

Carrefour de l'Europe 2.
La journée de travail débute ici pour tous les navetteurs bruxellois. Construite par **Victor Horta**, puis Maxime Brunfaut entre 1910 et 1952, elle trône au centre d'une zone qui illustre la faillite d'une politique immobilière menée au détriment d'un riche patrimoine. De l'intéressante salle centrale, vous pouvez rejoindre le palais des Beaux-Arts via la **galerie Ravenstein**, et la Grand-Place via la surprenante **galerie Horta**.

★★ LE SABLON Plan IV, p. 92

Intimement lié à l'histoire de l'église de la guilde des arbalétriers, ce quartier au passé nobiliaire présentait une allure populaire au début du 20e s. Depuis quelques décennies, ses magasins se sont totalement renouvelés au profit des antiquaires et des galeries d'art. Devenu chic, le lieu bénéficie d'une atmosphère unique à Bruxelles et d'un cachet indéniable, auquel participent le soir les vitraux illuminés de son église. Venez au Sablon pour voir… et être vu !

★ Place du Grand-Sablon J2

Encadrée de façades anciennes, cette place élégante que les Bruxellois nomment simplement « Le Sablon » tire son nom d'une appellation très ancienne. En 1374, les archives de l'église Ste-Gudule mentionnent une « mare sablonneuse » où les arbalétriers s'exercent. Ces derniers y édifient une chapelle en l'honneur de leur protectrice, Notre Dame. Au 16e s., de riches seigneurs élèvent de somptueux hôtels dans la partie haute (Egmont, Bréderode, Tour et Taxis…), faisant du Sablon le quartier le plus aristocratique de la ville. Avec le temps et les modes, la haute société déserte les lieux, laissant la place à de modestes boutiques.
En 1751, Jacques Bergé érige la **fontaine Minerve** à l'emplacement du « Zavelpoel » (marais du Sablon) désormais comblé. Assise, Minerve tient un médaillon aux effigies du roi François Ier et de l'impératrice Marie-Thérèse. Elle trône aujourd'hui encore à mi-pente de cet espace perpétuellement animé, à l'atmosphère fort agréable.
Site traditionnel de nombreux marchés depuis le 15e s., le haut de la place est occupé tous les samedis et les dimanches matin par un **marché de brocanteurs** et d'antiquaires abrité par des tentes vertes et rouges, aux couleurs de la ville.

Dès les premières chaleurs, les terrasses du Sablon attirent la jeunesse aisée. Celle de Chez Richard, dernier estaminet du quartier, draine une clientèle populaire. Les vitrines alléchantes du pâtissier Wittamer et du chocolatier Marcolini, tous deux aussi connus à Bruxelles qu'à Tokyo, attirent touristes et habitués *(voir Achats, p. 145-146)*. Et l'on s'informe des dernières tendances déco chez Flamant (n° 36). Les boutiques d'antiquaires s'alignent le long des rues alentour : Rollebeek, des Minimes, Lebeau, E. Allard et les charmantes St-Jacques et Ste-Anne. La première, très photogénique avec ses portails (n° 7) et pignons (n° 9), descend vers la **tour Anneessens**, vestige de la première enceinte de la ville (11-13e s.). De là, la Grand-Place n'est plus très loin via la charmante place de la Vieille-Halle-aux-Blés.
La rue des Minimes mène au **Musée juif de Belgique** *(r. des Minimes 21 - ✆ 02 512 19 63 - tlj sf lun. 10h-17h - fermé j. fériés - 5 €; -12 ans et 1er dim. du mois gratuit)* et, avant de plonger vers les Marolles, à l'**église Sts-Jean-et-Étienne-aux-Minimes** *(r. des Minimes 62 - 10h-13h)*. Cette église marque la transition entre le style baroque flamand et le néoclassicisme. Ses messes dominicales sont réputées pour leurs chants.

★ N.-D.-du-Sablon K2

R. de la Régence 3b - 9h30-17h, dim. 13h-17h.
Cet édifice flamboyant était à l'origine la chapelle de la guilde des arbalétriers. La légende raconte qu'en 1348, la pieuse Béatrice Soetkens, ayant vu en songe la statue d'une Vierge, l'apporte d'Anvers à Bruxelles dans une barque et en fait don aux arbalétriers. Devenu lieu de pèlerinage, le sanctuaire est agrandi vers 1400 et terminé vers 1550 par le portail principal.
Passé la statue N.-D.-à-l'Arbre qui garde l'entrée, vous admirez à l'**intérieur** le chœur très élancé entre les hautes verrières et la chaire datant de 1697. Le croisillon sud est orné d'une superbe rosace. Les chapelles des bas-côtés communiquent entre elles à la manière brabançonne; leurs arcatures possèdent des écoinçons historiés. Près du chœur, voyez la **chapelle sépulcrale des Tour et Taxis** (ou Tassis), famille d'origine autrichienne qui fonda en 1516 la poste internationale. Le décor de marbre noir et blanc est l'œuvre de Lucas Fayd'herbe.

Rue de la Régence J-K2

L'axe rectiligne sépare le Sablon en deux et court de la place Royale à l'immense palais de justice. En empruntant le segment sud, vous passez devant le **Conservatoire royal de musique** (n° 30), élevé en style néo-Renaissance par Cluysenaar en 1876, puis la **synagogue** (n° 32), construite par l'architecte De Keyser en style romano-byzantin en 1875.

★ Place du Petit-Sablon K2

Vous prendrez beaucoup de plaisir à identifier les **48 statuettes** en bronze représentant les métiers bruxellois qui entourent ce charmant square dessiné dans les années 1890. Divers groupes sculptés dominent les parterres et encadrent l'imposante fontaine. Aux comtes d'Egmont et de Horne, symbolisant la résistance à la tyrannie espagnole, s'ajoutent des personnalités du 16e s., dont le géographe flamand Mercator. La **rue des Six-Jeunes-Hommes** et ses maisons anciennes (côté nord du square) rappelle l'histoire de ces jeunes hommes pendus pour avoir envoyé de la suie à la figure d'un agent du duc d'Albe. Le **palais d'Egmont** déploie ses ailes au-delà du square. Édifié à partir du 16e s., il dépend du ministère des Affaires étrangères. Pour profiter de son **parc**, un peu écrasé par la tour du Hilton, vous emprunterez l'élégante rue aux Laines et un escalier de pierre bleue où sont gravés des textes de Marguerite Yourcenar, née à Bruxelles en 1903.

★ LES MAROLLES Plans III et IV, p. 90-91 et 92

Entre N.-D.-de-la-Chapelle et la porte de Hal, les Marolles étaient traditionnellement le berceau d'une population d'ouvriers et de laissés-pour-compte, le foyer de nombreuses luttes sociales. Ici, dit-on, survivent les vrais Bruxellois. Car le Marollien authentique se fait rare : l'esprit zwanzeur (gouaille si pittoresque, *voir p. 98*) a presque déserté les estaminets.

Mais malgré la « sablonisation » du quartier, les Marolles conservent une atmosphère populaire et conviviale, et pas seulement autour du marché aux puces. Vous apprécierez ses rues colorées et métissées, animées par une population hétéroclite.

★ N.-D.-de-la-Chapelle Plan IV J2

Pl. de la Chapelle - 9h-18h.

Proche de la tour qui remplaça en 1960 la Maison du Peuple de Victor Horta (immense édifice Art nouveau) et qui symbolise les erreurs des urbanistes locaux, se dresse une belle église où se rassemble le dimanche la communauté polonaise de la ville.

En 1134, Godefroi Ier, duc de Brabant, décide d'élever une chapelle en dehors des murs de la ville. Le duc Henri III donne à l'église cinq morceaux de la vraie Croix, en faisant un lieu de grandes dévotions. Pieter Bruegel s'y marie en 1562… avant d'y être inhumé en 1569 (mémorial en marbre noir). L'église actuelle, modifiée au fil des siècles, présente différents styles d'architecture. Si le transept (13e s.) est roman, la majeure partie de l'édifice présente les caractéristiques de l'art gothique brabançon. Admirable contraste entre l'obscurité du transept, du chœur et la clarté de la nef.

Rue Haute et rue Blaes Plan IV J2

Parallèles, elles traversent le quartier, de N.-D.-de-la-Chapelle à la porte de Hal. S'y mêlent des brocanteurs, des boutiques de décoration d'intérieur et quelques estaminets. Çà et là, des **peintures murales** inspirées de célèbres BD (Marsupilami, Quick et Flupke…) colorent encore un peu plus ce quartier vivant.

La **rue Haute**, sans doute la plus ancienne du centre-ville, suit un chemin ouvert au début de notre ère par les Romains. Elle dessert d'étroites rues qui partent à l'assaut du relief, vers le Sablon guindé, qui « grignote » les Marolles, et le palais de justice qui l'écrase. Ce dernier peut être atteint par un **ascenseur panoramique★** à partir du square Bruegel-l'Ancien, agréablement pentu et convivial (terrasses, bancs).

Pieter Bruegel l'Ancien et son arrière-petit-fils David Teniers III ont habité la maison aux briques rouges du n° 132. Au n° 164, la « Maison espagnole » est une élégante construction de briques coiffée d'un pignon à redents. Faites une halte pour contempler la collection de peintures, sculptures et mobilier du **Centre public d'action sociale** *(r. Haute 298 - ✆ 02 543 60 55 - lun.-jeu. 14h-16h - gratuit).*

★ Place du Jeu-de-Balle Plan III E3

La place centrale du quartier, vaste quadrilatère pavé, tire son nom du jeu de balle pelote naguère très populaire. Les bâtiments des petits côtés sont plus anciens que la place elle-même, tracée ultérieurement. L'ancienne caserne des pompiers fut réalisée en 1861-1863 d'après les plans de l'architecte Poelaert. Un **marché aux puces** s'y tient tous les matins *(voir p. 147)*. Il existe depuis 1640, et se tenait, avant 1873, sur la place Anneessens. Si les meilleures affaires se font en semaine, l'animation est à son comble le week-end, quand touristes et habitués se mêlent dans les estaminets La Brocante, De Skieven Architek *(voir p. 143)*…

Le marché aux puces, place du Jeu-de-Balle.
Christian Kober/Robert Harding Picture Library/age fotostock

Cité Hellemans Plan III E3

Délimitée par les rues Haute, Blaes, Pieremans et de la Rasière, la cité ouvrière Hellemans fut réalisée entre 1912 et 1915 par l'architecte du même nom.
Comprenant 272 appartements sociaux et une crèche collective, le complexe de style éclectique est séparé par six rues intérieures réservées aux piétons. L'alignement de ses façades de brique est particulièrement photogénique.

Porte de Hal Plan III E3

Bd du Midi - ✆ 02 534 15 18 - www.kmkg-mrah.be - mar.-vend. 9h30-17h, w.-end 10h-17h - fermé lun. et j. fériés - 5 €.
Entre Bruxelles et St-Gilles, cet imposant vestige médiéval est la seule porte subsistant des anciens remparts. Sa silhouette du 14e s. a été modifiée lors de sa restauration (1870), qui visait à la rendre plus médiévale encore !
L'intérieur abrite des expositions sur l'histoire et les traditions de Bruxelles au Moyen Âge. Le 3e étage et le grenier sont réservés à des expositions temporaires et à des événements.

Place Poelaert Plan IV J2

Au sommet du Galgenberg, ou « mont de la Potence » (c'est là que se trouvait le gibet), trône l'immense **palais de justice** *(lun.-vend. 8h-17h selon les conditions de sécurité)*, achevé par Poelaert en 1883. Son édification a entraîné la destruction d'une partie des Marolles, transformant définitivement le quartier.
Ce mammouth d'inspiration antique affiche des dimensions inouïes : 26 000 m^2 de superficie pour des côtés de 150 et 160 m de long, et un dôme s'élevant à 97,5 m. La gestion d'un tel volume est si problématique que l'on envisage de trouver une nouvelle fonction au site. L'entrée principale se fait par un vaste péristyle ouvrant sur la grandiose salle des Pas perdus.
Depuis la balustrade de la place Poelaert, on bénéficie d'une **belle vue★** sur la ville basse, jusqu'à Anderlecht et l'Atomium. Un ascenseur panoramique rejoint la rue Haute.

LES BÉGUINAGES, REFUGES POUR FEMMES SEULES

La tradition attribue leur fondation à sainte Begge, la supérieure d'un couvent à Andenne, qui mourut en 694. Au 13e s., les béguinages prirent leur forme définitive de maisonnettes serrées autour de leur église, situées à l'écart et entourées de murs. Les béguines formaient une communauté de femmes non mariées et de veuves qui y trouvaient refuge et sécurité en période de troubles. Celles qui s'y retiraient étaient tenues à certaines observances, comme le port du costume, la présence aux offices et l'exercice de travaux manuels (tissage notamment). Contrairement aux ordres religieux, les béguines ne prononçaient pas des vœux de pauvreté et de chasteté et étaient libres de quitter la communauté à tout moment, ce qui explique leur popularité. Des trois béguinages bruxellois, celui de N.-D.-de-la-Vigne, fondé vers 1250, était le plus important. Il compta jusqu'à 1 200 béguines.

STE-CATHERINE ET LE BÉGUINAGE Plans III et IV, p. 90-91 et 92

L'un des quartiers les plus attachants de la ville offre une ambiance villageoise à deux pas de la Grand-Place. Sur le site du béguinage de N.-D.-de-la-Vigne, de l'ancien port et du Vismet (marché aux poissons), les rues portent encore parfois le nom de « quai ». Ici, on profite de la vie, comme en témoignent les places conviviales, les multiples restaurants, les terrasses et les cafés animés. Et quelques édifices plus ou moins cachés vous réservent de belles surprises.

Place Ste-Catherine Plan IV J1

Pavée, arborée, bordée de restaurants et de terrasses ombragées, elle plaît pour son animation et son **atmosphère villageoise**. Les comptoirs des poissonneries Nordzee et ABC, ou le marché bio *(merc. matin)* attirent la jeunesse aisée, qui « colonise » peu à peu le quartier. Des concerts et autres manifestations y sont fréquemment organisés.

Le site est dédié à sainte Catherine depuis le début du 13e s., mais cette place n'a été tracée qu'en 1870, peu après le comblement du grand bassin du même nom creusé en 1565.

Formée sur les anciens quais au Sel et aux Semences, elle présente plusieurs façades aux pignons Renaissance flamande entre la rue de Flandre et le quai aux Briques.

Église Ste-Catherine – *Fermé dim. apr.-midi.* De l'ancienne église construite aux 14e et 15e s. et agrandie à partir de 1629 ne subsiste que la tour-horloge de style baroque, qui domine la place. L'édifice actuel, achevé par Joseph Poelaert en 1859, mêle plusieurs styles et s'inspire de l'église St-Eustache à Paris. Le chevet témoigne du caractère relativement fantaisiste avec lequel l'architecte a conçu l'édifice… que l'on envisage de transformer en marché couvert.

À l'arrière de l'église, la **Tour noire** est un des rares vestiges de la première enceinte. Sauvée de la démolition par le bourgmestre Charles Buls, elle a été restaurée en 1888 dans l'esprit de Viollet-le-Duc ; le toit semi-conique est une addition coiffant l'ancienne plate-forme à créneaux.

Centrale électrique Plan IV J1

Pl. Ste-Catherine 44 - ✆ 02 279 64 35 - www.lacentraleelectrique.be - merc.-dim. 10h30-18h - fermé j. fériés - tarif selon l'expo.

Ce nouvel espace met en avant les artistes contemporains européens, rassemblés lors d'expositions temporaires thématiques.

Rue Ste-Catherine Plan IV J1

Cette rue devenue le Chinatown bruxellois s'enorgueillit de façades de style éclectique et de maisons des 16e et 17e s. permettant de suivre l'évolution du pignon.

Maison de la Bellone Plan III E2

R. de Flandre 46 - ✆ 02 513 33 33 - www.bellone.be - lun.-sam. 12h-18h - fermé dim., j. fériés et juil. - gratuit.

Le long de la sympathique **rue de Flandre** se côtoient des commerces de qualité (épicerie fine De Boe au n° 36), des restaurants, des cafés et quelques galeries d'art. La surprise est de taille lorsque l'on pousse la porte du n° 46.

Au fond d'un couloir subtilement illuminé, on découvre une belle demeure patricienne de la fin du 17e s. protégée par une verrière. Cette « maison de derrière » serait une réalisation du sculpteur Cosyn.

La statue de Bellone, déesse de la Guerre, surplombe le cintre de la porte d'entrée.

À l'arrière-plan, un trophée commémore la victoire des Autrichiens contre les Turcs (1697) à Zenta. Les allèges des fenêtres sont décorées de médaillons représentant des empereurs romains.

La Maison du spectacle abrite une bibliothèque consacrée aux arts du spectacle.

Les quais

Entre la place Ste-Catherine et la place de l'Yser, les quais, comblés en 1878 et 1911, évoquent le **port primitif de la ville** et l'époque à laquelle les bateaux accostaient jusqu'à l'emplacement de l'actuelle église Ste-Catherine. Le **quai aux Briques** Plan IV J1 rappelle qu'après la construction du canal de Willebroek (16e s.), les bateaux y débarquaient les briques de Boom avec lesquelles on a construit les maisons de la capitale. Par leurs dénominations, les quais permettent de deviner les activités qui les animaient : quais au Bois-à-Brûler Plan IV J1, à la Houille, à la Chaux, aux Barques, au Foin. Certains ont gardé de vieilles demeures : **maison du « Cheval Marin »** (1680 puis 1899) avec ses pignons à redans, maison dite (à tort) « **hanséatique** » (1711) sur le quai du Bois-de-Construction. En 1982 furent aménagés deux bassins ponctués par une fontaine-obélisque créée par Janlet (1897 – autrefois située place Brouckère) en l'honneur du bourgmestre Anspach.

La longue place pavée et le parc contigu s'avèrent très conviviaux. Les restaurants et grossistes en fruits de mer rappellent le *Vismet* (marché aux poissons). Des fêtes populaires et colorées, à l'image du quartier, y sont organisées et, en décembre, l'espace est envahi par la patinoire et les baraques du marché de Noël (« Plaisirs d'hiver »).

Le **canal Bruxelles-Charleroi** Plan III E1 passe à quelques pas et dessert le port, où a lieu « Bruxelles-les-Bains » chaque été. Le long du quai des Péniches une fresque géante dédiée à Corto Maltese. Sur le quai des Matériaux se dresse le **pôle événementiel de Tour et Taxis**, aménagé sur un ancien site douanier et promis à de grands projets d'urbanisme.

Église St-Jean-Baptiste-au-Béguinage Plan IV J1

Pl. du Béguinage - mar.-dim. 10h-17h.

Sur une paisible place, elle dresse sa belle façade à trois corps de style baroque flamand (1676). L'**intérieur**, où la décoration baroque s'est plaquée sur des structures gothiques, présente de belles proportions. On admire les tableaux du Bruxellois **van Loon** et de différents artistes flamands.

Les paisibles rues alentour forment un îlot de constructions néoclassiques dont l'homogénéité est un peu entravée par des constructions plus récentes.

Hospice Pacheco Plan III E1

R. du Grand-Hospice 7 - ✆ 02 218 69 32 - visite de la cour : sur demande à la réception ; chapelle : dim. 9h-12h.

Au début du 19e s., l'architecte Henri Louis François Partoes (1790-1873) édifia ce bâtiment pour secourir la vieillesse démunie et embellir la ville. La construction du complexe néoclassique s'acheva en 1827. Les bâtiments s'organisent autour de deux cours spartiates. La **chapelle de l'hospice**, aux tons chauds, est ornée de quatre tableaux de François-Joseph Navez (1787-1869).

Théâtre royal flamand (KVS) Plan III E1

R. de Laeken 146 - sur RV - ✆ 02 210 11 00 - www.kvs.be.

En 1883, l'architecte Jean Baes transforme l'ancien entrepôt des quais en conservant la façade de 1781 (à l'arrière du nouveau bâtiment). La sécurité des spectateurs détermina l'architecture du théâtre, expliquant la surprenante présence des quatre terrasses métalliques extérieures qui servaient à évacuer le public. Remarquez l'utilisation éclectique et décorative des procédés et matériaux de construction. Lors de la récente restauration, une salle de spectacle étonnante (située à l'extérieur) a été créée.

★ PLACE DE BROUCKÈRE Plan IV, p. 92

En 1871, après le voûtement de la Senne, le bourgmestre Jules Anspach décide de munir Bruxelles d'un centre-ville digne d'une capitale. Les architectes français qu'il engage s'inspirent du modèle haussmannien et utilisent la pierre pour donner au quartier une allure parisienne. Une vraie nouveauté pour Bruxelles, habituée à la brique !

Moins de 150 ans plus tard, la place chantée par Jacques Brel a perdu son homogénéité architecturale, mais elle demeure l'un des centres névralgiques bruxellois, cumulant les fonctions administratives, commerciales et culturelles.

★ Place de Brouckère J1

Elle organise les boulevards permettant de traverser la capitale du nord au sud et porte le nom de Charles de Brouckère, un des pères de la Constitution de 1831, bourgmestre de 1848 à 1860. Son harmonie architecturale a été modifiée à la fin des années 1960 par la construction de deux massifs immeubles administratifs qui écrasent le quartier.

Quelques belles façades subsistent, notamment, sur le côté nord, l'ancien hôtel Continental construit par Eugène Carpentier en 1874, et, côté ouest, un bâtiment néoclassique qui abrite le cinéma UGC, dont la plus grande salle bénéficie des bas-reliefs Art déco placés par Marcel Chabot en 1933.

Hôtel Métropole J1

Voir « Nos adresses » p. 136.

Il domine le côté est de la place. En 1891, les brasseurs Wielemans achètent le bâtiment et le font transformer par l'architecte Alban Chambon. Inauguré en 1894, le palace est réputé pour son superbe hall, ses fastueux salons d'époque et ses délicates fresques Art nouveau.

Bon à savoir – Ne manquez pas de faire une pause dans la brasserie, comme l'ont fait en leur temps Sarah Bernhardt, Isadora Duncan et plusieurs hommes d'État célèbres. De nombreux films y ont été tournés : *Le Sang des autres* (Claude Chabrol), *Benvenuta* (André Delvaux)…

Passage du Nord J1

Entre le bd Adolphe-Max et la r. Neuve.
Cette galerie commerçante au charme rétro fut construite en 1882 par l'architecte Henri Rieck. Voisine de la **Maison des chats** d'Henri Beyaert, sa belle façade est ornée de groupes d'enfants symbolisant le Jour et la Nuit. Sous la verrière, 32 cariatides sculptées par Joseph Bertheux constituent une ode à la mythologie moderne : l'Architecture, la Sculpture, la Peinture, l'Industrie métallurgique, le Commerce, l'Industrie textile, la Marine et l'Astronomie.

★ Théâtre de la Monnaie J1

Pl. de la Monnaie - ✆ 070 23 39 39 - www.lamonnaie.be - visites guidées : sept.-juin sam. sf j. fériés à 12h - 10 €. Voir « Nos adresses » p. 145.
Entre la place de Brouckère et la cathédrale, le quartier de la Monnaie tire son nom de la « monnayerie », où l'on frappait dès le 15e s. les ducats et deniers du duché de Brabant.
C'est au théâtre de la Monnaie que naquit le mouvement révolutionnaire de 1830 lors d'une représentation de *La Muette de Portici* (opéra du compositeur Auber). Après un incendie survenu en 1855, le théâtre fut reconstruit par Poelaert. Puis la salle fut surélevée lors de la rénovation de 1986. Dans le hall décoré par deux artistes américains contemporains de premier ordre, des formes lyriques aux couleurs vives (Sam Francis) courent sur le plafond et contrastent avec les lignes austères du pavement (Sol LeWitt).
Transformé en salle de réception, le Salon royal a été décoré par Charles Vandenhove, Daniel Buren et Giulio Paolini. Fastueuse, la salle agencée par J. Poelaert a été conçue selon le modèle français, avec des rangées de balcons et des loges dans un style Louis XIV. La coupole est ornée d'une allégorie de la Belgique protégeant les Arts.
Le théâtre de la Monnaie est désormais l'Opéra national, mondialement connu pour la qualité de ses créations et de sa programmation. Richard Wagner y dirigea deux concerts. Les plus grandes voix y ont résonné : Malibran, Maria Callas, Caruso, José van Dam… Sarah Bernhardt et Jacques Brel s'y produisirent. Maurice Béjart et son *Ballet du XXe siècle* ont contribué à sa réputation.

Rue Neuve J-K1

Alignant les enseignes internationales, cette voie piétonne surfréquentée est la plus commerçante de la capitale depuis le 19e s. Le grand magasin L'Innovation (Inno aujourd'hui), édifié à l'origine par Victor Horta, fut rebâti après l'incendie de mai 1967, qui fit 323 morts.
Église N.-D.-du-Finistère – *Fermé j. fériés.* Elle se demande sans doute ce qu'elle fait au milieu de ces temples de la consommation ! Jadis s'élevait ici une chapelle dédiée à N.-D. *in finis terrae* parce qu'elle se situait à la limite de la ville. Fréquentée par les blanchisseuses dont c'était le quartier, elle fut remplacée par l'actuelle église paroissiale (1708-1730). Restaurée dans les années 1990, elle renferme la statue de N.-D.-du-Finistère.
La rue Neuve s'achève par la **place Rogier** Plan III F1 (bientôt rénovée) et sa tour Belfius qui annonce la gare du Nord et le quartier des affaires.

★ Place des Martyrs K1

Ce petit havre de paix à l'ordonnance classique fut bâti par Claude Antoine Fisco (1736-1825) en 1774-1775 à l'emplacement de la prairie où les drapiers venaient étendre leurs draps. Au centre se dresse le monument dédié aux morts de la révolution de 1830 par Guillaume Geefs (1838). Il surplombe une crypte entourée d'une galerie où sont inscrits les noms de 445 patriotes « morts en martyrs dans les journées de septembre 1830 ».

L'ARBRE DE MAI

La plantation du **Meiboom**, ou arbre de mai, se déroule chaque année à l'angle de la rue des Sables et de la rue du Marais. Cette tradition a pour origine la victoire de Bruxelles sur Louvain, que la plantation célèbre depuis 1213. Assurée par le serment des Arbalétriers au 14e s., puis par les compagnons de saint Laurent, l'érection de l'arbre est désormais à la charge des habitants du quartier.

Chaque 9 août (veille de la St-Laurent), un compagnon grimpe à l'arbre afin d'y faire flotter le drapeau rouge et vert de la ville avant la dix-septième heure. Pourquoi avant 17h ? Parce que tout doit être achevé avant les vêpres. Sinon, Louvain s'approprierait la tradition !

Fanfares et géants tournoyants, qui ont auparavant traversé la Grand-Place, se retrouvent ici pour cet événement bon enfant qui fait également couler beaucoup de bière *(voir p. 37)*.

Au nord, un monument (1897) commémore le souvenir de Jenneval, auteur des paroles de la *Brabançonne*, tué en 1830.

★ Centre belge de la bande dessinée K1

R. des Sables 20 - ✆ 02 219 19 80 - www.cbbd.be - ♿ - tlj sf lun. 10h-18h - fermé 1er janv. et 25 déc. - 8 € (-12 ans 3 €).

Ce lieu intéressant et lumineux est installé dans le magnifique bâtiment Art nouveau dessiné par **Victor Horta** en 1903 pour les magasins Waucquez (textile en gros). Au rez-de-chaussée ont été aménagées une librairie spécialisée, une bibliothèque, la plus importante **bédéthèque** du monde et une belle **brasserie** proposant des plats que Gaston Lagaffe apprécierait *(mar.-dim. 10h-18h)*.

Du hall part un monumental escalier de pierre aux balustrades en ferronnerie, qui mène vers les collections du musée. À l'entresol, une exposition explique les différentes étapes de l'élaboration d'une bande dessinée tandis que « le trésor » abrite plus de **7 000 planches originales** des plus grands de la BD, présentées par roulement de 200.

Le 1er étage, sous l'immense verrière, est le cadre d'expositions temporaires, tandis qu'en façade, le **musée de l'Imaginaire** invite à redécouvrir l'univers des héros de la bande dessinée belge et leurs créateurs : Tintin (Hergé), Gaston Lagaffe (Franquin), Blake et Mortimer (Jacobs), Lucky Luke (Morris), les Schtroumpfs (Peyo)… Le dernier étage du centre abrite le **musée de la BD moderne** qui retrace l'évolution du neuvième art depuis 1960 *(voir p. 45)*.

LA CATHÉDRALE ET LE PARLEMENT Plans III et IV, p. 90-91 et 92

Il est bien loin le temps du quartier ouvrier de N.-D.-aux-Neiges, alors surnommé « quartier des Dentellières ». En 1880, l'architecte Mennessier fit table rase des ruelles populaires posées au nord du palais de la Nation. De belles maisons bourgeoises et des hôtels particuliers ont pris leur place, formant un ensemble homogène, à défaut d'être vivant.

En contrebas s'élève la cathédrale, un gigantesque écrin dédié à l'archange saint Michel et à la sainte carolingienne Gudule.

★★ Cathédrale des Sts-Michel-et-Gudule Plan IV K1

Pl. Ste-Gudule - www.cathedralestmichel.be - lun.-vend. 7h-18h, w.-end 8h30-18h - gratuit.

L'ancienne collégiale des Sts-Michel-et-Gudule partage avec Malines, depuis 1962, le titre de cathédrale de l'archidiocèse de Malines-Bruxelles. Malheureusement assez mal entourée, elle surplombe les édifices austères de la percée nord-sud.

« Nef ancrée au cœur de Bruxelles », c'est un très beau monument de style gothique élevé en plusieurs étapes : le chœur est du 13e s., la nef et les collatéraux des 14e et 15e s., les tours du 15e s. Les chapelles rayonnantes ont été ajoutées aux 16e et 17e s. Les deux tours, puissantes et élancées, ont été construites par van Ruysbroeck. Partant du chevet où apparaît pour la première fois le style gothique brabançon, vous gagnez le porche du transept sud surmonté d'une statue de sainte Gudule.

Intérieur – Les photographies exposées à l'entrée rappellent que se tiennent ici les grands événements de la royauté belge. La nef, brabançonne, est sobre et imposante. Aux colonnes sont adossées les statues des 12 apôtres (17e s.). Remarquez la chaire baroque, par H.-F. Verbruggen, où sont représentés Adam et Ève chassés du paradis terrestre. Le collatéral sud, du 14e s., est soutenu par des colonnes, tandis que le collatéral nord, du 15e s., frappe par la légèreté du faisceau de nervures. Le chœur est la partie la plus ancienne de l'édifice actuel. Dans l'axe du chœur, la chapelle Maes comprend le beau retable de la Passion attribué à Jean Mone.

La chapelle du St-Sacrement abrite le **musée du Trésor**, qui présente notamment la très belle *Vierge et l'Enfant* attribuée à Conrad Meit *(tlj sf dim. mat. 10h-12h30, 14h-17h, sam. 14h-15h - 1 €; -14 ans gratuit).*

Les **vitraux★** sont remarquables. Au fond de la nef, la tribune s'orne d'un *Jugement dernier* de 1528 aux verts et bleus intenses. Le transept est éclairé par deux verrières (16e s.) au beau dessin, exécutées d'après les cartons de Bernard van Orley : l'une, dans le bras nord, représente Charles Quint et Isabelle de Portugal, l'autre, dans le bras sud, Louis II, roi de Hongrie, et son épouse Marie, sœur de Charles Quint. D'autres (17e s.) garnissent la chapelle à droite du chœur et représentent la vie de la Vierge et les donateurs.

Des fouilles ont mis au jour, dans la nef, les vestiges d'un avant-corps de type rhénan-mosan ainsi que les murs d'une église romane datant de 1047-1150 *(mêmes horaires que le Trésor - 1 €).*

Palais de la Nation Plan IV K1

Pl. de la Nation.

Situé au nord du parc de Bruxelles, il a été érigé en 1779 en style néoclassique par l'architecte Barnabé Guimard pour abriter le Conseil du Brabant. Sa façade s'inscrit harmonieusement dans la perspective de l'allée centrale du parc. Huit colonnes ioniques supportent un fronton à bas-reliefs. Restauré après l'incendie de 1883, il abrite le Parlement fédéral, regroupant la Chambre des représentants et le Sénat.

★ Musée Charlier Plan III F2

Av. des Arts 16 - ✆ 02 220 26 91 - www.charliermuseum.be - lun.-jeu. 12h-17h, vend. 10h-13h - fermé w.-end et j. fériés - 5 € (-18 ans gratuit).

Riche amateur d'art, Henri van Cutsem acheta en 1890 deux maisons mitoyennes à St-Josse, qu'il fit unir. Il chargea son ami **Victor Horta** d'y concevoir des verrières afin d'éclairer ses collections, puis proposa à l'artiste **Guillaume Charlier** (1854-1925) d'y emménager. Ce dernier, légataire universel de son mécène à sa mort en 1904, hérita de cet hôtel particulier en limite du Pentagone. Il abrite aujourd'hui l'une des plus belles collections privées belges. Il conserve dans plusieurs salons aux ambiances diverses un

LE BLASON DE BRUXELLES, UNE HISTOIRE DE CŒUR ?
Sur fond rouge, un saint Michel doré terrasse un démon noir. Tel est le blason que soutiennent deux lions jaunes, dont l'un porte une bannière aux armes du Brabant, l'autre aux armes de la ville. Si Bruxelles est millénaire, ses armoiries ne datent que du 25 mars 1844, à la suite d'un arrêté du roi Léopold Ier. Toutefois, un saint Michel archange coiffe la tour de l'hôtel de ville depuis 1455, et orne le sceau de la ville depuis 1229.
Selon la légende, Lambert II, comte de Louvain et gouverneur de Bruxelles (1041-1063), avait été condamné à mort par son père, Henri Ier, pour avoir enlevé sa fiancée. Afin d'échapper à la sentence, Lambert II invoqua saint Michel qui favorisa une fuite miraculeuse. Le comte aurait alors proclamé le saint patron de Bruxelles.

grand nombre de tableaux et de sculptures d'artistes différents : **James Ensor**, **Antoine Wiertz**, Anna Boch, Constantin Meunier. Voir aussi les collections de tapisseries (de Bruxelles, d'Aubusson, d'Audenarde), de mobilier et d'objets décoratifs (styles Louis XV, Louis XVI, Empire, chinoiseries du 18e s.).

Rue Royale Plan IV K1-2 et plan III F1-2
Rectiligne et longue de deux kilomètres, elle relie la place Royale à l'église Ste-Marie. Au n° 13, face aux bureaux du quotidien *Le Soir* créé en 1887, les sinuosités Art nouveau d'un bâtiment classique sont l'œuvre de l'architecte Paul Hankar (1896). Au n° 73, le chocolatier Mary fournit la Cour en pralines. Au n° 101, l'**hôtel Astoria** (en rénovation), édifié pour l'Exposition universelle de 1910, conserve de son fastueux passé un hall de style néovictorien et un bar Pullman.

Colonne du Congrès Plan IV K1
Conçue et inaugurée par Poelaert en 1859, surmontée de la statue de Léopold Ier, elle commémore le Congrès national qui promulgua, au lendemain de la révolution de 1830, la Constitution belge. Au pied du monument, deux lions gardent la tombe du Soldat inconnu. De l'« Esplanade » aménagée entre les rectilignes et austères édifices de la Cité administrative, s'offre une intéressante vue d'ensemble sur la ville.

★ Le Botanique Plan III F1
R. Royale 236 - ✆ 02 218 37 32 - www.botanique.be.
Élevé en 1826 selon les nouvelles techniques utilisant le verre et le fer, l'édifice néoclassique était destiné à accueillir le Jardin national (transféré dans les années 1950 à Meise). Les grandes serres et des orangeries abritent aujourd'hui le **Centre culturel de la communauté française** (concerts, expos, théâtre, *voir « Nos adresses » p. 145*). Du parvis et du parc, la vue sur les tours du quartier d'affaires est saisissante de jour comme de nuit.

Schaerbeek Plan III F1
En continuant par la rue Royale, vous laissez à droite le très animé quartier turc (chaussée de Haecht) puis passez devant le café **De Ultieme Hallucinatie** (n° 316) au magnifique décor Art nouveau. La silhouette romano-byzantine de l'**église Ste-Marie**, construite en 1845 suivant un plan octogonal, clôt la perspective. Ici débute la commune de Schaerbeek. Son ancien marché couvert *(r. Royale Ste-Marie 22)*, transformé en salle de spectacle, est un beau témoignage d'architecture industrielle.

Plus loin, l'église St-Servais annonce les alentours de l'avenue Louis-Bertrand et ses somptueuses demeures. Voyez ainsi la **Maison Autrique** ★ G1 *(Chaussée de Haecht 266 - Tram 92, Robiano - ✆ 02 215 66 00 - www.autrique.be - merc.-dim. 12h-18h - 6 €)*, première réalisation de Victor Horta, aujourd'hui mise en scène par Schuiten et Peeters ! Plus loin, vient l'immense **hôtel de ville** à beffroi.

LE QUARTIER EUROPÉEN Plan III, p. 90-91

L'accroissement de la ville a eu raison des beautés naturelles de ce faubourg jadis verdoyant. Le quartier est l'hôte des nombreuses infrastructures de l'Union européenne, ce qui en fait l'endroit le plus cosmopolite de la ville (et du continent). Contesté pour la qualité de son urbanisme et en perpétuel chantier, ce périmètre demeure une attraction grâce à ses musées, ses squares et ses immeubles, dont les noms reviennent quotidiennement dans nos médias.

Parlement européen G3

Entrée r. Wiertz 60 - ✆ 02 284 21 11 - www.europarl.europa.eu - visite audioguidée (1h) - lun.-jeu. 10h et 15h, vend. 10h - se présenter 15mn avant muni d'une pièce d'identité - fermé j. fériés et lors des sessions plénières - gratuit.

La **place du Luxembourg** précède la gare du même nom et met en scène l'immense complexe du Parlement européen. Elle doit être vue en semaine, en fin de journée, quand les nœuds de cravate des eurocrates se relâchent et que les cafés bruissent de conversations multilingues. Sur l'esplanade Simone Weil, poussez la porte du **Centre d'information** *(www.europa.eu - lun.-vend. 9h-17h)*, avec une abondante documentation sur l'UE dans toutes les langues. Puis rejoignez le nouveau centre des visiteurs **Parlamentarium** *(R. Wiertz 60, bât. W. Brandt - ✆ 02 283 22 22 - www.europarl.europa.eu - lun. 13h-20h, mar.-merc. 9h-20h, jeu.-vend. 9h-18h, w.-end 10h-17h - gratuit)*. Destiné aux enfants comme aux adultes, cet espace permet d'apprendre de manière dynamique (écran 360°, interactivité) le fonctionnement de l'institution et de voyager à travers l'Europe. Le **Parlement**, dont la verrière cintrée perce fièrement l'horizon de la capitale du haut de ses 70 m, pourrait être vu comme une tour de Babel moderne, où l'on parlerait toujours plus de langues. Les Bruxellois, dont l'esprit de synthèse sait être cinglant, ont profité de sa ressemblance avec une célèbre petite boîte de fromage pour le baptiser « Caprice des dieux », référence également au coût de sa construction… On lui reproche aussi de ne pas être assez symbolique et fédérateur aux yeux des Européens. À l'intérieur, qui fourmille de fonctionnaires, une structure en acier inoxydable due à Olivier Strebelle longe l'escalier monumental de l'atrium central. L'hémicycle, qui accueille plus de 600 parlementaires, est particulièrement impressionnant.

Musée Wiertz G3

R. Vautier 62 - ✆ 02 648 17 18 - www.fine-arts-museum.be - mar.-vend. 10h-12h, 13h-17h - fermé j. fériés - gratuit.

Ce musée est installé dans l'ancien atelier et maison de l'artiste **Antoine Wiertz** (1806-1865). Ce peintre visionnaire fut le précurseur du symbolisme et du surréalisme en Belgique. Les compositions de la grande salle surprennent par leur monumentalité. Remarquez également la macabre *Inhumation précipitée*.

★★★ Muséum des Sciences naturelles G3

R. Vautier 29 - ✆ 02 627 42 38 - www.sciencesnaturelles.be - tlj sf lun. 9h30-17h, w.-end et vac. scol. 10h-18h - fermé 1er janv., 1er Mai, 25 déc. - 7 € (-6 ans gratuit).

Voisin du Parlement, il donne en partie sur le parc Léopold. L'aile gauche est l'œuvre de l'architecte Émile Janlet (1839-1918) tandis que l'aile droite

1

correspond à l'ancien couvent des sœurs rédemptoristes aménagé par Henri Beyaert vers 1860 dans un style néoroman teinté d'éclectisme.

Récemment rénové, le Muséum abrite de vastes collections, réparties dans des salles thématiques passionnantes. Aux pièces exposées s'ajoutent des modules interactifs, des œuvres d'art… La **galerie des Dinosaures** constitue la plus grande exposition de dinosaures en Europe : plus de 30 squelettes sur 3 000 m^2. Vous vous retrouverez nez à nez avec le gigantesque T-Rex, le stégosaure, le diplodocus, le tricératops. Ne manquez pas les **fossiles originaux des iguanodons** de Bernissart, vedettes du Muséum. Des animations multimédia rendent la vie à ces squelettes.

D'autres salles présentent des sujets aussi divers que l'évolution de l'Homme, les mers du Jurassique et du Crétacé, ou encore les animaux qui peuplent les deux pôles. La salle des baleines impressionne par ses nombreux squelettes de cétacés, parmi lesquels celui du plus grand mammifère de tous les temps, la baleine bleue. Également une magnifique collection de **coquillages**, d'**insectes** et de **minéraux**. Dans les salles « Copains cachés », le visiteur fait connaissance avec les animaux urbains : grenouille, chauve-souris, renard, tortue… La galerie **BiodiverCity** présente la vie animale et végétale souvent insoupçonnée qui peuple les espaces urbains (parcours pour les enfants à partir de 8 ans). Le musée organise fréquemment des **expositions temporaires** *(9 €)* souvent très originales. Une nouvelle salle consacrée à l'Homme (moderne et préhistorique) devrait ouvrir en 2014.

Parc Léopold G3

Ce parc très pentu réserve son calme aux passants lassés de l'effervescence de l'artère urbaine qu'est devenue la rue Belliard. Ouvert au milieu du 19e s. pour devenir un zoo, il a reçu sa dénomination actuelle à l'occasion du cinquantenaire de l'Indépendance.

Aménagé par le paysagiste Louis Fuchs et l'architecte Alphonse Balat, il dispose d'un étang où il n'est pas rare de voir un héron cendré. Si le quartier est en transformation permanente, le site désormais dominé par le Parlement européen a préservé plusieurs édifices au charme désuet.

Vous apercevrez entre autres l'Institut dentaire, réalisé en 1935 par Michel Polak, le lycée Jacqmain (Jules-Jacques van Ysendijck, 1892-1893) ou l'Institut de sociologie (C. Bosmans et H. Vandeveld, 1901-1902), qui renferme la **bibliothèque Solvay**. Cette dernière se distingue par ses merveilleux lambris d'acajou dont on profite lors d'expositions temporaires ou durant les Journées du patrimoine.

Place Jourdan G3

La sortie sud du parc donne accès à cette place animée par des terrasses, un marché dominical et le célèbre *fritkot* Maison Antoine *(voir « Nos adresses » p. 141)*.

Rond-point Schuman G3

C'est à partir de ce rond-point, qui porte le nom du père spirituel de l'Europe, que le quartier européen est né, à l'emplacement d'un couvent fondé au 17e s. par la comtesse de Berlaymont.

L'histoire mouvementée du quartier, complètement transformé pour l'UE, est relatée en images et chronologiquement le long de l'enceinte est de Berlaymont.

Berlaymont G2

Ce vaste bâtiment en X construit dans les années 1960 repose sur quatre ailes de poutrelles métalliques préfléchies, technique inédite à l'époque. Son nom résonne depuis longtemps aux oreilles des citoyens de l'UE. Il fut en effet le

Quartier de l'Europe, l'arc de triomphe du palais du Cinquantenaire.
Riccardo Sala/age fotostock

tout premier édifice européen à Bruxelles. Un symbole fort donc, qui attire fréquemment les manifestations.
Récemment rénové (méconnaissable pour ceux qui connaissaient son ancienne silhouette), il abrite derrière ses panneaux amovibles une partie des fonctionnaires de la **Commission européenne**.

Résidence Palace G3

R. de la Loi 155.
Construit par l'architecte Michel Polak entre 1923 et 1926, cet ensemble d'appartements était d'un luxe incomparable pour l'époque : ascenseur reliant les 11 étages, piscine Art déco singulièrement belle et théâtre. Des constructions malheureuses y ont été accolées par les fils de l'architecte. Aujourd'hui, les appartements ont été remplacés par des bureaux et par un centre de presse international.

Les squares G2

À deux pas du Berlaymont s'étend un quartier planifié à partir de 1875 par l'architecte Gédéon Bordiau. Profitant des particularités de la vallée du Maelbeek, le maître d'ouvrage rétrécit l'étang de St-Josse et forma le **square Marie-Louise** (avec un étang et une fausse grotte), premier d'une série qui s'échelonne sur le versant du site jusqu'au **square Ambiorix**. Cette perspective est bordée de maisons de standing, les unes éclectiques, les autres Art nouveau, avec l'obligation d'installer un jardinet en façade.
Entre autres façades intéressantes : l'**hôtel van Eetvelde★** (1895-1898) au n° 4 de l'avenue Palmerston, de Victor Horta ; la **maison du peintre de St-Cyr** (1900), située au n° 11 du square Ambiorix, un bâtiment réalisé par Gustave Strauven, remarquable par son étroitesse. Donnant dans le square Marguerite, le n° 63 de la rue van Campenhout présente une façade ornée de médaillons en sgraffite.

★★★ LE CINQUANTENAIRE Plan II, p. 88-89 et plan III, p. 90-91

Pour le cinquantième anniversaire du royaume, Léopold II et Victor Besme décident d'investir un champ de manœuvre militaire et d'y élever un bâtiment de prestige pour commémorer l'événement. Un complexe de deux ailes reliées par une colonnade semi-circulaire sort de terre. Les superbes musées qu'il abrite aujourd'hui constituent autant de raisons de fréquenter les agréables faubourgs est de la capitale, traversés par la verdoyante avenue Tervuren.

Parc du Cinquantenaire Plan III G-H3

Cet agréable espace vert relie le quartier européen à l'avenue de Tervuren. Les vastes pelouses accueillent autant des rassemblements de scouts (innombrables le dimanche à Bruxelles) que des cours collectifs de karaté.

Créé en 1880 lors de l'exposition du cinquantenaire de l'Indépendance de la Belgique, il se compose d'un jardin français et de jardins anglais (sur les côtés) et entoure un palais dont les deux ailes sont réunies par un **arc monumental** dû à l'architecte Girault (1905). La triple arcade est surmontée du quadrige *Le Brabant* élevant le drapeau national. À l'arrière se situent deux halles à charpentes métalliques datant de 1888. L'aile et la halle du nord abritent le musée de l'Armée, la halle du sud Autoworld, et l'aile sud le musée du Cinquantenaire *(voir ci-après)*.

Le parc accueille divers autres monuments. En 1889, Victor Horta y élève un temple, le Pavillon des passions humaines, petite construction ouverte où s'affirme déjà la maîtrise de cet architecte qui connaîtra une renommée universelle. Créé pour l'œuvre du même nom du sculpteur Jef Lambeaux, il ne sera jamais terminé. Vous croiserez quelques sculptures, dont *Le Faucheur* de Constantin Meunier, *Les Bâtisseurs de villes* de Charles van der Stappen, et les allégories des saisons de l'entrée ouest. Enfin, l'ancien Panorama du Caire, construit en 1880 par Ernest van Humbeek dans un style arabisant, a été reconverti en 1978 en **grande mosquée** par l'architecte tunisien Boubaker.

★★★ Musée du Cinquantenaire Plan III H3

Parc du Cinquantenaire 10 - ✆ 02 741 72 11 - www.mrah.be - tlj sf lun. 9h30-17h, w.-end 10h-17h - fermé j. fériés - 5 €, gratuit -12 ans et 1er merc. du mois à partir de 13h.

Il abrite de riches collections, surtout en ce qui concerne l'Antiquité, les arts décoratifs et les civilisations non européennes.

Antiquité – Sont d'abord évoquées les civilisations du Proche-Orient (Palestine, Chypre, Mésopotamie), puis une **maquette de Rome** au 4e s. *(commentaire enregistré, avec illumination)*, la civilisation romaine, l'**Étrurie** et la **Grèce** (céramique à figures rouges et figures noires). La grande

BRUXELLES VUE DU CIEL (OU PRESQUE)

Le MIM et la place Royale – De la place et du restaurant du MIM (musée des Instruments de musique), vue panoramique sur le Mont des Arts et la ville basse *(p. 102-103)*. Profitez-en aussi depuis Kwint, la brasserie du Square *(p. 99)*.

Place Poelaert – Superbe vue d'ensemble, de la tour du Midi à l'Atomium, avec un ascenseur panoramique très spectaculaire *(p. 107)*.

Porte de Hal – Vue sur l'est du Pentagone et St-Gilles *(p. 107)*.

Colonne du Congrès – Vue sur la ville basse *(p. 114)*.

Le Botanique et Tour et Taxis – Du premier, vue contrastée entre les tours du quartier d'affaires et le jardin botanique *(p. 114)* ; le canal Bruxelles-Charleroi en plus depuis le second *(p. 109)*.

Koekelberg – Du dôme de l'immense basilique, vue d'ensemble sur la capitale *(p. 126)*.

Atomium – Panorama de la plus haute boule et du restaurant *(p. 128)*.

colonnade reconstituée d'Apamée témoigne des missions belges menées en Syrie. Vue plongeante sur la fameuse **mosaïque d'Apamée**, fabuleux « tapis » où s'affrontent chasseurs et bêtes fauves. Le niveau III abrite la section Égypte comprenant un fragment d'un des plus anciens livres des morts, la **Dame de Bruxelles**, statue qui remonte à environ 2600 av. J.-C., et un bas-relief représentant la **reine Tiy**, épouse d'Aménophis III. Le niveau IV renferme une maquette du complexe funéraire de Djeser à Saqqarah.

Civilisations non européennes – Dans les (nouvelles) salles de l'**Amérique** sont exposés de beaux ensembles d'art précolombien. Remarquez le manteau de plumes dit de Montezuma (16e s.), la monumentale divinité assise provenant du Mexique (probablement Xochiquetzal), mais aussi la statuette anthropomorphique (Pérou) qui a inspiré Hergé pour son album *L'Oreille cassée*, tout comme la momie des *Sept Boules de cristal*. Dans les collections **Micronésie** et **Polynésie**, voir l'une des légendaires statues de l'île de Pâques.

La section **Inde**, **Chine** et **Sud-Est asiatique** illustre les arts, les religions et les traditions de l'Inde (bronze de Siva Nataraja, 13e s.), de la Chine (deux bodhisattvas, vers 1200), du Vietnam, de l'Indonésie, de la Thaïlande et du Tibet.

Arts décoratifs européens – La **salle aux trésors** présente d'une façon passionnante de magnifiques objets religieux, dont l'**autel portatif de Stavelot** (vers 1150-1160) en laiton et émaux champlevés, le chef-reliquaire du pape Alexandre Ier, et de beaux ivoires, dont le **diptyque de Genoelselderen**.

1

Les salles des arts décoratifs du Moyen Âge au baroque abritent des **tapisseries** qui rivalisent par la finesse de leur exécution et la splendeur de leurs coloris : du début du 16e s., *La Légende de N.-D.-du-Sablon* et l'*Histoire de Jacob*. Parmi les **retables** en bois, celui de **saint Georges** par Jan Borreman (1493) frappe par l'intensité de vie de ses personnages. Le mobilier est extrêmement précieux : cabinets anversois et reconstitution des vitrines conçues par Victor Horta en 1912.

Au niveau II, des salles ont trait à la verrerie (101 pièces de M. Marinot), aux textiles, à la céramique et à la dentelle (**couvre-lit d'Albert et Isabelle**, 1599). La section des **voitures hippomobiles** abrite carrosses et traîneaux.

Archéologie nationale – Objets du paléolithique à l'époque mérovingienne, provenant de fouilles en Belgique.

★★ Musée Autoworld Plan III H3

Parc du Cinquantenaire 11 - ✆ 02 736 41 65 - www.autoworld.be - ♿ - avr.-sept. : 10h-18h ; oct.-mars : 10h-17h (18h w.-end) - fermé 1er janv. et 25 déc. - 8 € (-6 ans gratuit).

Sous la haute verrière de la halle sud du Cinquantenaire, cette exposition sur le design automobile présente 400 véhicules en état de marche, dont la majeure partie provient de la **collection Ghislain Mahy**.

Né à Gand en 1901, Mahy a rassemblé en quarante ans plus de 800 véhicules qu'il a remis en état dans son atelier. Sa première acquisition en 1944, une Ford de 1921, annonce sa passion pour les marques américaines.

Parmi les véhicules d'origine française, une voiturette Léon Bollée de 1896, une Renault 14 CV de 1908 (capot dit « en chapeau de gendarme »), une luxueuse Delage des années 1920 et une Hispano-Suiza de 1935. Les marques Bentley, Daimler, Humber, Jaguar et Rolls-Royce représentent la fabrication anglaise, tandis qu'Adler, Mercedes, Horch et Opel évoquent celle de l'Allemagne et Tatra celle de la Tchécoslovaquie. Certains modèles ont été conçus pour des célébrités (famille royale belge, shah d'Iran).

Autre curiosité, la **fabrication belge** : les firmes Belga Rise, FN, Fondu, Hermes, Imperia, Miesse, Nagant et Vivinus sont représentées, sans oublier la célèbre marque de luxe anversoise **Minerva**, qui fit faillite en 1934. La plus ancienne Minerva exposée date de 1910 et appartenait à la cour de Belgique à l'époque du roi Albert Ier.

★ Musée royal de l'Armée et d'Histoire militaire Plan III H3

Parc du Cinquantenaire 3 - ✆ 02 737 78 11/33 - www.klm-mra.be - tlj sf lun. 9h-12h, 13h-16h45 - fermé j. fériés - la section Air et la cafétéria sont ouvertes sans interruption - gratuit (audioguide 3 €).

Ce musée raconte plus de **dix siècles d'histoire militaire** et d'évolution de l'armement. Le parcours proposé est riche et diversifié : à côté de dizaines d'armures et de centaines d'uniformes de toutes origines, on admire un impressionnant ensemble d'avions (sous la verrière du hall nord) et de blindés. L'exposition de quelque 700 m^2 consacrée à la Seconde Guerre mondiale offre une vision particulière sur les événements d'un passé récent. Du musée, on accède au sommet de la porte du Cinquantenaire pour profiter d'un beau **panorama★**.

★ Maison Cauchie Plan III H3

R. des Francs 5 - ✆ 02 733 86 84 - www.cauchie.be - visites guidées (45mn) le 1er w.-end de chaque mois 10h-13h, 14h-17h30 (et mar. en été 18h-21h) - fermé 1er janv. et 25 déc. - 5 € (-12 ans gratuit).

La maison personnelle (1905) de l'architecte et décorateur Paul Cauchie présente une étonnante façade presque entièrement décorée de sgraffites, technique proche de la fresque. Les gracieuses figures aux tons délicats autour de la fenêtre circulaire révèlent l'influence des préraphaélites. Elles représentent les huit disciplines artistiques. On peut visiter l'entresol et le bel étage de la maison : magnifiques sgraffites, ameublement s'inspirant de Charles Rennie Mackintosh…

Avenue de Tervuren Plan III H3

Cette longue avenue fut percée pour relier l'Exposition universelle de 1897 sur le site du Cinquantenaire à l'exposition coloniale présentée à Tervuren. L'axe, d'une grande modernité pour l'époque, coupe les vastes faubourgs résidentiels (les Woluwe, Auderghem), traverse la forêt de Soignes et aboutit au château de Tervuren (1896). Un projet de « Cité mondiale » étudié par Paul Otlet fut envisagé sans jamais être réalisé. La largeur qu'adopte l'avenue en abordant Tervuren laisse deviner l'ampleur du rêve de Léopold II *(voir l'encadré p. 104)*.

Le **tram 44** suit l'avenue à partir de la station de métro Montgomery Plan III H3 et permet d'apprécier les demeures, de styles très variés, qui la bordent.

BRUXELLES EN TRAM

Des lignes de tramway pour traverser les plus beaux quartiers de la ville :

Tram 92 – Du nord au sud, traverse Schaerbeek, Le Botanique, remonte la rue Royale (le Mont des Arts) avant de traverser le sud résidentiel à St-Gilles (Brugmann) et Uccle (parc de Wolvendael).

Tram 94 – Part du Heysel, traverse Jette, longe la rue Royale, l'avenue Louise, le bois de la Cambre, l'avenue F.-Roosevelt, jusqu'à la calme Watermael-Boisfort.

Tram 44 – De la station de métro Montgomery, suit l'avenue de Tervuren jusqu'au château, en traversant les faubourgs verdoyants et la forêt de Soignes.

Tram 7 – Ligne en site propre, qui relie le Heysel à Churchill (nord de Uccle) via la Tour japonaise, le parc Josaphat (Schaerbeek), Le Cinquantenaire et le bois de la Cambre.

D'abord collées les unes aux autres, elles s'espacent au-delà de l'agréable **parc de Woluwe** Plan II C3-4 (pelouse, collines, étangs). Beaucoup abritent des ambassades.
Le **palais Stoclet★** (n° 281) Plan II C3, magnifique édifice aux formes pures, a été construit en 1911 par l'architecte autrichien Josef Hoffmann, et décoré à l'intérieur par de nombreux artistes (dont Klimt et F. Khnopff). L'extérieur, avec sa tour d'escalier ornée de quatre figures, est devenu une référence de l'architecture du début du 20e s.
Plus loin, le **musée du Transport urbain bruxellois★** Plan II D3 retrace l'évolution des transports en commun et propose une promenade en tramway historique à travers la ville ou les bois *(n° 364 - ✆ 02 515 31 08 - www.trammuseumbrussels.be - 24 mars-7 oct. : w.-end et j. fériés 13h30-19h - 5 €; -12 ans gratuit).*

LES COMMUNES DU SUD

★ IXELLES Plans II, III et IV, p. 88-89, 90-91 et 92

Accolée au Pentagone, cette commune, que l'on aime réduire à deux simples lettres (XL), s'étend en majeure partie à l'est de l'avenue Louise. Ses charmes sont multiples. Vous changerez d'ambiance à plusieurs reprises en passant de Matonge l'Africaine aux étangs fleuris, de Louise la cossue à Flagey la culturelle, des terrasses animées de St-Boniface aux calmes chemins du bois de la Cambre. Voici assurément l'une des communes les plus agréables de l'agglomération bruxelloise !

1

Matonge et St-Boniface

Ixelles débute à la porte de Namur Plan IV K2, où s'amorce la chaussée d'Ixelles, aboutissant à la place Flagey. Elle croise la chaussée de Wavre, axe bordé de boutiques de produits d'Afrique centrale (alimentation, soins) surnommé Matonge, du nom d'un quartier de Kinshasa. Commerces, innombrables salons de coiffure et galeries bondées le samedi constituent la **« petite Afrique » bruxelloise** Plan III F3.
Non loin, autour de l'église **St-Boniface** Plan III F3 (1847, néogothique), les nombreux cafés et restaurants confirment la réputation de la commune : un quartier attirant les artistes, les étudiants et les amateurs d'ambiance décontractée. Au niveau de la **place Fernand-Cocq** Plan III F3 s'élève la maison communale, aménagée dans l'ancienne résidence de la cantatrice d'origine espagnole, la Malibran (1808-1836).

★ Musée d'Ixelles Plan III G4

J. van Volsem 71 - ✆ 02 515 64 22 - www.museedixelles.irisnet.be - tlj sf lun. et j. fériés 9h30-17h - 7 €.
Inauguré en 1892 dans les bâtiments d'un ancien abattoir, ce musée contient une excellente collection de peintures et de sculptures des 19e et 20e s., où de célèbres artistes belges et français sont représentés. Dessin de Dürer *(La Cigogne)* et nombreuses affiches originales de Toulouse-Lautrec. Des salles sont consacrées à des expositions temporaires de qualité.

★ Flagey et les étangs Plan II BC4

L'édifice surnommé le « paquebot » domine l'agréable et animée **place Flagey**. C'est en 1937 que l'architecte Joseph Diongre acheva cette construction en briques jaunes aux lignes horizontales, bel exemple d'architecture moderniste belge, autrefois occupé par l'Institut national de la radiodiffusion. Aujourd'hui lieu de nombreuses manifestations culturelles, Flagey *(www.flagey.be)* possède des salles réputées pour leur acoustique exceptionnelle. Le tout flanqué de l'incontournable café Belga *(p. 144)*.

Au-delà de l'église de la Ste-Croix débute l'un des plus agréables quartiers de la ville. Deux charmants **étangs**, appréciés des oies et des canards, sont bordés de forts belles demeures, en particulier celles d'Ernest Blérot *(av. Charles-de-Gaulle 38-39)*, de 1902, dont les ferronneries composent un hymne à l'esthétisme du début du 20e s.

La maison d'Ernest Delune *(r. du Lac 6)*, de 1905, possède une cage d'escalier ornée d'un magnifique vitrail « fleuri ». Un sympathique marché anime le quartier les samedi et dimanche matin.

★★ Abbaye N.-D.-de-la-Cambre Plan II C4

Ancienne abbaye cistercienne fondée au 13e s., elle s'élève au sud des étangs d'Ixelles. La belle **cour d'honneur**, avec son logis abbatial flanqué de pavillons d'angle et ses communs sur plan semi-circulaire, forme un ensemble du 18e s. très harmonieux.

L'**église** du 14e s. abrite dans la nef un admirable **Christ aux outrages**★ d'Albrecht Bouts, un chemin de croix dû à Anto Carte (1886-1954) et, dans le bras nord du transept, la châsse (17e s.) de saint Boniface, Bruxellois devenu évêque de Lausanne et mort dans le monastère au 13e s.

Dans la chapelle de la Vierge (bras sud du transept), la voûte s'appuie sur des consoles sculptées de personnages et d'animaux symboliques.

À l'arrière, des jardins en escalier rejoignent les avenues De Mot et Louise.

★ Bois de la Cambre Plan II C4

Cet oasis de verdure, dont le paysage vallonné enserre un lac, pénètre la capitale jusqu'à l'extrémité sud de l'avenue Louise.

Les joggeurs affectionnent le parc à l'anglaise aménagé dans les années 1860, tandis que les pelouses accueillent les adeptes des pique-niques/bronzette. Il est bordé à l'est par la très chic **avenue F.-Roosevelt**. Ouverte sur le site de l'Exposition universelle de 1910, elle attira les nantis qui firent construire de somptueuses villas. Beaucoup sont occupées par des ambassades.

À voir : le campus du Solbosch, site de l'**Université libre de Belgique** fondée en 1834 et surtout la **villa Empain** *(Av. F.-Roosevelt 67 - ✆ 02 627 52 30 - www.villaempain.com - tlj sf lun. et j. fériés 10h-18h30 - 10 €)*, chef-d'œuvre Art

BRUXELLES INSOLITE

Musée d'Art fantastique – *R. Américaine 7 - ✆ 0475 41 29 18 - www.fantastic-museum.be - visite sur RV, 3 pers. mini, 72 h à l'avance - 6 €*. Une exposition annuelle et des expositions temporaires sur des thèmes aussi surréalistes que fantastiques. Plan II B4

Musée des Égouts – *Porte d'Anderlecht - ✆ 02 279 60 13 - www.bruxelles.be - mar.-vend. 10h-17h - fermé j. fériés - 3 € (-6 ans gratuit)*. Pour connaître un peu mieux les 300 km d'égouts bruxellois. Plan III E2

Musée du Réverbère – *R. É.-Delva 75-87 - 24h/24 - gratuit*. Sont ici rassemblés en plein air une vingtaine de réverbères. Plan I B2

Clockarium – *Bd A.-Reyers 163 - ✆ 02 732 08 28 - www.clockarium.com - visite guidée (1h20) sur RV le dim. à 15h05 - fermé juil.-août et vac. scol. - 6 €*. Dans une maison de maître Art déco, plus de mille horloges et garnitures de cheminée en faïence. Plan III H2

Musée des Plastiques – *R. Locquenghien 35 - ✆ 02 344 98 21 - sur RV - 10 €*. Uniquement des objets en plastique, de 1960 à nos jours. Plan III E1

déco de 1930 redevenue depuis 2010 un musée. Boiseries, marbre, ferronneries et effets de lumière : la villa Empain a retrouvé son éclat et propose des expositions axées sur le dialogue entre l'Orient et l'Occident.

Avenue Louise Plan II B3-4 et plan III F3-4

À Bruxelles, le nom de cet axe majeur est synonyme de luxe. Ses vitrines (galeries, place Stéphanie) attirent en effet une clientèle aisée. Créée en 1864 pour relier le centre à la Cambre, elle porte le nom de la fille aînée de Léopold III. Les fans de **Victor Horta** s'arrêteront devant l'**hôtel Solvay** de 1894 *(n° 224 - www.hotelsolvay.be)*, que le maître a conçu dans son intégralité.

★ ST-GILLES Plans II et III, p. 88-89 et 90-91

La commune autrefois appelée Obbrussel se divise en deux parties. Le haut de St-Gilles, quartier résidentiel très chic et réputé pour ses nombreuses maisons Art nouveau, ravira les amateurs d'architecture.
Le bas de St-Gilles, autour du parvis et de l'imposant hôtel de ville, séduit avec son marché, son agréable atmosphère cosmopolite et quelques édifices surprenants.

Autour de l'hôtel de ville Plan III E3

Le bas de la commune débute près de la porte de Hal *(p. 107)* et de la **cité Fontainas** *(r. De Paepe et Fontainas)*, une monumentalité néoclassique qui masque des maisons mitoyennes construites en hémicycle en 1867.
À l'angle des rues Volders et Vanderschrick se trouve la brasserie La Porteuse d'Eau, à l'intérieur néo-Art nouveau.
Aux alentours du parvis St-Gilles, animé par un marché *(mar., dim.)*, les enseignes traduisent le caractère cosmopolite du quartier : cafés portugais, épiceries polonaises…
Il faut grimper un peu pour parvenir à l'**hôtel de ville** monumental de style Renaissance français (19e s.), connu pour le plafond de la salle des Mariages, décoré par Fernand Khnopff *(pl. van Meenen 39 - ✆ 02 536 02 11 - lun.-vend. 8h-12h30 (mar. 14h-19h) - visite guidée sur demande)*.
Le centre **Wiels** (Plan II B4 - *Av. Van Volxem 354 - Tram 82, 97 Wiels - ✆ 02 340 00 53 - www.wiels.org - merc.-dim. 11h-18h - 8 €)*, consacré à l'art moderne (expositions, événements, résidence d'artistes), est installé dans un remarquable immeuble d'angle moderniste, dessiné par Adrien Blomme et jadis occupé par des brasseurs.

★ Hôtel Hannon Plan II B4

Av. de la Jonction 1 - ✆ 02 538 42 20 - www.contretype.org - merc.-vend. 11h-18h, w.-end 13h-18h - fermé lun., mar. et j. fériés - 3 €.
Cette demeure Art nouveau fut construite en 1903 par l'architecte Jules Brunfaut, décorée par les Français Louis Majorelle et Émile Gallé.
Le bâtiment est occupé par une galerie de photos, en hommage à l'industriel Édouard Hannon, photographe de talent à ses heures. Juste à côté, notez la maison **Les Hiboux** (Édouard Pelseneer, 1899).

★★ Musée Horta Plan II B4

R. Américaine 25 - ✆ 02 543 04 90 - www.hortamuseum.be - tlj sf lun. et j. fériés 14h-17h30 - 7 €.
Incontournable pour les amoureux de l'Art nouveau ! Le musée est installé dans les deux étroites maisons que l'architecte Victor Horta avait construites entre 1898 et 1901 pour son habitation et son atelier.
Ce travail immense a donné une merveille d'harmonie et d'élégance, un remarquable témoignage de l'Art nouveau, où le verre et le fer sont rois, où la courbe et la contre-courbe se marient avec grâce.

L'**escalier** est une des plus belles décorations de Horta : la légèreté de la structure métallique est soulignée par la lumière dorée diffusée par les vitraux et les reflets des miroirs.

Places Brugmann et Le Châtelain Plan II B4

Ces deux places (en fait situées sur la commune d'Ixelles) composent le cœur d'un quartier où les villas Art nouveau bordant les rues arborées créent une atmosphère de village chic.

Parcours Art nouveau – La façade du n° 10 de la rue Faider (O. van Rysselberghe, 1882) interpelle par son académisme rigoureux et italianisant. Non loin, le même architecte a dessiné en 1894 l'**hôtel Otlet** *(r. de Livourne 48)* en se laissant glisser vers les sinuosités de l'Art nouveau. La **rue Defacqz** concentre quelques belles façades. Les pièces décorées d'azulejos de l'hôtel Wielmans au n° 14 (Adrien Blomme, 1927) se visitent lors d'expositions temporaires *(www.hotelwielmans.be)*. Voyez aussi le n° 48 (Paul Hankar, 1897), décoré par des sgraffites illustrant les trois âges de la vie. La maison personnelle du même architecte, au n° 71, se distingue par la polychromie de la façade. Au n° 83 de la rue Faider, Albert Roosenboom a élevé en 1900 une demeure richement ornée. Notez le grattoir (typiquement bruxellois) aux lignes sinueuses. Ne manquez pas l'**hôtel Tassel** *(r. Paul-Émile-Janson 6)*, la première réalisation (1893) Art nouveau du maître Victor Horta.

Église de la Ste-Trinité – *R. du Bailli*. Sa façade reconstituée est celle de l'église des Augustins (1641), démolie vers 1895 pour ouvrir la place de Brouckère.

Parc Tenbosch – *Sq. H.-Michaux*. Cet adorable jardin botanique (19e s.) porte le nom du poète et essayiste (1899-1984) qui habitait au n° 69 de la rue Defacqz. Il offre une pause rafraîchissante.

Musée Constantin Meunier – *R. de l'Abbaye 59 - ✆ 02 648 44 49 - mar.-vend. 10h-12h, 13h-17h - gratuit*. Une visite de la maison-atelier de C. Meunier (1831-1905) permet de découvrir cet artiste pionnier du réalisme, dont l'œuvre raconte les combats sociaux et la révolution industrielle belge.

UCCLE Plan II, p. 88-89

Les diplomates et les grands patrons affectionnent les rues de cette commune. Ne datant que de la fin du 19e s., elles présentent une unité architecturale peu fréquente à Bruxelles.

Résidentielle et convoitée, Uccle a une réputation de tranquillité non usurpée. Une population aisée y habite, prolongeant une tradition amorcée par la noblesse, qui y a laissé des châteaux bien abrités des regards indiscrets par l'épaisse végétation des parcs qu'ils occupent.

★★ Musée David et Alice van Buuren B4

Av. Léo-Errera 41 - Tram 3 (de la Bourse ou gare du Midi, arrêt Churchill) - ✆ 02 343 48 51 - www.museumvanbuuren.com - tlj sf mar. 14h-17h30 - 10 € (jardins seult 5 €).

Construite en 1928, la maison du banquier-mécène David van Buuren présente une architecture extérieure typique de l'École d'Amsterdam. L'intérieur, chef-d'œuvre de l'Art déco, offre un ensemble unique aménagé par des décorateurs belges, français et hollandais. Mobilier rare, tapis, vitraux, sculptures et tableaux du 15e au 20e s. sont restés à leur place dans un cadre intime. Le musée possède la plus grande collection privée de tableaux du peintre **Gustave van de Woestyne**.

Les **jardins** plongent le visiteur dans un écrin de verdure. À la fin des années 1920, Jules Buyssens conçoit le jardin pittoresque et la grande roseraie. Dans les années 1960, René Pechère crée le labyrinthe (avec des sculptures de Willequet) et le jardin du cœur.

LA VIE EN MAUVE

Il est des quartiers qui grâce au football sont aussi connus que des villes : Galatasaray (Istanbul), Boca (Buenos Aires), Flamengo (Rio de Janeiro), Chelsea (Londres), Benfica (Lisbonne)…

Anderlecht en fait partie, dans une agglomération où le football est encore une histoire de communes (Union St-Gilloise, FC Brussels…).

Fondé en 1908, le **Royal Sporting Club Anderlecht** possède le plus grand palmarès national : 30 championnats de Belgique, 9 coupes de Belgique, 3 coupes d'Europe…

Il fut dans les années 1970-1980 l'une des meilleures équipes européennes, alignant une pléiade de joueurs de grand talent.

Si aujourd'hui le club (et tout le football belge) n'a plus les armes pour lutter au niveau continental, les mauves du RSCA génèrent toujours autant de passion. Il suffit pour s'en convaincre d'assister à une rencontre au – bientôt rénové – stade Constant Vanden Stock (près du parc Astrid) ou de faire un tour à la boutique des supporters.

LES COMMUNES DE L'OUEST

D'anciens villages constituent les faubourgs ouest de l'agglomération. Anderlecht, dont le nom apparaît dès 1046, mêle un charmant centre-ville, autour de St-Guidon et du parc Astrid, et des quartiers industriels, près du canal et des anciens abattoirs devenus marché. Koekelberg est « écrasée » par l'immense basilique du Sacré-Cœur. Enfin, Jette présente de calmes rues et l'atmosphère bon enfant de son marché dominical, place Reine-Astrid.

ANDERLECHT Plans II et III, p. 88-89 et 90-91

★ Musée de la Gueuze-Brasserie Cantillon Plan III E3

R. Gheude 56 - M Clemenceau ou Midi - ✆ 02 521 49 28 - www.cantillon.be - lun.-vend. 9h-17h, sam. 10h-17h - fermé j. fériés - 6 €.

La dernière brasserie artisanale de la capitale, où suivre les différentes étapes de la fabrication du lambic, de la kriek, de la gueuze et du faro de tradition.

★★ Maison d'Érasme Plan II A3

R. du Chapitre 31 - M St-Guidon - ✆ 02 521 13 83 - www.erasmushouse.museum - tlj sf lun. 10h-17h - fermé 1er janv. et 25 déc. - 1,25 € (jardins gratuit).

Construite en 1468 et agrandie en 1515, le « Cygne » était l'une des maisons du chapitre d'Anderlecht, où logeaient les membres de la communauté et leurs hôtes illustres. En 1521, le plus célèbre lui donna son nom : **Érasme** (1469-1536). Derrière les murs de briques d'un enclos ombragé, les pièces au mobilier gothique et Renaissance, où pénètre une lumière tamisée, évoquent l'ombre du « prince des humanistes ». En parcourant le rez-de-chaussée, on découvre la salle du chapitre, qui abrite des peintures de maîtres dont la superbe *Adoration des Mages* de Jérôme Bosch, le cabinet de travail d'Érasme, avec sa simple écritoire, les portraits du philosophe par Quentin Metsys, Dürer et Holbein (copie). À l'étage, la salle blanche abrite de précieuses éditions originales, dont la première édition de l'*Éloge de la folie*.

★ Collégiale des Sts-Pierre-et-Guidon Plan II A3

Pl. de la Vaillance (hors plan) - M St-Guidon - ✆ 02 527 91 97 - visite sur demande.

Cet édifice gothique flamboyant des 14e et 15e s. est surmonté d'une flèche du 19e s. On verra, dans la chapelle N.-D.-de-Grâce, des fresques (15e s.) illustrant la vie de saint Guidon, mort en 1012 et vénéré comme patron des paysans et protecteur des chevaux. La crypte (fin du 11e s.) renferme la pierre tumulaire de saint Guidon. À proximité, dans le minuscule **béguinage** *(r. du Chapelain 8 - ✆ 02 521 13 83 - mar.-dim. 10h-12h, 14h-17h - 1,25 €)*, fondé en 1252, de petites maisonnettes alignées datant du 14e s. ferment ce lieu calme et intime.

KOEKELBERG Plan I, p. 86-87

★ Basilique nationale du Sacré-Cœur AB2

Parvis de la Basilique 1 - M Simonis - ✆ 02 421 16 60 - accès à la coupole (vue panoramique) : été 9h-17h ; hiver 10h-16h - 4 € - expositions temporaires.

Visible de toute la ville, le dôme du plus grand bâtiment Art déco du monde, en brique, béton et pierre, s'élève à 90 m au-dessus de la colline de Koekelberg. Commencée en 1905, la basilique fut consacrée en 1951 et terminée en 1970. Contre l'abside se dresse un grand Christ en croix de George Minne.

À l'intérieur, les murs revêtus de terracotta jaune d'or circonscrivent un très vaste espace (le transept atteint 108 m de longueur). Remarquez le ciborium, au-dessus du maître-autel, surmonté d'un calvaire et de quatre anges en bronze exécutés par Harry Elström. Les vitraux diffusent une lumière colorée.

LES COMMUNES DU NORD

Pour tout Belge, Laeken évoque son roi. C'est en effet au nord de la capitale, dans un vaste parc, que se trouve la résidence royale, entourée d'édifices aussi fascinants qu'inattendus.

Heysel n'est pas le nom d'une commune, mais celui d'un plateau situé à proximité du Laeken royal. Léopold II y avait constitué un domaine de 200 ha qu'il légua à l'État à sa mort en 1909. Aujourd'hui, au pied des boules métalliques du fameux Atomium, s'étend un vaste complexe dédié aux expositions et aux loisirs, promis à de nouveaux aménagements.

Enfin Jette intéressera les amateurs de Magritte qui y verront sa maison avant de se plonger dans l'histoire du quartier au Musée communal.

LAEKEN Plan I, p. 86-87

Église N.-D. B2

Parvis N.-D. - M Bocksteal - ✆ 02 479 23 62 - www.ndlaeken-olvlaken.be - tlj sf lun. 14h-17h - crypte : dim. 14h-17h - gratuit.

Construite par Poelaert dans le style néogothique, l'église N.-D. abrite les tombeaux de la famille royale (**crypte**) et une *Vierge* du 13e s., très vénérée. Dans le **cimetière**, on voit le chœur gothique de l'ancienne église ainsi que des tombes de nombreuses célébrités. Remarquer une copie du *Penseur* de Rodin qui signale la sépulture de Jef Dillens.

Château royal B2

Av. du Parc-Royal - Tram 3 ou 7, arrêts Araucaria - pas de visite.

Situé dans la partie orientale du parc de Laeken, c'est la résidence habituelle des souverains de Belgique, bien que le roi Albert II ait choisi de rester dans sa demeure toute proche du Belvédère. Au-delà des grilles d'entrée, on aperçoit sa façade réédifiée en 1902 par l'architecte Girault. En face se dresse, dans le **parc public de Laeken**, le monument érigé à la mémoire de Léopold Ier. En traversant cet espace vert vallonné, vous rejoindrez l'Atomium.

★★ Serres royales B1

Av. du Parc-Royal - Tram 3 ou 7, arrêts Araucaria - www.monarchie.be - visibles deux sem. au printemps (avr.-mai), se rens. à l'office de tourisme (www.visitbrussels.be) - 2,50 €.

Les serres de Laeken.
Jÿrgen Ritterbach/age fotostock

Au nord du domaine royal s'étend une ville de verre, un ensemble de serres au splendide décor architectural et très riches au point de vue botanique. Construites vers la fin du 19e s. par l'architecte Alphonse Balat (1819-1895), elles comptent diverses galeries, des pavillons aux plantes exotiques, l'Église de fer *(non accessible au public)* et le magnifique Jardin d'hiver, qui impressionne par ses dimensions.
Ce véritable palais de verre, fer, fonte et acier est une synthèse audacieuse d'ingéniosité technique et esthétique. À ne surtout pas manquer !

Musées d'Extrême-Orient B1

Av. van Praet 44 - Tram 3 ou 7, arrêts Araucaria - ✆ 02 268 16 08 - www.kmkg-mrah.be - mar.-vend. 9h30-17h, w.-end 10h-17h - fermé j. fériés - 5 € - gratuit -12 ans et 1er merc. du mois à partir de 13h.

Quelle surprise que la découverte de ces deux élégantes constructions asiatiques à Bruxelles ! Le gracieux édifice du **Pavillon chinois** (1901-1909) fut dessiné par l'architecte Alexandre Marcel tandis que le kiosque et les boiseries extérieures furent exécutés à Shanghai. Remarquez au rez-de-chaussée le salon Delft orné de dessins illustrant les fables de La Fontaine et la belle collection de porcelaines sino-japonaises manufacturées pour l'exportation, dont les pièces sont exposées par roulement.

Une galerie-tunnel creusée sous l'avenue J. van Praet relie le Pavillon chinois et la Tour japonaise.

Le pavillon d'entrée de la **Tour japonaise** (1901-1904) correspond au porche réédifié du « Tour du monde » de l'Exposition universelle de Paris en 1900, réalisé par Alexandre Marcel, puis racheté par Léopold II. La tour et l'aile abritant le grand escalier ont été construites par ce même architecte, mais l'ornementation architecturale fut exécutée au Japon. Elle abrite des expositions temporaires.

La **fontaine** voisine est la reproduction de la fontaine de Neptune de Bologne.
Ouvert depuis 2006 dans une dépendance du Pavillon chinois, le **musée d'Art japonais** présente les riches collections japonaises appartenant aux musées

royaux d'Art et d'Histoire. Celles-ci témoignent avec éclat de la maîtrise que les Japonais ont exercée dans les arts du métal (armures, sabres...), de la laque, de la peinture (estampes), de la xylographie, du textile (kimonos), de la céramique et de la sculpture.

★★ Atomium B1

M *Heysel - ✆ 02 475 47 75/77 - www.atomium.be - 10h-18h - 11 €; 23,10 € billet combiné avec Mini-Europe.*

Voici l'une des constructions les plus célèbres et les plus étranges de la planète. Témoin de l'Exposition universelle de 1958, l'Atomium domine de ses 102 m le plateau du Heysel.

Symbole de l'âge atomique devenu symbole de la capitale belge, il représente une molécule de cristal de fer agrandie 165 milliards de fois. Sa structure, en acier revêtu d'aluminium, est composée de 9 sphères de 18 m de diamètre, reliées entre elles par des tubes de 29 m de long et 3 m de diamètre, dans lesquels on peut circuler. Un ascenseur mène à la sphère supérieure d'où l'on bénéficie d'un magnifique **panorama** sur Bruxelles et sa région. Restaurant panoramique au sommet *(11h30-14h30, 19h30-23h).*

LE HEYSEL Plan I B1, p. 86-87

M *ou* Tram *7, arrêt Heysel.*

Au pied de l'Atomium et autour du **palais du Centenaire** (dans le parc des Expositions) aménagé pour l'Exposition universelle de 1935 s'étend le vaste site récréatif de **Bruparck** *(✆ 02 474 83 83 - www.bruparck.com).* Il comprend Mini-Europe, le complexe cinématographique Kinepolis, Océade (piscine tropicale géante), et The Village, ensemble de cafés et de restaurants.

La zone est l'objet d'un vaste projet de transformation qui pourrait entraîner leur fermeture prochaine.

Mini-Europe

✆ 02 478 05 50 - www.minieurope.eu - ♿ - de mi-mars à déb. janv. : 9h30-19h - visites nocturnes de mi-juil. à mi-août sam. jusqu'à 23h - dernière entrée 1h avant fermeture - fermé de déb. janv. à mi-mars - 13,80 €.

Tous les pays membres de l'UE sont représentés à travers des centaines de maquettes de 350 bâtiments ayant une valeur culturelle, historique et symbolique : Acropole d'Athènes, hôtel de ville de Louvain, monastère de l'Escurial,

BRUXELLES AU CENTRE D'UN MONDE NOUVEAU

L'Exposition universelle de 1958 fut la première de l'après-guerre. Les manifestations qui marquèrent son cinquantenaire en 2008 rappellent comme cet événement reste ancré dans la mémoire collective des Bruxellois. Elle symbolisait le début d'une nouvelle ère après les années de conflit et se posait comme une vitrine de la Belgique unie. Durant trois ans, plus de 15 000 ouvriers participèrent au chantier, élevant notamment ce qui allait devenir le symbole de la ville, l'Atomium. Les architectes évoquent encore le « style 58 », pour désigner les innovations de l'époque, qui s'exprimaient à travers les pavillons belge et internationaux : abandon des symétries, recours aux courbes et à des matériaux nouveaux (verre notamment).

Aucune manifestation de ce genre n'a depuis connu un tel impact. Car en pleine guerre froide et à la veille des années 1960 et de leurs révolutions culturelles, cette Exposition universelle annonçait le temps où la science et la technique auraient réponse à tout.

carillon de Big Ben... Quelques créations contemporaines animent le parc, tels la fusée Ariane et le TGV. À noter aussi, le jeu didactique sur le fonctionnement des institutions de l'UE, « Spirit of Europe ».

Stade du Roi Baudouin

Av. de Marathon 135 - M Roi Baudouin - ✆ 02 474 39 46 - www.staderoibaudouin.be ou www.prosportevent.be - sur demande lun.-vend. 10h-17h, 1 sam./mois - fermé lors d'événements - 6 €.

Rendu tristement célèbre par le drame du Heysel le soir du 29 mai 1985, où l'effondrement de grilles de séparation fit 39 morts et 600 blessés lors de la finale de coupe d'Europe des clubs champions entre Liverpool et la Juventus de Turin de Platini (monument devant l'entrée), le stade (50 000 places) s'est refait une beauté pour l'Euro 2000. C'est ici qu'en 1/2 finale, la France de Zidane gagna un match épique face au Portugal.

La visite permet de découvrir les coulisses, le fonctionnement du complexe et les exploits qui y ont été accomplis par les « Diables Rouges », surnom donné aux joueurs de l'équipe nationale. Il accueille le fameux meeting d'athlétisme du Mémorial van Damme. On évoque cependant fréquemment sa destruction-reconstruction.

JETTE Plan I B2, p. 86-87

1

Demeure abbatiale de Dieleghem

R. J.-Tiebackx 14 - BUS 14 arrêt Dieleghem - ✆ 02 476 04 39 - (travaux prévus, tél. avant).

Seul vestige d'une abbaye fondée au 11e s., elle abrite la petite collection Moreau-Genot (porcelaines) et le musée communal du Comté de Jette, qui retrace l'histoire communale.

Musée René-Magritte

R. Esseghem 135 - Tram 51 arrêt Woeste - ✆ 02 428 26 26 - www.magrittemuseum.be - merc.-dim. 10h-18h - 7 €.

René Magritte habita pendant vingt-quatre années dans cette demeure, quartier général des surréalistes belges. Dans les 17 pièces ouvertes aux visiteurs, on découvre des œuvres originales de l'artiste ainsi que des documents, des objets, des lettres et des photos.

À proximité Plans de ville et carte de région p. 80

★ Waterloo *(voir p. 506)*

19 km au sud.

★★ Musée Hergé *(voir p. 513)*

À Louvain-la-Neuve, 27 km au sud-est de Bruxelles.

Beersel Plan II A5 et carte de région B2

14 km au sud. Prenez l'E 19, direction Mons.

Ce bourg possède un joli château fort en brique *(✆ 02 359 16 36/46 - www.beersel.be - mars-mi-nov. : tlj sf lun. 10h-12h, 14h-18h ; mi-nov.-fév. : w.-end 10h-12h, 14h-18h - fermé 24, 25 et 26 déc., 31 déc. et janv. - 2,50 €)*, construit entre 1300 et 1310. Une restauration réalisée à partir de gravures qui le représentent à la fin du 17e s. lui a rendu son éclat d'antan. Avec sa couronne de douves où se reflètent les chemins de ronde à mâchicoulis, ses trois tours à échauguettes et pignons à redans, il a une allure très romantique.

Alsemberg Carte de région B2

14 km au sud.

Dans cette commune de l'entité de Beersel, au sommet d'une colline, se dresse la magnifique **église N.-D.** de style gothique tardif (14e-16e s.). Elle fut restaurée en profondeur par J. et M. van Ysendijck à la fin du 19e s. Outre une Vierge romane du 13e s., encore très vénérée de nos jours, une grille de chœur rococo, une chaire de vérité monumentale et des confessionnaux baroques, on peut y admirer des tableaux anciens.

Le **Papiermolen Herisem** se trouve au n° 20 de la Fabriekstraat *(℘ 02 381 07 70 - www.herisem.be - mars-nov. : 9h-17h ; 1er et 3e w.-end du mois 10h-18h - fermé j. fériés - 4,50 € ; enf. 3,50 €)*, dans la vallée du Molenbeek, à la limite de la commune de Tourneppe (Dworp). Cet ancien moulin à papier est recensé pour la première fois dans les archives en 1536. Il appartient à la famille Winderickx depuis 1763 qui le convertit à la fabrication du carton en 1858.

Après cinquante ans d'inactivité, le complexe a été restauré et rouvert au public. Le visiteur découvre ainsi sur le vif comment le papier et le carton étaient fabriqués au siècle dernier. La vieille machine à vapeur est encore en activité et chacun peut suivre le processus de fabrication de papier à la main.

Huizingen Carte de région B2

16 km au sud.

D'une superficie de 91 ha, le **Domaine provincial** *(℘ 02 383 00 20 - www.vlaamsbrabant.be/huizingen - ♿ - avr.-sept. : 9h-20h ; oct.-mars : 9h au coucher du soleil - 2,50 € ; -12 ans 1,50 €)* est un domaine récréatif comprenant des plaines de jeu, des terrains de sport, des piscines et des sentiers de promenade. On y trouve aussi un superbe parc avec un **jardin de rocaille** de 75 ares (1 200 plantes différentes), un jardin pour aveugles et un arboretum de 55 ha.

★★ Château de Gaasbeek, parc et jardin-musée Carte de région A2

12 km au sud-ouest.

℘ 02 531 01 30 - www.kasteelvangaasbeek.be - de déb. avr. à mi. nov. : tlj sf lun. 10h-18h (dernière entrée à 17h) - 7 € (-26 ans 1 € ; -7 ans gratuit). Parc : 8h-20h (oct.-mars jusqu'à 18h) - gratuit. Jardin-musée : ℘ 02 454 86 33 - réserver à l'avance - 1 €.

Très restauré à la fin du 19e s., situé en bordure d'un parc vallonné, il abrite un riche musée. L'ensemble a été légué par son propriétaire en 1921, et depuis 1981 appartient à la communauté flamande. Le célèbre comte d'Egmont *(voir p. 84)* y passa les trois dernières années de sa vie.

Le **musée** conserve un beau mobilier, des tableaux, une multitude d'objets anciens et de magnifiques **tapisseries** (Tournai, 15e s., Bruxelles, 16e et 17e s.), dont les cinq épisodes de l'histoire de Tobie (escalier d'honneur). La salle des archives conserve le testament de Rubens.

De la terrasse, la vue sur la campagne évoque les œuvres de Bruegel l'Ancien qui vint peindre cette région du Pajottenland, en particulier à St-Anna-Pede : on reconnaît l'église de cette localité sur un de ses tableaux.

★★ Jardin botanique de Meise (Plantentuin) Plan I B1 et carte de région B1

14 km au nord.

℘ 02 260 09 70 - www.br.fgov.be - ♿ - 9h30-18h30 (oct.-mars 17h) - dernière entrée 1h av. fermeture - fermé 1er janv. et 25 déc. - 5 € (-12 ans gratuit).

Située au nord de Bruxelles, cette localité est surtout connue pour son domaine de Bouchout qui accueille le Jardin botanique. L'aspect du parc est déterminé par les implantations scientifiques, les massifs boisés alternant avec les pelouses, les étangs et les arbres remarquables plantés en solitaires.

Au hasard de sa promenade et en fonction de la saison, le visiteur découvrira des collections d'hortensias, de magnolias, de rhododendrons, de chênes et d'érables.
Au **palais des Plantes**, un circuit fléché parcourt un univers de plantes tropicales et subtropicales. Il ne faut pas manquer la serre dite « à Victoria » aux « palettes des peintres ».
Le château où mourut l'impératrice Charlotte, sœur du roi Léopold II et veuve de Maximilien, empereur du Mexique, accueille des expositions temporaires. Mirant ses tours crénelées dans les eaux paisibles des anciennes douves, il forme un joli tableau.

Église abbatiale des Prémontrés, à Grimbergen Carte de région B1

16 km au nord par l'A 12 jusqu'à Meise, puis prenez à droite.
C'est un des plus intéressants ensembles d'architecture et de décoration baroques de Belgique (1660-1725). Restée inachevée, elle présente un chœur très allongé que prolonge une tour carrée.
L'intérieur tient sa majesté de la hauteur des voûtes et de la coupole. Il conserve un riche mobilier, notamment les quatre **confessionnaux★** où alternent allégories et personnages de l'Ancien et du Nouveau Testament, par le sculpteur anversois Hendrik Frans Verbruggen.
Les **stalles**, du 17e s., sont intéressantes. L'église renferme en outre 15 tableaux d'anciens maîtres flamands (17e-18e s.).
La **grande sacristie** (1763), à gauche du chœur, est décorée de lambris remarquables ; au plafond, la fresque et les grisailles sont consacrées à saint Norbert, fondateur de l'ordre.
Dans la petite sacristie, beaux tableaux du 17e s.

Église St-Martin, à Zaventem (St-Martinuskerk)

Plan I D2 et carte de région B1

10 km à l'est par la chaussée de Louvain, puis à gauche.
Elle possède un intéressant tableau de van Dyck : *Saint Martin partageant son manteau.*

Circuit conseillé Plans de ville et carte de région p. 80

★★ LA FORÊT DE SOIGNES

Circuit de 59 km au sud-est tracé sur la carte de région (p. 80).

★ Tervuren Plan II D4 et carte de région C2

Au nord-est de la forêt de Soignes, le **parc★** de Tervuren aux pelouses soignées, où s'égrènent de beaux étangs, était à l'origine un rendez-vous de chasse apprécié.
Des châteaux et jardins successifs firent sa gloire du 13e au 19e s.
Accès principal du parc en voiture par la place de l'Église.

★★ Musée royal de l'Afrique centrale

(Koninklijk Museum voor Midden-Afrika) Carte de région C2
Parking Leuvensesteenweg - ☎ 02 769 52 11 - www.africamuseum.be - fermé pour travaux jusqu'en 2015.
En 1897, le roi Léopold II de Belgique avait organisé dans le cadre du Palais colonial une exposition sur le Congo qui présentait la faune, la flore, l'art et l'ethnologie de ces contrées lointaines.

Cette exposition obtint un tel succès qu'elle devint un musée permanent pour lequel l'architecte Girault construisit entre 1904 et 1910 le bâtiment actuel avec sa façade de style Louis XVI.

Les collections du musée présentent un vaste panorama de l'Afrique. Les sculptures et autres objets ethnographiques offrent un choix de pièces représentatives de divers groupes ethniques, et en particulier des deux foyers majeurs de cette forme d'expression artistique : l'Afrique centrale, avec une place privilégiée pour l'ancien Congo belge, et l'Afrique occidentale. C'est de ce musée que s'est inspiré Hergé pour son album *Tintin au Congo* (1930, version noir et blanc - 1946, version actuelle et en couleur).

Cet établissement est aussi un centre scientifique de recherches fondamentales sur le continent africain.

Visite – Une vingtaine d'objets – masques, statues, souvenirs des explorateurs Stanley et Livingstone – donnent au visiteur un aperçu de tout ce qu'il peut découvrir dans le musée. En dépit d'un contexte social en pleine mutation, ici et en Afrique, l'exposition permanente actuelle reflète encore la vision européenne de l'Afrique des années 1920.

Un certain nombre d'interventions dans les salles replacent la présentation actuelle dans son contexte historique. Des panneaux de texte, des films et des archives photographiques visent à présenter de manière objective l'esprit de la période coloniale.

Des informations détaillées sur ces pièces sont fournies dans « La clé du musée », un guide du visiteur disponible au musée ou sur commande *(publications@africamuseum.be).*

Revenez au centre de Tervuren et suivez la signalisation pour l'Arboretum.

★ Arboretum géographique Carte de région C2

02 769 20 81 - visite du lever au coucher du soleil - promenades limitées aux sentiers et pelouses - gratuit.

L'arboretum géographique de Tervuren, créé en 1902, occupe une partie du bois des Capucins.

Il est divisé en deux sections : nouveau et ancien continents, et rassemble des espèces forestières de climat tempéré, classées par région : chênes, ormes, frênes, bouleaux et conifères, mais aussi des essences exotiques. On remarque les grands résineux de la zone du Pacifique tels que les séquoias et les douglas.

N.-D.-au-Bois (Jezus-Eik) Plan II D4 et carte de région B2

Dans cette localité convergent les promeneurs qui viennent s'y restaurer et déguster une de ces fameuses tartines au fromage blanc, aux oignons et aux radis, spécialité de la région de Bruxelles.

★★ Forêt de Soignes Plan II D4 et carte de région B2

Cette superbe forêt témoigne, sur 4 380 ha, de l'ancienne **forêt charbonnière**, située à l'ouest de la forêt ardennaise, où l'on fabriquait, du temps des Romains, du charbon de bois.

De magnifiques hêtres se pressent sur le territoire vallonné de cet ancien rendez-vous de chasse. Maints vestiges de domaines abbatiaux occupent le creux des vallons : ainsi **Groenendael** (Groenendaal), beau **site★** romantique jalonné d'étangs qui fut célèbre du 14e au 18e s. pour son abbaye. Là vécut au 14e s. le grand mystique **Jan van Ruusbroec**, surnommé l'Admirable.

En dehors des grandes voies de circulation, de nombreux sentiers et allées cavalières, quelques pistes cyclables permettent des promenades agréables.

La Hulpe Carte de région B2

Parmi les collines se disséminent résidences et châteaux. Le **domaine Solvay**, propriété de 227 ha, qui appartenait à la famille de l'industriel Solvay, a été légué à l'État. Le **parc★** magnifique, parsemé d'étangs, est dominé par un château de 1840 *(✆ 02 634 09 30 - http://chateaudelahulpe.wallonie.be - visite du parc 8h-21h (hiver 18h) - gratuit)*. Plus loin, la ferme du **château** abrite la **fondation Folon★** *(✆ 02 653 34 56 - www.fondationfolon.be - ♿ - tlj sf lun. 9h-17h, w.-end 10h-18h (dernière entrée 17h) - 9 € ; -12 ans 5 €)*. Dans une mise en scène remarquable, ce musée fort intéressant présente une sélection de 300 œuvres dont le célèbre artiste Jean-Michel Folon (1934-2005) n'a pas voulu se séparer.

Lac de Genval Carte de région C2

Rendez-vous de week-end des Bruxellois : vaste, il permet la pratique de sports nautiques ; boisé, ses abords autorisent de belles promenades.

Château de Rixensart Carte de région C2

✆ 02 653 65 05 - www.rixensart.be - de fin mars à déb. avr. à fin sept. : visites guidées (40mn) dim. et j. fériés 14h-18h - 4 €.

Imposant quadrilatère de briques flanqué de tourelles d'angle, de style Renaissance, il date du 17e s. Le domaine appartient depuis plus d'un siècle à la famille de Merode dont l'un des membres, Félix de Merode, fit partie du gouvernement provisoire en 1830. L'une des filles de ce dernier épousa le célèbre écrivain catholique français Montalembert.

L'**intérieur** renferme en particulier de belles tapisseries (Beauvais, Gobelins), des peintures françaises (Valentin, Nattier) et une collection d'armes rapportées de la campagne d'Égypte par le mathématicien français Monge.

NOS ADRESSES À BRUXELLES

Plans de la ville, p. 86-92 et 95

TRANSPORTS

Réseau

La **STIB** (Société des Transports Intercommunaux de Bruxelles - *✆ 070 23 20 00 - www.stib.be*) gère un vaste réseau de bus, tramways, lignes chronos (tramways en site propre) et quatre lignes de métro couvrant toute l'agglomération. Un plan du réseau est distribué aux guichets et les horaires sont affichés sur les arrêts aux pancartes rouges et blanches.

Le **métro** est indiqué par un M blanc sur fond bleu. Certaines stations ont été décorées par des artistes belges. Un dépliant fourni par l'office de tourisme en fait la description.

Les **bus** De Lijn *(www.delijn.be)* et Tec *(www.infotec.be)* desservent les communes périphériques du Brabant (flamand et wallon).

Dans la description de nos adresses ou sites, les transports sont indiqués par les symboles M (métro), Tram (tram) et BUS (bus).

Horaires

De 6h à 0h. Le vendredi et samedi soir, les bus Noctis circulent de 0h à 3h.

Tarifs et forfaits

Les tickets sont valables pour les réseaux STIB, De Lijn et Tec et doivent être validés à chaque montée dans un véhicule. Tarif : 2 € aux guichets et distributeurs automatiques (2,50 € une fois dans le véhicule).

Différents forfaits permettent de réduire le coût du transport.

Les cartes **24/48/72h** (6/10/13 €) et les cartes **Jump** 5 et 10 voyages (7,50 € et 13 €) permettent d'emprunter toutes les lignes du réseau urbain de façon illimitée.

Attention, les cartes Jump n'incluent pas les lignes de/vers l'aéroport. Une carte à puce rechargeable, **Mobib**, offre également des tarifs réduits : 1,80 € par voyage sur tout le réseau.
Voir aussi « Brussels Card », p. 82.

Vélo

Bruxelles, ses côtes et ses pavés, se prêtent a priori peu à la pratique du vélo. Pourtant, **Villo** *(www.villo.be)*, l'équivalent du Vélib' parisien, est un succès. Vous trouverez ces vélos robustes 24h/24 dans 180 stations à travers l'agglomération. Achat de la carte 1,50 €, 0,50 € les premières 30mn, puis 1 à 2 €/h. Paiement par carte bancaire (Mastercard, Visa et Maestro).

Taxi

Pratiques mais onéreux, ils attendent à la sortie des gares et des hôtels. La prise en charge est de 2,40 € (4,40 € la nuit), et le prix au km de 1,66 € à l'intérieur de l'agglomération.
Principales compagnies –
Taxis Verts - ✆ *02 349 49 49.*
Taxis Bleus - ✆ *02 268 00 00.*

VISITES GUIDÉES

La liste complète des associations proposant des visites, regroupées sous l'appellation « Voir et Dire Bruxelles », est disponible dans les bureaux de Visit Brussels *(voir p. 82)* et sur *www.voiretdire bruxelles.be*. Et pour visiter la ville avec des Bruxellois bénévoles et passionnés, voyez *www.brussels. greeters.be/fr.*

À pied

La Fonderie – *R. de Ransfort 27 - 1080 - ✆ 02 410 99 50 - www.lafonderie.be.* Visites du patrimoine industriel, social.
Arau – *Bd Adolphe-Max 55 - 1000 - ✆ 02 219 33 45 - www.arau.org.* Circuits Art nouveau, Europe, urbanisme…
Arkadia – *R. Royale 2 - 1000 - ✆ 02 563 61 53 - www.asbl-arkadia.be.* Visites Art nouveau, histoire, artistes (Magritte…).
Itinéraires – *R. de l'Aqueduc 171 - 1050 - ✆ 02 541 03 77 - www.itineraires.be.* Visites art, gastronomie, histoire, Art nouveau, Art déco…

En courant

Brussels Sightjogging – *R. de Savoie 56 - 1060 - ✆ 0471 66 64 24 - www.brusselssightjogging.com.* Pour visiter la ville en faisant son jogging accompagné par un guide local et sportif.

À vélo, en segway

Pro Velo – ✆ *02 502 73 55 - www.provelo.org.* Balades thématiques à vélo *(avr.-oct.)* et location de matériel.

En bateau

Brussels by Water – *Bd d'Ypres 84 - 1000 - ✆ 02 218 54 60 - www.rivertours.be.* Croisières commentées.

En bus touristique

Une compagnie de bus *hop on, hop off* propose deux circuits au départ de la Gare centrale. Informations auprès de Visit Brussels *(voir p. 82)* ou sur *www.citysightseeingbrussel.be.*
Si vous cherchez une connaissance plus intime de la ville, préférez les promenades thématiques :
Bus Bavard – *R. des Thuyas 12 - 1170 - ✆ 02 673 18 35 - www.busbavard.be.*

En tramway

Brussels Tourist Tramway – *www.trammuseumbrussels.be - départ à 10h du musée du Transport urbain (voir p. 121), et retour vers 13h45 - 15 € (-12 ans 10 €).* Chaque dimanche, d'avril à octobre, découvrez Bruxelles et son histoire en parcourant 40 km dans un tram historique datant de 1935.

HÉBERGEMENT

Les abords de la Grand-Place et de la place Ste-Catherine sont les endroits les plus centraux. La seconde, plus calme, offre l'avantage d'une ambiance de quartier.
Se loger revient relativement cher à Bruxelles. Mais quand, le week-end et durant les congés, la ville se vide de ses diplomates et hommes d'affaires, les hôtels proposent des rabais (de 30 à 50 %), à guetter sur leurs sites Internet.
Pour réserver en ligne par la centrale de réservation de l'office de tourisme : *www.visitbrussels.be.*
L'hébergement chez l'habitant vous permettra de découvrir des quartiers moins touristiques et les univers de particuliers passionnés. On peut ainsi choisir de résider chez une artiste *(www.maisondhote.com/fr/taptoe)*, un chineur-voyageur *(www.lartdelafugue.com)*, dans des chambres fleuries *(www.lerelaiducastro.be)*, au cœur des galeries royales *(www.chambresdhotesduvaudeville.be)* et même… dans un château *(www.valduc-brussels.be)* !
Toutes les adresses sur :
Bed & Brussels – *☏ 02 646 07 37 - www.bnb-brussels.be.*

Autour de la Grand-Place

BUDGET MOYEN

La Légende – Plan IV J1 - *R. du Lombard 35 - M Gare centrale - ☏ 02 512 82 90 - www.hotellalegende.com - 26 ch. 75/110 €.* Cet hôtel central propose des chambres sobres et nettes autour d'une cour intérieure. Le petit-déjeuner se prend dans une élégante salle boisée.

Floris Arlequin – Plan IV J1 - *R. de la Fourche 17 - Tram 4 Bourse - ☏ 02 514 16 15 - www.arlequin.be - 92 ch. 75/110 €.* On oublie vite le passage obscur qui cache l'entrée en découvrant les confortables chambres de cet établissement central offrant un bon rapport qualité-prix en fin de semaine. Le lieu est plutôt calme malgré le quartier (restaurants, cinéma, touristes). La vue imprenable depuis la salle du petit-déjeuner invite à prolonger la dégustation de son café.

UNE FOLIE

Orts – Plan IV J1 - *R. Orts 38 - Tram 4 Bourse - ☏ 02 450 22 00 - www.hotelorts.com - 14 ch. 150/250 €.* Les superbes chambres, chaleureuses et contemporaines, sont un peu chères en semaine mais offrent un excellent rapport qualité-prix le week-end. Au carrefour entre St-Géry, Dansaert et la Bourse, vous êtes aux premières loges pour vivre Bruxelles le week-end !

Royal Windsor – Plan IV J2 - *R. Duquesnoy 5 - M Gare centrale - ☏ 02 505 55 55 - www.royalwindsorbrussels.com - 267 ch. 150/400 €.* Luxe et confort à deux pas de la Grand-Place. Réservez longtemps à l'avance pour avoir l'une des chambres décorées par quelques-uns des stylistes et designers belges les plus en vogue *(fashion rooms).*

Amigo – Plan p. 95 - *R. Amigo 1 - Tram 4 Bourse - ☏ 02 547 47 47 - www.hotelamigo.com - 154 ch. 660/5 000 €.* LE palace bruxellois ! Les grands de ce monde se succèdent dans cette ancienne prison de brique, belle bâtisse aux accents « Renaissance espagnole ». On les comprend, tant les chambres contemporaines sont luxueuses. Une collection d'œuvres d'art anime les parties communes.

Les Marolles

BUDGET MOYEN

Galia – Plan III E3 - *Pl. du Jeu-de-Balle 15-16 - M Porte de Hal ou BUS 48 - ☏ 02 502 42 43 - www.hotelgalia.com - 20 ch. 75/85 €.*

Voici l'unique hôtel des Marolles, un établissement tout simple, comme un balcon sur le « spectacle » du marché aux puces. Si la déco est banale, les petites touches (objets chinés, BD) et l'ambiance conviviale font l'unanimité.

Ste-Catherine

BUDGET MOYEN

Welcome – Plan IV J1 - *Quai au Bois à Brûler 23 - M Ste-Catherine - ✆ 02 219 95 46 - www.brusselswelcomehotel.be - 15 ch. 75/110 €.* Les chambres invitent à un voyage à travers le monde : africaine, indienne ou japonaise, il y en a pour tous les goûts !

Noga – Plan IV J1 - *R. du Béguinage 38 - M Ste-Catherine - ✆ 02 218 67 63 - www.nogahotel.com - 19 ch. 75/110 €.* Accueillante maison de maître au cœur du béguinage qui abrite des chambres calmes et soignées. C'est sous le regard de la dynastie royale belge que vous y accédez. Accueil chaleureux et excellent petit-déjeuner.

UNE FOLIE

Pacific – Plan III E2 - *R. A.-Dansaert 57 - Tram 4 Bourse - ✆ 02 213 00 80 - www.hotelcafepacific.com - 12 ch. à partir de 160 €.* Cette vieille maison de maître, située dans une rue branchée, a été récemment transformée en petit boutique-hôtel. Le confort moelleux des chambres, le décor parfois original voire osé invitent à prolonger le séjour.

Place de Brouckère

BUDGET MOYEN

Espérance – Plan IV JK1 - *R. du Finistère 1-3 - M De Brouckère - ✆ 02 219 10 28 - www.hotel-esperance.be - 12 ch. 75/110 €.* Cette petite rue sombre de l'ancien quartier des « plaisirs » abrite depuis les années 1930 une taverne Art déco. À l'exception de la chambre Art déco, les confortables petites chambres à l'étage affichent quant à elles un design dans les tons du moment.

UNE FOLIE

Métropole – Plan IV J1 - *Pl. de Brouckère 31 - M De Brouckère - ✆ 02 217 23 00 - www.metropolehotel.com - 298 ch. à partir de 150 €.* Depuis 1890, ce palace impressionne avec son hall néoclassique, son café au décor rutilant et ses chambres luxueusement aménagées. Les lieux ont inspiré bien des cinéastes et vous retrouverez ces décors dans *Mortelle Randonnée* de Claude Miller ou *Le Sang des autres* de Claude Chabrol.

The Dominican – Plan IV J1 - *R. Léopold 9 - M De Brouckère - ✆ 02 203 08 08 - www.thedominican.be - 150 ch. 200/1 500 €.* L'hôtel doit son nom à l'abbaye dominicaine qui occupait les lieux au 15e s. et conserve la façade de la maison qu'habita le peintre Jacques-Louis David. Design moderne et couleurs chaudes dans les chambres et les salons. Rabais importants en fin de semaine.

Quartier du Parlement

PREMIER PRIX

AJ Jacques Brel – Plan IV K1 - *R. de la Sablonnière - M Botanique - ✆ 02 218 01 87 - www.laj.be - fermé la 2e quinzaine de déc. - 174 lits : 17/35 €.* Située dans un quartier calme et proche du centre, cette auberge de jeunesse est sans doute la plus agréable de la ville. Les chambres communes, très propres, se répartissent autour d'une cour intérieure où il fait bon échanger, se relaxer et prendre un verre.

POUR SE FAIRE PLAISIR

Bloom – Plan III F1 - *R. Royale 250 - M Botanique - ✆ 02 220 66 11 - www.hotelbloom.com - 305 ch.*

à partir de 110 €. Entre le palais Botanique et la « petite Anatolie », l'hôtel se distingue par son design moderne et coloré. Les vastes et confortables chambres ont été chacune décorées par de jeunes artistes européens sur le thème de l'épanouissement (« bloom »). On peut donc y loger en changeant à chaque fois d'ambiance.

Ixelles et St-Gilles

BUDGET MOYEN

Rembrandt – Plan III F3 - *R. de la Concorde 42 - Tram 94 Stéphanie - ✆ 02 512 71 39 - www.hotel-rembrandt.be - 13 ch. 75/110 €*. Pension de famille calme et accueillante, située entre les boutiques de l'avenue Louise et l'animation colorée d'Ixelles.

Chambres en Ville – Plan III F3 - *R. de Londres 19 - M Trône - ✆ 02 512 92 90 - www.chambresenville.be - 4 ch. 75/110 €*. Cette maison d'hôtes, superbement décorée par un propriétaire aussi accueillant que passionné, mérite d'être réservée longtemps à l'avance. Elle se situe dans une rue calme entre Matonge, le Palais royal et le Parlement européen. Chaque confortable chambre, de style néo-rétro-vintage, offre un voyage artistico-géographique.

Vintage – Plan III F3 - *R. Dejoncker 45 - M Louise - ✆ 02 533 99 80 - www.vintagehotel.be - 29 ch. 75/110 €*. Façade de brique en retrait, rue calme à deux pas des boutiques de Louise, chambres décorées dans un style vintage, cette adresse a tout pour plaire ! Les amateurs de design, de déco 20e s. et de bonnes bouteilles (le lieu abrite un bar à vin) seront aux anges. Réserver en ligne pour un meilleur prix.

The White – Plan II B4 - *Av. Louise 212 - Tram 94 Bailli - ✆ 02 644 29 29 - www.thewhitehotel.be - 53 ch. 75/110 €*. Cette adresse (plus chère en semaine) ravira les amateurs de chambres épurées et bien conçues, ceux qui veulent assouvir leur passion pour le design sans se ruiner. Une longue « vague » faisant office de réception-buffet-bibliothèque structure les parties communes. Un objet d'un créateur belge décore chaque chambre. Les calmes étangs d'Ixelles, les événements de Flagey, les restaurants du Châtelain et les boutiques de Louise sont à deux pas. Qui dit mieux ?

POUR SE FAIRE PLAISIR

Pantone – Plan III E4 - *Pl. Loix 1 - M Louise/Hôtel des Monnaies - ✆ 02 541 48 98 - www.pantonehotel.com - 60 ch. à partir de 110 €*. Sur une place calme, entre l'avenue Louise et le parvis de St-Gilles, cet hôtel au design moderne décline une belle palette de couleurs sur fond blanc. Confort optimum et… choix de la couleur qui bercera vos nuits au moment de réserver.

Le Berger – Plan III F3 - *R. du Berger 24 - M Porte de Namur - ✆ 02 510 83 40 - www.lebergerhotel.be - 51 ch. à partir de 110 €*. Une adresse à part ! Cet hôtel, ouvert en 1935 et fréquenté durant des décennies par des couples illégitimes, a récemment ré-ouvert ses portes. Le mobilier et le décor ont été conservés. Résultat, un cocon rassurant, feutré… bien loin de la tendance trendy des hôtels actuels.

UNE FOLIE

Odette en Ville – Plan III F4 - *R. du Châtelain 25 - Tram 94 Bailli - ✆ 02 640 26 26 - www.chez-odette.com - 8 ch. 250/425 €*. Une adresse encensée, un quartier fièrement *select*… les tarifs y sont donc élevés. Les murs gris de cette belle demeure annoncent les tons sobres des chambres et des parties communes. Les touches de couleur bien placées et les matériaux de qualité assurent un séjour aussi agréable que confortable. Vos voisins ? De beaux édifices Art nouveau, des restaurants et des boutiques chic.

Manos Premier – Plan II B4 - *Chaussée de Charleroi 102 - Tram 92 Faider - ✆ 02 537 96 82 - www.manoshotel.com - 47 ch. 345/545 €.* Les murs de cet hôtel particulier du 19e s. protègent un oasis de luxe. Mobilier Louis XV et Louis XVI, hammam oriental, lounge-bar chic et feutré, rafraîchissant jardin… Tout ici donne l'illusion d'un séjour dans la résidence d'un ami fortuné.

Quartier européen

POUR SE FAIRE PLAISIR

Aloft Brussels – Plan III G3 - *Pl. Jean Rey - M Schuman - ✆ 02 800 08 88 - www.aloftbrussels.com - 147 ch. à partir de 110 €.* Entre Parlement et Commission, cet hôtel au concept innovant se situe au cœur de l'action européenne. Design urbain et énergique, identité « loft » assumée pour des chambres vastes, confortables et lumineuses. Promos le week-end.

Le Cinquantenaire

POUR SE FAIRE PLAISIR

Monty – Plan III H2 - *Bd Brand-Whitlock 101 - M Montgomery ou Tram G. Henri - ✆ 02 734 56 36 - www.monty-hotel.be - 18 ch. à partir de 110 €.* Cet hôtel particulier a été transformé en bel hôtel design. La façade classique cache des parties communes gaies et confortables, animées par diverses créations de designers. Accueil sympathique. Réductions le week-end.

Anderlecht

UNE FOLIE

Be Manos – Plan III E3 - *Square de l'Aviation 23 - Tram Lemonnier - ✆ 02 520 65 65 - www.bemanos.com - 59 ch. à partir de 350 € (réduction sur Internet).* Des designers ont investi un édifice 1920 posté à quelques pas de la gare du Midi, pour créer des salons et chambres ultrafashion. Le spa et les terrasses perchées ajoutent au charme.

RESTAURATION

Les restaurants abondent autour de la Grand-Place, notamment dans l'étroite **rue des Bouchers**. Néanmoins, dans ce lieu très touristique, peu d'adresses offrent un réel intérêt. Le **quartier Ste-Catherine** concentre de bonnes tables spécialisées dans les produits de la mer, **Ixelles** aime la restauration de qualité à prix doux, tandis qu'au **Châtelain**, on lorgne vers la cuisine tendance. Et à chaque quartier son *fritkot*.

La **réservation** est impérative pour les dîners. À midi en semaine, les tarifs des menus *lunch* s'avèrent très avantageux. On regrette quand même que nombre de bons restaurants restent porte close le dimanche, voire le samedi midi.

Reportez-vous aussi au chapitre « Faire une pause », ci-après : certaines des adresses présentées dans la sélection servent des repas légers, parfaits pour déjeuner.

Autour de la Grand-Place

BUDGET MOYEN

Au Suisse – Plan IV J1 - *Bd Anspach 73-75 - Tram 4 Bourse - ✆ 02 512 95 89 - www.ausuisse.be - tlj sf dim. 7h30-18h (sam. 19h) - moins de 25 €.* Une institution populaire depuis 1873 pour se restaurer, entre autres, de sandwichs à composer à volonté. Vous découvrirez ce grand choix de garnitures à base de mayonnaise. Service souriant.

Comocomo – Plan IV J1 - *R. A.-Dansaert 19 - Tram 4 Bourse - ✆ 02 503 03 30 - www.comocomo.be - midi et soir - moins de 25 €.*

Un défilé de *pintxos* basques, présentés à la japonaise sur un tapis roulant circulaire. Exotique et amusant.

Houtsiplou – Plan III E2 - *Pl. Rouppe 9 - Tram 4 Anneessens - ☎ 02 511 38 16 - www.houtsiplou.be - 12h-15h, 18h-22h30, w.-end 12h-22h30 - moins de 25 €.* Les meilleurs burgers de la ville, ainsi que des plats végétariens ou belges.

POUR SE FAIRE PLAISIR

Kokob – Plan IV J2 - *R. des Grands-Carmes 10 - Tram 4 Bourse, Anneesens - ☎ 02 511 19 50 - www.kokob.be - lun.-merc. 18h30-23h, jeu.-dim. 11h-23h30 - 25/40 €.* Et si vous profitiez de votre séjour à Bruxelles pour découvrir la méconnue, l'étonnante et parfumée cuisine éthiopienne ? Copieuse, en sus !

Bonsoir Clara – Plan IV J1 - *R. A.-Dansaert 22 - Tram 4 Bourse - ☎ 02 502 09 90 - www.bonsoir clara.be - fermé à midi le w.-end - 25/40 €.* Dans un décor branché, une cuisine saisonnière où les spécialités belges et françaises rencontrent des épices exotiques, un télescopage qui enchante les *fashion victims* de la rue Dansaert.

UNE FOLIE

Aux Armes de Bruxelles – Plan IV J1 - *R. des Bouchers 13 - M Gare centrale - ☎ 02 511 55 50/98 - www.auxarmesdebruxelles.com - 12h-23h15 - fermé juil. - plus de 40 €.* Cette vénérable table familiale honore les traditions culinaires du Plat Pays. Les meilleures croquettes de la capitale se dégustent dans une inimitable atmosphère bruxelloise qu'appréciait le grand Jacques Brel. À ne pas manquer !

De l'Ogenblik – Plan IV K1 - *Galerie des Princes 1 - M Gare centrale - ☎ 02 511 61 51 - www.ogenblik.be - fermé dim. - plus de 40 €.* Brasserie moderne qui propose un « Moment » convivial devant de délicieuses préparations bruxelloises.

Vincent – Plan IV J1 - *R. des Dominicains 8 - M Gare centrale - ☎ 02 511 26 07 - www.restaurant vincent.com - 12h-14h45, 18h30-23h30, dim. et j. fériés 12h-15h, 18h30-22h30 - plus de 40 €.* Vous traverserez les cuisines pour rejoindre votre table. Entre les grands tableaux de céramique qui évoquent la vie marine, bonne cuisine bourgeoise dont les ingrédients paradent fièrement en vitrine.

Comme Chez Soi – Plan III E3 - *Pl. Rouppe 23 - Tram 4 Anneesens - ☎ 02 512 29 21 - www.commechez soi.be - fermé dim., lun. et merc. midi - plus de 40 €.* Cette institution bruxelloise, née en 1926 et étoilée au *Guide Michelin*, sert une cuisine classique dans un décor à la Horta. Réservation impérative.

Le Mont des Arts

UNE FOLIE

Museumbrasserie – Plan IV K2 - *Pl. Royale 3 - M Gare centrale - ☎ 02 508 35 80 - www.museum food.be - fermé lun. - plus de 40 €.* Le filet américain, le waterzoï et la carbonade flamande entrent au musée ! Peter Goossens met la cuisine belge à l'honneur dans cette brasserie *hype* décorée par Antoine Pinto.

Kwint – Plan IV K2 - *Mont des Arts 1 - ☎ 02 505 95 95 - www.kwint brussels.com - lun.-merc. 12h-22h30, jeu.-sam. 12h-23h30 - plus de 40 €.* Arne Quinze a signé le décor « froissé » de ce restaurant. Sa carte, dédiée aux produits nobles (poissons fumés, truffe, jambon ibérique…), propose des mets délicats à déguster en salle ou en terrasse.

Le Sablon

BUDGET MOYEN

Le Pain quotidien – Plan IV K2 - *R. des Sablons 11 - BUS 95 Petit-Sablon - ☎ 02 513 51 54 -*

1

www.lepainquotidien.fr - 7h30-19h (w.-end 8h) - moins de 25 €. « Boulangerie-restaurant » aux grandes tables conviviales. Choix de généreuses salades et tartines, irrésistibles pâtisseries. À base de produits bio.

POUR SE FAIRE PLAISIR

Lola – Plan IV J2 - *Pl. du Grand-Sablon 33 - BUS 95 Grand-Sablon - ✆ 02 514 24 60 - www.restolola.be - service continu de 12h à 23h30 - 25/40 €.* Brasserie contemporaine donnant sur le Grand-Sablon. Authentique cuisine belge, subtilement revisitée.

UNE FOLIE

L'Écailler du Palais Royal – Plan IV K2 - *R. Bodenbroek 18 - BUS 95 Petit-Sablon - ✆ 02 512 87 51 - www.lecaillerdupalaisroyal.be - 12h-14h30, 19h-22h30 - fermé dim., j. fériés, août et semaine de Noël et Nouvel an - plus de 40 €.* Écailler feutré, discret et cossu où se croisent les clientèles diplomatico-parlementaire et politico-patronale. Dans ce restaurant, point de préparations compliquées, mais des produits d'excellente qualité.

Les Marolles

Pour une atmosphère inoubliable, il faut s'y rendre lors du marché aux puces, le samedi ou dimanche midi. Choisissez entre **De Skieven Architek** et **La Brocante** *(voir p. 143)*, ou le chaleureux décor de brasserie années 1920 de **Ploegmans** *(R. Haute 148 - Plan IV J2 - ✆ 02 502 21 24 - www.ploegmans.be - mar.-jeu. 12h-14h30, 18h-22h, vend.-sam. 22h30, dim. 12h-15h).*

UNE FOLIE

Les Brigittines – Plan IV J2 - *Pl. de la Chapelle 5 - BUS 48 Chapelle - ✆ 02 512 68 91 - www.lesbrigittines.com - fermé sam. midi, dim. et j. fériés.* Cette brasserie au décor tendance Art nouveau possède un charme aussi désuet que ravageur. L'atmosphère, le service, la cuisine franco-belge impeccable offrent un inoubliable voyage dans le temps.

Ste-Catherine

BUDGET MOYEN

Nordzee/La Mer du Nord – Plan IV J1 - *R. Ste-Catherine 45 - M Ste-Catherine - ✆ 02 513 63 32 - www.seetiz.be - mar.-sam. 11h-18h, dim. 11h-20h - moins de 25 €.* Au comptoir de cette poissonnerie, moules et sardines grillées se dégustent debout dans une atmosphère détendue. Clientèle de quartier le week-end.

POUR SE FAIRE PLAISIR

Viva M'Boma – Plan III E2 - *R. de Flandre 17 - M Ste-Catherine - ✆ 02 512 15 93 - fermé merc. et dim., lun. et mar. soir - 25/40 €.* Mets bruxellois et abats à gogo dans une ancienne triperie.

La Marée – Plan III E2 - *R. de Flandre 99 - M Ste-Catherine - ✆ 02 511 00 40 - www.lamarée-sa.com - tlj sf dim.-lun. 12h-14h, 16h30-22h - 25/40 €.* Adresse simple et conviviale, spécialisée dans les produits de la mer.

In't Spinnekopke – Plan III E2 - *Pl. du Jardin-aux-Fleurs 1 - Tram 4 Bourse - ✆ 02 511 86 95 - www.spinnekopke.be - fermé sam. midi et dim. - 25/40 €.* Installée dans une maison de grand-mère, la « tête d'araignée » serait le plus ancien estaminet de Bruxelles. Cuisine à la bière et carte 100 % « bruxelloise ».

UNE FOLIE

La Manufacture – Plan III E2 - *R. N.-D.-du-Sommeil 12 - Tram 4 Bourse - ✆ 02 502 25 25 - www.lamanufacture.be - 12h-14h, 19h-23h (0h le w.-end) - fermé sam. midi et dim. - plus de 40 €.*

Une cuisine excellente et éclectique est servie dans le décor de métaux, bois, cuir et granit des anciens ateliers de la célèbre maroquinerie Delvaux.

Quartier européen

BUDGET MOYEN

Maison Antoine – Plan III G3 - *Pl. Jourdan 1 - M Schuman - ☎ 02 230 54 56 - www.maison antoine.be - tlj sf lun. 11h30-1h - moins de 25 €.* Rares sont les Bruxellois qui n'ont jamais tenu un cornet de ce célèbre *fritkot*. Les excellentes frites s'arrosent d'une vingtaine de sauces et s'apprécient en terrasse.

Tout Bon – Plan III G3 - *R. du Luxembourg 68 - M Trône - ☎ 02 230 42 44 - www.toutbon.be - 7h-20h - moins de 25 €.* Face au Parlement, ce spécialiste des confitures régale les fonctionnaires européens de viennoiseries et salades en tout genre. Cosmopolite et chaleureux !

Ixelles et St-Gilles

BUDGET MOYEN

L'Épicerie – Plan III F3 - *R. Keyenveld 56 - Tram 94 Stéphanie - ☎ 02 513 71 84 - tlj sf dim. 10h30-15h, soir sur RV - moins de 25 €.* Sous la houlette du souriant patron thaïlandais, une épicerie de quartier à la fois lieu de dégustation et d'échange. Entre les rayonnages, dégustation de salades, currys et bières bio. Simple et convivial.

POUR SE FAIRE PLAISIR

Mamy Louise – Plan III F3 - *R. Jean-Stas 12 - M Louise - ☎ 02 534 25 02 - www.mamy louise.be - fermé dim. - 25/40 €.* Adresse idéale pour se reposer après quelques heures de shopping. Carte « bistrot », avec salades, tartines…

Tan – Plan II B4 - *R. de l'Aqueduc 95 - Tram 92 Janson - ☎ 02 537 87 87 - www.tanclub.org - mar.-sam. midi et soir, fermé dim. et j. fériés - 25/40 €.* Bienvenue au royaume du bio. Herbes plus ou moins folles, voire fleurs comestibles, entourent des tartares, viandes et poissons marinés.

La Quincaillerie – Plan II B4 - *R. Page 45 - Tram 92 Ma Campagne - ☎ 02 533 98 33 - www.quincaillerie.be - lun.-sam. 12h-14h30, 19h-0h, dim. 19h-0h - 25/40 €.* Quincaillerie Art nouveau convertie en brasserie. Vous dégustez poissons et fruits de mer dans un décor chic et industriel, entre les centaines de tiroirs d'origine. Lunch à prix muselé, très avantageux.

Le Cinquantenaire

POUR SE FAIRE PLAISIR

Coq en Pâte – Plan I C3 - *Tomberg 259 - Tram Tomberg - ☎ 02 762 19 71 - www.lecoqenpate.be - mar.-dim. - 25/40 €.* Une jolie petite salle d'un quartier résidentiel et surtout, une excellente cuisine à prix doux. Appréciez la touche italienne des plats de saison.

Anderlecht

BUDGET MOYEN

Friture René – Plan I A3 - *Pl. de la Résistance 14 - M St-Guidon - Tram 46 Résistance - ☎ 02 523 28 76 - tlj sf lun.-mar. 11h45-14h30, 18h-21h30 - fermé mi-juin à mi-juil. - 15/25 €.* Une ancienne friterie transformée en restaurant pour le plus grand plaisir des amateurs de bonne chère. Toiles cirées, moules et viandes en portions bien généreuses… Difficile de faire plus authentique !

POUR SE FAIRE PLAISIR

La Grande Écluse – Plan III E3 - *Bd Poincaré 77 - Tram 4 Lemonnier - ☎ 02 522 30 25 - www.grande-ecluse.be - tlj midi et soir (sf sam.*

midi et dim.) - 25/40 €. Jadis la Senne coulait sous les ponts à Bruxelles, vous en aurez la preuve ici, dans cette écluse du 19e s. décorée par le dessinateur F. Schuiten. Cuisine de brasserie belgo-française. Terrasse.

New Queue de Vache – Plan I A2 - *R. Osseghem 198 - BUS 86 Dubois - ✆ 02 410 15 29 - www.la-queue-de-vache.be - 12h-22h45 - 25/40 €.* Brasserie familiale, à l'écart des circuits touristiques. Populaire depuis 25 ans, notamment pour ses viandes rouges.

Midi Station – Plan II B3 - *Pl. V.-Horta 26 - M Gare du Midi - ✆ 02 526 88 00 - www.midi-station.be - mar.-jeu. 12h-14h30, 19h-22h30 (23h vend.), sam. 19h-23h - 25/40 €.* Le décor signé Antoine Pinto joue beaucoup dans la réussite de cet espace multi-fonction où sont proposés sandwichs et menus lunch soignés.

Koekelberg

UNE FOLIE

Bruneau – Plan I B2 - *Av. Broustin 75 - M Simonis - ✆ 02 421 70 70 - www.bruneau.be - fermé mar., merc., j. fériés, 1re sem. de janv., mi-juin-mi-juil. - plus de 40 €.* À deux pas de la basilique, une table de renom qui atteint l'équilibre entre classicisme et créativité.

PETITE PAUSE

Autour de la Grand-Place

À La Bécasse – Plan IV J1 - *R. de Tabora 11 - Tram 3 et 4 Bourse - ✆ 02 511 00 06 - http://alabecasse.com - 10h-0h (1h vend.-sam.).* Touristes et habitués se pressent dans cet estaminet au cadre rétro situé au fond d'un couloir étroit. Son lambic au tonneau est servi depuis 1877. Délicieux avec les tartines maison au fromage blanc.

Le Cirio – Plan IV J1 - *R. de la Bourse 18-20 - Tram 4 Bourse - ✆ 02 512 13 95 - 10h-0h.* L'intérieur de style Belle Époque vaut la visite. On y aurait lancé une redoutable spécialité encore servie dans quelques cafés de la ville : le « half-en-half », moitié vin mousseux, moitié vin blanc. Les vieux couples locaux adorent.

À la Mort Subite – Plan IV K1 - *R. Montagnes-aux-Herbes-Potagères 7 - M Gare centrale - ✆ 02 513 13 18 - http://alamortsubite.com - 11h-1h (0h le dim.), fermé 24-25 et 31 déc., 1er janv.* Au-delà des galeries royales, ce café Art nouveau est idéal pour goûter la gueuze qui a pris son nom (celui d'un jeu de dés). Brel, Béjart et bien des Bruxellois vous ont précédé sur les banquettes. Et vous, serez-vous kriek ou faro ?

Vaudeville – Plan IV J1 - *Galerie de la Reine 11 - M Gare centrale - ✆ 02 511 23 45 - www.cafeduvaudeville.be - 9h-0h (sf. dim. soir).* Entre les chocolats et dentelles des Galeries, prenez place à la terrasse ou dans le *lounge* de ce café pour regarder vivre « la plus belle rue de Bruxelles ». Un peu plus loin, le Mokafé vous servira un peu plus tôt encore.

Goupil le Fol – Plan IV J1-2 - *R. de la Violette 22 - M Gare centrale - ✆ 02 511 13 96 - 20h-6h.* Dans la rue où Verlaine tira sur Rimbaud, cet estaminet labyrinthique fait la part belle à la chanson française.

La Fleur en Papier Doré – Plan IV J2 - *R. des Alexiens 55 - M Gare centrale - ✆ 02 511 16 59 - www.lafleurenpapierdore.be - mar.-sam. 11h-0h (dim. 19h).* Un estaminet mythique qui a vu passer les surréalistes, les CoBrA et bien des artistes et écrivains qui semblent avoir chacun laissé une « petite touche » dans ce lieu unique.

Au soleil – Plan IV J1 - *R. du Marché-au-Charbon 86 - Tram 4 Bourse, Anneessens - ✆ 02 512 34 30 - 9h-0h.* Au cœur du Bruxelles gay, sympathique adresse aménagée dans un ancien magasin de vêtements. Belle terrasse.

Le Greenwich – Plan III E2 - *R. des Chartreux 7 - Tram 4 Bourse - ✆ 02 511 41 67 - mar.-jeu. 16h-0h, vend.-dim. 13h-0h.* L'ancien repaire enfumé de Magritte est aujourd'hui celui des amateurs d'échecs. Ici on ne cherche pas à être branché.

Autour de la place St-Géry

Mappa Mundo, Zebra, Café Central, Le Roi des Belges, PP… – Plan III E2 - *Tram 4 Bourse - 10h-2h ou 3h.* Autour de la halle St-Géry, de nombreux cafés-terrasses se serrent les uns contre les autres. Tous combinent à leur manière des éléments anciens et contemporains. Une population jeune, branchée et décontractée s'y presse toute l'année. Au premier rayon de soleil, les tables multicolores envahissent le pavé et les DJ montent le volume.

Moeder Lambic – Plan III E2 - *Pl. Fontainas 8 - Tram 3 et 4 Anneessens - ✆ 02 503 60 68 - www.moederlambic.com - 10h-18h.* Dans un beau décor contemporain, la carte affiche 300 bières belges, dont 40 servies à la pression ! Voici donc l'endroit idéal pour goûter les breuvages les plus rares. Autre adresse (« l'historique ») à l'ombre de l'élégant et imposant hôtel de ville de St-Gilles *(R. de Savoie 68 - Tram 4 Horta - ✆ 02 544 16 99 - 16h-3h).*

Le Sablon et les Marolles

Le Perroquet – Plan IV J2 - *R. Watteeu 31 - Bus 95 Petit-Sablon - ✆ 02 512 99 22 - http://newsites.resto.com/leperroquet - 12h-0h (lun. 18h).* Entre deux visites, il fait bon se poser dans ce bistrot Art nouveau (carrelage en damier et vitraux colorés).

La Brocante – Plan III E3 - *Angle r. Blaes et pl. du Jeu-de-Balle - Bus 48 Jeu-de-Balle - ✆ 02 512 13 43 - 5h-19h.* Parfait pour assister au marché aux puces : installations, tractations, pluie inattendue, rangement, balayage… Bières, tartines et musique tzigane au menu.

De Skieven Architek – Plan III E3 - *Pl. du Jeu-de-Balle 50 - Bus 48 Jeu-de-Balle - ✆ 02 514 43 69 - 7h-18h30.* Estaminet, restaurant, poste, maison de la presse… Au milieu des peintures murales et des photos, vous dégusterez des bières maison : « La Samaritaine », gueuzes… pour accompagner *stoemp* et boulettes.

Ste-Catherine

Comus et Gasperea – Plan III E2 - *Quai aux Briques 86 - M Ste-Catherine - ✆ 02 223 43 66 - www.comusgasterea.com - mar.-vend. 11h-18h, sam. 9h-11h, lun.-dim. 14h-18h - fermé janv.* Les meilleures glaces de la ville ! Parfums classiques (speculoos, caramel salé, chocolat) ou plus originaux (roquefort, pastis, sésame grillé…).

Au Laboureur – Plan III E2 - *Angle r. de Flandre et r. Léon-Lepage - M Ste-Catherine - ✆ 02 512 13 82 - 8h30-22h.* Typique café de quartier, où se mêlent la population actuelle du Vismet, bobos et « gueules » bruxelloises.

Walvis – Plan III E2 - *R. A.-Dansaert 209 - M Comte de Flandre, Ste-Catherine - ✆ 047 896 70 34 - http://cafewalvis.com - 11h-1h.* Au bord du canal, là où Dansaert la branchée rencontre Molenbeek la marocaine, la « baleine » offre une ambiance unique et cosmopolite dans un décor réussi.

Place de Brouckère

Le Métropole – Plan IV J1 - *Pl. de Brouckère 31 - M De Brouckère - ✆ 02 219 23 84 - 9h-1h.* Situé au rez-de-chaussée du palace du même nom *(voir p. 136)*, cet établissement possède un intérieur richement décoré (fin 19e s.) et une grande terrasse. Large choix d'apéritifs, de jus de fruits et de bières.

Ixelles

Ultime Atome – Plan III F3 - *R. St-Boniface 14 - M Porte de Namur - ✆ 02 511 13 67 - 8h-1h*

1

(w.-end 10h). Voici l'épicentre du quartier animé de St-Boniface, à deux pas de Matonge l'africaine. Ambiance branchée et détendue, dans une vaste brasserie. Longue carte de bières belges.

Café Belga – Plan II B4 - *Pl. E. Flagey 18 - BUS 71 Flagey - ✆ 02 640 35 08 - www.cafebelga.be - dim.-jeu. 8h-2h (vend.-sam. 3h).* Au rez-de-chaussée du paquebot Flagey, entre la place rénovée et les bucoliques étangs d'Ixelles, le Belga est la vigie très prisée de ce quartier attachant. Salle Art déco et terrasse. Petite restauration.

St-Gilles

Les cafés ne manquent pas autour du parvis animé *(Tram 4 Parvis de St-Gilles)* et de l'hôtel de ville *(Tram 4 Horta)* et permettent de regarder vivre ce quartier populaire et cosmopolite. Ainsi, l'**Union** l'engagé, la **Maison du Peuple** *(p. 145)* l'éclectique, et **Verschueren**, l'indémodable. Les amateurs de bières iront chez **Moeder Lambic** *(p. 143)*. **La Porteuse d'eau** *(Av. J. Volders)* ravit les amateurs d'Art nouveau. Et les bobos convergent au **Potemkine** *(Av. Porte de Hal 2)*, aménagé dans un ancien théâtre.

EN SOIRÉE

La programmation culturelle bruxelloise est éclectique et bon marché. Tous les événements sont détaillés dans la **publication gratuite** *Agenda (www.agenda.be)* ou le site *www.netevents.be*, des concerts géants de Forest National *(www.forestnational.be)* aux concerts confidentiels des petites salles underground (VK, Magasin 4…). Pour dénicher les derniers tickets du jour, souvent bradés, rendez-vous sur **www.arsene50.be** ou au BIP de la place Royale *(voir p. 82)*. Les sites *www.noctis.com* et *www.nightcode.be* informeront les **clubbers**.

Si les théâtres se répartissent dans le centre-ville, il n'existe pas réellement de « quartier de nuit ». Néanmoins, la **place St-Géry** (bars), la **place St-Boniface à Ixelles** (cafés) ou l'**avenue Louise** (très *people*) polarisent les noctambules. Quant au complexe **casino Viage** *(www.viage.be)*, il anime de jour comme de nuit les galeries Anspach.

Autour de la Grand-Place et du Mont des Arts

Toone – Plan IV J1 - *Imp. Ste-Pétronille et R. du Marché-aux-Herbes 66 - M Gare centrale - ✆ 02 511 71 37 - www.toone.be - 12h-0h.* Estaminet populaire abritant un petit théâtre de marionnettes. Spectacles en dialecte, français ou néerlandais *(20h30 en sem., 16h sam.).*

The Music Village – Plan IV J1 - *R. des Pierres 50 - Tram 4 Bourse - ✆ 02 513 13 45 - www.themusicvillage.com - ouvert pdt les concerts, à partir de 19h - réserv. souhaitable sur Internet.* Offre musicale variée (jazz, fado…) avec des musiciens de qualité, belges ou étrangers. Possibilité de dîner avant les représentations.

Ancienne Belgique (AB) – Plan IV J1 - *Bd Anspach 110 - Tram 4 Bourse - ✆ 02 548 24 24 - www.abconcerts.be.* Cousine bruxelloise de La Cigale ou du New Morning parisiens, cette salle mythique accueille les meilleurs concerts pop, rock, rap. Billetterie : *r. des Pierres 23.*

L'Archiduc – Plan III E2 - *R. A.-Dansaert 6 - Tram 4 Bourse - ✆ 02 512 06 52 - www.archiduc.net - 16h-5h (ou plus).* Un haut lieu de la nuit et du jazz ! Fondé en 1937, il a conservé son décor d'origine. Clientèle branchée. Sessions live.

BOZAR – Plan IV K2 - *Palais des Beaux-Arts - r. Ravenstein 23 - ✆ 02 507 82 00 - www.bozar.be.* Édifié par le maître de l'Art nouveau Victor Horta, voici le haut lieu de la vie culturelle et artistique bruxelloise (expos, classique, jazz, théâtre…). *Voir p. 102. Billetterie : lun.-sam. 11h-17h (19h en hiver).*

Cinematek – Plan IV K2 - *Palais des Beaux-Arts - r. Baron-Horta 9 - Ⓜ Gare centrale - ✆ 02 551 19 19 - www.cinematek.be - 3 € (film + expo).* Cinémathèque et musée du Cinéma qui propose une très riche programmation (thèmes, cycles).

Place de Brouckère

Opéra national (Théâtre royal de la Monnaie) – Plan IV J1 - *Pl. de la Monnaie - Ⓜ De Brouckère - ✆ 070 23 39 39 (bureau de location) - www.lamonnaie.be.* Opéras, ballets modernes et musique classique. *Voir p. 60.*

Théâtre national de la Communauté française de Belgique – Plan III F1 - *Bd E.-Jacqmain 111-115 - Ⓜ De Brouckère - ✆ 02 203 53 03 - www.theatrenational.be.* Le principal théâtre de la Belgique francophone. Répertoire classique et contemporain.

Les Marolles

Fuse – Plan III E3 - *R. Blaes 208 - Ⓜ Porte de Hal - ✆ 02 511 97 89 ou 02 512 89 67 - www.fuse.be - sam. 23h-7h (vend. et dim. selon événements) - 8/12 €.* Les meilleurs DJ's du monde s'y succèdent. Soirées à thème.

Bazaar – Plan IV J2 - *R. des Capucins 63 - BUS 48 Jeu-de-Balle - ✆ 02 511 26 00 - club jeu.-sam. 19h30-4h.* Derrière la façade en damier noir et blanc, un lieu incontournable. À la fois restaurant, club, cabaret et salle de concert, avec une programmation éclectique.

La cathédrale et le Parlement

Le Botanique – Plan III F1 - *R. Royale 236 - Ⓜ Botanique - ✆ 02 218 37 32 - www.botanique.be.* Ce bel édifice *(p. 114)* abrite le centre culturel de la Communauté française Wallonie-Bruxelles. Programmation éclectique : concerts, expos, soirées, théâtre.

St-Gilles

La Maison du Peuple – Plan III E4 - *Parvis de St-Gilles 39 - Tram 3 et 4 Parvis de St-Gilles - ✆ 02 850 09 08 - www.maison-du-peuple.be - 8h30-1h (vend.-sam. 3h).* Ce beau café-brasserie qui permet de regarder vivre le parvis de St-Gilles organise fréquemment des événements (concerts, expos...).

ACHATS

Autour de la Grand-Place, les boutiques de souvenirs côtoient des adresses plus haut de gamme, principalement dans les **galeries royales St-Hubert**.
Les numismates, philatélistes et chineurs de livres et BD d'occasion ne manqueront pas la rue du Midi.
La colorée galerie Anspach et la rue Neuve concentrent des enseignes internationales.
Stylistes et designers se sont regroupés le long de la **rue Antoine-Dansaert**. Les marques de luxe sont nombreuses sur l'avenue Louise et au Châtelain.
Les grands chocolatiers affectionnent **le Sablon**, tout comme les antiquaires. Ces derniers gagnent du terrain dans **les Marolles**. Outre le **Jeu de Balle**, des brocantes de quartier ont lieu tous les dimanches.

Douceurs et gourmandises

Dandoy – Plan IV J1 - *R. au Beurre 31 - Tram 4 Bourse - ✆ 02 511 03 26 - www.biscuiteriedandoy.be - 8h30-19h (dim. 10h30).* La biscuiterie la plus réputée de Bruxelles. Speculoos, pain à la grecque, pains d'épice aux cerises et sablés font son succès depuis 1829.

Pierre Marcolini – Plan IV J2 - *R. des Minimes 1 - BUS 95 Grand-Sablon - ✆ 02 514 12 06 - www.marcolini.be - 10h-19h (vend.-sam. 20h).* Cet artisan-chocolatier se démarque par son originalité dans la combinaison des saveurs et l'esthétique de ses pralines. Ce tenant du commerce équitable réalise également des desserts et des biscuits.

1

Wittamer – Plan IV J2 - *Pl. du Grand-Sablon 6 et 12 - BUS 95 Grand-Sablon - ✆ 02 512 37 42 - www.wittamer.com - mar.-sam. 7h-19h (dim.18h30), lun. 9h-18h.* Après un passage chez Marcolini, les gourmets belges convergent vers les deux boutiques roses de ce pâtissier-chocolatier établi dans le quartier depuis 1910.

Frederic Blondeel – Plan IV J1 - *Quai aux Briques 24 - M Ste-Catherine - ✆ 02 502 21 31 - www. frederic-blondeel.com - dim.-vend. 13h-18h45, sam. 10h30-18h45.* Tout en achetant quelques pralines parfumées (laurier, vin rouge, clou de girofle…), ne vous privez pas d'un chocolat chaud (Ghana 85 % parfumé à l'anis, à la cannelle…).

Crémerie de Linkebeek – Plan IV J1 - *R. du Vieux-Marché-aux-Grains 4 - M Ste-Catherine - ✆ 02 512 35 10 - lun.-sam. 9h-18h (lun. 15h).* Sympathique crémerie, rappelant que la Belgique produit elle aussi d'excellents fromages. Le *kaas* de Bruxelles est une expérience !

Bières

Beermania – Plan III F3 - *Chaussée de Wavre 174-176 - BUS 95 Parnasse - Ixelles - ✆ 02 512 17 88 - www.beer mania.be - tlj sf dim. 11h-21h.* En rayon, les 400 bières produites en Belgique. Les vendeurs sauront vous orienter.

Objets, déco, design

Plaizier – Plan IV J2 - *R. des Éperonniers 50 - M Gare centrale - ✆ 02 513 47 30 - www.plaizier.be - lun.-sam. 11h-18h (dim. en déc.).* Pour des images du Bruxelles d'antan…

Manufacture belge de dentelles – Plan IV J1 - *Galerie de la Reine 6-8 - M Gare centrale - ✆ 02 511 44 77 - www.mbd.be - lun.-sam. 9h30-18h, dim. 10h-16h.* Dans cette belle maison des galeries, nappes, mouchoirs, voiles et tabliers proposés depuis 1810. Pour la plupart faits main.

Émery & Cie – Plan III E1 - *Quai des Charbonnages 78 - M Comte de Flandre - ✆ 02 513 58 92 - www.emery etcie.com - lun.-sam. 10h-18h.* Au bord du canal, LA décoratrice belge Agnès Émery et ses créations toutes en couleurs sont mises en scène dans une ancienne boulangerie dessinée par Victor Horta.

Espace Bizarre – Plan III E2 - *R. des Chartreux 17 - Tram 4 Bourse - ✆ 02 514 52 56 - www.espacebizarre.com - lun.-sam. 10h-19h.* Un espace design rassemblant mobilier et objets du quotidien. Et si l'on retrouve la patte scandinave ou japonaise, la création belge n'est pas en reste.

Mode

Olivier Strelli – Plan III F3 - *Av. Louise 72 - Tram 92 ou 94 Stéphanie - Ixelles - ✆ 02 512 56 07 - www.strelli.be - lun.-sam. 10h-18h30.* Ce styliste porte haut l'étendard de la mode *Made in Belgium* à travers le monde et chaque nouvelle collection est un événement. Les couleurs chaudes et les matériaux sublimes qui l'inspirent invitent au voyage. Autre boutique : *r. A.-Dansaert 44 - ✆ 02 512 09 42.*

Mais il est où le soleil ? – Plan II B4 - *R. Simonis 55 - Tram 94 Bailli - ✆ 02 538 82 77 - www.oulesoleil.com - lun.-sam. 10h30-18h30.* Cette marque belge de prêt-à-porter féminin a conquis ces dames avec ses vêtements accessibles, légers et colorés.

Stijl – Plan III E2 - *R. A.-Dansaert 74 - Tram 4 Bourse - ✆ 02 502 03 13 - www.stijl.be - lun.-sam. 10h30-18h30.* Cette boutique, qui existe depuis plus de vingt ans, présente des stylistes belges jeunes ou confirmés. Un « concentré de Dansaert » !

Idiz Bogam – Plan IV J2 - *R. Haute 180-182 - BUS 48 - ✆ 02 512 10 32 - lun.-sam. 11h-19h (dim. 18h).* Boutique vintage haut de gamme, avec des fripes de luxe ou rétro pour femmes, ainsi que du mobilier.

Mieke Cosyn – Plan III E2 - *R. Léon-Lepage 11 - M Ste-Catherine - ✆ 0497 29 55 17 - www.mieke cosyn.com - mar.-vend. 9h-12h, 13h30-17h30, sam. 11h-17h.* L'unique robe de mariée qui occupe la vitrine

donne envie de dire « oui » tout de suite ! La créatrice fabrique aussi des robes de soirée et de cocktail.
Gabriele Vintage – Plan III E2 - *R. des Chartreux 25 - Tram 3 et 4 Bourse - 02 512 67 43 - www.gabrielevintage.com - lun.-mar. 13h-18h30, merc.-sam. 11h-18h30 (jeu. 20h).* Si vous recherchez d'élégants vêtements vintage 1920-1980, voilà l'adresse qu'il vous faut connaître.

Accessoires

Delvaux – Plan IV J1 - *Galerie de la Reine 31 - M Gare centrale - 02 512 71 98 - www.delvaux.com - lun.-sam. 10h-18h30, dim. en été 14h-17h30.* La plus ancienne maroquinerie d'Europe, équivalent belge d'Hermès, est d'autant plus prestigieuse que ses sacs faits main ont été adoptés par la famille royale.
Christa Reniers – Plan III E2 - *R. A.-Dansaert 196 - Tram 4 Bourse - 02 510 06 60 - www.christa reniers.com - lun.-sam. 11h-13h, 14h-18h30.* La nature, fleurs et plantes en particulier, inspire cette créatrice de bijoux. Autre enseigne doublée d'une galerie au Sablon *(R. Lebeau 61).*

Antiquaires

Marché des antiquaires – Plan IV J2 - *Pl. du Grand-Sablon - BUS 95 Grand-Sablon - www.sablon antiquesmarket.com - sam. 9h-18h, dim. 9h-14h.* Les stands rouges et verts de ce marché animent la place le week-end. Si vous n'y trouvez pas votre bonheur, explorez les nombreuses boutiques alentour.
Senses Art nouveau – Plan IV J2 - *R. Lebeau 31 - BUS 95 Grand-Sablon - 02 502 15 30 - www.senses-artnouveau.com - mar.-sam. 11h-18h30, dim. 11h-15h30.* Les bijoux et objets proposés rendent hommage à l'Art nouveau.
Rue Blaes et rue Haute – Plan IV J2 - *BUS 48 Chapelle, Jeu-de-Balle.* Entre le Sablon et les Marolles, ces deux axes regroupent des dizaines d'antiquaires et d'enseignes d'aménagement d'intérieur.
Marché aux puces du Jeu-de-Balle – Plan III E3 - *Pl. du Jeu-de-Balle - BUS 48 Jeu-de-Balle - www.marcheauxpuces.org - 7h-14h.* Brocante quotidienne où meubles et objets hétéroclites s'entassent sur le pavé. Particulièrement animée, elle est le repaire des chineurs et des amateurs de « théâtre urbain ». Dans les cafés alentour survivent l'esprit et le parler bruxellois.

Livres

Tropismes – Plan IV J1 - *Galerie des Princes 11 - M Gare centrale - 02 512 88 52 - www.tropismes.be - dim.-lun. 13h30-18h30, mar.-jeu. 10h-18h30, vend. 10h-19h30, sam. 10h30-19h.* L'une des plus belles librairies de la ville, dans un ancien café-concert tout en stucs et miroirs.
Bozarshop – Plan IV K2 - *R. Ravenstein 15 - M Gare centrale - 02 514 15 05 - 10h-19h.* Des milliers de livres d'art exposés dans un espace moderne.

Enfants

GrassHoper – Plan IV J1 - *R. du Marché-aux-Herbes 39-43 - M Gare centrale - 02 511 96 22 - www. thegrasshopper.be - 10h-19h.* Le royaume du cadeau pour enfant : jouets éducatifs, gadgets…

BD

La Boutique de Tintin – Plan IV J1 - *R. de la Colline 13 - M Gare centrale - 02 514 51 52 - lun.-sam. 10h-18h, dim. 11h-17h.* Vêtements et objets à l'effigie de Tintin et ses compagnons.
Brüsel – Plan IV J1 - *Bd Anspach 100 - Tram 4 Bourse - 02 511 08 09 - www.brusel.com - 10h30-18h30 (dim. 12h).* Le temple de la BD : sélection locale et mondiale, section mangas, sérigraphies signées et objets dérivés. Pour des BD d'occasion, rendez-vous au **Dépôt** *(r. du Midi 108).*

AGENDA

Voir « Organiser son voyage » p. 20.

1

La Flandre occidentale 2

Cartes Michelin Regional n°s 716 et 533

Les canaux de Bruges.

Howard Kingsnorth/Cultúra RM/age fotostock

LA FLANDRE OCCIDENTALE
BRUGES
Courtrai
Torhout
★★★ Vaut le voyage
★ Intéressant
À voir
Ville de départ du circuit
Le littoral au nord d'Ostende
Le littoral au sud d'Ostende
0
10 km
MER DU NORD
La côte belge
NEDERLAND
FLANDRE ORIENTALE
FLANDRE
3
ANVERS
GAND
GAND
Het Zwin
Knokke-Heist
Damme
Leopold kanaal
Male
BRUGES
St-Michiels
Ter Doest
Lissewege
Seafront Maritiem Themapark
Zeebrugge
Blankenberge
Wenduine
Le Coq
Klemskerke
Ostende
Stene
Raversijde
Tillegembos
Loppem
St-André
Zedelgem
Jabbeke
Torhout
Gistel
Ten Putte
Wijnendale
Tramway côtier
Nieuport
Réserve naturelle De Ijzermonding
Oostduinkerke
Oostduinkerke-Bad
Coxyde
Furnes
Oosthoek
La Panne
Westhoek
Plopsaland
Adinkerke
Ijzer
N 49
N 9
N 44
N 253
N 376
N 31
N 371
N 34
N 50
A 10
A 17
N 32
N 367
N 377
N 33
A 18
N 363
N 318
N 355
N 35
N 8
A
B
C
1
2

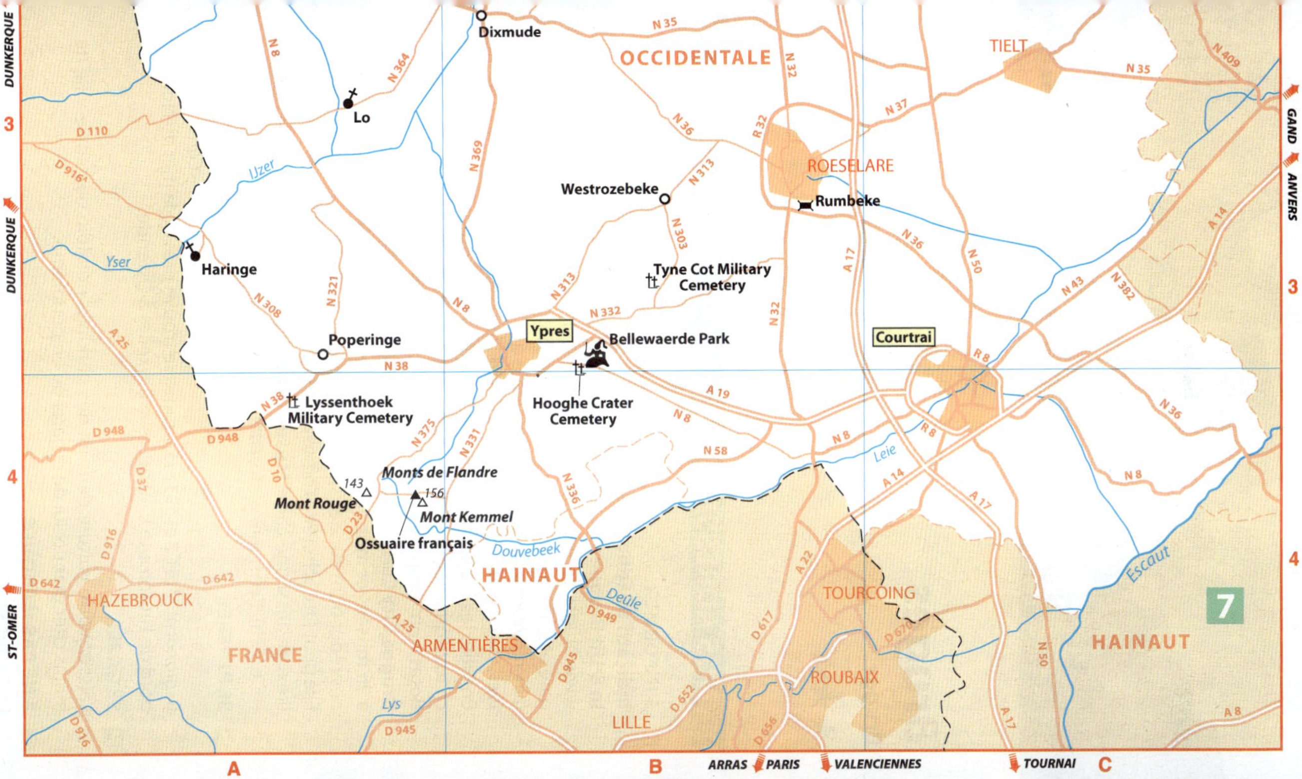

DUNKERQUE
ST-OMER
GAND
ANVERS
ARRAS
PARIS
VALENCIENNES
TOURNAI
OCCIDENTALE
HAINAUT
FRANCE
7
Dixmude
Lo
Haringe
Poperinge
Westrozebeke
Tyne Cot Military Cemetery
Ypres
Bellewaerde Park
Hooghe Crater Cemetery
Lyssenthoek Military Cemetery
Monts de Flandre
Mont Rouge
Mont Kemmel
Ossuaire français
ROESELARE
Rumbeke
TIELT
Courtrai
HAZEBROUCK
ARMENTIÈRES
LILLE
TOURCOING
ROUBAIX
IJzer
Yser
Leie
Lys
Douvebeek
Deûle
Escaut

Bruges

Brugge

★★★

116 342 habitants – Flandre occidentale

NOS ADRESSES PAGE 166

S'INFORMER

Indicatif téléphonique *: 050.*

In & Uit Brugge – Plan I B3 - *'t Zand - 050 44 46 46 - www.brugge.be ou www.bruges.be/tourisme - 10h-18h.* Au sein du Concertgebouw, entre la gare et le centre historique. Une mine d'informations : brochures précises (ainsi *Love Bruges*), audioguides, vente de la City Card, réservation de nuitées, visites guidées… Antenne à la gare *(lun.-vend. 10h-17h, w.-end 10h-14h)*. En ville, les indications sont nombreuses pour guider le visiteur. Dans chaque quartier, un plan et une description claire des lieux (histoire, anecdotes) sont proposés en plusieurs langues dont le français.

Brugge City Card – Valable 48h (35 €) ou 72h (40 €), elle permet d'accéder à 26 musées et monuments de la ville, de profiter des canaux, et d'avoir des réductions sur des spectacles, locations de vélos et même parkings. Elle peut être achetée à l'office de tourisme. Rens. : *www.bruggecitycard.be*. Il existe aussi une carte **Musea Brugge** donnant accès à seize musées (15 €/72h). Rens. : *www.museabrugge.be*.

SE REPÉRER

Carte de région C2 (p. 150-151) et plans de ville (p. 154-155) – *Cartes Michelin Regional nos 716 C2 et 533 E15.* Bruges se trouve près de la mer du Nord, au bord de l'autoroute E 40 qui relie Bruxelles à Ostende.

SE GARER

Laissez votre voiture dans un des parkings non loin du centre-ville (le moins cher étant celui de la gare) ou en périphérie.

À NE PAS MANQUER

La Grand-Place et le beffroi-halles, le bourg (le noyau ancien de Bruges), les majestueuses églises (cathédrale St-Sauveur, église N.-D.), les chefs-d'œuvre du musée Memling, le béguinage, les canaux (les « Reien »).

La place du marché.
Gonzalo Azumendi/age fotostock

ORGANISER SON TEMPS
Comptez au moins trois jours pour découvrir Bruges. Évitez la période estivale, quand la ville est submergée de visiteurs.

AVEC LES ENFANTS
Une promenade en bateau sur les canaux, un parcours en calèche dans la ville, le Dolphinarium (St-Michiels).

Que l'on découvre Bruges au clair de lune, au cœur de l'automne ou en hiver, la ville paraît sortie du Moyen Âge, avec ses vieilles demeures aux briques patinées par les siècles, ses nobles édifices, ses églises au clair carillon et ses canaux où évoluent les cygnes. Les merveilles de son centre historique, que les couples enlacés découvrent tout au long de l'année, ont été justement récompensées par une inscription au Patrimoine mondial de l'humanité de l'Unesco. Deux traditions font également la réputation de la « Venise du Nord » : le véritable artisanat d'art qu'est la dentelle au fuseau et les festivités célébrées le jour de l'Ascension avec la procession du Saint-Sang.

2

Se promener Plans de ville p. 154-155

★★★ LE CENTRE HISTORIQUE ET LES CANAUX Plan II

★★ Grand-Place (Markt) D5

La vie à Bruges se concentre sur la Grand-Place que bordent des maisons à pignons à redans, anciens sièges des corporations, et les halles dominées par le beffroi. Au centre, la statue de Pieter de Coninck et Jan Breydel évoque les héros de la révolte de 1302 *(voir p. 156)*. Jusqu'au 18e s., un canal aboutissait à la Grand-Place où les bateaux accostaient. À l'est de la place se dressent trois immeubles néogothiques : le **palais provincial**, la **poste** et, nouvelle attraction, l'**Historium** *(Markt 1 - ✆ 050 27 03 11 - www.historium.be - 10h-18h, jeu. 21h - fermé 25 déc. et 1er janv. - 11 €, -14 ans 5,50 €)* qui transporte le visiteur au 15e s., âge d'or de la cité, l'invitant à vivre le quotidien de la Bruges médiévale.

★★★ Beffroi et Halles (Bruggemuseum – Belfort et Hallen) D5

✆ 050 44 87 11 - 9h30-17h (dernier billet 16h15) - fermé 1er janv., Ascension (apr.-midi) et 25 déc. - 8 €.

Le beffroi et les halles forment un magnifique ensemble de briques patinées. Le beffroi est le plus imposant de Belgique. La tour massive date du 13e s., mais les tours d'angle ont été ajoutées au 14e s. et le dernier étage octogonal à la fin

BRUGES
plan II

0 — 100 m

SE LOGER		SE RESTAURER	
Martin's	10	Brasserie Souffleur	1
Pand	12	Cafedraal	4
Van Eyck	16	Den Dyver	7
		Huyze die Maene	10
		Relais Bourgondisch Cruyce	16
		t'Zwaantje	21

▲ Maisons-Dieu

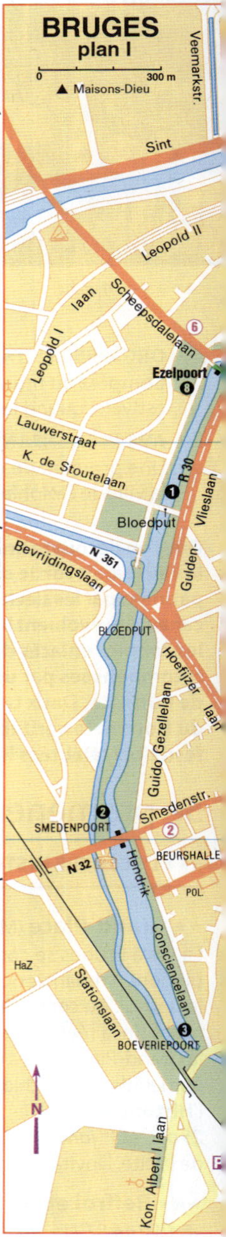

SE LOGER	
AJ Bauhaus	1
AJ The Passage	2

BRUGES

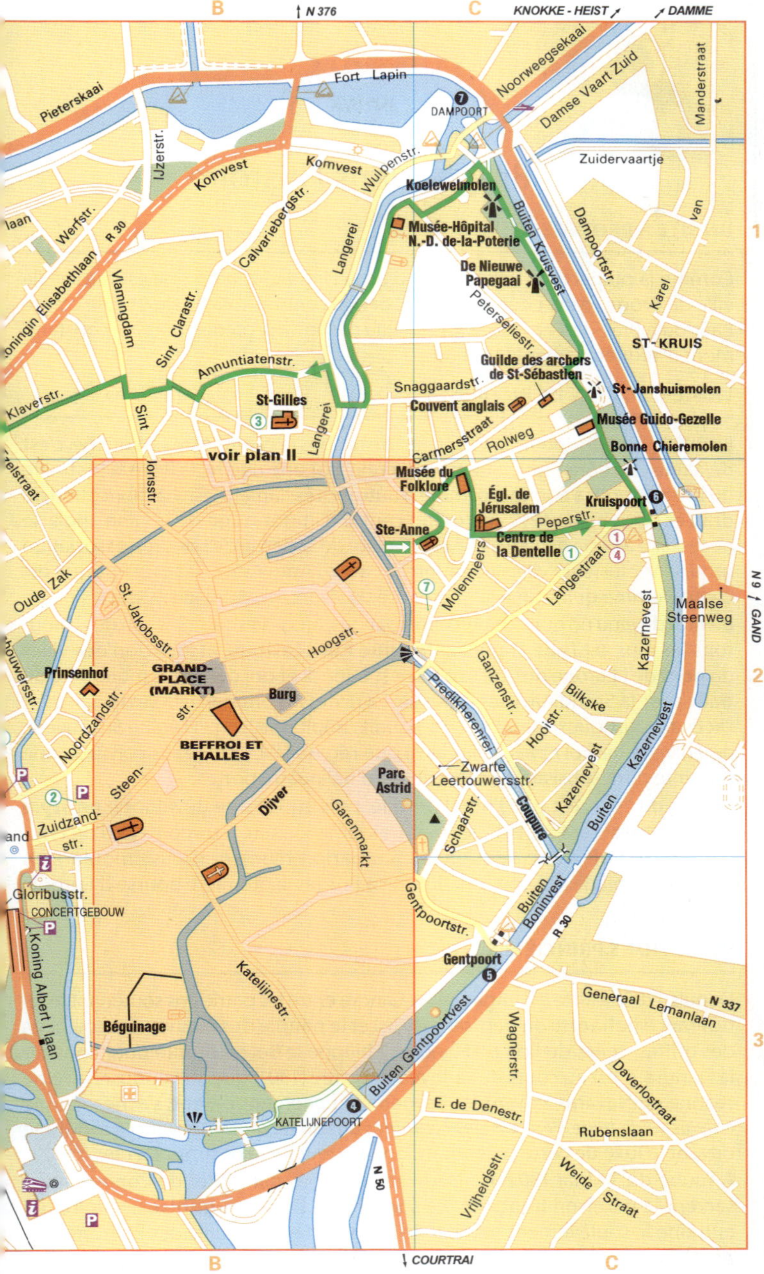

Hôtel Jacobs .... (3)	SE RESTAURER	Narai Thai .... (2)
Maraboe .... (5)		Sans Cravate....................... (4)
Relais Ravestein .... (7)	Frituur & Veggie Eetboetik Royal.... (1)	't Stil Ende .... (6)

Bruges dans l'histoire

UN SITE À PROTÉGER

Comme la plupart des villes du nord de la Flandre, son origine est tardive (la ville de Bruges n'est citée qu'en 892) et mal connue. À la fin du 9e s., le comte Baudouin Bras-de-Fer y élève un château destiné à protéger une côte constamment attaquée par les Normands.

LA MER, SOURCE DE RICHESSES

En 1093, lorsque Robert le Frison fait de Bruges la capitale de son duché, c'est déjà une cité florissante. Son port est relié par une rivière, la Reye, à l'estuaire du Zwin. Bruges s'adonne, comme d'autres cités flamandes, à la fabrication du drap et devient, au 12e s., un grand centre d'importation de la laine anglaise nécessaire à cette activité : elle est à la tête de la Hanse de Londres, association groupant plusieurs villes commerçant avec l'Angleterre. À cette époque est créée Damme qui, située sur l'estuaire du Zwin, lui sert d'avant-port.

Bientôt devenu un grand marché d'échanges, Bruges est, au 13e s., un des comptoirs les plus actifs de la puissante **ligue hanséatique**, association des villes du nord de l'Europe dont la capitale est Lübeck et qui détient le monopole du trafic avec la Scandinavie et la Russie. La richesse commerciale va de pair avec l'activité artistique de la ville : on agrandit l'hôpital St-Jean et l'église St-Sauveur, on édifie le beffroi et les halles ainsi que l'église N.-D. Bruges se construit une enceinte dont subsistent encore aujourd'hui quatre portes.

À la fin du 14e s. est bâti l'hôtel de ville, puis au 15e s. se développe un **style architectural** caractéristique : fenêtres rectangulaires surmontées d'un tympan, l'ensemble des baies s'encadrant parfois d'une gracieuse moulure en forme d'accolade. On voit fonctionner à Bruges la première bourse d'Europe, en plein air.

RÉCEPTIONS PRINCIÈRES

Depuis 1280, la lutte est engagée en Flandre entre les patriciens soutenant le roi de France (**leliaerts** ou partisans du lis) et le peuple des **clauwaerts** (ou gens des griffes, celles du lion de Flandre). Philippe le Bel en profite pour annexer la Flandre. C'est au cours de sa Joyeuse Entrée (1301) que son épouse, la reine Jeanne de Navarre, voyant les Brugeoises richement parées, s'écrie : « *Je me croyais seule reine, j'en vois des centaines autour de moi.* » Le peuple s'indigne devant le luxe de cette réception dont on veut lui faire supporter les frais.

À l'aube du 18 mai 1302, les clauwaerts dirigés par Pieter de Coninck massacrent la garnison française. Ce sont les **Matines brugeoises**, révolte qui entraîne le soulèvement général de la Flandre et la bataille des Éperons d'or.

Au 15e s., les ducs de Bourgogne séjournent de plus en plus en Flandre. En janvier 1429, Philippe le Bon accueille à Bruges sa fiancée Isabelle de Portugal. La réception est d'une somptuosité inouïe. Au milieu des cérémonies du mariage, Philippe fonde l'**ordre de la Toison d'or**.

LES PRIMITIFS FLAMANDS À BRUGES (15E S.)

Bruges est le berceau de la peinture flamande. C'est à Bruges que **Jan van Eyck** (né à Maaseik) exécute *L'Adoration de l'agneau mystique* qui orne depuis 1432 la cathédrale St-Bavon à Gand. Son génie apparaît également dans ses œuvres visibles à Bruges : *La Vierge du Chanoine van der Paele* est un tableau remarquable tant par la somptuosité du décor que par l'extraordinaire facture du portrait du donateur. Son disciple, **Petrus Christus** (mort vers 1473), est l'auteur du fameux *Portrait de jeune fille* du musée Dahlem de Berlin.

Hugo van der Goes (vers 1440-1482) travaille à Gand, finit ses jours près de Bruxelles, mais on peut voir à Bruges sa dernière et meilleure œuvre, *La Mort de la Vierge*. On y admire une recherche dans la composition, une intensité d'émotion rare.

Hans Memling (vers 1435-1494) est à Bruges ce que Rubens est à Anvers. D'origine allemande, le peintre, né près de Mainz, s'est fixé à Bruges dès 1465 après un séjour à Cologne et peut-être à Bruxelles. Pour l'hôpital St-Jean, pour les magistrats municipaux ou pour de riches étrangers, il exécute un grand nombre de commandes dont Bruges conserve les plus importantes. Il se distingue de ses contemporains par la sérénité qui règne dans ses tableaux et qui, alliée à la chaleur des coloris, à la perfection des détails, leur confère un charme intense. C'est le peintre des douces madones, des figures féminines calmes, voire éthérées ; ses portraits sont souvent plus idéalisés que ceux de van Eyck.

Gérard David (vers 1460-1523), né à Oudewater, en Hollande, arrive à Bruges en 1483. Élève de Memling, il en perpétue fidèlement le style et ne se départ pas de la gravité et de la précision caractéristiques des œuvres de son maître *(Baptême du Christ)*.

À l'époque de la Renaissance, ses continuateurs, **Adriaen Isenbrant**, venu de Haarlem, **Ambrosius Benson**, de Lombardie, **Jan Provoost**, originaire de Mons, et **Pieter Pourbus**, de Gouda (Hollande), sont les derniers talents de cette école brugeoise dont il faut citer également quelques anonymes : le Maître de la Légende de sainte Ursule et celui de la Légende de sainte Lucie.

LA PRINCESSE ENDORMIE

À la fin du 15e s., la décadence de Bruges se manifeste : l'ensablement du Zwin et le déclin de l'industrie drapière en sont les causes. Anvers va bientôt se substituer à Bruges. Cependant, en 1488, la ville se révolte contre Maximilien d'Autriche et le fait emprisonner. Puis, en 1520, elle accueille encore avec faste Charles Quint dont la réception est organisée par le peintre Lanceloot Blondeel. Les fureurs des iconoclastes au 16e s., les bandes de « gueux » en révolte contre l'Espagne et, bien plus tard, l'invasion française de 1794 viennent précipiter la chute de la ville et amènent la disparition de nombreux monuments.

LE RENOUVEAU

À la fin du 19e s., d'importants travaux sont entrepris : la construction à Zeebrugge d'un môle en mer relié au nouveau port intérieur de Bruges par un canal de 11 km (terminé en 1907) va rendre à la ville une certaine activité. Dans les années 1950, de nouvelles industries se sont implantées le long du bassin intérieur et du canal Baudouin. De nos jours, Bruges vit essentiellement du tourisme.

Le Collège d'Europe (Europa College), fondé en 1949, fait de la cité un centre d'études important.

FESTIVITÉS

Tous les cinq ans se déroule le **cortège de l'Arbre d'or** qui rappelle les fastes de l'époque bourguignonne (prochaine manifestation : deux dimanches consécutifs en août 2017).

En août, tous les trois ans, a lieu la **Fête des canaux ou Reiefeest** (prochaine manifestation en 2013).

Chaque année, à l'Ascension, se tient la **procession du Saint-Sang★★★**. À 15h, la châsse contenant la relique du Saint-Sang est portée en procession dans les rues, précédée par le clergé, les innombrables confréries religieuses et des groupes costumés, les uns représentant des épisodes bibliques depuis le péché d'Adam et Ève jusqu'à la Passion du Christ, d'autres le retour de la deuxième croisade avec Thierry d'Alsace.

du 15e s. Au-dessus du porche d'entrée, quelques statues encadrent le balcon qui était destiné aux proclamations des lois. L'ascension du beffroi *(366 marches)* permet de découvrir au 2e étage la **salle de la Trésorerie** : derrière les belles grilles en fer forgé (13e s.) étaient conservés le sceau de la ville et les chartes. Au-dessus, on découvre le **carillon** de 47 cloches qui joue tous les quarts d'heure. Enfin, du sommet, s'offre une **vue★★** remarquable sur l'ensemble de Bruges et ses environs.

Les **halles**, construites en même temps que le beffroi, furent agrandies aux 14e et 16e s. et forment un quadrilatère enserrant une jolie cour.

★★ Place du Bourg (Burg) D5

La place du Bourg tient son nom du château (Burg) édifié là par Baudouin Bras-de-Fer. Lors des fouilles, des vestiges de l'enceinte du 9e s. furent mis au jour. Afin d'y construire l'**église St-Donatien**, l'enceinte fut démolie au 10e s. Plus tard, elle fut remplacée par un rempart de briques. Des vestiges de l'église et de l'enceinte ont été intégrés au sous-sol de l'hôtel avoisinant.

Quatre des principaux monuments de Bruges encadrent cette place : de droite à gauche, la basilique du Saint-Sang, l'hôtel de ville gothique, le greffe Renaissance et, sur la face en retour, l'ancien palais de justice.

Basilique du Saint-Sang★ (Basiliek van het Heilig Bloed) – ✆ *050 44 46 46 (Toerisme Brugge) - visite des chapelles inférieure et supérieure : avr.-sept. 9h30-12h, 14h-18h ; reste de l'année 10h-12h, 14h-16h - fermé pdt les offices. Musée : ✆ 050 33 67 92 - www.holyblood.org - avr.-sept. : 9h30-12h, 14h-17h ; reste de l'année : 10h-12h, 14h-17h - fermé 1er janv., 1er nov., 25 déc. et merc. apr.-midi en hiver - 2 €.*

Selon la tradition, la basilique du Saint-Sang fut construite pour abriter la relique du Sang du Christ, rapportée de Terre sainte par le comte de Flandre, Thierry d'Alsace, au retour de la deuxième croisade (12e s.).

La **chapelle basse★** ou chapelle St-Basile, romane, date du début du 12e s. Elle a conservé son caractère primitif roman avec de massifs piliers cylindriques. On y voit, au revers du tympan d'une porte donnant sur une petite chapelle à droite, un bas-relief roman de l'an 1300 représentant le baptême du Christ et, dans le bas-côté droit, une Vierge en bois polychrome.

Par un beau portail hors œuvre, de transition gothique flamboyant-Renaissance, et un élégant escalier à spirale (16e s.), on accède à la **chapelle du Saint-Sang**. À l'origine romane, elle fut transformée au 15e s. et décorée de peintures murales au 19e s. Remarquez aussi la très belle chaire de vérité de 1728.

À côté de la chapelle se trouve un petit **musée**. Il contient la châsse du Saint-Sang (1617), dans laquelle est placée la relique lors de la célèbre procession, et deux magnifiques volets où Pieter Pourbus a représenté les membres de la confrérie du Saint-Sang.

Hôtel de ville (Bruggemuseum – Stadhuis) – *Salle gothique : ✆ 050 44 87 11 - ♿ - 9h30-17h - fermé 1er janv., Ascension (apr.-midi) et 25 déc. - 2 € (incluant la visite du musée du Franc de Bruges).*
Élevé entre 1376 et 1420, dans le style gothique flamboyant, l'hôtel de ville fut restauré au 19e s. Sa façade est remarquable par sa verticalité qu'accentue la présence de trois tourelles, et par sa riche ornementation.
À l'étage, la **salle gothique** possède une voûte d'ogives lambrissée, ornée au point de jonction des arcs de belles clés pendantes. Les peintures murales néogothiques datant de la fin du 19e s. représentent des scènes historiques.
Justice de Paix – La façade Renaissance de l'Ancien Greffe (Oude Griffie) montre des lignes harmonieuses et arbore trois gracieux pignons à volutes. Il abrite désormais le **musée du Franc de Bruges** (Bruggemuseum – Brugse Vrije) *(✆ 050 44 87 11 - 9h30-12h30, 13h30-17h - fermé 1er janv., Ascension (apr.-midi), 25 déc. - 2 €, avec la visite de l'hôtel de ville)* et renferme les archives de la ville. Par la vieille salle des Assises, on pénètre dans la salle Renaissance, l'ancienne chambre des échevins (16e s.), où trône la **cheminée du Franc de Bruges★**, exécutée d'après les plans de Lanceloot Blondeel. De style Renaissance, en marbre noir et chêne, elle est décorée d'une frise d'albâtre racontant l'histoire de Suzanne et des vieillards. La partie supérieure montre plusieurs souverains de Flandre : au centre, Charles Quint, l'épée haute. Les autres statues représentent les aïeuls de Charles Quint. On distingue de gauche à droite Marie de Bourgogne, Maximilien d'Autriche, Ferdinand d'Aragon et Isabelle de Castille. Les poignées de cuivre au-dessus du foyer permettaient aux échevins de se tenir lorsqu'ils faisaient sécher leurs bottes.
Palais du Franc de Bruges (Paleis van het Brugse Vrije) – Ce palais de Justice a été bâti au 18e s. dans le style néoclassique, à l'emplacement de l'ancien palais du Franc (1520). Celui-ci occupait le Burg dont il reste une partie donnant sur le canal. Le Franc de Bruges était au 14e s. une circonscription administrative de Flandre regroupant des territoires et des villes (comme Ostende). Il était administré par un conseil qui siégeait au Burg.
Depuis le passage de la rue Blinde Ezelstraat, on admire en se retournant la belle voûte sculptée qui surmonte la galerie, puis les pignons et tourelles du palais du Franc.
Suivez le Steenhouwersdijk jusqu'au Groenerei.
À droite de ce quai ombragé, se situe la **maison du Pélican** (De Pelikaan - *Groenerei 8*) de 1714, édifice bas à hautes lucarnes, à emblème du pélican, et ancienne maison-Dieu. À l'extrémité du quai, belle **vue** sur le canal, le beffroi et la flèche de l'église N.-D.
En redescendant le **Steenhouwersdijk**, on gagne la charmante **Huidenvettersplein** (place des Tanneurs), parfois appelée petit marché aux poissons par les Brugeois, où se dresse une petite colonne portant l'emblème des tanneurs *(huidenvetters)* : deux lions tenant un écu.

LES CYGNES DE BRUGES, INVITÉS ÉTERNELS

Les cygnes qui évoluent dans ces eaux tranquilles évoquent une vieille légende : en 1448, les Brugeois emprisonnèrent Maximilien d'Autriche pendant quelques semaines dans la maison Craenenburg sur la Grand-Place et décapitèrent son conseiller, Pierre Lanchals. Comme les armes de ce dernier comprenaient un cygne, Maximilien, une fois libéré, ordonna aux Brugeois, afin qu'ils expient leur crime, d'entretenir à perpétuité des cygnes sur les canaux de la ville.

Tout près, le **Rozenhoedkaai** (quai du Rosaire) offre une des **vues★★** les plus caractéristiques de Bruges. Le long du bassin se dresse la jolie **maison des Tanneurs** (Huidenvettershuis) de 1630 à laquelle fait suite une maison à tourelle. Au-delà, on aperçoit la haute toiture de la chapelle du Saint-Sang, à gauche se détache le beffroi.

Choco-Story D4

Wijnzakstraat 2 (angle St-Jansstraat) - ✆ 050 61 22 37 - www.choco-story.be - 10h-17h - fermé 2 sem. en janv., 24-25 et 31 déc. - 7 € (dégustation comprise).

Le visiteur trouvera ici un aperçu de l'histoire du chocolat et pourra assister à des démonstrations de fabrication de pralines.

Dans le même immeuble se trouve le **Lumina Domestica** *(www.luminadomestica.be - 6 €)*, le musée de la Lampe, proposant un historique captivant de l'éclairage intérieur, illustré par près de 6000 lampes!

Musée de la Frite (Friet Museum) D4

Vlamingstraat 33 - ✆ 050 34 01 50 - www.frietmuseum.be - 10h-17h - fermé 2 sem. en janv., 24-25 et 31 déc. - 6 €.

Aménagé dans la **loge des Génois** (1399), ce lieu célèbre le pilier de la culture locale. Sur trois niveaux, le musée décrypte l'histoire et les origines de la pomme de terre, pour arriver aux fameuses frites belges. Si les premiers panneaux explicatifs ne sont pas toujours faciles à digérer, la visite devient plus légère et accrocheuse lorsque sont évoquées les relations des Belges avec leurs frites… Nombreuses friteuses exposées, une vraie friterie, des photos anciennes, quelques vidéos et un jeu pour les enfants. La visite se conclut par une éventuelle dégustation.

Église Ste-Walburge (St-Walburgakerk) D4

Cette église des jésuites a été construite dans le style baroque par Pieter Huyssens en 1643. À l'origine, elle était dédiée à saint François-Xavier. Une statue du saint orne encore la sobre façade. L'intérieur baroque blanc abrite un banc de communion en marbre de Frans Hendrik Verbruggen (1695), une chaire de vérité du 17e s. et un jubé en style rocaille.

Poursuivez jusqu'au Spiegelrei en traversant le pont.

À l'extrémité du quai, sur la Jan van Eyckplein, s'élèvent la statue de van Eyck et la **loge des Bourgeois** du 15e s. (Poortersloge) flanquée d'une tourelle, qui renferme les archives de l'État; une niche du côté de l'Academiestraat abrite un ours en pierre, animal fétiche de la ville. Sur la petite place se trouve l'ancien octroi ou tonlieu, bâtiment datant de 1477.

Maisons-Dieu (Godshuizen) D4, D6 et plan I C2

Les maisons-Dieu, très nombreuses à Bruges du 15e au début du 20e s., étaient des sortes d'asiles pour vieillards ou miséreux, financés par les corporations. Ce sont généralement des rangées de maisons basses en brique, blanchies à la chaux, et d'allure modeste. La façade de chaque demeure présente une porte, une fenêtre que surmonte une haute lucarne.

Outre la maison du Pélican (D4), les maisonnettes du musée du Folklore *(p. 164)*, il faut voir celles de Gloribusstraat, Moerstraat, Zwarte Leertouwersstraat, Nieuwe Gentweg, Katelijnestraat et Noordstraat.

Dijver D5

Le pont de St-Jean Népomucène (St-J. Nepomucenusbrug) est surmonté de la statue du saint, protecteur des ponts. À l'extrémité de ce quai bordé de tilleuls, on découvre une **vue★★** ravissante sur le vieux pont St-Boniface, le porche du musée Gruuthuse et, comme toile de fond, la tour de l'église N.-D. surmontée d'une flèche.

★★★ **Musée Groeninge** (Groeningemuseum) D5

Dijver 12 - ✆ 050 44 87 11 - www.museabrugge.be - ♿ - tlj sf lun. 9h30-17h - fermé 1er janv., Ascension (apr.-midi) et 25 déc. - 8 € (inclut l'accès à l'Arentshuis).

Le musée Groeninge fut créé en 1929-1930 sur l'emplacement de l'ancienne abbaye Eekhout; celle-ci bordait un quartier qui portait déjà le nom de « Groeninge » au 13e s. L'intention était de centraliser les collections de peintures de la ville de Bruges et d'accueillir les célèbres **primitifs flamands**.

Si le musée propose un panorama de la peinture belge depuis le 15e s., c'est surtout la collection des **primitifs flamands** (dans les trois premières salles) qui retient l'attention. Y sont exposées deux superbes œuvres de **Jan van Eyck**. La première, *La Vierge du chanoine van der Paele* de 1436, frappe par l'éclat des couleurs et la minutie du détail. Dans le portrait du chanoine, van Eyck ne nous fait grâce d'aucune ride, d'aucune verrue. Quant au *Portrait de Marguerite van Eyck*, il évoque la dignité bourgeoise, le sens du devoir et le caractère un peu bourru de la femme du peintre. La *Mort de la Vierge*, un tableau d'une intensité dramatique exceptionnelle, est une réalisation particulièrement réussie de **Hugo van der Goes**. Le célèbre *Triptyque Moreel* a été peint en 1484 par **Hans Memling** pour Willem Moreel et son épouse Barbara van Vlaenderberch. Cette œuvre, dont le panneau central représente saint Christophe, saint Maur et saint Gilles, est empreinte de mysticisme, de paix intérieure et de recueillement. Parmi les tableaux de Gérard David, on remarquera l'effroyable *Jugement de Cambyse*, qui avait pour but de préserver les juges de la corruption et le *Baptême du Christ*, dont les personnages impassibles sont intégrés dans un magnifique paysage. L'hallucinant *Jugement dernier* est attribué à Jérôme Bosch. Le musée possède plusieurs œuvres de Petrus Christus.

Une partie de la collection est consacrée à la peinture brugeoise postérieure à Gérard David. On remarque notamment des œuvres d'Isenbrant, de Benson, de Blondeel et de Provost, qui trahissent une influence italianisante. La famille Pourbus est également représentée. Outre des scènes religieuses comme le flamboyant *Jugement dernier*, Pieter Pourbus peignit aussi des portraits d'un très grand raffinement (*Jan van Eyewerve* et *Jacquemyne Buuck*). Le néoclassicisme est représenté par des toiles de François Kinsoen et Joseph Suvée. Fernand Khnopff, qui a passé son enfance à Bruges, est l'auteur du mystérieux *Secret-Reflet*, dépeignant dans sa partie inférieure une façade latérale de l'hôpital St-Jean. Le musée possède aussi des œuvres de Rik Wouter *(Soucis domestiques)* et une importante collection d'expressionnistes flamands, dont une monumentale *Dernière cène* de G. van de Woestijne et le *Mangeur de bouillie* de Constant Permeke. On ajoutera des œuvres de Vantongerloo *(Construction dans la Sphère 2)*, Delvaux, Magritte *(L'attentat)* et Raveel.

En traversant la ruelle, vous arrivez dans un petit parc (Arentspark).

★ **Musée Arentshuis** (Museum Arentshuis) D5

Dijver 16 - ✆ 050 44 87 11 - tlj sf lun. 9h30-17h - fermé 1er janv., Ascension (apr.-midi) et 25 déc. - 2 € (billet Groeninge-Arentshuis 8 €).

Cet hôtel particulier de la fin du 18e s. renferme un riche ensemble de vues anciennes de Bruges (17e-19e s.). À l'étage, œuvres du peintre et graveur anglo-brugeois **Frank Brangwyn** (1867-1956).

En face du musée se trouve la boutique centrale de tous les musées communaux de Bruges.

On franchit le **pont St-Boniface** (Bonifatiusbrug), en dos d'âne, dans un **cadre★★** délicieusement poétique. Le buste de Juan-Luis Vives évoque cet humaniste espagnol du 16e s. qui finit ses jours à Bruges.

★★ Musée Gruuthuse (Bruggemuseum – Gruuthuse) D5

Dijver 17 - ✆ 050 44 87 11 - tlj sf lun. 9h30-17h - fermé 1er janv., Ascension (apr.-midi) et 25 déc. - 6 €. Attention, le musée prévoit de fermer courant 2013 pour une longue période de rénovation.

Le palais gothique de Gruuthuse était à l'origine la maison où était levé le droit de « grute » – un mélange de fleurs et plantes séchées que l'on ajoutait à l'orge ou au froment et qui servait au brassage de la bière. La vaste demeure du 15e s. est construite en brique d'une chaude tonalité rousse. Elle abrite, au fond de la cour d'honneur, un musée des Arts décoratifs.

Le luxueux palais héberge toutes sortes d'objets qui témoignent de la vie locale entre les 15e et 19e s. L'une des principales curiosités est la **salle d'honneur**, avec ses tapisseries, son foyer impressionnant et ses poutres richement décorées. Dans une des salles, on remarquera le **buste de Charles Quint★** (1520), alors âgé de 20 ans, attribué au sculpteur allemand Konrad Meit. L'**oratoire** (1472) en bois de Louis de Gruuthuse permettait un accès direct au chœur de l'église N.-D. Ce conseiller de Charles le Téméraire et de Marie de Bourgogne fut non seulement chevalier de l'ordre de la Toison d'or, mais aussi un diplomate fort apprécié. Très belle **vue★** sur les environs à partir de la terrasse, tout en haut de l'édifice.

★ Cathédrale St-Sauveur (Salvatorskathedraal) D5

✆ 050 33 68 41 - lun.-vend. 9h-12h, 14h-17h30, sam. 9h-12h, 14h-15h30, dim. 9h-10h, 14h-17h - fermé Ascension.

Sur une place ombragée se dresse cet imposant édifice gothique, en brique, flanqué d'une tour haute de 99 m. Commencé au 10e s. par la tour, il a été souvent incendié et terminé seulement au 16e s. par les chapelles du chœur. Le sommet de sa tour a été réalisé au 19e s. dans le style roman.

À l'**intérieur**, la nef s'élève sur des colonnes en faisceaux très élancées. Dans le chœur, le triforium et les hautes fenêtres du 13e s. surmontent des murs refaits au 15e s.

La décoration est riche. Au fond de la nef, le jubé de la fin du 17e s., de style baroque, est surmonté d'une belle statue de *Dieu le Père*, par Artus Quellin le Jeune. Au-dessus, buffet d'orgues de 1719. La chaire (1785) a été sculptée par H. Pulinx. Les stalles du 15e s. sont surmontées d'armoiries des chevaliers de la Toison d'or dont le 13e chapitre se tint ici en 1478 ; au-dessus, tapisseries bruxelloises (1725).

Schatkamer (Trésor) – *tlj sf sam. 14h-17h - fermé en janv.* La riche collection d'objets d'art a été installée dans le bâtiment du chapitre, datant de 1912, et a bénéficié d'une nouvelle présentation. On y voit des œuvres de styles et époques différents provenant de la cathédrale St-Donat, disparue, de la cathédrale St-Sauveur elle-même et d'anciens couvents et abbayes de Bruges. On remarquera en particulier le triptyque du *Martyre de St-Hippolyte* (panneau de droite par Dirk Bouts, panneau de gauche par Hugo van der Goes), le *Triptyque de la Cène* de Pieter Pourbus (1559) et un *Calvaire* d'environ 1830.

★★ Église N.-D. (Onthaalkerk O.L.V.) D6

✆ 050 34 53 14 - lun.-vend. 9h30-17h, dim. et j. fériés 13h30-17h.

En majeure partie du 13e s., cette église gothique est surtout remarquable pour sa **tour★★** élancée, en brique, haute de 122 m.

Une statue en marbre blanc d'une grande noblesse, **La Vierge et l'Enfant★★** par Michel-Ange, est placée sur un autel à l'extrémité du bas-côté droit.

Chœur – *entrée 4 €*. Il renferme le mausolée de Charles le Téméraire et le **tombeau★★** gothique de sa fille, Marie de Bourgogne, morte à 25 ans, qui a été dessiné en 1498 par Jan Borman. Le gisant est remarquable avec son visage juvénile, son cou gracile, ses mains longues et fines aux doigts fuselés ; le soubassement est orné des armoiries de ses ascendants.

Le monument Renaissance du Téméraire date du 16e s. Au maître-autel, *Le Triptyque de la Passion* de B. van Orley. Dans le chœur ont été découverts plusieurs caveaux funéraires ornés de fresques ; parmi ces caveaux, le tombeau primitif de Marie de Bourgogne. Le déambulatoire abrite la belle *Vierge aux sept douleurs*, chef-d'œuvre d'Isenbrant (16e s.). On admirera également des œuvres de Gérard David et ses élèves, de Pieter Pourbus et un *Christ en croix* peint par van Dyck.

Une tribune (15e s.) en bois sculpté communique avec le musée Gruuthuse *(p. 162)*.

★★★ Musée Memling (Memling in St-Jan-Hospitaalmuseum) D6

Mariastraat 38 - ✆ 050 44 87 11 - tlj sf lun. 9h30-17h - fermé 1er janv., Ascension (apr.-midi) et 25 déc. - 8 € (inclut le musée N.-D.-de-la-Poterie, voir p. 165).

Le musée est situé dans l'ancien hôpital St-Jean (12e s.). Les anciennes salles des malades, superbement restaurées, présentent des œuvres d'art et des objets illustrant plusieurs thèmes, dont l'histoire hospitalière.

Dans l'ancienne **chapelle de l'hôpital** sont exposées six œuvres de Hans Memling. Le petit cloître à droite abrite la **pharmacie** du 17e s.

La **Châsse de sainte Ursule★★★** est peut-être le plus connu des ouvrages de Memling ; son enluminure minutieuse décrit la vie et le martyre de sainte Ursule et des 11 000 vierges, ses compagnes : débarquement à Cologne, puis à Bâle, accueil par le pape à Rome ; retour à Bâle en compagnie du pape, arrivée à Cologne où la sainte est mise à mort par les Huns ; aux pignons, la Vierge et sainte Ursule abritant les vierges sous son manteau.

Le **Mariage mystique de sainte Catherine** (appelé également *Triptyque de Jean-Baptiste et de Jean l'Évangéliste*) représente l'Enfant Jésus glissant un anneau au doigt de la sainte tandis que sainte Barbe est plongée dans un livre ; de part et d'autre : la décollation de saint Jean-Baptiste (à gauche), saint Jean l'évangéliste dans l'île de Patmos (à droite), les deux patrons de l'hôpital. Dans ce triptyque de 1479 chargé de symboles, Memling atteint à la grandeur. D'après certains, sainte Catherine et sainte Barbe représenteraient Marie de Bourgogne et Marguerite d'York.

L'**Adoration des Mages**, le panneau central du triptyque de Jan Floreins datant de 1479, vaut par la beauté parfaite de la Vierge aux yeux baissés et celle juvénile du roi noir Balthazar.

Le triptyque de la **Déploration du Christ** a été exécuté en 1480 à la demande du frère Adrien Reins, représenté à genoux sur le volet intérieur gauche ; sur le volet intérieur droit figure sainte Barbe, très populaire à l'époque.

La chapelle abrite l'inquiétant **portrait d'une jeune femme** bourgeoise, diaphane et énigmatique. Le diptyque de **Martin van Nieuwenhove** avec le portrait du donateur et la **Vierge à la pomme** peints en 1487, sont d'une finesse admirable de dessin et de tons.

Un petit escalier mène aux greniers, dont le plus grand conserve une impressionnante charpente en chêne. Les bâtiments du 19e s. abritent le **Centre de congrès Oud St-Jans**.

★★ Béguinage (Begijnhof) D6

6h30-18h30.

Le « béguinage de la vigne » fut fondé en 1245 par Marguerite de Constantinople, comtesse de Flandre. Enclos paisible, s'ouvrant près du canal

2

par une belle porte classique, il groupe autour d'un vaste rectangle vert, semé de jonquilles au printemps et planté de grands arbres, l'église en brique du 17e s. et les maisons blanches des béguines. Les bénédictines qui ont remplacé celles-ci en ont gardé le costume.

Maison de Béguine (Begijnhuisje) – *✆ 050 33 00 11 - www.monasteria.org - ♿ - lun.-sam. 10h-17h, dim. 14h30-17h - 2 €.* En traversant la cuisine et les chambres aux meubles rustiques de cette maison, on parvient à un petit jardin avec un puits de brique.

Le pont voisin offre une belle **vue** sur la charmante **maison Éclusière** (sashuis) qui précède le **Minnewater**, un des bassins de l'ancien port : c'est le fameux lac d'Amour. À droite, on remarque le Poertoren, une tour où était jadis entreposée la poudre à canon. Au sud, admirez le **Bargebrug**, beau spécimen d'architecture asymétrique qui enjambe le canal.

Pour regagner le centre, vous pouvez prendre le bateau.

AUTOUR DU CENTRE Plan I, p. 154-155

▶ *Circuit tracé en vert sur le plan de ville (p. 155).*

Église Ste-Anne (St-Annakerk) C2

L'intérieur de l'église Ste-Anne, bâtie au 17e s. dans le style gothique, est agrémenté d'un riche mobilier baroque : jubé, lambris et confessionnaux, chaire. C'est ici que Guido Gezelle fut baptisé et qu'il fit sa première communion.

★ Musée du Folklore (Bruggemuseum – Volkskunde) C2

Balstraat 43 - ✆ 050 44 87 11 - tlj sf lun. 9h30-17h - fermé 1er janv., Ascension (apr.-midi) et 25 déc. - 2 €.

Au no 40 du Rolweg, l'enseigne « Au Chat noir » (Zwarte Kat), nom d'un estaminet, indique l'entrée du musée du Folklore. Des collections d'objets usuels, d'outils, sont présentées dans les charmantes maisons-Dieu édifiées au 17e s. par la corporation des cordonniers. Des reconstitutions d'intérieurs, dont un local de classe des années 1920, une pharmacie du 19e s. et une épicerie, mais aussi des ateliers, notamment une confiserie où l'on fabrique encore des friandises le jeudi après-midi, évoquent le folklore et les traditions de la Flandre occidentale. Du jardin avec ses petites maisons-Dieu blanches, belle vue sur la tour de l'église de Jérusalem.

Église de Jérusalem (Jeruzalemkerk) C2

Peperstraat 3 - tlj sf dim. 10h-12h, 14h-18h (sam. 17h) - fermé j. fériés.

À l'angle de la Balstraat, on voit la curieuse tour à lanterne de l'église de Jérusalem. Cette église fut édifiée au 15e s. par la famille Adornes, commerçants originaires de Gênes. Combinant éléments gothiques et orientaux, elle s'inspire très probablement de l'église du St-Sépulcre de Jérusalem.

Sur le retable de l'autel de la nef, on distingue les instruments de la Passion ; les vitraux datent du 16e s. et représentent les membres de la famille Adornes. Au centre de la nef, gisant d'Anselme Adornes et de son épouse (15e s.). Dans la crypte a été reconstitué le tombeau du Christ.

À côté de l'église de Jérusalem se dresse le **Centre de la Dentelle** (Kantcentrum) (*✆ 050 33 00 72 - www.kantcentrum.eu - tlj sf dim. 10h-12h, 14h-17h - fermé 25 déc.-1er janv. et j. fériés - 3 €*) où s'organisent des cours et des démonstrations. Un petit musée de la Dentelle a été aménagé dans les maisons-Dieu.

Porte Ste-Croix (Kruispoort) C2

Autour de la porte Ste-Croix, percée dans les remparts, se trouvent quelques curiosités. Au nord s'élèvent sur les anciens remparts quatre **moulins** à vent sur pivot. Le premier, le plus au sud, **Bonne Chieremolen** C2 (1888) offre une belle vue sur les environs. Le deuxième, **St-Janshuismolen** C1, date de 1770 et abrite un petit musée *(✆ 050 44 87 11 - mai-août : tlj sf lun. 9h30-12h30, 13h30-17h ; sept. : uniquement w.-end - fermé Ascension apr.-midi - 2 €)*. Le troisième, **De Nieuwe Papegaai** C1, est un moulin en bois sur pivot, provenant de la région de l'Yser et reconstruit ici en 1970. Le plus au nord, **Koeleweimolen** C1, transporté en 1911 d'Olsene, est toujours en état de marche.

À proximité se trouve le **musée Guido Gezelle** C1 (Guido Gezellemuseum) *(✆ 050 44 87 11 - tlj sf lun. 9h30-12h30, 13h30-17h - fermé 1er janv., Ascension apr.-midi et 25 déc. - 2 €)* installé dans la maison natale de ce poète (1830-1899), l'un des plus connus de Flandre. Ne manquez pas le jardin.

Dans la Camersstraat, la **guilde des Archers de St-Sébastien** C1 (Schuttersgilde St-Sebastiaan) *(Carmersstraat 174 - ✆ 050 33 16 26 - www.sebastiaansgilde.be - avr.-sept. : mar, merc., jeu. 10h-12h, sam. 14h-17h ; reste de l'année : mêmes jours 14h-17h - 3 €)* conserve dans un bel ensemble architectural des 16e et 17e s. des portraits des « rois » de la guilde fondée il y a 600 ans et une collection d'orfèvrerie.

Dans la même rue se trouve le **Couvent anglais** C1 (Engels Klooster) *(Carmersstraat 83/85 - ✆ 050 33 24 24 - tlj sf merc. dim. apr.-midi)* dont la chapelle à coupole date du 18e s. Remarquable autel constitué de 23 variétés de marbre.

Musée-Hôpital N.-D.-de-la-Poterie

(O.-L.-Vrouw ter Potterie - Hospitaalmuseum) B1

Potterierei 79B - ✆ 050 44 87 11 - tlj sf lun. 9h30-12h30, 13h30-17h - fermé 1er janv., Ascension (apr.-midi) et 25 déc. - 2 €.

Une partie de cet hôpital est occupée par une maison de retraite. Une autre partie, comprenant l'ancienne salle des malades, le cloître (14e-15e s.) et le passage vers la petite église baroque richement décorée, abrite un musée : meubles des 15e, 16e et 17e s., peintures, livres d'heures flamands, objets évoquant la vie religieuse et la dévotion pour la Vierge miraculeuse N.-D.-de-la-Poterie.

2

Ezelpoort (porte des Baudets) A1

La porte des Baudets se dresse dans un joli site ombragé, à l'extrémité d'un canal dont les eaux paisibles sont fréquentées par des cygnes.

À proximité Carte de région p. 150-151

St-Michiels C2

3 km au sud

Boudewijn Seapark – *BUS 7 et 17 - ✆ 050 38 38 38 - www.boudewijnseapark.be - vac. de Pâques : 10h-17h ; mai-juin : tlj sf merc. 10h-17h ; juil.-août : 10h-18h ; sept. : w.-end et les 3 premiers merc. 10h-17h - 24 €.*

Ce parc récréatif propose de multiples attractions (carrousel, spectacles de rapaces, roue géante). Face à l'entrée, le **Dolphinarium** donne des représentations dont les vedettes sont les dauphins *(heures variables, consultez le site Internet)*. Un bassin spécial a été construit pour les otaries *(spectacle éducatif)*.

Le bois **Tillegembos**, s'étendant au sud-est de l'agglomération de St-Michiels, présente sur ses 107 ha des promenades balisées, un étang près duquel se trouvent un château néogothique et un vieux moulin *(rosmolen)*.

Château de Loppem (Kasteel van Loppem) C2

6 km au sud. Steenbrugsestraat 26, 8210 Loppem - ✆ 050 82 22 45 - www.kasteelvanloppem.be - avr.-oct. : tlj sf lun. et vend. (sf j. fériés) 10h-12h, 14h-18h - 3,50 €. Labyrinthe : tlj sf lun. 13h-16h ou 14h-18h selon la saison - 1,25 €.

À la demande du baron et de la baronne van Caloen, le château néogothique de Loppem fut dessiné par l'architecte londonien Edward Welby Pugin (1834-1875) et le baron Jean Béthune, architecte de l'abbaye de Maredsous *(voir p. 435)*. Le roi Albert et sa famille y séjournèrent en octobre et novembre 1918. Là, le souverain promit l'instauration du suffrage universel et la « flamandisation » de l'université de Gand. Le château abrite, dans un cadre néogothique, une intéressante collection d'œuvres d'art. Parmi les tableaux des écoles flamande et hollandaise, remarquez la *Place du Bourg* à Bruges, peinte au début du 17e s. À l'étage est exposée la collection de Jean van Caloen ; elle comprend des sculptures religieuses (13e-16e s.) de diverses provenances (Pays-Bas, France, Italie, Espagne, Allemagne). Dans le parc se trouve un **labyrinthe** *(doolhof)*.

Zedelgem B2

10,5 km au sud-ouest. Quittez Bruges par la N 32.

Après avoir traversé la A 10, on aperçoit à droite l'**abbaye St-André** (St-Andriesabdij Zevenkerken), grand centre missionnaire dont les bâtiments entourent une basilique à sept sanctuaires, du début du siècle dernier. La forêt qui l'entoure est un agréable lieu de promenade. L'**église St-Laurent** de Zedelgem renferme de remarquables **fonts baptismaux★** (11e-12e s.).

Château de Male C2

5 km à l'est par la N 9. ✆ 050 36 70 22.

Les chanoinesses régulières de St-Trudon habitent depuis 1954 l'immense château, entouré de douves, qui fut la résidence des comtes de Flandre. De l'édifice du 15e s. subsistent le haut **donjon-porte** et les douves. On visite la salle des chevaliers et l'église, reconstruite en 1965. L'entrée se fait par le pittoresque hameau de Male.

Torhout B2

23 km au sud-ouest. Quittez Bruges par la N 32. Train Bruges-Courtrai - BUS 62A d'Ostende.

Torhout (ou Tourhout) était au 12e s. une ville prospère dont la foire était réputée. L'**église St-Pierre** (St-Pietersbandenkerk), reconstruite après avoir été bombardée en 1940, possède une jolie tour romane à clocher octogonal abritant un carillon. L'**hôtel de ville** (1713) est un harmonieux édifice dont les larges baies séparées par des pilastres s'alignent sous une haute toiture.

À 3 km à l'ouest de Torhout s'élève le **château de Wijnendale** *(✆ 050 22 07 70 - www.toerisme-torhout.be - 13h30-17h30 ; avr.-juin : merc. et w.-end ; juil.-août : tlj ; sept. : merc. et dim. - 5 €)*, édifice composite (11e-19e s.) entouré de douves circulaires. Construit par Robert le Frison au 11e s., il devint la résidence favorite des comtes de Flandre. Dans les bois environnants, Marie de Bourgogne, en 1482, fit une chute de cheval qui lui coûta la vie.

NOS ADRESSES À BRUGES

Plans de la ville, p. 154-155

TRANSPORTS

Voiture

Tout le centre-ville est en zone bleue, les automobilistes sont donc tenus d'afficher leur disque de stationnement (maximum 4h) tous les jours de 9h à 19h sf le dim. et les j. fériés. Dans les zones payantes (les rues commerciales et plusieurs grandes artères), les usagers doivent prendre un ticket de stationnement dans un appareil distributeur (maximum 2h, 1h au Bourg) et cela 7 jours sur 7, de 9h à 19h (1,40 €/h).

Pour le stationnement de longue durée, vous pouvez utiliser les parkings des hôtels, en ville (parking souterrain) ou en bordure du centre-ville. Près de la gare se trouve le parking le moins cher de la ville (3,50 €/24h) relié par une navette au centre (trajet gratuit sur présentation du ticket de stationnement). Rens.: *www.interparking.com.*

Bus urbain

Les bus desservent toute la ville à partir de la gare. Un bus relie toutes les 2mn la gare au centre historique.

Tarifs et forfaits – Sachez que vous paierez un fort supplément en achetant le billet à bord du véhicule. Préférez donc les distributeurs (à la gare et t'Zand), kiosques et librairies. Tarif pour un voyage : 1,20 € (2 € à bord). Les pass 24h (5 €) et 72h (10 €) s'avèrent avantageux.
Rens. : ✆ *070 220 200 - www.delijn.be/fr.*
Pour les horaires, s'adresser à la Mobiliteitswinkel *(Burg 11)* ou à la Lijnwinkel *(à la gare).*

Vélo

Les cyclistes bénéficient d'un traitement de faveur dans la ville. Le site *www.brugge.be* fournit un plan de circulation pour les vélos qui se révèle très utile. Baladez-vous le long de la magnifique ceinture verte (interdite aux voitures) qui entoure la ville, avec vue sur les lieux historiques, ou découvrez l'arrière-pays brugeois. Comptez entre 6,50 et 8 €/demi-journée, entre 9,50 et 12 €/j. La Brugge City Card permet souvent de réduire les coûts.

Bon à savoir – Beaucoup d'hôtels fournissent ou louent des bicyclettes. Si votre lieu de résidence n'offre pas ce service, adressez-vous à l'un des nombreux loueurs de la ville (liste complète fournie par l'office de tourisme) : Gare (Fietspunt) - ✆ *050 39 68 26 ;* Koffieboontje - *Hallestraat 4 -* ✆ *050 33 80 27 - www.adventure-bike-renting.be ;* De Ketting - *Gentpoortstraat 23 -* ✆ *050 34 41 96 ;* Bauhaus Bike Rental - *Langestraat 145 -* ✆ *050 34 10 93 - www.bauhaus.be/bikes ;* Eric Popelier - *Mariastraat 26 -* ✆ *050 34 32 62 - www.fietsen popelier.be ;* Snuffel Backpacker Hostel - *Ezelstraat 47 -* ✆ *050 33 31 33 - www.snuffel.be ;* Concertgebouw B-Bike - *'t Zand -* ✆ *0479 97 12 80 ;* Bruges Bike Rental - *Niklaas Desparsstraat 17 -* ✆ *050 61 61 08 - www.bruges bikerental.be.*

VISITES GUIDÉES

Avec guide – Pour groupes et visiteurs individuels : *tlj juil.-août et vac. de Pâques ; w.-end en juin et sept. ; lun., merc. et w.-end le reste de l'année. Rens. au bureau d'accueil d'In & Uit Brugge - durée env. 2h - 9 € (gratuit pour les -12 ans).*

En bateau – Promenade sur les canaux de Bruges - ✆ *050 44 86 86 - mars-nov. : 10h-18h - durée 30mn - 7,60 € (gratuit avec la Brugge City Card).* D'agréables promenades en barque à travers le dédale des canaux brugeois sont organisées au départ de cinq embarcadères du centre-ville *(consultez le plan).* Probablement la formule la plus pratique et la plus reposante pour partir à la découverte d'un patrimoine architectural unique.

En calèche – *Grand-Place (dép. du Burg le merc.) -* ✆ *050 34 54 01 - www.hippo.be/koets - juil.-août : 9h-22h ; oct.-juin : 9h-18h - 39 € (max. 5 pers.).* Une balade commentée de 30mn en calèche, avec un arrêt de quelques minutes au béguinage, est proposée au départ de la Grand-Place.

En minibus – City Tour Brugge *(env. 50mn)* dans un minibus confortable, avec commentaires

2

dans votre propre langue (casques individuels). *Départ : ttes les h de la Grand-Place (1er bus à 10h, dernier bus : selon la sais. entre 16h et 20h) - www.citytour.be - 14,50 €.*

À vélo – Promenades accompagnées dans la ville et ses environs. Comptez entre 15 et 25 €/demi-journée.

Ainsi, avec **Quasi Mundo Biketour Brugge** (*050 33 07 75 - www.quasimundo.com*) par exemple, de mars à novembre, balade matinale « Bruges à vélo » dans les ruelles de la ville, et dans l'après-midi « Les alentours de Bruges ». Mais aussi « Bruges secret » et Damme avec **The Pink Bear Bike Tours** (*050 61 66 86 - www.pinkbear.freeservers.com*) ou **Green Bike Tour** (*050 61 26 67 - contact au point d'informations du Concertgebouw*).

En ballon – *Excursion de 3h dont 1h en vol - 0475 97 28 87 - www.bruges-ballooning.com - 170 €.* Bruges vue du ciel est un moment magnifique, à déguster tôt le matin ou en soirée (avec une coupe de champagne).

HÉBERGEMENT

PREMIER PRIX

AJ Bauhaus – Plan I C2 - *Langestraat 133-136 - 050 34 10 93 - www.bauhaus.be - 130 lits en dortoir : 15 €, 21 ch. dbl. : 50 €.* On choisit ici entre des lits en dortoir et des chambres séparées, répartis dans deux petites maisons. Cybercafé, laverie, location de vélos.

AJ The Passage – Plan I B2 - *Dweerstraat 26 - 050 34 02 32 - www.passagebruges.com - fermé un mois en hiver - 50 lits : 16 €, dbl : 55-70 € - 5 €.* L'adresse est bien connue des jeunes voyageurs pour son emplacement et son aménagement plein de charme. Dans son café-restaurant branché se côtoient clients de passage et jeunesse locale.

BUDGET MOYEN

Van Eyck – Plan II D5 - *Korte Zilverstraat 7 - 050 33 52 67 - www.hotelvaneyck.be - 8 ch. 65/75 €.* Dans une maison du 17e s., typique du style brugeois, un hôtel dirigé avec sérieux et passion par Mireille De Rycker. Intérieur cossu et bourgeois (magnifique escalier tournant) et chambres douillettes, à deux pas du Markt.

Maraboe – Plan I B2 - *Hoefijzerlaan 9 - 050 33 81 55 - www.hotelmaraboe.be - fermé janv. et 24 déc. - 14 ch. 75/110 €.* Modeste hôtel familial. Chambres vastes et très propres. Accueil chaleureux. Situé près du Zand, de la salle de concert, et des rues commerçantes. Sauna et solarium.

Hôtel Jacobs – Plan I B1 - *Baliestraat 1 - 050 33 98 31 - www.hoteljacobs.be - fermé janv. - 23 ch. 95/105 €.* Petit hôtel de charme au pignon à gradin typiquement brugeois. Les chambres, joliment aménagées, sont dotées de tout le confort et sont réparties sur trois étages.

POUR SE FAIRE PLAISIR

Martin's – Plan II D5 - *Oude Burg 5 - 050 44 51 11 - www.martins-hotels.com - 172 ch. à partir de 110 € - 13 €.* Cet hôtel confortable se cache derrière une façade historique près du beffroi. L'aménagement a été conçu par des designers belges et associe harmonieusement fonctionnalité et charme ancien.

UNE FOLIE

Relais Ravestein – Plan I C2 - *Molenmeers 11 - 050 47 69 47 - www.relaisravestein.be - 16 ch. 145/290 € (réductions intéressantes sur le site Internet) - 21 €.* Derrière une façade historique discrète se cache un hôtel très design et luxueux.

Pand – Plan II D5 - *Pandreitje 16 - 050 34 06 66 - www.pandhotel.com - P - 26 ch. 155/280 € - 22 €.* Hôtel élégant aménagé dans trois maisons très typées au cœur de la ville. Les chambres et junior suites cossues sont personnalisées par du mobilier de style. Petit-déjeuner copieux et soigné servi dans une salle coquette.

RESTAURATION

PREMIER PRIX

Frituur & Veggie Eetboetiek Royal – Plan I C2 - *Langestraat 181 - ✆ 050 68 41 84 - www.frituur-royal.be - fermé mar. soir, merc., dim. apr.-midi.* Quel nom compliqué pour une friterie ! Mais ce lieu sympathique et original pourrait bien vous surprendre avec ses fritures, dont même les végétariens raffolent…

BUDGET MOYEN

Brasserie Souffleur – Plan II D4 - *Vlamingstraat 58 - ✆ 050 34 82 92 - www.souffleur.be - fermé merc.-jeu. - 25 €.* Tout près du théâtre communal (Stadsschouwburg). Ici, vous aurez le choix entre des plats de brasserie traditionnels et nombreuses salades, servies en entrée ou comme plat principal.

't Stil Ende – Plan I A1 - *Scheepsdalelaan 12 - ✆ 050 33 92 03 - www.stilende.be - fermé dim.-lun. - lunch 23 €, menu 35/55 €.* Cuisine française créative aux produits frais de saison. Cadre moderne et contemporain avec cuisine ouverte.

POUR SE FAIRE PLAISIR

Huyze die Maene – Plan II D5 - *Markt 17 - ✆ 050 33 39 59 - www.huyzediemaene.be - tlj sf mar. 12h-22h - lunch 16/40 €.* Bistrot-brasserie aménagé dans un immeuble historique sur la Grand-Place. Préparations belges de poisson et de viande et moules en saison. À l'étage : deux chambres d'hôtes romantiques avec vue sur la Grand-Place *(125/210 €)*.

Narai Thai – Plan I A2 - *Smedenstraat 43 - ✆ 050 68 02 56 - www.naraithai.be - 12h-14h30, 18h-0h - 23/80 €.* Cuisine thaïlandaise raffinée servie dans un décor étonnamment exotique. Grande variété de préparations, des plus douces aux plus corsées.

Den Dyver – Plan II D5 - *Dijver 5 - ✆ 050 33 60 69 - www.dijver.be - fermé merc.-jeu. et 2e sem. de janv. - lunch 24 €, menu 55/83 €.* Restaurant rustique occupant une maison patricienne du 18e s. dans un des endroits les plus romantiques de la ville. Solide et goûteuse cuisine bourgeoise mitonnée aux bières régionales.

Sans Cravate – Plan I C2 - *Langestraat 159 - ✆ 050 67 83 10 - www.sanscravate.be - fermé sam. midi, dim. et lun. - lunch 27 €, menu à partir de 52 €.* Annoncé par une jolie façade chocolat, ce « théâtre culinaire » fait sensation à Bruges. Dans un intérieur moderne-chic, vous craquerez pour l'une des subtiles recettes à base de produits AOC. Excellentes viandes rôties à partager.

UNE FOLIE

t'Zwaantje – Plan II D6 - *Gentpoortvest 70 - ✆ 0473 71 25 80 - www.hetzwaantje.be - fermé merc.-jeu. - menu 40 €.* Restaurant convivial aménagé dans l'ancienne demeure d'un marbrier. Cuisine franco-belge inventive et carte des vins internationale.

Cafedraal – Plan II D5 - *Zilverstraat 38 - ✆ 050 34 08 45 - www.cafedraal.be - fermé dim. - 45/65 €.* Bel immeuble du 15e s. joliment restauré, proche de la cathédrale. Brasserie vivante proposant une carte diversifiée de plats de poisson et de viande. Terrasse estivale.

Relais Bourgondisch Cruyce – Plan II D5 - *Wollestraat 41-47 - ✆ 050 33 79 26 - www.relais bourgondischcruyce.be - 50/65 €.* Ravissante maison de bouche à dénicher dans l'hôtel de charme du même nom au bord d'un canal. Carte actuelle, cave bien pourvue et vue digne d'une carte postale.

2

PETITE PAUSE

Ijssalon Da Vinci – Plan I B2 - *Geldmuntstraat 34 - ✆ 050 33 36 50.* Il paraît qu'on déguste ici la meilleure crème glacée de Bruges. Aussi, yaourts pauvres en calories et glaces diététiques.

De Proverie – Plan II D6 - *Katelijnestraat 6 - ✆ 050 33 08 87 - 9h-18h.* Au milieu des innombrables chocolatiers de Katelijnestraat, une adresse réputée pour son excellent chocolat chaud.

EN SOIRÉE

Programmes – Les offices de tourisme **In & Uit Brugge** *(p. 152)* distribuent le magazine gratuit *events@brugge* qui donne une vue générale des événements en ville, voire sur la côte. Les tickets sont en vente sur place ou sur le site Internet **www.brugge.be**.

Café De Republiek – Plan II D4 - *St-Jakobsstraat 36 - ✆ 050 34 02 29 - www.derepubliek.be - ouvert tlj.* Un café convivial où l'on peut s'attabler jusque tard dans la nuit au milieu de gens de toutes cultures et de tous âges. On peut y goûter aussi bien une cuisine du monde que des genièvres flamands.

Brugs Beertje – Plan II D5 - *Kemelstraat 5 - ✆ 050 33 96 16 - tlj sf merc. 16h-1h.* En plein centre, un incontournable brugeois pour qui apprécie la bière. Carte longue de plus de 300 références et atmosphère cosy à laquelle participent locaux et touristes. Un bar de référence.

De Garre – Plan II D5 - *De Garre 1 - ✆ 050 34 10 29 - 12h-0h.* Caché dans un passage, à quelques foulées de la Grand-Place, un joli café traditionnel qui propose plus de 130 bières, parmi lesquelles la fameuse Triple Garre, unique et détonante.

't Risico – Plan I C2 - *Jeruzalemstraat 53 - ✆ 050 49 11 69 - www.trisico.be - tlj sf lun.* Voici l'adresse idéale pour « essayer » un café brun du quartier de Ste-Anne.

SALLES DE THÉÂTRE ET DE CONCERT

Concertgebouw – Plan I B3 - *'t Zand 34 - ✆ 050 22 33 02 - www.concertgebouw.be.* Cet édifice, construit en 2002 par les architectes Robbrecht et Daem, est réputé pour son acoustique et ses salles bien conçues. On y organise des concerts et des spectacles de danse soit dans la salle de musique de chambre (320 places) soit dans la grande salle de 1 295 places.

De Werf – Plan I B1 - *Werfstraat 108 - ✆ 050 33 05 29 - www.dewerf.be.* Réputé pour des concerts de jazz et blues, musique contemporaine et théâtre pour enfants.

Magdalena (MaZ) – Plan I A3 - *Magdalenastraat 27 - ✆ 050 44 30 60 - www.ccbrugge.be.* Cette salle communale de 400 à 1 000 places accueille du théâtre, de la danse, des concerts et des spectacles pour enfants.

EXCURSIONS EN BATEAU

Entre Bruges et Damme – *Info Toerisme Damme - ✆ 050 28 86 10 - www.toerismedamme.be - 1er avr.-15 oct. : tlj 5 AR - durée 35mn - 7 € aller, 8,50 AR.* À bord du *Lamme Goedzak* par le pittoresque canal Napoléon (canal de Damme).

ACHATS

Bon à savoir – Les principales rues commerçantes s'étirent entre la Grand-Place et les anciennes portes de la ville. Parmi celles-ci : Steenstraat, Simon Stevinplein, Mariastraat, Zuidzandstraat, Zilverpand, St-Jacobsstraat, St-Amandsstraat, Geldmuntstraat, Noordzandstraat, Smedenstraat, Vlamingstraat, Philipstockstraat, Academiestraat, Hoogstraat, Langestraat, Wollestraat et Katelijnestraat.
Rens. : *www.bezigbrugge.be.*

La plupart des magasins sont ouverts de 9h à 18h, voire un peu plus tard le vendredi soir.
Jours de marché *(8h-13h)* : Grand-Place (alimentation) le merc.; 't Zand et Beursplein (produits en tout genre) le sam.; Vismark (poisson) mar.-sam.; marché aux antiquités et à la brocante le long du Dijver et au Vismarkt, 15 mars-15 nov.: w.-end et j. fériés 10h-18h.

Bière

Une brasserie, **De Halve Maan** *(Walplein 26 - www.halvemaan.be - avr.-oct. : 11h-16h (sam. 17h) ; reste de l'année : lun.-vend. 11h-15h (w.-end 16h) - 6,50 €, dégustation comprise)*, fabrique encore et depuis 1546 sa propre bière, la *Brugse Zot*, une blonde joliment dorée. Possibilité de visite suivie d'une dégustation.

Chocolat et friandises

Bruges est renommée pour ses spécialités de chocolat. Pendant toute l'année, la ville baigne dans un délicieux parfum de chocolat, tandis que les innombrables artisans , rivalisant d'inventivité, préparent des kilos de succulentes friandises dont les « Brugsch Swaentje », les célèbres chocolats de Bruges en forme de cygne. Rens. : *✆ 050 44 46 46 - www.winterinbrugge.be ou demandez la brochure consacrée au chocolat.*

The Chocolate Line – Plan II D5 - *Simon Stevinplein 19 - ✆ 050 34 10 90 - www.thechocolateline.be - mar.-sam. 9h30-18h30, dim.-lun. 10h30-18h30*. Du chocolat sous toutes ses formes : lettres, pralines classiques ou personnalisées, œufs, peinture au chocolat… À l'arrière, une fenêtre permet d'observer l'atelier du maître chocolatier.

Juliette's – Plan II D5 - *Wollestraat 31a - ✆ 050 34 84 40 - www.juliettes.be - 10h-18h*. Adorable petite boutique où vous craquerez (et croquerez) forcément pour quelques-uns des biscuits proposés. Au choix : divers *speculoos* bien sûr, dont ceux d'Hasselt, très tendres, mais aussi des pains d'épice, pains à la grecque, nœuds de Bruges…

Déco, design

De Ark van Zarren – Plan I B2 - *Zuidzandstraat 19 - ✆ 050 33 77 28 - www.arkvanzarren.be - lun.-sam. 10h-18h30, heures variables le dim.* La vie à la campagne au cœur de la ville. Aménagement rural. Boutique destinée aux amateurs de produits de bain artisanaux, literie romantique, boîtes en fer-blanc et panneaux publicitaires anciens; vaisselle de table comme décoration murale.

AGENDA

Cactusfestival – *Cactus Muziekcentrum, St-Sebastiaanstraat 4 - ✆ 050 32 20 14 - www.cactusfestival.be*. Événement musical international *(2e w.-end de juil.)* qui propose la meilleure musique pop-folk-rock dans le parc du Lac d'Amour. Élu « Meilleur petit festival européen » en 2009.

Klinkers – *www.klinkers-brugge.be*. Festival de musique du monde dans le centre historique pendant 2 semaines *(fin juil.-déb. août)*. En grande partie gratuit.

Festival du film Cinema Novo – *St-Jacobstraat 36 - ✆ 050 34 83 54 - www.cinemanovo.be*. Ce festival cinématographique étalé sur dix jours *(fin fév.-déb. mars)* donne un aperçu de tous les films africains, asiatiques et latino-américains projetés en Belgique durant l'année précédente et met un pays spécialement en lumière. Les projections ont lieu dans les cinémas brugeois Lumière et Liberty. Conférences et concerts sont également organisés en marge du festival.

Damme

★

10 795 habitants – Flandre occidentale

NOS ADRESSES PAGE 174

S'INFORMER

Indicatif téléphonique *: 050.*

Toerisme Damme – *Huyse de Grote Sterre, Jacob van Maerlantstraat 3 - ☏ 050 28 86 10 - www.toerismedamme.be - de mi-avr. à mi-oct. : 9h-12h, 13h-18h (w.-end 10h-12h, 14h-18h) ; hiver : 9h-12h, 13h-17h (w.-end 14h-18h).* Documentation très complète, notamment sur les circuits à vélo. Location possible sur place.

SE REPÉRER

Carte de région C1 (p. 150-151) – *Cartes Michelin Regional n°s 716 C2 et 533 E15.* Damme se situe à 7 km au nord de Bruges et près de la côte. Au départ de Bruges, accès très facile par la Dampoort et ensuite le Damse Vaart (canal de Damme).

ORGANISER SON TEMPS

Deux heures suffisent pour visiter la ville.

Minuscule cité flanquée d'un canal inachevé, la pittoresque et mélancolique Damme est un haut lieu de la littérature flamande : autrefois avant-port dynamique de Bruges, elle a vu naître Jacob van Maerlant, l'un des fondateurs de la prose néerlandaise, ainsi que le célèbre héros picaresque Till l'Espiègle. Véritable paradis pour les amoureux de belles lettres, avec ses librairies et son marché du livre (le 2e dimanche du mois), le bourg est aussi un lieu réputé pour la bonne chère, avec pour spécialités la saucisse, l'anguille et la tarte aux pommes.

Se promener

★ Hôtel de ville (Stadhuis)

Accessible uniquement lors des expositions - rens. : Toerisme Damme.

De style gothique brabançon, le bâtiment date du 15e s. ; les halles occupaient jadis le rez-de-chaussée. Son élégante façade, avec ses échauguettes et son perron, est ornée de statues du 19e s. ; de sa niche, Charles le Téméraire tend à sa fiancée, Marguerite d'York, l'anneau nuptial.

L'intérieur conserve de magnifiques poutres sculptées. L'un des personnages représentés serait l'écrivain **Jacob van Maerlant**. Face à l'hôtel de ville, la statue de ce célèbre auteur flamand du Moyen Âge qui s'est établi à Damme vers 1266.

Maison de la Grande Étoile (Huyse de Grote Sterre)

☏ 050 28 86 10 (Toerisme Damme) - lun.-vend. 9h-12h, 14h-18h, w.-end et j. fériés 10h-12h, 14h-18h ; de mi-oct. à mi-avr. : fermeture à 17h, w.-end et j. fériés, apr.-midi seult - fermé 1er janv. et 25 déc. - 2,50 €.

Près de l'hôtel de ville, cette pittoresque maison du 15e s. à double pignon, nommée De Grote Sterre (« la grande étoile ») fut presque entièrement

DAMME DANS L'HISTOIRE

Damme était, sur l'ancien estuaire du Zwin, un avant-port important de Bruges à qui elle dut son développement et avec qui son histoire se confond. La ville était spécialisée dans le vin et le hareng.
En 1468, on y célèbre avec faste le mariage de Charles le Téméraire et de Marguerite d'York. Mais, à cause de l'ensablement du Zwin, l'essor de Damme est affecté par le déclin de Bruges.
Damme est la patrie d'un des plus anciens écrivains flamands, **Jacob van Maerlant** (probablement entre 1221 et 1235-fin 13e s.) ; là, vit également le jour **Thyl Uylenspiegel** (Till l'Espiègle en français), célèbre héros du roman picaresque (1867) de **Charles De Coster** en lutte contre l'envahisseur espagnol du 16e s.

reconstruite dans les années 1990. Elle abrite actuellement l'office de tourisme et le **musée Uilenspiegel** (aux étages) où l'accent est mis sur l'évolution qu'a connu le personnage d'Uylenspiegel (Uilenspiegel en néerlandais ou « miroir aux chouettes ») à travers le temps : véritable brigand à l'origine, il deviendra plus tard le héros populaire dans l'œuvre de Charles De Coster *(voir l'encadré ci-dessus)*.

Église N.-D. (O.-L.-Vrouwekerk)

✆ 050 28 86 10 (Toerisme Damme) - w.-end de Pâques et mai-sept. : tlj sf lun. (à l'exception du lun. de Pâques) 10h30-12h, 14h30-17h30 - tour 1 €.
Située au sud de la cité, sur Kerkstraat, elle date des 13e et 14e s. Entre les chevets plats des deux chapelles latérales, l'abside présente de belles baies lancéolées. Lorsque au début du 17e s. de nombreux habitants quittèrent la ville, qui avait dû cesser ses activités portuaires et se transformait en forteresse, l'église devint trop spacieuse et la nef fut démolie. Les ruines de celle-ci conservent une galerie à triplets de style tournaisien.
À l'intérieur de l'église actuelle, on voit une série de statues d'apôtres en bois (fin 13e s.) et, sur l'autel baroque du collatéral gauche, un *Christ miraculeux* qui est transporté à l'occasion de processions comme celle du Saint-Sang à Bruges *(voir p. 158)*.
La haute **tour★** carrée, qui a perdu sa flèche, est impressionnante. Elle domine une charmante petite place plantée de tilleuls, bordée par l'hôpital St-Jean aux grands toits. Du sommet de la tour (45 m), vue sur la ville (des tertres marquent l'emplacement des fortifications du 17e s.) et la côte par beau temps.

Hôpital St-Jean (St-Janshospitaal)

Kerkstraat 33 - ✆ 050 46 10 80 - www.ocmw-damme.be - des vac. de Pâques à fin sept. : tlj sf lun. et vend. mat. 11h-12h, 14h-16h30, w.-end 11h-12h, 14h-18h - 1,50 €.
Fondé au 13e s., il a été agrandi et transformé en hospice. On visite la chapelle et le musée dont les meubles, tableaux, faïences, objets liturgiques, sculptures (statuette de sainte Marguerite d'Antioche) évoquent le riche passé de l'hôpital et de la ville.

De Schellemolen

✆ 050 28 86 10 (Toerisme Damme) - vac. de Pâques et avr.-sept. : w.-end et j. fériés 9h30-12h30, 13h-18h - gratuit.
Dressé le long du Damse Vaart, le canal inachevé de Damme, ce moulin du 19e s., avec ses cinq étages, fonctionne toujours et extrait de l'huile.

2

NOS ADRESSES À DAMME

HÉBERGEMENT

BUDGET MOYEN

Welkom – *Damse Vaart Noord 34 (près N 49) - 050 60 24 92 - www.hotelwelkom.be - - 8 ch. 60/80 €* . Ce petit hôtel vous souhaite la « bienvenue » dans son écrin verdoyant, en bordure du canal reliant Sluis à Damme, le village natal du personnage romanesque Thyl Uylenspiegel. Chambres correctes, petit-déjeuner soigné.

De Nachtegaal B & B – *Oude Damseweg 3 - 050 35 43 88 - www.denachtegaaldamme.be - - 3 ch. 70/90 €* . À 1 km de Damme, adorable villa de style fermette flamande profitant du calme de la campagne. Chambres bien tenues, réparties à l'étage et petit-déjeuner servi dans la véranda ou, l'été venu, en terrasse ouverte sur un jardin fleuri. Table d'hôte sur demande et location de vélos sur place.

RESTAURATION

POUR SE FAIRE PLAISIR

Siphon – *Damse Vaart Oost 1 - 050 62 02 02 - www.siphon.be - - tlj sf jeu.-vend. 11h-15h, 17h-jusque tard - 35 €*. L'anguille partage la vedette avec une belle brochette de grillades dans cet établissement traditionnel montant la garde au croisement de deux canaux. Salles à manger au charme un peu désuet et environnement de polders. L'après-midi, il est possible d'y déguster une crêpe.

De Lieve – *Jacob van Maerlantstraat 10 - 050 35 66 30 - www.delieve.com - fermé lun. soir, mar., de mi-nov. à mi-déc. - menus 27/35 €*. Table généreuse et goûteuse officiant depuis 1977 au centre de la petite cité. Décor rustique et ambiance « vieille Flandre ».

PETITE PAUSE

Tante Marie – *Kerkstraat 38 - 050 37 08 86 - www.tantemarie.be - 10h-19h (22h en été)*. Une affaire bien rodée. Intérieur très chaleureux, terrasse à l'arrière, et surtout… chocolat chaud et gâteaux délicieux. Mais que c'est cher !

Sur la promenade Albert-Ier, à Ostende.
Patrice Thomas/hemis.fr

Ostende et la côte belge

Oostende

69 036 habitants – Flandre occidentale

2

NOS ADRESSES PAGE 187

S'INFORMER

Indicatif téléphonique : *059.*

In & Uit Toerisme Oostende – A1 - *Monacoplein 2 - 059 70 11 99 - www.visitoostende.be - 10h-18h ; juil.-août 9h-19h.* Réservations, balades virtuelles, audioguides, City Pass.

City Pass – Cette carte (à partir de 12 €) vous ouvre les portes de la plupart des musées et attractions. Elle peut être achetée à l'office du tourisme d'Ostende.

SE REPÉRER

Carte de région B2 (p. 150-151) et plan de ville (p. 177) – *Cartes Michelin Regional nos 716 B2 et 533 C15.* Situé sur la côte est, Ostende est accessible à partir de Bruges par l'A 10 ou par la N 34 qui longe le bord de mer.

ORGANISER SON TEMPS

Prévoyez trois ou quatre jours pour visiter Ostende et sillonner les stations balnéaires de la côte.

AVEC LES ENFANTS

L'estacade ouest, l'aquarium de la mer du Nord, le pêcheur d'Islande *Amandine*, le *Mercator*, le musée de plein air Atlantikwall.

Ostende est à la fois une station balnéaire très fréquentée et une ville dotée d'un riche passé royal. Les souverains belges, notamment Léopold II, aimaient y séjourner. La station balnéaire s'étend entre le Casino-Kursaal, inauguré en 1953, et le Thermae Palace Hôtel, le long du promenoir qui borde la plage. Tout près se situent les Galeries royales et vénitiennes, où il fait bon flâner. À proximité du chenal du port et de l'avant-port, l'ancien quartier des pêcheurs forme un quadrillage de rues plus étroites, limité au sud par le port de plaisance. Les célèbres huîtres sont élevées à Ostende dans un bassin de 80 ha, le Spuikom, au sud-est de la ville. Mais il faut avouer qu'Ostende a perdu de son lustre. Les fastes de la Belle Époque sont loin et la station, affaiblie par la raréfaction des Anglais qui y débarquaient en ferries avant le tunnel sous la Manche, n'a plus le même charme. Elle est devenue le symbole d'un bétonnage à outrance, où les constructions se succèdent sur le littoral, sans respiration. Néanmoins, l'air iodé, les longues plages, l'ambiance bon enfant et populaire et les jolis musées constituent toujours de bonnes raisons de venir séjourner sur le littoral belge.

Se promener Plan de ville ci-contre

Quai des Pêcheurs (Visserskaai) A1

Il est bordé par une succession presque ininterrompue de restaurants. De là, on aperçoit le port de pêche et, au-delà du chenal, l'importante « **minque** » ou criée ; poissons, crustacés et fruits de mer y font l'objet de pittoresques ventes à la criée.

Estacade ouest (Weststaketsel) – C'est l'une des deux jetées encadrant l'entrée du port ou « havengeul ». Elle permet de contempler la plage et le mouvement des bateaux. À l'extrémité, les pêcheurs installent leurs carrelets, filets de pêche carrés suspendus à un treuil.

Aquarium de la mer du Nord (Noordzeeaquarium) – *Visserskaai - ✆ 059 50 08 76 - 10h-12h, 14h-17h30 (tte l'année w.-end et j. fériés 18h) ; oct.-mars : w.-end seult - 3 €.* Il contient de petits bassins avec poissons, crustacés, mollusques de la mer du Nord, et des collections de coquillages.

Musée d'Histoire locale De Plate (Stadsmuseum Oostende) A1

Langestraat 69 - ✆ 059 51 67 21 - www.deplate.be - sam. 10h-12h, 14h-17h ; de mi-juin à mi-sept. : tlj sf mar. mêmes heures - 3 €.

Installé dans l'ancien palais royal, ce musée est consacré à l'histoire et aux traditions régionales. La vocation maritime d'Ostende est évoquée, en

JAMES ENSOR (1860-1949), GÉNIE SOLITAIRE

Ostendais, de père anglais et de mère flamande, Ensor, qui s'éloigna peu de sa ville natale et ne fut reconnu que tardivement par ses contemporains, est l'un des plus grands peintres de la fin du 19e s.

Ensor s'adonne d'abord à une peinture sobre, puis sa palette s'éclaircit. Entre 1883 et 1892, il utilise couleurs violentes et empâtements pour illustrer, avec une technique déjà expressionniste, des thèmes macabres ou satiriques peu appréciés du public. Par sa prédilection pour les personnages masqués, les squelettes, qui, dans ses tableaux, grouillent dans une atmosphère de carnaval, Ensor est le père d'un monde imaginaire et fantastique qui annonce le surréalisme.

particulier, par la reconstitution d'un café de pêcheurs et par quelques maquettes de bateaux. Le 1er étage renferme la chambre mortuaire de Louise-Marie, première reine des Belges, décédée en octobre 1850.

Maison de James Ensor (James Ensorhuis) A1

Vlaanderenstraat 27 - ✆ 059 50 81 18 - www.muzee.be - tlj sf mar. 10h-12h, 14h-17h - 2 €.

L'intérieur de la maison d'Ensor a été reconstitué et converti en musée. L'entrée se fait par le magasin de coquillages qui était tenu par sa tante et son oncle. Au 2e étage, dans l'atelier du peintre, sont exposées des reproductions de quelques-uns de ses tableaux dont la célèbre *Entrée du Christ à Bruxelles*.

SE LOGER	SE RESTAURER	
De Mangerie .... ③	Au Vieux Port .... ①	Kombuis .... ②
Hôtel du Parc .... ①	Fort Napoléon .... ④	Saint Malo .... ⑥

Pêcheur d'Islande Amandine (IJslandvaarder) A2

Vindictivelaan 35-Z - 059 23 43 01 - www.museum-amandine.be - 10h-17h (juil.-août 17h30) - fermé 1er et 4-31 janv. - 4 €.

En 1995, l'*Amandine* entreprend son dernier voyage vers le Grand Nord. Sauvé de la démolition et entièrement remis en état, ce dernier pêcheur d'Islande flamand accueille aujourd'hui un petit musée interactif. Photos et présentations audiovisuelles illustrent de façon captivante la vie quotidienne à bord de ce bateau de pêche.

Voilier-école Mercator (Opleidingszeilschip) A2

Mercatordok - 059 80 55 00 - www.zeilschip-mercator.be - 10h-12h30, 14h-17h30, sans interruption en été, jusqu'à 16h en hiver - fermé 1er janv. et 25 déc. - 4 €.

Ancien navire-école des officiers de la marine marchande belge, ce trois-mâts blanc stationne depuis 1964 dans un bassin du port de plaisance. Bien que toujours en état d'appareiller, le *Mercator*, qui, de 1932 à 1960, a effectué 41 croisières à travers les mers du globe, fait fonction de navire-musée. Plusieurs objets et photographies rappellent qu'il a participé à des missions scientifiques, rapporté de l'île de Pâques de gigantesques statues et ramené la dépouille du père Damien, missionnaire belge mort en 1899 à Hawaï.

Église des Sts-Pierre-et-Paul (St-Petrus-en-Pauluskerk) A2

Construite en 1905 dans le style néogothique, elle abrite le mausolée de la reine Louise-Marie. À proximité se dresse le **Peperbus**, clocher d'une église du 18e s. détruite par un incendie.

★ **Mu. ZEE** (Kunstmuseum aan Zee) A2

Romestraat 11 - 059 50 81 18 - www.muzee.be - - tlj sf lun. 10h-18h - fermé 1er janv. et 25 déc. - collection permanente 5 € (prix variable selon l'exposition temporaire).

Ce musée réunit, dans une ancienne coopérative, des peintures, des sculptures, de la céramique et de l'art graphique belges ; les collections *(exposées par roulement)* donnent un aperçu des courants artistiques modernes (à travers des œuvres d'Ensor, de Spilliaert, Magritte, Delvaux ou encore du mouvement COBRA, *voir p. 68*) et également contemporains.

L'expressionnisme est représenté par les artistes de Laethem. Parmi les mouvements les plus récents, il faut citer l'abstraction, le pop art et l'art conceptuel. Le musée organise en outre des expositions temporaires à caractère national ou international.

Fort Napoléon A2 en dir.

Quittez Ostende vers l'est et suivez la N 34 en direction de Knokke - Tram Oostende Duin en Zee - accessible aussi par bac à partir du quai des Pêcheurs à la hauteur de l'Aquarium - 059 32 00 48 - www.fortnapoleon.be - 10h-18h (fermé lun.-mar. en hiver) - 5 €.

En 1810, Napoléon fait construire ce fort dans les dunes ostendaises afin de se protéger des attaques anglaises. Cependant, le bastion en forme de pentagone n'a jamais servi de place forte.

Restauré, le bâtiment abrite actuellement un café-restaurant *(voir « Nos adresses » p. 189)* ainsi qu'une petite exposition évoquant l'histoire du fort et l'évolution de l'architecture militaire. Du toit, belle vue sur la mer et les dunes.

Earth Explorer – *Fortstraat 128 - 059 70 59 59 - www.earthexplorer.be - vac. de Pâques-31 août : 10h-19h - 15 €.* Non loin du fort, cette attraction propose un voyage interactif sur les thèmes de l'eau, de la terre, du feu et du vent. Tous les mécanismes de notre planète y sont décrits.

PERMEKE, CHEF DE FILE DE L'EXPRESSIONNISME FLAMAND
Le peintre, sculpteur et dessinateur Constant Permeke (1886-1952) fait partie, avec Albert Servaes, les frères De Smet et Frits van den Berghe de la deuxième école de Laethem-St-Martin, groupe d'artistes qui s'établit au village du même nom, dans la région de la Lys, entre 1905 et 1910. Au début de la Première Guerre mondiale, Permeke est grièvement blessé et évacué en Angleterre, où il réalise ses premières grandes œuvres expressionnistes. Ses paysages anglais rappellent Ensor dans le choix des couleurs *(La Moisson dans le Devonshire)*. Sous l'influence du cubisme et de l'art africain, le style de l'artiste se fait plus abstrait, notamment dans *Au sujet de Permeke* de 1922. La tendance à l'abstraction domine parfois aussi les énormes marines (*Grande Marine* de 1935) et paysages. Ses portraits expressifs et monumentaux de pêcheurs (*Femme de pêcheur*, 1921) et de paysans (*Paysan à la bêche*, 1930, *Le Semeur*, 1933) affirment une grande affinité avec le terroir, encore accentuée par l'utilisation de tons chauds et terre. Dès la fin des années 1930, l'artiste se tourne davantage vers le nu (*Les Trois Grâces*, 1949). Il se met aussi à la sculpture *(Niobe et Le Semeur)*. Suite au décès de son épouse en 1948, l'artiste réalise l'émouvant *L'Adieu*. À la fin de sa vie, sa palette s'éclaircit : *Le Pain quotidien* et *Paysage breton*.

À proximité Carte de région p. 150-151

Stene B2

3 km au sud par la N 33.

Toute blanche, l'**église Ste-Anne** (St-Annakerk) présente à l'extérieur une pittoresque juxtaposition de volumes et, à l'intérieur, un décor rustique. Au 14e s., il n'existait que le bas-côté gauche, auquel on a ajouté au 17e s. la nef et le bas-côté droit. Au sud, le presbytère *(pastorie)*, de 1764, a été restauré.

Raversijde B2

10 km au sud-ouest, par la Koningsstraat.

Musée de plein air Atlantikwall (Openluchtmuseum Atlantikwall) – *059 70 22 85 - 1er avr.-11 nov. : lun.-vend. 14h-17h, w.-end, j. fériés et vac. scol. 10h30-18h.*

Ce musée de plein air permet de découvrir des casemates et tranchées des deux guerres mondiales. La construction de la **batterie Aachen** débute en 1915. Par sa situation exceptionnelle, cette batterie est l'un des seuls vestiges de la défense côtière allemande de la Grande Guerre. Chargée de la défense du port d'Ostende, elle devait faire face à un éventuel débarquement des Alliés. De la batterie sont conservés : pièces d'artillerie, dépôts de munitions, postes d'observation et de commandement. Dès 1941, les Allemands occupent à nouveau les batteries côtières existantes.

La **batterie Saltzwedel Neu** est implantée dans la partie occidentale du domaine. Elle faisait partie de l'Atlantikwall, réseau de fortifications construit par les Allemands durant la Seconde Guerre mondiale. La plupart des casemates sont reliées. Le centre de la batterie était le poste de conduite de tir, d'où partaient les instructions pour le réglage des tirs. Une des casemates contenait des réserves tandis qu'une autre, aménagée avec du matériel d'origine, permet de retracer la vie quotidienne des soldats.

Mémorial prince Charles (Memoriaal Prins Karel) – Au début du 20e s., le roi Léopold II acheta plusieurs terrains à Raversijde. Ils constituent le cœur de

2

l'actuel domaine, agrandi successivement par Albert Ier et le prince Charles, régent de 1944 à 1950. La **salle flamande** (Vlaamse zaal), qui servit jadis de cantine aux Allemands, abrite une exposition consacrée au prince-régent. On admire non seulement des photos et objets personnels, mais également des dessins réalisés par le comte de Flandre.

Dans la **maison du prince**, d'une grande simplicité, on remarque deux sculptures en plâtre réalisées par la reine Elisabeth, un fauteuil de style Empire ayant appartenu à Napoléon, des peintures et des trains miniatures. La villa Goffinet accueille des expos temporaires.

Walraversijde – Petite **exposition archéologique** consacrée aux fouilles effectuées depuis 1992 sur le site du village de pêcheurs médiéval de Walversijde.

Jabbeke B2

17 km au sud-est par l'A 10-E 40, puis l'échangeur n° 6.

Musée Permeke★ (Provinciaal Museum Constant Permeke) – *Gistelssesteenweg 341 - 059 50 81 18 - www.muzee.be - tlj sf lun. 10h-12h30, 13h30-18h (oct.-mars 17h30) - fermé 1er janv. et 25 déc. - 3 €.* Constant Permeke (1886-1952) fit construire en 1929 cette maison des Quatre Vents (Vier Winden) où il vécut plus de vingt ans. Le musée, annexe du Mu. ZEE d'Ostende *(voir p. 178)*, donne un aperçu de l'évolution de l'œuvre de l'artiste et possède la presque totalité de son œuvre sculptée, dont une partie est exposée dans le jardin.

Gistel B2

9 km au sud par la N 33.

Cette petite ville voit chaque année se dérouler la **procession de sainte Godelieve**. L'**église** abrite la sépulture de cette sainte dont le nom signifie « aimée de Dieu ». Godelieve, mariée contre son gré à Bertulf, châtelain de Gistel, fut assassinée et son corps jeté dans un puits en 1070.

L'**abbaye de Ten Putte** *(3 km à l'ouest de Gistel)* fut fondée autour de ce puits. Dans le charmant enclos aux murs blancs et au jardin propice au recueillement, on peut voir le puits, la cave où la sainte aurait été emprisonnée, la chapelle aux corbeaux, à l'endroit où elle aurait accompli un miracle, l'église abbatiale et un petit musée consacré à la sainte.

LE LITTORAL AU NORD D'OSTENDE

Klemskerke B1-2

11 km au nord d'Ostende. BUS 46.

C'est un plaisant village de polders, légèrement en retrait de la côte. **St-Clément**, église-halle à trois nefs d'égale hauteur, renferme des boiseries du 17e s. : bancs, confessionnaux. À proximité se dresse un moulin à vent à pivot.

Le Coq (De Haan) B1

12 km au nord d'Ostende. Tram De Haan an Zee.

Tramstation – *Koninklijk Plein - 059 24 21 34 - www.dehaan.be.*

Très charmante station fleurie groupant ses villas de style Belle Époque dans un environnement de bois et de dunes que sillonnent des promenades.

Créé à la fin du 19e s., le quartier dit « de la Concession » charme dès la petite gare rétro, où stoppe le tramway, jusqu'à la calme plage qui semble sans limite. Durant la promenade, vous marcherez sur les pas d'Albert Einstein qui s'était réfugié ici avant la Seconde Guerre mondiale.

Festival du cerf-volant sur la plage d'Ostende.
Carlos S. Pereyra/age fotostock

2

Wenduine B1

17 km au nord d'Ostende. Tram Wenduine Centrum.

La Spioenkop, une des plus hautes dunes, est surmontée d'un **belvédère** : vue intéressante sur les plages, les dunes et la station avec son ancien hôtel de ville reconstruit en style flamand. À remarquer : un petit moulin à vent à pivot.

Blankenberge B1

22 km au nord d'Ostende. Train direct depuis Bruges - Tram Blankenberge Station.

VVV - Dienst Toerisme – *Leopold III-Plein - 050 41 22 27 - www.blankenberge.be - tlj, horaires variables selon la saison.*

Ce petit port de pêche est devenu une des stations balnéaires les plus fréquentées du littoral belge. Le casino avec sa façade en verre, la jetée *(Pier)* avec vue sur la mer, la grande plage de sable fin et les rues commerçantes réservées aux piétons en été figurent parmi les principaux atouts de Blankenberge. Le « Paravang », prononciation locale de « paravent », à proximité du port de plaisance, est encore un vestige de la Belle Époque.

Église St-Antoine (St-Antoniuskerk) – Cette petite église en brique, toute proche de la gare, a été consacrée en 1358. Elle fut construite à l'emplacement de l'église N.-D., sévèrement endommagée par une violente tempête durant l'hiver 1334-1335. L'église a été modifiée à plusieurs reprises et présente un intérieur agrémenté de belles œuvres d'art des 17e et 18e s. : banc de communion, confessionnal, chaire, orgues.

Sea Life Centre – *Koning Albert I-laan 116 - Tram Blankenberge Sealife-Floreal - 050 42 43 00 - www.visitsealife.com - - 10h-17h (18h ou 19h selon la sais.) - fermé 25 déc. - 17 € (12 € sur Internet).* Le visiteur admirera de nombreuses espèces de poissons et d'animaux aquatiques vivant dans les rivières belges et dans la mer du Nord. À intervalles fixes, des présentations de requins et de raies, élevés, sont organisées au laboratoire marin. Le bassin aux raies est peuplé de poissons plats, passés maîtres dans l'art de se dissimuler sur les fonds où ils évoluent, et de quelques raies curieuses, qui viennent souvent nager en surface pour s'y faire caresser. Le tunnel sous-marin permet d'observer les poissons d'en bas, comme si l'on se trouvait au fond de la mer. À côté se trouve un centre de sauvetage des phoques.

Centre Belle Époque – *Elisabethstraat 24 - ☏ 050 42 87 41 - www.belle.epoque.blankenberge.be - ♿ - tlj sf lun. 14h-18h (sept.-juin 17h) - 3 € - possibilité de visites guidées en réservant 2 sem. à l'avance.* Dans une belle maison construite en 1894, ce centre a pour vocation de faire revivre l'esprit de la Belle Époque, quand l'aristocratie découvrait les joies des stations balnéaires. Une scénographie imaginative appuyée par des affiches, vidéos et photos et un esprit ludique (jeux de senteurs, puzzles, bornes multimédia) contribuent à restituer fidèlement ces années fastes. Belle terrasse tout en faïences inspirée du parc Güell, œuvre de Gaudí, à Barcelone.

Zeebrugge B1

27 km au nord d'Ostende. Tram Zeebrugge Kerk (village) ou Strandwijk (plage).

Toerisme Zeebrugge – *Zeedijk - ☏ 050 54 50 42 (en sais.) - www.brugge.be/zeebrugge.*

Au Moyen Âge, on ne trouvait à l'emplacement de l'actuel Zeebrugge que quelques fermes dispersées. Cette agréable cité balnéaire et son port virent le jour pour permettre à Bruges d'avoir un débouché sur la mer après l'ensablement définitif du Zwin.

Relié à la ville par le canal Baudouin (1896-1907), « Bruges-sur-mer » devint le principal port de pêche de la côte, mais aussi un port pétrolier et le lieu d'arrivée des navettes avec l'Angleterre. Dans les années 1970, le développement du transport *roll on – roll off* et par conteneurs nécessita une expansion considérable du port. L'avant-port fut construit en mer. Il est protégé par deux digues de 4 kilomètres. Des installations pour le transport des voitures et des centres de distribution ont été aménagés dans l'arrière-port.

Au milieu des grues et des conteneurs colorés, sorte de *Tetris* géant, le village s'est adapté aux bassins. On y trouve, autour du port de plaisance, quelques poissonniers et restaurants spécialisés dans les produits de la mer.

Seafront Maritiem Themapark – *Vismijnstraat 7 - ☏ 050 55 14 15 - www.seafront.be - 10h-17h (juil.-août 18h) - fermé 1er, 4-22 janv. et 25 déc. - 12,50 €.* Dans ce parc maritime, on peut monter à bord du *Westhinder*, un bateau-phare qui, ancré à l'embouchure de l'Escaut occidental, signalait aux navires le banc de sable du même nom. On peut aussi y visiter le sous-marin russe *Foxtrot*.

Lissewege – *12 km par la N 34 ; à Zeebrugge, prenez la N 31 en direction de Bruges.* *Oude Pastoriestraat 5 - ☏ 050 55 29 55 - www.lissewege.be.* Ce village pittoresque aux maisons blanches est dominé par l'imposante **tour** en brique de son église *(10h-17h ; 9h-20h en été)*. Édifiée au 13e s., reconstruite au 17e s., celle-ci conserve son allure d'origine.

De **Ter Doest** *(1 km au sud de Lissewege - 10h-17h)*, filiale de l'abbaye des Dunes à Coxyde, il ne reste que la chapelle, la ferme à tourelle (une partie est aménagée en restaurant) et la vaste et belle **grange abbatiale★** (13e s.), ornée de moulures en briques de style gothique et surmontée d'une admirable charpente de chêne.

Knokke-Heist C1

35 km au nord d'Ostende. Tram Knokke Station. En train, ttes les h à partir de Bruges.

Toerisme Knokke-Heist – *Zeedijk-Knokke 660 - ☏ 050 63 03 80 - www.knokke-heist.be - lun.-jeu. 8h30-12h, 13h30-17h30, vend.-dim. 8h30-12h30, 13h30-18h.*

Heist, Duinbergen, Albert-Strand, Knokke et le Zoute (Het Zoute) ne forment qu'une seule station balnéaire, réputée pour son élégance et qui se flatte de posséder, notamment au Zoute, les plus belles villas de la côte. Les distractions y sont particulièrement nombreuses. Dans le casino et le centre culturel Scharpoord, qui servent aussi de centre de congrès, sont présentées chaque année d'importantes expositions. La station détient en outre un équipement sportif très complet (golf, piscines, tennis), un lac artificiel (Zegemeer) et un institut de thalassothérapie.

Casino – *Zeedijk-Albertstrand 509.* Dans le hall central, on admire un très grand lustre en cristal de Venise et des peintures murales de Magritte (*Le Domaine enchanté*, 1953) et de Keith Haring. Devant l'édifice se dresse une statue en bronze (1965) de Zadkine : *Le Poète*.

Parc naturel provincial Le Zwin★ (Provinciaal Natuurpark Het Zwin) – *Graaf Leon Lippensdreef 8 - ✆ 050 60 70 86 - www.zwin.be - ♿ - tlj sf lun. 9h-17h30 (tlj vac. scol.) - promenades accompagnées, dim. à 10h - 5,20 €.* Entre la station et la frontière belgo-hollandaise s'étend le **Zwin**, ancien bras de mer aujourd'hui ensablé qui desservait jadis les ports de Sluis, Damme et Bruges.

Entouré par les dunes qui l'isolent de la mer et les digues qui protègent la campagne des inondations, c'est un univers de chenaux soumis à la marée, et de prés-salés.

Le Zwin a été converti en **réserve naturelle** (158 ha, dont 33 aux Pays-Bas) et abrite une flore et une faune très intéressantes. Une partie de la réserve (60 ha) est accessible au public. Le meilleur moment pour visiter est le printemps, pour les oiseaux, et l'été, pour les fleurs. De mi-juillet à fin août en effet, le « statice des limons », ou fleur du Zwin, forme un merveilleux tapis mauve. Avant la promenade, on peut visiter un parc ornithologique éducatif où nichent des cigognes et où vivent les principaux représentants de l'avifaune indigène. En traversant le bois, on atteint le sommet de la digue où la vue embrasse l'ensemble de la réserve.

Parmi les innombrables espèces peuplant le Zwin, citons la colonie de sternes, des échassiers comme l'avocette au fin bec recourbé, des canards comme le tadorne (au bec rouge) et plusieurs migrateurs comme le pluvier argenté et différentes espèces de bécasseaux.

LE LITTORAL AU SUD D'OSTENDE

Oostduinkerke A2

29 km au sud d'Ostende.

Sur la plage d'**Oostduinkerke-Bad**, quelques pêcheurs pratiquent encore la pêche aux crevettes à cheval : à marée basse, le cheval traîne un lourd chalut et s'enfonce dans l'eau jusqu'au poitrail. Fin juin ont lieu la Fête de la crevette et le cortège de la crevette. Ici comme à La Panne, la largeur des plages permet de pratiquer le char à voile.

Église St-Nicolas (St-Niklaaskerk) – *Leopold II laan.* Cette église de 1955, en brique brune, est réunie par des arcades à une massive tour rappelant celle de Lissewege. L'absence de chœur, la succession d'arcs aigus très rapprochés, prenant naissance au-dessous du sol, font l'originalité de l'édifice. *Se renseigner auprès de M. Devos - Witte Burg 90, 8670 Oostduinkerke - ✆ 058 51 23 33.*

Musée national de la Pêche (Nationaal Visserijmuseum) – *Pastoor Schmitzstraat 5 - ✆ 058 51 24 68 - www.visserijmuseum.be - ♿ - avr.-oct. : mar.-vend. 10h-18h, w.-end 14h-18h ; reste de l'année : mar.-dim. 14h-18h - fermé janv., 11 nov. et 25 déc. - 5 €.* Ce musée contient une belle collection de maquettes de bateaux, des instruments de marine, une maquette d'un port de pêche, un espace consacré à la pêche aux crevettes à cheval et des peintures d'artistes ayant travaillé à Oostduinkerke vers 1900, comme **Artan**, peintre belge né à La Haye (1837-1890). À côté ont été reconstitués une maison de pêcheur typique et un estaminet de 1920. Dans la cour, un bateau de sauvetage et un crevettier.

Musée du Folklore Florishof (Folklore Museum) – *Koksijdesteenweg 72 - ☏ 058 51 12 57 - ♿ - de Pâques à mi-sept. et vac. scol. : tlf sf mar. 10h-12h, 13h-17h30 ; de déb. oct. à Pâques : w.-end et j. fériés 10h-12h, 13h-17h30 - 2 € (enf. 1,50 €).* Reconstitution d'un intérieur régional, d'ateliers, d'une chapelle, d'une épicerie, d'une grange et d'une petite école.

Musée de la Clé et de la Serrure (Museum voor sleutel en slot) – *Nieuwpoortsesteenweg 336 - ☏ 058 23 16 27 - juil.-août : tlj sf lun. 13h30-17h30 - visites guidées sur RV - 1,85 €.* La très large collection de clés de Raf Declercq est présentée dans un ancien atelier du plus grand fabricant de clés belge. Ce musée à l'aménagement moderne propose un survol historique de 3 000 ans de clés et de serrures ainsi que tout ce qui a trait aux systèmes de protection actuels.

Ferme de Ten Bogaerde – *4 km au sud.* À droite de la route se remarque cette ferme, bel ensemble de brique qui appartenait à l'abbaye des Dunes. De la grange monumentale, qui est comparable à celle de Ter Doest, il ne reste que des ruines.

Nieuport (Nieuwpoort) – *5 km à l'est par la N 396.* À l'embouchure de l'Yser, c'est une ancienne place forte entièrement reconstruite après 1918 dans le style flamand. C'est aussi une station balnéaire (Nieuwpoort-Bad) et un centre de sports nautiques. Sur la jolie **Grand-Place** (Marktplein), bordée de boutiques et de cafés, se dressent la **halle** et l'**hôtel de ville**, reconstruits après la Première Guerre mondiale.

Près du pont de l'Yser, le **monument au roi Albert Ier** *(☏ 058 22 44 44 (office de tourisme) - tlj sf w.-end 8h45-12h, 13h15-18h (de mi-oct. à fin fév. 17h) - fermé j. fériés - 1,25 € en ascenseur, 1 € à pied)* est un hommage au souverain, représenté par une statue équestre. Du sommet du monument, vue intéressante sur Nieuport et sa région.

La **réserve naturelle De Ijzermonding** s'étend au nord de la station, à côté de l'embouchure de l'Yser. *Vlaams Bezoekers- en Natuureducatiecentrum De Nachtegaal, Olmendreef 2, 8660 De Panne - ☏ 058 42 21 51 - visites guidées.*

BATAILLE DE L'YSER

La région de Nieuport a été le théâtre de ce terrible épisode de la guerre. En août 1914, les Allemands envahissent la Belgique, puis la France. Arrêtés sur la Marne par Joffre, ils attaquent aussitôt Anvers que l'armée belge réussit à évacuer à temps, pour se retrancher à l'ouest de l'Yser, auprès du roi Albert. Elle est soutenue par des troupes françaises et britanniques. Le 16 octobre, les Allemands s'en prennent au dernier bastion du territoire belge ; ils parviennent bientôt à franchir l'Yser à Tervate, au nord de Dixmude. Les renforts alliés n'arrivant pas, on fait ouvrir à Nieuport, le 28 octobre, les vannes du canal de dérivation Veurne-Ambacht : l'inondation des polders environnants permet d'arrêter immédiatement l'avance allemande. Alors que le front se stabilise au sud de Dixmude jusqu'à la fin de la guerre, les Allemands se tournent vers le saillant d'Ypres.

Cabines de plage à Coxyde.
L. Flandroit/Fotolia.com

Coxyde (Koksijde) A2

39 km au sud d'Ostende.

Office de tourisme – *Zeelaan 303, 8670 Koksijde - ✆ 058 51 29 10 - www.koksijde.be. Bureaux annexes :* **Oostduinkerke-Bad** – *Astridplein 6 - ✆ 058 51 13 89 ;* **St-Idesbald** – *Zeedijk 26a - ✆ 058 51 39 99.*

Cette jolie localité, qui comprend les stations balnéaires de Koksijde-Bad, St-Idesbald et Oostduinkerke, englobe le Hoge Blekker. Avec ses 33 m de hauteur, cette dune est la plus élevée du littoral belge. De nombreuses manifestations sont organisées tout au long de l'année à Coxyde, dont un grand marché aux fleurs, un tournoi international de tennis féminin en plein centre-ville, une fête folklorique des pêcheurs et le cortège « Hommage à la peinture flamande ». À Oostduinkerke, on peut encore voir à l'œuvre les célèbres pêcheurs de crevettes à cheval.

Musée de l'Abbaye des Dunes 1138 ★ (Abdijmuseum Ten Duinen 1138) – *Koninklijke Prinslaan 6-8 - ✆ 058 53 39 50 - www.tenduinen.be - avr.-oct. : tlj sf lun. 10h-18h ; reste de l'année : tlj sf lun. 14h-18h - 2 sem. en janv. et 25 déc. - 5 € (-18 ans 1 €).* Fondée en 1107 par les bénédictins, l'abbaye devient cistercienne en 1138. Elle connaît son apogée vers 1300 et devient, sous la conduite de l'abbé Élias van Koksijde, une des principales abbayes d'Europe occidentale, puis décline pour finalement être détruite par les calvinistes en 1566. Des fouilles, effectuées depuis 1949, ont permis de retrouver des vestiges, laissant apparaître les lignes majestueuses de l'abbatiale. Le musée retrace l'histoire du site et évoque les moments de la vie quotidienne des moines.

Église N.-D.-des-Dunes (O.L.V.-ter-Duinenkerk) – *Kerkplein 2.* Construite en 1962, cette église moderne se situe au nord de l'abbaye. La forme ondulante du bâtiment et la couleur bleu marine du toit évoquent la mer, tandis que le coloris beige des murs s'assimile à celui des dunes toutes proches. À l'intérieur, les vitraux diffusent des lumières chatoyantes. La crypte *(accès par l'extérieur)* renferme une relique de saint Idesbald qui était, au 12e s., abbé de l'abbaye des Dunes.

Musée Paul-Delvaux★ – *Delvauxlaan 42, St-Idesbald (à 3 km du centre de Coxyde) - ✆ 058 52 12 29 - www.delvauxmuseum.com - ♿ - avr.-sept. : tlj sf lun. 10h30-17h30 ; reste de l'année : jeu., vend., w.-end et j. fériés 10h30-17h30 - fermé janv.-mars et 25 déc. - visites guidées sur RV - 8 €.*
Les peintures, aquarelles, dessins, gravures et esquisses réunis par la Fondation Paul Delvaux permettent de suivre l'évolution de l'artiste, depuis ses œuvres post-impressionnistes aux compositions surréalistes où le peintre est parvenu à développer un style très personnel. Paul Delvaux a su, mieux que tout autre, créer un monde onirique, à la fois étrange, hallucinant et poétique. Certains thèmes étaient particulièrement chers au peintre : les gares – observer la lumière étrange qui baigne la *Gare forestière* (1960) –, les femmes, qu'il aimait représenter plus ou moins dévêtues dans un paysage aux temples grecs ou romains, et les squelettes. L'ensemble est complété par quelques vitrines comprenant des objets personnels de l'artiste, notamment une magnifique collection de trains et de tramways miniatures, une reconstitution de son atelier de l'avenue des Campanules, à Watermael-Boitsfort, et de nombreuses photos.
Musée 't Krekelhof – *Koninklijke Baan 237, St-Idesbald - ✆ 058 51 23 32 - www.museumkrekelhof.be - vend. 11h-15h, sam. 10h-17h, dim. 10h-12h - 3,50 € (incluant une bière régionale dans le petit café).* Ce musée artisanal et cabinet de curiosités propose une large collection d'objets uniques de la période d'avant-guerre. Divisé en 19 thèmes, il rend hommage aux petits paysans de jadis.

La Panne (De Panne) A2

40 km au sud d'Ostende.

Dienst voor Toerisme – *Zeelaan 21 - ✆ 058 42 16 16 - www.depanne.be.*
Jouxtant la frontière, La Panne est une station balnéaire très fréquentée par les touristes français. Sa **plage★** de sable fin, dépourvue de brise-lames et dont la largeur atteint par endroits 250 m à marée basse, convient particulièrement à la pratique du char à voile.
La réserve naturelle du Westhoek et des dunes à perte de vue raviront les amateurs de promenades solitaires. Près de la plage se dresse le monument au roi Léopold Ier, rappelant l'endroit où le premier souverain de Belgique débarqua en 1831, venant d'Angleterre.
Westhoek – Autour de la station La Panne s'étendent des dunes dont une partie forme, à l'ouest, le Westhoek, réserve naturelle appartenant à l'État et couvrant 340 ha jusqu'à la frontière.
La réserve est traversée par plusieurs sentiers balisés ; des **promenades guidées** y sont organisées pendant les périodes de vacances. Si les oyats ou quelques arbustes (saule rampant, argousier, sureau noir) revêtent généralement les dunes, au centre se trouve une clairière dépourvue de végétation appelée parfois « le Sahara ».
Oosthoek – Cette réserve naturelle communale s'étend sur 61 ha de dunes et de bois à l'est de La Panne. Tout près se trouve le centre d'accueil « De Nachtegaal », évoquant les différents paysages des dunes, la faune et la flore de la région.
Adinkerke – *3 km au sud.* À Adinkerke se trouve **Plopsaland** (*✆ 058 42 02 02 - www.plopsa.be - avr.-oct. : pour les heures d'ouverture voir le site Internet - 32 €, enf. mesurant moins de 1 m 8,50 €, enf. mesurant moins de 85 cm gratuit*), parc à thème de 30 ha, dont les héros sont Samson et Gert (un chien qui parle et son maître) ainsi que le lutin Plop, très connus des plus jeunes en Flandre.

NOS ADRESSES À OSTENDE ET SA RÉGION

Plan de la ville p. 177

TRANSPORTS

Transports en commun – Un **tramway côtier** empruntant la plus longue ligne du monde dessert le littoral de Knokke à La Panne en passant par Ostende, dans les deux sens et à intervalles réguliers. Le ticket pour un trajet coûte 2 € et le très avantageux **Dagpas**, qui permet d'emprunter à volonté la ligne durant une journée, revient à 5 €. Rens.: *www.delijn.be*.
Voiture – Circuler le long de la côte en voiture est aisé, s'y garer gratuitement l'est moins. Dans toutes les stations balnéaires, le stationnement est payant et limité à quelques heures. Néanmoins, à Ostende, il est possible de se garer gratuitement derrière le boulevard Léopold III-Laan, qui longe la gare (notamment au parking qui borde le Maria-Hendrikapark et près du Fort Napoléon).
Promenades à pied et à bicyclette – Plusieurs circuits peuvent être effectués au départ et entre les stations, qui permettent de découvrir les avenues ombragées de saules et les villas cossues dissimulées dans de beaux jardins. Des promenades dans l'arrière-pays font traverser une campagne verdoyante parsemée de coquettes fermes blanches, aux toits de tuiles rouges. *Rens. dans les offices de tourisme.*

VISITES GUIDÉES

Les possibilités de promenades guidées sont nombreuses. Ainsi, dans les **dunes des parcs naturels** du Zwin *(p. 183)* ou de Westhoek *(p. 186)*. Ceux qui ont le pied marin pourront également effectuer çà et là des mini-croisières. Il est ainsi possible, à partir d'Ostende, de découvrir les **parcs éoliens en mer** *(sur réserv. : www.franlis.be)*. Enfin, le site de l'office du tourisme d'Ostende *(www.visitoostende.be)* propose des **balades virtuelles** sur le thème des peintres ostendais, de la cité maritime ou encore... l'Ostende de Marvin Gaye.

HÉBERGEMENT

Ostende

BUDGET MOYEN

Hôtel du Parc – A2 - *Marie Joséplein 3 - ✆ 059 70 16 80 - www.hotelduparc.be - 51 ch. 82/97 €* ☕. Immeuble de la Belle Époque aux chambres et aux équipements modernes. Brasserie Art déco et terrasse ensoleillée, large choix de bières belges. On peut rejoindre la plage à pied.
De Mangerie – A1 - *Visserkaai 36 - ✆ 059 70 18 27 - www.mangerie.info - 3 ch. 95 €.* De belles chambres d'hôtes, au design moderne et chaleureux, offrant un très bon niveau de confort et une belle vue sur le quai des Pêcheurs.

Blankenberge

POUR SE FAIRE PLAISIR

Hôtel Saint-Sauveur – *Langestraat 50 - ✆ 050 42 70 00 - www.saintsauveur.be - P - 46 ch. 110/150 €* ☕. Hôtel de style design situé dans le centre de la populaire station balnéaire. Les chambres sont minimalistes, décorées de couleurs vives. Dans les caves de l'hôtel se trouvent une piscine et un sauna. Dans la brasserie, un petit orchestre de jazz crée chaque soir une ambiance agréable.

2

Le Coq

PREMIER PRIX

Villa Gallica – *Leopoldlaan 2 - ✆ 059 23 65 75 - www.villagallica.be - P - 3 ch. 50/75 € ☕.* Dans une belle villa tout en hauteur, construite en 1897, des chambres d'hôtes, de taille variable, accueillantes et garnies d'objets chinés ici et là. Le salon dans lequel est pris le petit-déjeuner possède également beaucoup de caractère et s'inscrit dans l'esprit du lieu. Accueil chaleureux. Une adresse vivement recommandée.

POUR SE FAIRE PLAISIR

Hôtel Duinhof – *Leeuwerikenlaan 23 - ✆ 059 24 20 20 - www.duinhof.be - P - 12 ch. (dont 2 suites) 130/175 € ☕.* Chambres douillettes et spacieuses, aménagées dans une belle propriété au cœur d'un quartier résidentiel. Toutes ont une terrasse (excepté les 2 suites) qui offre une vue sur le jardin et la piscine. L'endroit dégage un charme très anglais.

Wenduine

BUDGET MOYEN

Hostellerie Astrid – *Astridplein 2 - ✆ 050 41 21 37 - www.hotellerie astrid.be - P - 10 ch. 90/110 € ☕.* Hôtel-villa à la situation tranquille, non loin du terrain de tennis et de la plage. Belles chambres soignées. Lorsque le temps le permet, le petit-déjeuner est servi au jardin. Agréable restaurant dans un cadre intime.

Knokke-Heist

POUR SE FAIRE PLAISIR

Hôtel Binnenhof – *Jozef Nellenslaan 156 - ✆ 050 62 55 51 - www.binnenhof.be - P - 25 ch. 95/200 € - ☕ 14 €.* Hôtel moderne à la situation calme et pourtant proche de la plage de la station balnéaire mondaine. Les chambres confortables sont aménagées avec style et la plupart ont vue sur la mer. Vaste buffet de petit-déjeuner.

Coxyde

BUDGET MOYEN

Host. Oxalis et Résid. Loxley Cottage – *Lejeunelaan 12 - ✆ 058 52 08 79 - www.hoteloxalis.com - P - rest. fermé de mi-janv. à mi-fév., de mi-nov. à mi-déc., dim. soir, lun. - 8 ch. 89/130 € ☕ - rest. 45/60 €.* Quatre chambres cosy ont été aménagées au-dessus de ce restaurant qui propose quatre autres chambres dans son annexe, le Loxley Cottage, niché dans un quartier résidentiel, à 200 m en face en longeant le minigolf. Sympathique café (mais que le service est long), où ceux qui n'ont pas les moyens de dormir au B&B pourront néanmoins goûter à l'atmosphère sereine du lieu.

La Panne

BUDGET MOYEN

Hôtel des Princes – *Nieuwpoortlaan 46 - ✆ 058 41 10 49 - www.hoteldes princes.be - P - 30 ch. 87 € ☕.* Hôtel familial dans un immeuble Art déco à distance de marche de la plage. Les chambres ont reçu un look jeune mais le charme de la vieille bâtisse a été conservé. Salon de thé et restaurant au rdc.

RESTAURATION

Ostende

PREMIER PRIX

Étals à poisson – *Visserskaai.* Les étals à poisson du Visserskai furent longtemps une incontestable attraction gastronomique d'Ostende. Le long du quai, une dizaine d'échoppes proposaient des crevettes, langoustines et autres harengs, ainsi que toutes sortes de préparations à base de poisson.

Aujourd'hui, si les étals sont toujours là, crevettes et langoustes ont été remplacées par du… surimi et des fruits de mer qui proviennent de partout… sauf d'Ostende. Sur le *Vistrap* tout proche, du poisson frais de la mer du Nord est mis en vente chaque matin.

BUDGET MOYEN

Kombuis – A1 - *Van Iseghemlaan 24 - ✆ 059 80 16 49 - 11h30-15h, 18h-23h - plats 17/22 €.* Cadre simple et sans chichi, salle avec vue sur la cuisine ouverte. Des locaux nous avaient prévenus : « *Peut-être les meilleures moules de la ville.* » Ils ne se sont pas trompés. Préparées avec différentes sauces, elles sont copieuses et ont du goût. Seuls regrets : que le service soit un peu long (rançon du succès) et que les frites ne soient pas « maison »…

POUR SE FAIRE PLAISIR

Saint Malo – A2 - *Albert I Promenade 62a - ✆ 059 50 39 67 - www.st-malo.be - tlj en été - fermé lun. hors sais. - lunch 18-20 €, menu 37 €.* Restaurant à l'aménagement contemporain, proche du casino. Large sélection car les gourmets pourront non seulement choisir parmi des préparations de homard et de poisson, mais également des plats traditionnels de Thaïlande.

Au Vieux Port – A1 - *Visserskaai 32 - ✆ 059 70 31 28 - www.auvieuxport.be - tlj sf lun. et mar. - menus 27/55 €.* Face au port de pêche, ce petit repaire gourmand ravira les amateurs de poisson et de fruits de mer. Une excellente cuisine typique de la côte belge se déguste dans un cadre actuel, inspiré comme il se doit par l'univers marin.

UNE FOLIE

Fort Napoléon – A2 en dir. - *Vuurtorenweg - ✆ 050 33 21 60 - www.fortnapoleon.be - avr.-oct. : fermé lun. (sf juil.-août) ; reste de l'année : fermé lun. et mar. - menus 39/65 €.* Fort historique restauré dans les dunes. Restaurant, bistro et terrasse ensoleillée avec vue sur les phares et les dunes. Design moderne dans un cadre historique unique.

Blankenberge

UNE FOLIE

Oesterput – *Wenduinse Steenweg 16 - ✆ 050 41 10 35 - www.oesterput.com - tlj sf mar. 12h-14h15, 17h45-21h30 - 35/60 €.* Adresse dédiée aux saveurs littorales : bassins à huîtres, viviers à homards, longues rangées de tables recouvertes de nappes en papier, le tout, dans un hangar proche du port de plaisance. Les plateaux de fruits de mer tiennent la vedette.

Knokke-Heist

POUR SE FAIRE PLAISIR

Aquilon – *Elizabetlaan 6 - ✆ 050 60 12 74 - www.aquilon.be - fermé lun. soir de sept. à avr., mar. (tte l'année) et merc. (sf juil.-août) - menu 29/58 €.* Dans cette institution locale ouverte en 1967, la fille a succédé à la mère devant les fourneaux pour concocter une cuisine de la mer (sole, harengs, crustacés) et du terroir (joue de veau).

UNE FOLIE

' t Kantientje – *Ramskapellestraat 61 - ✆ 050 60 54 11 - www.kantientje.be - fermé mar., merc. et jeu. midi - 38-82 €.* Agréable restaurant dans la rue commerçante de Knokke. Délicieux plats de poisson traditionnels, avec des portions royales. Réservation nécessaire.

Zeebrugge

UNE FOLIE

Channel 16 – *Werfkaai 16 - ✆ 050 60 16 16 - www.ch16.be - 35/55 €.* Dans cet entrepôt portuaire transformé en brasserie et restaurant branché, on sert des plats succulents à prix raisonnables. Un établissement original ouvert tous les jours de midi jusqu'aux petites heures du matin.

Duinbergen

UNE FOLIE

Sel Gris – *Zeedijk 314 - ✆ 050 51 49 37 - www.restaurantselgris.be - fermé merc. et jeu. - lunch 49 €, menu 65/85 €.* Aménagement sobre et contemporain le long de la digue de mer, pour ce restaurant qui a vue sur la plage. La carte a un choix limité de plats mais elle est riche en créativité. Excellente carte des vins.

Coxyde

POUR SE FAIRE PLAISIR

De Huifkar – *Koninklijke baan 142 - ✆ 058 51 16 68 - www.restaurantdehuifkar.be - de Pâques à mi-nov. : fermé merc. soir et jeu. ; reste de l'année : fermé lun. soir, mar. soir, merc. soir et jeu. - menus 25/45 €.* Difficile de tenter une expérience gastronomique à Coxyde, où presque tous les restaurants proposent la même chose, steaks et moules, à des prix élevés. Cet établissement se démarque par une cuisine classique très bien maîtrisée, où les produits de la mer sont à l'honneur : bouillabaisse de la mer du Nord, saint-jacques au lard… Hors saison, plats de gibier (sanglier, chevreuil). Cadre moderne, service professionnel.

Oostduinkerke

BUDGET MOYEN

De Mikke – *Leopold II Laan 82 - ✆ 058 52 19 45 - www.demikke.be - fermé de mi-nov. à mi-déc., sem. avant Pâques, lun. soir sf vac. scol., mar. - plats 16-22 €.* Restaurant-grill proposant des plats de viande et de poisson à des prix abordables. Service correct. Cadre classique, mais une cuisine de qualité, aux portions généreuses. Il n'est pas possible de réserver. Le restaurant est ouvert tous les jours en période de vacances.

La Panne

POUR SE FAIRE PLAISIR

De Witte Berg – *Zeedijk 95 - ✆ 058 42 04 42 - fermé merc. - menu 30/40 €.* La situation de ce restaurant le long de la digue offre un panorama splendide. La carte propose surtout des plats de poisson classiques. Terrasse à différents niveaux. Crêpes et gaufres délicieuses servies l'après-midi. Ouvert tlj pendant les périodes de vacances.

Klemskerke

POUR SE FAIRE PLAISIR

De Kruidenmolen – *Dorpsstraat 1 - ✆ 059 23 51 78 - www.kruidenmolen.be - ⊭ P - fermé merc. et jeu., 2 sem. en nov. et 2 sem. en mars - lunch 26 €, menu 35/43 €.* À 4 km en venant du Coq, en allant tout droit, dos à la mer. Un restaurant de campagne qui propose une cuisine élaborée, notamment à partir de produits soigneusement choisis chez les agriculteurs locaux. Plats inventifs et cuissons appropriées. Carte qui change régulièrement sauf pour quelques classiques comme le pâté maison avec foies de canard et foies de volailles. Belle salle, avec cheminée centrale, qui mêle la pierre et le bois. La formule lunch est d'un bon rapport qualité-prix.

PETITE PAUSE

Ostende

't Botteltje – A1 - *Louisastraat 19 - ✆ 059 70 09 28 - tlj.* Établissement connu pour son grand choix de genièvres et de bières. La carte des bières change régulièrement.

Bon à savoir – Deux sympathiques et authentiques pubs dans Langestraat (tout proche du front de mer), à l'écart de l'agitation touristique, et fréquentés par les retraités britanniques qui ont connu l'âge d'or de la ville : l'Anglais **Cosy Corner** et l'Irlandais **Flanagan's**, reconnaissable à son imposante façade orange.

Blankenberge

Café Terminus – *Leopold III-plein 1 - ✆ 050 41 19 45 - tlj à partir de 7h*. Établissement à l'intérieur classique, avec vaste terrasse côté rue et grandes baies ouvertes par beau temps. Plus de 50 bières différentes. Petit-déjeuner possible. Petite restauration à la carte.

ACHATS

Ostende

Chocoladehuis Yperman – A2 - *Christinastraat 60 - ✆ 059 27 84 58*. Toutes les villes flamandes possèdent leurs magasins de chocolat. Ici, le chocolat est délicieux, mais il se présente aussi sous des formes multiples, par exemple des bouteilles de bière ou des personnages.

Blankenberge

Moeder Babelutte – *Kerkstraat 70 - ✆ 050 41 21 72 - tlj*. Parmi les différentes confiseries que compte Blankenberge, celle-ci est certainement la plus connue. On y trouve toutes sortes de délicieuses friandises dans lesquelles le nougat et le chocolat sont les principaux ingrédients. La maison propose aussi des boissons sucrées et des pralines.

AGENDA

Ostende

Vurige Maandagen : feux d'artifice – Chaque lundi entre le 9 juil. et le 20 août, de magnifiques feux d'artifice sont tirés par des artificiers réputés sur le Groot Strand près du Kursaal. Ils débutent à 23h en juil. et à 22h30 en août.

Bal du Rat mort – En 1896, James Ensor fut l'un des promoteurs du bal du Rat mort (un nom choisi en souvenir du cabaret montmartrois du même nom). Ce bal de charité a lieu chaque année au Casino-Kursaal, la première quinzaine de mars. Les participants se déguisent et portent des masques. Le choix des déguisements varie en fonction du thème de l'année.
Autres événements annuels remarquables : la grandiose manifestation maritime « **Oostende voor Anker** » (Ostende à l'ancre - rens. : *www.oostendevooranker.be*) et le festival « **Theater aan Zee** » (fin juil.-déb. août, nombreux concerts et représentations théâtrales un peu partout dans la ville - rens. : *www.theateraanzee.be*).

Blankenberge

Bloemencorso (Corso fleuri) – Le dernier dim. d'août, dans l'après-midi, un magnifique cortège de plus de 20 chars abondamment fleuris parcourt la digue de mer. Dans les jours qui précèdent, un itinéraire permet de découvrir à pied ou à vélo les hangars où sont préparés les chars.
Le **carnaval** de Blankenberge est particulièrement animé. Lors du week-end de l'Ascension, les **Havenfeesten** (Fêtes du port) proposent une foule d'activités maritimes et font revivre l'ambiance de la pêche d'autrefois (rens. : *www.havenfeesten.be*).

Knokke-Heist

En juillet et août, un **marché folklorique** se tient le jeudi après-midi au centre De Bolle, pas loin de la gare de Heist.
Festival international de cartoons – Ce festival du dessin humoristique est organisé de la mi-juil. à la fin sept. au Lagunahal. On y présente les vainqueurs du concours international et les meilleurs dessins humoristiques de la presse belge et hollandaise.

Furnes

Veurne

★

11 565 habitants – Flandre occidentale

NOS ADRESSES PAGE 196

S'INFORMER

Indicatif téléphonique : *058.*

Toerisme Veurne – *Grote Markt 29 - ✆ 058 33 55 31 - www.veurne.be - 31 mars-14 juin et 16 sept.-15 oct. : lun.-vend. 9h-12h, 13h30-17h, w.-end 10h-12h, 13h30-17h ; 15 juin-15 sept. : lun.-vend. 9h-17h, w.-end 10h-17h ; 16 oct.-31 déc. : lun.-jeu. 9h-12h, 13h30-17h, vend.-sam., 2 et 11 nov. 10h-12h, 14h-16h ; 1er janv.-30 mars : lun.-jeu. 9h-12h, 13h30-17h, vend.-sam. 10h-12h, 14h-16h.*

SE REPÉRER

Carte de région A2 (p. 150-151) et plan de ville (p. 194) – *Cartes Michelin Regional nos 716 B2 et 533 B16.* Près de la côte belge, aux confins de la France, Furnes se niche dans la plaine flamande. On y arrive en empruntant l'A 18/E 40 (depuis Bruges ou la frontière française) ou par la N 8 (au départ de Coxyde ou d'Ypres).

ORGANISER SON TEMPS

Comptez 3 ou 4h pour découvrir les principales curiosités de Furnes.

AVEC LES ENFANTS

Le musée de la Boulangerie.

Petite ville charmante en retrait de la côte, Furnes regroupe ses monuments autour d'une magnifique Grand-Place où le luxe de la décoration flamande est tempéré par une dignité un peu solennelle et tout espagnole. C'est, en effet, pendant le règne des archiducs Albert et Isabelle, période de prospérité, que furent construits la plupart des monuments de la cité. Furnes était le quartier général de l'armée belge en 1914, lors de la bataille de l'Yser. Chaque année, en juillet, se déroule la célèbre procession des Pénitents, impressionnante manifestation de ferveur religieuse.

La Grand-Place de Furnes.
Toerisme Veurne

Se promener Plan de ville p. 194

★★ GRAND-PLACE (Grote Markt)

Très vaste, elle s'entoure de beaux monuments et de maisons anciennes, surmontées de pignons, frontons et corniches, datant pour la plupart du début du 17ᵉ s.

2

Hôtel de ville (Stadhuis)
Grote Markt 29 - visites guidées : de Pâques au 15 nov., horaires disponibles à l'office de tourisme (dans le même bâtiment) - 3 €.
Construit en 1596 (partie gauche) et 1612 (partie droite), dans le style Renaissance flamande, avec une façade à deux frontons précédée d'une élégante loggia, l'hôtel de ville possède à l'arrière-plan une tourelle d'escalier se terminant par un petit bulbe.
À l'**intérieur**, on voit des murs tendus de magnifiques **cuirs★** de Cordoue (salle de réception) ou de Malines (salle du conseil et des mariages). La salle du collège est garnie de velours bleu d'Utrecht. Des meubles du 18ᵉ s., des tableaux parmi lesquels une nature morte attribuée à Robert de Vynck sont aussi à signaler.
On visite également, en général, la salle d'audience de l'ancien palais de justice qui communique avec l'hôtel de ville.

Palais de justice (Landhuis)
Jadis châtellenie (1618), l'ancien palais de justice est inspiré de l'hôtel de ville d'Anvers. Derrière le bâtiment se dresse le **beffroi** (1628), gothique mais surmonté d'un couronnement baroque.
Au nord de la Grand-Place se dressent un ensemble de **cinq maisons** à beaux pignons agrémentés de lourdes fenêtres à pilastres.

Pavillon espagnol (Spaans Paviljoen)
À l'angle de la Grand-Place et de la rue de l'Est (Ooststraat), le pavillon espagnol, élevé au 15ᵉ s., servit d'hôtel de ville jusqu'en 1586. C'était le quartier général des officiers espagnols au 17ᵉ s.

Halle aux viandes (Oud Vleeshuis)
Cette halle aux viandes, édifiée en 1615, présente une jolie façade. Restaurée, l'ancienne boucherie est occupée par la bibliothèque municipale.

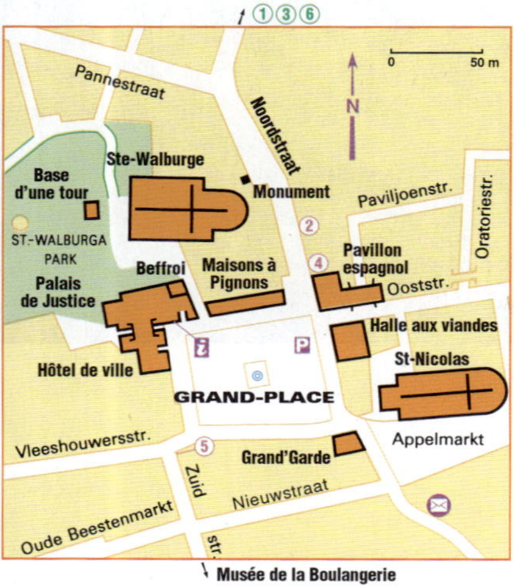

FURNES

SE LOGER

Bed & Breakfast Chez Gaston....................... ⑥

de Loft .... ①

Landgoed de Kastanjeboom Chambres d'hôte................ ③

SE RESTAURER

Grill de Vette Os....................... ⑤

Hostellerie Croonhof............... ②

Olijfboom .... ④

Grand'Garde (Hoge Wacht)

Au fond de la Grand-Place, au sud, une maison à arcades construite en 1636 abritait l'ancien corps de garde.

Pour gagner l'église Ste-Walburge, prenez une ruelle à droite de l'ancien palais de justice.

Église Ste-Walburge (St-Walburgakerk)

✆ 058 33 55 31 - avr.-sept. : 8h-18h ; reste de l'année : 8h-12h30.

La première église, détruite par les Normands, fut reconstruite au 12e s., dans le style roman. Un nouvel édifice, entrepris au 13e s. sur des plans ambitieux, ne fut jamais terminé. Seuls furent réalisés le chœur, particulièrement impressionnant avec ses 27 m de haut et ses multiples arcs-boutants, et, au 14e s., la base d'une tour, située dans le square voisin. La partie romane de l'église a été refaite au 20e s.

À l'intérieur, les proportions sont harmonieuses et imposantes. On remarque les stalles Renaissance flamande (1596), une chaire de H. Pulinx (1727) représentant la vision de saint Jean à Patmos, des orgues et un jubé du 18e s. ; peintures flamandes du 17e s.

Dans le square à l'ouest de l'église se trouvait le château fort construit par le comte Baudouin Bras-de-Fer.

Prenez à droite la Pannestraat, puis empruntez la Noordstraat.

Noordstraat

Dans l'ancienne auberge de la Noble Rose, Die Nobele Rose (1572), transformée en banque, logea en 1906 l'écrivain autrichien Rainer Maria Rilke. En face, un petit monument a été érigé à la mémoire de l'éclusier de Nieuport, Karel Cogge, qui provoqua des inondations en 1914.

Revenez à la Grand-Place que l'on traverse, puis prenez à gauche l'Appelmarkt.

Église St-Nicolas (St-Niklaaskerk)

✆ 058 33 55 31 (office de tourisme) - été : 8h30-18h ; reste de l'année : 8h30-17h.

L'église St-Nicolas est dominée par une belle **tour** massive en brique, du 13e s., gardienne d'une des plus anciennes cloches flamandes, la Bomtje (1379).

L'intérieur est du type halle, avec trois vaisseaux d'égale hauteur. Sur le maître-autel, un intéressant triptyque (1534), attribué par certains à van Aemstel, beau-frère de Pieter Coecke, par d'autres à van Orley, représente la Crucifixion.

À proximité Carte de région p. 150-151

Musée de la Boulangerie (Bakkerijmuseum) A2

Albert I-laan 2, près de l'autoroute E 40-A 18, sortie Veurne - 058 31 38 97 - www.bakkerijmuseum.be - fév.-juin et sept.-déc. : lun.-jeu. 10h-17h, w.-end 14h-17h ; juil.-août : lun.-vend. 10h-17h30, w.-end 14h-17h30 - 5 €.

Le jardin didactique de la Zuidgasthoeve (17e s.) présente plusieurs variétés de céréales servant à la fabrication du pain, ainsi qu'un petit moulin à pivot. Une petite boulangerie et une confiserie ont été reconstituées dans le corps d'habitation.

La section consacrée au « pain dans l'art » réunit des figurines en chocolat, massepain et pain d'épice.

Dans les autres pièces sont exposés des ustensiles utilisés pour la cuisson du pain et du spéculoos, et la préparation de la crème glacée et des gaufres. La cafétéria et la section dédiée aux pains du monde entier sont installées dans l'ancienne étable.

Un 3e bâtiment abrite des charrettes à pain des 19e et 20e s.

Lo A3

15 km au sud-est par la N 8, puis la N 364.

Cette petite ville a gardé de ses remparts du 14e s. une porte flanquée de tourelles.

Sa belle **église** du 14e s., de type halle, surmontée d'une flèche à crochets, a été en partie reconstruite en 1924. Elle abrite un intéressant mobilier des 17e et 18e s.

Dixmude (Diksmuide) B3

18 km à l'est par la N 35.

Toerisme Diksmuide – *Grote Markt 28 - 051 51 91 46 - www.diksmuide.be.*

Petite cité bordant l'Yser, Dixmude fut entièrement reconstruite après la Première Guerre mondiale. Le nom de la ville est lié au souvenir de la **bataille de l'Yser** *(voir l'encadré p. 184)*, où soldats belges et fusiliers marins français de l'amiral Ronarc'h résistèrent héroïquement à des forces supérieures, du 16 octobre au 10 novembre 1914. Alignant ses maisons basses aux façades flamandes typiques, le bourg s'anime le lundi et, surtout, le samedi, lors du grand marché qui se tient sur la Grand-Place.

Grand-Place (Grote Markt) – Dominée par l'hôtel de ville de style néogothique et l'église St-Nicolas, cette place est bordée de maisons qui présentent une façade surmontée d'un pignon à redans.

Béguinage (Begijnhof) – *Pour y accéder, passez devant le portail de l'église St-Nicolas, tournez à gauche au Vismarkt et traversez le petit pont.*

Il a été reconstruit à l'image de l'ancien. Les maisons blanches s'alignent autour d'une pelouse, de part et d'autre d'une chapelle en brique.

Tour de l'Yser (Ijzertoren) – *À Kaaskerke. Quittez Dixmude par la Ijzerlaan en direction de Nieuport - 051 50 02 86 - www.ijzertoren.org - 9h-18h, w.-end 10h-18h (oct.-mars 17h) - fermé 3 sem. après les vac. de Noël, 1er-2 janv., 24-26 et 31 déc. - 7 € (-25 ans 1 €).* Cette tour (1952-1964), de 84 m se trouve sur la rive opposée à l'Yser. Symbole important du mouvement flamand, elle a été élevée à la mémoire des soldats morts pendant la Première Guerre mondiale. La tour porte les lettres A.V.V.-V.V.K., initiales d'une devise signifiant : Tout pour la Flandre, la Flandre au Christ.

De la terrasse extérieure *(ascenseur)*, beau **panorama★** sur la plaine flamande parcourue par l'Yser sinueux, et sur Dixmude. On aperçoit, par beau temps, les tours de Bruges, d'Ostende, de Nieuport et les monts de Flandre *(table d'orientation)*.

La tour abrite un musée *(22 étages)* consacré aux deux guerres mondiales et à l'histoire du mouvement flamand.

Boyau de la Mort (Dodengang) – *3 km au nord-ouest de Dixmude, sur la rive gauche de l'Yser - ✆ 050 50 53 44 - de déb. avr. à mi-nov. : 10h-17h ; reste de l'année : mar. et vend. 9h30-16h - gratuit.* Dans les tranchées ainsi dénommées, les soldats belges ont résisté pendant quatre ans (1914-1918) face aux lignes allemandes qui avaient réussi, en octobre 1914, à franchir l'Yser à cet endroit et se trouvaient à quelques mètres.

On peut circuler ensuite dans de longs couloirs de tranchées dont les parapets formés de sacs de terre sont fidèlement reproduits en béton.

Cimetière allemand de Vladslo – *6 km à l'est de Dixmude.* Ici, dans un écrin de verdure, reposent 25 638 soldats allemands. *Les Parents affligés*, statues très émouvantes de Käthe Kollwitz, ont été réalisées en l'honneur du fils de l'artiste, mort sur le champ de bataille à l'âge de 17 ans.

NOS ADRESSES À FURNES

Plan de la ville p. 194

HÉBERGEMENT

Furnes

PREMIER PRIX

Bed & Breakfast Chez Gaston – *Oude Vestingstraat 75 - ✆ 04 931 36 116 ou 04 948 31 782 - www.chezgaston.eu - 2 ch. 55/70 €* . À quelques encablures de la Grand-Place par la Ooststraat, cette maison, tenue par un couple franco-néerlandais, propose 2 chambres simples mais de confort correct. Un rapport qualité-prix… difficile à trouver sur la côte toute proche.

BUDGET MOYEN

de Loft – *Oude Vestingstraat 36 - ✆ 058 31 59 49 - www.deloft.be - 8 ch. 85/105 €* . Un loft-hôtel bâti sur une ancienne forge se cache dans cette rue proche du centre, ignorée des touristes. Les chambres sont épurées mais avec une touche de modernité qui fait la différence. Celles situées sur l'arrière-cour sont plus classiques que celles donnant sur le bâtiment principal, plus design. Pour les petites faims, snack et tea-room, ainsi qu'un bar. Une très bonne adresse.

Schore

BUDGET MOYEN

Landgoed de Kastanjeboom Chambres d'hôte – *Lekestraat 10 - ✆ 051 55 59 17 - www.landgoeddekastanjeboom.be - - 3 ch. 97 € - repas 43 €.*

Dans les polders, cette ferme restaurée propose le gîte et le couvert. Chambres douillettes, cour intérieure aussi jolie que reposante, salle de petit-déjeuner ouverte sur les champs et table d'hôte « potagère », dressée dans le jardin les soirs d'été.

RESTAURATION

BUDGET MOYEN

Grill de Vette Os – *Zuidstraat 1 - ✆ 058 31 31 10 - www.grillde vetteos.be - lun.-mar. et vend.-sam. 18h-2h, dim. 12h-15h - plats à partir de 20 €.* Accolé à l'hôtel de ville, ce restaurant séduira les amateurs de viande, qui y dégusteront de bonnes grillades. Cadre moderne, ambiance animée. Choix de vins judicieux. Également bar à vin et vente directe de bouteilles.

POUR SE FAIRE PLAISIR

Olijfboom – *Noordstraat 3 - ✆ 058 31 70 77 - www.olijfboom.be - fermé dernière sem. de sept., 3 sem. en janv., dim., lun. - menus 20/55 €, 30/50 €.* Cet « olivier » donne de bien beaux fruits. Jugez-en vous-même : avenante salle à manger garnie d'œuvres d'art contemporain, carte flirtant avec les saveurs du moment, cave intéressante et additions « sans sel », pour ne pas gâter la bonne ambiance.

Hostellerie Croonhof – *Noordstraat 9 - ✆ 058 31 31 28 - www.croonhof.be - fermé dim. et lun. sf j. fériés - formules brasserie 29/35,50 €, menus 55/65 €.* Établissement recommandé pour sa formule brasserie qui permet de déguster une cuisine bourgeoise à un prix abordable. Viandes et poissons cohabitent harmonieusement, dans une carte courte mais riche (spécialités de carpaccio de cabillaud et de crevettes grises, purée au lait battu et œuf poché fermier), complétée par une belle sélection de vins. Pain fait maison. Ambiance chic.

AGENDA

Furnes

Chaque année, le lundi de Pentecôte, Furnes organise un grand **marché aux fleurs**. Le dernier dimanche d'août est réservé à un défilé international de **musiques militaires**.
Le dernier dimanche de juillet, la confrérie de la Sodalité, fondée en 1637, organise dans la ville la **procession des Pénitents**, un défilé de chars où des groupes représentent la vie et la mort du Christ, suivi d'un cortège de pénitents, vêtus d'une sombre robe de bure, coiffés d'une cagoule, allant pieds nus et portant une lourde croix. La confrérie de la Sodalité participe également à un chemin de croix dans les rues tous les vendredis soir pendant le carême, tous les soirs pendant la Semaine sainte et le Jeudi saint à minuit.

Dixmude

Le dernier dimanche d'août a lieu le pèlerinage de la tour de l'Yser.

2

Ypres

Ieper

★

34 943 habitants – Flandre occidentale

NOS ADRESSES PAGE 203

S'INFORMER

Indicatif téléphonique *: 057.*

Toerisme Ieper – B1 - *Lakenhallen, Grote Markt 34 - 057 23 92 20 - www.toerismeieper.be - lun.-sam. 9h-18h, dim. 10h-18h (16 nov.-31 mars : fermeture à 17h).*

SE REPÉRER

Carte de région B3 (p. 150-151) et plan de ville (p. 200) – *Cartes Michelin Regional nos 716 B3 et 533 C17.* Ypres se trouve à l'ouest du pays, à mi-chemin entre Courtrai et Poperinge. On y accède depuis Courtrai par l'A 19 (sortie 4), puis par la N 37. La ville est également desservie par la N 38 (depuis Poperinge), la N 8 depuis Furnes, la N 369 depuis Dixmude et la N 336 depuis Comines et la frontière française.

À NE PAS MANQUER

Mémorial St-Georges, clairons du « Last Post », musée In Flanders Fields.

ORGANISER SON TEMPS

Réservez une journée si vous voulez visiter les musées et les monuments d'Ypres et faire une agréable promenade sur les remparts.

AVEC LES ENFANTS

Le musée In Flanders Fields, le parc Bellewaerde.

Ypres était au 13e s., avec Bruges et Gand, l'une des plus puissantes villes flamandes. Presque entièrement démolie en 1914-1918, la ville a été reconstruite après la « Grande Guerre » dans le style néogothique. Lors de la Fête des chats (Kattenfeest) qui a lieu tous les ans, des animaux en peluche sont lancés du 2e étage du beffroi. L'origine de cette fête remonterait au 10e s. Les chats, complices du diable et des sorcières, étaient jetés vivants du haut du beffroi. La manifestation est précédée du grand Cortège des chats (Kattenstoet) qui se déroule tous les trois ans (la prochaine fois en 2015, le deuxième dimanche de mai).

Se promener Plan de ville p. 200

Circuit tracé en vert sur le plan de la ville.

Cathédrale St-Martin (St-Maartenskathedraal) AB1

Détruite pendant la guerre, elle a été rebâtie dans son style d'origine (13e-15e s.). À l'intérieur, on admire, à gauche en entrant, des statues d'albâtre du 17e s. couronnant la clôture de la chapelle baptismale. La chapelle du St-Sacrement, derrière l'arc triomphal, abrite un polyptyque (16e s.) représentant des scènes de la Passion. *Longez le théâtre, puis prenez à gauche.*

Ypres dans l'histoire

UNE GRANDE VILLE DRAPIÈRE (12E-13E S.)

Fondée au 10e s., Ypres aurait compté 40 000 habitants vers l'an 1260. À cette époque sont construites les halles et l'église St-Martin. Au 14e s., pendant la guerre de Cent Ans, Ypres s'allie à l'Angleterre qui lui procure la laine nécessaire à son activité et subit de ce fait les représailles du roi de France. C'est alors le début du déclin économique de la ville que Bruges remplace sur le marché international.
Ypres souffre de troubles internes : les dissensions entre patriciens et gens de métiers la conduisent à subir la prépondérance de ces derniers, après la bataille des Éperons d'or (1302, *voir l'encadré p. 207*).
Une épidémie en 1316, la destruction de ses faubourgs ouvriers en 1383 pendant le siège des Gantois et des Anglais précipitent sa décadence.
Au 16e s., la répression succède aux troubles religieux ; de nombreux tisserands quittent le pays.
Siège d'un nouvel évêché en 1559 (supprimé en 1801), Ypres devient cité religieuse ; des couvents y sont créés. L'un des évêques sera le célèbre Jansénius.

UNE PLACE FORTE (17E-18E S.)

Sa situation stratégique lui vaut de soutenir de nombreux sièges. Depuis le Moyen Âge, Ypres est protégée par des remparts, dont témoigne encore la porte de Lille (Rijselsepoort).
En 1678, les Français s'en emparent et Vauban l'entoure de bastions.
Sous le règne de Guillaume Ier (1814-1830), Ypres voit ses fortifications restaurées.
En 1852, ses remparts sont démolis. Ils ont joliment été aménagés en promenade.

LE SAILLANT D'YPRES (1914-1918)

Après les inondations de Nieuport, les Allemands ont reporté leurs attaques sur la région d'Ypres, en octobre 1914. Pendant quatre ans, jusqu'en octobre 1918, celle-ci est le centre de sanglantes batailles pour la possession du saillant d'Ypres, tristement célèbre, tenu à l'est de la ville par des troupes en majorité britanniques.
Comme sur l'Yser, le front va rester stable malgré tous les efforts allemands et, en particulier, l'utilisation, pour la première fois en avril 1915, de gaz asphyxiants à Langemark (mémorial canadien à St-Juliaan) et Steenstrate (au nord d'Ypres) et d'ypérite en juillet 1917.
En avril 1918, une importante offensive allemande est arrêtée à Merkem, au nord, par les troupes belges, et aux monts de Flandre par les Britanniques et les Français. À partir de septembre, la contre-attaque des Alliés, commandée par le maréchal Foch, va permettre de libérer la Belgique. Plus de 300 000 Alliés dont 250 000 soldats du Commonwealth ont trouvé la mort au cours des combats. La campagne environnant Ypres n'est qu'une vaste nécropole : on y compte quelque 170 cimetières militaires.
L'itinéraire « In Flanders Fields Route » permet de découvrir les sites et cimetières militaires de la région.

Mémorial St-Georges A1

Oct.-mars : 9h30-16h ; avr.-sept. : 9h30-20h.

Cette église anglicane construite en 1929 commémore les militaires britanniques morts pendant les deux guerres mondiales. Les pièces du mobilier et de la décoration sont dues à la générosité de donateurs de Grande-Bretagne ou du Commonwealth.

Revenez à la St-Maartensplein. Longez les halles, rejoignez et traversez la Grand-Place. Prenez la Meensestraat qui mène à la porte de Menin.

La porte de Menin (Menenpoort) B1

Les murs du mémorial de la porte de Menin conservent les noms de 54 896 Britanniques disparus pendant les batailles précédant le 16 août 1917. Tous les soirs à 20h, des clairons du corps de pompiers y sonnent le « Last Post », sonnerie du couvre-feu britannique.

SE LOGER

Albion Hotel 1

Kasteelhof 't Hooghe 4

't Zweerd 7

SE RESTAURER

Bistro Regina 1

In't Klein Stadhuis 7

ROCK N'FOLK DANS LES CHAMPS
À 14 km au sud d'Ypres se déroule chaque année, début août, celui qui est devenu le plus ancien festival de musique en Flandre, **Dranouter**. Sa première édition, en 1975, se tint dans la cour de récréation de l'école du village. Le festival a bien grandi depuis… Étalé sur quatre jours, il programme une soixantaine de groupes, qui se produisent dans des chapiteaux plantés dans les champs, sous le regard interloqué des vaches… À l'origine orienté musique folk, il a vu sa programmation évoluer vers le rock et la world music. Dranouter attire un public hétéroclite, dans lequel se mêlent adolescents passionnés, locaux emballés par l'animation créée et familles attirées par le cadre bucolique, les jeux pour enfants et une programmation musicale cohérente et pertinente.
Rens. : ✆ 070 25 20 20 - www.festivaldranouter.be.

★ **Halles aux draps** (Lakenhallen) AB1
Achevées en 1304, les halles aux draps ont été détruites pendant la Première Guerre mondiale et reconstruites, dans le style primitif. En forme de long rectangle entourant deux étroites cours, les halles montrent sur la Grand-Place Albert-Ier une façade de 125 m interrompue par un **beffroi** carré flanqué de quatre tourelles. Les halles sont flanquées à droite du **Nieuwerck**, gracieux édifice Renaissance construit en 1619 pour abriter l'hôtel de ville.
Musée (Museum) In Flanders Fields★★ – *✆ 057 23 92 20 - www.inflandersfields.be - ♿ - 1er avr.-15 nov. : 10h-18h ; reste de l'année : tlj sf lun. 10h-17h (dernière entrée 1h av. fermeture) - fermé 3 sem. après les vac. de Noël - 8 € (gratuit pour les - 7 ans).*
Ouvert depuis 1998, ce musée, très novateur par sa conception et qui vient juste d'être rénové, retrace d'une façon captivante l'histoire de la Première Guerre mondiale à travers des documents audiovisuels : on assiste à plus de 3 000 témoignages de gens ordinaires (soldats, infirmières, réfugiés, enfants…) de plus de 50 nationalités. La visite laisse un souvenir inoubliable.
Tout près, dans la Rijselsestraat, se situe la belle **maison des Templiers** (B2) (Tempeliershuis), dont les origines remontent au 13e s.

2

À proximité Carte de région p. 150-151

Bellewaerde Park B3
5 km à l'est. Sortez par la N 8.
On dépasse la porte de Menin et plusieurs cimetières militaires, notamment le **Hooghe Crater Cemetery**, à droite, qui groupe plus de 6 800 tombes britanniques.
Dans le **Bellewaerde Park** *(✆ 057 46 86 86 - www.bellewaerde.be - se rens. pour les dates d'ouverture - 30 € ou 24 € sur Internet)*, les visiteurs se promènent parmi les antilopes, les autruches, les cerfs, les lamas, les zèbres ; ils traversent en tram-safari le parc aux lions et aux tigres, assistent à un spectacle donné par un éléphant, circulent en bateau dans un paysage africain après être passés sous une cascade magique…

Tyne Cot Military Cemetery B3
10 km au nord-est par la N 332.
Ce cimetière britannique est le plus important de la région. Autour de la haute « Croix du Sacrifice » s'alignent 11 856 stèles blanches se détachant sur une pelouse fleurie remarquablement entretenue.

Sur le mur en hémicycle fermant le cimetière sont inscrits près de 35 000 noms de soldats disparus après le 16 août 1917. Le site domine la contrée sur laquelle il offre une jolie vue.
Au nord-est, le village de **Westrozebeke** *(13 km)* évoque la bataille des Éperons d'or du 14e s. *(voir l'encadré p. 207).*

Monts de Flandre (Heuvelland) A4

17 km au sud par ③ du plan ; prenez à droite la N 331.
Mont Kemmel (Kemmelberg) – Ce mont boisé (alt. 156 m) fait partie de la chaîne des monts de Flandre qui s'étend de part et d'autre de la frontière. De très violents combats eurent lieu dans la région en avril 1918, au début de la dernière grande offensive allemande. La montée procure d'intéressantes échappées sur la campagne. Sur le versant sud, un obélisque marque l'emplacement de l'**Ossuaire français** où sont enterrés plus de 5 000 soldats inconnus.
Traversez la N 375.
Mont Rouge (Rodeberg) – Il s'élève à 143 m et constitue avec le mont Noir situé en France un centre touristique fréquenté. Un petit moulin à vent s'y dresse.

Poperinge A3

13 km à l'ouest par la N 8 puis la N 38.
Toerisme Poperinge – *Grote Markt 1 - ✆ 057 34 66 76 - www.toerisme poperinge.be.*
Ancienne ville drapière, Poperinge devient à partir du 15e s. le centre d'une région productrice de houblon. Tous les trois ans (la prochaine fois en 2014), le 3e week-end de septembre, Poperinge organise les **Fêtes du houblon**, avec comme point culminant le Cortège du houblon. Les houblonnières se distinguent dans le paysage légèrement vallonné par leurs hauts poteaux, servant d'attache à la plante grimpante. Situé en zone non occupée pendant la Première Guerre mondiale, Poperinge devient rapidement le lieu de rencontre préféré des Britanniques dont témoigne encore la Talbot House.
Grand-Place (Grote Markt) – Bordée de terrasses en été, cette jolie place est dominée par l'hôtel de ville (1911) de style néogothique.
Traversez la Grand-Place pour gagner le Vroonhof.
Église St-Bertin (St-Bertinuskerk) – De type halle, du 15e s., elle renferme en particulier un beau jubé du 17e s. orné de statues de Jésus et des apôtres, une chaire du 18e s. et un confessionnal baroque richement sculpté.
Engagez-vous dans la Gasthuisstraat qui part de la Grand-Place. On passe devant la Talbot House et le musée national du Houblon (voir ci-contre). Continuez tout droit par la Casselstraat, puis prenez à droite la St-Annastraat.
Weeuwhof – Cet hospice du 18e s. ou « cour des veuves », dont les pittoresques maisonnettes s'ordonnent autour d'un jardin, s'ouvre par un petit porche surmonté d'une statuette de la Vierge.
Rejoignez la Casselstraat.
Église N.-D. (O.-L.-Vrouwekerk) – Dans cette église du 14e s., également de type halle et flanquée d'une haute tour à flèche de pierre, on peut voir un banc de communion aux remarquables sculptures de bois.
Revenez à la Grand-Place. Prenez la G. Gezellestraat, puis la St-Janskruisstraat à droite.
Église St-Jean (St-Janskerk) – Cet édifice, dont la tour massive rappelle le clocher de St-Bertin, contient de belles boiseries du 18e s. et la statue vénérée d'une Vierge portée en procession chaque année, le 1er dimanche de juillet.

Musée du Houblon (Hopmuseum) – *Gasthuisstraat 71 - ✆ 057 33 79 22 - www.hopmuseum.be - ♿ - tlj sf lun. 10h-18h - fermé déc.-fév. - 5 € (gratuit pour les - 6 ans).* Ce musée est installé dans l'ancien Poids public (Stadsschaal) où, jusqu'en 1968, le houblon était pesé, sélectionné, séché et pressé. Outils, machines, photos et montages audiovisuels illustrent la culture et le travail du houblon.

Lyssenthoek Military Cemetery – *3 km au sud de Poperinge.* Plus de 10 000 soldats de la Première Guerre mondiale, parmi lesquels de nombreux Britanniques, reposent dans cet impressionnant enclos fleuri.

Haringe – *11 km au nord-ouest de Poperinge par la N 308.* L'intérieur de l'**église St-Martin** (St-Martinuskerk) possède un charme rustique. Les orgues ont été fabriquées en 1778 par le Gantois van Peteghem.

NOS ADRESSES À YPRES

Plan de la ville p. 200

HÉBERGEMENT

BUDGET MOYEN

't Zweerd – B1 - *Grote Markt 2 - ✆ 057 20 04 75 - www.gasthof-tzweerd.be - 17 ch. 75/100 € ☕ - rest. 20 €.* Hôtel situé sur la Grand-Place. Si l'environnement est idéal, l'établissement mériterait un rafraîchissement. Néanmoins, l'ensemble est bien tenu… même si l'on peut regretter une certaine froideur dans l'accueil. Restaurant et terrasse (couverte).

Kasteelhof 't Hooghe – B1 en dir. - *Meenseweg 481 - ✆ 057 46 87 87 - www.hotelkasteelhofthooghe.be - P - 11 ch. 84/94 € ☕.* Paisible hôtel de charme situé hors du centre, dans un cadre campagnard. Le bunker à l'arrière rappelle que le bâtiment se trouva sur la ligne du front pendant la Première Guerre mondiale. Les chambres romantiques donnent sur le jardin et l'étang. Petit restaurant et salon avec feu ouvert.

Albion Hotel – B1 - *St-Jacobsstraat 28 - ✆ 057 20 02 20 - www.albionhotel.be - 20 ch. 99/133 € ☕.* Charmant hôtel dissimulé derrière une façade Renaissance reconstruite et situé dans le centre. Chambres simples et propres à la décoration contemporaine.

RESTAURATION

POUR SE FAIRE PLAISIR

In 't Klein Stadhuis – B1 - *Grote Markt 32 - ✆ 057 21 55 42 - www.kleinstadhuis.be - lun.-vend. 9h-23h, sam. 9h-0h - fermé dim. sf juil.-août - 20/40 €.* Café-restaurant populaire dans un immeuble ancien près de l'hôtel de ville. Remarquez les grandes peintures murales de la salle à manger. Carte limitée de plats traditionnels. Terrasse en été.

Bistro Regina – B1 - *Grote Markt 45 - ✆ 057 21 88 88 - www.hotelregina.be - lun.-jeu. 12h-14h30, 18h-21h30, vend.-sam. 12h-14h30, 18h-22h, dim. 12h-14h30, 18h-21h - menus 22/50 €.* Cet immeuble historique a été entièrement rénové et a pris un look moderne. À la carte : plats belges et français. Une vingtaine de belles chambres d'hôtel au-dessus du restaurant.

Courtrai

Kortrijk

★

75 426 habitants – Flandre occidentale

NOS ADRESSES PAGE 209

S'INFORMER

Indicatif téléphonique : *056.*

Toerisme Kortrijk – D2 - *Begijnhofpark* - *℘ 056 27 78 40* - *www.toerismekortrijk.be* - *1er avr.-30 sept. : lun.-vend. 10h-18h, w.-end 10h-17h ; 1er oct.-31 mars : 10h-17h - fermé 24 déc.-2 janv.*

SE REPÉRER

Carte de région C3-4 (p. 150-151) et plan de ville (p. 206) – *Cartes Michelin Regional nos 716 C3 et 533 E18.* À 28 km de Lille, Courtrai est desservie par deux autoroutes, l'A 17/E 403 (qui relie Bruges à Tournai) et l'A 14/E 17 (depuis Lille ou Gand). La ville est également accessible par les N 8, N 43 et N 50.

À NE PAS MANQUER

L'église N.-D., le musée national du Lin, de la Dentelle et de la Toile.

ORGANISER SON TEMPS

Comptez au moins une demi-journée pour une promenade dans le centre historique et la visite des principaux bâtiments et musées.

AVEC LES ENFANTS

Le musée Courtrai 1302 (avec le récit authentique de la bataille des Éperons d'or) et le musée du Lin.

Courtrai est une cité d'affaires dynamique, qui accumule projets et nouvelles réalisations. N'appelle-t-on pas la capitale du lin – à juste titre – le « Texas des Flandres » ? Réservé aux piétons, son centre historique très animé incite à la flânerie, avec ses belles rues commerçantes, ses quais qui bordent la Lys et sa Grand-Place rythmée par Manten et Kalle, les deux célèbres jaquemarts du beffroi.

Se promener Plan de ville p. 206

Circuit tracé en vert sur le plan de la ville.

Grand-Place (Grote Markt) CD3

C'est le centre de l'activité commerciale de la ville.

Beffroi (Belfort) – 14e s. Coiffé de quatre tourelles d'angle à toit pointu, surmonté de son fameux jaquemart, le beffroi se dresse au milieu de la Grand-Place.

À l'est de la place, on aperçoit la belle tour de l'**église St-Martin** (15e s.). Cette église-halle gothique, construite vers 1300 mais souvent restaurée et adaptée dans les siècles suivants, est la principale église de Courtrai. Parmi les principales œuvres d'art visibles à l'intérieur, la **tour du St-Sacrement**,

Le béguinage de Sainte-Élisabeth.
Clément Philippe/age fotostock

haute de 6,5 m, sculptée en 1585 par l'Anversois Hendrik Mauris. On peut aussi admirer de nombreuses peintures, dues entre autres à Casper de Crayer, Karel van Mander et Pieter Jozef Verhagen. Remarquez également la chaire de vérité, les confessionnaux et les statues en bois des apôtres adossées aux colonnes de la nef centrale.

Hôtel de ville (Stadhuis) – *✆ 056 27 78 40 (office de tourisme) - tlj sf w.-end et pdt les cérémonies officielles 9h-12h, 14h-17h - possibilité de visites guidées : juil.-août à 14h30 et 16h30 ; reste de l'année : sur RV - fermé j. fériés.* L'hôtel de ville montre une façade dans le style de transition gothique rayonnant-Renaissance restaurée ; les statues, renouvelées au 19e s., représentent les comtes de Flandre. L'intérieur, modernisé, conserve de magnifiques salles. Au rez-de-chaussée, la **salle des Échevins★** (Schepenzaal) est ornée d'une remarquable cheminée en pierre, de style gothique flamboyant (1527), dont les niches abritent les statues de la Vierge et des saints patrons des villes de la région. Au plafond, les extrémités des poutres sont ornées de scènes polychromes pittoresques dont le personnage principal est la Justice, représentée par une femme couronnée. L'**ancienne salle du Conseil★**, au 1er étage, présente une cheminée de 1527, ornée de trois registres de sculptures : en haut, les Vertus ; au centre, de part et d'autre de la statue de Charles Quint, les Vices ; en bas, l'Idolâtrie et les péchés capitaux. Les sculptures des poutres du plafond représentent ici des scènes très pittoresques illustrant l'influence néfaste de la femme sur l'homme, par exemple le lai (poème médiéval) d'Aristote : le philosophe est chevauché par une femme.

La jolie cour intérieure, surmontée d'une verrière, sert actuellement de salle de réception.

Prenez la Begijnhofstraat, en haut à gauche.

★ Béguinage (Begijnhof) D3

Entre St-Martin et N.-D., c'est un charmant petit village dont le calme surprend dans ce quartier bourdonnant d'activité. Le béguinage, fondé en 1238, fut

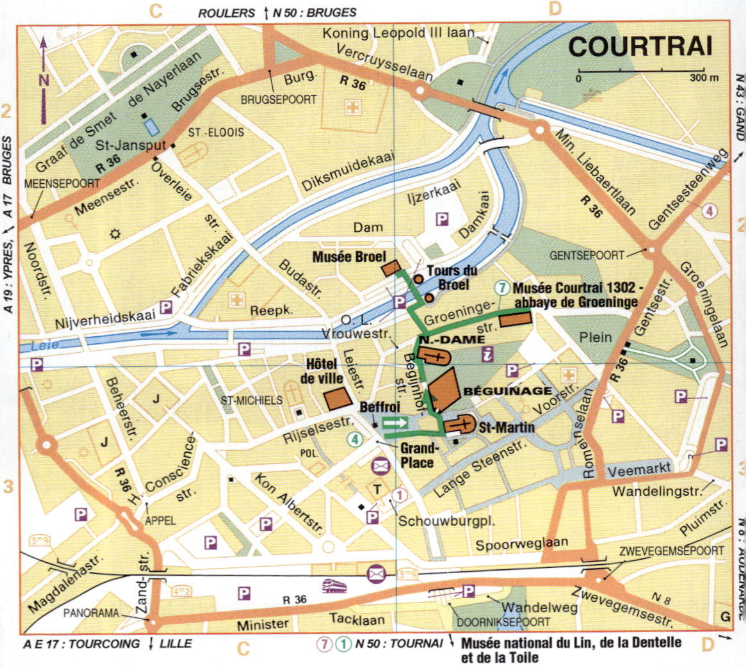

SE LOGER		SE RESTAURER	
Center Hotel	4	Bistro Botero	1
Full House Hotel	1	Kwizien Céline	4
Hôtel Messeyne	7	Same Same but Different	7

richement doté en 1241 par la comtesse de Flandre, Jeanne de Constantinople, dont on voit la statue. Les 41 maisonnettes actuelles datent du 17e s. La maison de la supérieure se distingue par son double pignon à redans. La **chapelle** est accessible par le centre des visiteurs *(☏ 0473 86 26 88 - tlj sf lun. 13h-17h, w.-end 13h-18h).*

Poursuivez votre chemin pour gagner la Deken Zegerplein.

★ Église N.-D. (O.-L.-Vrouwekerk) D2

☏ 056 21 38 09 - lun.-vend. 8h-18h, sam. 9h-16h, dim. 11h-18h - fermé pdt les offices.

Les tours de l'église N.-D. dominent des ruelles pittoresques. Fondée au 13e s. par Baudouin de Constantinople, elle eut pour vicaire, au 19e s., le poète Guido Gezelle.

À l'intérieur, la chapelle des comtes de Flandre (14e s.), qui s'ouvre sur le côté droit du déambulatoire, a des arcatures aux curieux écoinçons sculptés. Elle abrite une jolie **statue de sainte Catherine★** (1380), en albâtre, attribuée à André Beauneveu. Une belle toile d'Antoon van Dyck, l'**Élévation de la Croix★**, où se reconnaît l'influence de Rubens, est placée dans le croisillon gauche du transept.

Prenez la Guido Gezellestraat.

Tours du Broel (Broeltorens) D2
Vestige des anciennes fortifications détruites par Louis XIV en 1684, les tours du Broel protégeaient le pont sur la Lys, reconstruit après la Première Guerre mondiale. La tour sud, appelée Speyetoren, date d'environ 1385, la tour nord, l'Ingelborchtoren, d'environ 1413.
Traversez le pont.

Musée Broel (Broelmuseum) C2
Broelkaai 6 - ✆ 056 27 77 80 - www.broelmuseum.be - ♿ - tlj sf lun. 10h-12h, 14h-17h, w.-end et j. fériés 11h-17h - fermé 24 déc.-2 janv. - 3 € (-26 ans 1 €).
Installé dans un bel hôtel particulier au bord de la Lys, ce musée, agréablement présenté, possède une belle collection de céramique et de sculptures ainsi qu'une intéressante série de peintures du 16e s. à nos jours : remarquez le *Pillage d'un village* par Roelandt Savery (1576-1639), un remarquable peintre de fleurs et de paysages avec animaux, dont l'art est très voisin de celui de Bruegel de Velours.
Revenez sur vos pas et tournez à droite dans la Groeningestraat.

Musée Courtrai 1302 - Un jour, sept siècles
(Kortrijk 1302 – Eén dag, zeven eeuwen) D2
Begijnhofpark - ✆ 056 27 78 50 - www.kortrijk1302.be - tlj sf lun. 10h-18h (oct.-mars 17h) - fermé 24 déc.-2 janv. - 6 € (-26 ans 1 €).
Le musée est installé dans les bâtiments en briques, joliment restaurés, de l'ancienne abbaye de Groeninge. Il est consacré à l'histoire de Courtrai, de

2

COURTRAI DANS L'HISTOIRE

Une ville prospère

Elle est connue dès l'époque romaine, mais son apogée se situe au 15e s. au moment de l'épanouissement de son industrie drapière. Le tissage de la laine fait bientôt place à celui du lin favorisé par la qualité des eaux de la Lys qui, exemptes de calcaire, sont particulièrement propices au rouissage. Courtrai devient réputé, pour la fabrication de la toile et se fait une spécialité du damassé. Courtrai reste un centre textile de réputation internationale (tapis, tissus d'ameublement, confection).
À cela s'ajoutent d'autres secteurs en expansion : métallurgie, électronique mais aussi orfèvrerie, huilerie, bois, industries chimiques et construction. La ville joue un rôle important dans l'enseignement, notamment grâce à son campus universitaire, dit KULAK, appartenant à l'université catholique de Louvain.

La bataille des Éperons d'or

Sous les murs mêmes de Courtrai eut lieu le 11 juillet 1302 la célèbre bataille marquant la lutte des Flamands contre l'hégémonie du roi de France.
La chevalerie française de Philippe le Bel y fut battue par les gens de métiers (artisans) d'Ypres et de Bruges commandés par Pieter de Coninck et Jan Breydel. Les éperons d'or ramassés sur le champ de bataille ont tapissé les voûtes de l'église N.-D. jusqu'en 1382, date à laquelle ils ont été repris par l'armée française, victorieuse des Flamands à la **bataille de Westrozebeke**. Ce fut alors, dit-on, que le duc de Bourgogne, Philippe le Hardi, vola les statues du jaquemart qui couronnaient le beffroi et les donna à l'église N.-D. de Dijon. Une restitution symbolique eut lieu le 23 septembre 1961 : Manten et son épouse Kalle surmontent de nouveau le beffroi.

la préhistoire au début du 20e s. La bataille des Éperons d'or y est abondamment décrite et commentée. On peut aussi y voir des collections de damas, d'argenteries et de poteries.
Pendant deux siècles, l'**abbaye de Groeninge**, qui date de 1597, fut occupée par des cisterciennes, puis, à partir de 1845, par des Pauvres Claires. Le rez-de-chaussée abritait la salle commune ; l'étage servait de dortoir.
Vous pouvez prolonger ce circuit en vous rendant au musée national du Lin, au sud de la ville.

★ Musée national du Lin, de la Dentelle et de la Toile

(Nationaal Vlas-, Kant- en Linnenmuseum) D3 en dir.
Etienne Sabbelaan 4 (par Doorniksewijk, au sud du plan) - ✆ 056 21 01 38 - www.vlasmuseum.be - ♿ - mars-nov. : tlj sf lun. 9h-12h30, 13h30-18h, w.-end 14h-18h - fermé j. fériés - 3 € (-26 ans 1 €, gratuit tous les premiers dim. du mois).
Le musée national du Lin est installé dans une ferme du 19e s. destinée à l'origine à la culture du lin qui fut longtemps une des activités les plus importantes des Flandres et plus particulièrement de la région de la Lys.
Les étapes successives de la culture et de l'élaboration de la toile de lin, ainsi que l'évolution de cette industrie jusqu'aux premières mécanisations (vers 1900) sont évoquées par des tableaux où des mannequins grandeur nature, vêtus de costumes traditionnels, effectuent les gestes correspondant à chaque activité. Une aile du bâtiment est consacrée à la culture et au travail du lin, l'autre au travail artisanal pour les besoins domestiques.
Dans une autre partie du bâtiment ont été reconstitués des intérieurs où se déroulent les différentes activités de broyage, teillage, peignage, filage et finalement de tissage du lin.
Un nouveau bâtiment propose une collection intéressante de dentelle, broderie, damassé, et toile de lin. De nombreux outils et photos évoquent la vie d'antan. À l'étage, plusieurs tableaux retracent le cours de la vie de nos ancêtres (1880-1920).
Les mannequins, souvent des personnalités flamandes, présentent en outre l'évolution des costumes traditionnels à travers la dentelle et la toile de lin.

À proximité Carte de région p. 150-151

Rumbeke B3

▶ *18 km au nord-ouest vers Roeselare.*
Un beau parc (Sterrebos) entoure le **château** de Rumbeke *(ne se visite pas).*
Dès les 15e et 16e s., le château est hérissé de multiples tourelles dont l'une est coiffée d'un bulbe, et de pignons à redans. Baudouin Bras-de-Fer, qui venait d'enlever Judith, fille du roi de France Charles le Chauve, s'y réfugia en 862. C'est à la suite de cet épisode qu'il obtint du roi le territoire de Flandre dont il devint le premier comte.

NOS ADRESSES À COURTRAI

Plan de la ville p. 206

HÉBERGEMENT

BUDGET MOYEN

Center Hotel – C3 - *Graanmarkt 6 - ✆ 056 21 97 21 - www.centerhotel.be - 26 ch. 75 € - ☕ 12 €.* Hôtel à la situation centrale près de la Grand-Place. Toutes les chambres sont rénovées et offrent le confort et un aménagement contemporain. Au rez-de-chaussée, le Restaurant Beluga, au décor branché, propose des plats de saison et de petites collations.

Full House Hotel – C3 en dir. - *Burgemeester Pyckestraat 35b - ✆ 056 21 00 59 - www.full-house.be - 8 ch. 90/100 € ☕.* Charme omniprésent dans cette vieille maison de maître près de la gare. Les chambres ont été baptisées du nom de chocolats belges célèbres, pour un sommeil encore plus doux dans les lits confortables. Petit-déjeuner varié servi au jardin quand le temps le permet.

POUR SE FAIRE PLAISIR

Hôtel Messeyne – D2 - *Groeningestraat 17 - ✆ 056 21 21 66 - www.messeyne.com - 🅿 - 28 ch. 115/180 € ☕ - rest. 30 € (fermé sam. midi et dim.).* Cette ancienne maison patricienne combine élégamment éléments classiques et ultramodernes. Chaque chambre possède son aménagement propre. Confort garanti.

RESTAURATION

BUDGET MOYEN

Bistro Botero – CD3 - *Schouwburgplein 12 - ✆ 056 21 11 24 - www.botero.be - fermé dim. et 2 sem. en août - menu 36 € - 15/34 €.* Derrière une façade 1900, un grand bistro dont les salles aux touches Art déco s'égayent de peintures murales, de trompe-l'œil et de copies de toiles de Botero.

POUR SE FAIRE PLAISIR

Kwizien Céline – D2 - *Gentsesteenweg 29 - ✆ 056 20 05 03 - www.kwizienceline.be - tlj sf lun. soir, mar. et merc. 12h-13h30, 19h-21h30 - fermé 15 août-1er sept. - menus 20/34 €.* L'estaminet populaire d'autrefois a été transformé en restaurant contemporain, à la carte restreinte mais intéressante.

Same Same but Different – C3 en dir. - *Doorniksesteenweg 105 - ✆ 056 20 63 61 - fermé mar., merc. et sam. midi - menu 25/40 €.* Une combinaison surprenante de spécialités à la fois belges et asiatiques, mais qui réussit merveilleusement. Ajoutez à cela un intérieur design et la musique lounge : le cadre est planté pour une adresse repas tendance et différente.

PETITE PAUSE

Café Rouge – D3 - *St-Maartenskerkhof 6A - ✆ 056 25 86 03 - www.caferouge.be - tlj sf lun. 11h-21h (vend. et sam. 22h) - fermé 1 sem. en avril.* Établissement recommandé pour sa terrasse donnant sur une place tranquille, en partie sous les arbres et avec vue sur l'église St-Martin. À la carte, café et succulentes pâtisseries, mais aussi bières régionales, glaces maison, choix de thés et petite restauration.

La Flandre orientale 3

Cartes Michelin Regional nos 716 et 533

Gand, détail d'une façade.

A. Moskal/Fotolia.com

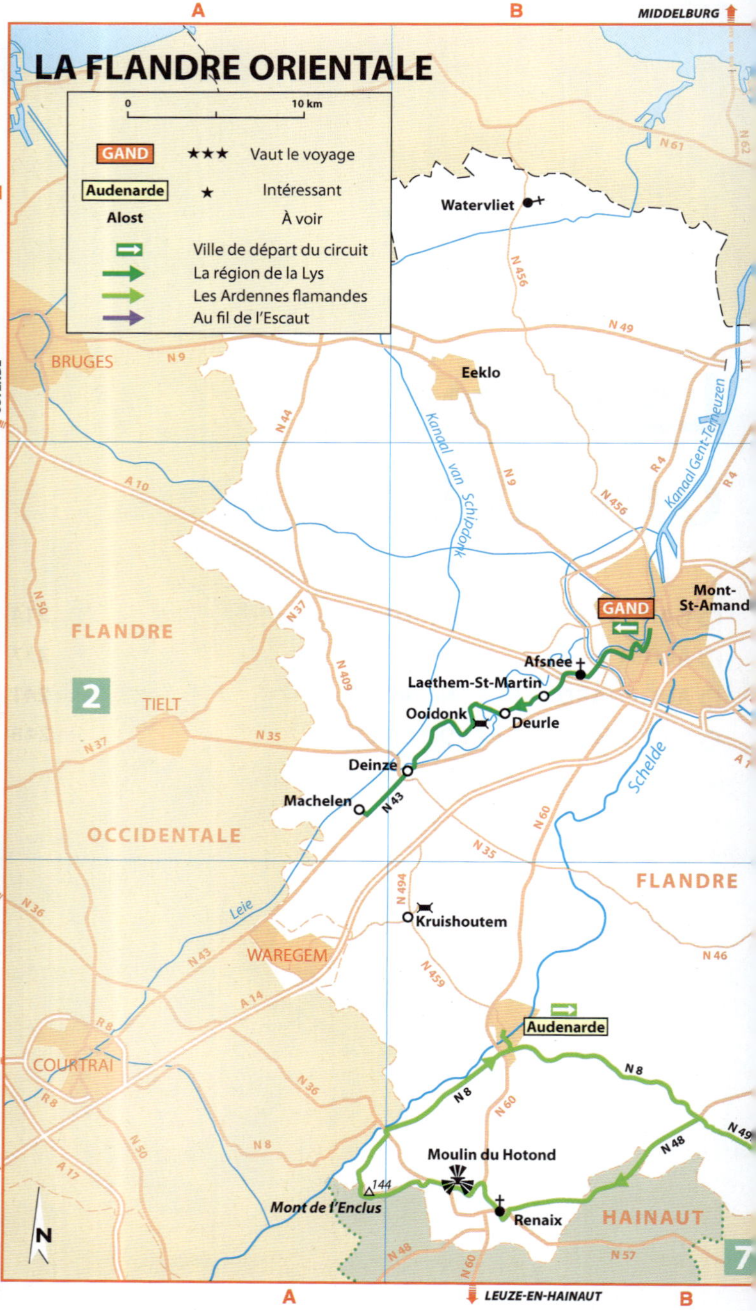
LA FLANDRE ORIENTALE
0
10 km
GAND
★★★ Vaut le voyage
Audenarde
★ Intéressant
Alost
À voir
Ville de départ du circuit
La région de la Lys
Les Ardennes flamandes
Au fil de l'Escaut
A
B
MIDDELBURG
1
2
3
OSTENDE
ROESELARE
YPRES
LILLE, ROUBAIX
LEUZE-EN-HAINAUT
BRUGES
Eeklo
Watervliet
Kanaal van Schipdonk
Kanaal Gent-Terneuzen
Mont-St-Amand
Afsnee
Laethem-St-Martin
Ooidonk
Deurle
Deinze
Machelen
FLANDRE
OCCIDENTALE
TIELT
Schelde
Leie
Kruishoutem
WAREGEM
COURTRAI
Audenarde
Moulin du Hotond
Mont de l'Enclus
144
Renaix
HAINAUT
N

C
D
BREDA, ROTTERDAM
ERNEUZEN
NEDERLAND
ANVERS
A 12
R 2
BREDA
R 1
1
A 11
N 62
N 70
ANVERS
A 11
St-Nicolas
N 16
A 14
Schelde
A 12
4
N 70
Tamise
N 177
Weert
Marnix de
Ste-Aldegonde
A 1
Rupel
MALINES
Lochristi
N 41
N 16
A 14
N 47
St-Amand
N 16
Termonde
N 17
aarne
N 416
N 406
2
N 276
N 9
N 41
N 47
Alost
A 12
R 0
N 46
N 9
A 10
ORIENTALE
N 45
3
1
N 42
BRABANT
FLAMAND
N 28
BRUXELLES-
CAPITALE
LIÈGE
Ninove
N 8
N 8
6
N 28
NAMUR
Dender
Grammont
N 495
N 255
N 6
R 0
N 5
N 28
A 8
HAL
C
SOIGNIES
TOURNAI
D
CHARLEROI

Gand

Gent

★★★

248 285 habitants – Flandre orientale

NOS ADRESSES PAGE 232

S'INFORMER

Indicatif téléphonique : *09.*

Infokantoor Dienst Toerisme – Plan II C3 - *Oude Vismijn (ancien marché aux poissons), Sint-Veerleplein 5 - ✆ 09 266 56 60 - www.visitgent.be - 15 mars-14 oct. : 9h30-18h30 ; 15 oct.-14 mars : 9h30-16h30 - fermé 25 déc. et 1er janv.* Une vingtaine de bornes numériques relayant les informations de l'office de tourisme sont installées dans toute la ville.

Pass Musées – Valable 3 j (20 €), ce pass donne accès à 15 musées et monuments de la ville, ainsi qu'aux bus et tramways de la zone urbaine.

SE REPÉRER

Carte de région B2 (p. 212-213) et plans de ville (p. 218 et 219) – *Cartes Michelin Regional nos 716 E2 et 533 H16.* Au confluent de la Lys et de l'Escaut, la ville est sillonnée de canaux et de cours d'eau. Accès facile depuis Bruges et Bruxelles par l'E 40 et depuis Anvers et Courtrai par l'E 17.

SE GARER

Le centre historique est fermé à la circulation. Un itinéraire P (pour parking) fléché guide l'automobiliste vers un des dix parkings que compte la ville. Des panneaux disposés à l'entrée de Gand indiquent le nombre d'emplacements libres par parking.

À NE PAS MANQUER

Le polyptique de *L'Adoration de l'agneau mystique* en la cathédrale St-Bavon, le beffroi et la halle aux draps, le quai aux Herbes, le château des Comtes, le musée des Beaux-Arts.

ORGANISER SON TEMPS

La découverte approfondie de Gand demande deux ou trois jours.

AVEC LES ENFANTS

La maison d'Alijn et son théâtre de marionnettes, une promenade en bateau sur les voies d'eau intérieures ou sur la Lys.

Façades à pignons du quai aux Herbes se reflétant dans l'eau.
T. Bognar/Photononstop

Carrefour historique de la Flandre, Gand, tel un étendard régional, cultive son identité, farouchement indépendante : vous croiserez sûrement un habitant porter ostensiblement une corde au cou, attribut d'humiliation imposé par Charles Quint lorsqu'il soumit cette cité rebelle. Gand conjugue à merveille les paradoxes : berceau industriel toujours actif, la ville vit naître les premiers mouvements syndicalistes ; ville commerçante et libérale, elle est la plus riche des cités flamandes, avec son port en pleine expansion. Dynamique et studieuse, à l'image de sa célèbre université, Gand devient festive et joyeuse lors de sa grande fête populaire et tout au long de l'année, avec ses innombrables cafés et restaurants. La visite du centre historique reste le moment le plus inoubliable, grâce aux façades richement décorées, joyaux d'architecture, aux quais intimes qui bordent la Lys, aux venelles pleines de charme et, dès la nuit tombée, aux belles illuminations.

3

Se promener Plans de ville p. 218 et 219

★★★ LA VIEILLE VILLE Plan II

Circuit tracé en vert sur le plan de ville (p. 219).
Formant le plus vaste espace piéton de Belgique, la vieille ville de Gand se fait tantôt monumentale, avec son défilé d'édifices remarquables depuis le Korenmarkt, tantôt majestueuse avec ses ponts, ses quais et ses façades à pinacles qui se reflètent sur la Lys, tantôt secrète dans son dédale de ruelles du Patershol, délaissé par les foules. Et pour bien conclure toute journée gantoise, à l'heure de l'apéritif, passage obligé au marché du vendredi.

★★ Cathédrale St-Bavon (St-Baafskathedraal) D4

09 269 20 45 - 8h30 (dim. 13h)-18h (nov.-mars 17h).
La cathédrale fut élevée à l'emplacement de l'ancienne église St-Jean, du 12e s. De l'église romane subsistent encore quelques vestiges dans la crypte. En 1540, Charles Quint fit démolir l'église de l'abbaye St-Bavon pour édifier le château des Espagnols. À cette occasion, l'église St-Jean prit le nom de collégiale St-Bavon. Elle devint cathédrale en 1561. Bâtie par étapes successives et bien que montrant des influences diverses – éléments du gothique scaldien (le chœur), du gothique brabançon (la tour) et du gothique flamboyant (la nef) – la cathédrale donne une impression d'unité et de sobre élégance.
La **tour**, remarquable, se trouve du côté ouest de l'église et lui sert d'entrée, comme c'est la règle dans le gothique brabançon. De son sommet s'offre une **vue** étendue sur Gand et ses environs *(ouvert seult pdt les fêtes de Gand, autour du 21 juil.)*.

Gand dans l'histoire

Gand fut l'un des derniers réduits du paganisme en Gaule : saint Amand, venu l'évangéliser au 7e s., fut jeté dans l'Escaut. Gand se développe alors autour de deux abbayes : St-Bavon, fondée par saint Amand, et St-Pierre, à proximité du mont Blandin (Blandijnberg).

Vers l'an 940, Baudouin II édifie, à l'emplacement de l'actuel château des Comtes, un *castrum* en pierre dominant un troisième noyau urbain.

UNE VILLE FLORISSANTE

À la fin du 12e s., l'industrie drapière est florissante : la ville s'érige en « commune » et acquiert des privilèges importants; les bourgeois font construire des demeures en pierre fortifiées ou « stenen ».

Voulant marquer sa préséance sur les puissants drapiers, le comte Philippe d'Alsace fait réédifier le château en 1180.

UNE VILLE REBELLE

Bientôt, de féroces luttes intestines vont déchirer les Gantois. Comme à Bruges, les artisans et les ouvriers de la laine, soutenus par le comte de Flandre Guy de Dampierre, se soulèvent, en 1280, contre les riches drapiers, ralliés au roi de France. Ce n'est qu'après la bataille des Éperons d'or, en 1302, que le pouvoir des patriciens est définitivement brisé.

Au 14e s., pendant la guerre de Cent Ans, c'est à nouveau la lutte contre la France. Le comte de Flandre, Louis de Nevers, prend parti pour le roi de France contre l'Angleterre. Comme celle-ci bloque l'importation des laines anglaises en Flandre, le peuple gantois se révolte. Il prend pour chef **Jacob van Artevelde** qui s'allie aux Anglais et se met à la tête des villes flamandes. Après des luttes intestines, van Artevelde est assassiné en 1345 par le doyen de la corporation des tisserands, mais son fils Philippe réussit à imposer à toute la Flandre la prépondérance gantoise. Finalement, les Flamands sont battus par la chevalerie française à la bataille de Westrozebeke en 1382.

Au 15e s., Gand, passée sous la domination des ducs de Bourgogne, s'insurge contre Philippe le Bon qui veut lui imposer une nouvelle taxe (1452). Battus à Gavere *(18 km au sud-ouest)*, les Gantois se soumettent en 1453. La ville rebelle se révolte encore contre Charles le Téméraire en 1469, puis en 1477 contre Marie de Bourgogne qui doit concéder de nouveaux privilèges aux provinces des Pays-Bas.

À la fin du siècle, la draperie est en décadence. Gand est devenue l'entrepôt principal des céréales de l'Europe et s'est assuré une nouvelle prospérité.

CHARLES QUINT ET LES PORTEURS DE LA CORDE

24 février 1500. Les cloches sonnent à toute volée et le canon gronde pour annoncer la naissance d'un nouveau prince. Dans l'« Hof ten Walle », rapidement rebaptisé « Prinsenhof » par les Gantois, Jeanne la Folle vient d'accoucher d'un fils, Charles de Luxembourg.

Le futur empereur du Saint Empire quitte Gand dès 1506, mais il n'oubliera jamais sa ville natale. Le pouvoir des villes est bridé sous son règne, une opération qui ne va pas sans mal. Gand, la rebelle, se révolte violemment. Toute demande d'argent est obstinément refusée et les percepteurs d'impôts sont systématiquement emprisonnés. Toute tentative de parvenir à une solution

est rejetée par les Gantois. Une sanction rigoureuse s'impose et le conseil décide de museler la ville une fois pour toutes.
L'empereur se rend à cette fin personnellement dans la ville en 1540. Il promulgue la Concession caroline, perçoit les impôts dus et fait traduire en jugement les chefs de la révolte. Mais il ne peut se résoudre à la destruction de sa ville natale. Magnanime, il limite le châtiment à la destruction des murailles de la ville et à l'édification d'une citadelle, appelée château des Espagnols. Il entend toutefois donner une bonne leçon à ces fiers Gantois. Il oblige les notables à demander pardon publiquement et leur fait traverser la ville pieds nus, ceints d'une haire blanche et une corde de pendu autour du cou.
Cette humiliation publique a valu aux Gantois le surnom de « porteurs de la corde ». Ce nom jadis considéré comme une insulte est aujourd'hui porté avec fierté (voire avec l'orgueil retrouvé), surtout durant les Fêtes gantoises, lors de la commémoration de cet événement historique.
À la fin du siècle, les luttes religieuses troublent la vie communale. Un soulèvement de calvinistes iconoclastes en 1567 est étouffé par le duc d'Albe, mais les protestants réagissent et, quatre jours après la « Furie » d'Anvers, Philippe II est obligé de concéder la **pacification de Gand** (1576), libérant les 17 provinces des Pays-Bas des troupes espagnoles.
Organisée en République à partir de 1577, la ville révoltée contre les Espagnols est reprise par Farnèse en 1584.
En 1815, **Louis XVIII** se réfugie à Gand, dans l'ancien hôtel d'Hane Steenhuyse *(Veldstraat 47)*, du 18e s. C'est la « fuite de Gand ».

DE LA DÉCADENCE...

Au 17e s., le déclin économique de Gand s'accentue. La fermeture de l'Escaut en 1648 porte un coup fatal à ses activités commerciales et industrielles.
Toutefois, au début du 19e s., Gand, annexée à la France, reprend vie avec les tissages de coton créés par le Gantois **Liévin Bauwens**, qui a introduit clandestinement la « mule jenny », procédé anglais de filature mécanique, qui marque le début de la révolution industrielle sur le continent.

...AU RENOUVEAU

L'industrie textile connaît d'emblée une grande prospérité et Gand est à juste titre surnommée la « Manchester du continent ». Outre le coton, Gand file et tisse également le lin, les eaux de la Lys permettant un rouissage remarquable.
Sous l'impulsion du roi Guillaume Ier, le **port** est relié à l'Escaut occidental en 1827 par le canal de Gand à Terneuzen, long de 33 km. Rendu accessible fin 1968 aux navires de 80 000 t, il a vu son trafic de marchandises croître sans cesse, pour atteindre 47 millions de tonnes en 2008. Au fil des ans, de nouvelles industries se sont implantées le long du canal : métallurgie, chimie et montage automobile.
Dans la zone portuaire au nord de la ville, à côté d'installations permettant de recevoir de grands minéraliers, le complexe sidérurgique d'ArcelorMittal produit plusieurs millions de tonnes d'acier par an.
Par ailleurs, Gand assure le débouché d'une importante activité horticole régionale, qui englobe quelque 2000 entreprises établies dans un rayon de 15 km (localisées surtout au nord-est de la ville), et qui l'a fait surnommer « la ville des fleurs ». Une grande partie de la production est exportée dans le monde entier.

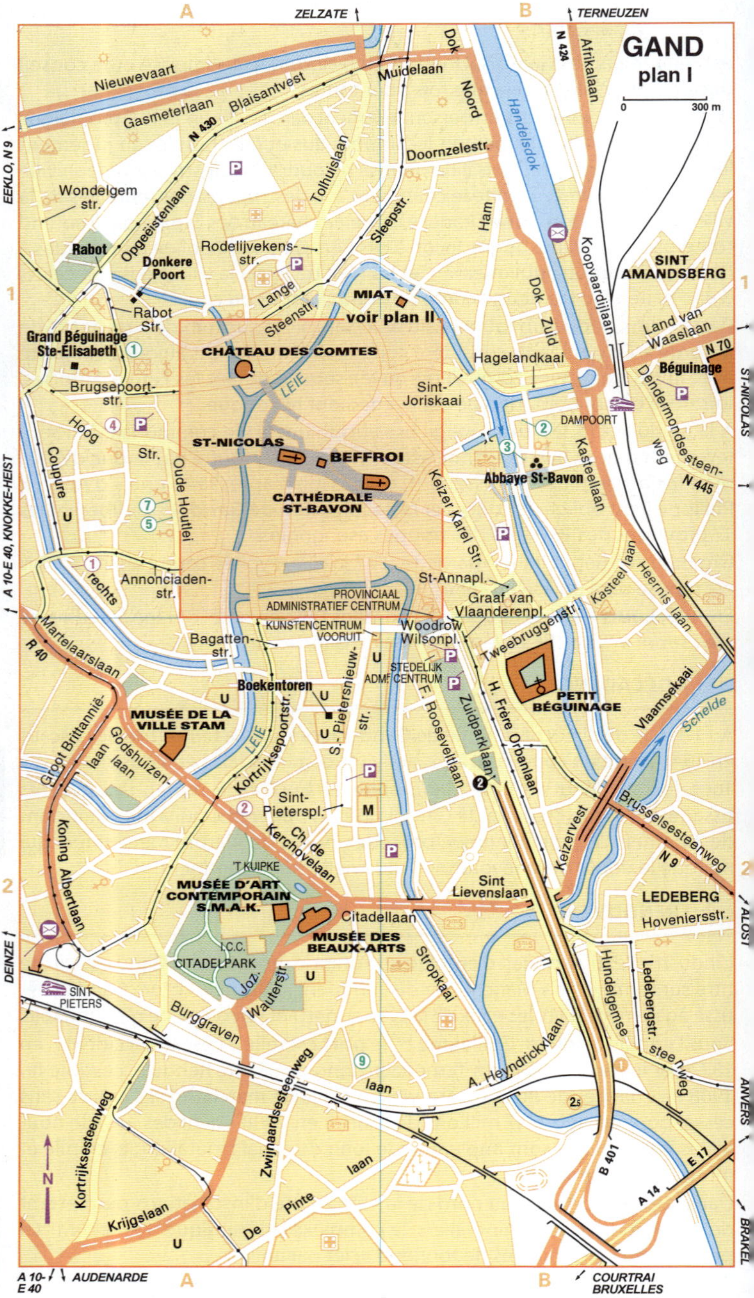

SE LOGER		SE RESTAURER
B&B Atlas 1	Boatel 3	De Fritketel 1
B&B Su'Ro 9	Hotel Verhaegen 5	Grade 2
Bed in Gent 2	Monasterium Poortackere 7	Limited & Co. 4

SE LOGER

Alphabed 2
Court Saint Georges 3
Hotel Erasmus 9
Hotel Gravensteen 11

SE RESTAURER

A Food Affair 1
Belga Queen 4
Brasserie Ha 7
C-Jean 10
De Foyer 16
Il Cortile 18
Komkommertijd 20
Vintage 22

L'**intérieur** serait plus majestueux sans la clôture de marbre néoclassique, qui, au 18e s., a coupé la belle ordonnance du vaisseau. Un peu surélevé par rapport à la nef, le chœur ou église haute, très élancé, en pierre de Tournai, date du 14e s. Il a été agrandi au 15e s. de cinq chapelles rayonnantes et surmonté d'un triforium. Le déambulatoire est jalonné de colonnes de marbre et de portes baroques ouvragées.

La nef du 16e s., en grès et brique, est sobre mais harmonieuse avec ses gracieuses balustrades flamboyantes et ses très belles voûtes à nervures. Cette cathédrale contient de nombreuses œuvres d'art dont l'extraordinaire *Agneau mystique*.

Polyptyque de *L'Adoration de l'agneau mystique*★★★ – *Dans la chapelle à gauche en entrant - lun.-sam. 9h30-16h45, dim. 13h-16h30 ; nov.-mars : fermeture à 15h45 - fermé pdt les fêtes religieuses - 4 €.* Ce polyptyque a connu bien des vicissitudes. Offert par Josse Vijd, riche patricien gantois, il fut installé solennellement en 1432 dans la première chapelle rayonnante à droite du déambulatoire ; Philippe II désira s'en emparer, les protestants voulurent le brûler en 1566, Joseph II en fit retirer Adam et Ève qu'il jugeait choquants. Le Directoire le fit envoyer à Paris d'où il ne revint qu'en 1815. Il fut alors amputé de plusieurs panneaux qu'exposa le musée de Berlin. Reconstitué en 1920, il perdit en 1934, à la suite d'un vol, le panneau des Juges intègres *(en bas à gauche)* qui, depuis 1941, est remplacé par une copie. Pendant la Seconde Guerre mondiale, le polyptyque, d'abord confié à la France, fut transféré par les autorités allemandes en Autriche où les troupes américaines le trouvèrent, en 1945, dans une mine de sel de Styrie près d'Altaussee. Après avoir repris sa place dans la chapelle d'origine, le polyptyque devait de nouveau être transféré en 1986 : pour des raisons de sécurité et d'accueil, on l'exposa dans l'ancien baptistère où il se trouve actuellement, transformé en vraie chambre forte.

L'attribution du retable a alimenté d'innombrables discussions : est-il entièrement de **Jan van Eyck** ou bien, comme le dit une inscription en latin placée sur le cadre du polyptyque, a-t-il été réalisé en collaboration avec son frère aîné Hubert, dont on ne connaît aucun autre tableau ? Telle quelle, cette œuvre colossale ne comprend pas moins de 248 personnages. Comme c'était le cas dans la chapelle d'origine, ceux-ci sont éclairés par une lumière unique venant de droite, qui se reflète dans les nombreux bijoux et pierres précieuses. L'œuvre témoigne d'une technique et d'un style magnifiques et illustre l'idéal chrétien du Moyen Âge.

Les panneaux du **registre inférieur** montrent, sur un autel, l'Agneau mystique entouré d'anges, vers lequel se dirigent, de part et d'autre de la fontaine de vie, à gauche les Chevaliers et les Juges intègres, à droite les Ermites et les Pèlerins, tandis qu'au fond sont rassemblés, à droite les Vierges, à gauche les Martyrs et Confesseurs.

Le paysage est lumineux, la végétation précise : des botanistes ont identifié 42 espèces de plantes et de fleurs.

Au centre du **registre supérieur** trône le Christ triomphant sous les traits du grand-prêtre, à gauche se tiennent la Vierge, des chœurs d'anges, Adam aux orteils relevés ; à droite, saint Jean-Baptiste, des anges musiciens et Ève ; remarquer le réalisme des personnages et la beauté décorative des broderies.

Fermés, les panneaux représentent au milieu l'Annonciation et en haut, les Prophètes et les Sibylles. En bas, saint Jean-Baptiste, saint Jean l'Évangéliste et les donateurs, Josse Vijd et sa femme Élisabeth Borluut.

Mobilier et œuvres d'art de la cathédrale – La monumentale chaire de vérité rococo, aux statues de marbre, datant de 1741, est de L. Delvaux. Dans le chœur, le maître-autel a été exécuté par Verbruggen dans le style baroque et représente l'*Apothéose de saint Bavon*. À gauche du chœur, le mausolée de Mgr Triest (1654) par Jérôme Duquesnoy le Jeune, frappe par l'expression lasse du personnage.

Dans la 1re chapelle du déambulatoire à droite se trouve le retable de **Jésus parmi les docteurs** (1751) par Frans Pourbus le Vieux : y figurent nombre de personnages célèbres dont Charles Quint, dans le coin inférieur gauche. Dans le bras nord du transept, on verra la **Vocation de saint Bavon** (1624), par P.-P. Rubens qui s'est peint sous la cape rouge d'un converti.

Crypte★ – La plus grande crypte de Flandre est construite sur le même plan que le chœur qu'elle supporte. Un tracé de carreaux noirs limite sur le sol la partie la plus ancienne (1150). De naïfs ex-voto des 15e et 16e s. sont peints sur les piliers et les voûtes romanes de l'ancienne église St-Jean. La crypte renferme un riche trésor : châsse d'argent de saint Macaire signée Hugo de la Vigne (1616), évangéliaire du 9e s., rouleau nécrologique retraçant la vie monastique au Moyen Âge. Dans l'une des chapelles qui abritent des pierres tombales, on admirera le remarquable **triptyque du Calvaire★** (1466) par Juste de Gand, œuvre capitale de ce peintre avant son départ en Italie. On y remarquera l'influence des van Eyck et de van der Weyden (groupe des saintes femmes devant la croix). Cette œuvre frappe par la subtilité des coloris aux tons souvent acides.

Derrière le chevet de la cathédrale, on aperçoit le **château de Gérard le Diable** (Geraard de Duivelsteen), austère demeure médiévale (13e s.) restaurée en profondeur au 19e s., qui a appartenu à un châtelain de Gand surnommé ainsi. Il abrite actuellement les archives du Royaume. Les statues en bronze devant le Steen ont été élevées en 1913 en hommage aux frères van Eyck. Sur la rotonde, à droite, se dresse la statue de Liévin Bauwens (1769-1822).

À gauche de la cathédrale, prenez la Biezekapelstraat.

Maison de l'Arrière-Faucille (De Achtersikkel) D3

Cette magnifique demeure patricienne du Moyen Âge forme, avec ses tourelles et sa cour à arcades, un ensemble pittoresque (16e s.). Elle abrite le conservatoire de musique depuis 1900.

Non loin, dans la Hoogpoortstraat, se succèdent plusieurs façades anciennes.

Regagnez la place St-Bavon.

En face du **Koninklijke Nederlandse Schouwburg** (1897) de style néo-Renaissance se trouve, au milieu d'une pièce d'eau, un monument en hommage à Jan Frans Willems (1793-1846), le « père du mouvement flamand ».

★★★ Beffroi (Belfort) et halle aux draps (Lakenhalle) D3

✆ 09 375 31 61 ou 09 233 39 54 (sur place) - 10h-18h - dernière entrée 30mn avant la fermeture - 5 €.

La puissante silhouette du beffroi (91 m), dominée par un dragon de cuivre doré, symbolise la puissance des corporations gantoises au Moyen Âge. Construit aux 13e et 14e s., souvent modifié et restauré, il est accolé à la **halle aux draps** (15e s.). À l'intérieur du beffroi, la salle appelée « Secret » abritait jadis les privilèges et les libertés de la ville. De la plate-forme supérieure, belle vue sur la ville.

Au pied du beffroi, *La Fontaine aux agenouillés*, de l'artiste laethemois George Minne.

Contournez le beffroi pour voir la porte classique (1741) de l'**ancienne prison** ornée de « l'homme qui tète », le **Mammelokker**, bas-relief baroque symbolique de la charité chrétienne : Cimon, vieillard romain condamné à mourir de faim, est allaité par sa fille.

Gagnez le Botermarkt.

★ Hôtel de ville (Stadhuis) D3

✆ 09 233 07 72 (Association des guides) - visites guidées : mai-oct. tlj sf vend., w.-end et j. fériés à 14h30 - RV à l' Infokantoor Dienst Toerisme - 7 € ou 4 € (seult hôtel de ville).

La construction d'un nouvel hôtel de ville autour d'un noyau plus ancien débute en 1518 sur les plans de Dominique de Waghemakere et Rombaut Keldermans. Les travaux furent interrompus en 1535 et repris 60 ans plus tard, ce qui permet d'observer deux styles différents.
Ornée d'une tourelle d'angle, la **maison de la Charte** (Huis van de Schepenen van de Keure) du 16e s., à droite, est d'un style gothique tardif; sur la façade nord (Hoogpoortstraat), la chapelle, une petite loggia (pour les proclamations) et un perron font saillie. La chambre Bollaerts, de style maniériste, et la conciergerie baroque ont été ajoutées ultérieurement. La partie gauche plus tardive (début 17e s.), inspirée de la Renaissance italienne, est **la maison des Parchons**, échevins chargés d'apaiser les différends. Enfin, la façade sud donnant sur le Poeljemarkt date du milieu du 18e s.
À l'**intérieur**, on traverse une partie de la maison de la Keure, notamment la salle de justice, au pavement en labyrinthe, donnant sur la loggia où fut proclamée la pacification de Gand, la chapelle surmontée d'une belle voûte gothique et, à l'étage, la salle du Trône aux voûtes Renaissance.
Face à l'hôtel de ville se dresse le **Cour St-George** (St-Jorishof) du 15e s., maison de la guilde des arbalétriers, ensuite relais de diligence et aujourd'hui hôtel-restaurant.
Gagnez l'abside de l'église St-Nicolas.
À gauche se trouve une cloche nommée **La Triomphante** (de Triomfante), héritière de celle qui occupait jadis le beffroi et portait pour devise : « Cette cloche a nom Roeland; quand elle s'ébranle, elle sème l'orage dans la contrée. » Lorsque la cloche se fendit en 1914, elle fut retirée du beffroi et transportée à l'endroit actuel.

★ Église St-Nicolas (St-Niklaaskerk) C3

La construction de cette imposante église paroissiale en pierre de Tournai débute en 1200 sur des fondations romanes. Une deuxième campagne de construction fut entamée entre 1220 et 1250. La robuste tour qui surmontait la croisée du transept faisait autrefois office de beffroi et fut ornée en son sommet d'imposants guetteurs en pierre. À peine la construction était-elle achevée que d'importants travaux de transformation reprirent. Les bas-côtés furent recouverts d'une voûte en pierre et l'intérieur fut considérablement modifié. Plus tard encore, le chœur fut embelli d'arcs-boutants. Durant les guerres de Religion du 16e s., l'intérieur fut entièrement détruit et remplacé par un intérieur baroque au 17e s.
La façade est de l'église donne sur le **Korenmarkt** (marché aux grains), endroit très fréquenté qui, avec ses nombreux restaurants et cafés, constitue le centre de la Cuve. Installé à une terrasse en été, l'on peut contempler le va-et-vient incessant des amateurs de shopping, en quête de l'un ou l'autre achat.
Passez à gauche de la Poste pour gagner le pont St-Michel.

Pont St-Michel (St-Michielsbrug) C3

Ce pont offre une **perspective★★★** étonnante sur les monuments et les façades de la vieille cité. On admire d'abord, en se retournant, l'enfilade des tours de St-Nicolas, du beffroi et de St-Bavon.
Du centre du pont, on voit, à droite, l'abside de St-Michel, de style gothique tardif, accolée à l'ancien couvent des dominicains du 15e s., actuellement bâtiment universitaire (Het Pand). À gauche, on distingue les créneaux du château des Comtes avec, au premier plan, les maisons du quai aux Herbes et du quai au Blé.
Bon à savoir – Traversez le pont St-Michel et gagnez le quai au Blé (Korenlei) par les escaliers. Vous aurez ainsi une belle **vue** sur l'ensemble des façades qui bordent le quai aux Herbes.

Le quai aux Herbes, à Gand.
Carlos S. Pereyra/age fotostock

★★★ **Quai aux Herbes** (Graslei) C3

Là se trouvait au Moyen Âge le port, centre nerveux de la ville. Le quai aux Herbes est bordé de maisons du 12e au 17e s., d'un style architectural très pur. Remarquez de gauche à droite les plus intéressantes :

– la maison des Maçons (16e s.), reconstruite, avec une haute façade en pierre prolongée d'élégants pinacles ;

– la première maison des Mesureurs de grains (15e s.) au pignon à redans flamand typique ;

– la large et sombre maison de l'Étape, en style roman scaldien, qui servait d'entrepôt pour les grains perçus comme droit d'étape ;

– la minuscule maison du Tonlieu (1682), la plus petite maison de la ville où logeaient les receveurs de l'étape ;

– la seconde maison des Mesureurs de grains (1698) avec ses caves voûtées du 14e s. ;

– la maison des Francs-Bateliers, au portail surmonté d'une nef et dont l'admirable façade couronnée d'un pignon aux lignes souples en gothique brabançon date de 1531.

Continuez tout droit par le quai au Blé (Korenlei) jusqu'à Jan Breydelstraat.

★ **Musée du Design** (Design museum Gent) C3

Jan Breydelstraat 5 - ✆ 09 267 99 99 - www.designmuseumgent.be - tlj sf lun. 10h-18h - fermé 1er janv., 24-25 et 31 déc. - 5 € (-19 ans gratuit).

Les **collections des 17e et 18e s.** du musée sont installées dans les élégants salons de l'ancien hôtel de Coninck (18e s.). On admirera du beau mobilier exposé par époque, des tapisseries, des objets d'art recréant l'atmosphère d'une demeure patricienne d'autrefois. Certaines salles sont décorées de panneaux de toile peinte. Avec son plafond peint, son lustre en bois, son mobilier, ses porcelaines de Chine, la **salle à manger** est une véritable merveille. La nouvelle aile, située à l'arrière, abrite la **collection moderne** (de 1880 à nos jours). Au rez-de-chaussée sont organisées des expositions temporaires, tandis que le 1er étage est consacré à la période 1880-1950. Les collections Art nouveau,

dont quelques magnifiques intérieurs de Henry van de Velde et Paul Hankar, et les sections Art déco et moderniste (E. Lenoble, H. Hoste, Le Corbusier) sont intéressantes. Deux circuits distincts illustrent certains aspects architecturaux et décoratifs du design en Europe occidentale au début du 20e s.
L'étage supérieur offre un aperçu des arts décoratifs des années 1970 et 1980. On découvrira en outre des œuvres de créateurs de bijoux, de meubles et de céramistes contemporains. Remarquez l'étonnant fauteuil Kandissi de l'architecte et styliste américain Alessandro Mendini.
Continuez sur Jan Breydelstraat puis tournez à droite dans la Burgstraat et traversez le pont Hoofdbrug.

★★ Château des Comtes (Gravensteen) C3

✆ 09 225 93 06 ou 09 269 37 30 - 9h-17h (oct.-mars 16h) - fermé 1er janv., 24-25 et 31 déc. - 8 €.
Le château, construit en 1180 par le comte de Flandre Philippe d'Alsace sur un donjon plus ancien, a été radicalement restauré au début du 20e s. Il n'en restait alors que quelques ruines qui étaient occupées par une filature. Son architecture est inspirée des forts des croisés en Syrie. Sa couronne de courtines munies de bretèches, d'échauguettes et de merlons se mire dans les eaux de la Liève.
À l'intérieur de l'enceinte, on visite la « galerie romane » avec ses baies géminées sur le mur est du donjon, les belles salles de la « maison du comte » dont l'une servit de cadre au septième chapitre de la Toison d'or en 1445 présidé par Philippe le Bon. Une autre salle contient une collection d'instruments de torture rappelant que le château servit longtemps de prison. Du sommet du donjon, on bénéficie d'une fort belle **vue★** sur Gand et ses environs. En contournant le donjon, on pénètre dans les écuries, crypte à deux nefs aux voûtes en ogive, qui abrite un puits.
En sortant du château, on peut voir, au début de la Burgstraat, la **maison des Têtes Couronnées** (Huis der Gekroonde Hoofden), ornée de médaillons avec bustes des comtes de Flandre.

Place Ste-Pharaïlde (St-Veerleplein) C3

Cette place, où se pratiquaient jadis les exécutions capitales, groupe ses maisons anciennes, l'**hospice St-Laurent** (Wenemaershospitaal) ou de Wenemaer dont la façade date de 1564, et l'**ancien marché aux poissons** (Oude Vismijn) (1689), de style baroque. Les hauts-reliefs au beau modelé surmontant le portique représentent Neptune, la Lys et l'Escaut.
De la place Ste-Pharaïlde, traversez le pont des Bouchers (Vleeshuisbrug).

Marché aux légumes (Groentemarkt) C3

À gauche se situe la **Grande Boucherie** (Groot Vleeshuis, 1404), avec ses lucarnes à redans et son imposante charpente en chêne. Les éventaires en bois adossés à la façade servaient jadis à la vente de tripes. Sur le coin se dresse 't Galgenhuyseken (la Potence), où se trouvaient jadis le gibet et le pilori.
Reprenez le pont des Bouchers (Vleeshuisbrug) et tournez à droite .

Quai de la Grue (Kraanlei) C3

On y voit d'intéressantes maisons anciennes, en particulier la maison **Cerf-volant** ('t Vliegend Hert) qu'avoisine une autre dont les bas-reliefs représentent les œuvres de miséricorde.

★ Maison d'Alijn (Huis van Alijn) C3

Kraanlei 65 - ✆ 09 269 23 50 - www.huisvanalijn.be - tlj sf lun. 11h-17h, dim. 10h-17h - fermé 1er janv. et 25 déc. - 5 € (-26 ans 1 €).
La maison d'Alijn est installée dans l'hôpital pour enfants Alijn (1363), la seule **maison-Dieu** de Gand. Ce musée s'intéresse à la **culture de la vie**

quotidienne et propose au visiteur le récit grandiose des petites choses de la vie à travers objets, photos, reconstructions d'intérieurs, de boutiques et d'ateliers d'artisans. Il se penche aussi sur les dialectes grâce à une présentation multimédia.
Le superbe **jardin intérieur★**, véritable oasis de calme au centre de la ville, invite à quelques moments de repos. Le musée présente aussi un théâtre de marionnettes traditionnelles *(merc. et dim. : marionnettes à 14h30 - fermé juil.-août, 1er janv. et 25 déc. - 3 €)* avec, en vedette, le héros gantois Pierke Pierlaia.

★ Patershol C3

Par la Rodekoningstraat, on arrive au cœur du Patershol, un des quartiers les plus anciens et agréables de la ville *(voir l'encadré ci-dessous)*.
Traversez la Lys par le pont Zuivelbrug.

Margot l'Enragée (Dulle Griet) C3

Ce grand canon du 15e s. fut amené à Gand en 1578 pour défendre la ville contre l'envahisseur espagnol. Il se révéla toutefois inutilisable à l'arrivée.
Par le Langemunt et la Kammerstraat, on arrive au Vrijdagmarkt.

★ Marché du vendredi (Vrijdagmarkt) D3

Ce vaste marché fut le théâtre de nombreux épisodes historiques. Les souverains de Flandre venaient y haranguer le peuple ; des luttes sanglantes s'y déroulèrent en mai 1345 entre tisserands et ouvriers de la laine. Durant ces troubles, Jacob van Artevelde, dont la statue orne la place, fut assassiné.
Au nord de la place, l'imposante bâtisse « Ons Huis-Bond Moyson » (1897-1902) fut construite dans un style éclectique par F. Dierkens. La partie gauche abritait une maison du peuple ; la partie droite fut un entrepôt de vêtements au service des associations professionnelles socialistes.
Au fond, la maison à tourelle, **Het Toreken**, de 1451-1458, appartenait à la corporation des tanneurs. On y vendait surtout de la toile. Les pièces ne répondant pas aux critères de qualité et de taille étaient accrochées à la balustrade de la tourelle en signe de remontrance.
Au sud du Vrijdagmarkt se dressent la maison baroque **Bonte Mantele** (l'actuelle Brasserie Keizershof, au numéro 47) et la **Tooghuis**, du 18e s., avec porche baroque.

LA RENAISSANCE DU PATERSHOL

Situé entre la Lange Steenstraat, het Sluizeken, la Lys et le Geldmunt, ce quartier doit son nom à un petit tunnel situé sous le couvent des carmélites. Par ce petit passage, les habitants du quartier pouvaient s'approvisionner d'eau dans le canal du Ploter. Outre de petites habitations d'artisans – les plus anciennes datent du 12e s. –, ce quartier compte d'imposants hôtels particuliers, deux couvents médiévaux et une maison-Dieu. Le Patershol a connu une histoire mouvementée et, de centre artisanal et religieux au Moyen Âge, il devint un quartier chic pour magistrats et avocats aux 17e et 18e s. Au 19e s., le quartier dépérit complètement et acquit une réputation de coupe-gorge. Sa rénovation n'a commencé que dans les années 1980. Bien que de nombreux cafés et restaurants se soient établis aujourd'hui dans le Patershol, le quartier reste avant tout résidentiel, très fréquenté par les étudiants et les artistes. Le week-end avant le 15 août sont organisées les Patersholfeesten (fêtes du Patershol).
Parmi les bâtiments intéressants, on citera l'**église St-Jacques**, l'ancien couvent des Carmes chaussés dans la Vrouwebroersstraat, la **maison d'Alijn** *(voir ci-contre)* au Kraanlei et la **chapelle des Norbertins** au Drongenhof.

Plus à l'est, on aperçoit les trois tours de l'**église St-Jacques** (St-Jacobskerk) ; les deux tours de façade sont romanes, mais l'une a reçu au 15e s. une toiture en grès, à crochets. Un sympathique marché aux puces se tient tous les vendredis, samedis et dimanches sur la petite place jouxtant l'église.

LE QUARTIER DES ARTS (Kunstenkwartier) Plan I

Au sud de la vieille ville, le quartier des Arts concentre les trois plus importants musées de Gand. En chemin, vous croiserez de nombreux étudiants : le quartier abrite les principales facultés de Gand, avec la tour des Livres pour symbole, juchée au sommet de la « montagne » Blandin (Blandijnberg), le point culminant de la ville.

★★ Musée des Beaux-Arts (Museum voor Schone Kunsten) A2

Fernand Scribedreef 1, Citadelpark - ✆ 09 240 07 00 - www.mskgent.be - tlj sf lun. 10h-18h - fermé 1er janv., 24-25 et 31 déc. - 5 € (-26 ans 1 €).

Cet important musée est situé en bordure du parc de la Citadelle, où se dresse un très beau kiosque à musique octogonal de 1885.

Il possède une riche et intéressante collection d'art ancien et moderne du 15e s. à la 1re moitié du 20e s. Si la collection de sculptures et tapisseries de Bruxelles (18e s.) mérite d'être citée, ce sont surtout les peintures qui retiendront l'attention.

Peinture ancienne – Dans la collection des **maîtres anciens**, on admirera la ravissante *Vierge à l'œillet* de l'atelier de Rogier van der Weyden et les deux tableaux de **Jérôme Bosch** qui traitent de l'opposition entre le bien et le mal. Dans le premier, *Saint Jérôme*, œuvre de jeunesse, l'avant-plan du tableau, représentant le mal, montre le saint en prière entouré d'objets effrayants et d'une nature menaçante tandis qu'à l'arrière le paisible paysage évoque le bien. Le *Portement de croix*, l'une des dernières œuvres du grand peintre, témoigne d'un modernisme extraordinaire dans sa façon de traiter en gros plan cet agglutinement de têtes aux trognes démoniaques au milieu duquel apparaît le visage serein du Christ. Le Christ se trouve entre deux diagonales ; l'une symbolisant le mal avec la poutre de la croix et le visage du mauvais larron en bas à droite, l'autre reliant le visage du bon larron à celui de sainte Véronique se retirant avec le suaire.

La *Vierge et l'Enfant* d'Adrien Isenbrant frappe par la beauté du paysage. On remarquera aussi quelques beaux portraits du miniaturiste gantois Gérard Horenbaut.

Le musée présente un intéressant panorama de la **peinture des 16e et 17e s.** L'accent est mis sur les artistes originaires des anciens Pays-Bas : Pieter Bruegel le Jeune, Frans Pourbus l'Ancien *(Portrait d'une jeune femme)*, Rubens, Jordaens *(Étude de têtes)*, van Heemskerck, Maarten de Vos, Gaspar De Crayer *(Étude de tête d'un jeune Maure)*, Philippe de Champaigne (*Les Disciples d'Emmaüs* et un *Portrait de Pierre Camus*) et Frans Hals *(Portrait d'une femme)*.

Peinture moderne – Cette riche collection présente un aperçu de la peinture belge du **19e au début du 20e s.** L'influence de l'école française du 19e s. est illustrée par le remarquable *Portrait d'un kleptomane* de Géricault et des paysages réalistes et romantiques de Corot, Courbet, Daubigny et Théodore Rousseau.

EXPRESSIONS GANTOISES

Dans la région de Gand, vous aurez certainement l'occasion d'entendre des conversations introduites d'un « Ça va, hein » et que l'on conclut d'un convivial « Salut », terme que l'on emploie en toute circonstance, même avec des inconnus.

L'impressionnisme et le symbolisme belges sont représentés par Claus, van Rysselberghe *(La Lecture)*, Evenepoel *(L'Espagnol à Paris)*, Spilliaert, Khnopff. On admirera la vaste collection d'œuvres d'Ensor ainsi que les sculptures du Gantois George Minne *(Les Agenouillés)*. Tout comme Gustave van de Woestijne et Valerius De Saedeleer, ce dernier appartient à la première école de Laethem-St-Martin. L'expressionnisme flamand s'exprime dans les œuvres d'Albert Servaes, Constant Permeke *(Le Paysan couché)*, Gust de Smet, Frits van den Berghe et Rik Wouters. Les œuvres de Kokoschka, Rouault, Kirchner, Rohlfs et Heckel appartiennent à l'expressionnisme international.

★★ Musée d'Art contemporain SMAK
(Stedelijk Museum voor Actuele Kunst Gent) A2

Citadelpark - ✆ 09 240 76 01 - www.smak.be - ♿ - tlj sf lun. 10h-18h - fermé 1er et 2 janv. et 24-25 et 31 déc. - 6 € (-26 ans 1 €).

Installé dans l'ancien palais des Floralies, ce musée fut édifié en 1913 à l'occasion de l'Exposition universelle et entièrement rénové en 1999 d'après les plans de l'architecte Koen van Nieuwenhuyse.

L'animateur et conservateur du musée est Jan Hoet, « enfant terrible » de la scène artistique internationale contemporaine et organisateur de la Documenta IX, exposition renommée, organisée à Kassel en Allemagne.

La collection très intéressante, exposée par roulement, permet de suivre l'évolution artistique depuis les années 1950 jusqu'aux expressions les plus modernes. Citons quelques œuvres de prédilection : *Aeromodeller* de Panamarenko, *Wirtschaftswerte* de Joseph Beuys, *Two Watchmen* de Juan Muñoz, *Le Gardien de notre potager* de Thierry De Cordier et *La Toilette* d'Ilya Kabakov. Le musée organise également d'importantes expositions temporaires.

★★ Musée de la Ville STAM (Stadsmuseum Gent) A2

Bijlokesite, Godshuizenlaan 2 - ✆ 09 267 14 00 - www.stamgent.be - ♿ - tlj sf lun. 10h-18h - fermé 1er janv., 24-25 et 31 déc. - 6 € (-26 ans 1 €).

Le musée de la ville occupe l'ancienne abbaye cistercienne de la Bijloke, fondée au 14e s. Après avoir passé la première salle, marquée au sol par une photographie aérienne géante et une **maquette** du centre historique, vous découvrirez dans ce bel ensemble de brique (14e-18e s.) les différentes périodes de développement de la cité. Remarquez les clichés grand format de Carl De Keyzer, photographe chez Magnum, qui ornent les couloirs de l'abbaye. La salle du réfectoire médiéval, décorée de superbes **peintures murales**, dont une représente la Cène, accueille des concerts. Expositions temporaires sur le thème de la vie urbaine.

Boekentoren A2

Rozier 9 - ✆ 09 264 38 51 - www.boekentoren.be.

Située dans un quartier très animé, la Bibliothèque centrale de l'université de Gand (1933-1940) fut construite d'après un projet du célébrissime architecte Henry van de Velde (1863-1957), fondateur de la Kunstgewerbeschule à Weimar, précurseur du Bauhaus. La tour haute de 64 m comprend 26 étages dont une belle salle de réception (Belvédère) aux formes pures. Le bâtiment moderniste, dont la façade est d'une grande simplicité, fut réalisé en béton.

★ Petit béguinage (Klein Begijnhof) B2

Lange Violettenstraat.

Fondé en 1234 par Jeanne de Constantinople, ce calme enclos n'a pas changé depuis le 17e s.

Les charmantes maisons en brique, précédées de jardinets aux murs blanchis à la chaux, encadrent l'église et deux pâturages.

AU NORD ET À L'EST DU CENTRE Plan I

★ Musée d'Archéologie industrielle et du Textile MIAT

(Museum voor Industriële Archeologie en Textiel) B1

Minnemeers 9 - ☏ 09 269 42 00 - www.miat.gent.be - ♿ - tlj sf lun. 10h-18h - fermé 1er janv., 24-25 et 31 déc. - 5 € (-26 ans 1 €).

Bon à savoir – Si vous désirez voir les machines du musée en activité, rendez-vous le mardi et le jeudi matin (textile), ou le jeudi et le samedi après-midi (imprimerie).

Installé dans une ancienne filature de coton (1905-1913), ce musée est consacré au passé industriel de la ville. Les nombreuses machines, dont la célèbre **mule jenny** importée clandestinement d'Angleterre vers 1810 par Liévin Bauwens, objets divers, documents et reconstitutions d'intérieurs illustrent les changements qu'a subis la société industrielle.

La première section au 5e étage (belle **vue** sur Gand et ses tours) donne un aperçu de la période **1750-1900**, où l'on insiste sur le rôle prépondérant de la femme. Le 4e étage (**1900-2000**) présente les développements techniques et économiques du 20e s. : vous pourrez suivre, en particulier, l'activité d'une imprimerie à l'ancienne, avec son atelier typographique. Les nombreuses machines de la « fabrique de coton » (3e étage) permettent de suivre au fil de ses pas le processus de production d'antan, du coton brut au tissu teint. La partie moderne du musée accueille des expositions temporaires; les plantes du jardin étaient jadis utilisées pour la teinte des textiles.

Abbaye St-Bavon (St-Baafsabdij) B1

☏ 09 225 96 44 - www.burenvandeabdij.be - de mi-avr. à fin oct. : 13h-18h - gratuit.

Fondée au 7e s., l'abbaye fut reconstruite au 10e s. En 1540, après avoir promulgué la Concession caroline, Charles Quint transforma l'abbaye en citadelle, baptisée « le château des Espagnols ». Elle fut démolie au 19e s. Il ne reste des bâtiments abbatiaux qu'une galerie du cloître gothique, le beau lavabo roman, les baies géminées, romanes elles aussi, de la salle capitulaire et surtout le vaste **réfectoire★** du 12e s. à la magnifique charpente en bois en carène de bateau ; celui-ci renferme des fresques romanes et une importante collection de dalles funéraires. Dans les celliers : pierres romanes et gothiques.

Grand béguinage Ste-Élisabeth (Groot Begijnhof St-Elisabeth) B1

Devenu insuffisant, le grand béguinage, fondé, comme le petit béguinage, en 1234, fut abandonné au 19e s. par les béguines qui s'installèrent à Mont-St-Amand. Il n'en subsiste qu'une rue pittoresque et étroite, la **Proveniersterstraat**, à proximité de l'église Ste-Élisabeth, et autour de l'église, trois jolies maisons à pignons à redans, bien restaurées.

Par la Begijnhoflaan, on peut gagner au nord le **Rabot**. Cette porte de 1489 aux toits pointus et aux pignons à redans est une ancienne écluse sous laquelle disparaît la Lième, devenue en partie souterraine.

En longeant la Bachtenwalle, on arrive à la **Donkere Poort**, seul vestige du palais (Prinsenhof) où naquit Charles Quint le 24 février 1500.

À proximité Carte de région p. 212-213

Mont-St-Amand (St-Amandsberg) B2

1,5 km au nord-est par la Land van Waaslaan. L'entrée du béguinage se trouve dans l'Engelbert van Arenbergstraat ou dans la Schoolstraat (rues latérales de la Land van Waaslaan).

Façade du musée d'Art contemporain SMAK.
Clément Philippe/ArTerra Picture Library/age fotostock

Grand béguinage (Groot Begijnhof) – Il a succédé en 1874 au grand béguinage Ste-Élisabeth dont il conserve le nom. C'est un vaste enclos qui présente l'aspect traditionnel des béguinages, agglutinés comme une petite cité autour de l'église de style néogothique. Quelques béguines y habitent encore.

Lochristi C2

9 km au nord-est par la N 70.
Dans cet important centre agricole prédomine la culture du bégonia (floraison en été) et de l'azalée.

Laarne C2

13 km à l'est. Sortez par la N 445 et tournez à gauche vers Heusden.
On découvre avant Heusden de superbes propriétés.
Château★ – *✆ 09 230 91 55 - www.historische-woonsteden.be - visites guidées : mai-sept. le dim. à 15h ; juil.-août. visite suppl. le jeu. à 15h - 7 € (-18 ans 2 €).* Encerclé de douves, le château de Laarne présente de hauts murs gris flanqués de tours à toit de pierre et d'un donjon à tourelles. Édifié au 12ᵉ s. pour servir à la défense de Gand, il fut modifié au 17ᵉ s. De cette époque datent la cour d'honneur et l'entrée actuelle, précédée d'un pont de pierre et surmontée d'une loggia.
L'**intérieur** a été remeublé (lors de la restauration de 1962) de façon à restituer l'atmosphère du château au 17ᵉ s. Dans les salles aux belles cheminées sont disposés de grands meubles anversois et français ; les murs sont tendus de belles tapisseries dont deux, réalisées à Bruxelles au 16ᵉ s. d'après les cartons de B. van Orley, appartiennent à la série des Chasses de Maximilien.
À signaler, au rez-de-chaussée, les voûtes Renaissance de la galerie donnant sur la cour intérieure ; au 1ᵉʳ étage, une élégante tapisserie du 16ᵉ s., illustrant la vie seigneuriale, et surtout la **collection d'argenterie★** (15ᵉ-18ᵉ s.) de divers pays européens, donation de M. Claude D'Allemagne.

Eeklo B1

20 km au nord-ouest par la N 9.
Cette ville possède un joli **hôtel de ville** Renaissance, à pignons et lucarnes à redans et volets de couleurs gaies.

À 29 km au nord par la N 456, près de la frontière des Pays-Bas, l'église de **Watervliet** (16e s.) abrite un beau triptyque du 15e s. peint sur bois et un intéressant mobilier baroque.

Circuit conseillé Carte de région p. 212-213

LA RÉGION DE LA LYS

Circuit de 28,5 km tracé en vert foncé sur la carte de région (p. 212). Sortez au sud-ouest par la Koningin Fabiolalaan, près de la gare (St-Pietersstation) en direction de Deinze.

Bon à savoir – Pour apprécier la Lys au mieux, privilégiez une **découverte en bateau** *(voir « Nos adresses » p. 232).*

Afsnee B2

Sa charmante église romane dont le chevet borde la Lys est souvent reproduite sur les toiles.

Laethem-St-Martin (St-Martens-Latem) B2

Situé près de la Lys, c'est un village dont les environs sont très fréquentés par les Gantois. On peut y admirer de somptueuses villas engoncées dans leur écrin de nature. De la route qui le traverse, on aperçoit à gauche un vieux moulin à vent en bois.

Deurle B2

Au bord de la Lys, Deurle dissimule dans la verdure de nombreuses villas fleuries.

Musée communal (Gemeentelijk Museum) **Gust De Smet** – *09 282 77 42 - tlj sf lun. et mar. 14h-18h (dim. 17h) - fermé janv. - gratuit.* La maison où le Gantois Gust (ou Gustaaf) **De Smet** (1877-1943) se retira pour peindre de 1935 à sa mort est devenue un musée. L'intérieur ainsi que l'atelier sont restés inchangés et abritent de nombreuses œuvres de cet artiste du deuxième groupe de Laethem.

Musée Léon De Smet – *09 282 30 90 - sam. 14h-18h et sur RV - gratuit.* La maison, construite en 1969 par la dernière compagne de **Léon De Smet** (1881-1966), frère de Gust, conserve quelques meubles et objets familiers du peintre qu'il reproduisait sur ses toiles. Expositions et galerie d'art.

Musée Dhondt-Dhaenens – *09 282 51 23 - www.museumdd.be - ♿ - tlj sf lun. 10h-17h (été 18h) - fermé 1er janv., 24-25 et 31 déc. - 9 € (-12 ans gratuit).* À côté du musée Léon De Smet, ce long bâtiment de brique blanc construit en 1969 offre un bon aperçu de l'expressionnisme flamand issu de l'art de Laethem et s'est enrichi, au fil des années, de plusieurs œuvres d'art contemporain.

UNE COLONIE D'ARTISTES

Les bords de la Lys ont inspiré bien des peintres. À la fin du 19e s., un groupe d'artistes se forma autour du sculpteur George Minne installé à Laethem-St-Martin depuis 1897 : Gustave van de Woestijne (1881-1947), les paysagistes Albijn van den Abeele (1835-1918) et Valérius De Saedeleer (1867-1941). Leurs recherches aboutirent, après la guerre, à l'expressionnisme très marqué du 2e groupe de Laethem dont le précurseur est **Albert Servaes** (1873-1967), et les principaux représentants **Constant Permeke** (1886-1952), **Gust De Smet** (1877-1943) et **Frits van den Berghe** (1883-1939).

On y admire des œuvres de grands maîtres comme Permeke, van den Berghe, Gust De Smet, Albert Servaes… Le MDD organise un nombre assez important d'expositions d'art moderne et contemporain belge et étranger.
En quittant Deurle, on longe un instant la Lys (jolie vue à gauche), puis, en franchissant un pont, on a une belle vue sur la rivière qui chemine langoureusement entre de verts pâturages.

Château (Kasteel) **Ooidonk** B2

✆ 09 282 35 70 - www.ooidonk.be - visites guidées (1h) : de déb. avr. à mi-sept. dim. et j. fériés 14h-17h30 ; juil.-août visite suppl. le sam. aux mêmes heures - 7 € (-12 ans 2 €) - jardins : 1 € (enf. 0,30 €).
Ce château de la fin du 16e s. se situe à proximité du village de Bachte-Maria-Leerne ; il a remplacé une forteresse du Moyen Âge, habitée par les seigneurs de Nevele et détruite au cours des guerres de Religion. Le château actuel, cerné d'eau et entouré d'un parc, est toujours habité. Avec ses pignons à redans et ses tours à bulbe, il est caractéristique du style hispano-flamand. L'intérieur réaménagé au 19e s. contient une belle suite d'appartements. Parmi les portraits du 16e s. figurent celui de Philippe de Montmorency, comte de Hornes et propriétaire du château, et celui du comte d'Egmont *(voir p. 84)*. Tous deux furent décapités à Bruxelles en 1568.
Prenez la N 43.

Deinze B2

Petite ville industrielle construite sur les bords de la Lys, Deinze possède une belle **église** dédiée à Notre-Dame (Onze-Lieve-Vrouwekerk). Elle date du 13e s. et constitue un bel exemple de gothique scaldien. À l'**intérieur**, on peut admirer une œuvre de Gaspar de Craeyer : l'**Adoration des Bergers**.
Un peu plus loin, on aperçoit le bâtiment blanc du **musée de Deinze et de la Région de la Lys** (Museum van Deinze en de Leiestreek) *(✆ 09 381 96 70 - www.museumdeinze.be - ♿ - tlj sf lun. 14h-17h30, w.-end et j. fériés 10h-12h, 14h-17h - fermé 1er janv., 24-26 et 31 déc. - 2,75 €, gratuit le dim. matin)*.
Dans les collections comprenant des peintures et sculptures d'artistes de la région entre Gand et Courtrai, le groupe de Laethem est bien représenté. Sont à signaler : *La Récolte des betteraves* d'Émile Claus, *Un paysage marécageux* de De Saedeleer et des œuvres de A. Saverys, A. Servaes, van de Woestijne, G. Minne, van Rysselberghe, van den Abeele et R. Raveel. Le musée comprend également une section d'archéologie et de folklore.
Suivez la N 43.

Machelen A2

Le célèbre artiste Roger Raveel vit le jour en 1921 à Machelen, petit village tranquille au bord de la Lys. Situé dans un beau bâtiment de style résolument contemporain de l'architecte Stéphane Beel, le **musée Raveel** *(✆ 09 381 60 00 - www.rogerraveelmuseum.be - tlj sf lun. et mar. 11h-17h - fermé 24 déc.-1er janv. - 5 €, -12 ans gratuit)* présente un aperçu détaillé de l'œuvre de l'artiste. Proches du nouveau réalisme, les compositions de Raveel, combinant des éléments figuratifs et abstraits, restent liées à la réalité quotidienne.
À proximité de la Lys, le visiteur découvrira *Het plein van de Nieuwe Visie* (« La place de la Nouvelle Vision ») de 1998 représentant l'artiste et son épouse.

NOS ADRESSES À GAND

Plans de la ville p. 218 et 219

TRANSPORTS

Voiture – La ville décourage la circulation automobile. Il est donc conseillé de laisser votre voiture dans l'un des parkings du centre et de faire la visite à pied, les curiosités étant fort proches les unes des autres.

VISITES

Promenades en bateau – *Avr.-oct. : départ 10h-18h ; reste de l'année : 11h-16h ; possibilité de sorties nocturnes - 6,50 € - durée 40mn env.*
Départ de Graslei (quai aux Herbes) – *Gent Watertoerist - 09 269 08 69 - www.gent-watertoerist.be.*
Départ de Korenlei (quai au Blé) – *Bootjes van Gent - 09 229 17 16 - www.debootjesvangent.be.*
Départ de Kraanlei (quai de la Grue) – *Boat in Gent - 0478 63 36 30 - www.boatingent.be.*
Départ du Vleeshuisbrug/ Groentenmarkt – *Rederij De Gentenaer - 0473 48 10 36 ou 09 269 08 69 - www.rederij degentenaer.be.*
Minerva Boat Company - *Coupure Rechts-Lindenlei 2a - 09 233 79 17 - www.minerva boten.be - juil.-août : 10h-20h ; de Pâques au 15 oct. : 13h-19h - à partir de 58 €.* Location d'une vingtaine de mini-yachts à moteur thermique ou électrique silencieux. On peut ainsi découvrir Gand à son propre rythme. Aucun brevet requis. Plan de navigation fourni par le loueur.
Promenade en calèche – *St-Baafsplein - w.-end, j. fériés et vac. scol. : 10h-18h - 30 € par calèche.* Agréable promenade pour parcourir le centre historique *(durée : 30mn env.).*

HÉBERGEMENT

Bon à savoir – Brochure complète sur les chambres d'hôtes, disponible à l'office de tourisme. Voir également le site : *www.bedandbreakfast-gent.be.*

BUDGET MOYEN

B&B Su'Ro – Plan I A2 - *Vlierstraat 57 - 09 330 39 56 - www.suro.be - 2 ch. 65/75 €.* Située dans une petite rue résidentielle, non loin du parc de la Citadelle, cette maison propose deux chambres simples et bien équipées, qui portent les noms des filles de la famille, Sylvie et Sandra.
Bed in Gent – Plan I B1 - *Lucas Munichstraat 18 - 04 95 94 49 17 - www.bedingent.be - 2 ch. 75 €.* Les deux chambres de M. De Wolf occupent une ancienne maison d'ouvrier du début du 20e s. On y accède par un escalier un peu raide : celle du 1er étage est décorée de mobilier ancien, tandis que la seconde se niche sous les toits et dispose d'une bibliothèque. À 5mn à pied du centre historique.
Alphabed – Plan II D3 - *Jan Palfijnstraat 26 - 0497 68 91 08 - www.alphabed.be - 3 ch. 75/85 €.* Dissimulée dans une paisible ruelle de la vieille ville, cette ravissante maison dispose d'une petite cour où l'on peut prendre son petit-déjeuner. Les chambres mêlent agréablement mobilier ancien et décoration moderne soignée.
B&B Atlas – Plan I A1 - *Rabotstraat 40 - 09 233 49 91 - www.atlasbenb.be - 3 ch. 73/93 €.* Ancienne maison de maître s'ouvrant par une grande porte cochère, proche des tours du Rabot et du nouveau palais de justice. Choix entre chambres à l'ambiance toscane, asiatique ou africaine. Petit-déjeuner servi dans un superbe salon du 19e s.

Court Saint Georges – Plan II D3 - *Botermarkt 2 - ✆ 09 224 24 24 - www.courtstgeorges.be* - 🅿 - *31 ch. 95/145 €* ☕. Cet hôtel se compose de deux maisons de maître restaurées et se trouve face à l'hôtel de ville. Les chambres rénovées ont reçu un décor contemporain, le charme ancien étant surtout conservé dans la salle rustique du petit-déjeuner.

Hotel Erasmus – Plan II C3 - *Poel 25 - ✆ 09 224 21 95 - www.erasmushotel.be - 12 ch. 99/150 €* ☕. Hôtel convivial installé dans un immeuble du 19e s. Le mobilier ancien, les pavements originaux en mosaïque et un jardin intérieur à la française confèrent à ce petit hôtel un cachet particulier.

Hotel Gravensteen – Plan II C3 - *Jan Breydelstraat 35 - ✆ 09 225 11 50 - www.gravensteen.be* - 🅿 - *49 ch. 95/165 € - ☕ 19 €*. Charmant hôtel aménagé dans une maison de maître de style Empire du 18e s. Il se trouve en face du château des Comtes. Belles chambres à la décoration classique. Lounge convivial, sauna et salle de fitness complètent l'offre de cet hôtel dans le centre historique de Gand.

POUR SE FAIRE PLAISIR

Monasterium Poortackere – Plan I A1 - *Oude Houtlei 56 - ✆ 09 269 22 10 - www.monasterium.be* - 🅿 - *47 ch. 105/175 € - ☕ 15 € - rest. menus 38/58 €*. Ancien bâtiment conventuel classé, situé dans le centre et transformé en hôtel. Le visiteur a le choix entre une ancienne cellule de moine, assez sobre, ou une chambre plus luxueuse dans la « maagdenvleugel » (aile des vierges) ou dans la maison du recteur.

Boatel – Plan I B1 - *Voorhootkaai 44 - ✆ 09 267 10 30 - www.theboatel.com* - 🅿 - *7 ch. 120/140 €* ☕. Péniche transformée en hôtel, amarrée dans le nouveau port intérieur de Gand, Portus Ganda, dans le centre historique de la ville. Accueil chaleureux. Manière originale de loger en ville.

UNE FOLIE

Hotel Verhaegen – Plan I A1 - *Oude Houtlei 110 - ✆ 09 265 07 60 - www.hotelverhaegen.be - 4 ch. 195/265 € - ☕ 15 €*. Un véritable trésor se cache ici derrière une façade discrète. Le charme absolu dans une ambiance décontractée. Les grandes chambres ont bénéficié d'une décoration différente, avec un grand souci du détail. Combinaison réussie de l'ancien et du design. Le petit-déjeuner est servi dans un salon rococo donnant sur le jardin intérieur.

RESTAURATION

Bon à savoir – Gand est renommée pour son délicieux waterzoï (sorte de bouillon de poisson ou de poulet) et ses carbonades (bœuf aigre-doux aux oignons et à la bière).

PREMIER PRIX

De Frietketel – Plan I A1 - *Papegaaistraat 89 - ✆ 09 329 40 22 - ⊄ - fermé w.-end - 5 €*. Prise chaque jour d'assaut par les nombreux étudiants du quartier, cette friterie tenue par Koen et Sabrina occupe une des maisons Art déco de la rue. Leur secret : d'excellentes frites, bien sûr, mais aussi la sauce maison, le bouillon du rôti de porc, à base de bière, d'oignons et de caramel. Bel escalier d'origine et décoration néobaroque, avec lustre et chaises en Plexiglas.

Limited & Co – Plan I A1 - *Hoogstraat 58-60 - ✆ 09 225 14 95 - www.limited-co.be - 12h-14h, 18h-jusque tard - fermé sam. midi et dim. - 10/19 €*. Cet établissement, quelque peu excentrique, attire surtout un public jeune. Adresse recommandée pour un lunch, mais aussi pour un dîner plus élaboré. À la carte : des salades, des pâtes et des préparations simples mais goûteuses. Il dispose aussi désormais de cinq chambres d'hôtel au design épuré.

Komkommertijd – Plan II D3-4 - *Reep 14 - ✆ 0485 73 16 17 - www.komkommertijd.be - ⊭ - tlj sf lun.-mar. 11h45-14h30, 18h-22h30 - buffet 12,50 € le midi et 15 € le soir.* Savoureux buffet végétarien, à volonté : les plats changent tous les jours, en fonction des produits du jour. Soupe, entrées froides, plats chauds et dessert. À déguster dans la cour intérieure ou dans la grande salle, décorée de clichés en noir et blanc.

BUDGET MOYEN

Il Cortile – Plan II C3 - *Kraanlei 53 - ✆ 09 234 27 41 - ⊭ - fermé lun., mar. midi et sam. midi - 20€.* Agréable *trattoria* aux murs peints en rouge, où l'on sert des plats roboratifs : pizza, pâtes maison, poisson et viande. Incontournable en été, avec sa petite terrasse située face à la Lys.

Vintage – Plan II C4 - *Onderbergen 35 - ✆ 09 223 51 32 - www.vintagewine.be - lun.-jeu. 12h-14h, 18h30-21h30, vend.-sam. 12h-14h30, 18h30-22h30 - bar à vin et vente directe lun.-sam. 11h30-15h30, 15h30-jusque tard - menus 17/25 €.* On se rend dans ce bar à vin, situé dans une rue peuplée de boutiques plaisantes et de cafés, non seulement pour un verre, mais aussi pour un lunch ou un dîner. Carte limitée, mais plat principal qui change tous les jours.

Brasserie Ha – Plan II C4 - *Kouter 29 - ✆ 09 265 91 81 - www.brasserieha.be - fermé dim. - menus 15 € le midi, 30 € le soir.* Superbe restaurant aménagé dans le bâtiment historique de la bourse de commerce. Cadre agréable pour déguster des préparations classiques dans une ambiance décontractée. Terrasse en été.

POUR SE FAIRE PLAISIR

Grade – Plan I A2 - *Charles de Kerckhovelaan 79-81 - ✆ 09 224 43 85 - www.grade.be - restaurant : mar.-jeu. 12h-14h, 18h30-22h30, vend.-sam. 12h-14h, 18h30-22h30 - bar : 11h-jusque tard - menus 29/44 €.* Derrière une façade austère, près du parc communal, ce restaurant est devenu un lieu populaire pour jeunes et moins jeunes. Cuisine française et belge inventive dans un cadre agréable.

De Foyer – Plan II D3 - *St-Baafsplein 17 - ✆ 09 234 13 54 - www.foyerntgent.be - tlj sf lun.-mar. 12h-14h, 18h30-22h - menu 35 €.* La grandeur du théâtre est associée ici à une cuisine de brasserie de qualité et à un service rapide et convivial. Le client a le choix entre petite restauration, plats du jour et repas élaborés.

A Food Affair – Plan II C4 - *Korte Meer 25 - ✆ 09 224 18 05 - www.afoodaffair.be - mar.-sam. 18h30-21h30, jeu.-vend. 12h-14h - menu 35 €.* Restaurant moderne où il est prudent de réserver. Son succès est dû non seulement à la gentillesse du personnel mais aussi à la qualité des plats, créatifs et goûteux, et à leurs combinaisons : pâtes, sushis, potées et préparations au wok.

Belga Queen – Plan II C3 - *Graslei 10 - ✆ 09 280 01 00 - www.belgaqueen.be - lun.-merc. 12h-14h30, 19h-23h, jeu.-sam. 12h-14h, 19h-0h, dim. 12h-14h30, 18h30-23h - salon de thé : 15h-19h, avec carte réduite - menus 35/42 €.* Grand entrepôt du 13e s. transformé en brasserie tendance. La carte comprend uniquement des plats belges très goûteux. Les frites sont servies dans un cornet de papier et les vins proviennent de producteurs belges installés en France. Fumoir à l'étage.

UNE FOLIE

C-Jean – Plan II C3 - *Cataloniëstraat 3 - ✆ 09 223 30 40 - www.c-jean.com - mar.-sam. 12h-14h, 19h-21h - menus 35/85 €.* Petit restaurant à l'intérieur minimaliste installé dans un immeuble ancien. Ici, pas de carte, les plats sont renouvelés chaque jour et sont inscrits sur un tableau. Mais soyez rassuré : on pratique ici une gastronomie de haute volée, accompagnée de vins sélectionnés.

PETITE PAUSE

Mokabon – Plan II C3 - *Donkersteeg 35 - ✆ 09 225 71 95 - www.mokabon.be - tlj sf dim. 8h-19h.* Une adresse surannée où l'odeur du café fraîchement moulu est enivrante. Le breuvage est accompagné de Chantilly.

Museumherberg van Alijn – Plan II C3 - *Cour intérieure de la maison d'Alijn, Kraanlei 65 - ✆ 09 269 23 50 - www.huisvan alijn.be - mar.-sam. 11h-17h, dim. 10h-17h.* Café ancien à l'intérieur convivial, également accessible à ceux qui ne visitent pas le musée. À la carte : diverses bières régionales, mais on peut aussi déguster un « Plumetje », un genièvre authentique.

BOIRE UN VERRE

Gruut – Plan II D4 - *Grote Huidevettershoek 10 - ✆ 09 269 02 69 - www.gruut.be - lun.-merc. 11h-18h, jeu.-sam. 11h-jusque tard.* Nichée dans une rue délaissée par la foule, face au canal, cette brasserie occupe une ancienne usine à gaz du 19e s. : ici, on ne boit que la *Gruut*, la bière locale à base d'herbes. Vaste salle avec mezzanine et jolie cour intimiste à l'arrière. Concert tous les derniers mercredis du mois.

De Dulle Griet – Plan II D3 - *Vrijdagmarkt 50 - ✆ 09 224 24 55 - www.dullegriet.be - lun. 16h30-1h, mar.-sam. 12h-1h, dim. 12h-19h30.* Incontournable si vous êtes à Gand, la plus ancienne brasserie de Belgique (15e s.) propose 250 sortes de bières, à siroter en terrasse ou dans les salles intérieures, qui ont conservé leur cachet.

Rococo – Plan II C3 - *Corduwaniersstraat 57 - ✆ 09 224 30 35 - mar.-dim. à partir de 21h.* Vous tomberez inévitablement sous le charme de cette adresse située au rez-de-chaussée d'un édifice baroque du Patershol, éclairé à la lumière des bougies et chauffé par la cheminée. Betty, la maîtresse de maison, se fera un plaisir de vous servir un porto rouge, un café au cognac ou bien une liqueur d'amour à la cerise.

Soul Food Café – Plan II C3 - *Oudburg 16 - ✆ 049 732 41 87 - 20h-0h (w.-end 5h).* Tout le charme de ce bar réside dans sa petite cour qui s'ouvre sur la Lys et de ses quelques tables posées sur le quai en bois longeant le cours d'eau, à l'abri sous un saule pleureur. Spécialité de cocktails. Pastis servi généreusement.

EN SOIRÉE

Opéra flamand (De Vlaamse Opera) – Plan II C4 - *Schouwburgstraat 3 - ✆ 09 268 10 11 - www.vlaamseopera.be - réserv. : mar.-sam. 11h-18h.* Magnifique théâtre consacré à l'opéra, au ballet et à la musique classique.

Bourse de commerce (Handelsbeurs) – Plan II C4 - *Kouter 29 - ✆ 09 265 91 65 - www.handelsbeurs.be.* Salle neuve dans un bâtiment ancien spécialisé dans les musiques du monde.

Centre artistique (Kunstencentrum Vooruit) –

Plan I A2 - *St-Pietersnieuwstraat 23 - ✆ 09 267 28 28 - www.vooruit.be - mar.-vend. 11h-18h, sam. 15h-18h.* Le Centre artistique propose un large éventail de spectacles : musique, cinéma, vidéo, danse et théâtre. Boissons et snacks servis dans l'agréable Kafee.

Centre de musique De Bijloke (Muziekcentrum De Bijloke) – Plan I A2 - *Jozef Kluyskensstraat 2 - ✆ 09 269 92 92 - www.debijloke.be - mar.-vend. 10h-12h, 13h-17h, sam. 13h-17h.* Le centre propose, dans un cadre historique exceptionnel, des concerts de musique classique de haut niveau. Six séries d'activités sont organisées dans les différentes salles : Magistraal (répertoire symphonique), Schatkamer van Eeuwen (musique ancienne) ; Musique contemporaine, Musique de chambre, Promenade (les grands classiques intemporels) et East of Eden (musique du monde).

ACHATS

Kloskanthuis Home Linen – Plan II C3 - *Korenlei 3 - ✆ 09 233 60 93 - merc.-sam. 10h-18h, dim. 11h-18h.* Ce magasin de dentelle et de toile locales ne se limite pas aux produits classiques, mais propose une large gamme de tissus pour la maison. Le tout à des prix abordables.

Snoepwinkel Temmerman – Plan II C3 - *Kraanlei 79 - ✆ 09 224 00 41 - dim.-mar. 11h-18h.* Dans cette ravissante boutique, aménagée comme jadis, les amateurs de sucreries n'auront que l'embarras du choix parmi les nombreuses spécialités gantoises : *Katrienespekken* (friandises à base de sucre et d'anis), pain aux amandes, *Gentse mokken* (biscuit au goût d'anis prononcé), *Gentse Trienen, lutsepoepe, makroens* (macarons), nonnenbillen (bonbons très sucrés à la texture charnue), *kattenpietjes, Gentse kletskoppen* (biscuits sucrés), *wippers* (caramels durs enrobés de sucre vanille), biscuits au gingembre et à l'orange…

Mostaardfabriek Tierenteyn – Plan II C3 - *Groentenmarkt 3 - ✆ 09 225 83 36 - www.tierenteyn.be - tlj sf dim. 9h-18h.* La moutarde artisanale fabriquée dans ce très vieil établissement doit son goût piquant aux graines provenant du Canada, d'Éthiopie et d'Inde. Dans un intérieur ancien bien conservé, on remarque aussi les grands bocaux contenant toutes sortes d'ingrédients et d'aromates. On trouve également ici d'autres produits, comme du vinaigre.

AGENDA

Gand vit au rythme des festivals.

Floralies gantoises – Exposition florale mondialement célèbre, qui se tient au Flanders Expo, tous les 5 ans (prochaine édition en 2015).

Odegand – L'événement qui sert d'ouverture au Festival des Flandres *(sept.)*.

Festival international du film de Flandre – Le plus important de Belgique *(mi-oct.)*.

Gentse Feesten – *✆ 09 210 10 10 - www.gentsefeesten.be - point d'information ouvert pendant la fête de Gand : lun.-sam. 8h-19h.* C'est LA grande fête de Gand. Ce festival des rues s'étale sur dix jours autour du 21 juillet et investit le centre-ville : concerts, spectacles, feux d'artifice et marchés en tout genre. Divers festivals internationaux sont repris dans le programme : Blue Note Records Festival, Internationaal Straattheaterfestival, Internationaal Puppetbuskerfestival et 10 days off.

Alost

Aalst

81 277 habitants – Flandre orientale

NOS ADRESSES PAGE 240

S'INFORMER

Indicatif téléphonique : *053.*

Office du tourisme – *Grote Markt 3 - 053 73 22 70/21 11 - www.aalst.be - lun.-vend. 9h30-12h30, 13h-16h45 ; juil.-sept. : lun.-vend. 9h30-12h30, 13h-16h45, w.-end 10h-11h45, 14h-16h45.*

SE REPÉRER

Carte de région C2 (p. 212-213) – *Cartes Michelin Regional nos 716 F3 et 533 J17.* Au bord de la Dendre, Alost est situé à mi-chemin entre Bruxelles et Gand. Accessible par l'E 40/A 10 Bruxelles-Ostende ou par la N 9.

À NE PAS MANQUER

La vue de la Grand-Place, depuis la statue de Dirk Martens, le superbe carnaval.

ORGANISER SON TEMPS

Prévoyez une demi-journée.

AVEC LES ENFANTS

Le célèbre cortège de carnaval.

3

Réputé dans le pays pour son carnaval masqué et haut en couleur, Alost est par ailleurs un important centre d'industrie textile, de la conception des machines à la confection des tissus : c'est ici qu'eurent lieu les premiers mouvements d'émancipation des travailleurs, au début du 19e s. En sortant de la ville, vous apercevrez des champs de houblon à perte de vue : ils approvisionnent l'ensemble des brasseries du pays.

Se promener

Grand-Place (Grote Markt)

Au centre de cette place irrégulière se dresse la statue de **Dirk Martens**, natif d'Alost, introducteur de l'imprimerie en Flandre (1473).

Maison des Échevins★ (Schepenhuis) – Ce beau bâtiment du 15e s., peut-être le plus ancien en son genre des Pays-Bas historiques, a subi une restauration en profondeur au 19e s., suite à un incendie. Il conserve du 13e s. le côté droit et la façade postérieure à pignon à redans et aux arcatures trilobées.

Une charmante **bretèche** flamboyante (16e s.) égaye, à droite, la façade principale. Elle servait de cadre aux proclamations des lois par le bailli. Le **beffroi**, élancé mais un peu grêle, date du 15e s. ; il porte la devise communale « Nec spe nec metu » (ni par l'espoir ni par la crainte) au-dessous de deux niches abritant deux guerriers, symbolisant le comte de Flandre et celui d'Alost.

Bourse d'Amsterdam (Beurs van Amsterdam) – Édifice à arcades du 17e s., montrant une jolie façade de brique et pierre, quatre frontons à volutes et un campanile à bulbe. Jadis, les membres de la **chambre de rhétorique** se réunissaient à la bourse d'Amsterdam.

Hôtel de ville – L'hôtel de ville de style néoclassique (19e s.) dissimule, au fond de la cour, une façade rocaille du 18e s. : remarquez en particulier l'élégant fronton qui surmonte le balcon du premier étage et sa belle ferronnerie.

Collégiale St-Martin (St-Martinuskerk)

Cet édifice en grès, gothique flamboyant, a été construit en style brabançon par Herman de Waghemakere et un membre de la famille Keldermans.
La nef est restée inachevée, mais l'**ensemble★** formé par le transept et le chevet à déambulatoire et chapelles rayonnantes a belle allure.
Intérieur – Il est d'une noble simplicité (piliers ronds et chapiteaux feuillus à la manière brabançonne). Remarquez le collatéral du transept et le triforium, limité à une simple balustrade ajourée.
Dans le bras droit du transept : grande composition de Rubens, *Saint Roch, patron des pestiférés*, dont le cadre aurait été exécuté d'après un projet de l'artiste.
À gauche, des traits rubéniens apparaissent dans la peinture de Gaspar De Crayer.
Dans le chœur, à gauche, splendide **tabernacle★** de marbre noir et blanc sculpté en 1604 par Jérôme Duquesnoy l'Ancien ; les trois tourelles juxtaposées sont ornées de charmantes statuettes (Vertus, Évangélistes, Pères de l'Église, anges porteurs des instruments de la Passion).
La première chapelle du déambulatoire à droite renferme une Adoration des Bergers, attribuée à Ambroise Francken, qui y manifeste des influences nettement italiennes.
Remarquez, dans la 4e chapelle, la dalle funéraire de Dirk Martens et, dans la chapelle axiale, des vestiges de fresques de la fin du 15e s., d'un dessin fin et délié.

Musée communal d'Alost (Stedelijk Museum Aalst)

Oude Vismarkt 13 - ✆ 053 73 23 45 - www.aalst.be/museum - tlj sf lun. 10h-12h, 13h-17h, w.-end 14h-18h - fermé 24-31 déc., j. fériés et lors des festivités du carnaval - gratuit.
Le musée est installé dans l'Ancien Hôpital, un beau complexe de bâtiments fondé en 1243 et remanié du 16e au 19e s. Ce musée est consacré à l'histoire

PIONNIERS DE LA LUTTE SOCIALE

Le curé **Adolf Daens** et son frère, l'imprimeur et éditeur Pieter Daens, dénoncèrent l'injustice sociale qui régnait à Alost à la fin du 19e s. Ils prirent ouvertement parti pour les ouvriers du textile, exploités par les patrons, et se retrouvèrent en conflit avec les dirigeants catholiques conservateurs de l'époque, placés sous la direction de Charles Woeste. En 1833, ils fondèrent le Christene Volkspartij (Parti populaire chrétien), le mouvement politique et social du **daensisme**, qui lutta pour l'émancipation des travailleurs et la flamandisation de la vie publique en Flandre.
Louis-Paul Boon (1912-1979) s'inspira de cette problématique dans son roman *Pieter Daens, ou la lutte des travailleurs alostois contre la pauvreté et l'injustice au 19e s.* L'histoire sociale du peuple flamand est le thème central de l'œuvre de ce grand écrivain et artiste flamand. Bien que la ville d'Alost occupe une place de choix dans les ouvrages de ce « tendre anarchiste », son œuvre va au-delà de la simple chronique régionale et Boon a même été proposé pour le prix Nobel de littérature.

La bourse d'Amsterdam.
De Meester Johan/ArTerra Picture Library/age fotostock

de la ville et de la région ainsi qu'à quelques Alostois célèbres : le curé Daens (des photos et des panneaux explicatifs illustrent, d'une façon intéressante, le daensisme) le peintre paysager Valerius De Saedeleer (né à Alost en 1867), l'écrivain et artiste Louis-Paul Boon. Enfin, le musée évoque le carnaval d'Alost à travers les siècles et abrite aussi une collection d'art contemporain.

3

À proximité Carte de région p. 212-213

Ninove C3

11 km au sud par la N 45.

Tourisme / VVV – *Stadhuis, Centrumlaan 100 - 054 31 32 85 - www.ninove.be - lun.-merc. 8h30-12h, 14h-16h, jeu. 8h30-12h, 16h-18h30, vend. 8h30-12h (également le w.-end 10h-12h, 14h-16h en juin-août).*

Ninove a été illustré par une abbaye de prémontrés, fondée au 12e s. et dont subsiste la belle église abbatiale (17e-18e s.). Elle renferme un remarquable ensemble de **boiseries**★.

★ Termonde (Dendermonde) C2

16 km au nord par la N 406.

Termonde occupait jadis une position stratégique au confluent de la Dendre et de l'Escaut (Dendermonde : embouchure de la Dendre). Louis XIV dut en abandonner le siège en 1667, à cause de l'inondation provoquée par les habitants : « *Ville maudite, s'écria-t-il, que n'ai-je pour te prendre une armée de canards !* » Chaque année se déroule ici un cortège de géants. Mais la ville est surtout connue pour son cortège du cheval Bayard, chevauché par les quatre fils Aymon. La manifestation est organisée tous les dix ans. La légende raconte que l'illustre cheval fut noyé dans l'Escaut, à Termonde, sur ordre de Charlemagne.

Grand-Place (Grote Markt) – Bien qu'en partie reconstruite, elle conserve un cachet ancien ; deux monuments importants s'y remarquent.

Hôtel de ville (Stadhuis) – Cette ancienne halle aux draps a été reconstruite après la Première Guerre mondiale, dans le style Renaissance flamande, de part et d'autre d'un beffroi carré avec tourelles d'angle du 14e s. Derrière l'hôtel de ville, jolie vue sur la Dendre (Oude Dender).

Musée municipal (Vleeshuismuseum) – *Grote Markt 32 - ✆ 052 21 30 18 - ♿ - avr.-oct. : tlj sf lun. 9h30-12h30, 13h30-18h - gratuit.* Situé dans l'ancienne halle aux viandes de 1460, ce musée présente, dans un joli cadre médiéval, des collections sur l'archéologie et l'histoire de la ville.

Église N.-D. (O.-L.-Vrouwekerk)★★ – *✆ 052 21 39 56 (office de tourisme) - juil.-août : 14h-16h30 ; de Pâques à fin sept. : w.-end 14h-16h30.* Elle est située sur une place flanquée de marronniers qu'on aperçoit depuis la façade arrière du musée. Cet édifice des 13e et 14e s., surmonté d'une tour de croisée octogonale, est une alliance des styles gothique, brabançon et scaldien.

À l'intérieur, bel ensemble d'**œuvres d'art**★. Dans le bas-côté droit, voyez la cuve baptismale romane, en pierre bleue de Tournai, dont les côtés sont décorés de représentations symboliques ayant trait au baptême. Les événements principaux de la vie de l'apôtre Paul figurent sur deux frises. Sur une des faces de la cuve, Paul est représenté parmi les autres apôtres. À proximité, on aperçoit deux toiles de van Dyck : un *Calvaire* et l'*Adoration des Bergers*. Peintures murales des 15e et 17e s. dans le croisillon gauche du transept et le chœur.

Béguinage (Begijnhof) – *Accès par la Brusselsestraat et à droite - ✆ 052 21 30 18 - avr.-oct. : tlj sf lun. 9h30-12h30, 13h30-18h - gratuit.* Autour de la cour intérieure sont groupées de hautes maisons des 16e, 17e et 18e s. Un intéressant **musée du Béguinage** (Begijnhofmuseum) occupe les nos 11 et 25.

NOS ADRESSES À ALOST

HÉBERGEMENT

POUR SE FAIRE PLAISIR

Keizershof Hotel – *Korte Nieuwstraat 15 - ✆ 053 77 44 11 - www.keizershof-hotel.com - P - 70 ch. 135/315 €.* Hôtel moderne situé à quelques minutes à pied de la Grand-Place. Chambres confortables dotées de toutes les commodités. Bar et salle de fitness.

RESTAURATION

BUDGET MOYEN

Borse van Amsterdam – *Grote Markt 26 - ✆ 053 21 15 81 - www.borsevanamsterdam.be - fermé pdt le carnaval, les 3 dernières sem. d'août, merc., jeu. et dim. - menus 12 € le midi, 34 € le soir.* Restaurant installé dans un bâtiment historique près de la Grand-Place. Cuisine belge traditionnelle, petite restauration. Agréable terrasse sous les arcades avec vue sur la Grand-Place.

AGENDA

Carnaval – Le plus grand carnaval de Flandre débute le dimanche précédant le mercredi des Cendres par un grand cortège de chars et de groupes à caractère ludique. Il s'inspire des principaux événements politiques de l'année écoulée. Le lundi, le second défilé est précédé du jet d'oignons *(ajuinworp)* du haut de l'hôtel de ville et des édifices avoisinants. Le mardi, le carnaval connaît son paroxysme avec les « Voil Jeanetten », un cortège de travestis aux accoutrements grotesques. Rens. : *www.aalst.be/carnaval.*

Audenarde

Oudenaarde

★

30 262 habitants – Flandre orientale

NOS ADRESSES PAGE 246

S'INFORMER

Indicatif téléphonique *: 055.*

Office de tourisme – A2 *- La Maison en Verre - Hoogstraat (sur le côté arrière gauche de l'hôtel de ville) - ✆ 055 31 72 51 - www.oudenaarde.be - mars-sept. : 9h30-17h30 ; oct.-fév. : lun.-vend. 9h30-17h, w.-end 14h-17h.*

SE REPÉRER

Carte de région B3 (p. 212-213) et plan de ville (p. 243) – *Cartes Michelin Regional nos 716 D3 et 533 G17.* Au cœur vallonné des Ardennes flamandes, la ville est d'accès facile depuis Gand et Renaix par la N 60. Depuis Courtrai ou la frontière française, accès par l'A 14/E 17 et la N 459.

ORGANISER SON TEMPS

Prévoyez une demi-journée.

Bâtie sur les rives de l'Escaut, Audenarde est une charmante cité provinciale, qui vit au rythme de son grand marché du jeudi. Sa bière brune réputée porte le nom du grand artiste local, Adriaan Brouwer, contemporain de Rubens et peintre de la vie paysanne des Flandres. Porte d'entrée des Ardennes flamandes, Audenarde est une étape obligée pour les passionnés de la petite reine, qui partiront à l'assaut des collines boisées environnantes.

3

Se promener Plan de ville p. 243

Circuit tracé en vert sur le plan de la ville.

Église Ste-Walburge (St-Walburgakerk) A2

Avec sa **tour** massive qui se dresse à 90 m de haut, cette grande église dont le chevet domine la Grand-Place signale l'entrée du centre historique. Le clocher, construit en grès dans le style gothique brabançon, possède l'un des carillons les plus anciens du pays.

Centre du tour des Flandres (Centrum Ronde van Vlaanderen) A2

✆ 055 33 99 33 - www.crvv.be - tlj sf lun. 10h-18h - fermé 2e et 3e sem. de janv. - 8 €.
Ce centre est le témoin de la passion qu'entretient le pays pour la petite reine. Dans le hall d'entrée, exposition temporaire en accès libre et brasserie pour suivre la course du moment. Au sous-sol, exposition permanente pour tout savoir sur la mythique course régionale.

Maison de Marguerite de Parme (Huis van Margaretha van Parma) A2

Au sud-ouest de la Grand-Place, la maison de Marguerite de Parme se distingue par ses hautes lucarnes à redans. Elle est flanquée, à gauche, de la **tour Baudouin** (12e s.), qui sert d'entrée au restaurant qui occupe la maison et dont l'intérieur a conservé son cachet médiéval.

Gagnez le béguinage par Voorburg et Burg.

Béguinage (Begijnhof) A2
Derrière le porche rouge et la statue de St-Roch – patron des pestiférés – qui le garde, ce petit béguinage aux murs blanc et aux parterres fleuris date du 15e s. Chapelle pittoresque.
Engagez-vous dans la Kasteelstraat, puis, prenez à gauche la Margaretha van Parmastraat. Traversez le pont et tournez à droite dans le Louise Mariekaai.

★ **Église N.-D.-de-Pamele** (O.-L.-Vrouwekerk van Pamele) A2
Visites guidées sur demande préalable à l'office de tourisme au ✆ 055 31 72 51.
Belle église du 13e s., construite par Arnould de Binche, typique de l'architecture gothique scaldienne. L'intérieur est à trois nefs et transept et comporte un déambulatoire, fait assez rare en Belgique. On voit deux tombeaux du début du 16e s. et du début du 17e s. au revers de la façade ouest.
Faites le chemin inverse sur Louise Mariekaai et continuez tout droit, sans traverser le pont.

Maison de Lalaing et atelier de restauration
(Huis de Lalaing et restauratieatelier) A2
✆ 055 31 72 51 (office de tourisme) ou 055 31 48 63 - mi-mars-sept. : tlj sf lun. 14h-17h30 ; oct.-fév. : tlj sf lun. et w.-end 14h-17h - 6 €.
La maison doit son nom à Philippe de Lalaing, gouverneur de la ville à l'époque de Charles Quint. Le joli bâtiment, dont la façade blanche aux décorations rococo donne sur l'Escaut, est avant tout un atelier où des tapisseries anciennes sont restaurées.
Passez le pont Tussenbruggen, continuez tout droit sur Krekelput et tournez à gauche sur Broodstraat jusqu'à la Grand-Place.

★★★ **Hôtel de ville** (Stadhuis) A2
✆ 055 31 72 51 (office de tourisme) - mi-mars-sept. : tlj sf lun. 10h-17h30 ; oct.-fév. : tlj sf lun. 10h-17h, w.-end 14h-17h - visites guidées (1h30) : avr.-oct. tlj sf lun. à 11h et 15h ; reste de l'année, se renseigner - 6 €.
Élevé de 1525 à 1538 par Henri van Pede, qui s'inspira de plusieurs hôtels du pays (Bruxelles, Louvain) avec lesquels l'édifice présente des analogies, l'hôtel de ville domine la très vaste **Grand-Place** (Grote Markt). Derrière l'édifice se trouve l'ancienne halle aux draps du 13e s. Gothique flamboyant, déjà animé d'un esprit baroque, le bâtiment séduit par ses lignes légères et son ornementation qui, malgré sa richesse, est d'un goût exquis.

UNE PLACE CONVOITÉE

Baudouin IV, comte de Flandre, y éleva au début du 11e s. un château fort. Aux 14e et 15e s., Audenarde fut en butte aux agressions des Gantois qui y perdirent leur célèbre bombarde « Dulle Griet », aujourd'hui à Gand.

En 1521, pendant sa conquête du Tournaisis, enclave française au cœur de son royaume, Charles Quint fait le siège d'Audenarde. Il s'y éprend de Jeanne van den Geenst, dont il aura une fille, **Marguerite de Parme**, qui gouvernera les Pays-Bas de 1559 à 1568. Audenarde eut à soutenir maints sièges dont le plus dévastateur fut celui que mena, en 1684, le maréchal d'Humières qui commandait les troupes de Louis XIV ; mais la date la plus connue de son histoire est le 11 juillet 1708 qui vit Marlborough battre à plate couture l'armée française.

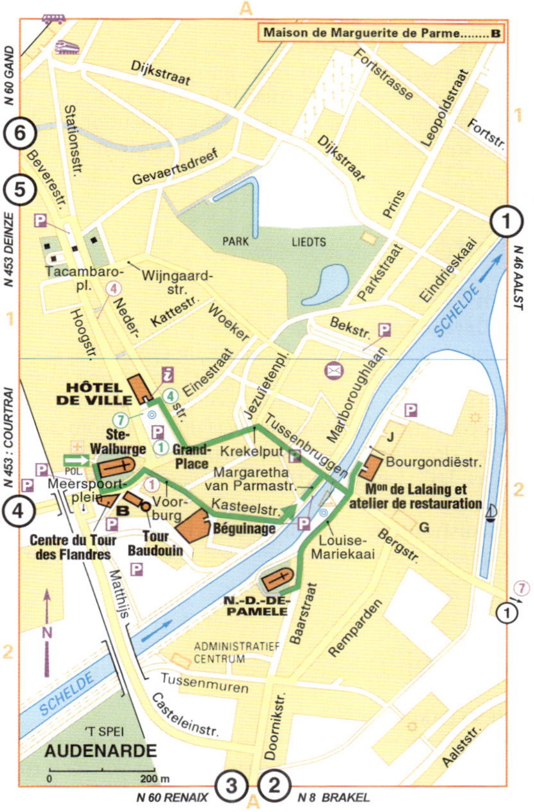

SE LOGER

B&B Steenhuyse.................. (1)

Brasserie-Hôtel Cesar.......... (4)

La Pomme d'Or..................... (7)

SE RESTAURER

Comte de Flandre................. (1)

Wine & Dine......................... (4)

Zwadderkotmolen................. (7)

Des arcades supportent le beffroi en saillie surmonté de la statue d'un homme armé appelé « Jean le Guerrier » ; des clochetons effilés, d'un charmant effet, ornent les angles.

À l'intérieur, le musée municipal renferme une collection de mobilier, sculptures et peintures ainsi qu'un magnifique ensemble d'**argenterie**. On admire, dans la **salle des Échevins**, par van der Schelden, une cheminée et un beau tambour de porte en chêne sculpté (16e s.) ; au-dessus de celle-ci est aménagée une logette où s'installait un « écouteur » chargé de relever les débats des assemblées. Des peintures pittoresques *(Les Cinq Sens)* d'Adriaan Brouwer sont aussi à citer.

Devant la façade de l'hôtel de ville, la fontaine décorée de dauphins a été construite avec la contribution financière de Louis XIV.

LES VERDURES D'AUDENARDE
Au 15e s., la tapisserie de haute lisse vint remplacer à Audenarde l'industrie du drap en déclin. La ville devait en devenir, aux 16e et 17e s., un centre important. Elle était spécialisée dans l'exécution de « verdures », pièces dans lesquelles la végétation représentait l'élément essentiel de la composition.

À proximité Carte de région p. 212-213

Kruishoutem B3
SONS (Shoes Or No Shoes) – *Vandevoordeweg 2 (prenez la route de Waregem et tournez à gauche) - ✆ 09 277 90 80 - www.shoesornoshoes.com - jeu.-sam. 13h30-17h30 - fermé j. fériés - 10 € (-12 ans 2,50 €).* Le groupe d'importation de chaussures Cortina, basé à Audenarde, a ouvert ce lieu bien singulier, qui présente deux collections de chaussures : l'une « ethnologique » comprenant 2 300 paires, dont la plus ancienne, en provenance d'Amérique du Nord, date du 10e s. av. J.-C. ; l'autre « artistique » avec des créations d'artistes du monde entier.
Château de Kruishoutem – Entouré d'eau, ce château du 17e s. aux angles renforcés de quatre tours surmontées de bulbes se dresse au milieu d'un grand parc.
Prenez la N 437.

Circuit conseillé Carte de région p. 212-213

LES ARDENNES FLAMANDES

Circuit de 65 km au départ d'Audenarde tracé en vert clair sur la carte de région (p. 212-213) – Comptez une journée. Sortez d'Audenarde par la N 8 (dir. Grammont) et à Brakel, prenez la N 493.
Dessinant les plus jolis paysages de Flandre, cette région vallonnée, parsemée de villages et de hameaux attachants, est bien connue des sportifs, qu'ils soient randonneurs ou surtout cyclistes.

★ **Grammont** (Geraardsbergen) C3
29 km à l'est par la N 8 et la N 42.
Office de tourisme – *Markt - ✆ 054 43 72 89 - www.geraardsbergen.be - Pâques-sept. : lun.-vend. 9h-12h30, 13h30-17h, w.-end 10h-13h, 13h30-17h30 ; oct.-Pâques : lun.-vend. 9h-12h, 13h30-16h, w.-end 10h-13h, 14h-17h.*
Accrochée au flanc de la Vieille Montagne (Oudenberg), Grammont, avec ses rues étagées et sa Grand-Place inclinée, surplombe la Dendre et toute la campagne alentour. Au sommet de la colline, le « mur » *(voir l'encadré ci-contre)* est le grand classique des ascensions cyclistes flamandes.
Grand-Place (Grote Markt) – Là se dressent l'**église St-Barthélemy**, rénovée dans le style néogothique (19e s.), tout comme l'**hôtel de ville** à pignons dentés et tourelles d'angle. Adossé à ce dernier, un petit **Manneken Pis**, qui possède son musée de costumes au rez-de-chaussée du bâtiment, serait le plus ancien de Belgique (1455). Devant l'édifice, une fontaine gothique, le **Marbol**, date de 1475.
Ancienne abbaye St-Adrien (St-Adriaansabdij) – *Suivez la rue à gauche de l'hôtel de ville ou la Vredestraat, puis à droite l'Abdijstraat - ✆ 054 41 13 94 - tlj*

sf lun. 14h-17h (w.-end 18h) - 1,75 €. Un monastère bénédictin fut fondé ici en 1096. Les bâtiments abbatiaux du 18e s., transformés en **musée**, abritent au 1er étage du mobilier provenant de l'église St-Barthélemy à Grammont et de l'hôtel d'Hane Steenhuyse à Gand, ainsi que quelques tableaux anciens, le tout réparti dans différents salons et salles longeant un large couloir voûté. Le 2e étage est occupé par diverses sections consacrées à la culture du tabac (activité florissante à Grammont de 1840 à la Seconde Guerre mondiale) et à la dentelle noire de Chantilly (produite dans la région dès 1870) ; il y a également un cabinet de pipes provenant du monde entier.

Dans le parc, qui fut aménagé autour d'un étang, les hangars à chariots ont été restaurés afin d'y accueillir des expositions.

Vieille Montagne (Oudenberg) – *Accès en voiture par Oude Steenweg et, à gauche, Driepikkel.* Une chapelle de pèlerinage, abritant une statuette de la Vierge (17e s.), est érigée sur ce mont dont le sommet, à 110 m d'altitude, offre une belle vue sur le paysage environnant. À cet endroit se déroule la **fête du « jet de craquelins »** (Krakelingenworp). À 15h, un cortège folklorique (800 participants) commence à gravir la colline. À l'arrivée, 8 000 craquelins, sorte de biscuit, sont lancés à la volée sur la foule, et les notables doivent boire, dans une coupe en argent, de petits goujons vivants. Le soir, lors du **Tonnekensbrand**, le feu est mis à un tonneau rempli de poix et ceinturé de paille. De nombreux récits et légendes tentent d'expliquer l'origine de ces manifestations, supposées très anciennes, mais qui restent mystérieuses.

Reprenez la N 493 (direction Audenarde) sur 6 km puis, à Everbeek, tournez à gauche. Au rond-point continuez tout droit (direction Everbeek-Boven), tournez à droite au niveau du pylône de télécommunication (direction Brakel), puis continuez tout droit jusqu'à la N 48, où vous tournerez à gauche.

Renaix (Ronse) B3

Office de tourisme – *Hoge Mote, De Biesestraat 2 - ✆ 055 23 28 16 - www.ontdekronse.be - mars-sept. : lun.-vend. 9h-12h, 13h-17h, w.-end 10h-12h, 14h-17h ; oct.-nov. : lun.-vend. 9h-12h, 13h-17h, w.-end 14h-17h ; déc.-fév. : lun.-vend. 9h-12h, 13h-16h.*

Renaix est situé parmi les collines des « Ardennes flamandes », près de la frontière linguistique. Le samedi qui suit l'Épiphanie ont lieu les festivités du Lundi des fous, grande fête populaire dont les vedettes sont les personnages masqués, appelés « Bommels ». Le dimanche de la Trinité se déroule le Fiertel, procession en l'honneur de saint Hermès : le reliquaire est porté sur un parcours de 32,6 km.

Église St-Hermès (St-Hermeskerk) – *Crypte : Service des musées, De Biesestraat 2 - ✆ 055 23 28 12 - tlj sf lun. 10h-12h, 14h-17h - 2,50 €.* L'église actuelle date des 15e et 16e s. ; le bras droit du transept est voué au culte de saint Hermès. Elle est édifiée sur une belle **crypte★** (1089), d'origine romane ; très vaste, celle-ci compte 32 piliers. Malgré une restauration au 13e s. et une extension orientale dans le style gothique (16e s.), l'ensemble est très harmonieux.

À L'ÉPREUVE DU « MUR »

Légende des courses cyclistes flamandes, le « mur de Grammont » est un traditionnel juge de paix pour départager les coureurs lors du Tour des Flandres ou de la soixantaine d'épreuves qui le programment. Le parcours de cette terrible côte sinueuse et irrégulièrement pavée s'étale sur 1 km et offre 93 m de dénivelé, avec une pente moyenne de 9,2 % (autour de 20 % pour les passages les plus durs !).

Deux portes latérales, murées, rappellent la vocation première du lieu : au Moyen Âge, les pèlerins tournaient autour des reliques de saint Hermès, exposées ici. À Ronse, ce saint était invoqué contre les maladies mentales.
La belle maison (17e-18e s.) voisine de la collégiale était celle du chanoine du chapitre de St-Hermès (musée du Folklore).
Du parc de l'Arbre situé au nord de Renaix, jolie vue sur la ville.
Prenez la N 60 vers Audenarde, puis, au sommet de la côte, tournez à gauche vers Kluisbergen.
À droite de la route, près d'une auberge, se dresse sur une colline de 150 m d'altitude le **moulin du Hotond** *(✆ 055 21 33 05 - clé du moulin disponible dans le café)*, édifice tronqué dont le sommet offre un vaste panorama sur la région et le mont de l'Enclus *(table d'orientation)*.
Mont de l'Enclus (Kluisberg) – À 144 m d'altitude, ce mont, à cheval sur la frontière linguistique et sur les provinces de Flandre orientale et de Hainaut, couvert par le Kluisbos, un bois de 300 ha, est un centre de villégiature apprécié.
Revenez à Audenarde par la N 8 (11 km).

NOS ADRESSES À AUDENARDE

Plan de la ville p. 243

HÉBERGEMENT

BUDGET MOYEN

Brasserie-Hôtel Cesar – A2 - *Markt 6 - ✆ 055 30 13 81 - www.hotel-cesar.be - 10 ch. 110 €* . Hôtel tranquille avec façade d'inspiration victorienne. Les chambres sont spacieuses et bien entretenues. Accueil chaleureux. La taverne propose des plats régionaux arrosés de bières locales.

La Pomme d'Or – A2 - *Markt 62 - ✆ 055 31 19 00 - www.pommedor.be - 10 ch. 110/120 €* . Cet ancien relais de poste a été transformé au cours du temps en hôtel. Les chambres ont été rénovées et offrent tout le confort moderne. Le bistrot donne sur le brillant hôtel de ville gothique.

POUR SE FAIRE PLAISIR

B&B Steenhuyse – A2 - *Markt 37 - ✆ 055 23 23 73 - www.steenhuyse.info - 3 ch. 120/140 €* . Chambres d'hôte aménagées dans un immeuble médiéval et décorées d'un mobilier design adapté aux espaces historiques. On peut siroter une bière régionale dans le salon ou le jardin ou encore prendre son bain en admirant l'hôtel de ville.

RESTAURATION

Audenarde

BUDGET MOYEN

Comte de Flandre – A2 - *Markt 38 - ✆ 055 21 51 55 - www.comtedeflandre.be - tlj sf jeu. 11h30-23h - menu 40 € - 18/38 €.* Immeuble historique à la décoration contemporaine. Le midi et le soir, on y sert des plats de brasserie dans une ambiance détendue. La carte des vins propose des produits du monde entier à des prix abordables.

POUR SE FAIRE PLAISIR

Wine & Dine – A1 - *Hoogstraat 34 - ✆ 055 23 96 97 - www.wine-dine.be - mar.-sam. 11h30-14h30, 18h-22h30 - 30 €.* Restaurant trendy installé dans un immeuble ancien. Le mobilier moderne et les murs aux tons clairs contrastent avec les tableaux aux couleurs multiples. Cuisine soignée et ambiance animée.

UNE FOLIE

Zwadderkotmolen – A2 en dir. - *Zwadderkotstraat 2 - ✆ 055 49 84 95 - www.zwadder kotmolen.be - fermé mar. et merc. - menu 45 €.* À 5mn du centre, restaurant convivial installé dans un ancien moulin. Salle paisible. Cuisine franco-belge. Il est conseillé de réserver.

Grammont

Bon à savoir – Ne manquez pas la spécialité de la ville, la délicieuse tarte au maton (lait caillé) et au fromage blanc.

UNE FOLIE

't Grof Zout – *Gasthuisstraat 20 - ✆ 054 42 35 46 - www.grofzout.be - merc.-dim. 12h-14h, 18h30-21h - fermé sam. midi, dim. soir, lun., mar. et de mi-août à déb. sept. - menus 35/52 €.* Derrière une porte cochère, cette ancienne miroiterie devenue un petit restaurant familial propose une goûteuse cuisine d'aujourd'hui. Sobre intérieur contemporain avec des cuillers à soupe en guise d'appliques lumineuses ! Terrasse d'été sur cour.

PETITE PAUSE

Café-brasserie Carillon – A2 - *Markt 49 - ✆ 055 31 14 09 - www.carillonoudenaarde.be - mar.-dim. 9h-jusque tard, jeu. 8h-jusque tard.* Café populaire qui occupe une petite maison du 17e s., le Carillon est une institution d'Audenarde. Dissimulé dans un recoin de la Grand-Place, vous le reconnaîtrez à sa façade à redans de couleur jaune.

AGENDA

Fête de la bière Adriaan Brouwer (Adriaan Brouwer Bierfeesten) – ✆ *055 31 72 51 - www.oudenaarde.be.* Lors de la soirée d'ouverture de ce week-end de fête, la bière est offerte gratuitement et on met le feu à la maison des accises. La journée se termine par un feu d'artifice. Le dimanche : parade de géants, distribution de tarte Adriaan Brouwer, concerts et spectacles.

Waregem Koerse – *Le mar. qui suit le dernier dim. d'août.* La populaire course d'obstacles des Flandres qui se déroule à l'hippodrome de Waregem connaît une grande affluence.

3

Saint-Nicolas

Sint-Niklaas

72 759 habitants – Flandre orientale

NOS ADRESSES PAGE 251

S'INFORMER

Indicatif téléphonique : *03.*

Dienst Toerisme – *Grote Markt 45 - ☏ 03 760 92 60 - www.sint-niklaas.be - lun.-vend. 8h-17h ; 15 mai-15 sept. : lun.-vend. 8h-17h, w.-end et j. fériés 10h-16h.*

SE REPÉRER

Carte de région C1 (p. 212-213) – *Cartes Michelin Regional nos 716 F2 et 533 J15.* À mi-chemin entre Gand et Anvers, St-Nicolas est accessible par l'E 17 (sortie 15), puis la N 16.

ORGANISER SON TEMPS

Prévoyez deux heures pour découvrir la ville.

À St-Nicolas, tout se passe sur la Grand-Place, la plus vaste de Belgique. Prévoyez d'y venir un jeudi matin, afin de ne pas manquer le marché traditionnel, qui s'y tient depuis le 16e s. Si vous êtes de passage le premier week-end de septembre, vous serez également conquis par le grand rassemblement de montgolfières qui marque l'apogée des Fêtes de la paix (Vredesfeesten). Mais la cité mérite également un détour pour ses belles maisons Art déco.

Se promener

Grand-Place (Grote Markt)

C'est la plus grande de Belgique, elle couvre 3,19 ha. À l'est se dressent quelques maisons de style Renaissance flamande : de gauche à droite **Parochiehuis** (1663), jadis maison paroissiale, puis hôtel de ville, **Cipierage** (1662), ancienne prison, et, à côté de la poste, **Landhuis** (1637), autrefois gouvernement du pays de Waas.

En retrait se trouve l'**église St-Nicolas** (St-Niklaaskerk) (13e au 18e s.) qui renferme des statues de Luc Fayd'herbe et un Christ attribué à Duquesnoy *(☏ 03 776 08 22 - 9h-12h).* De style néogothique, l'**hôtel de ville**, en face, a été construit entre 1876 et 1878.

La Parklaan mène au beau **parc communal** dont l'étang entoure le **château Walburg** du 16e s., très remanié.

Musée Mercator (Mercatormuseum)

Zamanstraat 49 - ☏ 03 760 37 83 - fermé pour travaux, réouverture prévue au printemps 2013.

Ce musée offre un aperçu de la cartographie de l'Antiquité à nos jours. La section consacrée au célèbre cartographe Gérard Mercator *(voir l'encadré p. 250)* comprend quelques pièces de grande valeur, notamment un globe terrestre

L'hôtel de ville de Saint-Nicolas et la Grand-Place.
Clément Philippe/ArTerra Picture Library/age fotostock

datant de 1541, un splendide globe céleste restauré (1551), la première édition de son *Atlas* (1585) et plusieurs atlas Mercator-Hondius.

Musée municipal (Stedelijk Museum) **Zwijgershoek**
Zwijgershoek 14 - ✆ 03 760 37 50 - tlj sf lun. 14h-17h. Le Centre international de l'Ex-libris et l'Atelier de tricot sont accessibles sur demande au ✆ 03 760 37 71 (pdt les heures de bureau) - 4 €.
Ce musée est consacré à l'histoire de St-Nicolas et du pays de Waas.
Centre international de l'Ex-libris (Internationaal Exlibriscentrum) – Au premier étage. Collection de 160 000 ex-libris (du 16e s. à nos jours), conçus par 5 500 artistes de 50 pays. On y découvre aussi un aperçu des différentes techniques de production (bois, cuivre, gravure sur plastique...) utilisées dans la fabrication de ces objets.
Atelier de tricot (Brei-atelier) – Collection de machines à tricoter 1900-1985, la plupart encore en état de marche.

3

Salons des Beaux-Arts (Salons voor Schone Kunsten)
Stationsstraat 85 - ✆ 03 778 17 45 ou 03 760 37 50 - fermé pour travaux de rénovation.
Ce bel hôtel particulier fut édifié en 1928 pour un fabricant de textile. Des salons élégants réunissent meubles et objets d'art du 16e au 20e s. L'école belge de la seconde moitié du 19e s. y est particulièrement bien représentée : Louis Artan, Hippolyte Boulenger, Henri De Braekeleer, Pericles Pantazis, Joseph Stevens, Jan Stobbaerts et Albert Verwee.
À souligner l'importante collection Henri Evenepoel (tableaux et dessins), rassemblée dans un salon séparé. On y ajoutera des œuvres de Guillaume Vogels et Ensor. Dans la cage d'escalier sont exposées des œuvres d'Eugène Laermans, Jean Laudy, Leo Engels et Alfons Proost.

GÉRARD MERCATOR, CARTOGRAPHE PRÉCURSEUR
Gérard Mercator (1512-1594) ou Gérard de Cremer naît à Rupelmonde, petite ville au sud-est de St-Nicolas. Après avoir fait des études à l'université de Louvain, le cartographe publie sa première carte de la Terre sainte en 1537. En 1540, une carte sur la Flandre est éditée. Son globe terrestre de 1541 divise le monde en cinq continents : l'Europe, l'Asie, l'Afrique, l'Amérique et la région du pôle Sud. Entre-temps, Mercator réalise des instruments astronomiques à la demande de Charles Quint. Suspect d'hérésie en 1544, il est emprisonné à Rupelmonde. En 1551, le cartographe réalise un globe céleste comportant 12 signes du zodiaque et 39 constellations. Il met seize ans avant d'achever sa carte d'Europe (1554).
Quinze ans plus tard, il publie son planisphère utilisé en navigation maritime et fondé sur une nouvelle technique de représentation cartographique, dite « projection de Mercator » : la surface de la Terre est projetée sur un cylindre, les méridiens devenant ainsi parfaitement parallèles.
Son *Atlas*, dont le premier volume paraît en 1585, comprend une série de cartes de France, de Suisse, des Pays-Bas et d'Allemagne, d'Italie et des pays balkaniques. Dix ans plus tard, le dernier volume est publié. Mercator meurt à Duisbourg, en Allemagne.

Circuit conseillé Carte de région p. 212-213

AU FIL DE L'ESCAUT

Circuit de 35 km tracé en violet sur la carte de région (p. 213) – Comptez 2h (visite du château de Bornem non comprise). Quittez St-Nicolas au sud-est par la N 16.
En longeant l'Escaut, vous découvrirez un fleuve tout animé d'activités humaines, ainsi qu'un patrimoine préservé et quelques sites restés sauvages.

Tamise (Temse) D2
Du quai proche de l'église, on peut voir le large fleuve dont la rive opposée est endiguée.
Un pont métallique – le plus long de Belgique (365 m) – franchit l'Escaut.
Suivez la N 16 et 5 km plus loin, tournez à droite vers Bornem. Dans le village, suivez les panneaux indiquant « Kasteel ».

Château Marnix de Ste-Aldegonde
(Kasteel Marnix de St-Aldegonde) D2
Kasteelstraat 35 - ✆ 0475 87 52 58 - www.chateaumarnixdesaintealdegonde.be - visites guidées sur RV du 15 avr. au 1er nov. (mini 10 pers.), et sans RV le 15 août et les deux 1er dim. d'août et de sept. (13h30-16h - 6 €) - 7 €/pers. (+ 40 € pour le guide).
Cet imposant château néogothique (1883-1895) a été réalisé par l'architecte H. Beyaert à l'emplacement d'un château fort, dont l'origine remonterait au 11e s. Les pièces ouvertes à la visite renferment des portraits de famille, de la porcelaine chinoise, du mobilier ancien.
L'aile droite est habitée par le comte de Bornem, John de Marnix de Sainte-Aldegonde. Le membre le plus illustre de la famille Marnix fut **Filips de Marnix de Sainte-Aldegonde** (vers 1538-1598), écrivain et diplomate calviniste, et ardent défenseur de Guillaume le Taciturne. Il serait l'auteur de l'hymne national néerlandais. Dans les dépendances du château, un musée expose une belle collection d'attelages européens et américains.

On atteint St-Amands en passant par Zavelberg et Mariekerke.

St-Amand (St-Amands) D2
Depuis la terrasse, on découvre une magnifique **vue★** sur l'Escaut qui dessine un large coude dans le paysage verdoyant. Il fait bon se promener à pied ou à vélo le long de la digue. Un bac permet de gagner Moerzeke, sur l'autre rive. Tout près du fleuve repose, au côté de son épouse Marthe Massin, le poète **Émile Verhaeren** (1855-1916), dans une sobre tombe de marbre noir. Quelques vers, extraits notamment de son *Hymne à l'Escaut*, sont gravés sur sa tombe. Le long de l'Escaut se dresse la statue *Le Passeur d'eau*, réalisée par Mark Macken qui s'est inspiré du poème de Verhaeren.
La maison natale de l'auteur de *Toute la Flandre*, né à St-Amand, se trouve É.-Verhaerenstraat n° 71. À côté, le 1er étage de la maison De Leeuw abrite le **musée provincial Émile-Verhaeren** (*☎ 052 33 08 05 - www.emileverhaeren.be - mars-juin et sept.-nov. : w.-end 11h-18h ; juil.-août : tlj sf lun. 11h-18h ; reste de l'année : sur RV - ♿ - 2 €*). Photos, portraits, objets personnels et diverses publications retracent la vie et l'œuvre du grand poète. La pièce maîtresse de la collection est incontestablement un petit buste en bronze de Verhaeren réalisé par Ossip Zadkine dans les années 1960.
Reprenez la route vers Mariekerke et suivez les bords de l'Escaut en direction de Weert.
Bientôt, la **route★** longe le Vieil Escaut (Oude Schelde), un ancien bras de l'Escaut, et on aperçoit sur la rive opposée le château de Bornem. Ici s'étend une pittoresque zone marécageuse sillonnée de canaux qui entourent des vergers ou des prés couverts de peupliers, de saules et de roseaux. La culture des asperges et la vannerie sont les principales activités des habitants de cette région aquatique. Le centre en est **Weert**, très fréquenté par les touristes du dimanche.
La route débouche sur la N 16 qui ramène à St-Nicolas.

NOS ADRESSES À ST-NICOLAS

HÉBERGEMENT

BUDGET MOYEN

Hôtel Serwir – *Koningin Astridlaan 57 - ☎ 03 778 05 11 - www.serwir.be - P - 51 ch. 75/150 € ☕.* Cet hôtel moderne est situé à la lisière du centre-ville. Confort et aménagement contemporains. Pour les repas, brasserie française accueillante, avec piano tous les samedi soir et dimanche midi.

RESTAURATION

POUR SE FAIRE PLAISIR

Brasseurs – *Grote Markt 22 - ☎ 03 766 35 30 - fermé lun. - 25/30 €.* À l'instar de la Grand-Place, ce restaurant a été rénové et offre un intérieur élégant. La carte variée propose de petites collations et des préparations belges. Le menu de la semaine est composé à base de produits de saison.

La province d'Anvers 4

Cartes Michelin Regional n°s 716 et 533

Sur la Grand-Place d'Anvers, l'hôtel de ville et la fontaine de Brabo.

Clément Philippe/age fotostock

LA PROVINCE D'ANVERS
N
0
10 km
A
B
BREDA
1
2
3
MIDDELBURG
ZELZATE
GAND
Réserve naturelle
De Kalmthoutse
Heide
Arboretum
Kalmthout
Hoogstrate
Lillo-Fort
Brasschaat
's-Gravenwezel
ANVERS
Musée de l'Argenterie
Zurenborg
Musée de la Sculpture
en plein air
FLANDRE
ORIENTALE
3
Lierre
Fort de
Breendonk
Malines
Planckendael
6
BRABANT FLAMAND
Antwerpen
van
Kanaal
Albert
Kanaal
Schelde
Netekanaal
Nete
Rupel
Dijle
A 58
A 4
N 289
N 111
N 1
A 1
N 263
A 16
A 12
N 11
R 2
N 12
N 14
A 11
A 21
A 13
A 14
N 13
N 10
N 177
N 16
N 17
N 15
N 26
N 276
BRUXELLES
BRUXELLES
LOUVAIN

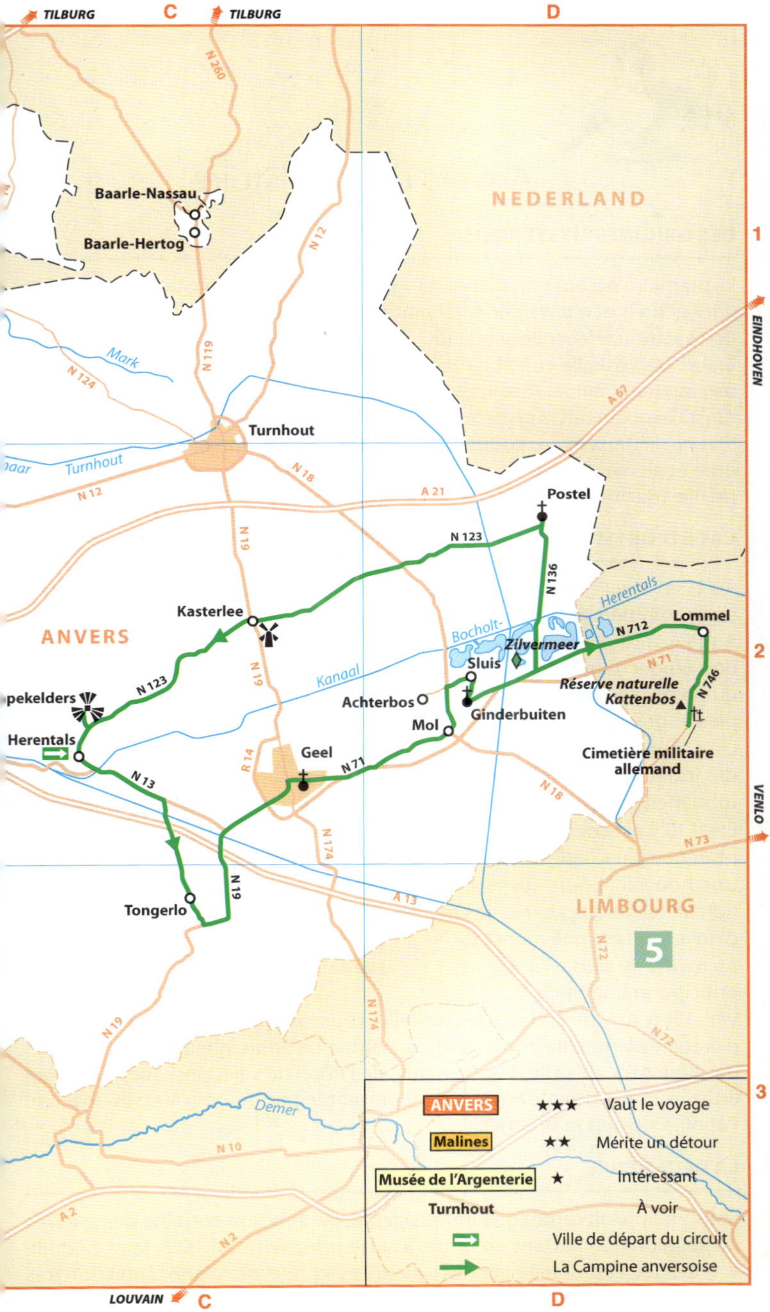
TILBURG
C
TILBURG
D
NEDERLAND
Baarle-Nassau
Baarle-Hertog
1
EINDHOVEN
Mark
N 124
N 119
N 260
N 12
Turnhout
Turnhout
N 12
N 18
A 21
A 67
Postel
N 123
N 136
N 19
Kasterlee
ANVERS
Herentals
Lommel
Bocholt-
Zilvermeer
N 712
2
N 71
Sluis
Réserve naturelle
Kattenbos
N 746
Kanaal
Achterbos
Ginderbuiten
pekelders
N 123
Herentals
Mol
Geel
N 71
R 14
Cimetière militaire
allemand
N 13
N 18
VENLO
N 174
N 73
N 19
Tongerlo
A 13
LIMBOURG
N 72
5
N 19
N 174
N 72
Demer
N 10
A 2
N 2
3
ANVERS ★★★ Vaut le voyage
Malines ★★ Mérite un détour
Musée de l'Argenterie ★ Intéressant
Turnhout À voir
Ville de départ du circuit
La Campine anversoise
LOUVAIN
C
D

Anvers dans l'histoire

DES ORIGINES MYSTÉRIEUSES

La première occupation du site remonterait au 3e s. Le nom de la ville semble dériver du mot *aanwerpen* signifiant « les alluvions ».
Cependant, une légende née au 16e s. l'attribue à l'exploit du guerrier romain Silvius Brabo. D'après celle-ci, Brabo avait provoqué le géant Druon Antigon, pilleur des bateaux transitant sur l'Escaut, lui avait coupé la main et l'avait jetée dans le fleuve. Ainsi s'expliquerait la présence sur les armes d'Anvers, à côté d'un château (le Steen), de deux mains coupées (*handwerpen* : jeter la main). Un symbole qui orne également la façade du MAS, le logo de la bière locale et se transforme même en chocolats et biscuits…

L'ÂGE D'OR (15e ET 16e S.)

Au 11e s., la ville s'entoure de ses premiers remparts et au 13e s. débute son essor commercial.
Au 15e s., la ligue hanséatique y fonde un établissement. Anvers concurrence déjà Bruges dont le port commence à s'ensabler. C'est à la fin de ce même siècle que la cité commence à s'imposer comme plaque tournante des échanges de pierres précieuses, en particulier des diamants.
Le 16e s. décide de la fortune de la ville. Les Portugais, ayant découvert la route des Indes, fondent à Anvers, au début du siècle, un comptoir chargé de distribuer en Europe les épices et objets précieux rapportés des pays lointains. En 1515 y est construite la première bourse du commerce; la ville est alors protégée par Charles Quint et compte plus de 100 000 habitants.
Une nouvelle bourse des valeurs, mise en place en 1531, ainsi que l'utilisation de techniques bancaires modernes (lettres de change et de crédit) font d'Anvers un marché mondial.
Au milieu du siècle, l'imprimerie s'y développe : Christophe Plantin en est le principal animateur.
Vers 1560, Anvers est la deuxième ville d'Europe après Paris. C'est aussi l'âge d'or sur le plan architectural avec la construction de la cathédrale, de la maison des Bouchers, de celle des Brasseurs, de l'hôtel de ville, ainsi que sur le plan artistique, avec l'école anversoise représentée par Quentin Metsys, Joachim Patinir, Gossaert et Bruegel.

LA DÉCADENCE

Sous Philippe II, catholique intransigeant, l'Inquisition entraîne des guerres de Religion qui mettent un terme à cette prospérité. En 1566, la cathédrale est ravagée et profanée par des calvinistes iconoclastes ; une répression très

dure, menée par le duc d'Albe, s'ensuit, et en 1576, la garnison espagnole met la ville à feu et à sang : c'est la « furie espagnole ».
Les calvinistes anversois ayant pris part à la révolte contre les Espagnols, un an de siège sera nécessaire à Alexandre Farnèse, gouverneur des Pays-Bas, pour reprendre la ville en 1585.
En 1648, le traité de Münster décrète la fermeture de l'Escaut. La navigation n'y sera rétablie qu'en 1795.

UNE PLACE CONVOITÉE

La ville reste aux Français en 1794. Bonaparte, venu en 1803, reconnaît la position privilégiée d'Anvers, « pistolet braqué sur l'Angleterre ».
Il développe le port, dont il fait creuser le premier bassin : c'est le bassin Bonaparte ou Bonapartedok. Et quand, en 1863, le principe de libre circulation sur l'Escaut est enfin négocié, débute l'expansion du port. La cité voit se multiplier les échanges de marchandises, d'hommes et d'idées, et s'enrichit considérablement grâce au transit et négoce des richesses congolaises (minerais, bois, pierres précieuses) et wallonnes (acier).
En 1914, Anvers résiste à l'armée allemande du 28 septembre au 9 octobre, ce qui permet aux troupes belges de se replier sur l'Yser à Nieuport. Mais durant la Seconde Guerre mondiale, l'aviation nazie endommage ou détruit plusieurs quartiers.
Peu après sa libération, en septembre 1944, et malgré ces bombardements, le port d'Anvers fonctionne bien vite à plein.

UN NOUVEL ESSOR LIÉ AU PORT

De nos jours, Anvers est le principal débouché de la Belgique, sa métropole commerciale et un important centre industriel.
Le port est en perpétuelle expansion et son centre de gravité se déplace vers le nord jusqu'à la frontière néerlandaise. Il s'étend sur 13 780 ha, comprend 127 km de rives, 1 100 km de voies ferrées, 1 400 ha de bassins, un important matériel de manutention et d'énormes entrepôts.
La création, au nord du Kanaaldok, d'un important bassin a permis d'augmenter considérablement les possibilités d'amarrage. Sept écluses *(sluis)* font communiquer l'Escaut avec les bassins. Celle de Berendrecht, inaugurée en 1988, la plus grande du monde avec ses 763 000 m^3, mesure 500 m de long sur 68 m de large ; celle de Zandvliet a une capacité de 613 000 m^3.
Le trafic du port d'Anvers, qui est tributaire de l'économie de la Belgique, dépend aussi de sa fonction de transit vers l'Allemagne, la France, les Pays-Bas, la Suisse et l'Italie.
À l'importation, il porte sur les produits pétroliers, les minerais, les charbons, les produits forestiers, les grains, les matières premières chimiques et, à l'exportation, sur les engrais, les ciments, les produits sidérurgiques et chimiques.
Pour entreposer les marchandises, Anvers s'est dotée d'excellentes installations lui permettant de jouer un rôle essentiel dans le domaine de la distribution. Liées à la présence du port, d'importantes activités industrielles s'exercent dans la zone portuaire : raffineries de pétrole, montage automobile, industries alimentaires, construction et réparation navales.

Anvers

Antwerpen

★★★

493 920 habitants – Anvers

NOS ADRESSES PAGE 282

S'INFORMER

Indicatif téléphonique : *03.*

Antwerpen Toerisme & Congres – Plan II D5 - *Grote Markt 13-15 - 03 232 01 03 - www.antwerpen.be ou www.visit.antwerpen.be - 9h-17h45 (dim. 16h45).* Annexe à la Gare Centrale.

Visites guidées – En été, l'office de tourisme propose des visites guidées en français.

SE REPÉRER

Carte de région A2 (p. 254-255) et plans de ville (p. 260-261 et p. 262) – *Cartes Michelin Regional n°s 716 G2, plis 8 et 9 pour l'agrandissement, et 533 L15.* Accès par l'E 17 depuis Gand ou par l'E 19 depuis Bruxelles. Située sur l'Escaut, la ville est reliée à la rive gauche (St-Anneke) par les tunnels routiers (Kennedytunnel, Waaslandtunnel et Liefkenshoektunnel). Le St-Annatunnel à la St-Jansvliet est uniquement accessible aux piétons et cyclistes.

À NE PAS MANQUER

La Grand-Place, la cathédrale N.-D., le musée Plantin-Moretus/cabinet des Estampes, le quartier du Zuid, le MAS et le port.

ORGANISER SON TEMPS

Prévoyez au moins deux jours.

AVEC LES ENFANTS

Le jardin zoologique, Aquatopia, le MAS et une croisière sur l'Escaut ou dans le port.

Berceau des jeunes créateurs belges, ville portuaire de premier ordre et plaque tournante du commerce du diamant, Anvers a su conserver le charme typique des cités flamandes, la vitalité en plus. Les trésors architecturaux séculaires côtoient d'audacieuses constructions modernes, sans se gêner. Une création de Jan Fabre peut faire face à une statue Renaissance. L'opulence et la verticalité sont souvent privilégiées, pour afficher sa réussite et, peut-être… compenser l'absence de relief. Sous le regard d'innombrables madones, le visiteur éprouve un vif plaisir à flâner dans les ruelles et sur les vastes places de la vieille ville, à découvrir des cours cachées, des cafés bohèmes, d'excellents bistrots et des galeries d'art. Anvers montre fièrement au visiteur son art de vivre et expose dans ses superbes musées son histoire et les travaux de ceux qui y sont nés ou y ont pratiqué leurs arts (Plantin, Bruegel, Rubens, Mercator…). Enrichie par l'Escaut et les échanges, la cité attire depuis toujours une population cosmopolite. Dans le quartier de la fantastique gare centrale, on déambule entre les karaokés asiatiques, les épiceries

turques et les restaurants casher. Si Anvers se replie parfois sur elle-même quand elle se rend aux urnes, elle demeure ouverte et tournée vers l'avenir. Ville olympique en 1920, elle aime provoquer les rencontres en organisant nombres d'événements internationaux. Elle favorise les talents, peaufine son image, privilégie l'amélioration de la qualité de vie et multiplie les projets urbanistiques audacieux. En témoigne la transformation des vieux bassins autour du MAS, son étonnant nouveau symbole. Anvers est donc à l'image de son vaste port de conteneurs, un empilement (horizontal...) bien ordonné de lieux à visiter, souvent surprenants.

Se promener Plans de ville p. 260-261 et p. 262

★★★ LE VIEUX CENTRE Plan II

Circuit 1 tracé en vert sur le plan p. 262.
Dédale de places, de rues étroites et de passages, la vieille ville frappe par la multitude de niches abritant des madones ; il semble qu'il y en a plus de 300. Installées depuis le 16e s., elles étaient souvent le chef-d'œuvre de sculpteurs candidats à la guilde de St-Luc.

★ Grand-Place (Grote Markt) D5

Dominée par la flèche élancée de la cathédrale, cette place, dont l'irrégularité fait le charme, est encadrée par les maisons des corporations (16e et 17e s.) qui montrent une façade très haute, presque entièrement vitrée, surmontée d'un pignon à redans ou à volutes, hérissé souvent de fins pinacles.

En regardant l'hôtel de ville, on admire à droite cinq belles maisons pour la plupart de style Renaissance, fin du 16e s. : l'Ange Blanc, surmonté d'un ange, la maison des Tonneliers (statue de saint Matthieu), celle de la **Vieille Arbalète**, très haute, surmontée de la statue équestre de saint Georges, celle des Jeunes Arbalétriers, de 1500, et la maison des Merciers (aigle). N'hésitez pas à vous attarder dans les ruelles alentour, qui cachent bien d'autres maisons de corporations.

Hôtel de ville (Stadhuis) – *Adressez-vous à l'office de tourisme pour une éventuelle visite.* Construit en 1564 par Cornelis Floris, sa façade longue de 76 m mêle avec bonheur les éléments flamands (lucarnes, pignons) à ceux de la Renaissance italienne (loggia sous le toit, pilastres entre les fenêtres, niches). L'ordonnance austère des hautes fenêtres à meneaux est égayée par le riche décor de la partie centrale. L'intérieur a été complètement remanié au 19e s.

Fontaine de Brabo (Brabofontein) – Œuvre fougueuse de Jef Lambeaux (1887), la fontaine rappelle le geste légendaire de Silvius Brabo brandissant la main du géant Druon. L'eau s'écoule directement sur les pavés de la place.

Revenez vers l'hôtel de ville, prenez la rue Wisselstraat et traversez la rue Oude Beurs.

Ancienne Bourse (Oude Beurs) D5

L'ancienne bourse du commerce, qui date de 1515, est occupée de nos jours par des services publics. Derrière sa façade classique, on découvre une charmante cour pavée, entourée de portiques et dominée par une tour de guet.

Poursuivez par Hofstraat, tournez à gauche sur Zirkstraat, puis à droite par Vleeshouwersstraat.

★ Église St-Paul (St-Pauluskerk) D5

Entrée par le Veemarkt - www.topa.be ou www.sint-paulusparochie.be - avr.-oct. : 14h-17h - gratuit, trésor 1 €.

ANVERS
plan I

SE LOGER

- Antwerp City Center Hotel........ 1
- B&B Bed, Bad & Brood............ 2
- B&B Boulevard Leopold........... 4
- Charles Rogier XI.................... 5
- De Molen................................ 10
- De Watertoren........................ 12
- Hôtel Colombus....................... 6
- Hôtel Industrie........................ 8
- Sandton Eden.......................... 17
- The Glorious Inn...................... 19

SE RESTAURER

- Caravan.................................. 4
- Exki....................................... 5
- Fiskebar.................................. 6
- Hamburg.................................. 7
- Het Pomphuis.......................... 8
- Non Solo Tè............................ 9

Diamondland.............................. M 1

Musée royal des Beaux-Arts......... M

Nouveau Palais de Justice............ J

Red Star Line / People on the Move
BREDA RING
MERKSEM EKEREN
B
C
Rijnkaai
Londenburgkaai
Noorderlaan
Ellerm
Park
Viaduct Dam
Spoor
Noord
NIEUW LOBROEKDOK
Slachthuislaan
R 1
Lange
Lobroekstr.
RING Sportpaleis DEURNE MERKSEM
WILLEMDOK
NAPARTE DOK
MAS
Felixhuis
Ankerrui
Hessenhuis
Hessen-pl.
Falcon-pl.
Cassiersstr.
Oranjestr.
Viséstr.
Halenstr.
Schijnpoort
Stuivenbergplein
Sint-Janspl.
Van Kerckhovenstr.
Onderwijs str.
Schijnpoort-weg
Italielei
Vondelstr.
Dambrugge-str.
Diepestr.
Handel
Handelstr.
Pothoekstr.
Béguinage
Lange Winkelstr.
Elisabeth
Lange Beeldekensstr.
Korte Winkelstr.
St-Jacques
Offerandestr.
CATHÉDRALE
Gemeentestr.
van Schoonhovestr.
Aquatopia
Kerkstr.
Opera
Meir
Leysstr.
Koningin Astridpl.
Astrid
Carnotstr.
Ommeganckstr.
de Keyserlei
Gare centrale
BORGERHOUT
JARDIN ZOOLOGIQUE
Quellin-str.
Diamant
Ploegstr.
Turnhoutsebaan
HASSELT TURNHOUT
Musée de l'Argenterie
Quinten Matsijslei
Pelikaanstr.
Provincie-str.
Kroonstr.
Rubenslei
STADSPARK
Jan Van Eycklei
voir plan II
Frankrijklei
Simonsstr.
Bleekhofstr.
s Herenstr.
Plantin
van den Nestlei
Platin en Moretuslei
Kasteelplein
Britselei
Justitiestr.
Brialmontlei
Rolwagen-str.
Anselmostr.
Mechelse steenweg
Lange Leemstr.
Charlottalei
Mercator-str.
E 34 : EINDHOVEN E 19 : BREDA
Binnensingel
Lange Leemstr.
straat
Cuperusstr.
Belgiëlei
Pretoriastr.
Transvaalstr.
Osylei
Cogels-
WIJK ZURENBORG
Lange Lozanastr.
Lamorinière
Marialei
G. Vliesstr.
Borsbeekbrug
KONING ALBERT PARK
Koningin Elisabethlei
Boomgaardstr.
Grote Steenweg
Statiestr.
R1
Prins Albertlei
Posthofbrug
Desguinlei
Gen. Lemanstr.
K. Oomsstr.
BERCHEM
Vredestraat
R 10
Binnensingel
G. Le Grellelaan
Musée de la Sculpture en plein air
E 19 : BRUXELLES MALINES
MORTSEL
MALINES LIERRE
1
2
3
4

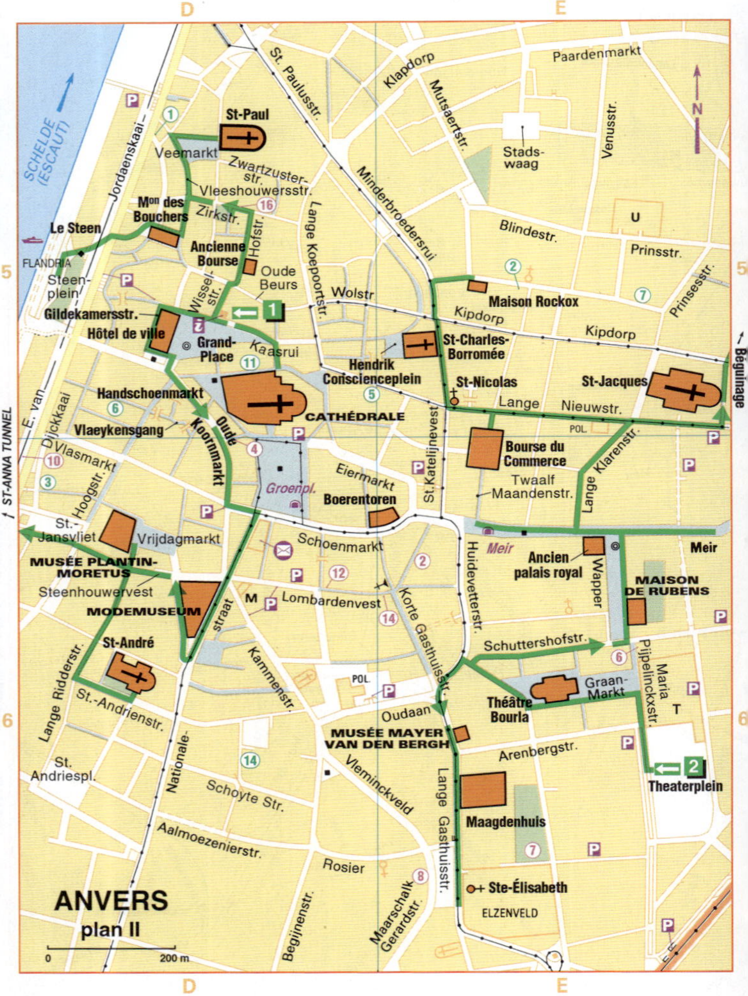

SE LOGER

- De Witte Lelie 2
- Hôtel Antigone 1
- Hotel 't Sandt 3
- Hôtel Julien 5
- Hôtel Matelote 6
- Hôtel Postiljon 11
- Hôtel Prinse 7
- Pulcinella 14

SE RESTAURER

- Exki 2
- Brasserie Appelmans 4
- Grand Café Horta 6
- Het Gebaar 7
- Hungry Henrietta 12
- Kapitein Zeppo's 8
- Lombardia 14
- Le Zoute Zoen 16
- Zuiderterras 10

Au cœur du quartier des marins, cette église de style gothique flamboyant faisait à l'époque partie d'un vaste complexe monastique. Commencée au début du 16e s., elle est achevée en 1639, puis surmontée d'un clocher baroque en 1680. Gravement endommagé par un incendie en 1968, le bâtiment a retrouvé grâce à une restauration récente sa splendeur d'antan. Adossé à l'église, voyez un étonnant calvaire du 18e s. de style rustique.

L'**intérieur**★★ est richement décoré d'un mobilier baroque et de 200 statues. Les belles boiseries aux confessionnaux encadrés de grands personnages expressifs datent du 17e s. Le bas-côté gauche comprend 15 peintures ayant pour thème les mystères du Rosaire. Cette suite de tableaux a été réalisée par des peintres de l'école anversoise de premier plan, notamment Rubens, Jordaens et van Dyck. Remarquez la *Flagellation* par Rubens, œuvre témoignant d'une émotion profonde. Le chœur entouré de nombreuses statues, plus étroit que la nef, donne une impression de profondeur accentuée par la surélévation du monumental retable de marbre.

Dans le transept, on peut voir deux œuvres de Rubens (1609) : *Adoration des Bergers* (à gauche) et *Dispute au sujet du St-Sacrement* (à droite).

Le **trésor** *(Schatkamer)* présente des objets religieux et ornements liturgiques.

Revenez sur vos pas par Vleeshouwersstraat, jusqu'à la Maison des Bouchers (Vleeshuis).

★ Musée-Maison des Bouchers D5

(Museum Vleeshuis I Klank van de Stad)

Vleeshouwersstraat 38-40 - ✆ 03 292 61 00 - www.museumvleeshuis.be - tlj sf lun. (sf lun. de Pâques et de Pentecôte) 10h-17h - fermé 1er-2 janv., 1er Mai, Ascension, 1er-2 nov. et 25-26 déc. - 5 €, gratuit le dernier merc. du mois - concerts certains jours.

Dans l'ancien quartier du port se dresse cet imposant édifice gothique. Les murs en brique, rayés de grès blanc, sont flanqués d'élégantes tourelles. La maison des Bouchers fut construite dans les années 1501-1504 par Herman de Waghemakere, à la demande de la corporation des bouchers. Depuis 2006, il abrite l'exposition permanente « Klank van de Stad » (« Le son de la ville »), dédiée à la musique et à la danse à Anvers. Au rez-de-chaussée, on découvre l'histoire de la musique sous toutes ses facettes : musiciens ambulants, carillons, 400 ans d'opéra, musique d'église, partitions.

Dans les superbes caves voûtées du bâtiment, on évoque la généralisation des concerts publics et le développement des musiques militaires, des harmonies et de l'orchestre symphonique. Au fil d'une muséographie très réussie, le visiteur découvre ici l'apparition de nouveaux instruments à vent et de percussions qui donneront naissance à la batterie. Les divers types d'instruments, aussi beaux les uns que les autres, sont remarquablement présentés. Les partitions s'exposent comme des tableaux. La reconstruction de l'atelier van Engelen (créé à Lierre en 1813) donne une image de la production des instruments à vent. L'atelier de Jacques Sergeys (Louvain) révèle les secrets du dernier grand fondeur de cloches en Belgique. La visite se termine par l'évocation d'un bal public dans une salle du 19e s. aux sons d'un orgue de barbarie. Passionnant !

Dirigez-vous vers les berges de l'Escaut.

★ Le Steen (Het Steen) D5

Steenplein 1, le long de l'Escaut. Les collections du musée de la Marine qu'abritait le Steen ont été transférées au MAS (p. 271).

Située sur les premiers sites de peuplement anversois, la forteresse du Steen (« la pierre ») a été construite après 843 sur l'Escaut, pour défendre la nouvelle frontière du traité de Verdun. Prison dès le début du 14e s., le bâtiment fut agrandi vers 1520, sous Charles Quint, et restauré aux 19e et 20e s.

4

Vous y êtes accueilli par la statue du lutin anversois légendaire **Lange Wapper**, qui se métamorphose pour punir les méchants. **Semini**, un autre personnage bien connu des Anversois, loge au-dessus du porche du Steen. Dieu nordique de la fertilité que les confiseurs locaux reproduisent en massepain, il n'exhibe ses attributs porte-bonheur qu'une fois par an.
Des terrasses promenoirs du **Steenplein**, on a un aperçu de l'animation de l'estuaire, qui atteint à cet endroit une largeur de 500 m. C'est de cet endroit que partent les bateaux d'excursion pour la visite du port.
Le long des quais, des maisons de style résolument contemporain (la maison van Roosmalen, coin Goede Hoopstraat-St-Michielskaai) alternent avec de magnifiques bâtiments anciens pour former un beau panorama urbain que l'on appréciera un peu mieux encore de l'autre rive *(voir tunnel Ste-Anne p. 266)*.
Revenez à la Grand-Place.

Gildekamersstraat D5

Cette rue étroite derrière l'hôtel de ville, dont le nom signifie rue des Maisons-des-Guildes, est bordée d'une belle rangée de maisons anciennes.
De la Grand-Place, prenez le Oude Koornmarkt bordé d'innombrables restaurants touristiques.

★ Vlaeykensgang D5

Un porche au n° 16 du **Oude Koornmarkt** donne accès à cette pittoresque ruelle du vieil Anvers, qui a conservé un aspect villageois grâce à ses maisonnettes blanches qui abritaient autrefois les carillonneurs.

Handschoenmarkt D5

Devant la façade de la cathédrale, cette place triangulaire, où se tenait le marché aux gants, est cernée de vieilles demeures. Un puits attribué à Quentin Metsys – ferronnier devenu, selon la légende, peintre par amour – dresse son gracieux couronnement de fer forgé dominé par Brabo brandissant la main du géant. Il se trouvait jusqu'en 1565 devant l'hôtel de ville.

★★★ Cathédrale (Onze-Lieve-Vrouwekatedraal) D5

✆ 03 213 99 51 - www.dekathedraal.be - ♿ - lun.-sam. 10h-17h (sam. 15h), dim. 13h-16h - fermé 1er janv. et pdt les offices - 5 € (incluant les expositions temporaires) - visites guidées en français (voir le tableau à l'entrée pour l'horaire du jour).
Le monument le plus admirable de la ville d'Anvers, le plus vaste de Belgique (une superficie de près de 1 ha), a été entrepris vers 1352, en commençant par le chevet, et terminé seulement en 1521, l'ensemble restant cependant très homogène. Plusieurs bâtisseurs se succédèrent : Jacob van Thienen, Jan Appelmans et son fils Peter, Jan Tac, Everaert Spoorwater, Herman et Dominique de Waghemakere et Rombout Keldermans.
La restauration récente a permis de mettre au jour une partie des vestiges de l'église romane, quelques caveaux de l'époque gothique *(archéocrypte dans le chœur)* ainsi que des peintures murales des 15e et 16e s.
Tour★★★ – Miracle de richesse et de légèreté, la tour s'élève à 123 m de hauteur. Construit en un siècle par plusieurs architectes, le magnifique clocher contient un carillon de 47 cloches. La deuxième tour est restée inachevée. Au pied de celle-ci, quatre personnages semblent construire avec ardeur ; cet hommage à l'architecte Peter Appelmans est dû au ciseau de Jef Lambeaux (1914).
Depuis le 16e s., une étrange coupole à bulbe coiffe la croisée du transept.
Intérieur – Il est d'une ampleur exceptionnelle avec ses sept vaisseaux, ses 125 piliers sans chapiteaux, ses 117 m de longueur pour 65 m de largeur au transept. De nombreuses **œuvres d'art**, remarquables, relèvent la majesté du lieu.

La collection est temporairement enrichie par des œuvres du musée des Beaux-Arts (de Matsys à Rubens) en phase de rénovation jusqu'en 2017-2018 *(voir p. 274)*.
Dans la nef centrale, la **chaire**, sculptée par Michel van der Voort, en 1713, surprend avec ses escaliers aux rampes couronnées d'oiseaux, sa ronde d'angelots turbulents qui planent sous une Renommée tombant du ciel. La cuve repose sur quatre figures féminines représentant les quatre continents (l'Europe, l'Afrique, l'Asie et l'Amérique).
Les toiles de Rubens sont nombreuses : au-dessus du maître-autel, une **Assomption** (1626) séduit par son coloris fragmenté de touches lumineuses ; dans le bras gauche du transept, l'**Érection de la Croix** (1610), destinée à l'église Ste-Walburge, est une composition en diagonale, typique du baroque ; dans le bras droit du transept, la **Descente de Croix** (1612) est d'une facture plus classique : le corps du Christ, exsangue, et son linceul blanc s'y détachent sur un fond sombre et sur le rouge du vêtement de saint Jean, tandis que resplendit la blondeur de Marie-Madeleine et que le divin supplicié semble glisser, à peine retenu, vers les bras de Marie d'une pâleur livide.
Commandé par la corporation des arquebusiers dont le patron était saint Christophe, tous les thèmes illustrés dans ce retable représentent des « porteurs de Christ » : saint Christophe, Marie portant le Christ en son sein pendant la Visitation, le corps du Christ porté pendant sa descente de croix et Jésus porté par Siméon pendant la présentation au temple.
À droite, dans la deuxième chapelle du déambulatoire, se trouve la **Résurrection** de Rubens (1612). Le **Jugement dernier**, peint par De Backer, reproduisant sur ses volets la famille Plantin, se trouve dans la 4e chapelle du déambulatoire. Parmi les autres œuvres d'art, on remarquera le sarcophage baroque de l'évêque Capelle (1676), par Quellin le Jeune, un triptyque de *Jésus parmi les Docteurs* par Frans Francken le Vieux (1586), un *Saint François* par Murillo, *La Cène* par Otto Venius et *Les Noces de Cana* par Martin de Vos.
Continuez sur le Oude Koornmarkt.
Groenplaats (D6), vaste place dite « verte », largement modernisée, est devenue le cœur de l'Anvers d'aujourd'hui. Parking, poste, brasserie et nœud de lignes de tramway, elle est un passage obligé entre les commerces du Meir et les ruelles touristiques du cœur historique.
Prenez la Nationalestraat.

★★ Musée de la Mode MoMu (Modemuseum) D6

Nationalestraat 18 - ✆ 03 470 27 70 - www.momu.be - ♿ - tlj sf lun. 10h-18h (21h le premier mar. du mois) - fermé 1er janv. et 25 déc. - 8 €.
À la limite nord du Zuid, le quartier branché des jeunes stylistes belges, ce musée a élu domicile dans un immeuble de la fin du 19e s., joliment réaménagé par l'architecte Marie-Josée van Hee.
Les expositions thématiques, régulièrement renouvelées, permettent de découvrir à la fois des pièces historiques (costumes, bel ensemble de dentelle ancienne, accessoires, tissus) et contemporaines, et de suivre l'évolution de la mode à travers le temps. Le bâtiment accueille également la Flanders Fashion Institute et le département stylisme de l'Académie des Beaux-Arts.
Revenez sur vos pas, puis prenez à gauche la Steenhouwersvest, puis à droite pour arriver sur le Vrijdagmarkt, où se tient chaque vendredi une brocante.

★★★ Musée Plantin-Moretus/Cabinet des Estampes D6

(Museum Plantin-Moretus/Prentenkabinet)
Vrijdagmarkt 22-23 – ✆ 03 221 14 50 - www.museumplantinmoretus.be - tlj sf lun. (sf lun. de Pâques et de Pentecôte) 10h-17h - fermé 1er-2 janv., 1er Mai, Ascension, 1er-2 nov. et 25-26 déc. - 8 € avec audioguide.

LE « PRINCE DES IMPRIMEURS »

Tourangeau venu à Anvers en 1549, Christophe Plantin y devient en 1555 imprimeur à l'enseigne du Compas d'or : ce compas illustre sa devise « Labore et Constantia », la pointe mobile représentant le travail et la pointe fixe la constance. La perfection des ouvrages sortis de ses 16 presses (les Estienne, en France, n'en possédaient que quatre), sa réputation de culture et d'érudition lui valurent l'estime des plus grands hommes de son temps, dont le roi Philippe II, qui fait de lui son imprimeur officiel et lui accorde le monopole de la vente des ouvrages liturgiques en Espagne et dans les colonies espagnoles.

Tout en collaborant avec son ami le gouverneur et marchand Jérôme Cook, il a donné naissance à la fameuse école de gravure anversoise dont Rubens sera plus tard le chef. La plus belle réussite typographique de Plantin est sa *Biblia Regia*, imprimée en cinq langues (hébreu, syriaque, grec, latin et araméen). Il meurt en 1589.

Ce musée magnifique occupe 34 pièces de la maison et de l'imprimerie construite par le célèbre imprimeur Plantin et agrandie aux 17e et 18e s. par ses descendants, les Moretus. Par sa décoration comprenant un beau mobilier ancien, des tapisseries, des cuirs dorés, des tableaux, par ses riches bibliothèques, sa collection typographique et ses collections de dessins, de gravures, de manuscrits anciens et d'éditions précieuses, ce musée fournit une évocation saisissante de l'histoire de l'humanisme et du livre ancien dans les Pays-Bas aux 16e et 17e s.

Intérieur – *Suivez la numérotation des salles.* Autour de la magnifique cour intérieure avec ses fenêtres en vitraux sertis de plomb et encadrées de vigne vierge, on parcourt le grand salon décoré de portraits par Rubens, la boutique, la chambre des correcteurs, le bureau de Plantin et celui de Juste Lipse, érudit ami de Plantin. Dans l'imprimerie, on découvre des presses des 16e, 17e et 18e s. sur lesquelles on imprime encore aujourd'hui *Le Bonheur de ce monde*, sonnet composé par Plantin. Au 1er étage sont exposées la fameuse *Biblia Regia* ou *Biblia Polyglotta* ainsi que la bible de Gutenberg dont il ne reste que 13 exemplaires. On admirera les bibliothèques comprenant plus de 25 000 ouvrages anciens et la salle Max Horn qui possède une collection de littérature française des 16e, 17e et 18e s. dans des éditions originales magnifiquement reliées. La passionnante salle de Géographie comprend notamment le premier atlas moderne (A. Ortelius - 1591) et la seule carte de Flandre réalisée par Mercator en 1540. Ils rappellent l'époque durant laquelle Anvers fut la capitale de la production de cartes. Le 2e étage abrite la fonderie où l'on créait les caractères d'imprimerie.

À cette fascinante exposition permanente et à l'attrait de la belle maison patricienne, s'ajoutent des expositions temporaires de qualité : splendeurs médiévales, esquisses de Rubens à Panamarenko, affiches de l'émigration…

Retrouvez Steenhouwersvest et dirigez-vous vers Sint Jans Vliet.

Détour souterrain D6 en dir. – Le bâtiment délimitant la partie ouest de cette calme place abrite l'entrée du **tunnel Sainte-Anne** (Sint-Anna tunnel), qui permet aux piétons et cyclistes de franchir l'Escaut pour atteindre le quartier sur la rive opposée. Envisagé dès les années 1870 pour remplacer le bac, mais creusé de 1931 à 1933 à 31 m de fond, ce long couloir souterrain carrelé de blanc facilite la vie des Anversois. On emprunte de longs Escalator en bois d'époque (ou un ascenseur) pour atteindre le boyau rectiligne. Les claustrophobes s'abstiendront. Hormis la vue offerte sur le front fluvial du centre historique et l'horizon urbain hérissé de clochers qui vaut le petit voyage, l'intérêt du quartier Ste-Anne est assez limité. Il s'agit d'une vaste zone résidentielle néanmoins égayée par divers projets comme une plage ou l'immense jardin partagé de Biodroom (cultures, activités, arts…).

De retour sur Steenhouwersvest, au niveau d'une belle madone, suivez la Korte Riddersstraat puis la Lange Riddersstraat.

★ **Église St-André** (St-Andrieskerk) D6

Entrée par la St-Andriesstraat 5 - ✆ 03 232 03 84 - www.sint-andrieskerk.be - ♿ - lun., merc. et vend. 9h-12h (mai-oct. : tlj 14h-17h) - gratuit.

Cette église de style gothique tardif à l'histoire mouvementée fut érigée au début du 16e s. par les pères augustins dans un quartier jadis populaire, devenu aujourd'hui celui de la mode et des antiquaires. L'édifice a connu une histoire mouvementée. À l'intérieur, le baroque domine. Le maître-autel, orné d'un groupe statuaire représentant l'Assomption, provient de l'abbaye St-Bernard de Hemiksem. La pièce maîtresse est la magnifique chaire réalisée en 1821 par J.-B. van Hool et J.-F. van Geel. Elle représente en grandeur nature la vocation de saint André et de son frère Pierre. L' œuvre surprend par le réalisme des personnages : les deux pêcheurs, abordés en plein travail par Jésus et invités à le suivre pour devenir des pêcheurs d'hommes, sont entourés de leur matériel de pêche et immergés dans un décor naturaliste de rochers et de végétation. On remarquera aussi le monument funéraire de la reine d'Écosse Mary Stuart et la statue en marbre de saint Pierre (1658) par Artus Quellin l'Ancien.

DU QUARTIER LATIN À ST-CHARLES-BORROMÉE Plan II

Circuit 2 tracé en vert sur le plan p. 262.

Partez de **Theaterplein** (E6), vaste esplanade qui s'étend devant le Stadsshouwbourg. Cet énorme vaisseau de béton qui abrite le Théâtre de la Ville est prolongé et allégé par une avancée que soutiennent de fins piliers. La jeunesse locale, les skaters, les marchés (sam. et dim.) et les terrasses des cafés animent à tour de rôle ce carrefour anversois.

Longez le théâtre, passez la brasserie Horta (voir le carnet d'adresses p. 286) pour atteindre la place ombragée de Graanmarkt, le théâtre Bourla et Komedieplaats.

Théâtre Bourla (Bourlaschouwburg) E6

Komedieplaats.

Au cœur du « Quartier latin », lieu fort agréable où se trouvent de nombreux cafés et restaurants, ce théâtre de style néoclassique est l'œuvre de l'architecte de la ville Pierre Bruno Bourla. La façade présente des colonnes engagées encadrant des bustes d'auteurs et de compositeurs célèbres. Au-dessus de l'attique, les muses accompagnées d'Apollon. Dans le premier hall, le plafond est décoré par l'artiste anversois Jan Vanriet.

Rejoignez la Lange Gasthuisstraat.

★★ **Musée Mayer van den Bergh** E6

Lange Gasthuisstraat 19 - ✆ 03 232 42 37 - www.museummayervandenbergh.be - ♿ (en partie) - tlj sf lun. (sf lun. de Pâques et de Pentecôte) 10h-17h (dernière entrée 16h30) - fermé 1er-2 janv., 1er Mai, Ascension, 1er-2 nov. et 25-26 déc. - 8 €, 10 € billet combiné avec la maison de Rubens, gratuit le dernier merc. du mois.

Installé dans une maison de style néogothique du début du 20e s., ce musée possède un remarquable ensemble d'œuvres d'art réunies par le numismate passionné et collectionneur Fritz Mayer van den Bergh (1858-1901). Ce dernier montra un véritable génie dans ses achats de sculptures médiévales, d'enluminures, d'ivoires, de tapisseries et de peintures. Mort prématurément, il laissa sa mère exaucer son vœu de présenter sa collection dans un musée. Au **rez-de-chaussée**, on remarquera cinq beaux portraits de Cornelis de Vos, deux statues-colonnes provenant du cloître de N.-D.-en-Vaux à Châlons-sur-Marne (12e s.) et un panneau sur bois de Simeone et Machilone de Spolète (13e s.) représentant

4

des scènes de la vie de la Vierge. Le triptyque du *Christ en Croix avec couple de fondateurs* de Quentin Metsys (15e s.) montre le talent de ce peintre (remarquer la beauté et la sérénité du paysage contrastant avec l'air tourmenté des personnages). Au **1er étage** sont réunis de très jolis ivoires byzantins et gothiques, mais l'attention se portera sur le groupe sculpté *Jésus et saint Jean* par le maître Heinrich de Constance (environ 1300) et sur un diptyque néerlandais de petit format – probablement un autel de voyage – représentant la *Nativité et saint Christophe* (au revers la *Résurrection du Christ*).

La pièce maîtresse du musée est incontestablement le tableau de Bruegel l'Ancien **Margot l'Enragée**★★ *(De Dulle Griet)*, vision apocalyptique de la guerre dans des coloris « incendiaires » remarquables. À côté, *Les 12 proverbes flamands* montrent une autre facette du remarquable talent de Bruegel. De ses fils, le *Dénombrement de Bethléem* et *Paysage d'hiver*.

Maagdenhuis E6

Lange Gasthuisstraat 33 - ✆ 03 223 56 20 - tlj sf mar. 10h (w.-end 13h)-17h - fermé j. fériés, 2 janv., 11 juil. et 26 déc. - 3 €.

Une partie de la Maison des Vierges – un orphelinat de filles du 16e s. (les orphelines étaient à l'époque appelées « vierges ») – a été transformée en musée. On y voit de nombreuses peintures (Rubens, *Saint Jérôme* par van Dyck), des sculptures et une belle collection de bols de céramique anversoise du 16e s.

Chapelle Ste-Élisabeth (St-Elisabethgasthuiskapel) E6

Visite uniquement pour groupes sur demande préalable. Renseignez-vous au guichet d'accueil du Maagdenhuis - ✆ 03 223 56 20 (demandez M. Christiaans).

Cette chapelle fait partie de l'ancien hôpital Ste-Élisabeth, le premier de la ville (13e s.), désaffecté en 1986 et restauré pour devenir un centre culturel (Elzenveld). La nef de style gothique brabançon aux chapiteaux ornés de feuilles de choux frisés date du début du 15e s.; le chœur de la même longueur a été ajouté entre 1442 et 1460.

La décoration baroque est dominée par le maître-autel en marbre noir et blanc d'Artus Quellin le Jeune surmonté d'une statue de la Vierge. Parmi les œuvres d'art, on remarquera les tableaux de Godfried Maes et de Frans Francken le Jeune.

Revenez vers le théâtre Bourla. Tournez à droite, puis prenez de nouveau à droite la Schuttershofstraat et gagnez le Wapper, où se situe la maison de Rubens.

★★ Maison de Rubens (Rubenshuis) E6

Wapper 9-11 - ✆ 03 201 15 55 - www.rubenshuis.be - ♿ (en partie) - tlj sf lun. (sf lun. de Pâques et de Pentecôte) 10h-17h - fermé 1er-2 janv., 1er Mai, Ascension, 1er-2 nov. et 25-26 déc. - 8 € audioguide compris, 10 € billet combiné avec le musée Mayer van den Bergh, gratuit le dernier merc. du mois.

En 1610, un an après son mariage avec Isabelle Brant, Rubens achète cette maison bourgeoise. Après de nombreux travaux d'agrandissement et la construction d'un immense atelier, Rubens fait de sa demeure un somptueux palais. C'est dans cette maison que le peintre passe la plus grande partie de sa vie et que la plupart de ses œuvres sont créées. Sa femme, dont il a eu trois enfants, étant morte, il se remarie quatre ans plus tard avec la très jeune Hélène Fourment; cinq enfants naîtront de cette union et seront élevés sous ce toit *(voir l'encadré ci-contre)*.

Visite – *Billets en vente au pavillon d'accueil, en face du musée*. Ce véritable petit palais qui raconte la vie de l'artiste fut successivement une école, une prison et un entrepôt avant d'être reconstitué en 1946. Dans l'aile gauche, les pièces d'habitation de style flamand sont ornées de cuirs dorés, de meubles du 17e s. et de nombreux tableaux que Rubens possédait de son vivant. Remarquez ainsi dans la salle à manger son célèbre autoportrait. Dans l'aile droite, l'atelier est surmonté d'une tribune d'où les amateurs contemplaient ses tableaux.

PIERRE-PAUL RUBENS, LE PRODIGE D'ANVERS

Né en exil le 28 juin 1577 près de Cologne où son père, échevin d'Anvers, soupçonné d'hérésie, s'était réfugié, Rubens pénètre pour la première fois dans un Anvers dévasté à l'âge de 12 ans, après la mort de son père. Il est d'abord élève de Verhaecht et de van Noort, puis de 1594 à 1598, il travaille dans l'atelier du peintre Otto Venius et passe maître de la guilde de St-Luc. Après un séjour en Italie, il revient en 1608 à Anvers, qui connaît une période de paix sous les archiducs Albert et Isabelle. Au fur et à mesure que les commandes affluent, le peintre est poussé à créer un véritable atelier. C'est alors l'apothéose de Rubens et de son école.
Flamand et cosmopolite, catholique et humaniste, Rubens incarne le génie de la ville. Diplomate au service des souverains, il unit en peinture les acquisitions de l'italianisme à la tradition flamande. Ses élèves ou collaborateurs portent des noms prestigieux : Jan Bruegel dit Bruegel de Velours et les trois Anversois Jordaens, van Dyck et Snyders. Son influence s'étend à la sculpture représentée par les Quellin et Verbruggen et à l'architecture baroque. Il meurt à Anvers en 1640 ; son corps repose dans l'église St-Jacques.

Dans la cour, on admire la façade baroque de l'atelier avec ses bustes de philosophes et ses évocations mythologiques. Un portique relie les deux pavillons et s'ouvre sur un jardin par trois arches que Rubens a reproduites sur certaines toiles. Le jardin du 17e s. a été redessiné d'après les tableaux et gravures de l'époque.

Meir E6

C'est par excellence la rue commerçante de la ville ! Ne vous laissez pas distraire par les vitrines et levez les yeux vers les façades souvent pompeuses. N'hésitez pas à entrer dans le **Stadsfeestzaal** (n° 78), un centre commercial aménagé dans une ancienne salle de bal dont le vaste parquet, les dorures et les verrières surprennent. Le **Paleis op de Meir**, l'**ancien palais royal** (1745) de style rococo, résidence de nombreux souverains, se dresse à l'angle du Wapper et du Meir. Après des années de rénovation, celui-ci est désormais ouvert aux visiteurs qui peuvent y admirer, entre autres, les appartements de Napoléon, la salle des Glaces de Leopold II et le Salon hollandais de Guillaume Ier *(visites guidées lun.-vend. 15h, sam. 11h, dim. 15h - réserv. obligatoire à l'avance sur place, à l'office du tourisme ou sur www.paleisopdemeir.be).*
À l'extrémité ouest du Meir s'élève la **Boerentoren** (tour des Paysans - DE6), de style Art déco, qui fut lors de son inauguration en 1932 le premier gratte-ciel européen et l'immeuble le plus haut du continent jusqu'au milieu des années 1950. On le doit au trio d'architectes Jan Vanhoenacker, Joseph Smolderen et Emile van Averbeke. Son édification sur une zone bombardée pendant la guerre et très proche de la cathédrale fut contestée par la population, mais appuyée par les vedettes de l'architecture continentale. Haute de 87 m lors de son inauguration, elle résiste au second conflit mondial et culmine aujourd'hui à 97 m après des travaux en 1976. Elle conserve son curieux nom lié à sa fonction d'origine, celle de siège d'une banque d'épargne destinée aux paysans.
Suivez la Lange Klarenstraat, puis prenez à droite la Lange Nieuwstraat.

Église St-Jacques (St-Jacobskerk) E5

Lange Nieuwstraat 73/75 - ✆ 03 225 04 14 ou 0498 33 04 05 - www.jacobusantverpiae.be ou www.topa.be - avr.-oct. : 14h-17h - fermé pdt les offices - 2 €.
L'**intérieur★** de cette église flamboyante au clocher massif est richement orné dans le goût baroque. Parmi les tableaux, on peut voir, dans le bas-côté droit, une *Madone* d'Otto Venius ; dans le déambulatoire, à droite, *La Vocation de saint Pierre* par Jordaens. Derrière le chœur, dans la chapelle funéraire de Rubens, on admire

une de ses dernières toiles, *La Madone et les saints* (1634). La chapelle voisine renferme un tableau de Jordaens, *Saint Charles guérissant les pestiférés de Milan*.

Dans une salle à l'arrière de l'église est exposée l'horloge gothique restaurée dont l'origine se situerait dans la seconde moitié du 15e s.

Faites un crochet jusqu'au béguinage en prenant à gauche la Parochiaanstraat. Traversez le St-Jacobsmarkt, puis la Frans Halsplein. Par la Rozenstraat et l'Ossenmarkt gagnez le béguinage.

★ Béguinage (Begijnhof) Plan I B1

Rodestraat 39 - 9h-17h - gratuit.

Les maisons se serrent à l'abri de leur clôture de brique. La rue, grossièrement pavée, encadre un verger ceinturé de haies. Dans cette oasis calme, les arbres croulent sous les fruits et les chats prennent le soleil. L'église, reconstruite au 19e s., est ornée de tableaux de Jordaens. Un oratoire abrite un *Christ aux liens*. Comme tous les autres béguinages flamands classés par l'Unesco, la sérénité de ce mini-quartier, aujourd'hui habité par de chanceux citoyens, repose et envoûte.

Revenez à l'église St-Jacques et suivez la Lange Nieuwstraat en direction du centre.

Bourse du commerce (Handelsbeurs) E5-6

Enclavée dans un pâté de maisons qu'elle domine de son dôme vitré, la bourse du commerce s'ouvre sur quatre rues en croix. La première bourse, construite par Dominique de Waghemakere, étant devenue trop étroite, une nouvelle, réalisée par le même architecte, fut inaugurée en 1531. Elle fut très animée au 16e s. Détruite en 1858 par un incendie, elle a été reconstruite en 1872 par l'architecte Schadde, dans le même style, et présente une halle intérieure à galeries superposées coiffée d'une superbe verrière. L'édifice actuellement en travaux pourrait rouvrir ses portes en 2015 comme hôtel de luxe.

Continuez sur la Lange Nieuwstraat.

Chapelle St-Nicolas (St-Niklaaskapel) E5

Derrière la chapelle St-Nicolas du 15e s. qui héberge un théâtre de marionnettes *(Poppenschouwburg van Campen Campen - www.van-campen.be)* se dissimule une charmante petite cour bordée de bâtiments anciens.

Prenez à droite le St-Katelijnevest, ensuite tournez à gauche dans la Wolstraat pour gagner la Hendrik Conscienceplein.

★ Place Hendrik-Conscience (Hendrik Conscienceplein) E5

Cette place tranquille, pavée à l'ancienne et dotée d'une discrète fontaine, forme un ensemble homogène avec ses bâtiments des 17e et 19e s. et la façade de l'église St-Charles-Borromée.

Église St-Charles-Borromée (St-Carolus Borromeuskerk)★ – *✆ 03 231 37 51 - ♿ - tlj sf dim. 10h-12h30, 14h-17h - fermé pdt les offices - gratuit.* Sa belle façade baroque de « style jésuite » s'épanouit largement en trois registres classiques avec un médaillon central exécuté d'après un dessin de Rubens et deux lanternons en retrait. À l'arrière, accolé à l'abside, un élégant clocher baroque. Construite par les jésuites Aguillon et Huyssens de 1615 à 1621, sous le vocable de St-Ignace, l'église prit par la suite le nom de St-Charles-Borromée. Malgré l'incendie de 1718 qui détruisit en grande partie le bâtiment, l'intérieur reste remarquable. Les plafonds peints par Pierre-Paul Rubens et Antoine van Dyck dans les bas-côtés furent malheureusement la proie des flammes. L'édifice, voûté en berceau, possède des tribunes donnant sur la nef par de hautes galeries très lumineuses. Le chœur a conservé sa parure de marbre.

L'*Assomption* de Rubens dans la chapelle de la Vierge, et d'autres retables commandés, en 1620, à l'artiste pour orner cette église se trouvent aujourd'hui au musée des Beaux-Arts de Vienne en Autriche. Le maître-autel ne possède pas moins de trois tableaux. Grâce à un système ingénieux qui fonctionne encore, il est possible de changer les peintures en fonction du besoin liturgique. Sous les arcades court une boiserie du 18e s. : entre chaque confessionnal gardé par quatre anges, des médaillons retracent les vies de saint Ignace (au sud) et de saint François Xavier (au nord).

Musée (Kantkamer) – *Merc. 10h-12h30, 14h-16h, autres j. sur demande - 2 €.* On visite la galerie, la crypte funéraire, la sacristie décorée de hauts-reliefs en stuc de Hansche et les pièces contenant des collections de dentelles anciennes.

Revenez à la Wolstraat, puis prenez à gauche le Minderbroedersrui. Tournez immédiatement à droite dans la Keizerstraat, jolie rue d'un quartier animé par les étudiants de la proche Académie des Beaux-Arts.

★ Maison Rockox (Rockoxhuis) E5

Keizerstraat 10-12 - ✆ 03 201 92 50 - tlj sf lun. (sf lun. de Pâques et de Pentecôte) 10h-17h - fermé 1er-2 janv., Ascension, 25-26 déc. - 2,50 € - gratuit le dernier merc. du mois.

Ami de Rubens, Nicolas Rockox (1560-1640), bourgmestre d'Anvers et humaniste, était un collectionneur d'objets d'art. Sa demeure patricienne du 17e s. a été transformée en musée ; une projection audiovisuelle en plusieurs langues (dont le français) retrace l'histoire culturelle d'Anvers entre 1560 et 1640. On y admire un magnifique mobilier (bahuts dits « ribbanken », cabinets d'ébène finement décorés), de belles pièces de céramique, une riche collection de peinture où figurent en particulier Patinir, van Dyck (deux études d'une tête d'homme), Jordaens, Teniers le Jeune, Rubens, De Momper, Snyders (*Marché aux poissons à Anvers*), Pieter Bruegel le Jeune (copie des *Proverbes* de Bruegel l'Ancien).

LE QUARTIER DE HET EILANDJE Plan I B1

Le quartier des docks occupe la plus ancienne partie du port, celui où Napoléon fit creuser par 2000 ouvriers les bassins de Bonapartedok et Willemdok. Les quais dont les noms excitent l'imagination des voyageurs (Montevideostraat, Madrasstraat, Bataviastraat…) sont promis à un vaste programme urbanistique initié par l'installation du **MAS**. Nombre de projets (plutôt verticaux) de construction de logements sociaux et d'appartements de luxe sont en cours, tandis qu'on y restaure les bâtiments portuaires. Ce quartier réhabilité attirera enfin les Anversois et les touristes au nord du centre-ville, au-delà des vitrines à néons roses du quartier rouge dont la superficie recule.

Le port de plaisance a été réaménagé ; des restaurants, bars et clubs à la mode s'y sont installés ; le couturier Dries van Noten a posé ses ateliers à côté du musée et les archives de la ville y sont ancrées. Ces dernières ont en effet pris leur quartier dans les entrepôts **Felix** (*Hanzestedenplaats/Oude Leeuwenrui 29*). Construits en 1861 et modifiés suite à divers incendies, ils se caractérisent par une allée centrale couverte. Au rez-de-chaussée (*Stadsarchief - mar.-vend. 8h-16h30*), des maquettes et schémas racontent les projets urbanistiques à Anvers (*en flamand seult*). D'autres entrepôts de diverses époques se distinguent. Ainsi la **Hessenhuis** (*Falconrui 53*), un long édifice de style gothique brabançon édifié en 1564 et flanqué d'immenses portes qui laissaient passer les chariots.

Accès : tram 7, terminus Sint-Pietersvliet.

★★★ MAS (Museum aan de Stroom)

Hanzestedebplaats 1 - ✆ 03 338 44 34 - www.mas.be - ♿ - avr.-oct. : tlj sf lun. (sf lun. de Pâques et de Pentecôte) 10h-17h - fermé 1er janv., 1er Mai, Ascension, 1er nov. et 25 déc. - tickets valables pour tte une journée : collection permanente 5 €, expos temporaires 8 €, ticket combiné 10 € - accès gratuit au « boulevard », à l'étage panoramique et au dépôt du musée - smartphone mis à disposition gratuitement pour des commentaires en français.

4

Acronyme de Museum Aan de Stroom (« musée sur le fleuve »), le MAS doit servir de catalyseur au quartier des docks et s'imposer comme le **nouveau symbole d'Anvers**, son « opéra de Sydney » ou son « musée Guggenheim de Bilbao ». Cette perle architecturale signée par l'architecte néerlandais Willem Jan Neutelings, s'élève à l'emplacement d'une maison hanséatique, entre les bassins creusés par Bonaparte. Des grues de diverses époques rappellent la fonction des lieux et animent les quais. L'édifice, une tour de 62 m de haut, évoque des conteneurs posés les uns sur les autres, « suspendus » entre d'immenses baies vitrées dont les vagues rappellent à la fois la tôle ondulée, des orgues, la surface d'une mer calme, le rideau d'eau d'une cascade… Ces galeries vitrées, différemment positionnées à chaque étage, allègent efficacement l'énorme parallélépipède en pierre de sable rouge, tout en lui donnant l'aspect d'une spirale. Notez les 3 185 mains en aluminium – référence à la légende de Silvius Brabo – qui ornent la façade. Les dix étages desservis par des Escalator et égayés par des géants venus de divers quartiers et des fresques, qui racontent la grande et les petites histoires de la ville, se parcourent librement en un « boulevard du MAS ». On découvre progressivement de superbes vues sur la ville. À chaque étage, un nouvel angle de vue jusqu'au panorama à 360° offert depuis la terrasse. On s'élève au-dessus des toits, des clochers, des beffrois et des dômes, des immeubles de diverses décennies, des grues et des tours des raffineries. Taches vertes des parcs çà et là, courbe bleu-gris de l'Escaut, mais pas une colline en vue… Ne vous privez pas de cette balade verticale une fois la nuit venue pour voir briller et clignoter les lumières de la cité et du port.

La mission officielle du musée est de raconter **l'histoire du monde à Anvers et celle d'Anvers dans le monde**. À travers 470 000 pièces – dont beaucoup proviennent des anciens musées d'Archéologie et de la Marine, ainsi que du musée des Beaux-Arts, en attendant sa réouverture –, le musée s'attarde donc sur l'histoire de la ville et de son port, en mettant l'accent sur les échanges interculturels. Certains reprochent aux expositions du MAS une ligne directrice peu évidente. Pourtant, servie par une muséographie dynamique, cette promenade colorée à travers le monde et les époques est absolument fascinante. La variété et la diversité des pièces présentées, l'atmosphère propre à chaque salle où l'on pénètre comme dans un entrepôt bien gardé, étonnent et divertissent.

On visite *(gratuit)* le dépôt du musée où madones, maquettes de bateaux et tableaux attendent patiemment leur mise en lumière. La collection permanente aborde quatre thèmes universels. La **Démonstration de puissance** est évoquée à travers les objets du pouvoir et du prestige, notamment au Congo, en Polynésie ou au Japon à l'époque des samouraïs. Signes extérieurs de richesse, de sagesse ou de statut divin… La **Métropole** est racontée à travers ses habitants plutôt que ses bâtiments, la perception qu'ils en ont, la place qu'ils y occupent. La vaste salle du **Port mondial** raconte les siècles d'échanges à Anvers, les marchandises et les hommes qui s'y croisent. Des cartes et de superbes maquettes de bateaux vous emmènent en voyage. Deux salles enfin sont consacrées à **la Vie et la Mort** ici et ailleurs. La diversité du sens donné à la vie, les hommes et les dieux, les rituels et l'au-delà sont évoqués à travers un grand nombre d'objets. Notez la belle collection d'objets de culte des morts mexicains.

L'**exposition temporaire** puise dans les collections du musée des Beaux-Arts en travaux jusqu'en 2017-2018. Rubens et Jan Fabre s'y côtoient pour illustrer diverses thématiques (Cinq siècles d'images à Anvers, Le bond en avant d'Anvers sous le règne des Français de 1794 à 1814…).

Les plus jeunes s'attarderont à chaque étage autour d'activités originales.

La vaste et lisse **esplanade** ocre qui isole et élève le MAS invite à la flânerie. Quelques pavillons, petits frères de l'édifice principal, accueillent le Pavillon du Diamant *(mar.-dim. 10h-17h - gratuit)*, le **Pavillon Portuaire** *(mar.-dim. 9h30-17h30 - gratuit)* et la boutique du musée *(mar.-vend. 9h30-17h30, w.-end 18h30)*.

Le MAS.
Sarah Blee/Neutelings Riedijk Architecten/ADAGP, Paris 2013

Le premier raconte les liens entre Anvers et le diamant, et le second offre une visite interactive du port grâce une formidable projection à 360°.

Bon à savoir – Le café du MAS, au ras de l'eau, est à la fois agréable et convivial. Bien d'autres bars, cafés et restaurants, authentiques comme le vénérable **Bar du Port** *(Napoleonkaii 53)*, ou des enseignes tendance, étirent leurs terrasses aux alentours et s'animent du matin au soir.

Un second musée d'importance, situé au nord du MAS près des quais de Montevideosstraat, sera inauguré durant l'été 2013. Le musée **Red Star Line | People on the Move** *(Rijnkaai 15 - ✆ 03 206 03 50 - www.redstarline.be)*, du nom de la mythique compagnie maritime qui transporta, entre 1873 et 1934, plus de deux millions de passagers du port d'Anvers vers l'Amérique, a été aménagé dans les anciens bâtiments classés de la firme. Rénovés et modernisés, ils sont dominés par une petite tour moderne qui rappelle les cheminées des paquebots qui accostaient non loin avant d'entreprendre le grand voyage vers le Nouveau Monde. On évoque ici l'histoire et le parcours de ces émigrants en quête du rêve américain et des passagers aisés qui allaient s'amuser à New York.

Un peu plus au nord, outre un long tunnel controversé qui fermera le Ring (périphérique anversois), fleurissent des projets de tours de logements confiés à de célèbres architectes. Quant à l'audacieuse Nieuw Havenhuis, tout au bout de Kattendijkdok, elle devrait voir le jour en 2014. Cet édifice, une ancienne caserne rénovée et chevauchée par un immense diamant taillé, est dessiné par l'architecte vedette Zaha Hadid. Il accueillera les autorités portuaires.

LE QUARTIER DU ZUID Plan I A3

Le quartier branché de la ville, qui débute au sud du musée de la Mode, s'illustre par des galeries d'art, des bâtiments aux formes atypiques, des musées d'Art contemporain et de Photo, sans compter les bars et restaurants aux concepts novateurs qui font et défont les modes. Nationalstraat aligne ses commerces et ses boutiques de créateurs. Kloosterstraat concentre les antiquaires. Rijkebeukaerstraat s'affiche résolument bobo. Aux beaux jours, les terrasses des restaurants s'étirent autour de Marnixplaats, Leopold de Wael Plaats et les anciens quais de Vlaamsekai et Waalsekai. Une foule tendance

LE ZUID OU QUARTIER SUD, QUARTIER EN VOGUE

À partir de 1875, un tout nouveau quartier fut construit au sud, à proximité de l'Escaut, là où se dressaient autrefois le Zuiderkasteel, citadelle espagnole datant de l'époque du duc d'Albe, et les anciennes murailles de la ville. Deux Expositions universelles furent organisées à cet endroit en 1885 et en 1894. Le musée des Beaux-Arts fut inauguré en 1890 et le théâtre De Hippodroom en 1903. Après des années difficiles, le quartier connut son heure de gloire pendant l'entre-deux-guerres. Il se composait alors de deux parties bien distinctes : la première, populaire et animée, autour des Zuiderdokken, et l'autre, plus paisible et plus bourgeoise, autour du musée. Avec le déplacement des activités portuaires vers le nord de la ville, mais aussi en raison de la piètre qualité des habitations et de l'exode urbain, le quartier dépérit. Le comblement des bassins dans les années 1960 et la démolition de l'Hippodrome au début des années 1970 accélérèrent encore le déclin. Le mouvement s'inversa cependant au début des années 1980. En effet, le quartier connut un renouveau suite à l'implantation du **musée de la Photographie** et du **musée d'Art contemporain** dans deux anciens entrepôts. De nombreuses maisons et monuments furent restaurés grâce à un regain d'intérêt pour l'architecture fin de siècle. Parmi les rénovations les plus marquantes figurent celles de **la maison du peuple libérale Help U Zelve**, de l'**immeuble d'angle De vijf werelddelen** et de la **Zuiderpershuis**, mais aussi d'une série de maisons le long des quais. De belles maisons anciennes côtoient ici de nouvelles constructions résolument contemporaines, comme la maison **van Roosmalen** (angle St-Michielskaai et Goede Hoopstraat), un **immeuble noir et blanc** de Bob van Reeth datant de 1985-1987, le Nouveau Palais de Justice et le bâtiment à la façade en bois de Neutelings et de Koning. Valent également le détour la Waterpoort à la Gillisplaats, dont la conception est attribuée à Rubens, le monument de la Lambermontplaats et la statue De Schelde Vrij sur la Marnixplaats.

anime ces places et ces rues à midi et le soir venu. On assiste en se baladant dans le Zuid à la gentryfication en direct d'un quartier, en admirant les entrepôts et édifices anciens progressivement réhabilités en loft ou galeries. À noter que nombre de ces dernières organisent leurs vernissages le même jour, ce qui permet aux visiteurs d'effectuer une sorte de « circuit » artistique.

★★★ Musée royal des Beaux-Arts

(Koninklijk Museum voor Schone Kunsten)

Leopold De Waelplaats - www.kmska.be - le musée a fermé ses portes pour travaux (date de réouverture prévue en 2017-2018). Les œuvres les plus importantes sont placées temporairement au MAS (p. 271), à la cathédrale (p. 264 - « De Quentin Matsys à Peter Paul Rubens »), au Koningin Fabiolazaal (Jezusstraat 28 - mar.-dim. 10h-17h, sam. 18h - 4 € - œuvres des collections des 19e et 20e s.), mais aussi au Musée municipal de Lierre et à la Schepenhuis de Malines. Rens. à l'office de tourisme et sur www.kmska.be pour les lieux de présentation du moment.

Cet édifice imposant du 19e s., signé Frans van Dijk, aurait sans mal sa place à Vienne ou à Paris. Élevé à l'emplacement de l'ancienne forteresse espagnole, il présente une façade à colonnade corinthienne, surmontée de chars en bronze de Vinçotte. Les quatre figures allégoriques ornant la façade représentent l'architecture, la peinture, la sculpture et la gravure. Une fontaine moderne s'étale toute en feuilles vertes au pied de l'escalier d'accès.

L'accès à l'étage supérieur se fait par un escalier monumental orné d'œuvres de Nicaise De Keyser retraçant l'histoire de l'école de peinture anversoise.

La collection du musée permet de suivre l'évolution de la peinture occidentale, du 14e s. au 20e s. En attendant le retour de la collection au sein de l'immense édifice, en voici les pièces maîtresses :

Peinture ancienne (14e-19e s.) – La collection compte un ensemble remarquable d'œuvres de primitifs flamands. Ainsi deux chefs-d'œuvre de Jan van Eyck : *La Sainte Barbe*, devant une tour gothique en construction, au dessin minutieux, et *La Vierge à la fontaine* aux coloris délicats. On note de van der Weyden le *Portrait de Philippe de Croÿ*, une œuvre pleine de finesse, ainsi que le *Triptyque des sept sacrements*, qui a pour cadre l'intérieur d'une vaste église gothique. Chaque sacrement (baptême, confirmation, confession, ordre, mariage, extrême-onction, eucharistie) est personnifié par un ange tenant une banderole. Les avis divergent quant à l'identité de l'homme représenté sur le *Portrait de l'homme à la médaille* de Hans Memling. Il s'agit soit du médailliste Jean de Candida, soit d'un collectionneur de monnaies italien. On admire quatre petits panneaux de **Simone Martini** (14e s.), dont un représentant *L'Annonciation* d'une délicatesse évoquant les miniatures. La célèbre *Vierge entourée d'anges rouges et bleus* par le Français **Jean Fouquet** est peinte sous les traits gracieux d'Agnès Sorel, maîtresse du roi de France Charles VII. On remarque les ravissants portraits de **Jean Clouet** et, plus particulièrement, celui du fils de François Ier. *L'Autoportrait de l'artiste et de sa femme* du Maître de Francfort est l'un des premiers doubles portraits profanes des Pays-Bas du Sud. La peinture du 16e s. conserve les grands traits des primitifs flamands, mais teintés par l'influence italienne comme on peut le voir dans deux toiles de Quentin Metsys, la *Marie Madeleine* et son fameux *Triptyque de la déploration du Christ*, que l'artiste peignit pour la guilde des menuisiers.

Le tableau de **Joachim Patinir** représentant *La Fuite en Égypte* marque un tournant important dans l'évolution de la peinture paysagiste. La collection du musée comprend de nombreux portraits (Metsys, Pourbus et le Maître d'Anvers), paysages et natures mortes.

Les quatre splendides panneaux, intitulés *Les Quatre Saisons*, y sont d'Abel Grimmer. La peinture hollandaise du 17e s. est présente avec des œuvres de Frans Hals, Ter Borch et Hobbema.

Rubens, le maître du baroque anversois, est bien sûr à l'honneur. On peut suivre l'évolution de son style. *Le Baptême du Christ*, peint en Italie, et le triptyque de *L'Incrédulité de saint Thomas* sont encore d'inspiration classique ; le pathétique apparaît dans *La Dernière Communion de saint François*, dans *Le Coup de lance*, dans *La Trinité* au raccourci saisissant ; enfin *L'Adoration des Mages* (1624), aux coloris éclatants et aux personnages expressifs, est un des sommets de la peinture flamande au 17e s.

Van Dyck et Jordaens sont également largement représentés. Outre des portraits distingués, des œuvres d'inspiration religieuse aux tons nuancés de **van Dyck**, qui avait déjà son propre atelier et ses élèves à l'âge de 16 ans. Les œuvres de **Jordaens**, comme *Le Concert de famille*, sont étonnantes de vie.

Ensor et les modernes – La collection permet de suivre l'évolution du travail de **James Ensor**, le célèbre peintre, caricaturiste et dessinateur ostendais, depuis les premières œuvres de ce qu'on appelle sa « période sombre », dominée par des intérieurs et des portraits, dont *Le Salon bourgeois* est un bel exemple. L'amour d'Ensor pour le monde étrange des masques s'exprime dans *L'Intrigue* (1890).

L'impressionnisme et le pointillisme sont représentés avec, entre autres, des œuvres d'Émile Claus. Du grand architecte Henry van de Velde, l'on voit la belle toile *Femme à la fenêtre*. Toute l'affection de Meunier pour le monde du travail s'exprime dans ses tableaux et sculptures. L'accent est également mis sur le social dans *L'Aveugle* de Laermans. *Le Bourgeois de Calais*, œuvre très expressive de Rodin, fait partie du célèbre groupe de sculptures *Les Bourgeois de Calais*.

La collection compte de nombreuses peintures et sculptures du fauviste brabançon **Rik Wouters**, mort prématurément. Sa femme Nel a joué un rôle prépondérant dans son œuvre expressive et inondée de soleil *(La Repasseuse, L'Éducation)*.

Le groupe de Laethem-St-Martin est bien représenté avec l'expressionniste Permeke au style monumental *(Femme de pêcheur)*, les frères De Smet et van den Berghe. Les deux figures féminines dans la toile *Les Deux Printemps* de van de Woestijne symbolisent la vie rurale et la vie urbaine.

Les toiles de Servrancks et de Peeters appartiennent au constructivisme. Le surréalisme est mis en vedette par Magritte *(Seize septembre)*.

Le musée possède également des tableaux d'artistes étrangers de renom comme Modigliani, Zadkine et Grosz.

La grande toile de Pierre Alechinsky, *Le Dernier Jour* (1964), peut être considérée comme l'apogée de son évolution parmi les membres du groupe CoBrA.

Bon à savoir – Aux alentours, vous pouvez faire une pause détente à **Den Artist**, un café au décor Art nouveau (pas mal pour déjeuner également), juste en face, ou au **Chatleroi**, à gauche en quittant le musée, à l'atmosphère détendue et au joli décor qui mêle tables en bois, murs de brique et antiquités (café fumeur).

Immeuble Les Cinq Continents (Woonhuizen « De vijf werelddelen »)

Derrière le musée des Beaux-Arts, au coin de la Plaatsnijderstraat et de la Schilderstraat, se trouve l'étonnant immeuble « **Les Cinq Continents** » datant de 1901. De style Art nouveau, en briques jaunes égayées par des lignes de céramiques colorées, ce bâtiment de l'architecte Frans Smet-Verhas fut construit pour un armateur, d'où le balcon en proue de navire en bois. Au-dessus, une belle loggia dont les vitraux portent les noms des cinq parties du monde.

Volkshuis (Maison du peuple) « Help U Zelve »

Volkstraat.

Qualifié de « Horta anversois », l'architecte Emiel van Averbeke réalise en 1901 avec Jan van Asperen la maison du peuple libérale « Help U Zelve ». La magnifique façade partiellement décorée de mosaïques présente deux pignons couronnés de sculptures.

Zuiderpershuis

Waalsekaai.

Derrière la façade néobaroque de l'immeuble conçu par Emiel Dieltiens en 1881 se cache une ancienne centrale électrique hydraulique qui alimentait les grues et ponts du port sud. Les accumulateurs étaient logés dans les deux tours. Abritant la troupe de théâtre De Internationale Nieuwe Scène, le bâtiment s'est converti en centre culturel international (concerts, danse, théâtre, expositions) dans les années 1980.

Devant, un vaste parking (on aimerait une autre fonction pour le lieu) s'étend à l'emplacement d'un bassin portuaire comblé. Il accueille la foire d'Anvers – une fête foraine – chaque début d'été. Notez que les rues qui le bordent ont conservé l'appellation de quai.

Musée d'Art contemporain

(Museum van Hedendaagse Kunst Antwerpen-M HKA)

Leuvenstraat 32 - ✆ 03 260 99 99 - www.muhka.be - ♿ - tlj sf lun. 11h-18h (jeu. 21h) - fermé 1er janv., 1er Mai, Ascension et 25 déc. - 8 €.

Ce musée aménagé dans un ancien silo à grains possède une intéressante collection d'art contemporain depuis les années 1970 qui rassemble aussi bien d'importants artistes étrangers (T. Cragg, B. Nauman, S. Bratkov, M. Pistoletto, M. Lewis) que des créateurs belges (J. Fabre, Panamarenko, D. Claerbout, B. Lohaus, L. Tuymans).

L'immense espace d'exposition permet d'audacieuses et étonnantes présentations. Les œuvres sont présentées au rez-de-chaussée à tour de rôle.

Les étages sont réservés aux expositions temporaires. En outre, le M HKA organise des spectacles, interventions, conférences, présentations de livres ainsi qu'une programmation de films historiques et contemporains (M HKA media).

★ **FOMU - Musée de la Photographie** (FotoMuseum Provincie Antwerpen)
Waalsekaai 47 - ✆ 03 242 93 00 - www.fotomuseum.be - ♿ -tlj sf lun. 10h-18h - fermé 1er-2 janv. et 25-26 déc. - 7 €.
Ce beau musée est, avec celui de Charleroi, une étape incontournable pour les passionnés de photographie qui parcourent la Belgique. Il permet aux visiteurs de découvrir la photographie dans un large contexte social et culturel. À côté de photos artistiques, il expose des photos de presse, scientifiques, documentaires et de mode, des collections d'associations et de familles, des photos publicitaires et des cartes illustrées. La présentation change tous les quatre mois.
Derrière l'entrepôt existant, qui abrite le musée depuis 1986, a été érigé un bâtiment prestigieux, mais sobre, conçu par l'architecte Georges Baines. Ses trois étages comprennent de grandes salles d'exposition, idéales pour des expositions contemporaines. Les salles annexes de l'ancien entrepôt se prêtent davantage à des expositions historiques. Au rez-de-chaussée, on peut visiter une galerie de photos moderne, la boutique du musée et l'agréable café-restaurant UFO.
Les amateurs d'architecture prolongeront la découverte du quartier en approchant le **nouveau Palais de justice** *(A3 - Nieuw Gerechtshof - Bolivaarplaats)* construit par Richard Rogers en 2006. L'édifice de verre, bois et métal, tout en longueur, semble vouloir prendre le large grâce aux voiles métalliques gonflées qui le surplombent.

LE QUARTIER DE LA GARE ET DES DIAMANTAIRES Plan I

Cette zone cosmopolite en pleine mutation est une ville dans la ville. Les rues y sont certes moins photogéniques, l'atmosphère moins tendance que dans le centre historique ou le Zuid, mais les enseignes « polyglottes » (karaokés asiatiques, épiceries turques et indiennes...), le vénérable zoo, les vitrines brillantes des diamantaires et la formidable gare centrale forment un quartier aussi étonnant qu'attachant. Peu à peu colonisé par la jeunesse créative – en témoigne l'installation récente du Designcenter *(Lange Winkelhaastraat 26)* –, il suivra peut-être la voie du quartier voisin de Borgerhout aujourd'hui dans le vent.

★★ **Gare centrale** (Centraal Station) B2
Koningin Astridplein.
La gare centrale (1898-1905) a été construite d'après les plans de l'architecte brugeois Louis de La Censerie. Les deux façades monumentales de style néobaroque sont coiffées d'une énorme coupole, haute de 60 m. Le chantier titanesque du tunnel creusé dans les années 2000 a transformé ce cul-de-sac ferroviaire en étape incontournable sur l'axe Paris-Bruxelles-Amsterdam. L'aménagement intérieur, revu depuis 2007 pour accueillir les *Thalys* sur des quais souterrains ultra-modernes, apporte une touche contemporaine heureuse et confère à cette « cathédrale du chemin de fer » un aspect spectaculaire. La gare d'Anvers a été élue en 2009 par le magazine américain *Newsweek*, quatrième plus belle gare du monde derrière St-Pancras (Londres), Grand Central Terminal (New York) et Chhatrapati Shivaji (Mumbai).

★★ **Jardin zoologique** (Dierentuin) C2
Koningin Astridplein 26 - ✆ 03 202 45 40 - www.zooantwerpen.be - ♿ - mars-avr. et oct. : 10h-17h30 ; mai-juin et sept. : 10h-18h ; juil.-août : 10h-19h ; nov.-fév. : 10h-16h45 - 22 € (- 11 ans 17 €), possibilité de billets combinés avec d'autres sites.

Ce parc arboré et fleuri de 11 ha s'ouvre entre la gare centrale et l'ancien musée d'Histoire naturelle, construit en 1885, surmonté de la statue de son fondateur chevauchant un chameau. Cerné par la ville et les rails, c'est l'un des derniers zoos urbains de la planète. On envie les habitants des alentours dont les fenêtres donnent sur les enclos et qui, peut-être, se réveillent non pas au chant du coq, mais des singes ou oiseaux exotiques. Parmi ses 5 000 animaux de 750 espèces, le zoo compte des spécimens exceptionnels comme les petits pandas, les rhinocéros blancs et les très rares okapis (bâtiment maure). Le temple égyptien (1856) abrite les éléphants, girafes, autruches et oryx arabes. Dans le bâtiment des oiseaux, rien ne sépare les oiseaux exotiques en pleine lumière du public circulant dans l'obscurité. Le nocturama abrite dans la pénombre les animaux nocturnes (notamment des lémuriens) dont les terriers sont visibles derrière une vitre. Le « Vriesland » permet de découvrir les manchots et les loutres de mer. Enfin, le planétarium et l'Aquaforum offrent des spectacles supplémentaires.

★ Aquatopia B2

Koningin Astridplein 7 (face à la gare, accolé à l'hôtel Radisson) - ☎ 03 205 07 50 - www.aquatopia.be - ♿ - 10h-18h - fermé 25 déc. - 14,50 € (3-12 ans 10 €), possibilité de formules famille et de billet combiné avec le zoo (34,50 €).

Discrètement aménagé entre la porte-pagode du quartier asiatique et l'hôtel Radisson, cet espace rassemble plus de 10 000 animaux et poissons présentés dans des univers de forêt tropicale humide et de monde sous-marin. Si les inévitables requins, visibles en marchant à travers un « tube », font leur petit effet, ne manquez pas l'espace consacré aux reptiles pour ses spectaculaires et inoffensifs **iguanes**. La visite est dépaysante, même si l'on peut regretter que tous les panneaux ne soient pas traduits en français et que le billet d'entrée soit assez élevé…

Le quartier des diamantaires C2

Il s'étend au sud-ouest de la gare, autour notamment de Pelikaanstraat et de la surprotégée rue piétonne Hoveniersstraat formant un S surnommé simplement « la Rue ». Là, s'alignent des dizaines de bijouteries et ateliers de diamantaires tenues par des juifs hassidim dont les silhouettes noires font partie de l'imaginaire de la ville, et plus récemment par des Libanais, des Arméniens, des Chinois et, désormais majoritaires, des Indiens jaïn. Ils forment une petite ville dans la ville et le plus grand centre diamantaire du monde. Sur dix diamants vendus dans le monde, huit passent au moins une fois par Anvers.

ANVERS : PLAQUE TOURNANTE DU DIAMANT

En 1476, le Brugeois Louis de Berken perfectionne la taille du diamant qui devient une industrie anversoise. Au 16e s., l'arrivée de plusieurs familles juives portugaises donne un nouvel élan. Le commerce des diamants, qui provenaient surtout des Indes, était quasiment un monopole portugais à la suite de la découverte de la route maritime des Indes par Vasco de Gama. Les artisans d'Anvers étaient encore très renommés quand Amsterdam se profila comme ville concurrente au 18e s. En 1869 commence le rush diamantaire sud-africain. À la même époque on enregistre une forte immigration des juifs de l'Est. Ils s'installent à Anvers et vivent de la taille et du commerce des diamants. Les pierres du Congo belge assurent par la suite la richesse anversoise. Aujourd'hui, le commerce se partage entre les familles juives installées depuis des siècles, les Indiens, les Africains, les Arméniens, les Libanais et plus récemment les Chinois. Beaucoup d'ateliers ont été délocalisés vers des pays à bas salaires, mais la taille des diamants de haute qualité s'est maintenue à Anvers. Ces diamants bénéficient du label « Antwerp cut ».

Les diamants de toutes les mines du monde sont travaillés, taillés, estimés, achetés et vendus dans la Campine anversoise et dans la métropole. La récente fermeture de l'intéressant **musée du Diamant** *(Diamantmuseum Provincie Antwerpen - www.diamantmuseum.be)*, le plus grand du monde et situé sur la place de la gare, laisse un vide. Il livrait le récit de gens ordinaires et d'événements particuliers liés à l'histoire de cette pierre précieuse dans la province d'Anvers et présentait une collection de créations exceptionnelles anciennes et contemporaines illustrant le faste et la magie de cette pierre étincelante. Ainsi, le trophée de tennis de l'ECC, une raquette en or sertie de plus de 1 600 diamants. En attendant une possible réouverture, ici ou ailleurs, on se contentera de l'exposition aménagée dans le petit pavillon proche du MAS *(voir p. 272)* et de la visite de **Diamondland** *(B2 - Appelmansstraat 33a - ✆ 03 229 29 90 - www.diamondland.be - tlj sf lun. 9h30-17h30 - gratuit - visite guidée en anglais lun.-vend. à 11h)*, non loin de la gare. On y verra des tailleurs à l'œuvre.

À proximité

Park Spoor Noord Plan I BC1

Ce vaste parc contemporain, tout en longueur et récemment aménagé à l'emplacement d'une ancienne gare de tri (spoor signifie « voie ») au nord-est du centre-ville, a très vite été adopté par les Anversois qui s'y promènent, s'y détendent, font du sport, y bronzent ou y pique-niquent. Avec ses allées, pelouses, rampes de skate, piste de BMX, jardins aquatiques et halle doublée d'une terrasse… c'est une vraie réussite. On peut profiter aux alentours de l'animation de la place Damplein ou d'une exposition d'art contemporain à l'**Extra City** *(Tupelstraat 79 - merc.-dim. 14h-19h, jeu. 20h)*, installée dans une ancienne usine près de Stuivenbergplein.

★★ Quartier Zurenborg (Wijk Zurenborg) Plan I C3

Près de la gare de Berchem. De la gare centrale, la plupart des trains vers le sud s'y arrêtent. Sinon tram 11, arrêt Draakplaats ou Berchem Station.

Ce magnifique quartier remarquablement bien préservé comprend plusieurs rues autour de la **Cogels-Osylei**. Il tire son nom d'un jardin de plaisance du 16e s. Cette véritable merveille de la fin du 19e s. présente des hôtels particuliers de style néo, éclectique et Art nouveau. On fit appel à plusieurs architectes illustres dont **Jos Bascourt**, **Emiel Dieltiens**, **Frans Smet-Verhas** et **Jules Hofman**. Quelques ensembles prennent l'allure d'un véritable palais : les constructions (1897-1899) aux nos 32-37 de la Cogels-Osylei de l'architecte Dieltiens ainsi que les trois maisons de plaisance de style néo-Renaissance flamande aux nos 25-29 de la même avenue, réalisées d'après les plans de J. Bascourt. Toujours dans la même avenue, la **maison « Huize Zonnebloem »** (Le Tournesol) de Jules Hofman étonne par ses lignes sinueuses. La maison particulière au n° 80 est presque une copie de la maison du peintre de St-Cyr à Bruxelles. Dans un style beaucoup plus sobre, les quatre maisons d'angle (Generaal van Merlenstraat et Waterloostraat) illustrent les quatre saisons. Au n° 11 de la Waterloostraat se trouve la **demeure « La Bataille de Waterloo »** de F. Smet-Verhas. Remarquez les portraits de Napoléon et de Wellington, le grand bow-window ainsi que la petite tourelle d'angle.

4

★ Musée de la Sculpture en plein air

(Middelheimmuseum) Plan I B4 en dir.

Middelheimlaan 61. Sortez au sud par la Karel Oomsstraat. Prenez la Gerard Le Grellelaan, puis la Beukenlaan qui longe le parc (Nachtegalenpark), ensuite à gauche par la Middelheimlaan - des gares Centrale et Berchem, accès en bus ligne 21, arrêt Middlheimlaan - ✆ 03 827 15 34 - www.middelheimmuseum.be -

♿ - *avr. et sept. : 10h-19h ; mai et août : 10h-20h ; juin-juil. : 10h-21h ; oct.-mars : 10h-17h - fermé lun. (sf lun. de Pâques et de Pentecôte), 1er-2 janv., 1er Mai, Ascension, 1er-2 nov. et 25-26 déc. - gratuit - audioguide 3 €.*

Conseil – Procurez-vous au guichet un plan des œuvres exposées dans le parc.

Dans le parc Middelheim entourant un charmant château, de vastes pelouses (12 ha) ombragées de grands arbres servent d'écrin à plus de 400 sculptures, de Rodin à nos jours. La partie « Middelheim-Hoog » est consacrée à la sculpture moderne tant étrangère que belge (Maillol, Bourdelle, Moore, Giacometti, Richier, Calder, Nevelson, Pompon, Jespers, Gentils...). Remarquez la belle envolée du *Roi et Reine* de Henry Moore ainsi que la très dynamique *Vierge folle* par Rik Wouters. Les œuvres plus fragiles (petites, en bois, terre cuite, métal et plâtre) sont abritées dans un pavillon s'inspirant de la nature, signé René Braem. « Middelheim-Laag » présente des sculptures contemporaines. Notez les deux figures émouvantes de Juan Muñoz, l'œuvre énigmatique de Richard Deacon et le *Poulet préhistorique* de Panamarenko.

★ Musée de l'Argenterie

(Zilvermuseum Provincie Antwerpen) Plan I C2 en dir.

Sortez à l'est par la Carnotstraat, puis prenez la Turnhoutsebaan à Borgerhout. Accès par la Cornelissenlaan - accès de la gare centrale, bus 31, arrêt Collegelaan - 03 360 52 52 - www.zilvermuseum.be - ♿ - tlj sf lun. 10h-17h30 - fermé 25-26 déc. et 1er-2 janv. - gratuit, sf expositions 6 € ou 4 €.

Dans le parc Rivierenhof, à Deurne, se dresse le beau château du Sterckshof (1938), construit en style néo-Renaissance flamande. Après une importante rénovation, l'actuel musée de l'Argenterie a ouvert ses portes en 1994.

Les collections, qui couvrent la période allant du 16e s. à nos jours, sont présentées de manière thématique : techniques de fabrication, marques, différents usages des objets proposés dans leur contexte.

Au 1er étage, le visiteur trouvera surtout des informations pratiques sur les différents minerais et les mines d'argent, et l'utilisation de ce métal précieux dans l'industrie. Le musée propose également une vidéo sur le travail de l'argent et possède une grande collection d'outils. Les coupes et les plats les plus précieux sont exposés dans le salon d'apparat. Le musée possède aussi une intéressante collection d'objets religieux, dont un splendide bénitier (1833) de l'Anversois Verschuylen, représentant Jésus et la Samaritaine près du puits. La chambre à coucher rassemble une collection de bijoux, d'articles de toilette et d'objets divers. Dans la salle à manger, avec son magnifique plafond à caissons du 16e s., le visiteur pourra se faire une idée de l'évolution des couverts du 14e au 19e s. Le salon réunit quelques jolis services à café et à thé, ainsi qu'une magnifique assiette bruxelloise ornée d'un motif d'iris en style Art nouveau (environ 1900). Le legs Lunden comprend presque exclusivement de l'argenterie domestique. L'atelier se consacre à la fois à la restauration et à la réalisation de nouvelles créations. À ne pas rater : la *Chouette au poinçon d'Anvers*, réalisée au 18e s. en argent et noix de coco.

Brasschaat Carte de région B2

15 km au nord.

Cette commune possède un important centre récréatif dans un grand parc comprenant piscines et jardin zoologique. De Brasschaat, une agréable route mène à Schilde. Elle est bordée en de nombreux endroits de massifs de rhododendrons dont la floraison en mai-juin offre un merveilleux spectacle, en particulier le long du **domaine de Botermelk**, à la sortie du pont mobile franchissant le canal d'Anvers à Turnhout.

Les environs boisés et fleuris de **'s-Gravenwezel** abritent des demeures cossues.

★ **Le Port** (Haven van Antwerpen) Carte de région A2

Au nord de la ville en suivant la rive droite de l'Escaut. www.portofantwerp.be.
Le vingt-deuxième port du monde a la particularité de se situer à 90 km de la mer ! Des bassins creusés par Napoléon et aujourd'hui rénovés en quartier branché autour du MAS *(voir p. 271)*, le port s'est étendu vers le nord en d'immenses bassins, une surface de plus de 13 000 ha hérissés de grues et de tours de conteneurs. Rien n'arrête son avancée, si ce n'est la frontière hollandaise. On a mangé la campagne des polders et des villages pour sa construction et imaginé de formidables écluses et ponts levants *(voir Anvers dans l'histoire p. 257)*. Des raffineries et des usines (900 entreprises) s'y sont greffées pour faire travailler directement 70 000 personnes et indirectement 183 000 personnes. On prévoit bientôt l'installation d'une immense usine de biomasse.

Ce type de territoire attire de plus en plus de visiteurs. Le port peut se parcourir en voiture – à condition d'être équipé d'une bonne carte comme la *Havenroute*, vendue à l'office du tourisme. Dans ce paysage étrange, on découvrira **Lillo-Fort** *(15 km environ en suivant la rive droite de l'Escaut - Carte de région A2)*, l'ancien fort entouré d'eau qui dissimule derrière ses retranchements boisés un village paisible, dont l'église préside une charmante place centrale, et un petit port. C'est l'un des trois derniers villages de cette ancienne zone de polders évoquée par le **musée des Polders** (Poldermuseum Lillo - *Tolhuisstraat 10-16 - 03 664 30 98 - www.poldermuseum-lillo.be - Pâques-fin sept. : dim. et j. fériés 13h-18h - 2 €*). Lillo est également connu des amateurs de bière pour sa Ganzenbier (la « bière des oies ») servie dans des bocks en pierre. De la digue bordant l'Escaut, on aperçoit Doel.

La visite est tout aussi spectaculaire et fortement conseillée depuis l'Escaut. *Voir Nos adresses à Anvers p. 282.*

Réserve naturelle De Kalmthoutse Heide, arboretum Kalmthout Carte de région A1

25 km au nord. Sortez par Schijnpoortweg - 03 620 18 30 (Centre d'éducation à la nature De Vroente - Centre de visiteurs du parc frontalier « De Zoom-Kalmhoutse Heide ») - 03 620 18 35 - www.devroente.be - ♿ - parc frontalier : du lever au coucher du soleil ; centre des visiteurs : lun.-vend. 9h-17h, w.-end et j. fériés 14-17h - fermé 25 déc.-1er janv.

Dans le nord de la Campine anversoise, à 2 km du bourg de Kalmthout, la **réserve naturelle** *(natuurreservaat)* **De Kalmthoutse Heide** offre, près de la frontière, 732 ha de dunes de sable, landes de bruyère *(heide)*, bois de pins, marécages, peuplés de nombreux oiseaux et sillonnés de sentiers de promenade balisés.

L'**arboretum Kalmthout** *(situé sur la N 111)* dont les origines remontent à 1857, est aussi bien un lieu de détente pour le promeneur « amateur » qu'un terrain d'étude pour ceux qui s'intéressent à la botanique. L'accès aux pelouses *(il n'y a pas de sentier, équipez-vous de chaussures adéquates)* permet d'admirer une grande variété d'arbres et d'arbustes, dont des espèces rares rassemblées sur 10 ha. Outre de nombreux conifères, on y trouve des magnolias, des rhododendrons et des rosacées (prunus…). La présence de plantes sauvages donne un charme particulier à ce parc, aménagé de façon esthétique. *03 666 67 41 - www.arboretumkalmthout.be - 15 mars-30 nov. et pdt les Fêtes de l'hamamélis en janv. et fév. : 10h-17h - pour les visites guidées et les tarifs, voir le site Internet.*

4

NOS ADRESSES À ANVERS

Plans de la ville p. 260-261 et p. 262

TRANSPORTS

Voiture – La circulation automobile étant peu aisée dans les rues étroites du centre-ville, il est vivement conseillé de laisser sa voiture au parking (gare, Groenplaats, Theaterplein…) et de profiter du réseau de transports urbains.

Transports urbains – Réseau dense et pratique d'une trentaine de lignes de trams, trams souterrains et bus. Ticket à l'unité : 1,20 € en prévente (guichet De Lijn ou distributeurs) et 2 € à bord du véhicule. Attention les tarifs augmentent fréquemment. Le Dagpas Stad (titre de transport valable 1 j. - 3 € en prévente et 6 € à bord) autorise un nombre illimité de trajets sur tout le réseau urbain. Rens. : *Guichet De Lijn, Franklin Rooseveltplaats (près de la gare centrale) ou station souterrain de Groenplaats - www.delijn.be ou www.mijndelijn.be - lun.-vend. 7h-19h, sam. 8h-16h.*

Vélo – Rien de plus simple que de louer un vélo, puis de sillonner les rues et pistes cyclables de la plate Anvers. On peut s'enregistrer à l'avance sur *www.velo-antwerpen.be* selon la durée souhaitée, ou directement sur place au service clientèle de Velo *(☏ 03 206 50 30)* situé près du supermarché Spar de la gare centrale. On peut ensuite emprunter et déposer son vélo dans l'une des 83 stations de la ville. Tarifs : carte 1 j. : 3 €, 1 sem. : 7 €, puis 0,50/5 €/h selon la durée (premières 30mn gratuites).

Location de vélo – Freewieler - *Steenplein 1 - ☏ 03 213 22 51 - www.v-zit.be - avr.-nov. 10h-17h - 4 €/h, 15 €/j.*

VISITES

Bon à savoir – On trouvera des panneaux descriptifs très bien faits en français devant chaque édifice intéressant. L'office de tourisme vend aussi des brochures conseillant d'intéressants itinéraires thématiques (Rubens, mode, faubourgs à la mode) et des excursions. La **Anvers City Card**, valable 48h *(www.visitantwerpen.be - 28 €)* offre l'entrée gratuite dans les musées et églises et 25 % de réduction sur les autres attractions. Elle s'achète aux offices de tourisme de la Grand-Place et de la gare.

Visites guidées – Des promenades insolites très intéressantes sont assurées en français et en anglais au départ de l'office du tourisme de la Grand-Place *(6 € en prévente à l'office de tourisme ou sur www.antwerpen.be/visit ; 8 € le jour même - juil.-août : tlj ; reste de l'année : w.-end)*. Il est conseillé de réserver.

Vélo – Antwerp by bike *(www.antwerpbybike.be)* organise sur réserv. des balades guidées de plusieurs heures pour des groupes de 15 pers. maximum. Consultez le site pour choisir un circuit.

Tram touristique (Touristram) – Formule pratique et reposante pour partir à la découverte de la métropole. *Départ Groenplaats : www.touristram.be - ttes les heures, avr.- sept. : 11h-16h ; oct.-déc. : 13h-16h ; janv.-mars. : w.-end seult - 6 €.*

Promenades en bateau – Flandria - *Guichets de la compagnie sur Steenplein ou réserv. à l'office de tourisme - ☏ 03 231 31 00 - www.flandria.nu*. Plusieurs formules, dont une **navigation sur l'Escaut et dans le port.**

Schelderondvaart - *départ de Steenplein - 50mn - 7,50 €.* Pour admirer Anvers du fleuve et approcher le port.

Partant de Londenburgkai *(à 400 m au nord du MAS)*, Korte havenrondvaart *(90mn - 10,50 €)* et Lange havenrondvaart *(3h - 14,50 €)*

donnent un aperçu intéressant du développement industriel d'Anvers, ses quais et ses écluses. La rive gauche est dotée d'importantes industries chimiques. On aperçoit aussi la plage Ste-Anne, le moulin et le port de plaisance. *Départ : juil.-août et vac. de Pâques : tlj sf lun. ; reste de l'année : w.-end seult.* D'autres excursions (avec possibilité d'un guide en français) vous entraînent plus loin dans les **bassins portuaires**, qui accueillent cargos et pétroliers. Les complexes industriels, raffineries, élévateurs de grains, ponts transbordeurs, cales sèches et chantiers navals forment un ensemble impressionnant.

HÉBERGEMENT

Durant la haute saison touristique, pensez à réserver directement sur les sites des hôtels ou sur *www.visitantwerpen.be*. Le site *www.bedandbreakfast-antwerp.com* recense les chambres d'hôtes.

CAMPINGS

Deux terrains de camping sont situés sur la rive ouest de l'Escaut : **De Molen** (Plan I A1 - *Jachthavenweg - ✆ 03 219 32 08 - www.camping-de-molen.be - 9/10,50 €/pers., 8,50 €/emplacement - avr.-mi-oct.*), près de la plage Sint-Anna, et **De Watertoren** (Plan I A1 en dir. - *Steenovenstraat 137 - ✆ 03 568 81 07 - www.campingdewatertoren.be - 15/22 €/pers., 10/15 €/emplacement*), plus éloigné à 15 km du centre.

PREMIER PRIX

Pulcinella – Plan II D6 - *Bogaardeplein 1 - ✆ 03 232 72 18 - www.vjh.be - 162 lits 20,30/32,50 €* ☕. Très récente et centrale, cette auberge de jeunesse propose des dortoirs (4 ou 6 pers.) et des chambres doubles, tous équipés d'une salle de bains. Le design moderne signé Vincent van Duysen est très réussi.

Hôtel Industrie – Plan I A3 - *Emiel Banningstraat 52 - ✆ 03 238 66 00 - www.hotelindustrie.be - P 7 € - 13 ch. 70/77 €* ☕. Un agréable hôtel rétro, situé dans le quartier branché du Zuid à deux pas du nouveau Palais de justice. Il propose des chambres bien tenues, réparties sur deux maisons patriciennes. Accueil sympathique, salon et innombrables bonnes adresses (cafés, restaurants, shopping) aux alentours.

BUDGET MOYEN

B&B Bed, Bad & Brood – Plan I B3 - *Justitiestraat 43 - ✆ 03 248 15 39 - www.bbantwerp.com - P - 3 ch. 75 €* ☕. Une maison Belle Époque à proximité de l'ancien Palais de justice. Les chambres coquettes sont situées aux deuxième et troisième étages et possèdent chacune un aménagement distinct. Vaste buffet de petit-déjeuner.

Hôtel Antigone – Plan II D5 - *Jordaenskaai 11/12 - ✆ 03 231 66 77 - www.antigonehotel.be - P - 18 ch. 75/125 €* ☕. Chambres simples très lumineuses et idéalement situées le long de l'Escaut et du centre historique. Certaines chambres ont vue sur les quais. Si le calme est votre priorité, préférez l'arrière du bâtiment.

Hôtel Postiljon – Plan II D5 - *Blauwmoezelstraat 6 - ✆ 03 231 75 75 - www.hotelpostiljon.be - 21 ch. (dont 2 suites) - 80/115 €* ☕. En plus de proposer des chambres honnêtes, voire spacieuses pour certaines (les studios 1 et 2, légèrement à l'écart et recommandés), cet hôtel, dirigé par une famille dynamique, a le mérite d'être exceptionnellement bien situé, attenant à la cathédrale. Et le double vitrage empêche d'être gêné par les carillons…

Sandton Eden – Plan I B2 - *Lange Herentalsestraat 25 - ✆ 03 206 96 90 - www.sanston.eu/antwerpen - P - 66 ch. 75/140 €* ☕. Cet hôtel récent, situé dans le quartier des diamantaires, propose des chambres impeccables aux tons reposants (parquet, touches de couleur) et offrant tout le confort moderne. Les tarifs les plus intéressants ne sont disponibles qu'en ligne et bien à l'avance.

Hôtel Colombus – Plan I B2 - *Frankrijklei 4 - ✆ 03 233 03 90 - www.colombushotel.com* - 🏊 🅿 - *32 ch. 100/120 €* ☕. Chambres élégantes et confortables dans cet hôtel situé le long d'une avenue très fréquentée, à proximité de l'opéra et de la gare. Le vaste buffet de petit-déjeuner est servi dans une belle salle à la décoration Art déco. Piscine couverte et salle de fitness.

B&B Boulevard Leopold – Plan I B3 - *Belgiëlei 135 - ✆ 04 86 67 58 38 - www.boulevard-leopold.be - 5 ch. 110/175 €* ☕. Maison de maître majestueuse ayant été rénovée par les maîtres de maison de façon à retrouver le lustre de son style Belle Époque. Hauts plafonds, décoration bien choisie dans les grandes chambres *(110/130 €)* et appartements *(140/175 €)* confortables. On apprécie ici le calme d'un quartier (bien desservi) à l'écart des circuits touristiques.

POUR SE FAIRE PLAISIR

Antwerp City Center Hotel – Plan I B2 - *Appelmansstraat 31 - ✆ 03 203 54 00 - www.antwerpecchotel.com - 70 ch. 90/250 €* ☕. Situé dans le quartier des diamantaires, cet établissement ouvert en 2011 aime afficher sa différence. Les chambres, vastes et décorées de beaux tissus et papiers peints, équipées de mobilier moderne, font l'unanimité.

Charles Rogier XI – Plan I A3 - *Karel Rogierstraat 11 - ✆ 03 257 14 66 - www.charlesrogierxi.be - 3 ch. 120/190 €* ☕. Une belle maison d'hôtes à la façade brique et chocolat, située dans le quartier du Zuid. Trois suites luxueuses et trois ambiances aux choix : écossaise (tartan chaleureux), anglaise (décor fleuri) et française (toile de Jouy et lit à baldaquin).

Hôtel Prinse – Plan II E5 - *Keizerstraat 63 - ✆ 03 226 40 50 - www.hotelprinse.be* - 🅿 - *34 ch. 125/150 €* ☕ *- fermé autour de Noël.* Hôtel calme dans un immeuble du 16e s. Les chambres sont aménagées de façon contemporaine autour d'un charmant jardin intérieur et les grandes curiosités du centre historique sont à deux pas.

Hôtel Matelote – Plan II D5 - *Haarstraat 11A - ✆ 03 201 88 00 - www.matelote.be - 9 ch. 140/260 €* ☕. Immeuble du 16e s. proche de la Grand-Place. Les chambres sont totalement contemporaines, équipées de mobilier design. Le petit-déjeuner est servi au restaurant gastronomique voisin Gin Fish. Une ambiance décontractée règne également au restaurant, dont l'excellente cuisine fait la part belle au poisson.

Hotel 't Sandt – Plan II D6 - *Het Zand 13/19 - ✆ 03 232 93 90 - www.hotel-sandt.be* - 🅿 *16 € - 29 ch. 170/300 €* ☕. Vieil immeuble rococo classé aux chambres lumineuses aménagées avec élégance. Belle cour intérieure à l'italienne et terrasse sur le toit.

Hôtel Julien – Plan II D5 - *Korte Nieuwstraat 24 - ✆ 03 229 06 00 - www.hotel-julien.com - 11 ch. 170/300 €* ☕. Hôtel à façade noire, discret mais de caractère situé en plein centre-ville. Les chambres sont élégantes et luxueuses et une grande attention est accordée aux hôtes. L'hôtel est constitué de deux maisons de maître séparées par un patio. Les volumes sont magnifiques. L'ensemble est dominé par les couleurs pastel et des éléments de décoration admirablement choisis.

UNE FOLIE

The Glorious Inn – Plan I A3 - *De Burburestraat 4A - ✆ 03 237 06 13 - www.theglorious.be - 3 ch. à partir de 170 €* ☕. Au-dessus d'un bistrot fréquenté par le gratin du Zuid, les trois chambres très confortables étonnent avec leurs décors, que l'on doit à Will Eerens qui a joué avec les couleurs, la lumière et les matériaux. Une fantaisie qui n'est pas sans rappeler l'univers des contes.

De Witte Lelie – Plan II E5 - *Keizerstraat 16-18 - ✆ 03 226 19 66 - www.delittelelie.be - P - 10 ch. 265/565 € ☕ - fermé 2 sem. en janv.* Situé à côté de la maison Rockox, ce boutique-hôtel aménagé dans un ensemble de maisons du 17e s. (belle façade blanche à trois pignons) est un havre de luxe et de raffinement prisé des vedettes de passage.

RESTAURATION

PREMIER PRIX

Kapitein Zeppo's – Plan II E6 - *Vleminckveld 78 - ✆ 03 231 17 89 - plat du jour 10 €.* Le restaurant porte le nom d'une série télévisée populaire des années 1970, mais pour les Anversois, Kapitein Zeppo's est surtout connu pour ses déjeuners et dîners bon marché. Tous les jours et dès le matin, un public hétéroclite s'y retrouve en quête d'un plat de pâtes, d'une salade ou d'un plat du jour. Terrasse sur la place en été.

Exki – Plan I B2 - *De Keyserlei 20 - ✆ 03 234 96 46 - www.exki.be - fermé dim. - 5/15 €.* La réponse belge aux fastfood : tout va aussi vite, mais au lieu de hamburgers gras, la carte propose sandwichs, tartes, soupes et salades. Autre adresse plus centrale sur Wiegstraat 7-9 (Plan II E6).

Lombardia – Plan II E6 - *Lombardenvest 78 - ✆ 03 233 68 19 - www.lombardia.be - tlj sf dim. et j. fériés 8h-18h - menu 15 €.* Voici l'une des plus anciennes cantines de la ville. En grande partie bio et végétarien, le menu (burgers superbes, salades énormes, sandwichs, soupes…) est aussi inventif et coloré que le décor en bric-à-brac ultra kitsch. Le fameux thé Gingerlove fait des ravages…

Caravan – Plan I C1 - *Damplein 17 - ✆ 03 297 68 52 - tlj sf mar. 10h-20h (vend.-sam. 21h) - 8/18 €.* Proche du très agréable Park Spoor Noord, cette cantine vaut autant pour ses plats populaires belges (boulettes aux cerises, carbonnades) et ses petits-déjeuners que ses paniers pique-nique à dévorer dans le parc.

Hamburg – Plan I A3 - *Leopold de Waelplaats 2 - ✆ 03 237 27 00 - www.brasserie-hamburg.be - 11h-0h - burgers 10/18 €.* Anvers se passionne depuis des années pour les hamburgers, les vrais. Parmi les adresses phares, la brasserie Hamburg vaut pour la qualité du pain, ses classiques et ses créations (steak de thon, végétarien, crab cake…).

BUDGET MOYEN

Non Solo Tè – Plan I A2 - *Riemstraat 2 - ✆ 03 248 49 54 - www.nonsolote.be - fermé dim.-lun. - plats 15/26 € - 40 €.* Les plats simples mais d'une grande fraîcheur sont préparés à la minute dans la cuisine ouverte. Préparations belgo-méditerranéennes et service d'une grande cordialité.

Brasserie Appelmans – Plan II D6 - *Papenstraatje 1 - ✆ 03 226 20 22 - www.brasserieappelmans.be - 11h30-23h - menus 15/30 €.* Brasserie contemporaine pleine d'ambiance à deux pas de la cathédrale. Poutres en bois, murs en brique et éclairage subtil créent une ambiance intime et agréable. Cuisine belge mais plus largement internationale avec une petite touche frivole. Ouvert tlj aussi bien pour prendre un verre au très design Absinthbar, que pour un déjeuner léger ou un repas prolongé.

Fiskebar – Plan I A3 - *Marnixplaats 12/13 - ✆ 03 257 13 57 - www.fiskebar.be - 12h-23h - plats 12/25 €, menu midi 17 € (sem.).* Un bistrot sur les thèmes de la mer et du vin. La carte des vins est riche et variée. Quant aux fruits de mer et poissons, simplement grillés ou cuisinés en sauce, ils sont d'une fraîcheur absolue. Les Anversois ont largement adopté l'endroit puisque celui-ci se révèle souvent bondé (prévoyez un peu d'attente ou bien réservez).

Zuiderterras – Plan II D6 - *Van Dijckkaai 37 - ✆ 03 234 12 75 - www.zuiderterras.be - 9h-0h - 18/29 €.* La vue à elle seule vaut le détour. Le bâtiment moderne est amarré tel un bateau au Scheldekaai. À l'intérieur, vue sur le fleuve et les bateaux qui passent. Ouvert tlj dès le matin pour un excellent petit-déjeuner et une délicieuse cuisine belge.

Hungry Henrietta – Plan II D6 - *Lombardenvest 19 - ✆ 03 232 29 28 - www.hungryhenrietta.be - lun.-vend. 12h-14h, 18h-21h - plat du jour 16 € - 22/25 €.* Bistrot belgo-français branché, situé entre les boutiques de mode. Le décor sombre et stylé attire en hiver, tandis que la terrasse qui s'étire l'été dans une cour intérieure offre calme et lumière.

POUR SE FAIRE PLAISIR

Het Gebaar – Plan II E6 - *Leopoldstraat 24 - ✆ 03 232 37 10 - www.hetgebaar.be - mar.-sam. midi seult - plats 25/30 €.* Dans un pavillon du jardin botanique, le chef Roger Van Damme concocte une cuisine inventive fort justement primée. Chaque plat et (fabuleux) dessert est une inoubliable expérience.

Le Zoute Zoen – Plan II D5 - *Zirkstraat 23 - ✆ 03 226 92 20 - fermé sam. midi et lun. - menus 32/46 €, déj. en sem. 18 €.* Quel plaisir de s'asseoir entre les bibliothèques et objets précieux de ce bistrot gastronomique dirigé par la chef talentueuse Viviane Verheyen ! Parquet au sol, lustres au plafond et cuisine traditionnelle magnifiquement revisitée dans l'assiette.

Grand Café Horta – Plan II E6 - *Hopland 2 - ✆ 03 232 28 15 - www.grandcafehorta.be - menu 40 €.* Brasserie près du Theater décoré par les armatures en fer provenant de la maison du peuple de Bruxelles qui ont été dessinées par Horta. L'endroit est animé dès le matin et, le week-end, vous pourrez y dîner jusque tard dans la soirée. Carte variée avec des préparations classiques et un « menu bière » spécial.

UNE FOLIE

Het Pomphuis – Plan I B1 en dir. - *Siberiastraat - ✆ 03 770 86 25 - www.hetpomphuis.be - 12h-15h, 18h-22h30 (vend.-sam. 23h) - 45/50 €.* Vous vous restaurez ici d'une cuisine de qualité dans le spectaculaire décor Art nouveau d'un bâtiment des docks de 1920, abritant d'énormes pompes jadis destinées à vider les bassins.

PETITE PAUSE

Spécialités anversoises – Anvers n'est pas célèbre que pour ses diamants. Les *Antwerpse handjes*, petits chocolats fourrés, se présentent aussi sous forme de biscuits. Autres gâteries, les *semini* (figurines massepain et sésame) et *roggerverdommeke* (pain gris fourré de raisins secs). L'élixir d'Anvers est une liqueur douce aux herbes préparée depuis 1863. Les amateurs de bière pourront déguster un *bolleke*, une spécialité ambrée de la **Brasserie De Koninck** dont la main blanche sur fond rouge orne tous les bars de la ville. La bière *bolleke* tire son nom du verre ballon dans lequel elle est servie.

Café Den Engel – Plan II D5 - *Grote Markt 3 - ✆ 03 233 12 52 - à partir de 9h30.* Sans doute le café le plus connu d'Anvers, l'un des plus authentiques, où les Anversois pure souche et les touristes viennent déguster leur boisson préférée. Comme il est proche de l'hôtel de ville, son intérieur orné de lambris de bois et de miroirs a sûrement été témoin d'innombrables discussions politiques. Si, par hasard, il n'y a plus de place au « Den Engel », entrez chez son voisin, le « Den Bengel ».

Quinten Matsijs – Plan II E5 - *Moriaanstraat 17 - ✆ 03 225 01 70 - à partir de 11h30.* Cet établissement qui serait le plus ancien d'Anvers (16e s.) est le lieu idéal pour déguster une *bolleke Koninck*, la plus anversoise de toutes les bières. À la carte figurent des plats que les Anversoises de jadis ont certainement dû préparer.

Bakkerij Goossens – Plan II E6 - *Korte Gasthuisstraat 31 - ✆ 03 226 07 91 - mar.-sam. 7h-19h.* Nulle part ailleurs à Anvers, vous ne verrez autant de clients faire la file chez un boulanger. L'étalage qui regorge depuis 1864 de pains aux raisins, de « suisses » appétissants, de frangipanes et autres gâteaux constitue à lui seul une invitation à rejoindre la file d'attente.

Günther Watté – Plan II D6 - *Steenhouwersvest 30 - ✆ 03 293 58 94 - tlj sf lun. 10h30-18h30 (dim. 18h).* Cadre moderne pour la douceur séculaire du chocolat chaud… Cette boutique de pralines propose également des cafés et des thés de qualité.

Désiré de Lille – Plan II E6 - *Schrijnwerkersstraat 16 - ✆ 03 233 62 26 - www.desiredelille.be - 9h-20h (22h le w.-end et en été).* Depuis 1903, cette enseigne, aujourd'hui une sorte d'usine à calories à salles multiples, régale les Anversois et les touristes. Au menu, des plats divers et surtout d'énormes gaufres et crêpes garnies (ah… la normande aux pommes !) et de belles coupes de glace.

EN SOIRÉE

On ne risque pas de s'ennuyer les nuits de fin de semaine à Anvers. Cafés et clubs sont légion et le sens de la fête propre à la Belgique, bien réel. Le centre historique, le Zuid *(Vlaamsekaai)*, les abords du MAS et du quartier rouge, ou des zones plus éloignées comme Borgerhout concentrent les établissements. Vous trouverez à l'office de tourisme la liste des lieux de sortie anversois. Pour connaître toute la programmation, consultez les sites : *www.zone03.be*, *www.netevents.be* ou *www.visit antwerpen.be*.

Mama's Garden – Plan II D6 - *Oude Koornmarkt 41-43 - ✆ 03 233 06 18 - 11h-5h.* Si vous avez une petite faim pendant la journée, mais surtout le soir et la nuit, vous trouverez ici d'excellentes pitas et des pizzas turques ainsi que des snacks végétariens. Le cadre est un peu désordonné, mais pas au point de vous gâcher l'appétit.

De Muze – Plan II D5 - *Melkmarkt 15 - ✆ 03 226 01 26 - dès 11h.* À deux pas de la cathédrale, ce café jazz fleure bon les années 1960 (déco, public, ambiance). Concerts quotidiens à 22h.

Bar Leon – Plan I C2 - *Reuzenstraat 23 - www.barleon.be - merc.-dim. 10h-0h (w.-end 3h).* Ce café branché (artistes, expos, performances) participe à la renaissance du quartier désormais dans le vent de Borgerhout.

Café d'Anvers – Plan I B1 - *Verversrui 15 - ✆ 03 226 38 70 - www.cafedanvers.com.* Aménagée dans une ancienne chapelle au cœur du quartier rouge, il s'agit de la plus ancienne discothèque house du pays, bondée en fin de semaine jusqu'au petit matin. Elle attire les plus grands DJ's de la planète électro.

ACTIVITÉS

Sinksenfoor – *Gedempte Zuiderdokken, entre le Vlaamse Kaai et le Waalse Kaai - chaque année entre la Pentecôte et la première semaine de juil. Rens. : Toerisme Antwerpen – Grote Markt 14 - ✆ 03 232 01 03 - www.antwerpse-sinksenfoor.be.* Sans doute la plus grande kermesse de Belgique. Tout le quartier est transformé en un gigantesque parc d'attractions, sur lequel plane l'odeur des frites, des croustillons, des fricadelles et des barbes à papa.

Sportpaleis/Lotto Arena – *www.sportpaleis.be - accès tram 12.* Le « Bercy » belge, en plus grand et plus moderne, accueille nombre d'événements sportifs et musicaux de grande ampleur.

4

ACHATS

La Bonbonnière – Plan II E6 - *Korte Gasthuisstraat 41 - 03 233 13 08 - mar.-sam. 10h-18h, lun. 12h-18h.* Les amateurs de friandises seront tentés ici, dans un intérieur ancien, par une multitude de délices : confiseries, massepain, *Antwerpse handjes* (biscuit à base de farine, d'œufs, de sucre et d'amandes effilées), nougat et même confitures, le tout souvent servi dans un emballage rétro.

Chocolate Line – Plan II E6 - *Paleis op de Meir, Meir 50 - 03 206 20 30 - www.thechocolateline.be - 9h30-18h30 (dim.-lun. 10h30).* Si Anvers n'a pas la réputation de Bruxelles et de Bruges, elle compte tout de même nombre de chocolatiers réputés. La boutique est ici abritée dans le superbe palais qui abrita Napoléon. On y trouvera des pralines, des tablettes autant que des rouges à lèvres au chocolat.

Modepaleis (Palais de la Mode) – Plan II D6 - *Nationalestraat 16 - 03 470 25 10 - www.driesvan noten.be - mar.-sam. 10h-18h30.* Vous l'aurez sans doute déjà remarqué : Anvers est une ville de la mode. Dries van Noten est l'un des célèbres « six d'Anvers », six stylistes réputés sur la scène internationale. Les collections de ces artistes de la mode ont transformé ce bâtiment remarquable en soi en un vrai palais.

Christa Reniers – Plan II D6 - *Drukkerijstraat 22, ModeNatie - 03 233 26 02 - www.christa reniers.com - jeu.-sam. 11h-18h.* Anvers est réputée comme ville de la mode et du diamant. Les bijoux forment le lien entre les deux. Christa Reniers figure parmi les joailliers anversois renommés pour leurs créations contemporaines.

Mais il est où le soleil ? – Plan I A3 - *Vlaamsekaai 74 - 03 383 33 60 - www.oulesoleil.com - tlj sf lun.et dim. matin 10h-18h.* Mode féminine originale, gaie et facile à porter.

Hospital – Plan I A3 - *De Burburestraat 4 - 03 311 89 80 - www.hospitalantwerp.com - tlj sf lun. et dim. matin 10h-18h30.* Situées à l'arrière du très chic bistrot The Glorious, ces écuries rénovées de 1 200 m² abritent un concept-store devenu incontournable. Mode belge, grandes marques, accessoires, le tout dans un espace superbe…

Essentiel – Plan II D6 - *Lombardenvest 37 - 03 233 36 65 - www.essentiel.be - lun.-sam. 10h-18h30.* On ne dit plus une marque qui monte concernant Essentiel, mais une marque qui compte. Vêtements haut de gamme, souvent colorés, faussement vintage… difficile d'y résister.

AGENDA

Fashion Show – *www.ffi.be.* En juin, le monde de la mode converge à Anvers pour découvrir les créations des étudiants de l'Académie des Beaux-Arts lors de divers défilés.

Grande Foire – *Sur Waalse Kaai et Vlaamse Kaii.* Durant 6 semaines à partir de la Pentecôte, le quartier du Zuid est animé par une vaste fête foraine.

De Zomer van Antwerpen (L'Été d'Anvers) – *Sur diverses places de la ville et sur le Scheldekaai. Rens. : Kammenstraat 18 - 070 224 85 00 - www.zva.be.* Pendant deux mois d'été, la ville est envahie par la musique, le théâtre, les films en plein air, le cirque, les conteurs, les expositions, les fêtes…

Tommorowland Festival – *En juil. à Boom (15 km au sud) - www.tommorowland.be.* Festival de musiques électroniques au succès grandissant et désormais planétaire.

Jazz Middelheim – *Parc Den Brandt, Beukenlaan 12, 2610 Wilrijk - www.jazzmiddelheim.be.* Un festival musical organisé durant 5 jours vers la mi-août tous les ans dans le parc Den Brandt au sud de la ville. Il présente des concerts d'artistes connus et moins connus de Belgique et de l'étranger.

Malines

Mechelen

★★

82 173 habitants – Anvers

NOS ADRESSES PAGE 295

S'INFORMER

Indicatif téléphonique *: 015.*

Toerisme Mechelen – B1 - *Hallestraat 2-4-6 - ℘ 070 22 00 08 - www.toerismemechelen.be - 1er nov.-31 mars : lun.-vend. 9h30-16h30, w.-end 9h30-15h30 ; 1er avr.-31 oct. : lun.-vend. 9h30-17h30, w.-end 9h30-16h30.*

SE REPÉRER

Carte de région B3 (p. 254-255) et plan de ville (p. 291) – *Cartes Michelin Regional nos 716 G2 et 533 L16.* À mi-chemin entre Bruxelles et Anvers, la ville se trouve près de l'E 19. Prenez la sortie 10 (depuis Bruxelles) ou la sortie 9 (au départ d'Anvers), puis la R 12, le « ring » ou périphérique de Malines qui mène au centre-ville.

À NE PAS MANQUER

La cathédrale St-Rombaut, la manufacture royale de tapisseries De Wit.

ORGANISER SON TEMPS

Prévoyez une demi-journée pour découvrir l'essentiel de Malines, une journée entière avec le parc animalier de Planckendael.

AVEC LES ENFANTS

Le parc zoologique de Planckendael.

Célèbres dans tout le pays, les carillons de la tour St-Rombaut jouent assurément les plus belles mélodies de Belgique. Au rythme des heures qu'ils égrènent, vous déambulerez dans le vieux Malines, séduits par ses palais, ses monuments, ses maisons anciennes et les quais de la Dyle. En chemin, ne manquez pas les deux triptyques de Rubens que compte la cité. Autre incontournable de Malines, la prestigieuse manufacture royale de tapisserie, réputée pour ses restaurations : ici, cet art est plus que jamais vivant, c'est d'ailleurs un atelier de la ville qui a exécuté la tapisserie offerte par la Belgique à l'ONU en 1954, pour son siège à New York.

4

Se promener Plan de ville p. 291

Circuit tracé en vert sur le plan de la ville.

★ Grand-Place (Grote Markt) B1

Dominée par l'imposante tour de la cathédrale, elle est bordée de belles façades du 16e au 18e s. Au centre, la statue de Marguerite d'Autriche.

Hôtel de ville (Stadhuis)★ – *Possibilité de visites guidées dans le cadre du circuit « Trois générations bourguignonnes » : juil.-août et vac. de Pâques à 14h ; avr.-juin et de déb. sept. à mi-sept. w.-end et j. fériés à 14h - 5 €.* Il se dresse à l'est de la place et occupe trois bâtiments contigus. À gauche, le **palais du Grand Conseil**, de style flamboyant, fut commencé au début du 16e s. Resté inachevé, il fut terminé au début du 20e s. sur les plans primitivement conçus par Rombaut Keldermans. On y reconnaît, dans une niche, l'effigie de Charles Quint. Depuis

MALINES DANS L'HISTOIRE

Cité lacustre aux temps préhistoriques, Malines aurait été évangélisée au 8e s. par saint Rombaut venu d'Irlande. Elle appartient aux princes-évêques de Liège qui l'entourent d'une enceinte. Grâce à sa situation sur la Dyle, la ville joue un rôle portuaire et le commerce y prospère, puis la draperie. Vers 1300, elle reçoit sa seconde enceinte.

L'Âge d'or

Au 14e s., Malines appartient au comte de Flandre, puis revient par succession aux ducs de Bourgogne. C'est alors le début d'une période brillante. En 1473, Charles le Téméraire installe à Malines la Cour des comptes et le Parlement des États bourguignons. Nommé **Grand Conseil** en 1503, le Parlement fait office de Cour suprême jusqu'à la fin de l'Ancien Régime. Sous la domination de **Marguerite d'Autriche**, tante de Charles Quint, qui gouverne pendant la minorité de celui-ci, puis de 1519 à 1530, la ville connaît son apogée. Très lettrée, cette princesse goûte les arts et s'entoure des grands esprits de son temps : les philosophes Érasme et Thomas More, l'historien Lemaire de Belges, les musiciens Pierre de la Rue et Josquin Des Prés, les peintres Gossart et van Orley. Sous l'impulsion de Marguerite s'édifient maints hôtels. L'architecte Rombaut Keldermans, né à Malines, lui bâtit un palais.

Du 16e s. à nos jours

La cour est transférée à Bruxelles en 1531. Si le Grand Conseil demeure à Malines, c'en est fini de la prépondérance de la ville qui ne conserve que son importance religieuse : en 1559, elle est érigée en archevêché, titre qu'elle partage depuis 1961 avec Bruxelles. En 1572, les Espagnols mettent la ville à feu et à sang. Aux 17e et 18e s., cependant, la dentelle atteint sa plus grande renommée. Le mobilier baroque prolifère. Des sculpteurs malinois tels que **Luc Fayd'herbe** (1617-1697), élève de Rubens, ou **Théodore Verhaegen** (1700-1759), disciple de Fayd'herbe, affirment une virtuosité incomparable. En 1835, le premier train du continent démarre de Bruxelles pour Malines. La ville subit pendant les deux guerres mondiales de terribles bombardements.

1913, le bâtiment abrite l'hôtel de ville. La façade centrale, surmontée de tourelles en encorbellement, est celle du beffroi (14e s.), inachevé. L'ancienne **halle aux draps** (à droite) date également du 14e s. ; le pignon a été ajouté au 17e s.

Maison échevinale (Schepenhuis) – *✆ 015 21 16 02 (musée) ou 015 29 40 30 (Service des musées communaux) - tlj sf lun. 10h-17h (dernière entrée 16h30) - fermé 1er-2 janv. et 25-26 déc. - 2 €.* En face de De Beyaert, un peu en retrait et isolé, s'élève le « vieux palais », de la fin du 14e s. Au rez-de-chaussée, la grande salle, où siégeait autrefois la cour de justice, présente de jolies poutres et consoles illustrant des scènes religieuses et profanes. Le 1er étage accueillait le Parlement de Malines, nommé ultérieurement Grand Conseil. Le **musée** comprend une belle collection de sculptures et de peintures du 16e s. Depuis sa restauration en 2011 et jusqu'en 2017, il abritera également la collection la plus complète d'œuvres du peintre Rik Wouters (exposées normalement au musée royal des Beaux-Arts d'Anvers), natif de Malines.

De Beyaert – Très restauré, cet ancien hôtel de ville abrite l'hôtel des Postes.

Contournez l'hôtel des Postes pour rejoindre la cathédrale.

★★ Cathédrale St-Rombaut (St-Romboutskathedraal) A1

✆ 070 22 00 08 (Maison du tourisme) - 9h-17h (hiver 16h30).

Cet édifice gothique est remarquable par sa tour grandiose, aussi large que le vaisseau même. Les contreforts des bas-côtés sont ornés de gracieux pinacles et le chevet comporte des gâbles élégants.

Tour★★★ – *Info, tickets et départ : office de tourisme - www.romboutstoren.be - tlj sf lun. 10h-18h (dernière entrée 16h30) - 7 € (-12 ans 3,50 €).* Formant façade et porche, cette tour, l'une des plus belles de Belgique, mesure 97 m. À l'origine, elle avait été prévue pour atteindre la hauteur surprenante de 167 m, mais les travaux furent abandonnés en 1520. C'est la dynastie des Keldermans qui en dirigea la construction. Admirable de proportions avec ses lignes verticales à la fois puissantes et légères, elle laisse une impression inoubliable. À l'intérieur sont logés les deux carillons.

Intérieur – Le portail sud, par lequel on entre, s'ouvre sous une haute verrière aux remplages flamboyants, dominée par un fronton à fine arcature.

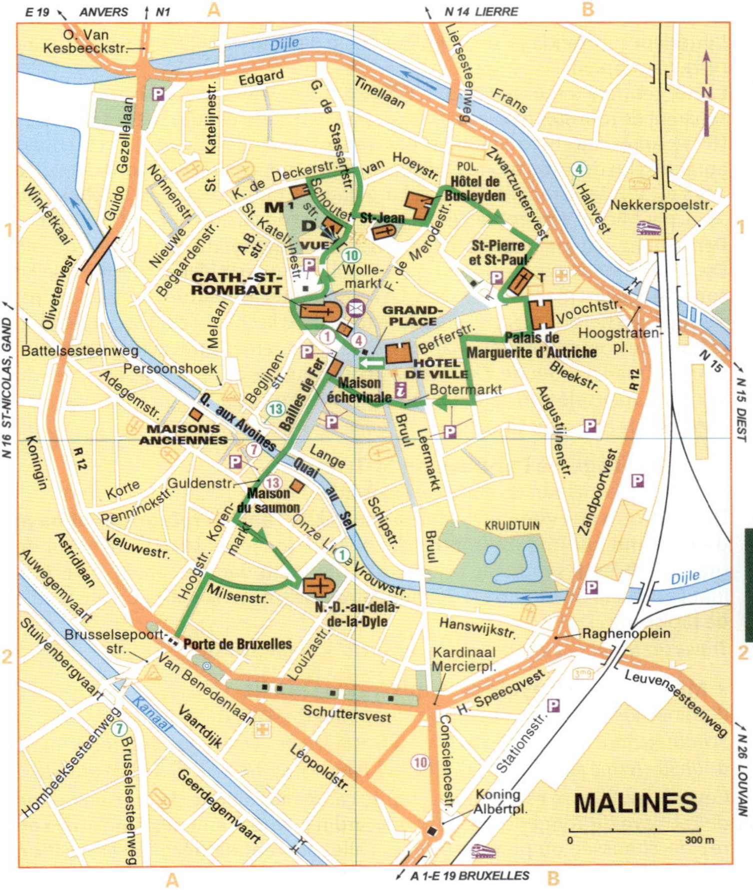

SE LOGER

- B&B Dusk Till Dawn....... ①
- B&B Frans Hals............. ④
- Gulden Anker................ ⑦
- Hôtel den Wolsack......... ⑩
- Hotel Vé........................ ⑬

SE RESTAURER

- D'Hoogh......................... ①
- Den Beer......................... ④
- Grand Café Lamot........... ⑦
- La Vigna......................... ⑩
- Puro............................... ⑬

Ancien refuge de l'abbaye de St-Trond .... D

Manufacture royale de tapisseries De Wit ..... M¹

LES CARILLONS DE MALINES

Au Moyen Âge, les fondeurs de cloches malinois sont déjà estimés. Cependant, en 1674, Malines fait appel au fondeur amstellodamois Pierre Hemony, se constituant ainsi, dans la tour St-Rombaut, un important carillon dont, à la fin du 19e s., le maître **Jef Denyn**, carillonneur d'une virtuosité exceptionnelle, assure la renommée. Ce dernier est le fondateur en 1922 d'une école de carillon, dont les élèves exercent dans le monde entier. À ce premier carillon de St-Rombaut, composé de 49 cloches, a été adjoint en 1981 un second carillon possédant le même nombre de cloches ; le poids total de ces deux ensembles est de 80 t.

L'intérieur surprend par son ampleur (99 m de long pour 28 m de haut), mais reste harmonieux.

La nef centrale remonte au 13e s. Large de 13 m, elle compte six travées que séparent de robustes piliers cylindriques où sont adossées des statues d'apôtres (17e s.). Après l'incendie de 1342, elle fut rehaussée d'une balustrade, et le chœur agrandi d'un déambulatoire et d'une abside à sept chapelles rayonnantes. De 1498 à 1502, les chapelles du bas-côté gauche furent ajoutées. La chaire du 18e s. par Michel Vervoort le Vieux présente la conversion de saint Norbert.

Remarquez, dans le bras droit du transept, une pathétique *Crucifixion* de van Dyck, aux tons assourdis, où les figures douloureuses de Marie et de Madeleine sont particulièrement expressives. Le maître-autel en marbre noir et blanc est de Luc Fayd'herbe ; au fond, près de la tour, dans la chapelle du St-Sacrement, le banc de communion en marbre blanc délicatement travaillé est attribué à Artus Quellin le Jeune. Dans le bas-côté gauche, dans la chapelle près du transept, mausolée du cardinal Mercier, mort en 1926.

Sortez par le bras gauche du transept. Prenez le Wollemarkt.

Ancien refuge de l'abbaye de St-Trond

(Oud refugiehuis van de abdij van St-Truiden) A1

Du pont, on a une **vue★** ravissante à gauche sur l'**ancien refuge de l'abbaye de St-Trond**, du 16e s. Le fronton denté et le clocheton se détachent sur de grands arbres, les murs de brique rose plongent dans le canal couvert de lentilles d'eau. Au bout de la Schoutetstraat se trouve la manufacture royale de tapisseries De Wit.

Traversez le pont et tournez à gauche sur la Schoutetstrasse.

★ Manufacture royale de tapisseries De Wit

(Koninklijke Manufactuur van Wandtapijten De Wit) A1

Schoutetstraat 7 - ✆ 0475 52 29 05 - www.dewit.be - visites guidées (1h30) : sam. à 10h30 - fermé juil., 25 déc.-1er janv. et j. fériés - 6 € (-18 ans 2 €, -12 ans gratuit).

Cette manufacture est installée dans le cadre magnifique de l'ancien refuge de l'abbaye de Tongerlo (15e s.). Par le jardin joliment aménagé, on arrive au rez-de-chaussée où plusieurs belles salles servent de décor à l'exposition d'une collection remarquable de tapisseries anciennes.

Elle permet de suivre l'évolution de l'art de la tapisserie depuis l'an 1500 à nos jours. Le grenier, doté d'une magnifique charpente en bois, abrite un ensemble de tapisseries modernes. La manufacture s'est fixé pour objectif de perpétuer la tradition de la tapisserie d'art flamande, dont témoignent encore les créations contemporaines. Mais l'accent est surtout mis sur la conservation et la restauration de tapisseries anciennes. L'entreprise jouit d'ailleurs d'une excellente réputation dans ce domaine aussi bien en Belgique qu'à l'étranger.

Façades de la Grand-Place, à Malines.
ARCO/J. Moreno/Arco Images/age fotostock

La visite guidée passe par les ateliers et une démonstration permet de suivre les différentes étapes de la fabrication d'une tapisserie.

Continuez sur la Schoutetstrasse, tournez à droite sur la Kanunnik De Deckerstrasse, à droite sur la Goswin De Stassartstraat et à gauche sur la St-Janstraat.

Église St-Jean (St-Janskerk) B1

✆ 070 22 00 08 (office de tourisme) - tlj sf lun. 13h-17h (hiver 16h).

Cette église du 15ᵉ s. renferme des bancs d'œuvre baroques et surtout un triptyque de Rubens, peint en 1619, *L'Adoration des Mages*. Le panneau central est d'une remarquable composition divisée en deux registres, l'un sombre, l'autre clair ; la finesse du coloris, le contraste entre la douceur du profil de la Vierge et la rudesse attendrie des visages des Mages tendus vers l'enfant blond font de ce panneau une œuvre exceptionnelle. Isabelle Brant, première femme de Rubens, a posé pour la figure de la Vierge.

En suivant le flanc gauche de l'église, on atteint la Frederik de Merodestraat.

Hôtel de (Hof van) **Busleyden** B1

✆ 015 27 44 25 (musée) ou 015 29 40 30 (Service des musées communaux) - tlj sf lun. 10h-17h - fermé 1er janv., 15 mai et 25 déc. - 2 €.

Dominé par sa tourelle, ce palais de brique, qui s'élève au fond d'une cour bordée d'arcades, fut construit pour Jérôme de Busleyden, juge au Grand Conseil de Malines et fondateur du Collège des Trois Langues à Louvain.

Ce palais abrite un des trois **musées communaux** (les deux autres sont la Porte de Bruxelles, *voir p. 294*, et la Maison échevinale). À côté, se trouve l'**école royale de Carillon J. Denyn**.

Continuez sur la Frederik De Merodestraat, tournez à gauche sur la Lange Heergracht et à droite sur la Blokstraat.

L'**église St-Pierre-et-St-Paul** (St-Pieter-en-Pauluskerk) possède une belle façade baroque, restaurée.

Prenez la Keizerstraat.

Palais de Marguerite d'Autriche - Cour de justice
(Palais van Margaretha van Oostenrijk - Gerechtshof) B1
Exécuté par Rombaut Keldermans au début du 16e s., cet édifice devint palais de justice en 1796. Ses bâtiments Renaissance encore imprégnés de style gothique s'ordonnent autour d'une jolie cour à arcades.
Revenez en arrière sur la Keizerstraat, tournez à gauche sur la Korte Maagdenstraat, à droite sur la Gerechtstraat, à gauche sur la Huidevettersstraat, à droite sur la Muntstraat, traversez le Botermarkt et prenez la Geitestraat.

Bailles de Fer (Ijzerenleen) A1
Cette longue place doit son nom aux balustrades (« bailles ») en fer forgé qui protégeaient l'ancien canal au 16e s. De belles façades restaurées l'encadrent.
Traversez le pont Grootbrug et tournez à droite.

Quai aux Avoines (Haverwerf) A1
En face du Kraanbrug, aux nos 21 à 23, subsistent trois pittoresques **maisons anciennes★** : la maison St-Joseph, au pignon à volutes, la maison du Diable, en bois, décorée de cariatides, et la maison du Paradis, dont les tympans représentent Adam et Ève.
Revenez sur vos pas et traversez la rue principale pour rejoindre le quai au Sel.

Quai au Sel (Zoutwerf) A2
Il est bordé d'intéressantes façades en particulier celle de la **maison du Saumon** (De Zalm), bâtie au 16e s. pour la corporation des poissonniers. Au-dessus de la porte, la pierre de façade représente un saumon doré.
Revenez sur la rue principale, vers le sud, et au Korenmarkt tournez à gauche sur la Ziekeliedenstraat.
L'**église N.-D.-au-delà-de-la-Dyle** (Kerk van O.-L.-Vrouw o/d Dijle) abrite un triptyque de Rubens, *La Pêche miraculeuse. Tlj sf lun. 13h-17h (nov.-mars 16h).*
Prenez la Milsenstraat pour rejoindre la rue principale et continuez au sud.

Porte de Bruxelles (Brusselpoort) A2
✆ 015 27 44 25 (musée) ou 015 29 40 30 (Service des musées communaux) - tlj sf lun. 13h-17h - fermé 1er-2 janv. et 25-26 déc. - 2 €.
Unique vestige de l'enceinte du 13e s., cette porte est flanquée de deux tours dont les toits pointus datent du 17e s. Le musée présente les débuts de l'histoire de la ville et l'évolution urbanistique de Malines à travers le temps.

À proximité Carte de région p. 254-255

Fort de Breendonk A3
▶ 12 km à l'ouest par la N16.
✆ 03 860 75 25 - www.breendonk.be - 9h30-17h30 (dernière entrée 16h30) - fermé 1er janv., dernier dim. d'août et 24-25 déc. - 7 € (-18 ans 6 €, -6 ans gratuit).
Ce fort (mémorial national) fut construit entre 1906 et 1914 pour compléter la défense d'Anvers. Bombardé en 1914, il fut le dernier fort d'Anvers à se rendre aux Allemands. En mai 1940, il fut choisi par l'armée belge comme GQG (le roi Léopold III y séjourna), mais l'avance allemande ayant obligé les troupes à se replier sur le littoral, le fort dut être abandonné.
De septembre 1940 à août 1944, les nazis y établirent un « camp de réception », en fait un véritable camp de concentration : y furent emprisonnées au total près de 3 500 personnes dont une partie fut déportée.

Un circuit fléché, accompagné par endroits de témoignages enregistrés, fait traverser les chambrées de prisonniers, la salle de torture, les dortoirs installés dans les baraquements, l'enclos des exécutions d'otages et le gibet des condamnés à mort. La documentation du petit musée évoque les deux guerres mondiales, la vie dans le camp de Breendonk et dans d'autres établissements répressifs nazis.

★★ Parc zoologique de Planckendael B3

Au sud de Muizen - 070 23 33 54 - www.planckendael.be - - juil.-août : 10h-19h ; mai-juin, sept. et vac. de Pâques : 10h-18h (dim. et j. fériés 19h) ; mars-avr. et oct. : 10h-17h30 (dim. et j. fériés 19h) ; nov.-fév. : 10h-16h45 - 22 € (-18 ans 17 €, -3 ans gratuit).

Ce vaste jardin d'une quarantaine d'hectares, fleuri et planté de beaux arbres, abrite près de 1 000 animaux. On y trouve des espèces rares ou menacées d'extinction, des volières d'oiseaux exotiques et des étangs fréquentés par des oiseaux aquatiques.

NOS ADRESSES À MALINES

Plan de la ville p. 291

HÉBERGEMENT

BUDGET MOYEN

B&B Frans Hals – B1 - *Frans Halsvest 99 - 015 34 08 03 - www.franshalsbb.be - 3 ch. 80 €* . Vieille maison de maître avec chambres d'hôtes nommées d'après le peintre hollandais né à Malines. Les chambres offrent une combinaison de qualité surannée et de confort moderne. Atmosphère familiale et accueil cordial.

Gulden Anker – A2 - *Ridder Dessainlaan 2 - 015 42 25 35 - www.guldenanker.be - P - 34 ch. 86/146 €* . Cet hôtel moderne est situé juste en dehors du centre et à proximité de l'autoroute. Chambres confortables et contemporaines, fitness et sauna. Le restaurant sert tant des plats classiques que régionaux.

Hôtel den Wolsack – A1 - *Wollemarkt 16 - 015 56 95 20 - www.denwolsack.com - P - 22 ch. 95/136 €* . Au cœur de la ville à côté de la tour St-Rombaut. Le bâtiment néoclassique servit jadis d'école de musique. Les classes ont été transformées en chambres fonctionnelles et agréables. Brasserie au rez-de-chaussée, avec une carte aux prix modérés.

POUR SE FAIRE PLAISIR

B&B Dusk Till Dawn – A2 - *Onze Lieve Vrouwstraat 81 - 04 97 22 46 27 - www.dusktilldawn.be - 2 ch. 120/130 €* . De l'autre côté de la Dyle, dans une rue moins arpentée par les touristes, mais sans quitter le centre. La vieille maison de maître rénovée est aménagée avec de superbes meubles design. Grandes chambres pourvues de tout le confort. Lorsque le temps le permet, le petit-déjeuner est servi dans le jardin intérieur.

Hotel Vé – A1 - *Vismarkt 14 - 015 20 07 55 - www.hotelve.com - 36 ch. 90/234 €* . Hôtel d'ambiance sur une petite place animée. Le lieu abritait autrefois une saurisserie et le caractère industriel de l'immeuble est magnifiquement intégré dans le design moderne. Chambres luxueuses, restaurant et bar à vin et, surtout, accueil décontracté.

RESTAURATION

BUDGET MOYEN

Puro – A2 - *Guldenstraat 20 - ✆ 015 33 68 22 - www.puro-mechelen.be - 18/30 €.* Un ancien immeuble de bureaux a été transformé en restaurant de style brasserie. Puro est devenu le lieu de rendez-vous des jeunes et moins jeunes. Dans un cadre moderne, vous prendrez une collation ou un repas complet. Puro est ouvert tous les jours, du matin jusqu'à la fin de soirée.

Grand Café Lamot – A2 - *Van Beethovenstraat 8 - ✆ 015 20 95 30 - www.grandcafelamot.be - 9h-0h, cuisine ouverte 9h-22h30- 25 €.* Cette ancienne brasserie du centre est devenue « the place to be » à Malines. Pour savourer une simple collation ou un repas gastronomique dans un cadre contemporain.

POUR SE FAIRE PLAISIR

Den Beer – B1 - *Grote Markt 32 - ✆ 015 20 97 06 - www.denbeer brasserie.be - 9h-jusque tard - 25/30 €.* Un café-restaurant au design actuel, sur la Grand-Place. Salle spacieuse et lumineuse où trône un piano. Plats classiques et portions copieuses. Terrasse en été.

La Vigna – B2 - *H. Consciensestraat 22 - ✆ 015 41 09 24 -www.restaurant lavigna.be - 12h-14h30, 18h-22h - fermé jeu., sam. midi, lun. soir et juil. - menu midi 19€, menus soir 29/32 €.* Ce restaurant italien a depuis des années pignon sur rue à Malines. Préparations italiennes simples mais savoureuses et variées à base d'ingrédients de saison.

UNE FOLIE

D'Hoogh – A1 - *Grote Markt 19 - ✆ 015 21 75 53 - www.dhoogh-restaurant.be - 12h-14h, 19h-21h - fermé sam. midi, dim. et lun. - menu midi 60 €, menus soir 65/93€.* Les amateurs de véritable cuisine française ne resteront pas sur leur faim ici. Ce restaurant chic au cadre distingué propose en effet tout ce que la gastronomie française peut offrir.

PETITE PAUSE

Brasserie Het Anker – A1 - *Guido Gezellelaan 49 - ✆ 015 28 71 41 - www.hetanker.be - lun.-vend. 14h-20h30, sam. 9h-17h30.* L'histoire de la brasserie dont cet établissement fait partie remonte au 14e s. Dans la superbe cave, on peut commander une des bières Carolus de la maison (Ambrio, Classic et Tripel) ou la « Cuvée de l'empereur ». Toutes ces bières sont servies au fût. À la carte : diverses préparations dont la bière est un des principaux ingrédients.

Café Den Akker – A1 - *Nauwstraat 11 - ✆ 015 33 10 78 - à partir de 10h, dim. à partir de 14h-jusque tard.* Principal atout de ce café, sa belle terrasse tournée vers la Dyle. La carte comprend un large éventail de bières, de la petite restauration et des plats plus élaborés.

SPÉCIALITÉS

Les spécialités locales sont le coucou de Malines (un poulet à la chair fine, tendre et juteuse) et la Gouden Carolus, une bière corsée de la brasserie Het Anker.

AGENDA

Procession de Hanswijk – *Dim. avant l'Ascension.* Cette procession historique en l'honneur de Notre-Dame de Hanswijk parcourt chaque année les rues du centre.

Lierre

Lier

★★

34 215 habitants – Anvers

NOS ADRESSES PAGE 301

S'INFORMER

Indicatif téléphonique : *03.*

Toerisme Lier – A2 - *Stadhuis, Grote Markt 57 - ☏ 03 800 05 55 - www.toerisme lier.be - 30 mars-31 oct. : lun.-sam. 9h-17h ; 1er nov.-29 mars : lun.-vend. 9h-12h30, 13h30-17h.*

SE REPÉRER

Carte de région B2 (p. 254-255) et plan de ville (p. 298) – *Cartes Michelin Regional nos 716 G2 et 533 M16.* À 22 km d'Anvers et à 15 km de Malines. Accès par la N 10 depuis Anvers, les N 13 et N 14.

À NE PAS MANQUER

La collégiale St-Gommaire, les tartelettes de Lierre.

ORGANISER SON TEMPS

Il est possible de visiter la ville en une demi-journée. Mais si vous voulez tout voir dans le détail et vous promener un moment dans l'agréable parc communal, une journée entière, bien remplie, sera nécessaire.

AVEC LES ENFANTS

Les merveilles réalisées par l'horloger Louis Zimmer.

Avec sa ceinture de verdure et son canal circulaire, Lierre est une cité séduisante, à la confluence de la Grande et de la Petite Nèthe. Surnommée « Lierke Plezierke » (Petite Lierre Petit Plaisir), elle se laisse apprécier au fil des rues, des quais et des allées ombragées. Lierre a vu naître l'écrivain populaire Félix Timmermans (1886-1947), le portraitiste Isidoor Opsomer (1878-1967) et l'horloger Louis Zimmer (1888-1970), dont une tour médiévale porte le nom et renferme les œuvres.

4

Se promener Plan de ville p. 298

Circuit tracé en vert sur le plan de la ville.

Grand-Place (Grote Markt) A2

Au centre se dresse l'**hôtel de ville** (stadhuis), élégante construction du 18e s. L'intérieur abrite un magnifique escalier à vis de style rococo. L'édifice est flanqué d'un grêle **beffroi** gothique (1369) ; surmonté de quatre tourelles d'angle et pourvu d'un carillon, celui-ci est le vestige de l'ancienne halle aux draps.

La place, où se tient le samedi un marché, est entourée de plusieurs anciennes maisons de corporations. Jadis, les membres d'une chambre de rhétorique se réunissaient à l'Eycken Boom (Le Chêne) qui date de 1709. Près du beffroi, la maison des Bouchers conserve un pignon à redans ainsi qu'un perron gardé par deux lions héraldiques.

Prenez la Florent van Cauwenberghstraat.

Musée Wuyts-van Campen et Baron Caroly A2

Florent van Cauwenberghstraat 14 - ✆ 03 800 03 96 - tlj sf lun. 10h-12h, 13h-17h - 2 €.

Ce musée quelque peu désuet possède une collection de tableaux, du 16e s. à nos jours, d'orfèvrerie et de sculptures. Parmi les peintres de l'école flamande figurent Pieter Bruegel le Jeune, Bruegel de Velours, Rubens et **Frans Floris**, dont on admire notamment un remarquable portrait collectif : *La Famille van Berchem*. Remarquez aussi des tableaux de Jan Steen, du Lorrain ainsi que des œuvres belges des 19e et 20e s.

Continuez sur la Florent van Cauwenberghstraat, tournez à gauche sur la Kapucijnenvest puis à droite dans la Begijnhofstraat.

★ Béguinage (Begijnhof) A2

Le béguinage a été fondé au début du 13e s., mais la plupart des maisons datent toutefois du 17e et du début du 18e s.

Un portique Renaissance, de la fin du 17e s., surmonté de la statue de sainte Begge, en marque l'accès. De là s'offre une belle perspective sur la porte des Prisonniers ; au loin se dresse le beffroi.

SE LOGER

B&B De Frimethe .... ①
Hof van Aragon .... ④
Hotel Florent .... ⑦

SE RESTAURER

De Nieuwe Schapenstal .... ①
Dijk 34 .... ④
Numerus Clausus .... ⑦

L'horloge astronomique de la tour Zimmer.
Clément Philippe/age fotostock

Les petites maisons pittoresques, certaines précédées d'un jardin dissimulé par un muret, se pressent le long d'étroites ruelles pavées. Elles n'ont pas de numéro, mais portent des noms évocateurs : La Fuite en Égypte, Les Cinq Petites Blessures… L'église montre une façade baroque (17e s.) couronnée au 18e s. de volutes et d'un lanternon.

Revenez sur vos pas (Begijnhofstraat) et traversez le Zimmerplein.

Tour Zimmer (Zimmertoren) A2

✆ 03 800 03 95 - www.zimmertoren.be - tlj sf lun. 9h-12h, 13h30-17h30 - 3 €.

Sur la Zimmerplein se dressent deux vestiges de la 2e enceinte du 14e s. : la porte des Prisonniers (Gevangenenpoort) et la tour Zimmer, jadis tour Cornelius. La façade de la tour Zimmer s'orne de l'**horloge astronomique**★ exécutée en 1930 par le Lierrois Zimmer et où figurent 11 cadrans, la Terre et la Lune ; sur la face droite de la tour a lieu tous les jours à midi un défilé d'automates, représentant des personnages historiques belges et lierrois.

À l'intérieur de la tour, le **studio astronomique** possède 57 cadrans montrant le cycle lunaire, les marées, le zodiaque et les principaux phénomènes cosmiques. Dans le pavillon à droite de la tour, on visite la Wonderklok, autre horloge astronomique dotée de 93 cadrans et de 14 automates, ainsi que l'atelier de Louis Zimmer.

Traversez le pont, tournez tout de suite à gauche.

Maison Timmermans-Opsomer (Timmermans-Opsomerhuis) A2

Netelaan 4 - ✆ 03 800 03 94 - tlj sf lun. 10h-12h, 13h-17h - 2 €.

Ce musée évoque le souvenir d'artistes lierrois. La forge de **van Boeckel** groupe, sous un lustre à fleurs, des œuvres de ce ferronnier d'art.

L'atelier de peinture reconstitué du baron **Opsomer** présente des paysages *(Le Béguinage de Lierre)* et de nombreux portraits : Albert Ier, Opsomer lui-même. À l'étage, plusieurs salles consacrées à l'écrivain flamand **Félix Timmermans**, qui fut aussi dessinateur humoriste et peintre, nous rappellent ses ouvrages

les plus célèbres : *Contes du béguinage*, **Pallieter** (1916), roman truculent et plein de verve, et *Psaumes des paysans*.
Une salle contient des œuvres et des souvenirs du musicien **Renaat Veremans** (1894-1969), de l'écrivain **Anton Bergmann**, de l'architecte **Flor van Reeth** et de l'auteur médiéval **Beatrijs van Nazareth**.
Retournez sur vos pas, continuez tout droit sur le Werf et tournez à droite sur la Rechtestraat.

★★ Collégiale St-Gommaire (St-Gummaruskerk) A2

De Pâques à la Toussaint : tlj sf sam. mat. 10h-12h, 14h-17h - 1,25 €.
Dans cette église, en 1496, fut célébré le mariage de Philippe le Beau avec Jeanne la Folle.
La tour massive, terminée par un clocher octogonal, est surnommée la Poivrière à cause de sa forme. On bénéficie d'une bonne vue d'ensemble de l'extérieur de l'église, près du transept gauche.
L'**intérieur**, pavé de pierres tombales, comporte de belles clés de voûte. Les colonnes épaisses, où sont adossées de grandes statues d'apôtres, et le triforium à remplages sont caractéristiques du style brabançon.
Le magnifique **jubé★★**, flamboyant malgré sa date tardive (1536), est l'œuvre de sculpteurs malinois ; des statues d'évangélistes et de Pères de l'Église (refaites en 1850) sont disposées sur des colonnes ; au-dessus, des scènes de la Passion se détachent au milieu d'une décoration luxuriante. La tourelle a été ajoutée en 1850.
L'église possède un bel ensemble de vitraux. Dans le collatéral droit, une **verrière★** du 15e s. représente, en médaillon, le Couronnement de la Vierge dont le dessin souple s'apparente à l'art de van der Weyden. Dans le chœur, plusieurs vitraux ont été offerts par Maximilien d'Autriche lors de sa visite en 1516 : celui-ci figure avec son épouse Marie de Bourgogne.
Les stalles du chœur (1555) sont sculptées de motifs pittoresques. La chaire baroque est l'œuvre de deux artistes dont Artus Quellin le Vieux. Dans la 4e chapelle, le *triptyque dit de Colibrant, Le Mariage de la Vierge*, est attribué à Goswyn van der Weyden, petit-fils de Rogier (1516). On remarque également, dans le croisillon droit, un triptyque d'Otto Venius, maître de Rubens, datant de 1612 *(Descente du St-Esprit)*.
Empruntez la Eikelstraat, traversez la Zimmerplein, puis engagez-vous dans la Begijnhofstraat.

NOS ADRESSES À LIERRE

Plan de la ville p. 298

HÉBERGEMENT

Lierre

BUDGET MOYEN

Hof van Aragon – A2 - *Aragonstraat 6 - ✆ 03 491 08 00 - www.hva.be - 20 ch. 97/137 €* ☕. Au Moyen Âge, le bâtiment abritait le local de la guilde des arbalétriers qui gardaient la ville. Aujourd'hui, il jouit d'une position centrale et dispose de chambres fonctionnelles et confortables.

Hotel Florent – A2 - *Florent van Cauwenbergstraat 45 - ✆ 03 494 03 10 - www.hotelflorent.be - P - 10 ch. 120 €* ☕. Cet hôtel a été idéalement construit sur les anciens remparts de Lierre. L'aménagement est contemporain. Le foyer crée une ambiance chaleureuse dans le restaurant, où le client a le choix entre petite restauration et menu complet.

Vremde

BUDGET MOYEN

B&B De Frimethe – A1 en dir. - *Toeffelhoek 40 - ✆ 03 455 93 70 - www.defrimethe.be - P - 6 ch. 98/115 €* ☕. Chambres d'hôtes aménagées dans une ferme rénovée à quelques kilomètres de Lierre et d'Anvers. Chacune des chambres de charme possède une ambiance propre et est décorée de mobilier ancien.

RESTAURATION

BUDGET MOYEN

Dijk 34 – A2 en dir. - *Hoogveldweg 34 - ✆ 03 489 34 69 - www.dijk34.be - 10h-0h, cuisine ouverte 10h-22h - 25 €.* Ce restaurant moderne est situé au bord de la rivière. Il est ouvert chaque jour du petit-déjeuner au dîner. Calme garanti et accueil amical. Les enfants peuvent jouer dans le jardin. Carte sans surprises, mais repas de qualité.

POUR SE FAIRE PLAISIR

De Nieuwe Schapenstal – A2 - *Koning Albertstraat - ✆ 03 489 02 20 - www.schapenstal.be - fermé mar. et merc. - menu 30 €.* Dans un décor des mille et une nuits, on découvre ici les meilleurs plats de la cuisine du monde. Le chef vient d'Iran, mais on peut déguster des préparations goûteuses à base de légumes oubliés et de fines herbes fraîches.

Numerus Clausus – A2 - *Keldermansstraat 2 - ✆ 03 480 51 62 - www.numerusclausus.be - mar.-vend. 12h-13h30, 19h-21h30, sam. 19h-21h30 - menus 32/35€.* Restaurant de style dans un cadre romantique où domine le blanc. Repas gastronomiques de la cuisine française. Terrasse en été. Réserv. conseillée.

PETITE PAUSE

Van Ouytsels Koffiehoekje – A2 - *Rechtestraat 29 - ✆ 03 480 29 17 - www.koffievanouytsel.com - tlj sf lun. 9h-18h, dim. 12h-18h.* Établissement accueillant où l'on peut déguster des pâtisseries, gaufres, assiette de mignardises et évidemment des « Lierse vlaaikens », les célèbres tartelettes de Lierre. Le café est torréfié dans le bâtiment voisin.

ACHATS

Spécialités – Les « **Lierse vlaaikens** », ou tartelettes de Lierre, sont une savoureuse spécialité locale au goût épicé. Elles sont faites de pâte brisée, garnie d'un mélange de pain d'épice, de lait et d'œufs.

De Snoepdoos – A1 - *Kolveniersvest 17 - ✆ 03 480 69 61 - mar.-sam. 9h-18h.* L'amateur de sucreries trouvera présenté sur un joli comptoir un assortiment de chocolat artisanal, pralines, friandises, tartelettes ainsi que des boissons adaptées.

Herentals

27 071 habitants – Anvers

NOS ADRESSES PAGE 304

S'INFORMER

Indicatif téléphonique : *014.*

Toerisme Herentals – *Grote Markt 35 - 014 21 90 88 - www.toerisme herentals.be - lun. 9h-12h, mar.-vend. 9h-12h, 13h30-16h, sam. 10h-14h.*

SE REPÉRER

Carte de région C2 (p. 254-255) – *Cartes Michelin Regional nos 716 H2 et 533 O15.* Au centre d'une région boisée, Herentals se situe le long du canal Albert et de la N 13 allant de Lierre à Geel. On peut également y arriver en empruntant l'E 313 (depuis Anvers ou Hasselt).

ORGANISER SON TEMPS

Comptez deux heures pour visiter la ville.

Bordée par la Petite Nèthe et le canal Albert, Herentals, jadis cité drapière florissante, conserve encore de son riche passé les deux portes (Bovenpoort et Zandpoort) de son enceinte du 14e s. Cité natale du sculpteur Charles Fraikin, elle se situe au cœur de la Campine anversoise et de ses jolis paysages bucoliques et forestiers.

Se promener

Hôtel de ville (Stadhuis)

Au centre d'une Grand-Place allongée, c'est l'ancienne halle aux draps. Du 16e s., en brique et grès, il est surmonté d'un minuscule beffroi à carillon.

Prenez la Kerkstraat, en bas à gauche.

Église Ste-Waudru (St-Waldetrudiskerk)

Juin-sept. : tlj sf lun.-mar. 14h-17h ; reste de l'année : sur demande à l'office de tourisme.

Cette église de style gothique brabançon a conservé sa tour centrale carrée, du 14e s. L'intérieur abrite un mobilier intéressant.

Le **retable★** des saints Crépin et Crépinien, patrons des cordonniers et des tanneurs, où est représenté leur martyre, a été sculpté en bois au début du 16e s. par Pasquier Borreman.

On peut également voir des stalles sculptées du 17e s., des tableaux (16e et 17e s.) d'Ambrosius et de **Frans Francken le Vieux**, ce dernier étant né à Herentals, ainsi que de Pieter Jozef Verhaghen (18e s.). Fonts baptismaux romans.

Revenez à la Grand-Place. Continuez tout droit par le Hofkwartier, puis prenez à droite la Begijnenstraat.

Béguinage (Begijnhof)

Fondé au 13e s., il connut une grande prospérité mais, détruit par les iconoclastes en 1578, il dut être reconstruit. Les maisons encadrent un jardin où se dresse une charmante église de style gothique (1614).

Circuit conseillé Carte de région p. 254-255

LA CAMPINE ANVERSOISE

Circuit de 65 km tracé en vert sur la carte de région (p. 255). Quittez Herentals au sud-est par la N 13. Après environ 4 km, prenez une petite route à droite.

Tongerlo C3

Passé le porche de l'**abbaye de Prémontrés** (fondée vers 1130) apparaît le préau avec la ferme (1640) et la grange aux dîmes (1618). À droite, la prélature montre une belle façade classique de 1725. Dans l'**église abbatiale** du 19e s., une châsse d'ébène (1619) recèle les reliques de saint Siard.

Le **musée Leonardo da Vinci★** *(accès par la prélature - ✆ 014 53 99 00 - www.tongerlo.org - mars-oct. : dim. (sf Pâques) ; vac. de Pâques et mai-sept. : merc. 14h-17h - 2 €)* abrite une immense toile, copie de *La Cène* que Léonard de Vinci peignit sur un mur du couvent de Ste-Marie-des-Grâces à Milan, entre 1495 et 1498. Cette réplique fidèle fut exécutée moins de vingt ans après. Achetée en 1545, *La Cène* occupa longtemps l'église abbatiale.

Dans le jardin devant le musée, belle vue sur la façade arrière de la prélature et sur l'élégante tourelle de 1479, ancienne tour de guet.

Gagnez la N 19.

Geel C2

La ville est connue pour sa colonie d'aliénés inoffensifs hébergés dans des familles. La spécialisation de Geel serait née de la décapitation de sainte Dymphne, princesse d'Irlande, par son père que le démon avait rendu fou.

L'**église Ste-Dymphne** (St-Dimfnakerk) *(✆ 014 56 63 80 (office de tourisme) - www.geel.be - avr.-sept. : tlj sf lun., sam. et j. fériés 14h-17h - gratuit)* de style flamboyant s'élève à la sortie de la ville, sur la route de Mol. Elle contient dans le chœur un beau **mausolée★** en marbre noir et albâtre par l'Anversois Corneille Floris (16e s.) ; sur l'autel, un retable (1513) illustrant la vie de la sainte ; dans le bras droit du transept, un retable brabançon (fin du 15e s.) représentant des scènes de la Passion ; dans la première chapelle du déambulatoire, le retable aux 12 apôtres (14e s.).

Quittez Geel à l'est par la N 71.

Mol D2

Mol est connu pour son Centre national d'études nucléaires créé en 1952. L'**église des Sts-Pierre-et-Paul** renferme une épine de la couronne du Christ en l'honneur de laquelle a lieu chaque année une procession.

Près de l'église s'élève un pilori. **Jakob Smits** (1855-1928), qui vécut dans le village d'**Achterbos**, est le grand peintre de la Campine.

L'ancien presbytère du village voisin de **Sluis** a été transformé en **musée** (Jakob Smits Museum) *(✆ 014 31 74 35 - www.jakobsmits.be - tlj sf lun.-mar. 14h-18h - fermé 2e quinzaine d'août, 1er janv., Pâques et 25 déc. - 2,50 €).*

Suivez la N 71.

Ginderbuiten D2

Remarquez la surprenante église moderne (St-Jozef Ambachtsman), construite en 1968 : observez en particulier son toit circulaire incliné, où se dressent des éminences pyramidales faisant office de puits de lumière. L'édifice est flanqué d'un campanile en béton ajouré.

Zilvermeer D2

Ouvert toute l'année (de 8h30 au coucher du soleil).

Immergé dans les pinèdes, ce domaine récréatif de 150 ha possède un chapelet de lacs et d'étangs nés de l'extraction du sable. Il comprend un étang de natation avec plage de sable blanc et une grande plaine de jeux extérieure.
Continuez en direction de Lommel sur la N 71.

Lommel D2

Province du Limbourg.
La ville est connue pour son important **cimetière militaire allemand** qui se trouve dans les pinèdes, à quelques kilomètres au sud. Cet enclos de 16 ha a recueilli les restes de tous les soldats allemands tombés en Belgique pendant la Seconde Guerre mondiale, ainsi que de quelques autres soldats morts dans l'est de l'Allemagne ou pendant la Première Guerre mondiale. Près de 20 000 croix (une croix représente deux tombes) s'alignent sur des tapis de bruyère parsemés de pins et de bouleaux.
La **réserve naturelle Kattenbos** fait partie, avec le bois de Pijnven, au sud près d'Eksel, et celui de Holven, à l'est près d'Overpelt, du **parc de la Basse-Campine** (Park der Lage Kempen), couvrant plus de 12 000 ha.
Au nord de la réserve, près de la route, se dresse un moulin à vent (1809) en bois, à pivot. C'est le point de départ de plusieurs circuits fléchés.
Faites demi-tour et, avant Ginderbuiten, prenez à droite la N 136 qui mène à l'abbaye de Postel.

Abbaye de Postel (Abdij van Postel) D2

Cette abbaye de Prémontrés fut fondée au 12e s. par les moines de Floreffe. Les bâtiments du 18e s. sont flanqués d'une tour Renaissance à carillons *(concerts en été)*. L'**église** romane (12e-13e s.) a été modifiée au 17e s. On y donne des concerts d'orgue.
Prenez la N 123 en direction de Kasterlee.

Kasterlee C2

Au milieu des pinèdes, c'est le grand centre touristique de la Campine anversoise. Au sud, face à un cimetière britannique de la dernière guerre, abondamment fleuri, on peut voir un joli **moulin à vent**, et plus au sud, sur la Petite Nèthe, un moulin à eau devenu hôtel-restaurant *(suivez « De Watermolen »)*.
Continuez sur la N 123.

Belvédère (Toeristentoren) de Papekelders C2

À l'entrée d'Herentals, juste avant la voie ferrée, tournez à droite vers le bois Bosbergen et continuez à pied - 014 21 90 88 (office de tourisme) - mai-sept. : 10h-18h ; reste de l'année : w.-end et vac. scol. 10h-18h - 1 €.
Au point culminant du bois (40 m) a été aménagé un belvédère, d'où l'on embrasse la région.

NOS ADRESSES À HERENTALS

RESTAURATION

BUDGET MOYEN

't Ganzennest – *Watervoort 68 - 014 21 64 56 - www.ganzennest.be - merc.-dim. 12h-14h, 18h-22h. - 20/35 €.* Un douillet petit « nid d'oies » *(ganzennest)* que cette ancienne fermette transformée en taverne-restaurant. Terrasse estivale offrant une échappée champêtre. Ambiance décontractée.

Turnhout

41 196 habitants – Anvers

NOS ADRESSES PAGE 307

S'INFORMER

Indicatif téléphonique : *014.*

Toerisme Turnhout – A2 - *Grote Markt 44 - ☏ 014 44 33 55 - www.turnhout.be/toerisme - 1er oct.-Pâques : lun.-vend. 9h-16h, w.-end 13h-16h ; Pâques-1er oct. : lun.-vend. 9h-16h30, w.-end 10h-12h, 13h-16h.*

SE REPÉRER

Carte de région C1-2 (p. 254-255) et plan de ville (p. 306) – *Cartes Michelin Regional nos 716 H2 et 533 O15.* Au nord-est d'Anvers, non loin des Pays-Bas. Accès par l'A 21/E 34 (sortie 24).

ORGANISER SON TEMPS

Prévoyez une demi-journée.

AVEC LES ENFANTS

Le musée de la Carte à jouer.

Principale ville de la Campine anversoise, Turnhout est la capitale de la carte à jouer : environnée de grandes forêts exploitées par l'industrie papetière, la cité abrite le siège social du plus grand fabricant mondial, Carta Mundi. Son élégant château entouré d'eau témoigne de l'attachement que portaient les ducs de Brabant à cette région traditionnelle de chasse.

Se promener Plan de ville p. 306

Circuit tracé en vert sur le plan de la ville.

Grand-Place (Grote Markt) A2

Au centre se dresse l'**église St-Pierre** (St-Pieterskerk) des 15e et 18e s.

L'église contient une intéressante chaire du 19e s., des stalles (1713) provenant de l'ancien prieuré de Corsendonk (à Oud-Turnhout, à l'est de la ville), ainsi que des confessionnaux baroques de 1740.

L'**hôtel de ville** a été inauguré en 1961.

Engagez-vous dans la Otterstraat et tournez à droite sur la Beekstraat.

★ Musée national de la Carte à jouer

(Nationaal Museum van de Speelkaart) A2

Druivenstraat 18 - ☏ 014 41 56 21 - www.speelkaartenmuseum.be - tlj sf lun. 14h-17h, dim. et j. fériés 11h-17h - fermé 1er-2 janv. et 25-26 déc. - 5 € (-18 ans gratuit).

Une ancienne usine de cartes à jouer abrite le musée consacré à cette industrie exercée depuis 1826 à Turnhout, qui devint au 20e s. la capitale mondiale de cette activité. Outre d'anciennes machines ayant servi à fabriquer ou à imprimer les cartes (à certains moments, un personnel spécialisé donne encore des démonstrations d'impression), il présente une riche collection de jeux de cartes de tous pays.

Prenez à droite sur la Herentalsstraat, tournez à gauche sur la Driezenstraat, à droite sur la Korte Gasthuisstraat, à gauche sur la Gasthuisstraat, à droite sur la Leopoldstraat, à droite sur la St-Antoniusstraat et à droite sur la Warandestraat.

SE LOGER	SE RESTAURER
Hostellerie Ter Driezen .... ①	Marché 17 .... ①

Ancien château des ducs de Brabant

(Kasteel « Hertogen van Brabant ») A1-2

Datant du 13ᵉ au 17ᵉ s., cette solide construction en quadrilatère entourée d'eau était, au Moyen Âge, le pavillon de chasse des ducs de Brabant attirés par le gibier des forêts de la Campine. Marie de Hongrie, qui partageait son temps entre Turnhout et Binche, en fit une somptueuse résidence. Le château est occupé par le palais de justice.

À proximité a été édifié en 1972 le **centre culturel De Warande**.

Prenez la Begijnenstraat.

Musée Taxandria A1

✆ 014 43 63 35 - ♿ - tlj sf lun. 14h-17h, dim. et j. fériés 11h-17h - fermé 1er-2 janv. et 25-26 déc. - 2,50 €.

Installé dans une très belle maison patricienne du 16ᵉ s., ce musée est consacré à l'archéologie, à l'histoire, à l'art et au folklore de la Campine, appelée dans l'Antiquité Toxandrie (Taxandria en néerlandais).

Il renferme de riches collections (remarquer un Bacchus en bronze de l'époque romaine) et une reconstitution d'une cuisine campinoise.

Continuez sur la Begijnenstraat.

Béguinage (Begijnhof) A1

✆ 014 42 12 48 - ♿ - tlj sf lun. 14h-17h, dim. et j. fériés 11h-17h - fermé 1er-2 janv. et 25-26 déc. - 2,50 €.

Fondé probablement au 13ᵉ s. et reconstruit aux 16ᵉ s. à la suite d'un incendie, c'est un charmant enclos dont les maisons s'ordonnent autour d'une place où se dresse l'église baroque. Dans la maison du n° 56, le **musée du Béguinage** est consacré à la vie dans le béguinage.

À proximité Carte de région p. 254-255

Hoogstraten B1

18 km au nord-ouest par la N 124.

Une grande avenue plantée de tilleuls traverse cette localité dominée par la magnifique tour-porche de son **église Ste-Catherine** (St-Catharinakerk) *(✆ 03 340 19 55 (office de tourisme) - de Pâques à la Toussaint : 9h-18h)*, en brique, rayée de bandes de pierre blanche. Reconstruite après sa destruction en 1944, elle reste imposante avec ses 105 m de haut. L'église est l'œuvre de Rombaut Keldermans au 16e s.

À l'intérieur, on voit en particulier, dans le chœur, de pittoresques stalles du 16e s. et le tombeau d'Antoine de Lalaing et de son épouse Élisabeth de Culembourg par Jean Mone. On admire également 14 vitraux du 16e s. et une série de tapisseries (16e s.).

Fondé probablement à la fin du 14e s., le **béguinage** fut reconstruit après avoir été incendié en 1506. C'est un très joli enclos restauré avec ses maisons basses, simples, entourant une pelouse ombragée. L'église baroque du 17e s. est précédée d'un gracieux portail.

Baarle-Hertog C1

14 km au nord par la N 119.

Baarle-Hertog est un village enclavé en territoire néerlandais. Au 12e s., le village de Baarle fut divisé en deux. Une partie revint au duc de Brabant (Baerle-Duc ou Baarle-Hertog), l'autre, rattachée à la seigneurie de Breda, fut nommée **Baarle-Nassau** lorsque Breda, au début du 15e s., devint le fief de la famille de Nassau.

De nos jours, chacun possède sa mairie, son église, sa police, son école, son bureau de poste. La frontière établie en 1831 a scrupuleusement respecté les limites des communes. À l'exception de la Grand-Place où se tient le marché, qui est située aux Pays-Bas, le territoire des deux communes est très enchevêtré. Si l'on reconnaît l'église belge à son bulbe bien caractéristique, le pays auquel appartiennent les maisons n'apparaît que sur les plaques portant leur numéro : les couleurs nationales y figurent.

4

NOS ADRESSES À TURNHOUT

Plan de la ville ci-contre

HÉBERGEMENT

POUR SE FAIRE PLAISIR

Hostellerie Ter Driezen – A2 - *Herentalsstraat 18 - ✆ 014 41 87 57 - www.ter-driezen.be - P - 15 ch. 165 €* ☕. Hôtel historique dans le centre de la ville. Choix parmi différents types de chambres, toutes confortables : chambres à l'aménagement classique dans l'ancien bâtiment ou chambres modernes dans la nouvelle construction. Bar convivial et petit jardin intérieur.

RESTAURATION

POUR SE FAIRE PLAISIR

Marché 17 – A2 - *Grote Markt 17 - ✆ 014 42 78 99 - www.marche17.be - fermé le dim. sf l'été - menus 28/32 €.* Ce restaurant a été entièrement modernisé et offre à présent un cadre à l'aménagement minimaliste. La qualité des plats et l'accueil sont aussi bons que par le passé : choix de préparations belges savoureuses et carte intéressante avec des vins soigneusement sélectionnés.

Le Limbourg 5

Cartes Michelin Regional n°s 716 et 533

La statue d'Ambiorix devant la tour de la basilique de Tongres.

Clément Philippe/age fotostock

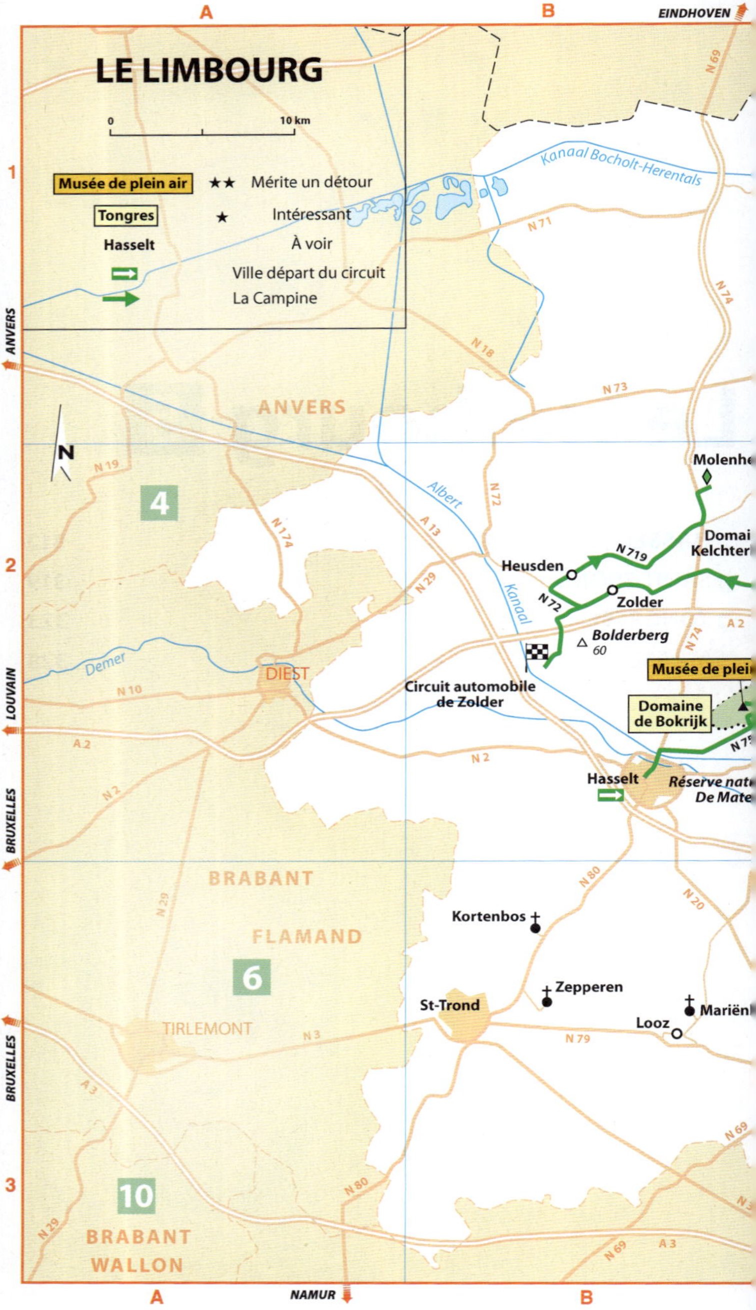
A
B
EINDHOVEN
LE LIMBOURG
0
10 km
Musée de plein air
★★ Mérite un détour
Tongres
★ Intéressant
Hasselt
À voir
Ville départ du circuit
La Campine
Kanaal Bocholt-Herentals
N 69
N 71
N 74
N 18
N 73
ANVERS
N 19
4
N 72
Albert
A 13
N 174
Molenhe
Domai
Kelchter
Heusden
N 719
Zolder
N 72
Kanaal
N 29
A 2
Bolderberg
60
N 74
Demer
DIEST
N 10
Circuit automobile
de Zolder
Musée de plei
Domaine
de Bokrijk
A 2
N 2
Hasselt
Réserve nat
De Mate
N 2
BRABANT
FLAMAND
N 80
N 20
N 29
Kortenbos
6
Zepperen
St-Trond
Mariën
Looz
TIRLEMONT
N 3
N 79
A 3
N 69
N 80
10
BRABANT
WALLON
N 29
N 69
A 3
1
2
3
ANVERS
LOUVAIN
BRUXELLES
BRUXELLES
NAMUR

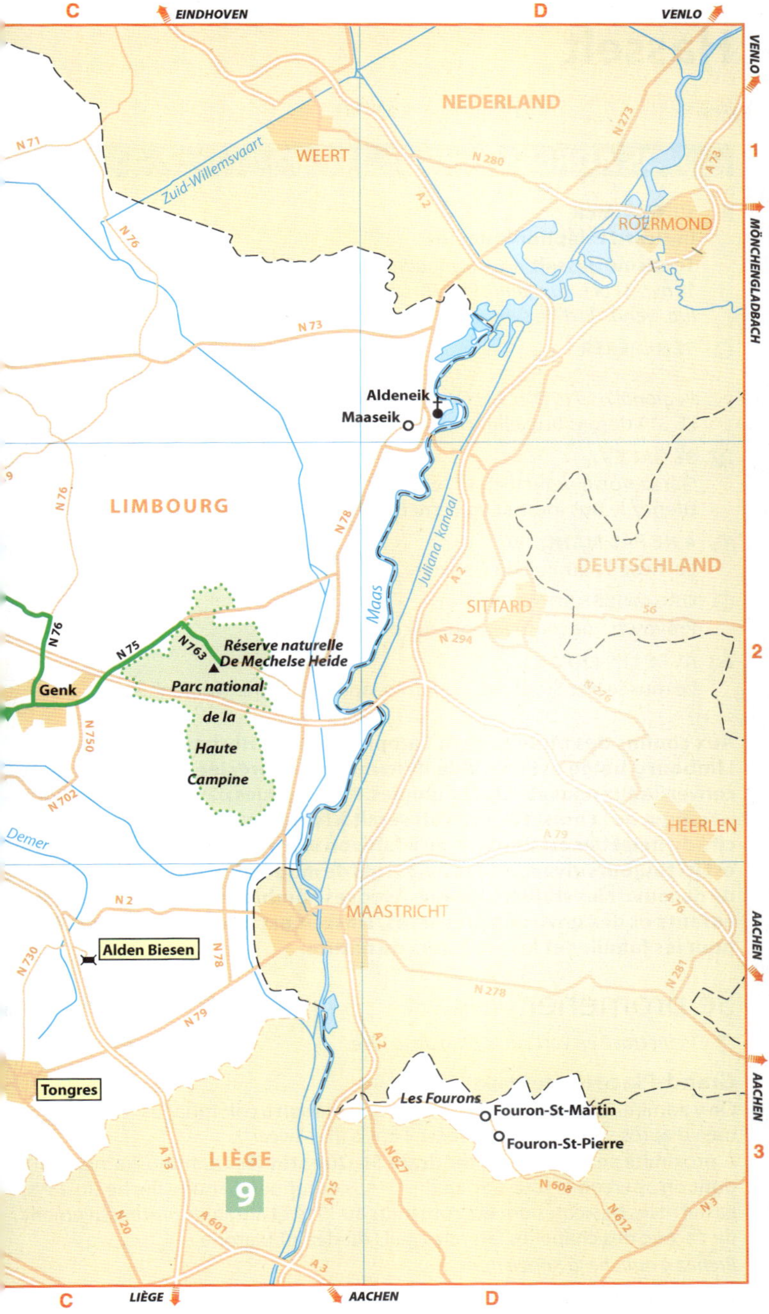

C
EINDHOVEN
D
VENLO
VENLO
MÖNCHENGLADBACH
AACHEN
AACHEN
1
2
3
NEDERLAND
WEERT
Zuid-Willemsvaart
N 71
N 76
N 280
N 273
A 73
A 2
ROERMOND
N 73
Aldeneik
Maaseik
LIMBOURG
N 76
N 78
Maas
Juliana kanaal
A 2
DEUTSCHLAND
SITTARD
56
N 294
N 276
Genk
N 75
N 763
Réserve naturelle
De Mechelse Heide
Parc national
de la
Haute
Campine
N 750
N 702
Demer
HEERLEN
A 79
N 2
MAASTRICHT
A 76
Alden Biesen
N 730
N 78
N 281
N 278
N 79
A 2
Tongres
Les Fourons
Fouron-St-Martin
Fouron-St-Pierre
LIÈGE
9
A 13
N 627
A 25
N 608
N 612
N 3
N 20
A 601
A 3
LIÈGE
AACHEN

Hasselt

74 500 habitants – Limbourg

NOS ADRESSES PAGE 317

S'INFORMER
Indicatif téléphonique *: 011.*
Toerisme Hasselt – A1 *- Lombaardstraat 3 - ✆ 011 23 95 40 - www.hasselt.be - 1er avr.-31 oct. : lun-vend. 9h-17h, sam. 10h-17h, dim. 10h-14h ; 1er nov.-31 mars : lun.-vend. 9h-17h, sam. 10h-17h, dim. 10h-14h.*

SE REPÉRER
Carte de région B2 (p. 310-311) et plan de ville (p. 315) – *Cartes Michelin Regional nos 716 I3 et 533 Q17.* Accès par l'E 313 depuis Anvers ou Liège, ou l'E 314 depuis Bruxelles ou Aix-la-Chapelle (Allemagne).

SE GARER
Garez votre véhicule sur le parking gratuit « Sporthal Alverberg » et prenez le bus (gratuit également) jusqu'au centre.

À NE PAS MANQUER
Le musée national du Genièvre.

ORGANISER SON TEMPS
Prévoyez une journée pour découvrir la ville.

AVEC LES ENFANTS
Le musée Het Stadsmus, le Jardin japonais, le parc Molenheide.

Aux confins des régions de la Campine et de la Hesbaye, la capitale du Limbourg belge est une ville dynamique, appréciée des étudiants et convertie aux nouvelles technologies. Avec ses rues pavées de médaillons à l'effigie de la noisette – le fruit serait à l'origine du nom de la ville –, la cité du noisetier est une ville où il fait bon vivre : la tradition du genièvre est ici toujours vivace, et ses magasins de mode sont autant d'occasions de découvrir les stylistes locaux. Avec ses nombreuses activités pour les enfants et des environs préservés, Hasselt est une destination idéale pour les familles et les amateurs de nature.

Se promener Plan de ville p. 315

Circuit tracé en vert sur le plan de la ville.

Grand-Place (Grote Markt) A2

On y admire, abritant une pharmacie, une maison à colombages (1659), nommée d'après son enseigne Sweert, l'Épée *(Het Sweert).*
À proximité se trouve la **cathédrale St-Quentin** (St-Quintinuskathedraal), dont on aperçoit la tour trapue du 13e s., couronnée par une flèche du 18e s. La nef et les bas-côtés ont été construits au 15e s. et agrandis progressivement du chœur, des chapelles latérales, puis du déambulatoire.
Prenez à gauche la Kapelstraat.

Basilique de la Virga Jesse (Virga-Jessebasiliek) A2

Cette église du 18e s. abrite des œuvres d'art en marbre sculpté, provenant de l'abbaye cistercienne d'Herkenrode *(5 km au nord-ouest de Hasselt)*, qui fut

Le Jardin japonais.
Kurt Voorspoels/ArTerra Picture Library/age fotostock

fondée à la fin du 12e s. Le **maître-autel** de marbre noir et blanc est le chef-d'œuvre du sculpteur liégeois Jean Del Cour. Les statues de saint Bernard et de la Vierge sont aussi des œuvres de Del Cour.

Dans le transept, les deux **mausolées** d'abbesses d'Herkenrode ont été réalisés l'un à droite *(Christ au tombeau)*, par Artus Quellin le Jeune (1625-1700), l'autre à gauche *(Résurrection du Christ)*, par Guillaume Kerricx le Jeune (1682-1745).

Dans le chœur est exposée la belle statue polychromée de la Virga Jesse (14e s.), à l'origine de la procession septennale.

Revenez à la Grand-Place, puis prenez à droite la Maastrichterstraat.

Ancien refuge de l'abbaye d'Herkenrode

(Refugiehuis van de abdij van Herkenrode) A1

Ce bel édifice gothique-Renaissance du 16e s., actuellement occupé par des services publics, était, aux époques troublées, l'un des refuges des cisterciennes d'Herkenrode.

5

★ Musée Het Stadsmus A2

Guido Gezellestraat 2 - ✆ 011 23 98 90 - www.hetstadsmus.be - ♿ - avr.-oct. : tlj sf lun. 10h-17h ; nov.-mars : mar.-vend. 10h-17h, w.-end et j. fériés 13h-17h - fermé janv., 24-25 et 31 déc. - gratuit (1 € pour l'audioguide).

Ce musée est installé dans un magnifique bâtiment restauré comprenant des parties des 17e et 19e s. Il évoque tous les aspects de Hasselt, répartis en six thèmes : naissance et histoire de la ville, ses liens avec l'abbaye de Herkenrode, art et culture, le genièvre, la céramique, personnages remarquables, comme par exemple le Saint petit Père ou le géant Langeman (qui ne sort que tous les sept ans dans les rues de Hasselt), les Hasseltois d'aujourd'hui.

Un parcours a été tracé sur mesure pour les enfants, qui reçoivent un petit sac à dos (avec un coussin pour s'asseoir et un audioguide).

Prenez la Persoonstraat puis tournez à droite au Zuivelmarkt.

Ancien béguinage (Begijnhof) A1
Le jardin est encore bordé de rangées de maisons de béguines du 18e s. Elles sont de style mosan, avec des murs de brique et de pierre. Elles sont actuellement le siège de certains services provinciaux.

Un bâtiment moderne abrite le **centre artistique Z33** (*☏ 011 29 59 60 - www.z33.be*), qui organise des expositions d'art contemporain international. Des ruines couvertes de lierre et quelques pierres sculptées sont les seuls vestiges de l'église détruite par un bombardement en 1944.

Prenez la Badderijstraat puis prenez à gauche la Witte Nonnenstraat.

★ **Musée national du Genièvre** (Nationaal Jenevermuseum) A1
Witte Nonnenstraat 19 - ☏ 011 23 98 60 - www.jenevermuseum.be - avr.-oct. : tlj sf lun. 10h-17h ; nov.-mars : tlj sf lun. 10h-17h, w.-end et j. fériés 13h-17h - fermé janv., 24-25 et 31 déc. - 4,50 € (-26 ans 1 €, -12 ans gratuit).
Ce musée est installé dans la ferme d'un ancien couvent, transformée en genièvrerie en 1803. Le musée a repris la fabrication du genièvre selon les procédés du 19e s. L'itinéraire fait passer le visiteur par l'ancienne étable des bœufs pour accéder à la touraille. Au rez-de-chaussée, il pourra admirer une machine à vapeur actionnant les meules et le macérateur. L'installation de distillation à vapeur du 19e s. peut être mise en marche. Les collections exposées dans l'ancienne habitation concernent l'histoire, l'emballage du genièvre et la publicité faite par les fabricants. La visite se termine par une dégustation.

Continuez tout droit sur la Witte Nonnenstraat puis la Gasthuisstraat.

Musée de la Mode (Modemuseum) A1
Gasthuisstraat 11 - ☏ 011 23 96 21 - www.modemuseumhasselt.be - ♿ - tlj sf lun. 10h-17h - fermé janv., 24-26 et 31 déc., 3 sem. en juin - 5 € (-18 ans 2 €, -12 ans gratuit).
Situé dans un ancien couvent et hôpital du 17e s., ce musée retrace l'évolution de la mode depuis le 18e s. à nos jours à l'aide de documents, d'accessoires et de costumes. Expositions temporaires.

Vous pouvez prolonger ce circuit avec une excursion au Jardin japonais (nord-est de la ville), en prenant la Koning Boudewijnlaan.

Jardin japonais (Japanse tuin) A1 en dir.
☏ 011 23 52 00 (avr.-oct.) ou 011 23 95 40 (nov.-mars) - ♿ - avr.-oct. : mar.-vend. 10h-17h, w.-end et j. fériés 14h-18h - fermé dim. de Pâques - 5 € (-12 ans gratuit).
Aménagé selon les principes des jardins à thé du 17e s., ce charmant espace vert a été réalisé en collaboration avec la ville d'Itami au Japon, ville avec laquelle Hasselt est jumelée. Une maison de thé et une maison de cérémonie d'une beauté féerique ont été joliment implantées entre les mares, les rochers,

LA RECETTE DU GENIÈVRE
Dès le 16e s., le genièvre, un vin de malt à base d'orge et de seigle, était fabriqué dans les Flandres. De l'orge germée est posée sur le germoir perforé de la touraille afin de sécher. Le malt d'orge et le seigle sont moulus pour libérer la fécule. Suit la macération (2/3 de seigle et 1/3 de malt d'orge) à 63 °C, qui permet aux enzymes de transformer la fécule en saccharose. En ajoutant de la levure, on obtient la transformation des sucres en alcool. L'étape suivante est la distillation : le moût est séparé de l'alcool, puis par une seconde distillation de ce genièvre brut, on obtient le vin de malt dont le goût varie selon les épices (baies de genévrier par exemple) ajoutées lors de la dernière distillation.

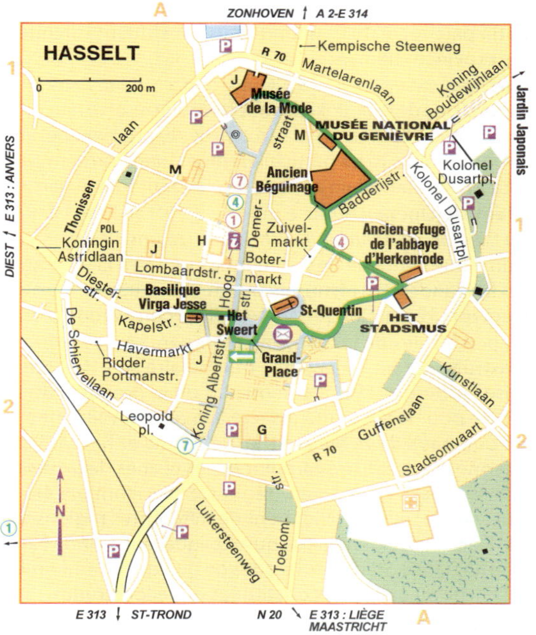

SE LOGER		SE RESTAURER	
B&B Het Koetshuis	1	De Egge	1
Hôtel Portmans	4	JER	4
The Century	7	Taratata	7

les sentiers sinueux, la chute d'eau et les cerisiers du Japon, couverts de fleurs magnifiques au printemps. Chaque mois, l'on peut assister à une **cérémonie du thé**.

Circuit conseillé Carte de région p. 310-311

LA CAMPINE

Circuit de 42 km tracé en vert sur la carte de région – Comptez 3h. Quittez Hasselt au nord par le Kempische Steenweg et prenez à droite la N 75 après le pont sur le canal Albert.

La Campine est l'une des régions les mieux préservées de Flandre, avec ses marécages, ses étangs, ses paysages de lande, ses collines de bruyère et sa faune variée.

★ **Domaine de Bokrijk** (Domein Bokrijk) B2

6,5 km au nord de Hasselt.

Ce vaste espace protégé de plus de 500 ha occupe l'ancienne propriété de l'abbaye de Herkenrode : aménagé autour d'un château de la fin du 19e s., il comprend un parc récréatif et un musée reconstituant l'architecture traditionnelle des provinces flamandes.

Parc récréatif (Recreatiepark)★ – Outre le parc Reine Astrid, au centre du domaine, et une plaine de jeux, Bokrijk comprend une réserve naturelle (Het Wiek) peuplée de nombreux étangs, un grand espace de promenade, un Adventure Park et un arboretum de 10 ha particulièrement bien entretenu. Sans oublier plusieurs restaurants. L'autotrain permet de parcourir tout le parc récréatif.

Musée de plein air (Openluchtmuseum)★★ – *✆ 011 26 53 00 - www.bokrijk.be - de fin mars à fin sept. : tlj sf lun. 10h-18h - 10 € (-26 ans 1 €).* C'est, sur 90 ha, la reconstitution d'une centaine de bâtiments, montrant la vie d'autrefois dans les provinces flamandes. On distingue quatre secteurs, dont trois à caractère rural et un secteur urbain. Chaque secteur rural correspond à une région.

Les bruyères peu fertiles de la **Campine** (Kempen) sont représentées par un village reconstruit ; autour de la place triangulaire se situent les bâtiments publics (église, auberge). Un village du sud de la province du Limbourg a servi de modèle pour le secteur consacré à la région vallonnée et fertile de la **Hesbaye** et du **pays de la Meuse** (Haspengouw et het Maasland) ; il a un aspect plus fermé que le village campinois. Les fermes de la **basse Belgique** (Oost-Vlaanderen, West-Vlaanderen), région fertile, n'ont pas été regroupées sous forme de village ; elles proviennent de différentes régions de la Flandre orientale et la Flandre occidentale, ce qui explique leur grande variété. Dans le secteur urbain (De Oude Stad), des façades de quelques demeures historiques anversoises (15e-18e s.) ont été reconstituées ou reconstruites.

Poursuivez dans la N 75 en direction de Genk. Avant d'arriver à Genk, on peut faire une halte à la réserve naturelle De Maten.

Genk C2

Cette cité industrielle, qui a conservé ses terrils et ses cités minières, vaut le détour pour son Axe vert (Groene As), qui relie la gare à l'entrée du parc national de la Haute Campine, à l'est. Le **Molenvijverpark**, en particulier, est un superbe jardin public de 15 ha s'ordonnant autour d'un vaste étang et d'un moulin à eau et présentant 12 cadrans solaires originaux.

Réserve naturelle (Natuurreservaat) **De Maten** – *2 km au sud-ouest. Prenez la N 75 en direction de Hasselt, puis à gauche après le pont du chemin de fer - ✆ 089 65 44 49 - juil.-fév. : du lever au coucher du soleil.* Entre les collines de bruyère s'étend une zone marécageuse de 300 ha occupée par un chapelet d'étangs : c'est une région importante pour les oiseaux qui viennent y nidifier ou faire escale lors de leur migration.

De Mechelse Heide – *7 km au nord-est par la N 75, puis la N 763 vers Maasmechelen.* Cette immense clairière (400 ha) forme l'une des cinq entrées du **parc national de la Haute Campine** (Nationaal Park Hoge Kempen). Cernée par les bois, elle offre un magnifique paysage de landes à bruyère (« heide »), l'un des rares vestiges de la végétation primitive de la Campine.

Vous pourrez profiter de circuits balisés.

Quittez Genk par le Westerring, puis empruntez la N 76.

On traverse bientôt de magnifiques collines de bruyère, caractéristiques de la Campine, avant d'atteindre la route de Houthalen à Zwartberg.

Poursuivez en direction de Houthalen-Helchteren.

Domaine Kelchterhoef B2

C'est un grand domaine récréatif boisé, avec un étang aménagé pour la pêche et la natation, où subsiste une ancienne ferme abbatiale à colombages, transformée en auberge.

Continuez en direction de Houthalen-Helchteren, puis prenez vers Heusden-Zolder.

Heusden-Zolder B2

Au sud de la ville, près de la colline du **Bolderberg** (alt. 60 m), couverte de pins, le **circuit automobile international de Zolder** de 4,19 km est un important centre de compétition où se dispute le Grand Prix de Belgique de formule 1, lorsque cette course n'a pas lieu à Francorchamps.

Quittez Heusden-Zolder par la N 719, puis à hauteur de Helchteren prenez à gauche la N 715.

Molenheide B2

✆ 070 22 20 34 - www.molenheide.be - ♿ - 10h (merc. et mois d'hiver 12h)-18h, 20h ou 21h (selon la sais.) - grande diversité de prix.

Ce parc récréatif de 180 ha, aménagé dans les bois, dispose de nombreuses ressources. Dans le **parc à gibier** *(wild en wandelpark)*, les animaux (daims, chevreuils) évoluent en liberté.

Le parc offre des possibilités d'activités sportives (natation, tennis, bicyclette).

NOS ADRESSES À HASSELT

Plan de la ville p. 315

TRANSPORTS

Bus – Pour écarter autant que possible les voitures du centre-ville, la société flamande des transports en commun De Lijn met en service des navettes de bus gratuites : le « Centrumpendel », ou CP, est un bus qui relie la gare à la Grand-Place, et le « Boulevardpendel », ou BP, parcourt le Groene Boulevard à partir de la gare. Ces bus roulent également les dim. et j. fériés. Rens. : *De Lijn Limburg, Grote Breemstraat 4 - ✆ 070 22 02 00 ou 011 85 02 11 - www.delijn.be.*

HÉBERGEMENT

Hasselt

BUDGET MOYEN

Hôtel Portmans – A1 - *Minderbroederstraat 14 - ✆ 011 26 32 80 - www.hotelportmans.be - 14 ch. 80 €* ☕. Situé dans le centre de Hasselt et un peu caché entre les différents cafés et restaurants, cet hôtel propose des chambres de différents types, mais toutes confortables.

The Century – A2 - *Leopoldplein 1 - ✆ 011 22 47 99 - www.thecentury.be - 10 ch. 90/100 €* ☕. Les chambres de cet hôtel au centre offrent un aménagement moderne et stylé. Le restaurant et la brasserie animée sont des lieux de rendez-vous populaires tant pour les touristes que pour les Hasseltois.

Stevoort

BUDGET MOYEN

B&B Het Koetshuis – A2 en dir. - *St-Maartenplein 56 - ✆ 011 74 44 78 - www.koetshuis.be -* P *- 5 ch. 80 €* ☕. Excellente adresse où séjourner, un peu en dehors du centre mais facilement accessible en transports publics. Les chambres d'hôtes combinent le charme du bâtiment ancien au confort moderne. Le pain du petit-déjeuner est maison.

RESTAURATION

POUR SE FAIRE PLAISIR

Taratata – A1 - *Minderbroederstraat 5 - ✆ 011 23 47 67 - www.taratata.be - lun.-sam. 12h-14h, 18h-22h - fermé merc. et dim. - 21/35 €.* Restaurant original proposant une cuisine du monde. Intérieur sobre et moderne.

De Egge – A1 - *Walputstraat 23 - ✆ 011 22 49 51 - fermé sam. soir et dim. et 2 sem. en été - 25/40 €.* Aménagement rustique dans un immeuble ancien au centre de la ville. Cuisine française traditionnelle de qualité avec des ingrédients de saison.

UNE FOLIE

JER – A1 - *Persoonstraat 16 - ✆ 011 26 26 47 - www.jer.be - merc.-dim. 12h-14h, 18h30-22h, fermé sam. - menus 40/60 €.* Cette vieille maison de maître accueille un restaurant élégant qui accommode la gastronomie française avec inventivité. Vaste carte des vins. Ambiance élégante mais décontractée.

PETITE PAUSE

Spécialité – La ville est réputée pour son excellent genièvre. L'arrondissement de Hasselt compte encore quelques fabricants de cette eau-de-vie, localement appelée « witteke » ou petit blanc. Au musée du Genièvre, cette boisson est encore fabriquée à l'ancienne. La statue du Borrelmanneke, le petit bonhomme symbolisant le genièvre hasseltois, se trouve dans la Maastrichterstraat.

Hooghuis – A1 - *Lombaardstraat 6 - ✆ 011 22 91 97 - www.hooghuis-hasselt.be - tlj à partir de 9h (10h le w.-end), cuisine ouv. 11h-22h.* Ce café, dont la terrasse donne sur l'hôtel de ville, est le plus fréquenté de Hasselt. On peut aussi y manger, y déguster une glace ou une crêpe. L'intérieur, réparti sur plusieurs niveaux, et richement décoré de cuivre, de bois et de colonnes, mérite à lui seul la visite. Les Rolling Stones y sont omniprésents sous forme de photos et de souvenirs.

De Geletterde Mens – A1 - *Kolonel Dusartplein 48 - ✆ 011 35 28 52 - www.degeletterdemens.be - 9h-23h.* L'intérieur accueillant est abondamment décoré : livres et machines à écrire y trônent. La carte propose petite restauration, restauration normale, potages et sandwichs, glaces, wok et poisson.

ACHATS

Mode – N'oubliez pas de faire du lèche-vitrines à Hasselt. Le centre accueille de nombreuses boutiques de mode, des commerces de luxe et des antiquaires. Demandez à Toerisme Hasselt *(voir p. 312)* la brochure *Route de la Mode*, qui renseigne sur les bonnes adresses.

AGENDA

Mei-avondviering – *30 avr.* Chaque année a lieu, sur la Grand-Place, une fête folklorique. L'arbre de mai y est porté en cortège, puis planté tandis qu'on brûle des mannequins représentant la mauvaise saison, et que dansent les sorcières.

Virga Jesse – *Tous les sept ans, en août.* La Madone, patronne de la ville, est honorée par une importante procession religieuse : la prochaine aura lieu en 2017.

Pukkelpop – *En août, à Kiewit.* Grand festival de musique rock.

Fêtes du genièvre – 3e w.-end d'oct. Animations et activités autour de la thématique.

Brocante à Saint-Trond.
Toerisme Sint-Truiden en Toerisme Limburg

Saint-Trond

Sint-Truiden

39 788 habitants – Limbourg

NOS ADRESSES PAGE 322

S'INFORMER
Indicatif téléphonique *: 011.*
Toerisme St-Truiden – A2 - *Grote Markt 44 - ✆ 011 70 18 18 - www.toerisme-sint-truiden.be - 10h-12h30, 13h-18h (janv.-fév. fermeture à 16h).*

SE REPÉRER
Carte de région B3 (p. 310-311) et plan de ville (p. 320) – *Cartes Michelin Regional n°s 716 I3 et 533 Q17.* Au carrefour de la N 3 et de la N 80, St-Trond se blottit dans la jolie région ondulante de la Hesbaye.

À NE PAS MANQUER
L'ancienne abbaye, l'horloge de Festraets.

ORGANISER SON TEMPS
Prévoyez au moins une demi-journée.

AVEC LES ENFANTS
L'horloge de Festraets.

Au cœur d'une région fruitière réputée pour ses cerises, ses poires et ses pommes, St-Trond, du nom de l'évangélisateur de la Hesbaye, s'étend autour de son ancienne abbaye et de son clocher massif. La saison des récoltes est fêtée avec fastes : dès le mois d'avril, lorsque les vergers fleurissent, et jusqu'en octobre, chaque cueillette est l'occasion de joyeuses célébrations, le week-end, sur la Grand-Place.

SE LOGER	SE RESTAURER
Four Seasons.......................... ①	Kelsbekerhof.......................... ②

Se promener Plan de ville ci-dessus

Circuit tracé en vert sur le plan de la ville.

Grand-Place (Grote-Markt) A2

Très vaste, elle est dominée par la collégiale N.-D., gothique, surmontée d'une tour du 19e s. et par l'hôtel de ville. Cet imposant mais gracieux édifice, dont la façade en brique est rayée de bandes de pierre blanche, est flanqué d'un beffroi (17e s.). Au pied du beffroi, le perron date de 1596.

En arrière de l'hôtel de ville se dresse le massif clocher roman de l'ancienne abbaye de St-Trond.

Prenez l'Abdijstraat.

Ancienne abbaye (Abdij) A1

011 70 18 18 - mi-avr.-fin oct. : 10h-18h ; reste de l'année : 10h-16h - tour : 3 € (en vente auprès de Toerisme St-Truiden).

Les bâtiments abbatiaux ont abrité des bénédictins jusqu'en 1794. Un porche du 18e s. (au fronton : saint Trudon – ou également saint Trond – guérit une femme aveugle) donne accès à la cour d'honneur ; à gauche, dans un bâtiment Louis XVI, on peut voir la salle impériale (Keizerszaal) dont les fresques du plafond datent du 18e s. *(uniquement w.-end et j. fériés sf expositions : 14h-17h).* La décoration des murs ainsi que l'escalier sont le résultat de transformations ultérieures.

La cave de l'aile de l'abbé abrite le **Centre historique de la base aérienne de Brustem**. La **Salle académique** restaurée, réputée pour son acoustique, est réservée à des conférences et des spectacles.

La tour et l'église de l'abbaye furent détruites par un incendie en 1975. Les ruines de la tour ont été rendues accessibles au public. Il s'agit d'une construction impressionnante du haut de laquelle on jouit d'un beau panorama de la ville et de la région.

Continuez sur l'Abdijstraat puis tournez à droite dans le parc de la ville (Stadspark). Tournez à gauche sur Clement Cartuyvelsstraat et marchez tout droit.

Béguinage (Begijnhof) A1

Il a été fondé en 1258. Ses maisons de style mosan des 16e, 17e et 18e s. entourent une place rectangulaire où se dresse l'église.

Église – Cette église des 13e et 15e s. renferme 38 peintures murales restaurées dont l'exécution s'est échelonnée du 13e au 17e s.

Horloge de Festraets – ♿ *- de mi-avr. à fin sept. : représentations tlj à 13h45, 14h45 et 15h45, et en sem. suppl. à 9h45, 10h45, 11h45 - gratuit.* Cette horloge astronomique a été assemblée en 1937 par un artisan de la ville : quand sonne l'heure apparaît la Mort et défile un cortège de métiers du Moyen Âge.

Engagez-vous sur la Schurhoven, tournez à gauche dans la Tichelrijstraat et tournez à droite sur Tichelrijlaan.

Porte de Brustem (Brustempoort) A2

Accessible uniquement avec un guide et sur réserv. auprès de Toerisme St-Truiden.

Ce sont des vestiges souterrains (15e s.) des anciennes fortifications rasées par les troupes de Louis XIV.

Prenez la Naamsevest et tournez à gauche sur Naamsesteenweg.

Église St-Pierre (St-Pieterskerk) A2

Remarquable, comme l'église St-Gingolph (St-Gangulphuskerk), par ses murs aux teintes contrastées (ocre et brun), cet édifice de la fin du 12e s. est un bon exemple de style roman mosan, précédé d'un large portail à clocheton et terminé par trois absides, la principale portant une galerie à colonnettes. À l'intérieur, les trois nefs sont voûtées d'arêtes.

À proximité Carte de région p. 310-311

Looz (Borgloon) B3

12 km à l'est par la N 79 en direction de Tongeren.

L'ancienne capitale du comté de Loon, dont elle portait le nom, possède un charmant hôtel de ville de style Renaissance mosane (17e s.) à arcades, flanqué d'une tour ; remarquez dans une niche, au coin, une statue de la Vierge.

5

Près de Looz se situe l'**abbaye Mariënlof ou de Colen** *(par la route de Kerniel au nord-est et, avant Kerniel, tournez à gauche - ✆ 012 74 14 67 - www.vzw-fruitstreekmuseum.be - tlj sf lun. 14h (dim. 15h)-17h - fermé fêtes religieuses - 1,25 €).* Cet ancien couvent de Croisiers, dont l'ordre fut fondé en Belgique au 13ᵉ s., est occupé par des cisterciennes.
La sacristie renferme la **châsse de sainte Odile** (1292), dont les panneaux de bois peints, d'école mosane, narrent la légende de la sainte, qui est une réplique de celle de sainte Ursule. Les panneaux ont été malheureusement recoupés au 19ᵉ s.
Le mobilier liégeois de la sacristie, de style Louis XV, est d'une élégance remarquable. On visite également l'église, décorée au 18ᵉ s.

Kortenbos B3

6 km au nord-est par la N 80 en direction de Hasselt.
La basilique N.-D. possède un intérieur baroque richement décoré. La nef est tapissée de lambris de chêne (17ᵉ s.) dans lesquels s'intègrent des confessionnaux aux lourdes colonnes torsadées.

Zepperen B3

3 km à l'est.
L'**église Ste-Geneviève** (St-Genoveva), des 15ᵉ et 16ᵉ s., précédée d'une tour du 12ᵉ s., renferme, dans le bras droit du transept, plusieurs peintures murales datées de 1509 et représentant le Jugement dernier, saint Christophe et la vie de sainte Geneviève.

NOS ADRESSES À ST-TROND

Plan de la ville p. 320

HÉBERGEMENT

BUDGET MOYEN

Four Seasons – A2 en dir. - *Tiensesteenweg 264 - ✆ 011 69 42 28 - www.hotelfourseasons.be - P - 15 ch. 70/90 €* ☕. Ce petit pavillon bâti légèrement à l'écart du centre-ville possède des chambres fonctionnelles et confortables. Chaleureuse salle de breakfast incitant à bien commencer la journée. Accueil familial aimable.

RESTAURATION

UNE FOLIE

Kelsbekerhof – A2 en dir. - *Kerkstraat 2 - ✆ 011 69 13 87 - fermé dim. soir, lun. soir, mar. et merc., 1ʳᵉ sem. de janv. et 2 dernières sem. de juil. - menus 45/80 €.* Dans cette ancienne ferme remaniée, on sert une cuisine classique actualisée. Belle terrasse avec un magnifique jardin pour toile de fond.

Tongres

Tongeren

★

30 179 habitants – Limbourg

NOS ADRESSES PAGE 327

S'INFORMER

Indicatif téléphonique : *012.*

Toerisme Tongeren – A1 - *Via Julianus 5 - ✆ 012 80 00 70 - www.tongeren.be - 1er oct.-31 mars : lun.-vend. 8h30-12h, 13h-17h, w.-end 10h-16h ; 1er avr.-30 sept. : lun.-vend. 8h30-12h, 13h-17h, w.-end 9h30-17h ; juil.-août : lun.-vend. 8h30-17h, w.-end 9h30-17h.*

SE REPÉRER

Carte de région C3 (p. 310-311) et plan de ville (p. 324) – *Cartes Michelin Regional nos 716 J3 et 533 R18.* Près de la frontière linguistique et des Pays-Bas, Tongres est d'accès facile par l'A 13/E 313 qui relie Liège à Hasselt. Prendre la sortie 32, puis la N 79.

À NE PAS MANQUER

La basilique N.-D.

ORGANISER SON TEMPS

Prévoyez au moins une demi-journée pour découvrir les curiosités exceptionnelles de la ville.

Avec la statue du héros gaulois Ambiorix qui trône sur la Grand-Place et les vestiges antiques disséminés dans la ville, la plus ancienne cité de Belgique est une destination de choix pour les amateurs d'histoire. La campagne alentour, fertile et agréablement vallonnée, est réputée pour être le grenier à blé du pays.

Se promener Plan de ville p. 324

Circuit tracé en vert sur le plan de la ville.

★★ Basilique N.-D. (O.-L.-Vrouwebasiliek) A1

De la Grand-Place où se dresse la statue d'Ambiorix de 1866, on admire la silhouette imposante de l'église, bel édifice gothique (13e-16e s.) précédé par une impressionnante tour-façade, inachevée.

Intérieur – *Longez le flanc droit de l'église et pénétrez par le petit portail.* Sous le porche, beau Christ roman en bois polychrome du 11e s. La nef (13e s.) s'appuie sur des piliers cylindriques, à chapiteaux à crochets. Son élégant triforium est surmonté d'une galerie de circulation. À l'ouest, sous le jubé, belle porte en cuivre de 1711 ; au-dessus, orgue picard du 18e s. Dans le chœur sont rassemblés les objets d'art les plus intéressants. Au maître-autel, un **retable★** anversois en bois du début du 16e s. représentant la vie de la Vierge ; grand chandelier pascal et lutrin, exécutés en 1372 par un orfèvre de Dinant.

Dans le bras nord du transept, la **statue★** miraculeuse en noyer de N.-D.-de-Tongres (1476).

Trésor (Schatkamer)★★ – *Avr.-sept. : tlj sf lun. mat. 10h-12h, 13h30-17h - 2,50 €.*
Parmi les pièces exposées, on remarquera un évangéliaire couvert d'une plaque d'ivoire du 11e s. (calvaire), un diptyque en ivoire du 6e s. (St-Paul), une agrafe mérovingienne en or (6e s.), un ostensoir-reliquaire de sainte Ursule (14e s.) au socle garni d'émaux, le reliquaire-triptyque de la Ste-Croix (12e s.), en argent doré rehaussé d'émaux, une tête de Christ en bois du 11e s., la châsse des Martyrs de Trèves (13e s.), la châsse de saint Remacle du 15e s., ornée de peintures.

Tous les sept ans (la prochaine fois en juillet 2016), une centaine de prêtres vêtus d'ornements liturgiques anciens portent les châsses et reliquaires du trésor lors de la procession du Couronnement.

Cloître★ – Charmant cloître où alternent colonnettes simples et colonnettes jumelées ; intéressants chapiteaux dans la rangée près de l'entrée. Aux murs sont apposées des dalles funéraires.

Prenez la Groendreef pour rejoindre la Kielenstraat.

★ Musée gallo-romain (Gallo-Romeins Museum) A1

Kielenstraat 15 - ☎ 012 67 03 30 - www.gallo-romeinsmuseum.be - avr.-sept. : tlj sf lun. 9h-17h, w.-end et j. fériés 10h-18h ; reste de l'année : 13h-16h - fermé 1er janv., 24-25 et 31 déc. - 7 € (-26 ans 1 €).

D'une présentation remarquable, ce musée d'aspect moderne comprend de riches collections archéologiques de la préhistoire au Moyen Âge : un mystérieux dodécaèdre, objet gallo-romain à 12 faces dont on ignore encore la

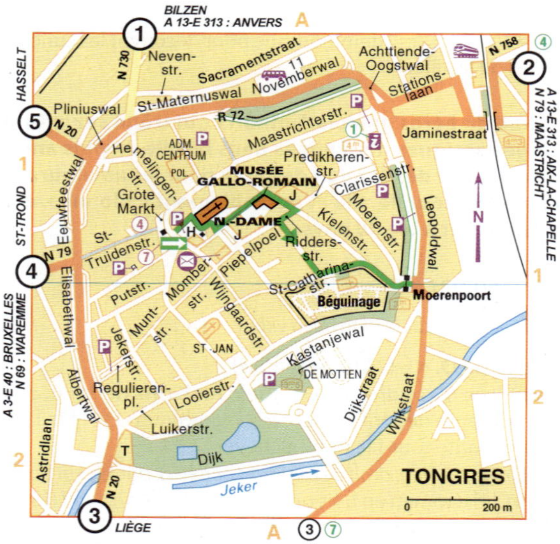

SE LOGER
Ambiotel .... ①
B&B De Open Poort .... ④
B&B Lisa's Weelde .... ⑦

SE RESTAURER
De Mijlpaal .... ④
Etna .... ⑦

Le béguinage.
Clément Philippe/ArTerra Picture Library/age fotostock

signification, des collections préhistoriques (objets magnifiques provenant de sépultures mérovingiennes), des poteries, statues de divinités, verreries, monnaies et très beaux bijoux d'époque gallo-romaine. Les pièces maîtresses du musée restent cependant la statue géante de Jupiter, qui écrase deux hommes à la queue de serpent, et un réservoir à huile en bronze représentant un jeune Nubien.

Continuez tout droit sur la Kielenstraat et tournez à droite sur la Riddersstraat puis à gauche sur la Repenstraat.

Béguinage (Begijnhof) A2

Fondé au 13e s., il a été supprimé à la Révolution française. À l'ouest, la cour Onder de Linde conserve un certain cachet avec ses jardins précédés d'une porte en plein cintre. Au centre du béguinage s'élève l'**église Ste-Catherine**, de style gothique précoce, dont le mobilier et les peintures sont intéressants. Adossée au béguinage, la **tour des Drapiers** (Lakenmakerstoren) du Moyen Âge tire son nom de la corporation chargée de sa défense. À droite de la tour, la chapelle Ste-Ursule de 1701 ; à gauche, l'infirmerie du 17e s., de style mosan. Cet ensemble pittoresque est blotti au bord du Geer où s'ébattent de majestueux cygnes.

En sortant du béguinage tournez à droite dans la St-Catharinastraat. Ensuite, prenez la Kielenstraat qui mène à la Moerenpoort.

Moerenpoort A1-2

✆ 012 80 00 70 (office de tourisme) - Pâques-sept. : merc.-sam. 13h-17h, dim. 9h30-12h, 13h-17h ; oct.-Pâques : sam. 13h-16h, dim. 9h30-12h, 13h-16h - 1 €.

Cette porte (14e s.) de l'enceinte médiévale qui marque l'accès est du béguinage est aménagée en **musée** présentant l'histoire militaire de la ville. Une salle est consacrée aux milices communales. Du sommet, vue sur le béguinage, la ville et sa collégiale.

TONGRES, UNE GRANDE CITÉ ROMAINE

Tongres doit son origine à un camp établi par les lieutenants de César, Sabinus et Cotta, dont les légions sont massacrées à proximité par **Ambiorix**, chef des Éburons, qui soulève une partie de la Gaule belgique contre les armées de César en 54 avant J.-C. Sous l'occupation romaine, Tongres, alors appelée **Atuatuca Tungrorum**, se développe ; elle est alors une étape sur la grande voie romaine de Bavay à Cologne et occupe un emplacement sensiblement plus étendu qu'actuellement, comme le prouvent les restes d'une enceinte de la fin du 2e s. mis au jour sur 4,5 km : on peut voir des traces sur la Legioenenlaan à l'ouest. À la fin du 3e s., les invasions barbares éprouvent la cité qui se resserre au début du 4e s., dans une enceinte plus petite. Des vestiges de cette deuxième enceinte et d'une tour romaine construite à l'emplacement d'une villa gallo-romaine datant des 2e et 3e s. sont visibles au Vrijthof, près de la basilique. Au 4e s., saint Servais est le premier évêque de Tongres mais, par mesure de sécurité, le siège épiscopal est transféré à Maastricht. Peu à peu, sous la protection de la principauté de Liège, Tongres reprend son essor ; elle s'organise administrativement et, au 13e s., se bâtit une troisième enceinte dont des vestiges sont encore visibles le long du Leopoldwal et du 11de Novemberwal.

À proximité Carte de région p. 310-311

★ Alden Biesen C3

10 km au nord-est par la N 730. À hauteur de Hoeselt, prenez une petite route à droite vers Alden Biesen.

Au nord de Rijkhoven, l'**ancienne commanderie Alden Biesen** (les Vieux Joncs) fut fondée par l'ordre teutonique en 1220. Les bâtiments actuels ont été élevés ou modifiés entre les 16e et 18e s. Le château est un imposant édifice en quadrilatère, flanqué de tours et entouré de douves. Dans l'église, Louis XV assista, en 1747, à un Te Deum chanté en remerciement de la victoire de Lawfeld (Lafelt) remportée sur les Autrichiens.

Les Fourons D3

37 km à l'est par la E 313 puis la E 25.

Enclave du Limbourg dans la province de Liège, c'est une région verdoyante où de petites rivières comme la Voer, la Gulp et la Berwinne ont tracé une vallée sinueuse à travers d'agréables collines boisées, de gras pâturages et des vergers.

Fouron-St-Martin (St-Martens-Voeren) – À voir, l'église avec sa tour romane et le centre culturel de la communauté flamande (Het Veltmanshuis), qui occupe l'ancienne maison du chapitre du 18e s. et baptisé en l'honneur du curé flamingant Veltmans.

Fouron-St-Pierre (St-Pieters-Voeren) – Près d'un étang se dressent encore les beaux bâtiments d'une ancienne commanderie de l'ordre teutonique. Fondée en 1242, celle-ci fut réédifiée au 17e s.

NOS ADRESSES À TONGRES

Plan de la ville p. 324

HÉBERGEMENT

BUDGET MOYEN

B&B Lisa's Weelde – A2 en dir. - *Ruttermarkt 19 - ✆ 012 23 61 38 - www.guesthouses.be/lisasweelde -* P *- 2 ch. 90 €* ☕. Hôtellerie calme dans une ferme typique de la région entièrement transformée. Les chambres sont sobres et aménagées avec style.

Ambiotel – A1 - *Veemarkt 2 - ✆ 012 26 29 50 - www.ambiotel.be -* P ✕ *- 22 ch. 115/125€* ☕. Cet hôtel à proximité de la gare doit son nom à Ambiorix, le seigneur de guerre local qui s'est attaqué aux Romains. Les chambres sont modernes et pourvues de tout le confort d'aujourd'hui. Brasserie et restaurant avec terrasse en été.

POUR SE FAIRE PLAISIR

B&B De Open Poort – A1 en dir. - *Ketsingerdries 32 - ✆ 012 23 37 64 - www.deopenpoort.be -* P *- 5 ch. 120/135 €* ☕. Hôtellerie cosy à quelques kilomètres seulement du centre. La maîtresse de maison veille à assurer un séjour agréable et propose des chambres élégantes dans une ferme historique.

RESTAURATION

BUDGET MOYEN

Etna – A1 - *Grote Markt 37 - ✆ 012 23 57 77 - www.ristorante-etna.be - mar.-dim. 12h-14h, 18h-22h - 15/25 €.* Restaurant italien dans une vieille maison de maître en plein centre de la ville. Des classiques de la gastronomie italienne à des prix abordables et dans un cadre beau et intime.

POUR SE FAIRE PLAISIR

De Mijlpaal – A1 - *St-Truiderstraat 25 - ✆ 012 26 42 77 - www.demijlpaal.org - 12h-14h, 19h-21h - fermé lun., merc. et sam. midi - menus 35/45 €.* Restaurant moderne dans la principale rue commerçante de Tongres. L'aménagement est classique et moderne, une grande attention étant accordée aux couleurs harmonieuses. Cuisine française classique et savoureuse.

PETITE PAUSE

Herberg De Pelgrim – A2 - *Brouwersstraat 9 - ✆ 012 23 83 22 - www.samenopcafe.be - tlj sf lun.-mar. 11h-0h.* Petite maison accueillante située en face de l'église du béguinage. La carte comprend des snacks divers, des crêpes et des glaces.

Koffie-en IJssalon Patio – A1 - *Maastrichterstraat 104 - ✆ 012 23 84 39 - fermé lun. et mar.* On a l'impression que Tongres compte plus de tea-rooms et de pâtisseries que n'importe quelle autre ville. Le Patio est un de ces endroits où l'on peut apprécier l'art de vivre des Limbourgeois. La qualité des délices proposés rend le choix difficile.

Maaseik

25 009 habitants – Limbourg

NOS ADRESSES CI-CONTRE

S'INFORMER

Indicatif téléphonique : *089.*
Toerisme Maaseik – *Markt 1 - ✆ 089 81 92 90 - www.maaseik.be - mars-oct. : lun.-vend. 9h-17h, w.-end 10h-12h30, 13h30-17h ; nov.-fév. : lun.-vend. 9h-12h, 13h-17h, w.-end 11h-15h.*

SE REPÉRER

Carte de région D1 (p. 310-311) – *Cartes Michelin Regional nos 716 K2 et 533 T16.* Situé au bord de la Meuse, à l'extrémité nord-est de la Campine, Maaseik est accessible par la N 78.

ORGANISER SON TEMPS

Prévoyez une demi-journée pour découvrir la ville.

Ancien port fluvial d'importance devenu une petite ville plaisante, Maaseik est bien conservé, avec ses maisons à colombages, les vestiges de ses remparts et sa Grand-Place à l'ombre des tilleuls. Située au beau milieu du pays de la Meuse (Maasland en flamand), la cité natale de Hubert van Eyck, frère du célèbre portraitiste Jan van Eyck, fait honneur à la tradition limbourgeoise des carnavals hauts en couleur. Autre incontournable : le « knapkoek », galette traditionnelle des marins, croustillante à souhait.

Se promener

Grand-Place (Grote Markt)

Cette vaste place carrée ombragée de tilleuls est entourée de maisons des 17e et 18e s., aux baies étroites souvent garnies de petits carreaux sertis de plomb. L'hôtel de ville occupe une belle demeure bourgeoise du 18e s. Au centre se dresse la statue de Jan et Hubert van Eyck.

Bosstraat

Cette rue est bordée de demeures anciennes. Au n° 7, vieille maison de brique, De Verkeerde Wereld (Le Monde à l'Envers).

À l'angle de Halstraat, maison médiévale à colombages. La maison n° 19 montre une façade blanche (1620), en saillie sur arcs, d'un type courant dans la région. Celle du 21, Stenen Huis (maison de pierre) ou Drossaardshuis (maison du Bailli), présente une façade classique plus solennelle.

Église Ste-Catherine (St-Catharinakerk)

✆ 089 56 68 90 - www.museamaaseik.be - tlj sf lun. 13h-17h (oct.-mars 16h) - fermé 1er janv., 1er-2, 11 et 15 nov., 24-25 et 31 déc. - 5 € billet combiné avec les musées de Maaseik.

Du 19e s., elle possède une sacristie qui abrite un remarquable **trésor** *(kerkschat)*. Les pièces proviennent pour la plupart de l'ancienne abbaye d'Aldeneik. La plus précieuse de toutes est le *Codex Eyckensis* ou évangéliaire de sainte Harlinde, qui, datant du 8e s., serait le plus ancien livre de Belgique.

Musées de Maaseik (Musea Maaseik)

Lekkerstraat 5 - ✆ 089 56 68 90 - www.museamaaseik.be - juil.-août : 10h-17h ; reste de l'année : tlj sf lun. 10h-17h - fermé 1er janv., 1er-2, 11 et 15 nov., 24-25 et 31 déc. - 5 € billet combiné avec l'église Ste-Catherine.

Ce complexe regroupe deux musées. Les collections du **musée d'Archéologie régionale** (Regionaal Archeologisch Museum / RAM) concernent l'archéologie régionale et l'histoire de la ville : objets préhistoriques, de l'époque romaine (instruments d'un médecin romain) et du Moyen Âge. Une passerelle relie le musée à la plus **ancienne pharmacie** de Belgique, dont l'atmosphère d'antan est parfaitement restituée.

À proximité Carte de région p. 310-311

Aldeneik D1

2 km à l'est. Visites guidées sur demande à l'office du tourisme de Maaseik.

L'**église romane d'Aldeneik** a remplacé une première petite église en bois, bâtie lors de la fondation au 8e s. d'un couvent par Ste-Herlinde et Ste-Renilde. L'édifice fut restauré aux 19e et 20e s.

Diverses peintures murales du 12e s. ont été découvertes dans la nef centrale.

NOS ADRESSES À MAASEIK

HÉBERGEMENT

Aldeneik

POUR SE FAIRE PLAISIR

Aldeneikerhof – *Hamontweg 103 - 089 56 67 77 - www.aldeneikerhof.be - P - 8 ch. 120 € - fermé fév.* Ancienne maison de notable jouxtant l'église romano-gothique d'un hameau proche de Maaseik. Chambres aussi paisibles que confortables. Accueil familial gentil.

Hôtel van Eyck – *Markt 48 - 089 86 37 00 - www.hotel-van-eyck.be - P - 33 ch. 139/169 €.* Hôtel historique sur la Grand-Place. Rénové, cet hôtel propose des chambres luxueuses et confortables dans un décor contemporain. La brasserie conviviale sert des repas simples. Le restaurant propose huîtres, homard et plats de viande classiques.

RESTAURATION

POUR SE FAIRE PLAISIR

De Beurs – *Markt 7 - 089 56 40 79 - www.debeurs.be - fermé lun. - menu 25 €.* Agréable brasserie au public très varié, amateur de cuisine régionale et belge. Les murs en brique brute de l'ancienne maison accentuent encore la chaleur et la convivialité.

UNE FOLIE

Bienvenue – *Markt 20 - 089 85 28 82 - www.restaurant-bienvenue.com - fermé sam. midi, mar., merc., 1 sem. pdt le carnaval et de fin sept. à déb. oct. - menus 35/52 €.* Accueil de charme par la jeune patronne, salle moderne, terrasse de ville sous les tilleuls et bonne cuisine contemporaine avec une formule qui devrait servir d'exemple : choix libre parmi la carte pour un prix fixe.

ACHATS

Spécialités – Le *knapkoek* de Maaseik était à l'origine un biscuit épais très nourrissant, mais il a évolué pour devenir une espèce de fine galette parsemée de grains de sucre.

AGENDA

Laetare – *Mi-Carême.* Le cortège du dimanche de la Mi-Carême attire chaque année un grand nombre de spectateurs.

Le Brabant flamand 6

Cartes Michelin Regional n°s 716 et 533

Attention, de nombreux sites et localités appartenant géographiquement au Brabant flamand sont traités dans le chapitre Bruxelles et ses environs, entre les pages 129 et 133.

La bibliothèque de l'université catholique de Louvain (UCL).

RCO/Pfeiffer J./age fotostock

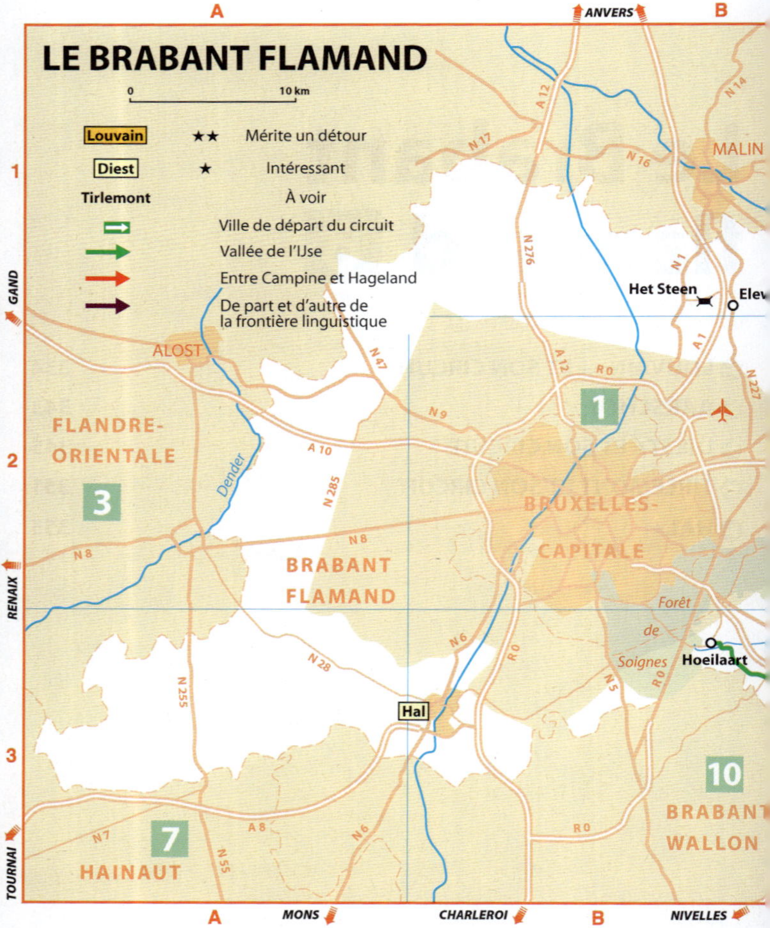
LE BRABANT FLAMAND
0
10 km
Louvain
★★
Mérite un détour
Diest
★
Intéressant
Tirlemont
À voir
Ville de départ du circuit
Vallée de l'IJse
Entre Campine et Hageland
De part et d'autre de la frontière linguistique
A
B
ANVERS
GAND
RENAIX
TOURNAI
MONS
CHARLEROI
NIVELLES
1
2
3
MALIN
Het Steen
Hoeilaart
ALOST
FLANDRE-ORIENTALE
3
Dender
BRABANT FLAMAND
BRUXELLES-CAPITALE
1
Forêt de Soignes
Hal
10
BRABANT WALLON
7
HAINAUT
A 12
N 14
N 17
N 16
N 276
N 1
A 1
N 227
N 47
R 0
N 9
A 10
N 285
N 8
N 6
N 28
N 255
N 5
N 7
A 8
N 55

C
D
ANVERS
4
Tessenderlo
N 10
N 165
A 13
N 19
GENK, LIÈGE
Averbode
N 212
N 29
N 725
Keerbergen
Zichem
N 174
Aarschot
Tremelo
Demer
A 2
Dijle
N 10
N 10
Diest
Montaigu
1
5
N 19
A 2
N 26
N 2
LIMBOURG
Horst
Rhode-St-Pierre
N 29
BRABANT
N 2
FLAMAND
Louvain
N 2
N 223
2
Arenberg
Abbaye du Parc
N 3
Léau
TONGRES
Korbeek-Dijle
ST-TROND
't Zoet Water
isburg
A 3
Tirlemont
N 3
N 253
Neerijse
N 25
N 221
Hakendover
Vère de l'Ijse
Hoegaarden
Huldenberg
Dijle
N 80
erijse
N 29
N 4
N 25
Jodoigne
LIÈGE
3
N 91
N 29
9
LOUVAIN-LA-NEUVE
N 80
A 4
N
LIÈGE
N 25
N 4
NAMUR
C
NAMUR
D

Louvain

Leuven

★★

97 756 habitants – Brabant flamand

NOS ADRESSES PAGE 341

S'INFORMER

Indicatif téléphonique : *016.*

In&Uit Leuven – Plan II A2 - *Naamsestraat 3 - ✆ 016 20 30 20 - www.inenuitleuven.be ou www.leuven.be - 2 mars-31 oct. : 10h-17h ; 1er nov.-1er mars : tlj sf dim. 10h-17h.*

SE REPÉRER

Carte de région C2 (p. 332-333) et plans de ville (p. 336 et p. 337) – *Cartes Michelin Regional nos 716 GH3 et 533 N17.* Située sur les rives de la Dyle, la ville est d'accès facile par les autoroutes E 40 et E 314.

À NE PAS MANQUER

L'hôtel de ville, l'église St-Pierre, le grand béguinage.

ORGANISER SON TEMPS

Une visite quelque peu approfondie des principaux sites et des trésors artistiques de la ville demande une journée entière. Si vous disposez de peu de temps, limitez-vous à l'hôtel de ville et au grand béguinage (une demi-journée).

Louvain est la cité étudiante flamande par excellence, où près de la moitié de la population fréquente les bancs de la faculté. La rentrée est ainsi célébrée solennellement par un défilé de professeurs en tenue d'apparat et les bars envahissent les places du centre-ville. La capitale historique du Brabant est une belle réussite, avec son hôtel de ville flamboyant, son quartier de la gare ultramoderne, sans oublier le succès de sa bière Stella Artois, brassée dans le monde entier. En s'éloignant un peu du centre piéton, Louvain conserve encore quelques beautés secrètes, tels le Jardin botanique ou son béguinage, baigné par les eaux de la Dyle.

Gros plan sur la façade de l'hôtel de ville de Louvain.
SIME/G. Gräfenhain/Sime/Photononstop

Le berceau des ducs de Brabant

Capitale historique du Brabant, Louvain se distingue par une histoire entachée d'une guerre civile, opposant patriciens et drapiers dans des combats fratricides.

LOUVAIN, CENTRE DRAPIER

Le premier château fort de Louvain fut conquis par les Normands. Ils en furent chassés par Arnoul de Carinthie. Un nouveau château édifié au 11e s. par Lambert Ier le Barbu, comte de Louvain, est à l'origine du développement de la ville. Capitale du duché de Brabant, favorisé par sa situation à l'extrémité de la section navigable de la Dyle et sur la route reliant les régions rhénanes à la mer, Louvain devient un important centre drapier.

LES ÉMEUTES

Au 12e s. est édifié un rempart, dont il subsiste des traces, en particulier dans le **parc St-Donat**, puis, au 13e s., une forteresse s'élève au nord sur le **mont César**. La **Joyeuse Entrée**, charte des libertés du Brabant à laquelle les nouveaux souverains doivent jurer fidélité, est signée à Louvain en 1356. Elle durera jusqu'en 1789. Louvain s'entoure alors d'une 2e enceinte, d'environ 7 km. Mais de vives luttes opposent les membres des corporations de drapiers aux patriciens. Une grande émeute éclate en 1378 et aboutit à la prise de l'hôtel de ville ; les patriciens qui s'y étaient réfugiés sont précipités par les fenêtres. Sa draperie ruinée par la guerre civile, Louvain subit la concurrence de Bruxelles. Cependant, sous la domination bourguignonne, elle se pare de monuments et se dote d'une université. Il faudra attendre le 18e s. pour que Louvain développe de nouvelles activités, en particulier la fabrication de la bière.

LA RENAISSANCE

Le sac et l'incendie de la ville en 1914 détruisent de nombreuses maisons et la bibliothèque de l'université. En 1940, celle-ci est incendiée et la ville bombardée ; en mai 1944, Louvain est touchée par les bombes alliées. Rapidement la ville s'est relevée de ses ruines. Suite à la réforme de l'État de 1993, elle devient deux ans plus tard le chef-lieu de la province du Brabant flamand.

Se promener Plans de ville ci-dessous

Circuit tracé en vert sur le plan de la ville.

★★★ Hôtel de ville (Stadhuis) Plan II

016 27 22 76 - visites guidées (45mn) : avr.-sept. lun.-vend. à 11h et 15h, w.-end et j. fériés à 15h ; reste de l'année à 15h - fermé 25 déc.-1er janv. - 2 €.

De style flamboyant, l'hôtel de ville a été construit au milieu du 15e s. sous le duc de Bourgogne Philippe le Bon, par Sulpice de Forest, Jean II Keldermans et Mathieu de Layens. Il faut prendre du recul pour apprécier les lignes verticales de cette châsse de pierre élégamment ciselée, qui compte près de 300 niches regarnies de statues au 19e s. Les culs-de-lampe des niches sont ornés de petites scènes naïves et pittoresques évoquant des épisodes bibliques.

À l'**intérieur**, la salle des pas perdus réunit plusieurs œuvres de Constantin Meunier. Des trois salons en enfilade, les deux derniers sont richement décorés. Dans le salon Louis XVI, on admirera *La Résurrection du Christ* par Otto Venius.

SE LOGER
Hôtel Binnenhof .... ①
Hôtel Industrie .... ②
The Lodge .... ③

Au 1er étage, la grande et la petite salle gothiques présentent des plafonds en chêne dont les clés de voûte évoquent des scènes de l'Ancien et du Nouveau Testament. On remarquera également dans la grande salle les poutres aux consoles sculptées de scènes bibliques (16e s.).

★ Église St-Pierre (St-Pieterskerk) Plan II

✆ 016 29 51 33 - de mi-mars à fin oct. : 10h-17h, sam. 10h-16h30, dim. et j. fériés 14h-17h - fermé lun. de déb. nov. à mi-mars, 1er janv. et 25 déc. - trésor 2,50 €.

L'église St-Pierre fut bâtie aux 15e et 16e s. dans le style gothique brabançon, à l'emplacement d'une église romane. Sa façade devait comporter au 16e s. trois hautes tours, suivant les plans audacieux de Josse Metsys ; le sol menaçant de s'affaisser, elle resta inachevée.

Intérieur – Il est remarquable pour la pureté du vaisseau gothique aux piliers énormes rejoignant la voûte d'un seul jet, avec un triforium qui se prolonge par de nombreuses fenêtres hautes à lancettes. La chaire du 18e s. est d'un baroque exubérant : au pied d'un rocher, on voit saint Norbert foudroyé.

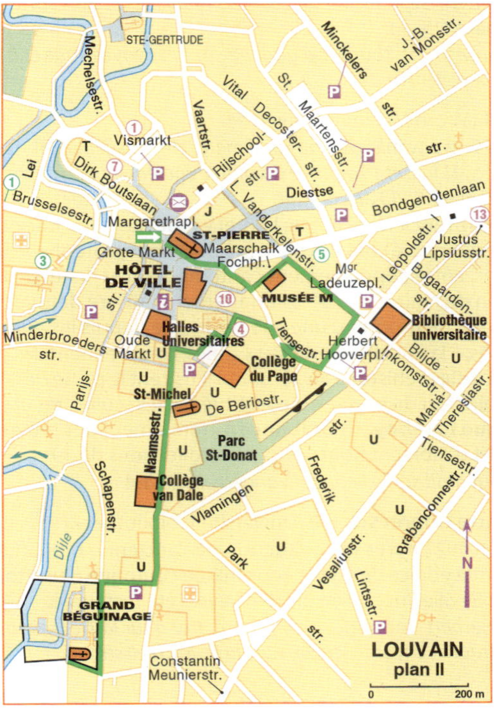

SE LOGER

Hôtel Biestpoort .... (1)

Martin's Kloosterhotel....... (3)

Theater Hotel .... (5)

SE RESTAURER

De 3 Tonghen .... (1)

Kokoon .... (4)

La Stanza .... (7)

Ter Eycken .... (10)

Zarza .... (13)

Un **jubé★** à trois arches légères (fin 15e s.), dominé par un grand Christ en bois, précède le chœur. À l'avant de la nef trône la *Sedes Sapientiae* (1442), la patronne de l'université de Louvain.

Trésor★★ – Il comprend de magnifiques peintures et sculptures. Une remarquable **tête de Christ★** en bois, dite « de la Croix tordue », date encore de l'époque romane. Une copie réduite de la *Descente de Croix* a été réalisée en 1443 d'après le célèbre triptyque de van der Weyden, exposé au Prado à Madrid.

La Cène★★ (1464-1467) de Dirk Bouts est un calme et lumineux chef-d'œuvre d'une admirable simplicité de composition. La profondeur de la perspective, la finesse du dessin s'y allient à la variété de la palette. Le peintre, qui s'est représenté debout à droite sous un bonnet rouge, n'a pas mis l'accent sur la trahison de Judas, mais sur le mystère de l'Eucharistie. Sur les volets du retable, quatre scènes bibliques, aux riches couleurs, préfigurent l'institution de ce sacrement. Du même artiste, le triptyque du *Martyre de saint Érasme* montre les bourreaux enroulant sur un treuil les entrailles du saint impassible.

Dans le chœur se dresse un superbe **tabernacle★**, tour de dentelle en pierre d'Avesnes, œuvre de Mathieu de Layens (1450). Les stalles sont sculptées de sujets satiriques (15e s.).

Prenez la Tiensestraat, tournez à gauche sur la Sovoyestraat et à droite sur la Leopold Vanderkelenstraat.

★ Musée M (M van Museum Leuven) Plan II

✆ 016 27 29 29 - www.mleuven.be - tlj sf merc. 11h-18h (jeu. 22h) - fermé 1er janv., 24-25 et 31 déc., 11 juil. et 15 août - 9 € (valable également pour le trésor de l'église St-Pierre), - 26 ans 5 €, -13 ans gratuit.

Édifié autour de l'ancienne cour de l'hôtel Vander Kelen, le musée M, dont les ailes modernes ont été conçues par l'architecte belge Stéphane Beel, associe les contrastes, entre dépouillement contemporain et richesse ornementale d'une maison de maître du 19e s. Parfaitement intégré dans le tissu urbain, l'édifice permet de profiter d'une vue sur la ville depuis les derniers étages. Les collections, à la fois abondantes et variées, comprennent des objets et des œuvres d'art de la préhistoire au 20e s., qui illustrent le passé de la ville et de la région. Le point fort du musée est constitué par les sculptures et peintures de style **gothique flamboyant brabançon**, notamment des œuvres du Maître de Flémalle et d'Albrecht Bouts, et par les collections du 19e s.

Continuez tout droit sur la Leopold Vanderkelenstraat.

Bibliothèque universitaire (Universiteitsbibliotheek) Plan II

Construite en 1927 après la destruction de l'ancienne bibliothèque (1914), c'est un énorme édifice de style néogothique couronné d'une tour imitée de la Giralda de Séville. Incendiée en 1940, elle a été restaurée.

Traversez le Herbert Hooverplein, tournez à droite sur la Tiensestraat, à gauche sur la Muntstraat et encore à gauche sur la St-Michielsstraat.

DIRK BOUTS, PEINTRE MAJEUR

Parmi les primitifs flamands du 15e s., Dirk Bouts occupe une place de choix. Après avoir travaillé à Bruxelles dans l'atelier de van der Weyden, cet artiste, originaire de Haarlem en Hollande, s'installe en 1450 à Louvain dont il devient peintre officiel en 1468. Son chef-d'œuvre, *La Cène*, est exposé à l'église St-Pierre. Dirk Bouts meurt à Louvain en 1475. Ses deux fils, Dirk et surtout Albrecht, héritent de son talent pictural.

LA PLUS ANCIENNE UNIVERSITÉ DE BELGIQUE

Fondée en 1425 sur l'initiative du pape Martin V et à la demande de Jean IV, duc de Brabant, l'**Université catholique de Louvain** devient bientôt une des plus prestigieuses institutions d'Europe. En 1517, Érasme crée le **collège des Trois Langues** où l'on enseigne hébreu, latin, grec, et qui servira de modèle au Collège de France à Paris. Résistant aux troubles religieux du 16e s., l'Université de Louvain reste longtemps la championne de l'orthodoxie. Elle héberge d'illustres personnages : l'un de ses recteurs, précepteur de Charles Quint, deviendra le pape Adrien VI (1459-1523). Au 16e s. viennent y enseigner Juste Lipse, Mercator, et au 17e s. **Jansénius** (1585-1638). Après la mort de ce dernier paraît à Louvain, en 1640, l'*Augustinus*, ouvrage qui, condamné en 1642 par le pape, donna naissance au jansénisme. Depuis le violent conflit linguistique de 1968, l'Université catholique de Louvain s'est divisée en deux sections. L'université francophone, ou UCL, s'est alors installée à Louvain-la-Neuve *(voir p. 512)*. À Louvain, la Katholieke Universiteit Leuven, dite **K.U. Leuven** Plan I, accueille actuellement plus de 30 000 étudiants dont environ 4 000 étrangers.

Collège du Pape (Pauscollege) Plan II

Les bâtiments en style classique du collège du Pape (fondé par le pape Adrien VI) encadrent la cour d'honneur, où l'on peut admirer deux bronzes (1985-1991) d'Olivier Strebelle.

Rejoignez la Naamsestraat par la Standonckstraat.

Naamsestraat Plan II

Cette longue rue compte de nombreux collèges universitaires.

Halles universitaires (Universiteitshal) – L'université s'installa en 1432 dans cette halle aux draps du 14e s. Au 17e s., l'édifice fut surélevé d'un étage en style baroque, qui fut rebâti après sa destruction en 1914. Il est actuellement occupé par le centre administratif de l'université.

Église St-Michel (St-Michielskerk) – Conçue au 17e s. par le père Hésius, la **façade★** baroque, aux proportions harmonieuses, montre un bel élan vertical.

Collège van Dale (van Dalecollege) – Les magnifiques bâtiments de ce collège, fondé en 1569 par Pieter van Dale, sont de style Renaissance. Ils abritent actuellement les services sociaux de l'université.

Engagez-vous dans le St-Beggaberg qui mène au béguinage.

★★ Grand béguinage (Groot Begijnhof) Plan II

Fondé vers 1230, ce béguinage comprenait d'abord le quartier se situant près de l'église. Au 17e s., il s'est agrandi pour atteindre près de 7 ha. Inscrit depuis 1998 sur la liste du Patrimoine mondial de l'Unesco, il s'agit du plus grand béguinage de Belgique. L'université a acheté le complexe en 1962 et l'a restauré en respectant autant que possible l'architecture d'origine. Depuis, les maisons sont habitées par des étudiants et des professeurs. La dernière béguine s'est éteinte en 1988. Derrière les murs en briques bombées, les maisons s'ouvrent sur des portes surmontées d'un arc et parfois, comme dans le quartier espagnol, de niches abritant des statues. Certaines demeures possèdent un jardin. Si les béguines les plus aisées avaient leur maison à elles – la maison St-Pauwel (1634) située Middenstraat 65 est un exemple –, d'autres partageaient un couvent.

L'**église** gothique ne comporte ni tour, ni transept, ni déambulatoire. Le chevet est éclairé par une belle baie à deux lancettes.

Vous pouvez prolonger ce circuit par une excursion au Jardin botanique.

Jardin botanique (Kruidtuin) Plan I

Kapucijnenvoer 30 - du Flochplein, bus 7, 8 ou 9 direction Bertem ou bus 337 direction Wavre - ✆ 016 29 44 88 - mai-sept. : lun.-sam. 8h-20h, dim. 9h-20h ; reste de l'année : lun.-sam. 8h-17h, dim. 9h-17h - fermé 1er janv. et 25 déc.

Le « Hortus Botanicus Lovaniensis » est le plus ancien jardin botanique de Belgique (1738). Son nom en néerlandais, *kruidtuin* (« le jardin d'herbes médicinales »), rappelle les liens qui existaient autrefois entre la botanique et la médecine. L'orangerie et le jardin (en tant que paysage) ont été classés en 1976.

À proximité

Abbaye du Parc (Abdij van 't Park) Plan I

À Heverlee. Quittez Louvain au sud par la Geldenaaksebaan et tournez à gauche après le pont du chemin de fer - ✆ 016 40 63 29 - www.parkabdij.be - visites guidées : avr.-oct. le dim. à 16h ; reste de l'année le 1er dim. du mois à 16h - 2,50 €.

Au bord de vastes étangs se dressent les bâtiments (16e au 18e s.) de cette abbaye de Prémontrés fondée en 1129 par Godefroid Ier le Barbu. Passé plusieurs porches assez délabrés, puis le moulin à eau et la ferme, on aboutit à la cour de la prélature, gardée par deux lions de pierre.

La visite des bâtiments abbatiaux permet d'admirer les **plafonds★** du réfectoire (1679) et de la bibliothèque (1672), ornés de hauts-reliefs en stuc de Jean-Christian Hansche. L'église romane a été transformée en 1729. L'intérieur baroque est agrémenté de toiles de Pieter-Jozef Verhaghen (chœur et tribune).

Château d'Arenberg (Kasteel van Arenberg) Plan I

À Heverlee. Sortez au sud-ouest par la Kardinaal Mercierlaan.

Cet immense château du début du 16e s., dont l'imposante façade se dresse à l'extrémité d'une large pelouse, appartient à l'université. Les facultés de sciences exactes sont installées dans le domaine environnant (120 ha).

Elewijt Carte de région B1

À 37 km au nord-ouest en remontant par Vilvoorde.

À l'ouest d'Elewijt se trouve le **château Het Steen**, où Rubens passa les cinq dernières années de sa vie (1635-1640). Il conserve une jolie façade nord, avec pignons à redans, ainsi qu'un donjon du 13e s.

Circuit conseillé Carte de région p. 332-333

VALLÉE DE L'IJSE

Circuit de 25 km tracé en vert sur la carte de région (p. 332-333). Sortez par la N 264 puis la N 253 à gauche vers Overijse.

Une agréable route longe cette vallée verdoyante et légèrement encaissée, avec ses bois, ses pâturages, ses allées de peupliers et ses serres à raisin.

Korbeek-Dijle C2

L'**église de St-Barthélemy** (*✆ 016 47 77 42 - visites guidées sur RV*) contient un superbe **retable★** de bois sculpté (1522) aux personnages expressifs et aux volets peints, ayant trait au martyre et au culte de saint Étienne.

3 km au départ de Korbeek-Dijle.

't Zoet Water C2

Ce joli site boisé (en français : « les eaux douces ») où se succèdent cinq étangs est très fréquenté par les touristes (équitation, pêche, canotage, parc récréatif). Het Spaans Dak (le toit espagnol), vestige du manoir du 16e s., transformé en

restaurant, se mire dans l'un des étangs. À **Neerijse**, on pénètre dans la vallée de l'Ijse, affluent de la Dyle (Dijle).
Continuez sur la N 253.

Huldenberg C2

Ici apparaissent les premières **serres à raisin**. La culture du raisin en serres chauffées, qui fut inaugurée dans la région vers 1865, est très répandue dans toute la vallée de l'Ijse et aux environs de **Duisburg**.

Overijse C3

C'est la ville natale de Juste Lipse (1547-1606), humaniste du 16e s., qui enseigna à Louvain et fut l'ami de Plantin. Au cœur de la région viticole, Overijse organise tous les ans les **Fêtes du raisin**.

Hoeilaart B3

Les serres qui recouvraient la moindre parcelle de terre et qui valaient au village son surnom de « cité de verre » ont disparu dans les années 1990. Malgré la concurrence du raisin d'importation, la Fête des vendanges se tient toujours à Hoeilaart le 3e week-end de septembre.

NOS ADRESSES À LOUVAIN

Plans de la ville p. 336 et 337

HÉBERGEMENT

Louvain

BUDGET MOYEN

Hôtel Industrie – Plan I - *Martelarenplein 7 - ✆ 016 22 13 49 - www.industriehotel.be - 15 ch. 65/75 € ☕.* Ce bel édifice à l'angle de la Bondgenotenlaan abrite des chambres simples décorées de photos en noir et blanc, sous de hauts plafonds. Wi-Fi.

Hôtel Biestpoort – Plan II - *Brusselsestraat 110 - ✆ 016 20 24 92 - www.hotelbiestpoort.be - 14 ch. 90 € ☕.* Hôtel simple dans une rue animée du centre. Chambres aux couleurs chaudes. Au rez-de-chaussée, café convivial proposant des bières locales.

POUR SE FAIRE PLAISIR

Theater Hotel – Plan II - *Bondgenotenlaan 20 - ✆ 016 22 28 19 - www.theaterhotel.be - P - 21 ch. 135/160 € ☕.* En plein centre de la ville universitaire. Chambres élégantes et confortables. Buffet varié pour le petit-déjeuner : il est servi dans une belle salle qui accueille nombre d'œuvres d'art africain.

Martin's Kloosterhotel – Plan II - *Predikherenstraat 22 - ✆ 016 21 31 41 - www.martins-hotels.com - P - 103 ch. 155/195 € ☕.* Cet hôtel a été aménagé dans un ancien cloître du 17e s. au centre du cœur historique de la ville. Magnifique rénovation avec différents types de chambres qui rayonnent toutes la chaleur et le confort. Réservé aux clients de l'hôtel, l'ancien jardin de cloître est aujourd'hui une oasis de quiétude dans la ville animée.

UNE FOLIE

Hôtel Binnenhof – Plan I - *Maria Theresiastraat 65 - ✆ 016 20 55 92 - www.hotelbinnenhof.be - P - 60 ch. 180/200 € ☕.* Bonne situation pour les voyageurs en train car cet hôtel est situé à distance de marche de la gare. Chambres modernes et aménagées de façon rationnelle. Petit-déjeuner varié. Bar dans le hall et accès Internet gratuit pour les hôtes.

Heverlee

POUR SE FAIRE PLAISIR

The Lodge – Plan I - *Kantineplein 3 - ✆ 016 50 95 09 - www.lodge-hotels.be - P - 25 ch. 135/155 € ☕.* Situé un peu en dehors du centre près de l'Arenbergpark. Chambres aménagées avec goût, brasserie et terrasse en été. Une adresse recommandée si vous souhaitez éviter la cohue de la ville.

RESTAURATION

BUDGET MOYEN

De 3 Tonghen – Plan II - *Busleidengang 6a - ✆ 016 29 41 43 - www.de3tonghen.be - mar.-vend. 12h-13h30, 18h-22h, w.-end 18h-22h - menu déj. 15 €, carte 15/34 €.* Ce bâtiment historique faisait jadis partie de l'université. Les étudiants pouvaient approfondir ici leur connaissance des trois langues classiques. Aujourd'hui, le menu est essentiellement espagnol avec un choix étendu de tapas, pinchos et autres spécialités méridionales.

La Stanza – Plan II - *Wandelingstraat 8 - ✆ 016 50 30 66 - fermé dim., lun. et sam. midi - menus 16/40 €.* L'un des meilleurs restaurants italiens de la ville, proposant de succulents plats du sud et des pâtes maison. La cuisine ouverte permet de voir le chef à l'œuvre.

POUR SE FAIRE PLAISIR

Kokoon – Plan II - *'s Meiersstraat 1 - ✆ 016 23 07 26 - www.kokoon.be - 12h-14h30, 18h-22h - fermé mar. et sam. midi - 35 €.* Ce restaurant près de la Grand-Place propose des formules repas originales : les plats français classiques sont préparés au wok. La carte présente également un beau choix de salades et potages.

Ter Eycken – Plan II - *Eikstraat 10 - ✆ 016 23 54 34 - www.tereycken.be - fermé mar. - 30/40 €.* Restaurant stylé dans une maison de maître aux cheminées antiques. Cuisine française créative à base de produits du marché et service attentif.

Zarza – Plan II - *Bondgenotenlaan 92 - ✆ 016 20 50 05 - www.zarza.be - lun.-sam. 11h45-15h, 18h30-0h - menus 25/50 €.* Une adresse pour les fins gourmets. Cadre jeune et branché où l'on vous gâte de midi jusque tard le soir avec des préparations inventives de cuisine franco-belge et d'excellents choix de vin. Carte sucrée uniquement avec vaste choix de pâtisseries le samedi après-midi, pour le goûter *(14h30-17h).*

PETITE PAUSE

M Café – Plan II - *Savoyestraat - ✆ 016 27 29 29 - www.museumcafe.be - lun.-mar. 9h-19h, jeu.-vend. 9h-0h - 12/15€.* Le café du musée M, aux lignes contemporaines, dispose de grandes baies donnant sur l'extérieur. Petit-déjeuner, brunch, bière et petite restauration. Terrasse sur Savoyestraat.

Brasserie Den Domus – Plan II - *Tiensestraat 8 - ✆ 016 20 14 49 - www.domusleuven.be - tlj sf lun. 9h-1h.* Les bières arrivent de la brasserie d'à côté. Petite restauration, plats élaborés et mets sucrés. Décoration mêlant bois et fer forgé.

Wereldcafé.coop – Plan II - *Helleputteplein 4 - ✆ 016 89 01 90 - www.wereldcafe.be - jeu. 20h-0h, vend. 11h-0h, sam. 11h-20h.* Café proposant des produits du commerce équitable : boissons bio, tarte aux légumes, tartine de pain complet… Concerts live de *world music.*

AGENDA

Kulturama – *Fév.* Large éventail d'activités sur plusieurs jours.

BeLeuvenissen – *Les vend. de juil.* Événement musical, avec chaque année un thème différent.

Aarschot

28 636 habitants – Brabant flamand

S'INFORMER
Indicatif téléphonique : *016.*
Toerisme Aarschot – *Elisabethlaan 103 - ✆ 016 56 97 05 - www.toerisme aarschot.be - mar.-vend. 9h-12h, 13h30-16h30, w.-end 13h30-16h30.*

SE REPÉRER
Carte de région C1 (p. 332-333) – *Cartes Michelin Regional nos 716 H3 et 533 O1.* Aarschot se trouve entre Louvain et Diest. La ville est au croisement de la N 10 et de la N 19. On peut également y accéder par l'E 314 (sortie 22).

À NE PAS MANQUER
La collégiale N.-D.

ORGANISER SON TEMPS
Quelques heures suffisent pour visiter la ville et l'église.

AVEC LES ENFANTS
Le château de Horst.

Signalée au loin par la tour de sa collégiale, Aarschot (prononcez « ars-kot ») est une petite ville pittoresque, bâtie sur les rives du Démer, avec ses moulins qui se reflètent sur la rivière et ses tours médiévales. Parmi les habitants célèbres de la cité des « batteurs de pavés », le peintre Pieter Jozef Verhaghen avait pour admiratrice l'impératrice Marie-Thérèse d'Autriche. La campagne du Hageland alentour, surnommée « la région des haies », dissimule le château de Horst, élégante construction mêlant la brique et la pierre.

Se promener

Collégiale N.-D. (O.-L.-Vrouwekerk)

✆ 016 57 20 43 - 9h-12h (sur RV uniquement l'apr.-midi).
Le chœur de ce bel édifice en grès ferrugineux local date du 14e s., la nef du début du 15e s. Formant façade, la tour culmine à 85 m de hauteur. Sa partie inférieure est égayée par l'alternance de calcaire et de grès.
En entrant, belle perspective sur la nef aux lignes élancées soulignées par les cannelures des arcs doubleaux. Le chœur où se retrouvent les coloris de la tour est masqué par un jubé flamboyant. Surmonté d'une croix triomphale du 15e s., celui-ci est décoré de scènes de la Passion et de la Résurrection. La chaire et les confessionnaux sont de style baroque flamand (17e s.). Dans le chœur, stalles (1515) aux sculptures satiriques et lustre en fer forgé, de 1500, attribué à Quentin Metsys. Une chapelle à droite du déambulatoire abrite une toile de P.-J. Verhaghen : *Les Disciples d'Emmaüs*. Dans une chapelle à

LES « BATTEURS DE PAVÉS »
C'est le sobriquet des habitants d'Aarschot. Il leur vient de l'époque où les gardes, au cours de leur ronde, battaient les pieds sur les pavés pour rassurer la population. Près de la Grand-Place, une sculpture amusante de « Kasseistamper », surmontant une fontaine, illustre cette appellation.

gauche, remarquable peinture sur bois, anonyme, de l'école flamande (16e s.) : **Le Pressoir mystique** ; à la prédelle, les sept Sacrements. La statue miraculeuse de N.-D. d'Aarschot (1596) trône dans le bras gauche du transept.

Ancien béguinage (Begijnhof)

Près de la tour de l'église se dresse une maison Renaissance. Un peu plus loin s'alignent les quelques demeures (17e s.) subsistant du béguinage, fondé au milieu du 13e s. et en partie détruit au 19e s. par le percement de la Stationstraat. On aperçoit, à droite, les **moulins des Ducs** (16e s.), sur le Démer, et, à gauche, un enclos, charmante reconstitution du béguinage, appartenant à un hospice.

Tour St-Roch (St-Rochustoren)

Sur la Grand-Place.
Édifiée au début du 14e s., la tour, réalisée en grès brun, a servi sous la domination napoléonienne de prison, puis au 20e s. de poste de police. Vous remarquerez, dans une niche visible depuis la rue, la statue de saint Roch, patron des Pèlerins.

Point de vue

On a une bonne vue d'ensemble de l'agglomération depuis la **tour d'Orléans** (Orleanstoren), vestige des anciens remparts.

À proximité Carte de région p. 332-333

Rhode-St-Pierre (St-Pieters-Rode) C2

8 km au sud. Sortez par la route de Louvain (Leuven), prenez peu après à gauche en direction de St-Joris-Winge la N 223, puis à droite.
Jolie construction polygonale entourée d'eau, le **château de Horst** fera bientôt l'objet d'une restauration. Il est flanqué d'un donjon du 14e s. qui est, avec le porche d'entrée, le seul vestige de l'édifice détruit en 1489 par les troupes de l'empereur Maximilien. Le reste de la demeure, en brique à cordons de pierre, date des 16e et 17e s. Les dépendances en face du château abritent un café ainsi qu'un centre d'accueil.

Tremelo et Keerbergen C1

16 km à l'ouest par la N 10 puis par une route à gauche juste après Begijnendijk.
Tremelo – Le **musée du Père Damien** (Pater Damiaanmuseum) *(Pater Damiaanstraat 37 - ✆ 016 53 05 19 - ♿ - tlj sf lun. 14h-16h30 - fermé env. 18 déc.-10 janv., Pâques, Pentecôte, 1er nov. - 3 €)* a été aménagé dans la maison natale de ce missionnaire (1840-1889) qui mourut en soignant les lépreux des îles Hawaii à Molokai. Une collection d'objets lui ayant appartenu et un montage audiovisuel en plusieurs langues évoquent sa vie.
Keerbergen – Dans la Campine brabançonne, c'est un agréable centre de villégiature dont les villas luxueuses se disséminent parmi les bois de pins.

Diest

★

23 171 habitants – Brabant flamand

NOS ADRESSES PAGE 350

S'INFORMER
Indicatif téléphonique : *013.*
Toerisme Diest – A2 - *Infobalie Stadhuis - Grote Markt 1 - ☎ 013 35 32 74 - www.toerismediest.be - 1er oct.-28 fév. : lun.-sam. 10h-12h, 13h-17h ; 1er mars-30 sept. : 10h-12h, 13h-17h.*

SE REPÉRER
Carte de région D1 (p. 332-333) et plan de ville (p. 346) – *Cartes Michelin Regional nos 716 I3 et 533 P17.* À mi-chemin entre Louvain et Hasselt, Diest est bien desservi par l'E 314.

À NE PAS MANQUER
Le béguinage.

ORGANISER SON TEMPS
Pour le circuit complet de la ville, prévoyez la journée.

AVEC LES ENFANTS
Le parc De Halve Maan.

Lovée dans un méandre du Démer, Diest est une ville paisible et charmante, à l'abri derrière sa ceinture de remparts. Elle dissimule, à l'intérieur, des maisons à encorbellement et un béguinage, classé à l'Unesco. Berceau de la maison d'Orange-Nassau, Diest est la cité natale du prince René de Chalon, qui choisit pour héritier son cousin Guillaume de Nassau, fondateur de la dynastie à laquelle appartient encore la reine Beatrix des Pays-Bas.

Se promener Plan de ville p. 346

Circuit tracé en vert sur le plan de la ville.
La cité de Diest renferme, dans l'enceinte de ses remparts, un riche patrimoine civil et religieux, aux styles très variés : roman, gothique, baroque, néoclassique…

Grand-Place (Grote Markt) A2

Cette jolie place est bordée de maisons des 17e et 18e s. L'hôtel de ville du 18e s. est de style néoclassique. Au centre de la Grand-Place se dresse l'église.

★ Musée communal De Hofstadt (Stadsmuseum De Hofstadt) A2

☎ 013 35 32 70 ou 013 35 32 74 (office de tourisme) - tlj (oct.-fév. : sf lun.) 10h-12h, 13h-17h - fermé 2 dernières sem. de déc. et première sem. de janv. - 4 €.
Situé dans les cryptes de l'hôtel de ville *(porte à droite sous le perron)*, le Musée communal est mis en valeur par son cadre moyenâgeux. Sous les voûtes gothiques en grès rouge du 14e s. sont présentés un **Jugement dernier** du 15e s., peint sur bois, et la copie d'une célèbre *Vierge à l'Enfant* en marbre. L'original, de 1345, provenant du béguinage, se trouve actuellement au Metropolitan

Museum de New York. La salle gothique expose également des armures des 15e et 16e s.

La salle suivante, d'influence romane, aux coupoles de brique soutenues par de courts piliers, est probablement une ancienne brasserie seigneuriale dont subsiste le puits. On remarque le lustre en bois de cerf et orfèvrerie (15e s.).

La salle des échevins, reconstituée, comprend un mobilier en bois richement sculpté et des dessins ayant Diest comme sujet. On admirera aussi avec intérêt les beaux **colliers de guildes** des 17e, 18e et 19e s.

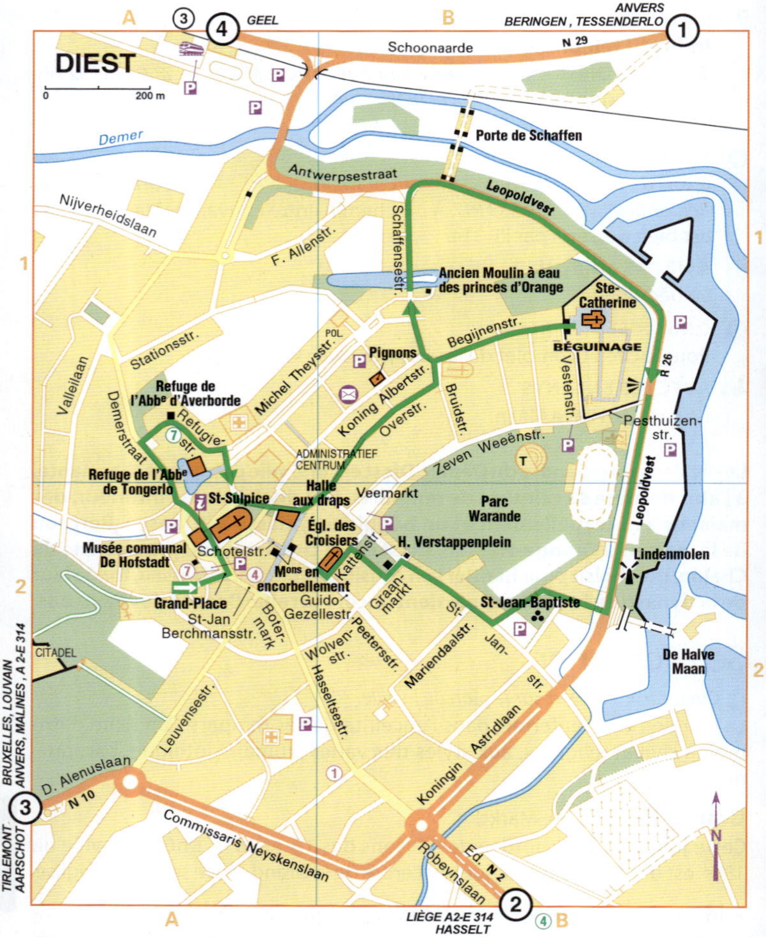

SE LOGER

Hôtel Prins van Oranje .... ④

The Lodge .... ⑦

SE RESTAURER

Casa Iberico .... ①

De Nieuwe Haan .... ④

In den Zoeten Inval .... ⑦

Église St-Sulpice (St-Sulpitiuskerk) A2

✆ 013 35 32 74 - de mi-mai à mi-sept. : tlj sf lun. 14h-17h - 1,50 €.

Les différentes campagnes de construction (14e-16e s.) sont marquées par la juxtaposition du grès houiller de la région (chœur, nef) et de la pierre blanche (tour inachevée du 16e s.). Le clocheton de la croisée du transept, surnommé « Mosterdpot » (pot à moutarde) à cause de sa forme, possède un carillon de 32 cloches. Le chœur abrite également la tombe du fils de Guillaume de Nassau, Philippe-Guillaume.

L'intérieur montre un triforium ajouré et abrite d'intéressantes **œuvres d'art★** ainsi que de belles boiseries du 18e s. Dans le chœur, **stalles** du 15e s. aux amusantes miséricordes représentant les péchés capitaux et des proverbes. Le visiteur admirera un tabernacle du 17e s., dont les niches sont décorées à l'italienne, un triptyque du 16e s., *Adoration des Mages* et une *Vierge à l'Enfant (Sedes Sapientiae)* du 13e s. Une pièce derrière le chœur abrite le trésor de l'église.

Engagez-vous dans la Zoutstraat qui part de la Grand-Place, puis prenez la Demerstraat. Ensuite, tournez à droite dans la Refugiestraat.

Les refuges A1

En faisant quelques pas dans la Demerstraat, on aperçoit à droite, près d'un canal, l'ancien refuge de l'abbaye de Tongerlo, ou **Het Spijker**, datant du 16e s., érigé en grès et pierre.

Plus loin se dissimule dans la verdure celui d'**Averbode**, du 15e s. Les dépendances datent du 20e s.

Continuez tout droit sur la Refugiestraat, passez derrière l'église St-Sulpice jusqu'à la Hallestraat.

Halle aux draps (Lakenhal) A2

La façade de la halle (14e s.) aux draps a été reconstruite au 19e s. Devant l'édifice a été déposée la Holle Griet, bombarde du 15e s. Contournez l'édifice pour voir la façade ancienne.

Au carrefour des rues piétonnes voisines *(F. Moonsstraat, Ketelstraat, G. Gezellestraat et Schotelstraat)* se dressent deux pittoresques **maisons en encorbellement** du 15e s. : ´t Dambord et Het Fortuyn.

Prenez la Overstraat, tournez à gauche à la Bruidstraat et tout de suite à droite sur la Begijnenstraat.

★★ **Béguinage** (Begijnhof) B1

Fondé au 13e s., c'est l'un des plus importants béguinages de Belgique. On y pénètre par une belle porte baroque de 1671 dont la niche est décorée d'une *Vierge à l'Enfant*. Les maisons actuelles, à pignons et niches, datent des 17e et 18e s. L'ancienne infirmerie de l'Apostelenconvent abrite aujourd'hui un centre culturel. Quelques artistes se sont établis dans le béguinage et y exposent leurs œuvres.

L'**église Ste-Catherine** (St-Katarinakerk) *(✆ 013 32 57 51 - de mi-mai à mi-sept. : 13h-17h30 - gratuit)*, de style gothique du Démer, renferme de belles boiseries ; chaire de 1671, remarquable par l'élégance de ses sculptures, et clôture de chœur de la même époque, finement ouvragée. L'église compte également quelques statues intéressantes.

Revenez sur la Begijnenstraat, tournez à droite sur la Schaffensestraat puis à gauche.

Aux nos 72 et 74 de la Koning Albertstraat, on admire les **pignons** de deux anciennes brasseries sculptés d'outils de brasseur.

Revenez à la Schaffensestraat pour gagner le moulin à eau.

Ancien moulin à eau des princes d'Orange
(Watermolen van Oranje) B1
À l'ombre d'un saule pleureur, sur un canal où se reflète son pignon à redans, ce moulin du 16e s. forme un tableau pittoresque.
Suivez la Schaffensestraat.

Porte de Schaffen (Schaffensepoort) B1
Cette porte est l'une des trois dernières de l'enceinte construite au 19e s. afin de protéger la ville contre l'armée des Pays-Bas, qui ne voulait pas reconnaître l'indépendance de la Belgique. Une grande partie de cette enceinte fut démolie dans les années 1930.
Tournez à droite dans le Leopoldvest.

Leopoldvest B1-2
Ce boulevard longeant les remparts (*vest* : rempart) offre une jolie **vue** sur le béguinage : derrière la clôture de brique s'étendent les jardins, au-delà se pressent les maisons à hautes toitures. On découvre ensuite le **Lindenmolen**, moulin en bois de type standard du 18e s., provenant du village voisin d'Assent. Ses abords ont été aménagés et accueillent aujourd'hui le centre récréatif **De Halve Maan** : piscines en plein air, plage, terrains de tennis, plan d'eau.
Engagez-vous dans la Parklaan.

Ruines de l'église St-Jean-Baptiste
(Ruïnes van de St-Jan-de-Doperkerk) B2
Dressés au milieu de la place, les vestiges de l'église St-Jean-Baptiste, datant du 13e s. et incendiée au 16e s. lors des guerres de Religion, laissent apparaître un chœur gothique en grès rouge couvert de lierre.
Par la St-Jansstraat, gagnez la Verstappenplein.

H. Verstappenplein B2
Sur cette place, on voit l'entrée principale du **parc Warande** : située sur la butte où se trouvait le château, c'est l'ancienne réserve de chasse des princes d'Orange. Leur hôtel (1516), flanqué d'une tourelle, lui fait face.

Église des Croisiers (St-Barbarakerk) B2
013 31 10 41 - 9h-12h.
L'unique église baroque de Diest, commandée par les Augustins, contient six somptueux confessionnaux en bois sculpté du 17e s. L'un d'entre eux forme la base de la chaire. Elle fait partie de l'ordre de la Ste-Croix.

Circuit conseillé Carte de région p. 332-333

ENTRE CAMPINE ET HAGELAND

Circuit de 37 km tracé en rouge sur la carte de région (p. 333). Sortez par ① du plan et tournez à gauche. Prenez la N 174 au nord en direction de Tessenderlo.
Aux confins des provinces du Brabant, d'Anvers et du Limbourg, cette région peu peuplée et boisée conserve les témoignages de sa ferveur religieuse.

Tessenderlo D1
L'**église St-Martin** (St-Maartenskerk) renferme un beau **jubé★** (16e s.) aux trois arcades finement sculptées reposant sur six piliers. Entre les arcs se dressent huit grandes statues des évangélistes et des Pères de l'Église.
Des personnages du Moyen Âge animent, dans quatre médaillons surmontant les arcs, des scènes de la vie de la Vierge et, au-dessus, des scènes de la vie du Christ.

L'ORDRE DE PRÉMONTRÉ
Saint Norbert en est le fondateur. En 1120, il établit à Prémontré, près de Laon en France, la première maison de l'ordre, auquel il impose la règle de saint Augustin. L'ordre se répand rapidement dans les anciens Pays-Bas où il connaît un essor remarquable. C'est encore actuellement l'un des plus importants de Belgique, les principales abbayes étant Averbode, Parc et Tongerlo. Les prémontrés ou norbertins sont des chanoines réguliers. Tout en vivant en communauté, ils se consacrent à l'apostolat, fonction qu'ils exercent surtout dans les paroisses. Ils sont vêtus d'un habit blanc.

Les fonts baptismaux ont été sculptés au 12e s.
Quittez Tessenderlo en direction de Laakdal, puis prenez la N 165.

★ Averbode D1
Dans une région boisée de pins, au point de rencontre de trois provinces (Anvers, Limbourg, Brabant), les prémontrés occupent l'abbaye d'Averbode fondée par eux en 1134-1135.
Abbaye★ – *✆ 013 78 04 40 - www.abdijaverbode.be.* On pénètre dans la cour par un porche du 14e s. surmonté d'un édifice en grès ferrugineux orné de statues dans des niches gothiques. La prélature au fond de la cour a été reconstruite dans le style du 18e s.
Église★ – *7h30-11h30 (dim. et j. fériés 10h30), 13h30-17h45, mais pas pdt les offices.* Construite de 1664 à 1672, cette belle abbatiale ressemble à ses sœurs de Grimbergen et Ninove. La façade aux lignes onduleuses présente les statues de saint Norbert, à droite, et de saint Jean-Baptiste, patron de l'abbaye, à gauche. L'intérieur a des proportions majestueuses. Le chœur, plus long que la nef, en est isolé par deux retables qui formaient autrefois jubé. On aperçoit au-delà de ceux-ci les stalles du 17e s. richement sculptées.
Bâtiments conventuels – Ils ont été incendiés en 1942, à l'exception du cloître (18e s.), de la salle capitulaire et de la sacristie, ornées de belles boiseries (18e s.). On y voit d'intéressants tableaux : dans le cloître, les portraits des abbés à partir du 17e s. ; dans la salle capitulaire, un De Crayer.
Cimetière conventuel – Entre l'église et la route. On y trouve la tombe d'**Ernest Claes** et de son épouse. Cet auteur flamand (1885-1968), né à Zichem, affectionnait l'abbaye d'Averbode.
Prenez la N 212 en direction de Zichem.

Zichem D1
L'église de ce bourg où naquit l'écrivain **Ernest Claes** contient un beau triptyque du 16e s. illustrant la vie de saint Eustache, patron de l'église et, au-dessus du maître-autel, un vitrail de 1397, le plus ancien du pays.

Montaigu (Scherpenheuvel) D1
Au sommet d'une butte de 77 m d'altitude, c'est, pour la Belgique, le lieu de pèlerinage national à la Vierge. Le dimanche suivant la Toussaint se déroule, l'après-midi, une **procession aux chandelles**. La basilique a été construite par Cobergher entre 1609 et 1627.
Au centre d'un plan urbain géométrique, sept avenues convergent en effet vers l'édifice à sept pans, surmonté d'un dôme baroque, qui marque l'introduction de ce style en Belgique ; à l'arrière se dresse une haute tour carrée. À l'**intérieur** sont disposées dans les chapelles rayonnantes six toiles de van Loon, *Vie de sainte Anne et de la Vierge*, d'un franc coloris.

NOS ADRESSES À DIEST

Plan de la ville p. 346

HÉBERGEMENT

BUDGET MOYEN

Hôtel Prins van Oranje – B2 en dir. - *Halensebaan 152 - ✆ 013 35 10 70 - www.prinsvanoranje.be - P - 18 ch. 85/95 €* ☕. Hôtel de charme à la situation calme juste en dehors du centre. Les chambres ont vue sur les jardins avec étangs et fontaines. En été, petit-déjeuner servi en terrasse.

POUR SE FAIRE PLAISIR

The Lodge – A1 - *Refugiestraat 23 - ✆ 013 35 09 35 - www.lodge-hotels.be - P - 20 ch. 120/140 €* ☕ *- rest. 25 €.* Petit château Renaissance restauré, au centre de la ville. Choix de chambres romantiques dans le bâtiment d'origine ou contemporaines dans la nouvelle aile. Petit-déjeuner buffet.

RESTAURATION

BUDGET MOYEN

In den Zoeten Inval – A2 - *Grote Markt 6 - ✆ 013 32 63 51 - lun.-mar., vend. et w.-end 10h-22h, merc. 9h-14h - fermé 2 premières sem. de juil. - 15/27 €, brunch dim. 10h30-14h30, 40€.* Petit restaurant agréable, à apprécier le midi pour une petite restauration, l'après-midi pour le thé ou le café et le soir pour un dîner varié avec des préparations belges classiques.

Casa Iberico – B2 - *Kautershoek 1 - ✆ 047 744 94 85 - fermé dim. midi, merc. et jeu. - menus 17/40 €.* Ce restaurant propose des préparations méditerranéennes de la péninsule Ibérique, au-delà des simples tapas. Bon choix de vins espagnols et portugais.

POUR SE FAIRE PLAISIR

De Nieuwe Haan – A2 - *Grote Markt 19 - ✆ 013 33 51 06 - www.denieuwehaan.be - tlj sf lun. et merc. 11h-22h, dim. 10h-21h - fermé 1 sem. en juil. - brunch buffet le dim. à partir de 11h30 - 25/30 €.* Gastronomie abordable, choix de plats belges classiques dans un cadre historique sur la Grand-Place. Excellentes préparations avec moules et homards, mais la carte propose également des plats de pâtes et des salades simples.

PETITE PAUSE

Café Bij de Baas – A2 - *Grote Markt 14 - ✆ 013 55 58 81 - fermé jeu. - réservé aux dames merc. soir.* Café populaire vieillot et sympathique aux murs couverts de miroirs et de lambris. Comptoir équipé d'une pompe à bière en porcelaine. À la carte : diverses boissons, dont la délicieuse *Gildenbier*, potages et croque-monsieur.

ACHATS

Bakkerij Dolci Panini – A2 - *St-Jan Berchmansstraat 5 - ✆ 013 52 25 52 - tlj sf dim. apr.-midi et lun. 6h30-17h.* Diverses tartes délicieuses (surtout aux prunes) vous attendent sur l'étalage de cette boulangerie-pâtisserie à la décoration sobre. Large choix de petits gâteaux.

Le musée du Sucre.
Johan De Meester/ArTerra Picture Library/age fotostock

Tirlemont

Tienen

32 872 habitants – Brabant flamand

S'INFORMER

Indicatif téléphonique *: 016.*

Dienst Toerisme – *Grote Markt 4 - ✆ 016 86 80 56 87 - www.tienen.be - lun.-vend. 8h30-12h30, 13h30-17h (juil-août matin seult).*

SE REPÉRER

Carte de région D2 (p. 332-333) – *Cartes Michelin Regional nos 716 H3 et 533 O18.* Entre Louvain et St-Trond, Tirlemont se trouve sur la N 3 et près de l'E 40 (sortie 25) reliant la capitale au pays de Liège.

ORGANISER SON TEMPS

Prévoyez deux heures pour découvrir la ville.

AVEC LES ENFANTS

Le musée du Sucre.

Surnommée la « ville sucrière », du fait de la présence d'une raffinerie de sucre, Tirlemont se dresse sur une colline dominée par le clocher de l'église St-Germain, au pied de laquelle coule la Grande Gette. La ville est connue en particulier pour son festival rock, le Suikerrock (dernier week-end de juillet). En longeant le cours d'eau, en amont comme en aval, vous apprécierez ses alentours, pour la richesse du patrimoine et pour la célèbre bière Hoegaarden.

Se promener

Grand-Place

Église N.-D.-au-Lac★ (O.-L.-Vrouw-ten-Poelkerk) – *☏ 016 81 20 97 (sacristain) - 9h-16h.* L'église s'élevait jadis près d'un étang, d'où son nom. L'étang a été asséché, mais l'une des sources qui l'alimentaient demeure un lieu de pèlerinage. De style gothique brabançon, ce monument en pierre, dont la nef n'a jamais été construite, s'élève sur la vaste Grand-Place. Le chœur du 13e s. est sobre et harmonieux. Le transept du 14e s. est surmonté d'une tour carrée à clocher à bulbe. Les beaux **portails★** profonds exécutés par Jan van Osy datent de 1360 ; remarquez les amusants petits personnages sculptés sur le socle des niches. La Vierge du 14e s. qui ornait le portail central est placée à l'intérieur de l'église, au-dessus du maître-autel.

Au n° 6 de la Grand-Place , deux musées sont installés dans l'ancienne Justice de Paix *(☏ 016 80 56 66 - www.erfgoedsitetienen.be - tlj sf lun. 10h-17h (dernière entrée 16h) - fermé 1er-2 janv., 24-26 et 31 déc. - 4 € Het Toreke, 5 € musée du Sucre, 6 € billet combiné).*

Le **musée Het Toreke** (la tourelle) occupe une prison du 19e s. donnant sur la cour du tribunal. Sous la devise « Rites de vie et de mort à l'époque romaine », il présente les résultats de fouilles menées de 1997 à 2003 au Grijpenveld, la plus grande nécropole romaine du Benelux.

Le **musée du Sucre** (Suikermuseum) présente le monde du sucre et des sucreries en quatre étapes par un système audiovisuel interactif.

Prenez la Peperstraat qui part de la Grand-Place.

Marché aux laines (Wolmarkt)

On admire en montant à droite, aux nos 19 et 21, les **maisons van Ranst**, de style Renaissance flamande, restaurées.

Gagnez l'église St-Germain.

Église St-Germain (St-Germanuskerk)

Bâtie en haut de la colline, l'église St-Germain est située au centre du noyau primitif de la ville près du Veemarkt (marché aux bestiaux). C'était aux 12e et 13e s. une basilique romane à quatre tours. Des vestiges de l'avant-corps primitif, caractéristique de l'art roman mosan, encadrent, depuis le 16e s., une tour massive, elle-même dotée au 18e s. d'un carillon que l'on peut écouter lors des **concerts** donnés en été. L'intérieur est gothique.

On peut voir, près de l'autel central, un moulage des fonts baptismaux romans exposés au musée du Cinquantenaire à Bruxelles. Remarquez également un beau lutrin en bronze et *Le Christ miraculeux des Dames Blanches* (15e s.) dans une chapelle à droite.

À proximité Carte de région p. 332-333

Hakendover D2

5 km à l'est par la N 3.

Ce très ancien village est célèbre par sa grande **procession du Divin Rédempteur** accompagnée de cavaliers. Elle se déroule à travers les prairies et les champs ensemencés qui, malgré le piétinement de la foule, produisent, dit-on, de belles récoltes.

La fondation de l'**église St-Sauveur** (St-Salvatorskerk) *(visite sur demande, adressez-vous à Mme Wouters, van Oudenhovestraat 27, 3300 Hakendover - ☏ 016 78 83 27)* date de 690. Le bâtiment conserve une tour et une partie du transept roman, le chœur ayant été construit au 14e s. La nef fut agrandie au 18e s. Au maître-autel, un célèbre **retable★** brabançon (1400), en bois, illustre de façon vivante et élégante, en 13 scènes, l'édification miraculeuse de l'église. Trois vierges entreprirent, au 7e s., d'élever une église que les anges démolissaient la nuit. Le 13e jour après l'Épiphanie, un corbeau indiqua aux vierges l'endroit où devait s'élever l'église. Elles prirent alors 12 ouvriers auxquels vint s'adjoindre un 13e qui n'était autre que le Christ. Ainsi fut terminée l'église.

★ **Léau** (Zoutleeuw) D2

18 km à l'est par la N 3.

Située sur la Petite Gette, Léau, petite ville flamande silencieuse et pittoresque, se pare d'une magnifique église, fleuron d'architecture gothique. Jadis place forte protégée par de puissantes murailles et centre drapier, elle fut une des villes franches du duché de Brabant. Pillée en 1678 et 1701 par les troupes de Louis XIV, elle subit au 18e s. la démolition de ses fortifications.

Église St-Léonard (St-Leonarduskerk)★★ – *011 78 12 88 (office de tourisme) - de Pâques à fin sept. : tlj sf lun. 14h-17h - 1,25 €.* C'est un bel édifice dont la construction s'est étalée sur plusieurs siècles : au 13e s. sont édifiés le chevet, qu'entoure un passage extérieur à colonnettes, et le bras nord du transept, puis au 14e s. la nef et le bras sud du transept. Au 15e s., Mathieu de Layens construit la charmante sacristie flamboyante qui fait face à l'hôtel de ville. Le clocher du 16e s., reconstruit en 1926, abrite un carillon de 39 cloches.

L'**intérieur**, qui a échappé aux iconoclastes du 16e s., est un véritable **musée★★** d'art religieux. Dans la nef est suspendu un « marianum » de 1533, statue de la Vierge à deux faces.

Dans le **bas-côté droit**, on trouve, dans la 2e chapelle, le retable de sainte Anne, en bois, à volets peints (1565) ; en face, un triptyque, du 16e s., en bois doré, à volets peints, dont le sujet est la Glorification de la Ste-Croix. Dans la 3e chapelle, triptyque peint par Pieter Aertsen en 1575 : les médaillons représentent les Sept Douleurs de la Vierge. Un intéressant Christ roman du 11e s. surmonte la porte de la sacristie.

Le **bras droit du transept** conserve le plus beau retable sculpté par le Bruxellois Arnould de Maelder, vers 1478, œuvre qui conte la vie de saint Léonard : une statue du saint plus ancienne (1300) a été placée au centre. L'ancienne chapelle St-Léonard, à l'extrémité du transept, renferme une belle collection de statues des 16e et 17e s. ainsi qu'un intéressant trésor : orfèvrerie, dinanderie, ornements liturgiques.

Le long du **déambulatoire** est disposée une exceptionnelle série de statues du 12e au 16e s. Dans le **bras gauche du transept** se trouve le magnifique **tabernacle★★** en pierre d'Avesne, chef-d'œuvre réalisé en 1551 par l'Anversois Cornelis Floris. Haut de 18 m et à neuf étages, il est orné de groupes comprenant environ 200 statuettes, remarquables par la vérité de leur expression et la spontanéité de leurs attitudes. Si la facture pittoresque de celles-ci atteste encore l'art gothique, la décoration et la composition marquent l'influence italienne. À la base sont représentées des offrandes de l'Ancien Testament, au-dessus des scènes du Paradis terrestre, puis, surmontant la niche du tabernacle, la Cène et des épisodes de l'Ancien Testament. Aux étages supérieurs figure une multitude de personnages (Pères de l'Église et prophètes) ; au sommet, la Vierge.

Près du tabernacle, on admire un superbe chandelier pascal à six branches en cuivre, exécuté par Renier de Tirlemont en 1482 et au sommet duquel figure un Calvaire aux personnages d'une émouvante sobriété.

Frans Floris, frère de Cornelis, est l'auteur présumé d'un triptyque, *Baptême du Christ*, faisant face au tabernacle.

Dans les chapelles du **bas-côté gauche**, on remarque des statues et, dans l'avant-dernière chapelle (N.-D.), des médaillons peints représentant les Sept Joies de la Vierge, par Pieter Aertsen (1554).

Hôtel de ville (Stadhuis) – Construit sous Charles Quint, sur des plans attribués au Malinois Rombaut II Keldermans, c'est un charmant édifice à cheval sur le gothique et la Renaissance (1530-1538) ; précédée d'un perron ouvragé, la façade surmontée d'un pignon à redans s'ouvre par de hautes baies en anse de panier. À droite, la halle, dont la façade de brique est striée de bandes de pierre blanche, date du 14e s.

Circuit conseillé Carte de région p. 332-333

DE PART ET D'AUTRE DE LA FRONTIÈRE LINGUISTIQUE

Circuit de 13 km au sud-ouest par la N 29 tracé en violet sur la carte de région (p. 333).

En remontant le cours de la Grande Gette, les confins de la frontière linguistique dévoilent, d'un côté comme de l'autre, deux cités dignes d'intérêt, l'une pour sa bière Hoegaarden, l'autre pour son église dédiée au patron de la pluie, saint Médard.

Hoegaarden D3

5 km au sud-ouest de Tirlemont par la N 221.

Ce bourg est connu pour la bière blanche qui y est brassée *(voir p. 41)*.

Les **jardins de Hoegaarden** couvrent un parc de 4 ha englobant plus de 20 jardins à thème. Les collections de l'ancien musée de la Bière et de la Région sont visibles dans la Maison du Chapitre *(Houtmarkt 1 - ✆ 016 76 78 43 - tlj sf mar. de 10h au coucher du soleil - 5 €)*.

Dans le **Wit Gebrouw** *(Stoopkensstraat 24A - ✆ 016 76 74 33 - www.twitgebrouw.be - tlj sf lun.-mar. 10h-20h - 6 €)*, le centre visiteur installé dans l'ancienne brasserie, on découvre les secrets de la bière blanche de Hoegaarden.

Suivez la N 29.

Jodoigne (Geldenaken) D3

Ancienne place forte, sur un versant de la vallée de la Gette, Jodoigne est un important marché agricole. L'**église St-Médard**, bâtie à la fin du 12e s. dans un style de transition, est flanquée à l'ouest d'une tour carrée massive. L'**abside** est harmonieuse, avec sa double rangée de baies dont les arcades s'appuient sur des colonnettes. Elle est encadrée de deux absidioles isolées du chœur. À l'intérieur, le chœur présente des colonnettes à chapiteaux. On remarque, dans une niche du bras gauche du transept, derrière une grille, la châsse de saint Médard.

Intérieur de la basilique de Hal.
Y. Duhamel/MICHELIN

Hal

Halle

★

36 512 habitants – Brabant flamand

NOS ADRESSES PAGE 357

S'INFORMER

Indicatif téléphonique *: 02.*

Toerisme Halle *– Grote Markt 1 - ✆ 02 356 42 59 - www.toerisme-halle.be - lun.-vend. 9h-12h, 13h-16h ; avr.-mi-oct. : w.-end également - fermé Noël-1er janv.*

SE REPÉRER

Carte de région B3 (p. 332-333) *– Cartes Michelin Regional nos 716 F3 et 533 K18.* À 17 km de Bruxelles par la N 6 ; accès par l'E 19 (depuis Bruxelles ou Mons) ou l'A 8/E 429 qui relie Hal à Tournai.

À NE PAS MANQUER

La basilique.

ORGANISER SON TEMPS

Comptez au moins une demi-journée pour assister à la procession de la Pentecôte et au cortège de carnaval.

AVEC LES ENFANTS

La procession de la Pentecôte et le cortège de carnaval.

Hal est célèbre pour sa fascinante Vierge noire, conservée dans le chœur de la basilique, qui fait l'objet d'un pèlerinage chaque année paire à la Pentecôte, où un cortège historique traverse la ville, en suivant la statue. La cité du violoncelliste Adrien-François Servais est également connue pour un autre cortège, païen : son carnaval bariolé de la Mi-Carême.

Se promener

Grand-Place (Grote Markt)

Voisin de la basilique, l'**hôtel de ville**, construit au début du 17e s. dans le style Renaissance et restauré au 19e s., présente une façade harmonieuse
Au milieu de la place s'élève la statue du violoncelliste **Adrien-François Servais** (1807-1866), originaire de Hal. Servais connut un succès international – Berlioz l'appelait le Paganini du violoncelle – et il fut en outre violoncelle solo du roi Léopold Ier.

★★ Basilique (Basiliek)

✆ 02 356 42 59 (office de tourisme) - 8h-18h. Crypte-trésor et musée de la tour : lors des journées portes ouvertes.

Elle a été bâtie au 14e s. Son plan, sans transept saillant, constitue un bon exemple du style gothique brabançon d'origine. Elle est précédée d'une puissante tour carrée, surmontée de clochetons d'angle et, depuis 1775, d'une lanterne baroque. Hors œuvre à droite, une petite montgolfière coiffe la chapelle baptismale (15e s.).

Remarquez le **portail sud** avec sa Vierge à l'Enfant entourée d'anges musiciens et, un peu plus loin, une petite porte où figure le couronnement de la Vierge. Le chevet, d'harmonieuses proportions, et les flancs de l'édifice sont ornés de superbes culs-de-lampe historiés et d'un double étage de balustrades.

Intérieur – La nef, élégante, possède un triforium à remplage flamboyant ; au-dessus du porche, le mur est ajouré d'un double étage de baies également flamboyantes. On y admire de nombreux **objets d'art** ainsi que de belles sculptures. Les **fonts baptismaux** *(chapelle à droite de la tour)* datent de 1446 : en laiton, ils sont recouverts d'un riche couvercle décoré d'apôtres, de cavaliers et d'un groupe représentant le baptême du Christ. Dans le chœur, statues d'apôtres de 1410 inspirées de l'art de Claus Sluter, célèbre sculpteur des ducs de Bourgogne à Dijon ; au milieu trône la célèbre Vierge noire ; dans le déambulatoire, les écoinçons des arcatures sont sculptés de scènes remarquables (15e s.). Dans la chapelle de Trazegnies, construite hors œuvre le long du bas-côté gauche, un retable représentant les sept sacrements a été exécuté par Jean Mone, sculpteur de Charles Quint, dans la ligne de la Renaissance italienne. Remarquez encore, dans une chapelle orientée à gauche du chœur, le minuscule gisant de Joachim, fils de Louis XI, mort en 1460 alors que son père, encore dauphin, s'était réfugié à Genappe *(7 km à l'est)*.

Trésor – Dans la crypte sont exposées les plus belles pièces du trésor, témoignant de la générosité de protecteurs illustres.

Musée du Sud-Ouest du Brabant (Zuidwest-Brabants Museum)
✆ 02 356 94 15 - ♿ - juil.-août : sam. 14h-17h, dim. 10h-12h, 14h-17h ; avr.-juin et sept.-oct. : dim. 14h-17h - 2 €.
Installé dans l'ancien collège des Jésuites du 17e s., il reflète la vie régionale dans le passé : objets trouvés lors de fouilles, outillage ancien, corbeilles fabriquées à Hal aux 17e et 18e s., porcelaine de Huizingen.

À proximité Carte de région p. 80

De nombreux sites évoqués et décrits dans les environs de Bruxelles *(p. 129)* se trouvent dans le Brabant flamand et à une poignée de kilomètres de Hal : il s'agit notamment de Beersel *(12 km au nord-est de Hal)*, Alsemberg *(9,5 km à l'est de Hal)*, Huizingen *(5,5 km au nord-est de Hal)* et Gaasbek *(15 km au nord-ouest de Hal)*.

NOS ADRESSES À HAL

HÉBERGEMENT

POUR SE FAIRE PLAISIR

Hôtel Les Éleveurs – *Suikerkaai 1A - ✆ 02 361 13 40 - www.les-eleveurs.be - P - 16 ch. 125/145 € ☕ - rest. : menus 49/85 €.* Cet établissement, autrefois lieu de rendez-vous des éleveurs de chevaux de trait brabançons, est aujourd'hui un hôtel élégant aux chambres stylées et un restaurant proposant une cuisine belge et française classique.

RESTAURATION

POUR SE FAIRE PLAISIR

Het Kriekske – *Kapittel 10 - ✆ 02 380 14 21 - fermé lun. et mar. - menu 25 €, à la carte env. 30€.* Ce restaurant en dehors du centre et au milieu des bois n'est pas facile à trouver. Le voyage en vaut toutefois la peine grâce aux délicieuses préparations belges. Rien que pour les moules, les amateurs y viennent de loin.

Le Hainaut 7

Cartes Michelin Regional n°s 716, 533 et 534

Détail du beffroi de Tournai.

J.-P. Remy/www.opt.be

LE HAINAUT

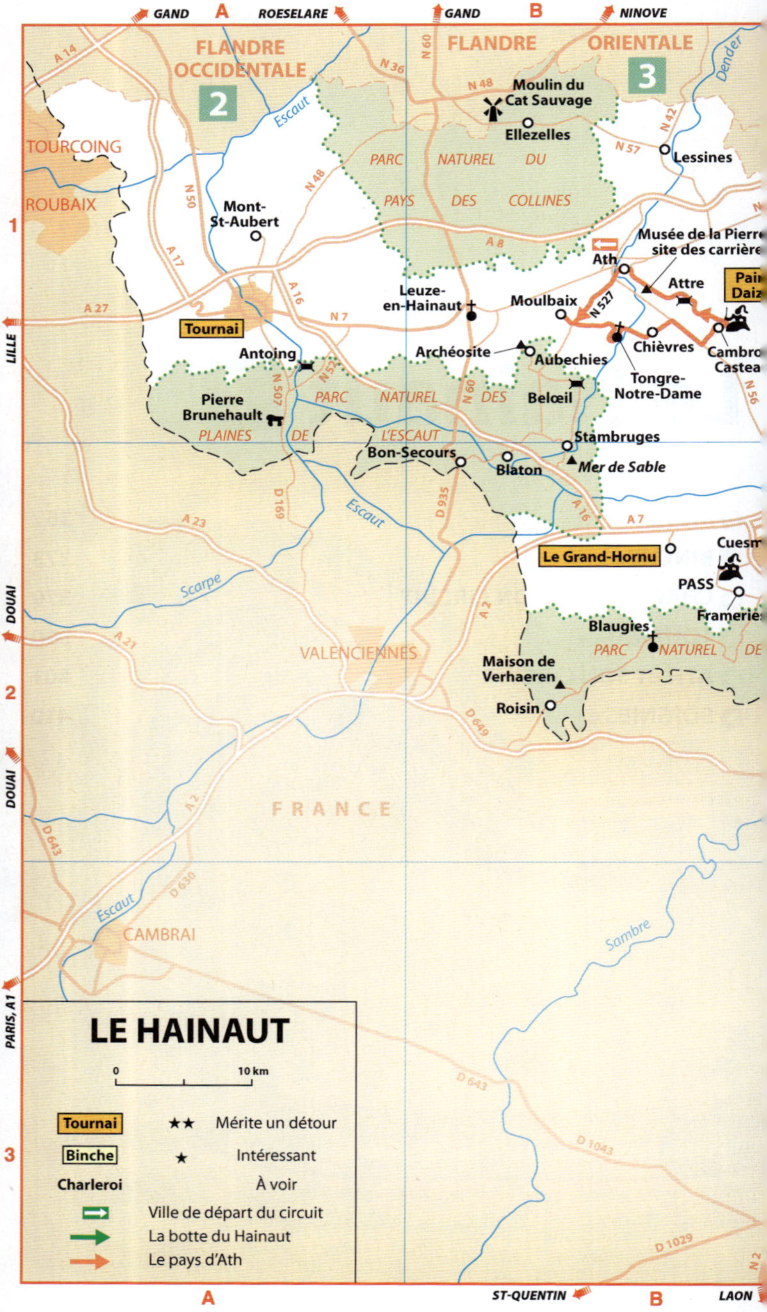
GAND
A
ROESELARE
GAND
B
NINOVE
FLANDRE OCCIDENTALE
2
FLANDRE ORIENTALE
3
Dender
Moulin du Cat Sauvage
Ellezelles
Lessines
TOURCOING
ROUBAIX
PARC NATUREL DU PAYS DES COLLINES
Mont-St-Aubert
1
Musée de la Pierre site des carrières
Ath
Attre
Leuze-en-Hainaut
Moulbaix
Tournai
Antoing
Archéosite
Aubechies
Chièvres
Tongre-Notre-Dame
Belœil
Pierre Brunehault
PARC NATUREL DES PLAINES DE L'ESCAUT
Stambruges
Bon-Secours
Blaton
Mer de Sable
Escaut
Scarpe
LILLE
DOUAI
Le Grand-Hornu
PASS
Frameries
Blaugies
PARC NATUREL DE
VALENCIENNES
Maison de Verhaeren
Roisin
2
DOUAI
FRANCE
CAMBRAI
Sambre
PARIS, A1
LE HAINAUT
0
10 km
Tournai
★★ Mérite un détour
Binche
★ Intéressant
Charleroi
À voir
Ville de départ du circuit
La botte du Hainaut
Le pays d'Ath
3
A
ST-QUENTIN
B
LAON

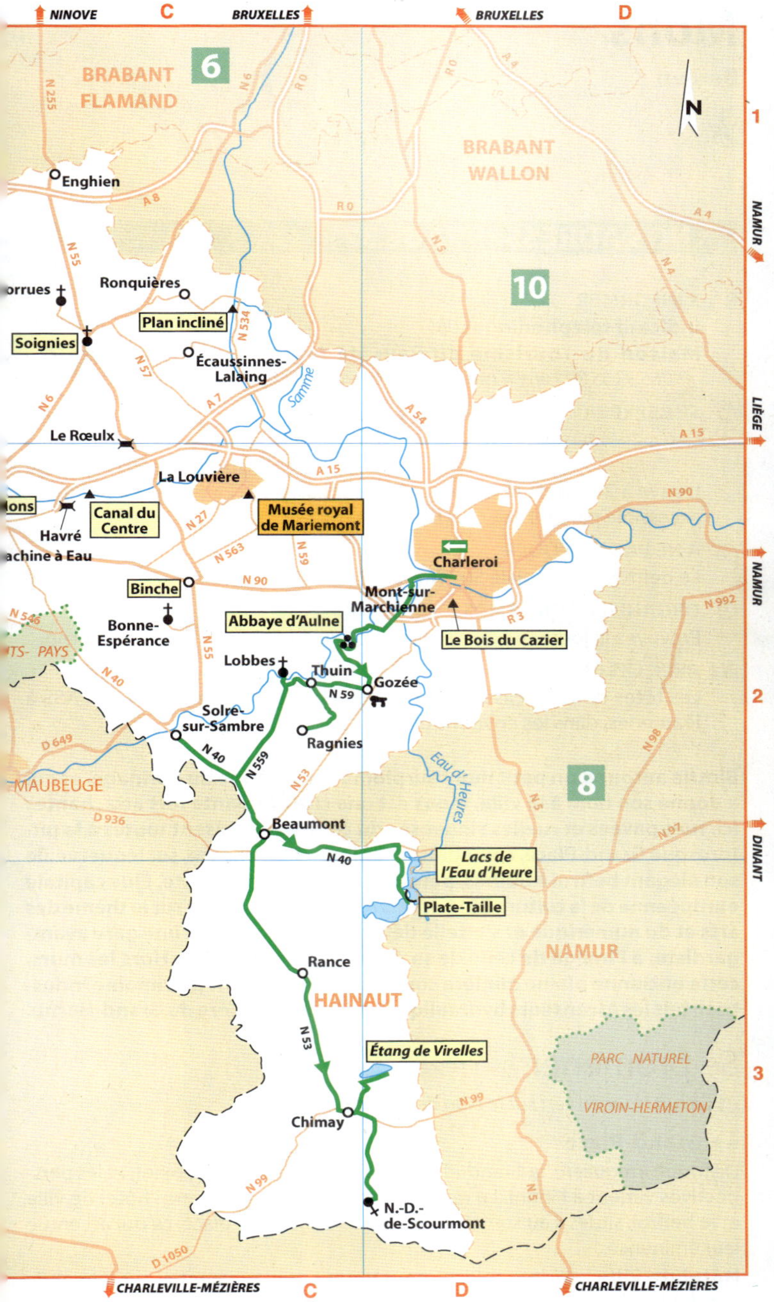
NINOVE
C
BRUXELLES
BRUXELLES
D
BRABANT FLAMAND
6
N
1
BRABANT WALLON
Enghien
NAMUR
10
Ronquières
Plan incliné
Soignies
Écaussinnes-Lalaing
Samme
LIÈGE
Le Rœulx
La Louvière
Havré
Canal du Centre
Musée royal de Mariemont
Charleroi
NAMUR
Binche
Mont-sur-Marchienne
Bonne-Espérance
Abbaye d'Aulne
Le Bois du Cazier
Lobbes
Thuin
Gozée
2
Solre-sur-Sambre
Ragnies
MAUBEUGE
Eau d'Heures
8
Beaumont
DINANT
Lacs de l'Eau d'Heure
Plate-Taille
NAMUR
Rance
HAINAUT
Étang de Virelles
3
PARC NATUREL VIROIN-HERMETON
Chimay
N.-D.-de-Scourmont
CHARLEVILLE-MÉZIÈRES
C
D
CHARLEVILLE-MÉZIÈRES

Mons

Bergen

★

91 930 habitants – Hainaut

NOS ADRESSES PAGE 371

S'INFORMER

Indicatif téléphonique *: 065.*

Maison du Tourisme du Pays de Mons – A1 - *Grand-Place 22 - ✆ 065 33 55 80 - www.monsregion.be - lun.-sam. 10h-18h, dim. 11h-17h.*

SE REPÉRER

Carte de région BC2 (p. 360-361), plan de ville (p. 364) et carte du canal du Centre (p. 369) – *Cartes Michelin Regional n°s 716 E4 et 534 I20.* Mons se trouve à 20 km de Maubeuge, par les N 6 et N 2. La ville est également accessible par l'E 19 depuis Bruxelles.

À NE PAS MANQUER

Le beffroi, la collégiale Ste-Waudru.

ORGANISER SON TEMPS

Prévoyez la journée pour la ville, le canal du Centre et le Grand-Hornu.

AVEC LES ENFANTS

Les fêtes de la Ducasse et, pour les scientifiques en herbe, le PASS à Frameries, dans les environs de Mons.

Blottie autour d'un petit mont surplombant la plaine du Borinage, et qui a donné son nom à la ville, Mons est une cité étudiante fort attachante : ici, rues pavées et ruelles sinueuses du centre conduisent toutes à la pittoresque Grand-Place, cœur battant animé à toute heure, sur lequel veille son élégant beffroi à bulbes, perché au sommet de la butte. Élue capitale européenne de la culture 2015, Mons fourmille de projets sur le thème des arts et du numérique et s'attelle déjà à la construction d'une gare avant-gardiste, à l'image de celle de sa grande sœur liégeoise. Hors les murs, cette ancienne plaine minière conserve un important patrimoine industriel, tels les ascenseurs hydrauliques ou la cité ouvrière du Grand-Hornu.

Se promener Plan de ville p. 364

Circuit tracé en vert sur le plan de la ville.

★★ Grand-Place A1-2

De forme irrégulière, la Grand-Place se découvre progressivement, et les perspectives varient à l'infini. Le regard porte naturellement vers l'hôtel de ville et le beffroi, situés « au sommet » du plan incliné de la place, ce qui accentue leur éminence.

Hôtel de ville – *Visites guidées pour groupes uniquement et sur demande préalable à l'office de tourisme. Visite libre uniquement lors des Journées du patrimoine - ✆ 065 33 55 80.*

UN SYMBOLE DE LA GRANDE GUERRE

Mons, comme l'indique son nom, tient son origine d'une éminence. Elle se développe autour d'un monastère fondé en 650 par sainte Waudru au pied des ruines d'une forteresse. Les comtes de Hainaut font construire un château à l'emplacement de celles-ci. La ville connaît sa plus grande splendeur au Moyen Âge et sous Charles Quint grâce à ses manufactures de draps. Mais sa position stratégique, aux limites de la France, lui vaut d'être plusieurs fois assiégée. C'est ainsi qu'en 1691 les troupes de Louis XIV s'emparent de la ville après un siège de trois semaines ; de ce fait, le style de la plupart des maisons date de cette époque.

À **Jemappes** *(5 km à l'ouest)*, en 1792, le général Dumouriez remporte sur les Autrichiens une victoire qui livre momentanément le pays à la France.

Mons est devenu un véritable symbole de la guerre de 1914-1918 pour l'Empire britannique. C'est sous ses murs que l'armée du général French arrête les Allemands de von Kluck pendant 48 h. À l'aube du 11 novembre 1918, les Canadiens libèrent la ville après trois jours de féroces combats. Les bombardements de l'aviation de 1940-1945 causent la destruction de plusieurs quartiers. En 1967, le SHAPE, commandement suprême des Forces alliées en Europe, s'installe sur le territoire des communes de Maisières et de Casteau, au nord-est. Depuis 1971, Mons est le siège d'une université de l'État comprenant cinq facultés.

C'est le seul hôtel de ville du pays à ne posséder qu'un seul étage, le second s'étant effondré lors de travaux. Commencé en 1458, sa construction s'interrompit à la mort de Charles le Téméraire (1477), faute d'argent. Elle fut reprise du 16e au 19e s. La belle façade gothique surmontée d'un campanile est flanquée de deux pavillons du 17e s. à fronton à volutes. Près de la porte principale, le « singe du Grand-Garde », figurine en fer forgé d'origine mystérieuse, a la tête polie par les caresses des personnes désirant s'assurer le bonheur. Sous le porche, remarquer les clés de voûte sculptées, du 15e s., agrémentées de scènes symbolisant les fonctions judiciaires des échevins.

À l'**intérieur**, on visite de nombreuses salles de différentes époques, ornées d'un beau mobilier, de tableaux et de tapisseries. Dans la salle gothique au 1er étage, les poutres s'appuient sur de belles consoles sculptées. De la pièce voisine, on découvre la voûte gothique (17e s.) de l'ancienne chapelle St-Georges, occupée par des expositions temporaires.

Passez le porche de l'hôtel de ville et le tunnel au-delà de la cour intérieure.

Jardin du Mayeur (Maire) A1

Derrière l'hôtel de ville, ce jardin est l'ancien verger et basse-cour des échevins. Il forme un joli cadre à des bâtiments anciens dont l'un, le Mont-de-Piété (17e s.), a reçu récemment une toute nouvelle affectation et est devenu un « historium » consacré à la légende de saint Georges. La fontaine du Ropieur (ou farceur), sculptée par Gobert, représente un jeune garçon aspergeant les passants avec l'eau de la fontaine.

Revenez sur la Grand-Place et prenez la rue Neuve.

BAM - Beaux-Arts Mons A1

R. Neuve 8 - ✆ 065 40 53 30/24 - www.bam.mons.be - mar.-sam. 12h-18h, dim. 11h-18h - fermé 1er-2 janv. et 25-26 déc. - 6 €.

Inauguré en 2007, le musée occupe un édifice aux lignes épurées, qui joue sur la transparence. Les œuvres exposées sont principalement dédiées aux courants artistiques des 19e et 20e s. : Pierre Alechinsky, Paul Delvaux, Anto-Carte…

Continuez sur la rue Neuve, prenez à gauche sur la rue du 11-novembre, à gauche sur la rue d'Enghien, à droite rue Cronque et encore à gauche rue des Gâdes.

★★ Beffroi A1

Après vingt années de travaux et d'échafaudages qui le dissimulèrent, le beffroi resplendit à nouveau : haut de 87 m, il est le seul de style baroque en Belgique (1661-1674), couronné de gracieux bulbes et d'une lanterne ajourée. Le carillon compte 49 cloches et un gros bourdon de 5 t. Il est perché au sommet de la ville, dans le charmant square du Château, d'où se dégagent de belles échappées : vous remarquerez en particulier les vestiges des murs d'enceinte (11e-12e s.) du **château des comtes de Hainaut** (12e s.) et de sa **chapelle castrale St-Calixte**, dont la crypte date de l'époque romane (11e s.).
Continuez sur la rue des Gâdes, et tournez à droite rue des Clercs.

★★ Collégiale Ste-Waudru A2

✆ 065 33 55 80 (office de tourisme) - www.waudru.be - lun.-sam. 9h-18h30, dim. 7h-18h30 - fermé l'apr.-midi du 1er janv. et du 25 déc. - accès au chœur interrompu durant les offices.
Cet imposant édifice a été bâti entre 1450 et 1686 à l'emplacement même du modeste monastère fondé par sainte Waudru, patronne de la ville. Le chapitre noble des chanoinesses de Ste-Waudru confia cette tâche à Mathieu de Layens. Elle présente un extérieur imposant, un peu trapu, car la tour de

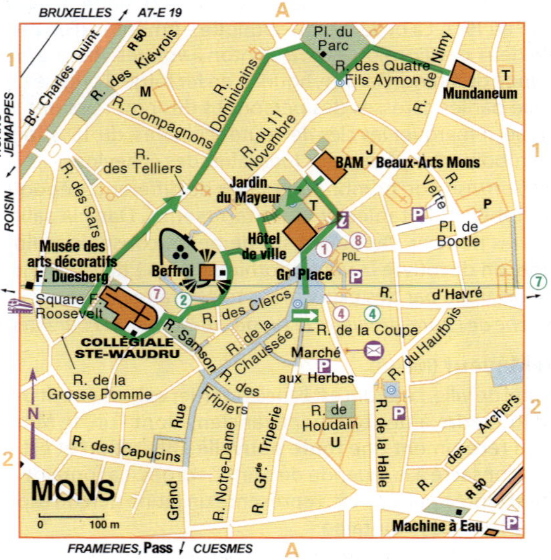

SE LOGER		SE RESTAURER	
Auberge de Jeunesse	2	La Petite Provence	1
Infotel	4	Le Carillon	4
Saint James	7	Le Marchal	7
		Taverne Copenhagen	8

façade prévue à l'ouest, dont la hauteur devait atteindre 190 m, n'a jamais été terminée et ne dépasse pas la toiture de la nef. L'église a été bâtie avec des matériaux locaux tels que le grès, la pierre bleue et la brique. Cette construction massive, typique du style gothique brabançon, surprend par ses dimensions : 115 mètres de long, 32 mètres de large et 24,5 mètres de haut à la clé de voûte. L'ensemble est bordé de 29 chapelles.

Intérieur – *Accès par le portail sud.* Dès qu'on pénètre dans l'église, l'impression extérieure s'efface : tout n'est qu'harmonie, élégance et équilibre. La verticalité domine : le regard ne rencontre pas d'obstacle, de la base des piliers fasciculés à la clé de voûte. Aucune ligne horizontale ne l'arrête. Un **jubé** en albâtre, exécuté au 16e s. dans le style de la Renaissance italienne par le sculpteur et architecte Jacques Du Brœucq (1505-1584), a été démoli en 1797 : les statues et bas-reliefs ayant échappé à la destruction sont dispersés dans la collégiale. Au revers de la façade, à l'avant de la tribune supportant les orgues du 18e s., les plus complètes de la province du Hainaut, on voit le **Car d'or** (1779-1781), carrosse en bois sculpté, peint et doré, qui porte, lors de la procession annuelle, le dimanche de la Trinité, la châsse (19e s.) de sainte Waudru. Il s'agit du seul char processionnel de cette période encore utilisé de nos jours. Le **chœur** est entouré de sept splendides **statues allégoriques★** en albâtre exécutées par Du Brœucq : les quatre Vertus cardinales (1544) et les trois Vertus théologales (1543-1544) d'une grâce très étudiée, ainsi qu'un splendide saint Barthélemy (1572). Les fenêtres hautes du chœur sont ornées de beaux vitraux des 16e et 17e s. parmi lesquels les cinq « verrières impériales » offertes par Maximilien d'Autriche et réalisées par le peintre verrier montois Claix Eve. Les vitraux de la collégiale animent l'architecture de leurs éclats multicolores et changeants et qualifient le volume intérieur de l'édifice. Admirez en particulier ceux du transept et des fenêtres hautes du chœur. Parmi les œuvres conservées dans la collégiale, remarquez « Les Féeries N.-D. », un retable du gothique flamboyant en pierre blanche, du 16e s. (1re chapelle à droite du **déambulatoire**), un beau retable en marbre noir et albâtre de Du Brœucq (1549) surmonté d'une harmonieuse statue de Marie-Madeleine entourée de statuettes des Évangélistes (12e chapelle), la Déploration du Christ (à l'avant de la table d'autel), réplique en marbre d'une composition de Germain Pilon (Paris, 1528-1590) et enfin un beau Christ Salvator en albâtre, du même artiste (au mur de la 4e chapelle du bas-côté droit).

Trésor – *✆ 065 33 55 80 (office de tourisme) - mars-nov. : tlj sf lun. 13h30-18h (w.-end 17h) - horaire spécial sem. de la Ducasse de la Trinité - 2,50 €. Il est possible de visiter la collégiale avec des audioguides : 5 € (visite du trésor comprise).* Situé dans l'ancienne salle capitulaire des chanoinesses, il contient d'intéressants objets d'art religieux du 13e au 19e s. : ornements liturgiques et pièces d'orfèvrerie (calices, ciboires, ostensoirs, reliquaires), sculptures, livres et peintures du 7e au 19e s. Le nombre et la qualité des œuvres soulignent

MONS, TERRE D'INSPIRATION

Plusieurs artistes sont liés à Mons : au 16e s. naît le sculpteur et architecte **Jacques Du Brœucq** (vers 1510-1584), qui effectue de nombreux voyages en Italie jusqu'en 1539, avant de se fixer définitivement dans sa ville natale. Toujours au 16e s., le musicien Roland de Lassus (1532-1594), natif de la ville, fut apprécié dans toutes les cours d'Europe. Verlaine, enfin, emprisonné à Mons entre 1873 et 1875 pour avoir tiré sur Rimbaud, y a écrit *Romances sans paroles* et quelques fragments de *Sagesse*.

LES FESTIVITÉS DE LA DUCASSE, CONNUE SOUS LE NOM DE « DOUDOU »

Chaque année, le dimanche de la Trinité (qui suit la Pentecôte), se déroule la procession du Car d'or, où confréries et corporations des différentes paroisses, ainsi que des groupes historiques évoquant la Renaissance, défilent à travers la ville afin d'escorter les reliquaires ou statues de leurs saints patrons. Ce défilé se termine par l'apparition du char processionnel de sainte Waudru transportant les reliques de celle-ci.

Cette procession sera suivie du **Lumeçon**, vestige d'un « jeu médiéval » opposant saint Georges à un dragon. Le combat, mettant en scène divers personnages et animaux parfois étranges (les chinchins), se déroule au son de « l'air du doudou », et s'achève par la victoire du Bien contre le Mal.

Voir également « Agenda » p. 372.

l'importance des écoles d'orfèvrerie de Mons du 15e au 18e s. Un très beau bijou ayant appartenu à sainte Waudru, appelé « Benoîte affique », date de l'époque mérovingienne. Une petite salle annexe renferme des sculptures de petite taille de Jacques Du Brœucq.

★★ Musée des Arts décoratifs François-Duesberg A1-2

Square Franklin-Roosevelt 12 - ✆ 065 36 31 64 - mar., jeu. et w.-end 14h-19h - 5 €.

Installé dans les anciens locaux de la Banque nationale (bâtiment classé de la fin du 19e s.), ce musée des Arts décoratifs, qui couvre la période de 1775 à 1825, est le fruit d'une vie de travail acharné d'un couple de collectionneurs-mécènes. L'intérieur du musée a été sobrement aménagé afin de faire ressortir l'éclat des pièces exposées, dont l'extraordinaire **collection de pendules★★** à sujets exotiques (1795-1815), l'une des plus importantes au monde, exécutées par les meilleurs fondeurs-ciseleurs parisiens. C'est de l'engouement pour l'exotisme d'écrivains comme Defoe *(Robinson Crusoé)*, Bernardin de St-Pierre *(Paul et Virginie)* ou Chateaubriand *(Atala)*, ainsi que sous l'influence des écrits philosophiques de Rousseau que naîtra l'inspiration créatrice autour de la célèbre thématique du « bon sauvage ». Dix corps de métiers différents devaient s'associer pour la création d'une seule pendule dont les bronzes étaient patinés (noir) ou dorés. Remarquez la superbe pendule *Paul et Virginie* qui aurait été commandée en 1802 au bronzier parisien Thomire par Bonaparte pour être offerte à l'écrivain dont il admirait le roman.

Le musée comprend également une collection remarquable de **porcelaines** réalisées par des ateliers bruxellois et parisiens ainsi que des orfèvreries somptueuses, des bronzes dorés français, des tableaux, des gravures, de très nombreux bijoux anciens (dont un ensemble de camées dits « habillés »), des livres ou d'autres témoignages inspirés des mêmes thèmes.

Prenez la rue N.-D.-Débonnaire, continuez tout droit jusqu'à la place du Parc, engagez-vous dans la rue du Rossignol et tournez à droite rue des Marcottes.

Mundaneum A1

R. de Nimy 76 - ✆ 065 31 53 43 - www.mundaneum.be - tlj sf lun. 13h-17h (w.-end 18h) - 3 €.

Ce musée accueille l'œuvre gigantesque de deux avocats bruxellois, P. Otlet et H. La Fontaine, dans une mise en scène insolite des célèbres scénaristes et dessinateurs Peeters et Schuiten. En 1895, Otlet et La Fontaine fondent l'Office international de bibliographie et créent un répertoire bibliographique universel afin de rassembler les notices de toutes les publications éditées dans le monde.

Le musée des Arts contemporains Mac's, au Grand-Hornu.
DOMELOUNKSEN/Archibel/age fotostock

À proximité Carte de région p. 360-361

Machine à Eau C2

Bd Dolez 51 - ✆ 065 40 53 00 (Service culturel).
Cet édifice tout de verre et de fer fut bâti au bord de la Trouille en 1870, afin d'offrir l'eau potable aux habitants. Restauré en 1994, il devrait abriter à terme les collections de l'ancien musée d'Histoire militaire, consacré à la fois à la Grande Guerre et à la Seconde Guerre mondiale.

Frameries B2

7 km au sud.
Le **Parc d'attractions scientifiques (PASS)** *(✆ 070 22 22 52 - www.pass.be - ♿ - vac. scol. : 10h-18h ; hors vac. scol. : tlj sf merc. 9h-16h, w.-end 12h-18h - fermé sept., 1er janv., 24-25 et 31 déc. - 12,50 €, - 6 ans gratuit)* se situe sur le site de l'ancien charbonnage du Crachet aménagé autour d'un terril désaffecté. Tout en créant de nouveaux espaces, le célèbre architecte français Jean Nouvel a rénové les anciens bâtiments témoignant du riche passé industriel du Borinage. Le PASS propose par sa présentation ludique une introduction au développement de la science et de la technologie. L'objectif de la visite est d'apprendre tout en se divertissant.

Havré C2

8 km à l'est.
Château d'Havré – *✆ 065 87 25 35 - info@chateaudhavre.net - visites guidées sur RV - visite de la roseraie juin-sept.*
Au 17e s., le domaine d'Havré était un poste avancé de la ceinture de défense de la ville de Mons. Le château des princes de Croÿ fut construit à l'origine sur les restes d'un château féodal du 12e s. Il fut agrandi au cours des années, principalement par les familles d'Enghien et de Croÿ. On y trouve aujourd'hui une vaste cour intérieure et quatre tours d'angle, le tout entouré de douves.

UNE CITÉ OUVRIÈRE IDÉALE

Le complexe du Grand-Hornu fut construit en grande partie entre 1816 et 1835 à la demande de Henri de Gorge (1774-1832), industriel originaire de Valenciennes. Il racheta la concession en 1810 afin d'y exploiter le charbon. Trois architectes – François Obin, Pierre Cordona et Bruno Renard – ont collaboré à la construction du site, qui se compose notamment de 435 maisons ouvrières confortables pour l'époque, de plusieurs ateliers, d'un bâtiment pour l'administration et d'entrepôts. C'est probablement à Bruno Renard qu'il faut attribuer les deux cours intérieures et le « château » de la famille de Gorge. Il s'est vraisemblablement inspiré de la Saline d'Arc-en-Senans en France, réalisée par l'architecte Ledoux en 1774-1779. L'ensemble industriel du Grand-Hornu a été conçu dans un style néoclassique, qui se traduisit par l'utilisation d'arcades, de frontons, de colonnades et d'arcs en plein cintre.

La production de charbon fut définitivement arrêtée en 1954. Laissé plusieurs années à l'abandon, le site fut l'objet d'un arrêté royal le condamnant à la démolition en 1969. Il fut racheté en 1971 par un architecte de Hornu, Henri Guchez, qui entama sa rénovation. Depuis 2002, le complexe accueille le prestigieux MAC's.

Le château fut au cours de son histoire victime d'assauts menés par des vandales venant de Liège et du Brabant. Les Flamands qui occupèrent Mons en 1365 lui infligèrent d'importantes destructions. Aujourd'hui, il est un des plus anciens bâtiments historiques de la région montoise. La vieille tour octogonale est souvent appelée tour d'Enghien.

Cuesmes B2

3,5 km au sud. Partez de la Grand-Rue.

Dans un joli site champêtre quelque peu marécageux s'élève la **Maison van Gogh** (*✆ 065 35 56 11 - tlj sf lun. 10h-18h, dim. 10h30-12h, 14h-18h - 5 €*) où le célèbre peintre habita en 1879 et 1880 dans une famille de mineurs, les Decrucq. Il était arrivé en décembre 1878 dans le Borinage pour pratiquer l'apostolat. À Cuesmes, il commença à dessiner la campagne et la vie des mineurs. Le rez-de-chaussée accueille des reproductions de ses œuvres et présente un spectacle audiovisuel.

★★ Le Grand-Hornu B2

13 km à l'ouest par la E 19 puis, à gauche, la N 547.

Hornu est situé à proximité de Mons, au cœur du Borinage, région où l'on exploita le charbon jusque dans les années 1970. Cette petite commune possède un véritable joyau d'architecture industrielle : le site du Grand-Hornu où s'est installé récemment le musée des Arts contemporains de la communauté française (MAC's).

Grand-Hornu Images – Il s'agit, aujourd'hui, d'un des principaux lieux d'exposition de design belge. La collection réunit des pièces des 20e et 21e s.

Musée des Arts contemporains MAC's – *R. Ste-Louise 82 - ✆ 065 65 21 21 - www.grand-hornu.be - tlj sf lun. 10h-18h - fermé 1er janv. et 25 déc. - 6 €.* Le grand portail d'entrée donne accès, sur la droite, au musée. L'architecte Pierre Hebbelinck a su marier de façon heureuse la nouvelle construction de briques noires aux bâtiments existants. Les espaces, dépouillés, fort bien conçus, mettent habilement en valeur les œuvres d'art. Exposée par roulement, la collection d'envergure internationale présente de manière attrayante un mélange des genres d'art actuel : peintures, sculptures, photos, installations

multimédia. *Les Registres du Grand-Hornu* de Christian Boltanski, dans le grand hall en briques apparentes du magasin aux foins, constitue un hommage impressionnant aux mineurs du site charbonnier.
Au milieu de la 1re cour intérieure trône une œuvre de Pol Bury de 1991 : *64 carrés*. La vaste cour ellipsoïdale, entourée d'arcades et de bâtiments en brique, où étaient installés les ateliers et magasins, est actuellement convertie en bureaux. Sur la gauche, l'atelier principal, qui servait à la construction des machines à vapeur, a conservé les piliers qui soutenaient jadis des coupoles à pendentifs. Autour de l'usine, les 435 petites maisons ouvrières d'une grande simplicité s'alignent de part et d'autre de rues rectilignes, inscrites dans un rectangle. Le Grand-Hornu comptait 2 500 habitants en 1829.

Blaugies B2

20 km au sud-ouest par la N 543, puis, à hauteur de Rieu-de-Bury, prenez une route à droite.
L'**église** renferme un petit retable du 15e s. en bois polychrome représentant une Mise au tombeau d'une facture mouvementée et des fonts baptismaux du 12e s. sur une face desquels figurent des dragons mordant une grappe de raisin.

★ Canal du Centre C2 et plan de site ci-dessous

Environ 20 km à l'est par la E 19.
Le canal du Centre fut créé entre 1882 et 1917 pour relier le bassin de la Meuse à celui de l'Escaut, afin de constituer un axe direct entre l'Allemagne et la France. Le gros problème était la dénivellation de 90 m qui existait entre les deux bassins. Il fut résolu par la construction de six écluses et de quatre **ascenseurs hydrauliques★** : fonctionnant uniquement par la force de l'eau, ce sont les seuls encore en fonction parmi les huit exemplaires construits dans le monde. Magnifique exemple d'archéologie industrielle en Belgique, ces dames de fer figurent sur la liste du Patrimoine mondial de l'Unesco depuis 1998. Avec la mise au gabarit européen (1 350 t) du canal, il fut décidé de réaliser un **nouveau canal** (2002), l'ancien tronçon étant réservé au tourisme fluvial.
Ascenseur à bateaux de Strépy-Thieu – *078 05 90 59 - http://voiesdeau.hainaut.be - mars-oct. : 9h30-18h30 (dernière entrée 17h) - parcours spectacle 5,50 €, parcours en bateau 5,50 €, billet combiné 9 €.* À l'intérieur de l'ascenseur, une présentation audiovisuelle donne une idée de son ampleur et de sa complexité technique.

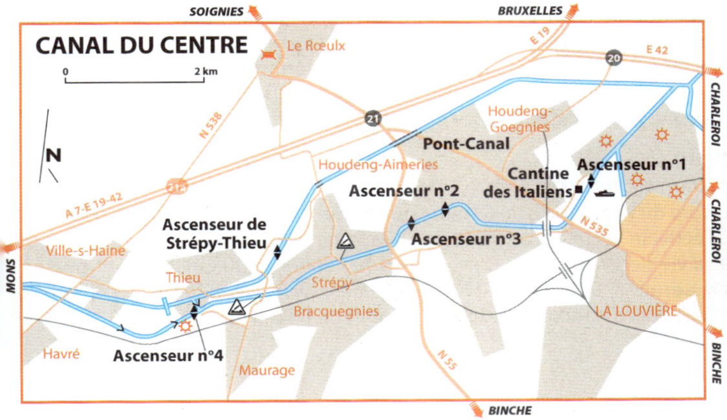

LES ANCIENS ASCENSEURS HYDRAULIQUES

Ces belles constructions métalliques dessinées par une firme londonienne et exécutées par les usines Cockerill furent mises en place entre 1888 et 1917. Le principe est très simple : les péniches prennent place dans deux bassins remplis d'eau, l'un dans la partie haute du canal et l'autre dans la partie en contrebas. Ces deux bacs fixés sur d'énormes pistons constituent une sorte de balance hydraulique. Ceux-ci coulissent dans deux cylindres remplis d'eau, reliés par une tuyauterie. Une surcharge d'eau dans le bac supérieur vient rompre l'équilibre et le fait descendre tandis que le principe des vases communicants fait remonter l'autre.
www.canal-du-centre.be.

Ouvert à la navigation depuis peu, l'ouvrage choisi pour résoudre les 73,15 m de dénivelé du nouveau trajet a des dimensions impressionnantes : hauteur 110 m, longueur 130 m, largeur 75 m ; la charge transmise au sol atteint les 300 000 t. Deux bacs en acier de 112 m sur 12 m, suspendus par des câbles supportant 16 000 t et équilibrés par des contrepoids, peuvent de façon indépendante monter ou descendre en 6 à 7mn ; 40mn suffisent à une péniche pour franchir entièrement la chute. Ainsi, le tracé ancien, qui ne permet que le passage de bateaux de 300 t (en 5h), est remplacé pour être accessible à des bateaux de 1 350 t (en 2h) !
Le dernier étage accueille le **parcours-spectacle « Pays des Génies »** présentant des Belges célèbres ayant joué un rôle de premier ordre dans le domaine de la culture, de l'économie ou du sport. Du niveau 3, jolie vue sur le canal.
Promenade en bateau pour la visite des ascenseurs hydrauliques – *Départ de la visite : Cantine des Italiens, r. Tout-Y-Faut 90, 7110 Houdeng-Goegnies - 064 84 78 31 - www.canal-du-centre.be - de mi-mars à fin oct. : à 10h et 14h - durée 2h - AR 12 € - réserv. souhaitée.*
Cette agréable promenade sur le canal bordé d'arbres et de maisons permet d'imaginer la vie des mariniers : passage des ascenseurs hydrauliques, des ponts tournants ou levis, manipulés par les pontiers ou les éclusiers.
Un des embarcadères se trouve près de la **cantine des Italiens**, baraquements qui avaient été construits en 1945 pour accueillir des ouvriers italiens travaillant dans les charbonnages. Le franchissement des ascenseurs n°s 2 et 3 permet d'en apprécier le fonctionnement. Dans la salle des machines qui se trouve sur la rive droite près de l'ascenseur n° 3, on peut voir comment se fabrique de l'eau sous très haute pression stockée dans les deux tours du bâtiment pour lever les portes d'accès à l'ascenseur, établir une jonction étanche entre le canal et le bac, et faire fonctionner les pistons. Le retour se fait en petit train touristique, le long du chemin de halage, et l'on revoit les ascenseurs, mais cette fois de l'extérieur.

Roisin B2

30 km au sud-ouest.
Au nord du village, près du **Caillou-qui-bique**, s'élève la maison de **Verhaeren** où l'écrivain vécut, en compagnie de sa femme Marthe, les dernières années de sa vie de 1900 à 1916. Dans la cour de l'auberge du Caillou, petit **musée Verhaeren** (*065 75 93 52 - visite uniquement sur RV - fermé vend.*) comprenant en particulier la reconstitution du cabinet de travail du poète.

NOS ADRESSES À MONS

Plan de la ville p. 364

HÉBERGEMENT

Mons

PREMIER PRIX

Auberge de Jeunesse – A2 - *Rampe du Château 2 - ✆ 065 87 55 70 - www.laj.be - 26 ch. : ch. double 48 €, dortoir 20 €/pers. ☕.* Sans aucun doute la meilleure auberge de jeunesse de Belgique : situé au pied du beffroi, à deux pas de la Grand-Place, cet édifice moderne et discret propose des chambres d'une capacité de 3 à 4 personnes (lits superposés), avec toilettes et douches privatives séparées. Draps et serviettes inclus (à demander à l'accueil). Safe-box et Wi-Fi dans le hall.

BUDGET MOYEN

Infotel – A2 - *R. d'Havré 32 - ✆ 065 40 18 30 - www.hotelinfotel.be - P - 20 ch. 65/109 € - ☕ 13 €.* Dans une rue commerçante animée, près de la Grand-Place historique. Les chambres confortables de cet hôtel donnent sur une cour intérieure paisible. Plantureux petit-déjeuner et accès gratuit à Internet.

Saint James – A2 en dir. - *Pl. de Flandre 8 - ✆ 065 72 48 24 - www.hotelstjames.be - P - 21 ch. 83 € - ☕ 12 €.* Design moderne et confort urbain derrière une façade historique. Les chambres situées dans la nouvelle aile ne souffrent nullement de l'intensité du trafic. Le centre historique est à distance de marche, mais l'élégant bar de l'hôtel vous permet également de vous désaltérer.

RESTAURATION

Mons

BUDGET MOYEN

Le Carillon – A2 - *R. d'Havré 1 - ✆ 065 34 73 47 - www.carillonmons.be - lun.-vend. 8h-22h, w.-end 11h-0h, cuisine ouv. 11h30-22h - 18 €.* Grande taverne près de la Grand-Place. Les murs en brique, les poutres en bois et les tapisseries créent une ambiance chaleureuse. Vous vous y rendrez pour manger un morceau sur le pouce ou pour un repas.

Taverne Copenhagen – A1 - *Grand-Place 11 - ✆ 065 33 56 20 - à partir de 10h - 20 €.* Une adresse réputée pour ses spécialités de moules : vous profiterez de l'animation de la Grand-Place, tout en dégustant l'une des 22 préparations de moules, dont certaines sont audacieuses (au ricard, à l'ananas).

POUR SE FAIRE PLAISIR

La Petite Provence – A1 - *Grand-Place 76 - ✆ 065 33 70 57 - www.petiteprovence.be - menu déj. 18 €, 30/35 €.* Depuis des années une valeur sûre sur la Grand-Place de Mons. Vous trouverez dans ce restaurant à la fois des grillades, des fondues et des plats typiquement belges. Une bonne adresse pour un déjeuner ou un dîner dans une ambiance décontractée.

Le Marchal – A2 - *Rampe Ste-Waudru 4 - ✆ 065 31 24 02 - www.marchal.be - vend.-sam. 12h-14h, 19h-21h30, dim. 12h-14h - 30/38 €.* Dans une grande maison de maître stylée située au centre, le chef prépare depuis plus de

30 ans des plats gastronomiques abordables de cuisine montoise, notamment les côtes de porc « à l'berdouille ». Cadre intimiste.

Baudour

BUDGET MOYEN

Le Faitout – *Pl. de la Résistance 1 - ✆ 065 64 48 57 - www.lefaitout-fernez.com - cuisine ouv. 11h45-14h, 18h45-21h - 20/30 €.* Halte sympathique que l'on pourra avantageusement combiner à la visite de la région du canal du Centre. Bonne cuisine traditionnelle, avec de succulentes grillades au feu de bois. Agréable terrasse estivale meublée en teck. Salle climatisée.

PETITE PAUSE

Bon à savoir – Cité étudiante par excellence, Mons possède de nombreux bars et cafés : la jeunesse privilégie les alentours de la place du Marché-aux-Herbes, mais la Grand-Place reste un lieu sûr.

No Maison – A1 - *Grand-Place 21 - ✆ 065 31 11 11 - tlj cuisine ouverte jusqu'à 23h le w.-end.* Agréable taverne, proposant deux étages et terrasse, avec, à la carte, un grand choix de petites préparations et de boissons. Cet établissement est réputé pour ses plats régionaux particulièrement savoureux, surtout à base de bière.

Le Saint-Germain – A1 - *Grand-Place 12 - ✆ 065 33 66 37 - www.le-saint-germain.be - 8h-0h.* Taverne-tearoom proposant un grand choix de petites préparations, de glaces, de crêpes… Vous pouvez également y acheter du pain ou des pâtisseries. Très grande terrasse sur la Grand-Place.

ACHATS

Fromager Dominique Vandoorne – A2 - *R. d'Havré 8 - ✆ 065 31 84 32 - www.fromages.be - merc.-sam. 9h-14h, 14h30-18h.* Choix parmi plus de 300 fromages, dont notamment tous les délicieux fromages wallons et flamands. Également grande sélection de vins et de pains d'accompagnement.

AGENDA

Les Fêtes de la Ducasse – *Maison du Tourisme du Pays de Mons - Grand-Place 22 - ✆ 065 33 55 80 - www.monsregion.be.* Le dimanche qui suit la Pentecôte, le « Car d'or », un char revêtu d'or, traverse la ville avec les reliques de sainte Waudru, fondatrice de la ville. Pour ne pas porter malheur, ce char doit grimper d'une traite une dernière pente abrupte. Ensuite, le combat de saint Georges contre le dragon se joue à nouveau sur la Grand-Place *(voir l'encadré p. 366)*.

Binche

★

32 870 habitants – Hainaut

NOS ADRESSES PAGE 378

S'INFORMER

Indicatif téléphonique : *064 (Binche, La Louvière).*

Tourisme Binche – *Grand-Place - ✆ 064 33 67 27 - www.binche.be - 10h-12h, 13h-17h, w.-end 14h-18h - durant le Carnaval : 1er j. 9h-18h, 2e j. 10h-18h, 3e j. 8h-19h.*

SE REPÉRER

Carte de région C2 (p. 360-361) – *Cartes Michelin Regional nos 716 F4 et 534 J20.* Ceinturée par ses remparts, la ville se trouve au croisement de la N 90 et de la N 55.

À NE PAS MANQUER

Les remparts, le musée international du Carnaval et du Masque, le carnaval.

ORGANISER SON TEMPS

Celui qui veut assister au carnaval dans sa totalité doit prévoir trois jours. L'apothéose a lieu le Mardi gras. La visite du magnifique musée et la promenade des remparts demandent quelques heures.

AVEC LES ENFANTS

Le défilé des Gilles.

Impressionnante cité fortifiée perchée sur un escarpement, Binche est célèbre pour son carnaval et particulièrement pour ses fascinants personnages, les Gilles. La ville cultive une autre passion, la gastronomie : les doubles, crêpes fourrées de fromage, et la Binchoise brune ou blonde, bière fabriquée par la brasserie du même nom, sont les spécialités locales.

Se promener

Grand-Place

Là s'élève l'**hôtel de ville** gothique, modifié au 16e s. par le sculpteur architecte montois Jacques Du Brœucq et surmonté par la suite d'un beffroi à bulbe.

Empruntez à pied la rue étroite à droite de l'hôtel de ville.

★ Remparts

Longue de 2 100 m, l'enceinte (12e-14e s.) compte encore aujourd'hui 25 tours. Restaurée, elle constitue un très bel exemple d'architecture militaire en Belgique. En arrivant à la tour St-Georges, suivre à droite les remparts qui présentent au sud de la ville leur aspect le plus saisissant.

Remontez par le Posty (poterne), puis par la rue Haute.

À gauche, la **chapelle St-André** (1537), dans le vieux cimetière, présente à l'intérieur des modillons sculptés évoquant avec verve la Danse macabre.

Collégiale St-Ursmer

La collégiale renferme un beau jubé Renaissance et une *Mise au tombeau* du 15e s.

Parc communal

À l'entrée, statue en bronze doré représentant un Gille. Le parc a été aménagé dans les ruines du palais construit par Du Brœucq en 1548 pour Marie de Hongrie. Cet imposant édifice, détruit en 1554, couronnait les remparts à l'extrémité sud de la ville. Du sommet de ceux-ci, on découvre de belles perspectives.

★ Musée international du Carnaval et du Masque

R. St-Moustier 10 - ✆ 064 33 57 41 - www.museedumasque.be - tlj sf lun. 9h30-17h, w.-end 10h30-17h30 - fermé merc. des Cendres, 1er nov., 24 déc.-2 janv. - 6 € (enf. 3,50 €) - visites guidées thématiques (durée 1h15) par groupe de 20 pers. 35 €.

Installées dans l'ancien collège des Augustins (18e s.), près de la collégiale, les collections de ce musée nous font voyager de carnaval en carnaval, de fête en fête à travers de nombreux pays.

La collection de **masques★★**, provenant du monde entier, montre à quel point l'imaginaire et la créativité de l'homme ont, de tout temps et en tout lieu, été inspirés par cette forme d'art : aux parures de fête des populations d'Océanie et d'Amazonie succèdent les masques étonnants d'Amérique du Nord (Indiens) et d'Afrique, les masques de théâtre d'Asie et ceux souvent macabres d'Amérique latine…

Une autre partie nous entraîne dans les fêtes d'hiver et les carnavals d'Europe en Autriche, Pologne, Roumanie, Suisse, Italie, Espagne, France…, dans les mascarades en Autriche, dans la République tchèque, en Slovaquie et en Bulgarie. Une part importante est laissée aux carnavals traditionnels de Wallonie, plus particulièrement celui de Binche, complétée par un spectacle audiovisuel en plusieurs langues et par des explications concernant les origines et la confection de l'étrange costume des Gilles.

Chaque année, une exposition développe un thème plus particulier sur le masque ou le carnaval.

À proximité Carte de région p. 360-361

★★ Musée royal de Mariemont C2

10 km au nord-est. Quittez Binche par la N 55 en direction de Bruxelles, puis prenez à droite la N 563, et à Morlanwelz, tournez à gauche.

En 1546, la gouvernante Marie de Hongrie confia au sculpteur et architecte Jacques Du Brœucq le soin d'édifier, sur une colline boisée, un château auquel elle donna son nom.

Détruit, comme celui de Binche, par Henri II en 1554, il fut presque immédiatement reconstruit, puis agrandi, sous les archiducs Albert et Isabelle, par Wenceslas Coberger. Un second château, dont on voit les ruines dans le parc, fut construit par Charles de Lorraine au 18e s., mais incendié pendant les combats de 1794.

Transformé au 19e s. par les Warocqué, une dynastie d'industriels, le domaine a été légué à l'État en 1917, en même temps qu'une importante collection d'œuvres d'art de Raoul Warocqué. À l'endroit où se dressait le château des Warocqué détruit par un incendie en 1960, s'élève aujourd'hui le musée moderne construit en 1975 par Roger Bastin, architecte du musée d'Art moderne à Bruxelles.

Le carnaval des carnavals

Dès janvier, les manifestations s'organisent : répétitions de batteries suivies de quatre dimanches de **soumonces** lors desquels les futurs Gilles sortent, ceints de **l'apertintaille** (ceinture de clochettes). Le lundi précédant le Dimanche gras, pendant la nuit, a lieu le bal des **Trouilles de nouilles**.

Le **Dimanche gras**, dès 10h, des centaines de travestis dansent au son de la viole, de l'orgue de Barbarie, de l'accordéon, du tambour. L'après-midi est marqué par un cortège de 1 500 danseurs binchois. Le lundi est le jour des groupes de jeunes.

Le **Mardi gras** est le seul jour où l'on « fait le Gille » à Binche, seuls les hommes Binchois de naissance ont le privilège d'endosser le costume traditionnel. Dès l'aube, les **Gilles** légendaires font leur apparition. Petits ou grands, ils sont vêtus du costume de lin à lions héraldiques, orné de rubans et de dentelles d'un blanc éclatant et formant deux bosses, une sur la poitrine et une dans le dos. Ceinturés de grelots, chaussés de sabots, ils brandissent le faisceau de baguettes (« **ramon** ») qui conjure les maléfices. Comme les Pierrots, les Marins ou les jeunes Paysans enrubannés, ils sillonnent les rues de la ville, dansant lentement au rythme du tambour, pour rejoindre leur société.

Vers 10h sur la Grand-Place, ils dansent, avec des masques de cire à lunettes vertes. L'après-midi, arborant leur magnifique chapeau à plumes d'autruche, ils défilent à travers la ville, puisant dans un panier les oranges qu'ils offrent et lancent aux spectateurs (attention à se protéger !). Sur le parcours, les fenêtres ont été grillagées. Puis, sur la Grand-Place, noire de monde, a lieu le **rondeau**.

À 19h, à la lueur des feux de Bengale, le même scénario se déroule, terminé par un grandiose feu d'artifice. Les Gilles dansent toute la nuit, escortés par la population. La tradition veut que les Gilles ne boivent que du champagne.

À la fin du 19e s., on a voulu rattacher ces usages aux fêtes données en août 1549 par Marie de Hongrie, gouvernante des Pays-Bas, à son frère Charles Quint venu présenter son fils, le futur Philippe II, à la noblesse du pays : les Gilles descendraient des Indiens couronnés de plumes qu'on aurait fait surgir devant l'empereur en l'honneur de la récente conquête du Pérou.

En réalité, le carnaval binchois existait déjà au 14e s. Le Gille est un personnage rituel dont les coutumes – danse d'hommes masqués (les femmes étant exclues), offrande de l'orange (autrefois du pain, des pommes ou des noix), port du « ramon », de l'apertintaille – ont une origine très lointaine, remontant au temps où la danse avait une valeur religieuse et magique.

Office de tourisme – Grand-Place - 064 33 67 27 - www.binche.be.

Parc★ – *Avr.-sept. : 9h-18h (dim. et j. fériés 19h) ; reste de l'année : 10h-17h (oct. 18h).* Dans ce beau parc de 45 ha, où l'on voit encore les ruines de l'ancien château, on remarque des sculptures des artistes belges Victor Rousseau, Constantin Meunier et Jef Lambeaux, *Les Bourgeois de Calais* par Rodin, ainsi qu'un gigantesque bouddha du début du siècle.

Musée★★ – *064 21 21 93 - www.musee-mariemont.be - ♿ - tlj sf lun. non fériés 10h-18h (oct.-mars 17h) - fermé 1er janv. et 25 déc. - collections permanentes 1 €, expositions temporaires 4 € ou 2 € (gratuit le 1er dim. du mois).* Il présente d'une façon passionnante des collections archéologiques et artistiques d'une grande richesse. Le 1er étage est consacré aux grandes civilisations. Sont particulièrement bien représentées les antiquités égyptienne (remarquer la tête colossale d'une reine de la période hellénistique), grecque (une splendide tête de marbre d'Alexandre le Grand datant du 3e s. avant J.-C.), romaine (peintures murales de Boscoreale) et les **arts d'Extrême-Orient** (émaux, laques, jades et porcelaines de Chine).

Le sous-sol abrite une magnifique collection d'archéologie gallo-romaine et mérovingienne provenant des fouilles effectuées dans la province de Hainaut, ainsi qu'une importante **collection de porcelaine de Tournai**. L'histoire du domaine de Mariemont est aussi abondamment illustrée.

Le 2e étage est consacré à des expositions temporaires. Le musée possède une **bibliothèque** précieuse : manuscrits, reliures…

La Louvière C2

▶ *10 km au nord-est. Quittez Binche par la N 55, en direction de Bruxelles, puis prenez la N 27 en direction de La Louvière.*

Maison du Tourisme du Parc des Canaux et Châteaux – *Pl. Mansart 21-22 - 064 26 15 00 - www.parcdescanauxetchateaux.be.*

Capitale de la région du Centre, cette cité industrielle a connu son apogée au 19e s. grâce à la révolution industrielle et à l'exploitation des mines de charbon. La Louvière a joué un rôle dans le mouvement surréaliste belge avec la création, en 1939, du Groupe surréaliste du Hainaut par le poète Achille Chavée. Haine-St-Pierre, une commune de l'entité de La Louvière, a vu naître en 1922 le célèbre sculpteur Pol Bury. Une fontaine hydraulique de l'artiste orne le parvis du château Gilson.

Tout au long de l'année, le **Centre de la gravure et de l'image imprimée** *(R. des Amours 10 - 064 27 87 27 - www.centredelagravure.be - visite en période d'exposition seulement tlj sf lun. 10h-18h - fermé durant la Laetare (1 mois après le Mardi gras), 1er janv., 24-25 et 31 déc. - 5 €, -12 ans gratuit)* organise d'importantes expositions temporaires.

Musée Ianchelevici – *Pl. Communale 21 - 064 28 25 30 - www.ianchelevici.be - tlj sf lun. 14h-18h - fermé j. fériés et les dim. et mar. de la Laetare (1 mois après le Mardi gras) - exposition permanente gratuit, expositions temporaires 3 €, gratuit le 1er dim. du mois.* L'ancien palais de justice de style néoclassique abrite aujourd'hui un musée consacré à l'artiste d'origine roumaine Idel Ianchelevici (1909-1994). Les dessins et les sculptures donnent un bon aperçu de l'évolution de l'œuvre de l'artiste.

Écomusée du Bois-du-Luc – *R. St-Patrice 2b, 7110 Houdeng-Aimeries - 064 28 20 00 - www.ecomuseeboisduluc.be - ♿ - de mi-avr. à fin oct. : 9h-17h, w.-end et j. fériés 10h-18h ; de déb. nov. à mi-avr. : 9h-17h sur RV et uniquement pour les groupes, fermé w.-end - visites guidées : mar.-vend. à 9h, 10h, 11h, 13h30 et 15h, w.-end et j. fériés à 10h, 11h, 13h30, 15h et 16h30 (durée 1h30-2h) - 7,50 € (enf. 5 €).*

Carnaval de Binche, Gille de Binche portant son masque spécifique avec un ramon (bois) à la main.
B. Rieger/hemis.fr

Le musée se trouve sur le site charbonnier du Bois-du-Luc. En exploitation depuis 1685, la dernière mine a fermé ses portes en 1973. 162 maisons ouvrières simples furent érigées tout près du puits St-Emmanuel entre 1838 et 1853. L'une d'entre elles est accessible au public. Les anciens bureaux de l'exploitation – on notera en particulier la très belle verrière de la cour intérieure –, les différents ateliers où étaient fabriqués de nombreux outils, la sous-station électrique et le puits de mine sont toujours empreints de l'atmosphère qui régnait jadis autour de la mine.

Possibilité de compléter la promenade par une visite du **musée de la Mine** – *R. St-Patrice 5bis - ✆ 064 22 54 48 - 9h-12h, 13h-17h, w.-end et j. fériés 14h-17h ; déc.-janv. : w.-end et j. fériés uniquement sur RV - 4 €.*

Abbaye de Bonne-Espérance C2

▶ À Estinne. 6 km au sud par la N 55, direction Merbes-le-Château, puis Vellereille-les-Brayeux. ✆ 064 31 08 08/09 - www.bonne-esperance.be - de Pâques au deuxième dim. d'oct. : visites guidées le dim. à 15h30 - 1,50 €.

Cette ancienne abbaye de prémontrés, fondée en 1126, est actuellement occupée par un collège. La façade du 18e s. domine la cour d'honneur. À droite, la tour gothique (15e s.) de l'église abbatiale. *Entrez par le portail gauche, puis tout de suite à droite.*

Le **cloître**, modifié au 18e s., conserve des voûtes gothiques ; les peintures du réfectoire présentent des scènes de la vie de saint Norbert. Une belle salle capitulaire complète cet ensemble.

L'**église**, du 18e s., a été construite par Laurent Dewez, dans le style néoclassique. La chapelle orientée de gauche abrite une *Vierge à l'Enfant*, statue miraculeuse du 14e s., au sourire plein de bonhomie et au costume raffiné.

NOS ADRESSES À BINCHE

HÉBERGEMENT

Binche

BUDGET MOYEN

B&B Les Volets Verts – *R. de la Triperie 4 - ✆ 064 33 31 47 - www.lvv.net - 4ch. 80 €* ☕. Grande maison de maître au centre, à proximité de la Grand-Place. Belles chambres confortables. Petit-déjeuner servi dans le salon classique ou au jardin.

La Louvière

BUDGET MOYEN

La Villa d'Este – *R. de la Déportation 63 - ✆ 064 22 81 60 - www.lavilladeste.be - 8 ch. 69/79 €* ☕. Pas de villa italienne mais une façade plutôt ordinaire derrière laquelle se cache un hôtel offrant un accueil chaleureux. Le service dans le restaurant gastronomique est tout aussi cordial que dans l'hôtel. Excellente cuisine belge traditionnelle à un prix abordable. Terrasse et jardin en été.

Hôtel Tristar – *Pl. Maugrétout 5 - ✆ 064 23 62 60 - www.hoteltristar.be - 26 ch. 82/90 €* ☕. Les chambres possèdent tout le confort moderne. La grande fresque dans la salle du petit-déjeuner trahit les origines italiennes des propriétaires. Salle de fitness.

RESTAURATION

Binche

BUDGET MOYEN

China Town – *Grand-Place 12 - ✆ 064 33 72 22 - www.chinatownbinche.com - tlj sf merc. 12h-14h, 18h-23h30 - 20/35 €.* Sur la Grand-Place du centre historique, ce restaurant propose une cuisine chinoise du meilleur goût dans un décor oriental et exotique. Le restaurant est ouvert jusqu'à minuit.

Buvrinnes

POUR SE FAIRE PLAISIR

Le Beau Séjour – *R. de Merbes 408 - ✆ 064 22 32 42 - www.beausejourrestaurant.be - fermé dim., lun. et sam. midi - menu déj. 20 €, menus 35/70 €.* Ce restaurant agréable à l'atmosphère familiale est une des adresses préférées des habitants de Binche. Préparations classiques de cuisine française et prix abordables. Outre la carte des vins, le restaurant propose également une carte des bières variée.

La Fermette des Pins – *R. Lustre 39 - ✆ 064 34 17 18 - www.lafermettedespins.be - nov.-mars fermé lun. soir, mar. et merc. - menu déj. 25 €, menus soir 30/48 €.* Belle ferme aux murs blanchis à la chaux. Intérieur de bon goût et rustique et terrasse et jardin dans un cadre champêtre. Au menu du restaurant figurent à la fois des préparations régionales et des plats français.

PETITE PAUSE

Café Le Zouave – *R. St-Moustier 1 - ✆ 064 36 98 53 - tlj sf lun. 8-20h.* Café calme pendant la majeure partie de l'année, cela change cependant à mesure que la grande journée des Gilles approche, car ils se rencontrent ici. La carte propose un grand nombre de bières délicieuses ainsi que des boissons sans alcool et quelques petites collations.

AGENDA

Carnaval – *Office de tourisme, Hôtel de Ville, Grand-Place - ✆ 064 33 67 27 - www.binche.be.* *Voir p. 375.*

Charleroi

202 981 habitants – Hainaut

NOS ADRESSES PAGE 387

S'INFORMER

Indicatif téléphonique : *071.*
Maison du Tourisme du Pays de Charleroi – *Pl. Charles-II 20 - 071 86 14 14 - www.paysdecharleroi.be - 9h-18h, dim. 10h-15h.*

SE REPÉRER

Carte de région D2 (p. 360-361) et carte des lacs de l'Eau d'Heure (p. 386) – *Cartes Michelin Regional n°s 716 G4 et 534 L20.* Important nœud autoroutier, la ville se trouve près de l'E 42 et au croisement de la N 90 et de la N 5.

ORGANISER SON TEMPS

Charleroi se visite facilement en quelques heures.

Véritable petite métropole wallonne, avec son métro et son aéroport international, Charleroi est une ville déconcertante à plus d'un titre : commerces fermés, banlieue grise et tentaculaire, périphérique aérien à sens unique en guise de rond-point géant… Entourée de terrils, la « cité de Charles II » a subi une longue crise minière, dont elle se relève à peine : ses cathédrales industrielles, postées à l'ouest, sont peu à peu démontées et le centre est enfin en cours de rénovation. Pourtant, Charleroi et son Pays noir ne manquent pas d'attraits, avec leurs beaux témoins Art déco, leur ancien site de charbonnage, leur musée de la Photographie et leurs plans d'eau qui font la joie des amateurs de sports nautiques.

Se promener

LA VILLE HAUTE

Hôtel de ville

Pl. Charles-Ier.

L'hôtel de ville et son beffroi, haut de 70 m, ont été construits en 1936 d'après les plans de Joseph André et de Jules Cézar. Le bâtiment, avec son superbe intérieur Art déco, abrite deux musées.

Musée des Beaux-Arts – *Au 2e étage de l'hôtel de ville - 071 86 11 34/35 - www.charleroi-museum.be - mar.-vend. 9h-17h, sam. 10h-18h - fermé j. fériés - gratuit, 5 € pdt les expositions temporaires.* Ce musée possède des toiles de François-Joseph Navez, élève de David et originaire de la ville. Les œuvres de Constantin Meunier et Pierre Paulus font l'apologie du monde du travail. Le musée présente également des tableaux de Magritte, Delvaux et d'artistes hennuyers et accueille des expositions temporaires.

Musée Jules-Destrée – *À l'étage supérieur de l'hôtel de ville - 071 86 11 38 - www.charleroi-museum.be - visite uniquement sur RV.* Les multiples facettes de la vie de ce politicien, homme d'État, avocat et écrivain socialiste sont abondamment illustrées à l'aide de documents, vieilles photos, objets personnels, dessins et peintures.

UN HAUT LIEU DE LA BANDE DESSINÉE

En vous promenant dans le centre de Charleroi, impossible de ne pas remarquer les curieux personnages colorés au milieu des ronds-points : Marsupilami, Boule et Bill, Lucky Luke, Fantasio… L'école de Marcinelle est née avec la création du *Journal de Spirou*, en 1938, à l'image de l'école de Bruxelles avec le *Journal de Tintin*. Elle réunissait des auteurs, scénaristes et dessinateurs de premier plan : le Français Robert Velter, alias Rob Vel, Jijé, pseudonyme de Joseph Gillain, André Franquin, inventeur du Marsupilami, Morris et Roba. Les éditions Dupuis, propriétaires du personnage de Spirou, conservent leur siège à Marcinelle. La grande équipe de basket de Charleroi a même été baptisée Spirou Basket Club et son complexe sportif, le Spiroudome !

Fédéraliste wallon convaincu, il écrit, dans sa *Lettre au Roi*, sur la séparation de la Wallonie et de la Flandre, de 1912, ces paroles célèbres : *« Sire, il n'y a plus de Belges. »*

Place du Manège

Autour de cette grande place où se tient une partie du marché dominical se trouvent le palais des Expositions (1954) et le palais des Beaux-Arts (expositions, concerts et diverses représentations).

À proximité Carte de région p. 360-361

★ Le Bois du Cazier, à Marcinelle D2

3 km au sud. Accès par l'A 503 sortie 34 Marcinelle Haies et suivez les flèches « Bois du Cazier ». R. du Cazier 80 - ✆ 071 88 08 56 - www.leboisducazier.be - ♿ - tlj sf lun. 9h-17h, w.-end 10h-18h - fermé Mardi gras, 1er et 11 nov. - 6 €.

Par une grille métallique, on accède au site de l'ancien charbonnage du Bois de Cazier, dont témoignent encore plusieurs terrils, châssis à molettes et bâtiments industriels.

L'**Espace du 8 août 1956★★** commémore le souvenir de 262 mineurs de 12 nationalités différentes qui périrent dans un incendie au fond du puits St-Charles. Photos et interviews évoquent de façon émouvante une des plus grandes catastrophes minières du pays. Le mémorial donne également un aperçu de l'immigration italienne de l'après-guerre vers la Belgique et des conditions de travail dans les mines.

Le **musée de l'Industrie** illustre le riche passé industriel de la Wallonie. Parmi les pièces majeures de l'impressionnante collection de machines, citons une machine à vapeur de 1913, provenant de l'atelier Zimmerman-Hanrez, et un laminoir à tôles de 1883, réalisé dans les anciennes usines d'Anhée. Le musée offre aussi une documentation intéressante sur l'évolution de la technologie moderne et la société postindustrielle. Les vestiaires et les bains-douches au carrelage bleu font replonger le visiteur dans la vie quotidienne des « gueules noires ».

Mont-sur-Marchienne D2

3 km au sud. Accès par le ring sortie « Porte de la Villette » ou par le périphérique R 3 sortie Mont-sur-Marchienne.

Le **musée de la Photographie★** *(R. Paul-Pastur 11 - ✆ 071 43 58 10 - www.museephoto.be - ♿ - tlj sf lun. 10h-18h - fermé 1er janv. et 25 déc. - 6 €)* occupe

Le musée de l'Industrie du Bois du Cazier, à Marcinelle.
Clément Philippe/ArTerra Picture Library/age fotostock

un ancien couvent de carmélites de style néogothique. Le parcours, qui s'organise autour du cloître – complété en 2008 d'une aile moderne –, retrace de façon captivante l'histoire de la photographie, en suivant l'évolution des appareils (depuis la *camera obscura* et le daguerréotype jusqu'à l'holographie), ainsi que les étapes artistiques de la photo. Des tirages des plus grands photographes illustrent cet itinéraire. Ce musée qui se veut aussi un lieu vivant possède une bibliothèque de plus de 2 000 volumes sur la photographie et présente tout au long de l'année des expositions temporaires de grande qualité.

Circuit conseillé Carte de région p. 360-361

LA BOTTE DU HAINAUT

Circuit de 77 km de Charleroi à Chimay tracé en vert sur la carte de région (p. 361) – Comptez une journée.

★ Abbaye d'Aulne C2

14 km au sud-ouest par les A 503, R 3 et N 579 vers Hourpes.

071 59 54 54 (office de tourisme) - www.abbayedaulne.be - avr.-sept. : tlj sf lun.-mar. 13h-18h ; juil.-août : tlj 13h-18h ; oct. : w.-end 13h-17h - fermé nov.-mars - 5 € (incluant l'audioguide), -18 ans 3 €, -12 ans gratuit.

Au fond de la verdoyante vallée de la Sambre se dressent les ruines imposantes de l'**abbaye d'Aulne**. Fondée au 7e s. par saint Landelin, le monastère dépendait de l'abbaye de Lobbes. Une communauté de cisterciens, venus de Clairvaux, s'y installa en 1147. Incendiée en 1794, l'abbaye fut restaurée pour abriter, en 1896, l'hospice Herset, du nom de son fondateur, le dernier abbé d'Aulne.

Cour centrale – On voit à gauche les écuries encadrant la remise des carrosses, à arcades (18e s.), puis la salle de réception des princes-évêques de Liège (18e s.) ; à la suite et au fond se trouvait le quartier des hôtes, palais abbatial avant 1767 dont il ne subsiste qu'une tour.

À droite, on remarque les arcades du palais abbatial (fin 18e s.) et la façade de l'église.
Église – Derrière une façade classique (1728) se dissimule l'imposante église gothique construite au 16e s. Elle conserve un chœur et un transept très beaux : remarquer le remplage de la baie du croisillon droit. Communiquant avec le croisillon gauche, la sacristie, puis la salle capitulaire (18e s.) donnant sur le cloître, dont il reste peu de traces, étaient surmontées par les dortoirs.
Prendre à droite l'allée qui desservait le quartier des vieux moines (à gauche) et l'infirmerie (au fond à droite) : vue remarquable sur l'ensemble élancé formé par le **chevet** et le **transept**★★ aux immenses baies lancéolées.
En reprenant l'allée en direction du cloître, on aperçoit à droite l'un des réfectoires (18e s.) : très jolies voûtes de briques sphériques, portées en leur centre par des colonnes renflées. C'était le réfectoire régulier dit du maigre, car on n'y consommait pas de viande.
Poursuivez la route pour atteindre Gozée.
En s'élevant au-dessus de l'abbaye, belle vue d'ensemble des ruines.

Gozée D2

Au passage, voir la pierre de Zeupire *(à gauche en allant vers Beaumont, près d'un grand café)*. Ce mégalithe en grès rose, pesant 20 t, serait le seul vestige d'un ancien cromlech.
Revenez sur vos pas et prenez la N 59 pour gagner Thuin.

UNE FORTERESSE INDUSTRIELLE ET MILITAIRE

Passé militaire – En 1666, le gouvernement des Pays-Bas espagnols, inquiet des prétentions de Louis XIV, fait transformer en forteresse le village de Charnoy qui, en hommage au roi d'Espagne Charles II, prend le nom de Charleroy. Dès juin 1667, Louis XIV s'empare de la place forte. Vauban renforce les remparts de la ville haute, puis on édifie la ville basse pour entretenir l'activité économique.
La présence de la houille dans la région va attirer les industries (verreries). Jusqu'en 1868, date de la transformation des remparts en boulevards, Charleroi est l'enjeu de durs combats. Prise par Jourdan en 1794, elle sert de base aux armées de la République, puis aux troupes napoléoniennes. En août 1914 a lieu la bataille de Charleroi (21-23 août), au cours de laquelle les troupes françaises échouent dans leur courageuse tentative d'interdire à l'ennemi la traversée de la Sambre. Le 21 : Charleroi est prise. Cependant, l'avance allemande est contenue un instant puis, devant la menace d'encerclement, l'armée française doit battre en retraite dans la soirée du 23, juste avant l'arrivée des renforts allemands le 24.
L'industrie – C'est la houille qui a attiré l'industrie : d'abord la verrerie dès 1577, puis la métallurgie (fonderies, clouteries, tréfileries et laminoirs) qui s'est particulièrement bien développée dès le début du 19e s.
Aujourd'hui, la sidérurgie et la verrerie sont toujours représentées, mais l'industrie s'est diversifiée avec les constructions électriques, l'électromécanique, les industries chimique et pharmaceutique, l'imprimerie… Deux instituts supérieurs forment des techniciens spécialisés et des ingénieurs. Le canal de Charleroi à Bruxelles unit la Sambre à l'Escaut via Bruxelles et le canal Maritime. La Sambre se jette ensuite dans la Meuse à Namur.

Thuin C2

Office de tourisme – *Pl. du Chapitre - ✆ 071 59 54 54 - www.thuin.be - avr.-sept. : 10h-12h, 13h-18h ; oct.-mars : 10h-12h, 13h-17h - fermé 1er janv., 1er et 11 nov., 25 déc. et lun. de St-Roch.*

Occupant un joli **site★**, la capitale verte de la Thudinie ne manque pas de charme avec ses sentiers pittoresques reliant la ville haute à la ville basse, ses chemins de halage et ses beaux paysages vallonnés. Possession de l'abbaye de Lobbes, Thuin fut remise en 888 à la principauté de Liège. L'évêque Notger fit fortifier la cité au 10e s. En mai se déroule à Thuin la marche militaire de St-Roch qui remonte à 1654. La ville a pour spécialité les spantôles, biscuits portant le nom d'un canon pris aux Français en 1554.

Place du Chapitre – Dominée par son haut **beffroi** carré du 17e s., ancienne tour de la collégiale, la place offre une belle **vue** sur la sinueuse vallée de la Sambre, la ville basse, avec son port et ses péniches, ainsi que sur la pittoresque cité de Lobbes dont la collégiale se dresse au sommet d'un piton.

Non loin de la place, dans la **Grand-Rue**, le bureau de poste occupe l'ancien refuge de l'abbaye de Lobbes (16e s.).

Remparts du Midi – Dans la Grand-Rue, suivre la pancarte « Panorama », puis la petite rue pittoresque qui longe les remparts (15e s.) et le chevet de l'église. À gauche, on aperçoit la **tour Notger**, seul vestige des remparts construits par le prince-évêque.

Jardins suspendus – *Sortez de la ville en voiture en direction de Biesme.* Du jardin public (parc du Chant des oiseaux), situé à droite, jolie **vue** sur les jardins en terrasses de Thuin, les remparts et le beffroi, surplombant la vallée de la Biesmelle. Les jardins, dont les origines remonteraient au 10e s., ont été revalorisés.

Écomusée de la Batellerie Thudo – *Rive droite au pied du viaduc - ✆ 071 59 54 54 - avr.-oct. : tlj sf lun. et mar. 14h-18h ; reste de l'année : sur RV - 3 €.* Situé au bord de la Sambre dans le quartier des Bateliers, ce petit musée sympathique est installé dans une ancienne péniche construite à Thuin dans les années 1950. La visite commentée par des anciens bateliers permet de découvrir la vie batelière et la construction navale d'antan. Avec cinq chantiers navals au bord de la Sambre, la ville de Thuin prospéra longtemps grâce au transport fluvial. Sur 5 000 habitants, Thuin comptait 1 104 bateliers en 1936.

Ragnies C2

3 km au sud de Thuin.

Dans un havre de paix, ce petit village pittoresque possède une jolie **église** dont les origines remonteraient au 12e s. Les bâtiments de l'ancienne ferme de la Cour accueillent la **distillerie de Biercée** qui produit de façon artisanale plusieurs eaux-de-vie dont la célèbre Eau de Villée.

Revenez à Thuin puis prenez la N 559 vers le nord-ouest sur 3,5 km.

Lobbes C2

Sa célèbre abbaye fondée, comme celle d'Aulne, au 7e s., par saint Landelin, s'élevait près de la Sambre et fut détruite en 1794. Au sommet de la colline, la **collégiale St-Ursmer** a remplacé l'église funéraire élevée par saint Ursmer vers 713. Remontant à l'époque carolingienne, elle a été agrandie au 11e s. : le chœur et la crypte sont romans, ainsi que le porche et la tour ouest, qui se rattachent à l'école mosane. Au 19e s. a été édifiée la tour de croisée. Dans la crypte dont les piliers ont été refaits au 16e s., remarquez les tombeaux de saint Ursmer et saint Erme.

Continuez 15 km au sud par les N 559 et N 40.

LES CÉLÈBRES « MARCHES » D'ENTRE-SAMBRE-ET-MEUSE

Particulièrement imprégnés de souvenirs guerriers, les villes et villages de la région qui s'étend au sud de Charleroi, entre la Sambre et la Meuse, sont célèbres dans le calendrier folklorique belge pour leurs marches militaires qui remontent au 17e s.

Vestiges probables de l'époque troublée des réformes où les processions religieuses étaient encadrées par des milices rurales en armes, ces manifestations aux dehors très martiaux honorent un saint local.

Le jour de sa fête, c'est une véritable petite armée qui défile dans les rues, escortant parfois la statue du saint. En tête vont les « sapeurs », puis les tambours, les fifres et la fanfare, ensuite les soldats armés d'un fusil et tirant des salves; parmi eux, des cavaliers et même des cantinières. Depuis le passage de Napoléon, l'uniforme du Premier Empire connaît un grand succès.

Une quarantaine de localités organisent des marches militaires. À **Ham-sur-Heure** pour la marche de St-Roch, défilent plus de 700 personnes parmi lesquelles figurent des « volontaires montois de la révolution brabançonne de 1789 ». La plus longue marche est celle de **Gerpinnes** : 35 km, qui « mobilise » plus de 5 000 personnes. Dans ce village, le petit **musée des Marches folkloriques de l'Entre-Sambre-et-Meuse** présente les costumes militaires des marcheurs. Celle de **Fosses-la-Ville**, aussi splendide que rare, a lieu tous les sept ans. En dehors de l'Entre-Sambre-et-Meuse, il faut signaler la marche de la Madeleine à **Jumet** *(4 km au nord de Charleroi)*. Remontant à l'an 1380, c'est la plus ancienne de toute la Wallonie. Elle est remarquable par la variété de ses costumes.

Beaumont C2

Office de tourisme – *Grand-Place 10 - ✆ 071 58 81 91 - www.bottedu hainaut.com.*

Commandant l'entrée de la « botte du Hainaut », Beaumont est une petite ville ancienne, perchée sur une colline. On y confectionne de délicieux macarons dont la recette a été léguée par un cuisinier de Napoléon, venu loger ici, le 14 juin 1815, en se rendant à Waterloo. De son enceinte du 12e s., la cité a gardé quelques vestiges, dont la tour Salamandre.

Tour Salamandre – *✆ 071 58 81 91 (office de tourisme) - mai, juin et sept. : 9h-17h; juil.-août : 10h-19h; oct. : 10h-17h - 2,50 €.* Sur un versant de la colline, ce vestige des fortifications du 12e s. a été restauré et renferme un musée d'Histoire locale et régionale. Au-dessus de l'une des portes, l'écusson des Croÿ, seigneurs du lieu, avec leur devise et le collier de la Toison d'or. De la terrasse au sommet, vue sur Beaumont, la vallée de la Hantes et son vieux moulin, dans un paysage très vallonné. Le parc, aménagé à l'emplacement du château détruit en 1655, appartient à une école.

Quittez la ville par la N 40 en direction de Mons. Peu après Montignies, prenez à gauche.

Solre-sur-Sambre C2

À proximité de l'ancienne chaussée romaine de Bavay à Trèves, un **pont** à 13 arches, en partie romain, franchit la Hantes dans un joli site.

Revenez sur la N 40.

En contrebas du bourg, le **château fort** (13e-14e s.) dissimule, derrière des douves ombragées, sa façade austère formée d'un donjon carré flanqué de deux grosses tours rondes à mâchicoulis et toit en poivrière.

Revenez à Beaumont et continuez 13 km au sud-ouest par les N 40 et N 589.

★ Lacs de l'Eau d'Heure D3 et plan de site p. 386

Formant le plus important complexe nautique de Belgique, cette chaîne de lacs de retenue s'étend sur un domaine de 1 800 ha, composé de bois et de prairies, et comprenant 70 km de berges, plus de 100 km de sentiers balisés et un centre aquatique. Deux barrages principaux ont été aménagés : celui de l'Eau d'Heure est constitué d'une grande digue en enrochement et celui de la Plate-Taille, équipé d'une centrale hydroélectrique, est le plus important du pays.

Barrage de la Plate-Taille★ – *Accès par une large route au départ de Boussu-lez-Walcourt.* La retenue de la Plate-Taille est remplie par pompage, de nuit, à l'aide de turbopompes de la retenue de l'Eau d'Heure. Construit en 1977, de type poids, il possède une longueur de crête de 790 m. La retenue, d'une superficie de 351 ha, a une capacité de 68,4 millions de m³. Sur place, vous pourrez pratiquer plus d'une vingtaine d'activités, dont la voile, le canoë, la plongée…

Centre d'accueil – *Rte de la Plate-Taille 99, 6440 Boussu-lez-Walcourt - ✆ 071 50 92 92 - www.lacsdeleaudheure.be - juil.-août : 10h-19h ; avr.-juin et sept. : 10h-18h ; reste de l'année : 10h-17h - gratuit.* Outre la maquette qui permet de se familiariser avec le site, le centre propose une promenade originale dans les **galeries du barrage** *(le w.-end uniquement sf juil.-août)*, où l'on s'enfonce jusqu'à 20 m sous terre, ainsi qu'une ascension dans la **tour-belvédère**, haute de 107 m *(le w.-end uniquement sf juil.-août)*, qui permet d'embrasser la région.

Continuez 14 km au sud-ouest par la N 53.

Rance C3

Rance fut célèbre pour sa carrière de marbre rouge d'origine corallienne, aujourd'hui désaffectée, et son industrie marbrière. Installé dans l'ancien hôtel communal, le **musée national du Marbre** *(Grand-Rue 22 - ✆ 060 41 20 48 - www.museedumarbre.be - mar.-vend. 10h-16h, sam. et vac. scol. 10h-18h, dim. et j. fériés 13h-18h - 5 €, enf. 2 €)* permet de se familiariser avec les origines de ce matériau, principalement les variétés de marbre rencontrées en Belgique, et les techniques d'extraction et de polissage *(démonstration de polissage)*.

L'**église** de Rance est ornée de nombreuses pièces de marbre de la région.

Pour rejoindre Chimay, à 10 km au sud, prenez la N 53.

Chimay C3

Syndicat d'initiative – *R. de Noailles 6 - ✆ 060 21 18 46 - www.ville-de-chimay.be. Chimay Promotion asbl – R. du Château 14 - ✆ 060 21 54 04 - www.chimaypromotion.com - lun.-vend. 9h-17h.*

Au fond de la « botte du Hainaut », à la lisière sud de la vaste forêt de Rance, la petite ville de Chimay est connue pour son château dont on a une jolie vue depuis le pont sur l'Eau Blanche.

Elle conserve le souvenir de Froissart, auteur, au 14e s., de célèbres *Chroniques*, et de Mme Tallien, née Thérésa de Cabarrus. Elle épousa en troisièmes noces (1805) François-Joseph de Caraman, prince de Chimay, et termina dignement en son château une existence agitée (1773-1835).

Sauvée de l'échafaud à Bordeaux par le proconsul Tallien, elle avait été réincarcérée à Paris. De sa prison, elle inspira à Tallien, qui devint peu après son mari, le courage nécessaire pour renverser Robespierre, d'où son surnom de N.-D.-de-Thermidor.

Château★ – *✆ 060 21 28 23 - www.chimaypromotion.be - ♿ - fermé pour travaux de rénovation.*

Il appartint à la famille de Croÿ, puis, en 1804, à un Riquet de Caraman, descendant du Riquet constructeur du canal du Midi (17e s.) et parent du

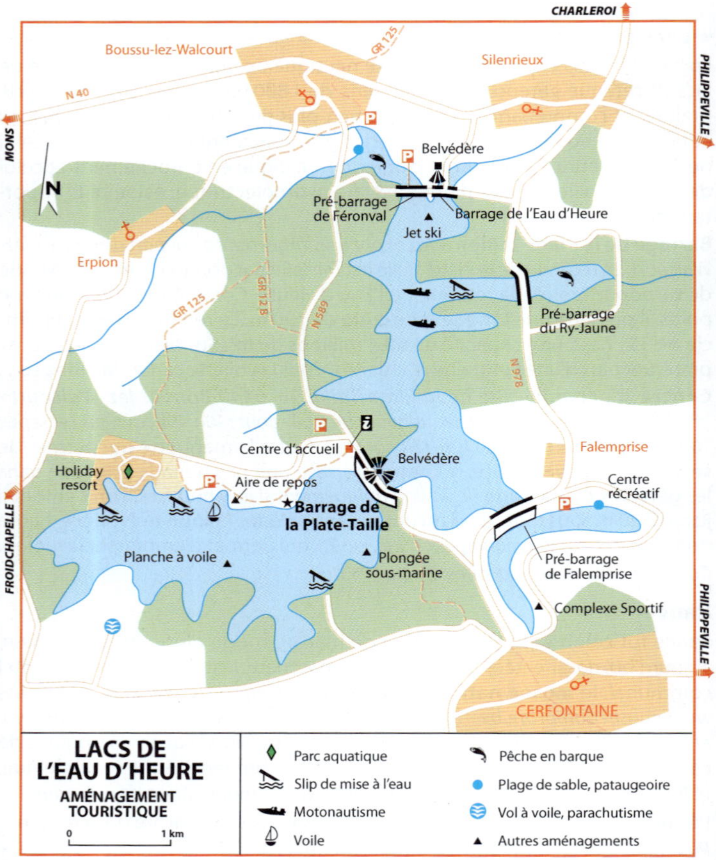

fameux Mirabeau. Incendié partiellement en 1935, il a été construit sur des plans anciens dans le style de la Renaissance finissante.

Sa façade en calcaire gris bleuté se dissimule au fond d'une vaste esplanade. Le donjon, avec ses voûtes surbaissées, demeure la plus intéressante partie architecturale. Il porte encore les cicatrices laissées par l'emplacement des glissières soutenant le pont-levis. La salle des Gardes a conservé ses voûtes anciennes ainsi qu'un pavement constitué de 45 000 ardoises sur chant. À l'intérieur, dans un salon dont la terrasse domine de 16 m la vallée de l'Eau Blanche, deux portraits font revivre l'ombre de Mme Tallien, l'un par Gérard, l'autre alors qu'elle était âgée. Son fils aîné, Joseph, fit bâtir en 1863 le charmant théâtre rococo chargé de stucs dorés, réplique de celui de Fontainebleau. Parmi les artistes invités à Chimay figurait la Malibran. Chaque année, le prince et la princesse de Chimay organisent dans ce théâtre un concours international de chant baroque (en octobre) et un festival de musique baroque (en juin).

La chapelle aux jolies voûtes surbaissées contient des bannières de Louis XI provenant du château de Carrouges en Normandie (Louis XI s'empara du château de Chimay en 1447).
Dans un petit salon : robe de baptême du roi de Rome et souvenirs de Napoléon.
Collégiale des Sts-Pierre-et-Paul – *✆ 060 21 12 38 - 8h-18h*. Cette église construite en pierre de taille, au 16e s., a conservé un beau chœur du 13e s. Dans celui-ci se trouvent le remarquable gisant de Charles de Croÿ, chambellan et parrain de Charles Quint (mort en 1552), quatre plaques funéraires à la mémoire de membres illustres de la famille de Chimay, d'intéressantes stalles du 17e s. et une croix triomphale (vers 1550). Remarquez, dans la première chapelle à droite en entrant dans l'église, l'épitaphe en latin du chroniqueur Froissart qui fut chanoine à Chimay et y mourut en 1410. Sur la place, on remarque le monument où figurent des membres de la famille de Chimay dont Mme Tallien et son mari, vêtu d'une cape.
★ **Étang de Virelles** – *3 km au nord-est de Chimay. Aquascope de Virelles, r. du Lac 42, 6461 Virelles - ✆ 060 21 13 63 - www.aquascope.be - juil.-août : 10h-19h ; 15 mars-30 juin et 1er sept.-15 nov. : mar.-dim. 10h-17h (également lun. si j. fériés et vac. scol.) ; 16 nov.-14 mars : dim., j. fériés et vac. scol. 10h-17h - fermé 1er et 2 janv., 24-26 et 31 déc. - 6,50 € (-12 ans 3,50 €)*. Cette réserve naturelle couvre 100 ha. Entouré de bois, l'étang, très fréquenté, est la plus vaste étendue d'eau naturelle de Belgique. L'aire de détente offre des possibilités de restauration, des locations de pédalos et des jeux pour enfants.
Abbaye N.-D.-de-Scourmont – *10 km au sud de Chimay par Bourlers*. Fondée en 1850, elle est occupée par des trappistes. Ses sobres bâtiments s'ordonnent autour d'une cour centrale où se dresse la façade dépouillée de l'église (1949). Les Pères fabriquent de la bière connue sous le nom de trappiste de Chimay.

NOS ADRESSES À CHARLEROI

HÉBERGEMENT

Charleroi

BUDGET MOYEN

Leonardo – *Bd Tirou 96 - ✆ 071 31 98 11 - www.leonardo-hotels.com - 67 ch. 69/95 € - ☕ 10 €*. Hôtel moderne sur le principal boulevard de la ville. Chambres fonctionnelles à l'aménagement contemporain. Le restaurant est ouvert tous les jours, tant le midi que le soir.

Marcinelle

BUDGET MOYEN

B&B Chambres avec vue – *R. du Basson 30 - ✆ 071 36 06 43 - www.chambres-avec-vue.be - ⊠ - 2 ch. 70 € ☕*. Maison de maître à la situation calme à 5mn de la gare et du centre-ville. Deux magnifiques chambres aménagées par la propriétaire, qui est indéniablement une artiste. Repas du soir servi sur demande.

Nalinnes

BUDGET MOYEN

Laudanel – *R. de la Vallée 117 - ✆ 071 21 93 40 - www.laudanel.be - fermé les 2 dernières sem. de janv. et 15 j. l'été - 6 ch. 104/115 € - ☕ 14 €.* Villa moderne à la situation paisible dans un environnement verdoyant avec piscine. À seulement quelques kilomètres du centre animé de la ville. Accueil très personnel dans un cadre reposant.

Solre-St-Géry

BUDGET MOYEN

Le Prieuré Saint-Géry – *R. Lambot 9 - ✆ 071 58 97 00 - www.prieurestgery.be - 4 ch. 99 € - ☕ 18 € - rest. 29/49€*. Cet ancien prieuré a tout pour plaire : chambres et suites romantiques avec poutres et murs en moellons pour certaines, service prévenant et cuisine évolutive de haute volée. Le propriétaire des lieux tient également un restaurant proposant une cuisine raffinée.

Lacs de l'Eau d'Heure

BUDGET MOYEN

Le Domaine de la Carrauterie – *R. de la Station 11, 6470 Sautin - ✆ 060 45 53 52 - www.carrauterie.com - P - 4 ch. 99/109 €, ch. « insolites » 130/350 € - ☕ 12 €.* Non loin de Chimay, belle demeure de style cottage nichée dans une touffe de verdure. Coquettes chambres décorées avec goût et, pour se relaxer ou prendre soin de soi, piscine, sauna et même Jacuzzi. Récemment, quatre chambres insolites (cabane dans un arbre, roulotte...) sont venues compléter l'offre de cette maison d'hôtes. Bon accueil personnalisé.

Chimay

BUDGET MOYEN

B&B Le Petit Chapitre – *Pl. du Chapitre 5 - ✆ 060 21 10 42 - www.lepetitchapitre.be - 5 ch. 85/100 € ☕.* Chambres d'hôtes de caractère à l'aménagement antique original et situées au centre de la ville. Tout s'accorde magnifiquement et crée une ambiance chaleureuse et intime.

Lompret

BUDGET MOYEN

Franc Bois – *Courtil aux Martias 18 - ✆ 060 21 44 75 - www.hoteldefrancbois.be - 8 ch. 85/90 € ☕.* Une excursion à travers la vallée vivifiante de l'eau Blanche suivra le sommeil du juste dans ce beau bâtiment érigé avec des pierres de la région. Les chambres très confortables sont aménagées de façon moderne. Agréable salon.

RESTAURATION

Charleroi

PREMIER PRIX

Robert La Frite – *Pl. de l'Ouest / R. du Grand-Central - ⌀ - fermé 24 déc. - 5 €.* Une institution ! Ne faites pas attention au cadre, qui cumule les inconvénients (devant un parking avec vue sur le périphérique, le métro et les terrils). Vous dégusterez assurément d'excellentes frites, à emporter bien sûr !

POUR SE FAIRE PLAISIR

La Bruxelloise – *Pl. Émile-Buisset 9 - ✆ 071 32 29 69 - www.restaurantlabruxelloise.be - 25/30 €.* Le meilleur de la cuisine belge avec des plats de viande et de poisson et, cela va de soi, des moules et des huîtres. Ce restaurant est ouvert tous les jours et offre la qualité à des prix abordables dans un cadre moderne et intime.

La Mirabelle – *R. de Marcinelle 7 - ✆ 071 33 39 88 - www.lamirabelle.be - fermé les mar., merc. et jeu. soir, dim. et 15 j. en août - 30/40 €.* Le restaurant se situe au premier étage dans une rue latérale du boulevard Tirou. Délicieuses préparations de cuisine française classique dans un cadre familial.

Montignies-St-Christophe

POUR SE FAIRE PLAISIR

Lettres gourmandes – *Rte de Mons 52 - ✆ 071 55 56 22 - www.lettresgourmandes.be - fermé les dim., lun. et mar. soir, merc. et jeu. - déj. 20 €, menus 35/48 €.* Près du pont romain, villa arrangée dans un style actuel sobre et coloré. Le patron n'utilise que des produits frais. La salle est placée sous l'aimable vigilance de son épouse.

Chimay

BUDGET MOYEN

Le Beauchamp – *Chaussée de Mons 55 - ✆ 060 21 38 70 - tlj sf lun. et mar. soir - 20 €.* Aménagement moderne et sobre pour cette brasserie qui propose à la carte tant des plats régionaux simples que des menus de cuisine française. Profitez en été de la terrasse offrant une belle vue sur les environs.

POUR SE FAIRE PLAISIR

Le Chaudron d'Or – *Pl. Léopold 15 - ✆ 060 21 17 41 - www.lechaudrondor.be - 11h30-14h30, 18h-21h30 - fermé lun. soir et mar. (sf en été) - menus 23/50 €.* Ce restaurant au centre de la ville offre une carte variée de préparations simples à gastronomiques. Le menu trappiste est composé entièrement à base de bière de Chimay. Les pralines qui accompagnent le café sont confectionnées par le chef lui-même.

Virelles

UNE FOLIE

Chez Edgar et Madeleine – *R. du Lac 35 - ✆ 060 21 10 71 - www.restaurantedgardet madeleine.be - fermé dim. soir (sf en été) et lun. - menus 42/60 €.* Cette auberge traditionnelle bénéficiant d'une belle situation aux étangs de Virelles fait les délices des amateurs de poisson et de cuisine régionale depuis quatre générations.

PETITE PAUSE

Beaumont

Une des spécialités de Beaumont est un délicieux macaron, dont la recette aurait été donnée par un cuisinier de Napoléon, qui logea sur place le 14 juin 1815 avant de se rendre à Waterloo.

AGENDA

Brocante des quais – *Maison du Tourisme du Pays de Charleroi - ✆ 071 86 14 14 - www.paysdecharleroi.be.* Un week-end de mi-juin, un marché aux puces de 4 km de long s'étend pendant 24h *(à partir du samedi à 16h)* le long des quais de la Sambre, réunissant des centaines de participants. Vous y admirerez également des artistes de rue ainsi qu'un feu d'artifice.

Tournai

Doornik

★★

69 708 habitants – Hainaut

NOS ADRESSES PAGE 399

S'INFORMER

Indicatif téléphonique : *069.*

Tourisme Tournai – Plan II - *Vieux Marché-aux-Poteries 14 - ✆ 069 22 20 45 - www.tournai.be - 1er avr.-31 oct. : 8h30-18h, sam. 10h-12h, 14h-17h, dim. 14h-17h, 1er nov.-31 mars : 8h30-17h30, sam. 10h-12h, 14h-17h, dim. 14h-17h.*

SE REPÉRER

Carte de région A1 (p. 360-361) et plans de ville (p. 392) – *Cartes Michelin Regional nos 716 D4 et 533 F19.* Sur l'Escaut, Tournai se trouve près de la frontière française. On y arrive par l'E 429 depuis Bruxelles ; au départ de Lille, on emprunte l'A 27/E 42.

À NE PAS MANQUER

Le beffroi, la cathédrale N.-D., le pont des Trous et l'Escaut, le musée des Beaux-Arts.

ORGANISER SON TEMPS

Comptez au moins une journée pour visiter les principaux atouts de la ville.

AVEC LES ENFANTS

Le musée d'Histoire naturelle avec vivarium, lézards, serpents, poissons et tortues.

Dominée par les cinq tours de son altière cathédrale, Tournai est édifiée sur une pente douce filant sur l'Escaut. En descendant depuis la Grand-Place, en direction du fleuve et de son cortège de péniches, vous serez surpris par les différents aspects que révèle peu à peu son imposant monument religieux, chef-d'œuvre de l'art scaldien, tantôt pittoresque, tantôt intimiste, grandiose... Berceau de la dynastie des Francs, cette cité d'artistes et d'artisans, maintes fois convoitée et abîmée, est en pleine métamorphose : malgré son air un peu assagi, Tournai est à l'aube d'une nouvelle ère, avec son centre en pleine rénovation, ses quais embellis et ses façades qui retrouvent peu à peu leur virginité.

Se promener Plans de ville p. 392

LE CŒUR HISTORIQUE : LA RIVE GAUCHE Plan II

★ Grand-Place

Avec ses belles façades rehaussées de dorures et les tours de la cathédrale qui la surplombent, la Grand-Place, de forme triangulaire, oriente naturellement le regard vers le beffroi. Entièrement détruite par les bombardements allemands de 1940, elle représente un modèle de reconstruction d'après-guerre.

Tournai dans l'histoire

LE BERCEAU DE LA MONARCHIE FRANÇAISE

Tournai est une cité importante au temps des Romains. Au 3e s., saint Piat évangélise la ville qui passe au 5e s. sous la domination des Francs Saliens. C'est le berceau de la dynastie mérovingienne : Childéric y meurt en 481 et **Clovis**, son fils, y naît en 465. Ce dernier fait de Tournai le siège d'un évêché. Les rois de France ont toujours considéré Tournai comme le berceau de leur monarchie et la ville porte le lys royal dans ses armes. Au cours du 9e s., un chapitre de chanoines vint s'installer dans la ville. Philippe Auguste visita Tournai en 1187 et acquit à sa politique l'évêque suzerain. Le 12e s. et le 13e s. sont des époques de construction dont il subsiste des maisons romanes, des édifices religieux et des parties de la deuxième enceinte. Tournai reste fidèle à la France pendant la guerre de Cent Ans, isolée dans une Belgique gagnée à la cause anglaise. Les Tournaisiens sont conviés par Jeanne d'Arc à venir assister au sacre de Charles VII à Reims (1429). Lorsque Jeanne sera faite prisonnière, Tournai lui enverra une escarcelle remplie d'or pour adoucir sa captivité.

UN INTENSE RAYONNEMENT ARTISTIQUE

Connue pour son orfèvrerie à l'époque mérovingienne, la ville devint à la fin du Moyen Âge un centre artistique. Avec la châsse de saint Éleuthère (13e s.), les orfèvres tournaisiens se distinguent de nouveau dans l'art des métaux. Dès le 12e s., l'emploi de la pierre locale dans l'architecture a donné naissance à une florissante école de sculpture : au 15e s., fonts baptismaux et monuments funéraires sont taillés de façon magistrale. Au 15e s., **Robert Campin** (mort à Tournai en 1444), contemporain de van Eyck, est l'auteur anonyme d'un groupe de peintures découvertes vers 1900. Les œuvres de cet artiste charment par leur coloris, par la précision avec laquelle sont dépeints les intérieurs et les objets, et par leur sérénité. Dans les sujets les plus graves apparaît une expression plus dramatique, qui a fait rapprocher Robert Campin de son élève **Rogier de La** (ou Le) **Pasture**. Connu également sous le nom de **van der Weyden**, ce dernier, né à Tournai (1399-1464), devint peintre de la ville de Bruxelles en 1436. Né à Tournai en 1855, le poète belge **Georges Rodenbach** s'installera à Paris dès 1887.

UNE PLACE FORTE DISPUTÉE

De 1513 à 1518, Tournai passe à Henri VIII, roi d'Angleterre, qui y fait construire un quartier fortifié par un donjon, actuelle **tour Henri VIII**. Puis la ville passe sous la tutelle de Charles Quint et perd nombre de privilèges. En proie à des troubles religieux, Tournai résiste deux mois, en 1581, à Alexandre Farnèse sous le commandement héroïque de **Christine de Lalaing**. Sous le règne de Louis XIV, de 1667 à 1709, la ville est rattachée à la France. Ses fortifications sont renforcées et les remparts du 13e s. bastionnés par Vauban. De cette époque datent de nombreuses maisons en brique et chaînage de pierre à grandes baies et toits débordants. Malgré les bombardements de 1940, il en subsiste, notamment sur le quai N.-D. Tournai est alors le siège du Parlement de Flandre. Tombée aux mains des Autrichiens après le traité d'Utrecht (1713), elle revient aux Français après la bataille de **Fontenoy** (1745), puis de nouveau aux Autrichiens en 1748. Au 18e s., Tournai se signale par la renaissance de son industrie du cuivre et de la fabrication de la tapisserie. Sa manufacture de porcelaine, fondée en 1751, connaît une vogue exceptionnelle.

SE LOGER
B&B La Naiade 1

TOURNAI
plan II

SE LOGER

Hôtel Cathédrale......... 2

Hôtel d'Alcantara......... 4

L'Europe..................... 6

SE RESTAURER

Corto Malté.................. 2

Fritagogo..................... 5

L'Écu de France......... 1

L'Olivier....................... 4

Le Beffroi..................... 7

Le Resto d'à Côté...... 13

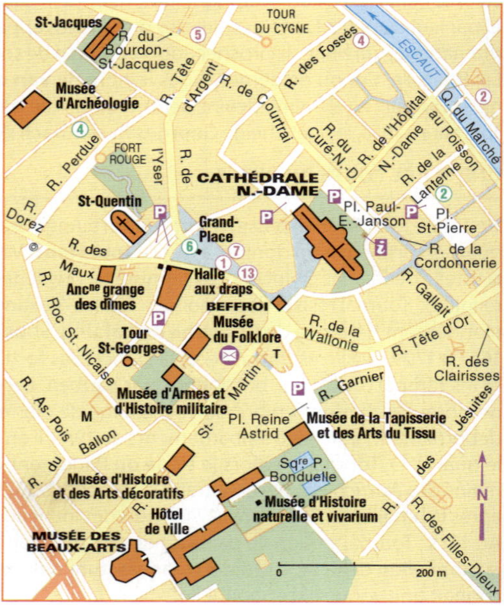

Remarquez la **halle aux draps** (1610), d'un style composite allant du gothique au baroque, et plus loin, à droite, une demeure baroque de brique, l'**ancienne grange des dîmes**. Au centre, une statue de Christine de Lalaing ainsi qu'une fontaine conçue de façon originale.

★★ Beffroi

Avr.-oct. : tlj sf lun. 10h-17h30 ; reste de l'année : mar.-sam. 10h-12h, 14h-17h, dim. 14h-17h - fermé 1er-2 janv., Vend. saint, 1er Mai, jour de la braderie, 1er-2 et 15 nov., 24-26 et 31 déc. - 3,50 € (office de tourisme).

C'est le plus ancien de Belgique. Le soubassement date du 12e s. ; en 1294, le beffroi est rehaussé et renforcé par des tourelles polygonales. Les parties hautes sont reconstruites après un incendie survenu en 1391. Jusqu'en 1817, une partie du beffroi servait de prison.

Une petite exposition et une présentation audiovisuelle illustrent l'histoire de cette tour municipale inscrite sur la liste du Patrimoine mondial de l'Unesco depuis 1999. Dès le 1er étage, on a une **vue** intéressante sur la cathédrale. Du sommet *(70 m de hauteur, 257 marches)*, belle **vue** sur la ville. Un carillon de 44 cloches donne de beaux **concerts**. Le beffroi a été restauré entre 1992 et 2003 et abrite maintenant cinq salles thématiques accessibles au public. Un spectacle audiovisuel de 10mn retrace l'histoire de l'édifice.

Engagez-vous sur la place du Vieux-Marché-aux-Poteries.

★★★ Cathédrale Notre-Dame

9h15-12h, 14h-18h (nov.-mars : 14h-17h).

Le 14 août 1999, les parties hautes du chœur de la cathédrale furent lourdement endommagées par une tornade. Pendant les travaux de restauration, qui peuvent s'étendre sur une longue période, le chœur gothique est partiellement ou entièrement fermé au public. On peut toutefois l'observer depuis le transept et la nef.

En plein centre de Tournai, non loin du beffroi, s'élève le plus imposant, le plus original monument religieux de la Belgique. Figurant depuis l'an 2000 sur la liste du Patrimoine mondial de l'Unesco, il a influencé de nombreuses églises de la ville, puis, le diocèse de Tournai couvrant jadis la plus grande partie de la Flandre, s'est répandu dans toute la vallée de l'Escaut, donnant naissance à l'art scaldien. Extérieurement, les proportions gigantesques de l'édifice (134 m de longueur, 66,5 m de largeur au transept) et les silhouettes massives de ses cinq célèbres tours produisent un effet impressionnant.

Les cinq **tours**, toutes différentes, se dressent à la croisée du transept ; la plus ancienne, au centre, repose sur les piliers de la croisée qu'elle devait éclairer.

La nef et le transept aux extrémités en hémicycle datent du 12e s. Plus élevé que la nef et presque aussi long, un chœur gothique très élancé a remplacé au 13e s. le chœur roman. Cette différence de style est perceptible tant à l'extérieur qu'à l'intérieur de l'édifice.

Porte Mantile – Située au nord, elle doit son nom à Mantilius, un aveugle guéri par saint Éleuthère en ces lieux. Ce portail latéral conserve de remarquables sculptures romanes, principalement sur le bandeau encadrant le sommet de la porte (lutte entre les rois Sigebert et Chilpéric) et les montants (combat des Vices et des Vertus).

Contournez ensuite l'église par le chevet.

Porte du Capitole – De style roman, semblable à la porte Mantile, elle est malheureusement très détériorée, et l'on devine à peine le cycle de la fin du monde sculpté sur le bandeau. L'archivolte est soutenue par deux chevaliers munis d'un haut bouclier.

Passez sous la « Fausse Porte » surmontée de la chapelle St-Vincent : arche reliant la cathédrale au palais épiscopal.

Façade principale – Elle est entourée d'une part de l'Hôtel des Anciens Prêtres (18e s.) et de l'autre par l'Évêché. Remaniée au 14e s., elle est masquée par un **porche** (modifié au 16e s.), sous lequel se superposent trois registres sculptés : en bas, des hauts-reliefs du 14e s. ont trait au drame du paradis terrestre ; au milieu, du 16e s., des bas-reliefs, à gauche la procession de Tournai, à droite la lutte entre Sigebert et Chilpéric ; au sommet, une rangée de statues d'apôtres et de saintes du 17e s. Au pilier central, une belle statue de la Vierge (14e s.), patronne de la cathédrale, est vénérée sous le nom de N.-D.-des-Malades.

Intérieur – Vaste vaisseau de dix travées, la nef centrale s'élève sur quatre étages : ses grandes arcades à triples rouleaux sont supportées par de courts piliers aux beaux chapiteaux sculptés. Au-dessus, les tribunes sont surmontées d'un triforium à arcatures en plein cintre abritant une baie aveugle en leur centre. Le dernier étage est percé de fenêtres hautes. Les voûtes du 18e s. ont remplacé un plafond de bois. Un jubé, exécuté en 1572, coupe la perspective de la nef centrale. Le mur du **collatéral droit** est orné d'épitaphes.

Remarquez les **chapiteaux** jadis polychromés des piliers de la nef : décoration végétale, animale, figures humaines, souvent fantaisistes.

Dans la chapelle St-Louis ou chapelle du St-Sacrement, *Crucifixion* de Jordaens et panneaux en bois finement sculptés au 18e s., provenant d'une abbaye (scènes de la vie de saint Benoît et de saint Ghislain). Dominé par une haute lanterne, le transept est d'une majesté et d'une ampleur imposantes ; c'est une « cathédrale au travers d'une cathédrale ».

Son plan est très original : les croisillons se terminent par un hémicycle qu'entoure un déambulatoire. L'ordonnance à quatre étages superposés reprend celle de la nef. Le transept contient des vestiges de fresques (12e s.) et de précieux vitraux du 16e s.

Dans le **bras droit du transept**, les vestiges d'une fresque représentent la Jérusalem céleste au-dessus de l'autel de N.-D. de Tournai. Les vitraux racontent la lutte entre Sigebert et son frère Chilpéric, qui est à l'origine du pouvoir temporel de l'évêque (à l'étage supérieur, privilèges épiscopaux, comme l'impôt sur la bière).

Le **jubé**, œuvre de Cornelis Floris De Vriendt, est une pièce magnifique de la Renaissance anversoise aux marbres polychromes : des médaillons et des panneaux en albâtre mettent en parallèle des épisodes de l'Ancien et du Nouveau Testament.

Très long, le **chœur** (1243), à sept travées, contraste par sa légèreté avec la robustesse un peu austère de la nef. L'influence française est manifeste (Soissons).

Le **déambulatoire** est terminé à son extrémité par cinq chapelles rayonnantes. Sont à signaler dans la 1re chapelle latérale droite la châsse dite *des Damoiseaux* (1572), puis dans une petite chapelle une *Résurrection de Lazare* par Pourbus le Vieux et une peinture de Cobergher ; dans la chapelle axiale des *Scènes de la Vie de la Vierge*, par Martin De Vos, offrant un décor italianisant. À l'arrière du jubé, la 1re partie du chœur est occupée par des stalles des chanoines (18e s.), et le sanctuaire proprement dit par un maître-autel (1727) de style classique. Dans les chapelles du déambulatoire nord sont conservés des monuments et dalles funéraires de l'école tournaisienne des 14e et 15e s. Au-dessus de la porte donnant accès à la salle d'accueil ou « chauffoir des pèlerins », le *Purgatoire* (1635) de Rubens, et, lui faisant face, trois tableaux superposés en grisaille de Piat Sauvage (18e s.).

Dans le **bras gauche du transept**, les restes de fresques narrent la vie et le martyre de sainte Marguerite. Ici, les vitraux représentent la séparation du diocèse de Tournai de celui de Noyon en France auquel il avait été rattaché au 7e s.

Parmi les chapiteaux du **collatéral gauche**, on remarque des cygnes, des animaux fantastiques ; une femme dévorée par un monstre, au verso (visible seulement sous le porche), Frédégonde et Chilpéric et des oiseaux buvant.

Détail d'un coffre du trésor de la cathédrale.
Javier Larrea/age fotostock

Trésor★★ – *Lun.-vend. 9h30-12h, 14h-18h, w.-end et j. fériés 14h-18h ; nov.-mars : fermeture à 17h - 2 €.* La salle voûtée (15e s.) est dominée par les deux grands coffres reliquaires du 13e s. : la **châsse de N.-D.** (1205) en argent et cuivre doré, œuvre de Nicolas de Verdun, ornée de sujets en relief au superbe modelé, placés sous de riches arcatures et des médaillons évoquant la vie et la Passion du Christ. La **châsse de saint Éleuthère** (1247) est décorée avec une profusion et une finesse extraordinaires de statues d'apôtres ressortant sur un fond de filigrane, d'émaux et de pierres précieuses; aux pignons, on voit le Christ et saint Éleuthère portant dans sa main la cathédrale. Parmi de nombreuses œuvres d'art se distinguent : *Les Sept Joies de Marie* (vers 1546) de Pierre Pourbus; le reliquaire de la vraie croix dit « croix byzantine » d'origine orientale du 5e ou 6e s.; un coffret à reliques en ivoire dit « de Cologne » (13e s.) gardant des traces de polychromie; un fermail de chape avec jeune femme symbolisant la ville fortifiée de Tournai (15e s.); le manteau impérial porté dans la cathédrale par Charles Quint en 1531. Dans la chapelle du St-Esprit (17e s.), une longue **tapisserie** illustre la légende de saint Piat, apôtre du Tournaisis, et de saint Éleuthère, premier évêque de la ville; tissée à Arras, elle fut offerte en 1402 par un ancien chapelain du duc de Bourgogne. Dans la **salle du chapitre**, les lambris en chêne d'époque Régence (18e s.) ont été ciselés avec élégance et minutie et retracent la vie de saint Ghislain.
Depuis la place P.-E.-Janson, prenez la rue de la Lanterne, jusqu'au quai du Marché-aux-Poissons et longez l'Escaut.

★ Pont des Trous Plan I A1

En longeant la rive gauche de l'Escaut, vous distinguez au loin cette vaste porte d'eau, vestige de l'architecture militaire : elle faisait partie de la seconde enceinte communale (13e s.) et défendait l'entrée de la ville par l'Escaut, qui la traverse. Montez sur le pont voisin *(bd Delwart)*, d'où vous jouirez d'une belle **vue★** sur cet ouvrage, qui présente de ce côté les faces arrondies de ses tours (plates du côté de la ville). En 1948, il a été rehaussé de 2,40 m pour faciliter la circulation fluviale.
Quittez la rive gauche de l'Escaut par la rue des Fossés puis prenez à droite sur la rue de Courtrai.

MUSÉES DE TOURNAI PRATIQUE
Les musées de Tournai ont les mêmes horaires.
Avr.-oct. : tlj sf mar. 10h-17h30; reste de l'année : tlj sf mar. et dim. mat. 10h-12h, 14h-17h (dernière entrée 30mn av. fermeture).
Fermé 24 déc.-3 janv., Vend. saint, jour de la braderie, 1er-2, 11 et 15 nov.

Église St-Jacques

C'est un édifice de transition entre le roman et le gothique dont le porche est surmonté d'une épaisse tour carrée à tourelles. À l'extérieur de la nef court une galerie à arcades; à l'intérieur, cette galerie forme, au-dessus de la croisée du transept, un pont ajouré d'un gracieux effet et se prolonge dans la nef par un triforium.

Musée d'Archéologie

✆ 069 22 16 72 - horaires : voir l'encadré ci-dessus - 2 €.

Il occupe l'ancien Mont-de-Piété construit par Cobergher au 17e s. Au rez-de-chaussée, l'époque gallo-romaine est évoquée par des objets trouvés lors des fouilles : on y remarquera un riche ensemble de céramique, de verrerie, dont un biberon (4e s.), et un **sarcophage en plomb★** du 3e-4e s. découvert en 1989 dans une rue voisine du musée, ainsi qu'un **puits romain** creusé dans un tronc de chêne évidé. Au 1er étage, la section mérovingienne présente des objets trouvés autour de la tombe royale de Childéric découverte en 1653, dont le squelette d'un des chevaux sacrifiés lors des funérailles. Au 2e étage, préhistoire et protohistoire.

Revenez à l'église St-Jacques et prenez la rue du Piquet, puis tournez à droite sur la rue de l'Yser, traversez la Grand-Place.

Église St-Quentin

Située au fond de la Grand-Place, elle abrite dans sa chapelle circulaire gauche un tombeau au gisant (14e s.) surmonté d'une statue en argent de N.-D.-de-la-Treille : cette dernière est portée en procession lors de la fête de la Nativité.

Prenez la rue des Dominicains et continuez tout droit sur la rue Massenet.

Musée du Folklore

De la Grand-Place, on y accède par le Réduit des Sions - ✆ 069 22 40 69 - horaires : voir l'encadré ci-dessus - 2,50 €.

Présentées dans la « Maison tournaisienne » (façades de 1673), caractéristique de l'architecture espagnole, les collections évoquent les arts et traditions populaires de la ville et du Tournaisis, ainsi que la vie quotidienne. Au rez-de-chaussée, on voit d'intéressantes reconstitutions : estaminet, atelier du « balotil » (avec sa machine à tricoter), et la salle des métiers dont les mannequins nous font revivre la multiplicité des métiers artisanaux d'autrefois. Au 1er étage, on remarquera la salle du carnaval et la pharmacie. Au 2e étage, la maquette de Tournai au 17e s. est la reproduction de celle exécutée pour Louis XIV.

Non loin se trouvent la **tour St-Georges**, élément de la première enceinte communale (11e-12e s.), et le **musée d'Armes et d'Histoire militaire** *(✆ 069 22 20 45 (office de tourisme) - horaires : voir l'encadré ci-dessus - 2,50 €).*

Au débouché de la rue Massenet, tournez à gauche dans la rue St-Martin.

Musée d'Histoire et des Arts décoratifs

✆ 069 33 23 53 - horaires : voir l'encadré ci-dessus - 2 €.

Il possède une importante collection de porcelaines provenant de la manufacture impériale et royale établie à Tournai au 18e s. Remarquez le service aux oiseaux d'après Buffon, commande du duc d'Orléans. Au 1er étage, une collection de monnaies de Tournai, et de remarquables pièces d'argenterie, dont une soupière et sa rarissime doublure en vermeil datant de 1787.

★ Musée des Beaux-Arts

✆ 069 22 20 45 (office de tourisme) - horaires : voir l'encadré ci-contre - 2,50 €.

Ce musée (1928) fut conçu par le célèbre architecte Art nouveau **Victor Horta** qui lui donna un plan en étoile dont les salles rayonnantes convergent vers le hall de sculptures. Ce plan central, recouvert de larges verrières, est délimité par une façade aux formes souples, surmontée d'un groupe en bronze de Guillaume Charlier, « La Vérité, impératrice des Arts ». Devant le flanc gauche du musée, une sculpture féminine de Georges Grard (20e s.). Il abrite des œuvres du 15e s. à nos jours, et en particulier les **collections impressionnistes** du mécène bruxellois Henri van Cutsem.

Parmi la série de **peintures anciennes** se distinguent *La Vierge et l'Enfant* de Rogier de La Pasture (van der Weyden), le *Saint Donatien* de Gossaert, et de délicats paysages de Bruegel de Velours.

Une section didactique présente, avec des photographies du format des originaux, tout l'œuvre peint de Rogier de La Pasture à travers le monde.

Du 17e s., des toiles de Jordaens, et une nature morte de Snyders ; et du 18e s., deux petites pastorales de Watteau. Une salle entière est réservée aux tableaux romantiques, historiques et sombres du Tournaisien Louis Gallait (1810-1887). La peinture belge des 19e et 20e s. est bien représentée : Henri De Braekeleer et son intimisme réaliste, Charles De Groux, Meunier, Joseph Stevens (peintre animalier), Hippolyte Boulenger (paysagiste), Ensor et Émile Claus ; tout comme la sculpture (Charlier, Rousseau, van der Stappen). Les œuvres impressionnistes sont dominées par deux compositions célèbres de **Manet** : *Argenteuil* (1874) et *Chez le Père Lathuille* (1879). Dans la même salle figurent aussi des œuvres de Monet, Fantin-Latour et Seurat. Le musée possède également une importante collection de dessins (Van Gogh, Toulouse-Lautrec, Khnopff).

En face du musée, on pénètre dans la cour d'honneur de l'**hôtel de ville** qui occupe l'emplacement de l'ancienne abbaye St-Martin (11e s.), dont il subsiste la crypte romane. L'ancien **palais abbatial** (1763), édifié sur les plans de Laurent Dewez, présente de belles façades néoclassiques.

Musée d'Histoire naturelle et vivarium

✆ 069 22 20 45 (office de tourisme) - horaires : voir l'encadré ci-contre - 2,50 €.

Donnant dans la cour d'honneur de l'hôtel de ville, son architecture intérieure néoclassique est celle des cabinets d'histoire naturelle propres au 19e s. De belles collections d'animaux naturalisés sont réunies dans la grande galerie. La salle carrée du fond est occupée par une série de dioramas, et l'on terminera volontiers la visite par l'observation de certaines espèces vivantes (lézards, serpents, poissons, tortues…) regroupées au sein d'un vivarium.

Musée de la Tapisserie et des Arts du tissu

✆ 069 23 42 65 - ♿ - horaires : voir l'encadré ci-contre - 2,50 €.

Derrière une élégante façade donnant sur la place Reine-Astrid, ce musée évoque une activité qui fut florissante à Tournai du 15e au 18e s.

UNE TAPISSERIE RÉPUTÉE

La tapisserie de haute lisse de Tournai supplante celle d'Arras sa rivale et des autres ateliers flamands.
Ses réalisations sont appréciées dans toute l'Europe. Elles se caractérisent par de vastes compositions sans bordure aux nombreux personnages et au dessin très stylisé.

L'apogée de la tapisserie tournaisienne se situe entre 1450 et 1550, et les quelques tapisseries de cette période exposées ici en montrent les principales caractéristiques : les thèmes variés (histoire, mythologie, héraldique) sont traités avec des coloris éclatants et une grande élégance de trait. De nombreux personnages en costumes du 15e s., rivalisant de magnificence, se pressent dans des compositions très animées où plusieurs scènes se superposent comme dans la *Bataille de Roncevaux* ou la *Famine à Jérusalem*.
Une large part est laissée à la tapisserie moderne avec le groupe « Force murale » des années 1940 (Louis Delfour, Edmond Dubrunfaut et Roger Somville), ainsi qu'à la tapisserie contemporaine où les jeux de texture évoquent souvent la sculpture. Le musée possède aussi un atelier où l'on peut voir des lissiers au travail.
En sortant du musée, vous pouvez prolonger la visite en prenant la rue Garnier, la rue de la Tête-d'Or, puis à droite par la rue des Clarisses.

Église St-Piat Plan I B2

Cette église du 12e s. a été édifiée à l'emplacement d'une basilique mérovingienne (6e s.). Elle doit son nom à saint Piat, premier missionnaire chrétien à Tournai, qui fonda la première église de la ville, dont l'évêque sera saint Éleuthère.

LA RIVE DROITE Plan I

Maisons romanes B1

Près de l'**église St-Brice**, deux maisons ont conservé leur façade de la fin du 12e s. Avec leurs fenêtres à colonnette centrale, alignées entre deux cordons de pierre, elles sont un des rares exemples d'architecture civile romane scaldienne.

Tour Henri VIII AB1

Cette puissante tour du 16e s. fut construite sous Henri VIII.

Tours Marvis et tours St-Jean B2

Sur le boulevard Walter de Marvis, ces quatre tours, vestiges de l'enceinte du 13e s., dominent de jolis jardins.

À proximité Carte de région p. 360-361

Château d'Antoing A1

6 km au sud-est par la N 507 - ✆ 069 44 17 29 - visites guidées (2h) : de mi-mai à fin sept. dim. et j. fériés à 15h et 16h - 3 €.
Quelques vestiges de l'enceinte du 12e s., le donjon du 15e s. et la façade Renaissance rappellent l'origine ancienne de ce château reconstruit au 19e s. dans le style néogothique. Une partie des communs fut prêtée aux Jésuites lorsqu'ils durent quitter la France ; Charles de Gaulle y fut leur élève en 1907-1908. La **chapelle** conserve une riche collection de pierres tombales sculptées, notamment celles des de Melun (début du 15e s.). Du haut du **donjon**, dont on visite les salles, on bénéficie d'une belle **vue** sur la région.

Mont-St-Aubert A1

6 km au nord.
Cette butte s'élevant à 149 m d'altitude est devenue un centre de villégiature. Du cimetière près de l'église, on a un beau **panorama★** sur la plaine des Flandres. On distingue, au sud derrière les arbres, Tournai et sa cathédrale, à l'horizon à l'ouest, l'agglomération de Roubaix-Tourcoing.

Pierre Brunehault A1

10 km au sud par la N 507 ; à la sortie de Hollain, tournez à droite.

Près de l'ancienne voie romaine ou « chaussée Brunehault », allant de Tournai à Bavay, la pierre Brunehault est un menhir de 4,50 m en forme de trapèze.

Leuze-en-Hainaut B1

13 km à l'est par la N 7.

La vaste **collégiale St-Pierre** a été édifiée en 1745 à l'emplacement de l'ancienne église gothique détruite par un incendie. À la sobriété de sa façade s'oppose la majesté de son intérieur. On y admire en particulier de belles boiseries du 18e s. : les lambris de style Louis XV où s'incorporent les confessionnaux, et qui sont sculptés de motifs tous différents, la chaire sous laquelle est représenté un saint Pierre enchaîné et le buffet d'orgue.

NOS ADRESSES À TOURNAI

Plans de la ville p. 392

HÉBERGEMENT

Tournai

BUDGET MOYEN

L'Europe – Plan II - *Grand-Place 36 - ✆ 069 22 40 67 - europehotel@skynet.be - 8 ch. 70/110 €* ☕. Ce petit hôtel de la Grand-Place se distingue par son pignon à redans. Chambres simples à l'aménagement moderne. Au rez-de-chaussée, salon de glaces en journée et bar à cocktails le soir.

Hôtel Cathédrale – Plan II - *Pl. St-Pierre 2 - ✆ 069 25 00 00 - www.hotel-cathedrale.be* - P - *59 ch. 85/110 €* - ☕ *12 €*. Cet hôtel est une grande maison de maître à la façade blanche située près de l'imposante cathédrale. Les chambres ont été pour la plupart rénovées et offrent tout le confort moderne. Le restaurant n'est ouvert que le soir, mais il propose un brunch le dimanche.

Hôtel d'Alcantara – Plan II - *R. des Bouchers-St-Jacques 2 - ✆ 069 21 26 48 - www.hotelalcantara.be* - P - *17 ch. 98/118 €* ☕. Cette demeure patricienne du 18e s. se trouve dans le centre ancien et a été transformée pour devenir un hôtel. Derrière sa superbe façade, elle recèle des chambres spacieuses et modernes. Agréable terrasse dans la cour intérieure.

Péruwelz

BUDGET MOYEN

B&B La Naiade – Plan I B2 en dir. - *Bd Léopold-III 75 - ✆ 069 78 06 72 ou 0475 24 77 84 - www.naiade.be* - P - *4 ch. 75 €* - ☕ *6 €*. Chambres d'hôtes dans une grande villa du siècle dernier au milieu d'un superbe parc. Certaines des chambres, toutes très confortables, donnent sur le parc et l'étang. La chaleur de l'accueil et sa situation sont les grands atouts de cette maison à quelques kilomètres de Tournai.

RESTAURATION

PREMIER PRIX

Fritagogo – Plan II - *R. du Bourdon-St-Jacques - ✆ 069 21 61 85 - fermé merc. midi et dim. - 10 €*. Les meilleures frites de la ville. Tout le monde se retrouve ici afin de déguster les spécialités maison, à emporter ou assis dans l'agréable salle intérieure, accompagnées de viande ou de poisson.

Corto Malté – Plan II - *Quai St-Brice 18 - ✆ 069 22 34 00 - www.cortomalte.eu - merc.-dim. 12h-0h - 10/15 €*. Occupant une ancienne malterie rénovée avec goût, cette adresse propose une cuisine simple, roborative et soignée, composée de belles salades, de tapas et de tartes maison. Agréable terrasse ombragée face à l'Escaut.

BUDGET MOYEN

L'Écu de France – Plan II - *Grand-Place 55 - ✆ 069 55 60 98 - fermé dim. soir, lun. et merc. soir - 12/20 €.* Grande taverne rénovée ouverte toute l'année et ne fermant ses portes qu'après le départ du dernier client. La carte propose des snacks mais aussi des spécialités françaises et belges. Pendant les mois d'été : terrasse ouverte sur la Grand-Place.

Le Beffroi – Plan II - *Grand-Place 15 - ✆ 069 84 83 41 - www.brasserielebeffroi.be - tlj jusqu'à 23h -15/20 €.* Brasserie belge donnant sur la Grand-Place avec vue sur le joli beffroi. À la carte : lapin aux pruneaux, tomates aux crevettes, steak frites, mais aussi salades fraîches. Modérez vos commandes car les portions sont généreuses.

POUR SE FAIRE PLAISIR

L'Olivier – Plan II - *Quai N.-D. 19 - ✆ 069 84 34 73 - www.restololivier.be - fermé le soir sf vend.-sam. - menu déj. 17 €, menus 25/40 €.* Gastronomie française. Carte limitée, le chef s'attachant surtout à l'authenticité des goûts et à la légèreté des préparations. Trois salles au choix, à la décoration différente : rustique, moderne ou provençale.

Le Resto d'à Côté – Plan II - *Grand-Place 1 - ✆ 069 23 20 39 - www.lerestodacote.be - fermé les lun., mar. et merc. soir - menu de saison 33 €, carte env. 25 €.* Ce restaurant gastronomique se trouve tout à côté du beffroi, sur la Grand-Place. Cuisine française inventive dans un cadre agréable aux tons chauds et à des prix abordables. Plats succulents et présentation soignée.

PETITE PAUSE

Le Pinacle – Plan II - *Vieux Marché aux Poteries 1 - ✆ 069 22 02 20 - horaires variables en fonction de la sais.* Brasserie magnifiquement située à l'angle d'une placette au pied de la cathédrale, près de la statue de Roger de La Pasture. L'établissement propose boissons et petite restauration tant dans le bel intérieur qu'en terrasse.

Aux Amis Réunis – Plan II - *R. St-Martin 89 - ✆ 069 55 96 59 - lun.-vend. 10h-22h, sam. à partir de 11h.* Agréable intérieur désuet avec beaucoup de bois. Bonne sélection de bières et autres boissons.

ACHATS

Coup de cœur – Plan II - *R. des Maux 9 - ✆ 069 44 53 55 - www.coupdecoeur.be - mar., merc. et sam. 9h30-18h, jeu.-vend. 14h-18h, parfois ouv. le dim.* Vous trouverez dans ce bel établissement toutes sortes d'idées de cadeau, comme par exemple des chandeliers et bougeoirs, de jolies boîtes, des bibelots…

AGENDA

Journée des Quatre Cortèges – *Vieux Marché aux Poteries 14 - ✆ 069 22 20 45 - www.tournai.be - 2e w.-end de juin.* Cortège haut en couleur, formé de chars fleuris et de musique, qui évoque les souvenirs de grandes figures de la ville, notamment Clovis et Louis XIV.

Fête de la Nativité de N.-D. – *2e dim. de sept. à 15h.* Cette procession, qui tire son origine de la grande peste de 1090, permet de voir défiler la châsse de saint Éleuthère et le trésor de la cathédrale.

Château de Belœil.
RED POINT/Archibel/age fotostock

Ath

Aat

28 603 habitants – Hainaut

NOS ADRESSES PAGE 409

NOS ADRESSES PAGE 409

S'INFORMER

Indicatif téléphonique *: 068.*

Tourisme Ath – *R. de Pintamont 18 (à l'entrée de la Maison des Géants) - ✆ 068 26 51 70 - www.ath.be - mar.-vend. 10h-12h, 13h-17h (jusqu'à 18h du 1er juin au 30 sept.), w.-end 14h-18h.*

SE REPÉRER

Carte de région B1 (p. 360-361) et carte du pays d'Ath (p. 407) – *Cartes Michelin Regional nos 716 E4 et 533 H19.* L'accès au pays d'Ath est facilité par la proximité de l'E 429 (vers Bruxelles et Tournai).

À NE PAS MANQUER

La célèbre Ducasse.

ORGANISER SON TEMPS

Une heure suffit pour visiter la maison des Géants et découvrir la ville.

AVEC LES ENFANTS

Le cortège des géants lors de la Ducasse, le parc Pairi Daiza.

Connue pour son cortège des géants, Ath est la capitale d'une vieille région agricole qui a su préserver son patrimoine et ses traditions : châteaux, moulins à vent, processions et défilés remontant au Moyen Âge… Si vous êtes de passage lors de la Ducasse, ne manquez surtout pas de goûter à la tarte à masteilles !

Se promener

Grand-Place

Réaménagée en accord avec la population, la Grand-Place du Pays Vert a été dotée d'un éclairage spécialement conçu afin de créer une atmosphère d'ambiance, de jolis bancs et de deux petites fontaines. Achevé en 1624, **l'hôtel de ville** de style baroque a été construit d'après les plans de **Coebergher** (vers 1561-1634), étonnant personnage, peintre, ingénieur, architecte des archiducs Albert et Isabelle, qui introduisit en Flandre les premiers monts-de-piété. L'hôtel de ville a été presque entièrement reconstruit durant les années 1980. L'immense salle des pas perdus possède une belle cheminée, un portail sculpté et un escalier à balustres en pierre.

On aperçoit également **l'église St-Julien** et sa haute tour du 15e s., tronquée par un incendie en 1817, qui conserve ses tourelles d'angle.

À droite du portail d'entrée de **l'église St-Martin** (16e s.), on peut voir un *Calvaire* extérieur en chêne se composant d'un Christ géant encadré des deux larrons, de la Vierge et de saint Jean. À l'intérieur de l'édifice, une splendide *Mise au tombeau*, un ensemble monumental qui daterait du 16e s.

À proximité de l'hôtel de ville, des panneaux explicatifs et un plan ont été disposés afin de fournir des informations sur les curiosités de la ville et ses environs.

Accès par la rue du Gouvernement, une ruelle qui part de la Grand-Place.

Tour Burbant

Ce donjon carré et massif à contreforts plats fut construit en 1166 par le comte de Hainaut, Baudouin IV le Bâtisseur, afin de servir de base pour défendre la frontière nord du Hainaut face à la Flandre et de surveiller la noblesse environnante. Cette tour, vestige de l'ancienne seigneurie d'Ath, doit son nom à l'appartenance de la région à l'ancien pays carolingien de Brabant. C'est un véritable complexe militaire aux murs épais de 4 m et dont l'intérieur s'articule sur quatre niveaux.

Remarquez l'absence d'ouvertures dans la partie inférieure et l'imposante cheminée. Au 14e s., le donjon servait essentiellement de prison. L'enceinte qui l'entoure, ajoutée aux 15e et 16e s., a été transformée en centre culturel.

Maison des Géants

R. de Pintamont 18 - ✆ 068 26 51 70 (office de tourisme) - www.maisondesgeants.be - mar.-vend. 10h-18h (oct.-mai 17h), w.-end et j. fériés 14h-18h - fermé 24 déc.-2 janv. - 6 € (enf. 5 €).

CORTÈGE DES GÉANTS

Fin août se déroule la **Ducasse** (terme dérivé de « dédicace ») avec, notamment, ses défilés de géants. Les festivités durent plusieurs jours : le samedi, vers 15h, a lieu le mariage du couple Gouyasse (mot patois pour Goliath) béni en l'église St-Julien au cours des vêpres, puis, devant l'hôtel de ville, on assiste au combat de David contre Goliath.

Le dimanche, à 10h et à 15h, les géants, hauts de plus de 4 m et pesant plus de 100 kg, parcourent en dansant la ville en grande liesse. Ce sont principalement M. et Mme Gouyasse, les quatre fils Aymon montés sur leur cheval Bayard, Samson, symbolisant la puissance des corps armés, Ambiorix et Mam'zelle Victoire, personnification de la ville d'Ath.

Situé dans une belle maison particulière de la fin du 18e s., ce musée évoque le monde captivant des géants. Le visiteur y découvre un aperçu de l'évolution de ces personnages fascinants du 15e s. à nos jours et le mode de fabrication de ces géants. À voir également : présentation de la Ducasse et d'autres cortèges européens.

Musée d'Histoire et de Folklore

R. du Bouchain 16, accès par l'Esplanade - ✆ 068 26 51 70 (office de tourisme) - juil.-août : 14h-17h ; juin et sept. : dim. et j. fériés 14h-18h ; reste de l'année : sur RV - 2,50 €.

La 1re salle regorge d'objets divers s'étendant du paléolithique aux âges du bronze et du fer, produits de fouilles locales, alors que la suivante nous plonge de plain-pied dans le Moyen Âge. On peut voir en particulier une intéressante Mise au tombeau de la fin du 14e s. provenant de Mainvault, ainsi qu'une très belle collection de chasubles.

Au 2e étage, une pièce est consacrée au folklore athois et à sa célèbre Ducasse. Des plans en relief de la ville retracent les principales étapes de son histoire, dont sa fortification par Vauban.

Espace gallo-romain

R. de Nazareth 2 - ✆ 068 26 92 33 - mar.-vend. 10h-12h, 13h-17h, w.-end et j. fériés 14h-18h - fermé dim. (oct.-mars), 4e w.-end d'août et 23 déc.-2 janv. - 6 €.

Installée dans une ancienne académie de dessin (1835-1840), la majeure partie de la collection provient des fouilles effectuées en 1975 à Pommerœul, petit village proche de la frontière française. Les pièces maîtresses sont une **barque monoxyle géante★**, datant de la période romaine, et un **chaland★** du 3e s. après J.-C.

En outre, le musée présente un bel ensemble de terres cuites, monnaies, poids, outils, fibules et ornements. Divers métiers anciens sont évoqués à l'aide de films vidéo.

À proximité Carte de région p. 360-361

Musée de la Pierre et site des carrières, à Maffle B1

▶ *3 km au sud d'Ath, chaussée de Mons à Maffle, accessible par la N 56, la route de Mons - ✆ 068 26 92 36 - www.ath.be/museedelapierre - juil.-août : 14h-17h ; avr.-juin et sept. : dim. et j. fériés 14h-18h - 3 €.*

Le site s'étend sur une dizaine d'hectares dans la vallée de la Dendre orientale. Déserté par l'industrie depuis 1960, il est envahi par la végétation. Devenu une véritable réserve naturelle, il conserve d'importants vestiges des anciennes carrières et de leur activité industrielle.

Face à la carrière, un **musée**, installé dans la maison d'habitation du maître de carrière (19e s.) et dans les anciens ateliers, présente une illustration complète de l'histoire du travail de la pierre en Belgique et plus particulièrement dans la région (outils, machines et documents iconographiques). L'évolution des techniques de transport et la condition des ouvriers sont également évoquées.

Belœil B1

▶ *10 km au sud d'Ath par la N 527, puis la N 526.*

Office de tourisme – *R. du Château 27 - ✆ 069 68 95 16 - www.beloeil.be.*

Depuis le 14e s., le château de Belœil appartient à la famille des princes de Ligne dont le plus illustre personnage fut le maréchal Charles-Joseph de Ligne (1735-1814). Homme de guerre, ce « prince charmant de l'Europe », dont on connaît la fameuse citation : « *Chaque homme a deux patries : la sienne et puis la France* », fut aussi homme de lettres, auteur de célèbres *Mémoires* et d'un *Coup d'œil sur Belœil*, ouvrage dans lequel il décrit avec esprit la demeure et les jardins.

Château★★ – *✆ 069 68 94 26 - www.chateaudebeloeil.com - juil.-août : 13h-18h ; avr.-juin et sept. : w.-end et j. fériés 13h-18h (dernière entrée à 17h15) - visite complète du domaine (château et parc, avec audioguide) 8 €.* Dès le 12e s., un château fort existait à cet endroit, mais l'édifice actuel fut élevé au début du 16e s. et très remanié aux 17e et 18e s., devenant alors une élégante résidence. Le corps principal, incendié en 1900, a été reconstruit sur les mêmes fondations en 1902. Les ailes et les pavillons d'entrée, aux toits à la Mansart, sont restés intacts et datent de la fin du 17e s. L'intérieur contient de **riches collections★★★** qui en font un véritable musée, tout en lui conservant son caractère d'habitation. Un mobilier précieux, de remarquables tapisseries, des tableaux, des sculptures, des porcelaines garnissent les appartements. De nombreux souvenirs de famille permettent d'évoquer l'histoire de l'Europe aux 17e, 18e et 19e s. Certaines pièces rassemblent des évocations et objets personnels du maréchal de Ligne, en particulier les souvenirs offerts par Marie-Antoinette ou Catherine de Russie, dont il fut l'ami.

La **bibliothèque★** contient plus de 20 000 ouvrages principalement consacrés aux diverses sciences. Dans le salon des Ambassadeurs dont le nom évoque les missions diplomatiques confiées à la maison de Ligne, trois grands tableaux illustrent les étapes marquantes de la vie du prince Claude-Lamoral Ier de Ligne, qui fut ambassadeur du roi d'Espagne Philippe IV et vice-roi de Sicile en 1669. Dans une aile précédant le château, la **chapelle** aménagée dans les anciennes écuries rassemble les objets d'art religieux et une collection de sculptures en corail rapportées de Sicile par le prince Claude-Lamoral Ier.

Parc★★ – Entrepris dès le 16e s., il a été modifié à maintes reprises. C'est au 18e s. que le prince Claude-Lamoral II en dessina les plans sur les conseils de plusieurs architectes de jardins français. Il fut agrandi d'un jardin anglais par le prince Charles-Joseph.

Le parc s'ordonne autour d'une superbe perspective de plusieurs kilomètres, la **Grande Vue★★**, qui précède la **Grande Pièce d'eau de Neptune**, d'une superficie de 16 ha et ornée d'un groupe dédié au dieu romain des mers (1761). De part et d'autre du bassin, des salles de verdure alternent avec les pièces d'eau et incitent à la flânerie.

Archéosite d'Aubechies B1

▶ 6 km à l'ouest de Belœil par la N 526, puis après Ellignies tournez à droite. ✆ 069 67 11 16 - www.archeosite.be - ♿ - lun.-vend. 9h-17h (juil.-août 18h), w.-end et j. fériés 14h-18h - fermé w.-end et j. fériés de déb. nov. à mi-avr. - 7,50 €.

Après des années de fouilles fructueuses dans le sol d'Aubechies et ses environs, les archéologues ont reconstitué les différents types d'habitation qui se sont succédé depuis le néolithique ancien jusqu'à la période gauloise. La visite des six maisons en bois et argile avec leur mobilier et leurs ustensiles ménagers permet d'imaginer la vie de nos ancêtres. Les premières, très vastes, étaient des demeures communautaires ; à partir de l'âge du bronze apparaît la maison unifamiliale. Pour la période gallo-romaine, on peut voir la reconstitution d'une **villa** du 1e s., décorée de fresques, de mosaïques et de répliques de meubles d'époque.

Dans le centre du village d'Aubechies se trouve une petite **église** de style roman scaldien (fin 11e-début 12e s.).

Blaton B2

▶ 13,5 km au sud-ouest de Belœil.

Dans une vallée encastrée entre deux coteaux de bruyères (la Grande et la Petite Bruyère), Blaton est arrosé par trois canaux. Dominée par une haute tour du 13e s. couronnée par une flèche à bulbe du 17e s., l'**église de Tous-les-Sts**

Le parc Pairi Daiza : un voyage aux quatre coins du monde.
D.R.

est l'une des plus anciennes églises du Hainaut. Elle conserve de la période romane de gros piliers sur lesquels s'appuie la voûte croisée édifiée sur plan barlong. La nef, sobre, est portée par d'épaisses colonnes à chapiteaux à crochet et feuilles stylisées en pierre de Tournai. Remarquer à droite de l'entrée les niches à statues gothiques.

Bon-Secours B2

16 km au sud-ouest de Belœil.

Bon-Secours est à la fois un centre de villégiature et de pèlerinage dont la basilique néogothique (1885), située au sommet d'une colline à la frontière franco-belge, abrite une Vierge vénérée depuis 1606.

À l'est et au sud, en partie sur le territoire français, s'étend une belle forêt qui englobe le château de l'Hermitage.

Stambruges B2

5 km au sud de Belœil.

Au centre de la forêt se trouve la **Mer de Sable**, clairière sablonneuse qui s'ouvre parmi les pins et les bouleaux.

Lessines (Lessen) B1

19 km au nord d'Ath par la N56, puis l'A 8 et la N 57.

Office de Tourisme Lessines – *R. de Grammont 2 - 068 33 36 90/24 03 - www.lessines.be - avr.-oct. : mar.-vend. 9h-12h, 13h-17h30, sam. 9h-12h30, 13h30-18h ; nov.-mars : lun. 13h-17h30, mar.-vend. 9h-12h, 13h-17h30, sam. 9h-12h30.*

Cité natale de Magritte, Lessines est connue pour ses **carrières de porphyres** – roche andésite particulièrement solide –, à ciel ouvert, dont la plupart sont abandonnées. Ces puits d'extraction, exploités depuis le Moyen Âge pour certains, forment des paysages insolites, remplis d'eau et envahis de végétation.

Hôpital N.-D.-à-la-Rose★ – *068 33 24 03 - www.notredamealarose.com - juil.-août : tlj sf lun. 14h-18h30 ; avr.-juin et sept.-oct. : w.-end et j. fériés 14h-18h30 - visites guidées à 15h (durée 1h45) - 7,50 € (entrée et audioguide), enf. 3,50 €.* Ce monastère hospitalier

LESSINES ET SES FÊTES

Le Vendredi saint a lieu la **procession des Pénitents** qui remonte au 15e s. et durant laquelle les pénitents, en cagoule et robe de bure, porteurs des instruments de la Passion et du corps du Christ, suivent une partie des anciens remparts de la ville jusqu'à une chapelle de l'église St-Pierre.
Le 3e dimanche d'août se déroule la **fête de St-Roch** : le matin, les cayoteux (nom donné aux ouvriers carriers) travaillent le porphyre dans la rue, comme autrefois, et l'après-midi se déploie le cortège folklorique des géants mené par celui qui incarne « El Cayoteu ».
Le 1er week-end de septembre, le **cortège historique du Festin** commémore la victoire de Sébastien de Tramasure en 1583 sur les pillards anglais et hollandais qui essayaient de prendre la ville d'assaut. Plus de 600 figurants en costumes d'époque défilent et prennent part au festin qui couronne la fête lorsque le capitaine dépose symboliquement son épée aux pieds de N.-D.

fut fondé en 1242 par Alix de Rosoit, dame d'honneur de Blanche de Castille et veuve d'Arnould IV d'Audenarde, grand bailli de Flandre et seigneur de Lessines.
Les bâtiments furent reconstruits du 16e au 18e s. avec une constance de style Renaissance flamande. Ils forment un grand quadrilatère autour d'un cloître gothique entourant un joli jardin intérieur.
Les collections reflètent la vie quotidienne de cet établissement à travers les siècles : mobilier, tableaux, orfèvrerie, porcelaine sont présentés dans les nombreuses pièces reconstituées et aménagées en musée.
L'église, datant du 18e s., est construite dans le prolongement de la salle des malades de la même époque, car, comme l'exigeait le principe des soins, il fallait veiller à l'âme tout en guérissant le corps, d'où le lien étroit entre les espaces spirituel et temporel.
Dans la pharmacie (19e s.) a été réuni le matériel qui servait à élaborer l'helkiase (terme dérivé du mot grec signifiant blessure), un médicament pour traiter les maladies de la peau et les ulcères, inventé à la fin du 19e s. par la sœur Marie-Rose Carouy et qui a eu une très grande renommée.

Ellezelles B1

11 km au nord d'Ath par la N 57.
Placé sous le signe de l'Étrange, ce charmant village, où serait né le légendaire Hercule Poirot, est connu pour son **sabbat des Sorcières** qui se déroule chaque année au mois de juin.
À droite de l'église se situe la **maison du Pays des Collines** *(Pl. d'Ellezelles 1 - 068 54 46 00 - www.pays-des-collines.be - mar.-vend. 10h-17h, w.-end 13h-17h - fermé 1er janv. et 25 déc. - parcours-spectacle 4 €)*. Un parcours-spectacle présente la faune et la flore de la région et fait revivre l'histoire et les légendes du Pays des Collines.
3 km au-delà du village, le **moulin du Cat Sauvage** *(068 34 51 55 - visite sur RV)* se dresse au sommet d'une butte de 115 m d'altitude. Ce pittoresque moulin à pivot, en bois, date de 1750-1751.

Circuit conseillé Carte du pays d'Ath ci-contre

LE PAYS D'ATH

Circuit de 38 km tracé en orange sur la carte du pays d'Ath et sur la carte de région (p. 360). Sortez d'Ath par la N 527 au sud-ouest, puis tournez à droite vers Moulbaix.

ATH

Avec ses fermes cossues, ses moulins et ses vastes horizons, le pays d'Ath, surnommé « le Pays Vert », est une terre agricole ancestrale, baignée par les deux bras de la Dendre.

Moulbaix

Le joli **moulin de la Marquise**★ (*✆ 068 28 27 91 - sam. 14h-18h - 1 €*) en bois (1752) est le dernier moulin à vent fonctionnant dans le Hainaut.

Près de l'église se dissimule, dans un grand parc, un surprenant château du 19e s., construit dans le style Tudor.

Revenez à la N 527, traversez-la et gagnez Tongre-N.-D.

Tongre-N.-D.

La basilique actuelle de style Renaissance (18e s.) abrite une Vierge en majesté en bois polychrome d'époque romane. Depuis le 17e s., la statue est souvent enveloppée de somptueux vêtements et ornements, ne laissant apparaître que le visage de l'Enfant Jésus.

Sur un autel situé à l'endroit où elle serait apparue en février 1081, elle est vénérée et liée à un pèlerinage.

Dans cet intérieur homogène, on admire plus particulièrement le chœur et les six bas-reliefs en pierre blanche relatant l'histoire du sanctuaire, ainsi que la très belle chaire de vérité.

Gagnez Chièvres.

Chièvres

Cette petite ville appartint au 17e s. à la famille d'Egmont dont un des membres avait été décapité à Bruxelles en 1568.

L'**église St-Martin**, gothique (15e-16e s.), au clocher orné de tourelles d'angle, contient de beaux monuments funéraires et un lutrin du 15e s. Des anciens remparts subsiste la **tour de Gavre**, du 15e s., dont le pignon de briques est visible depuis l'église.

La **Ladrerie** est une jolie chapelle romane sise aux abords de la ville dans une cour de ferme de la vallée de la Hunelle. Elle faisait partie d'une léproserie ou ladrerie.

Prenez la N 56 en direction de Mons, puis une petite route à gauche.

Cambron-Casteau

Fondée au 12e s. sous la houlette de saint Bernard et d'observance cistercienne, l'**abbaye** de Cambron-Casteau était l'une des plus prospères du pays. Reconstruite au 18e s., elle fut détruite par décret pendant la Révolution française. Il n'en reste que des ruines. À l'extrémité de l'allée de tilleuls, on franchit la porte d'entrée de style classique du parc Pairi Daiza.

Pairi Daiza★★ – *✆ 068 25 08 50 - www.pairidaiza.eu - ♿ - de déb. avr. à déb. nov. : 10h-18h (juil.-août 19h) - 24 € (3-11 ans 19 €).* Drôle de nom pour cet endroit inclassable, installé sur l'ancien domaine de l'abbaye de Cambron ! En vieux persan, Pairi Daiza signifie « jardin clos », soit la plus ancienne dénomination du Paradis… et ce magnifique parc de 55 ha y ressemble fort ! Car voilà bien un univers à part, divisé en huit mondes qui sont autant de biotopes savamment reconstitués pour accueillir la faune, la flore et l'architecture des différents continents. Les jardins paysagers, d'une diversité exceptionnelle, sont ponctués d'édifices construits dans les règles de l'art à l'aide de matériaux traditionnels. Ainsi, dans le vaste jardin chinois hérissé de pavillons et de pagodes, le temple des Délices arbore une charpente entièrement sculptée à la main ; au-dessus des rizières indonésiennes pointent çà et là une maison toraja ou des temples en pierre de lave des volcans de Java ou de Bali – le temple Agung Santi Bhuwana est même devenu un lieu de culte incontournable pour la communauté balinaise du Benelux ; aux portes de la savane, le village de terre offre quant à lui un excellent aperçu de la richesse des arts et artisanats d'Afrique. Et au gré de ces différents mondes, quel bonheur de voir des éléphants se promener librement, des buffles se baigner, des perroquets jouer à cache-cache dans les arbres, des girafes au cou gracile approcher les visiteurs… Sans oublier les lions, léopards, zèbres, hyènes, lémuriens, singes, kangourous, rhinocéros ou hippopotames, entre autres espèces emblématiques. Vous l'aurez compris, Pairi Daiza n'est pas un parc animalier comme les autres, mais un jardin extraordinaire où 5 000 animaux vivent en semi-liberté. Un Éden en quelque sorte.

Par Brugelette, on gagne Attre.

Attre

Bâti en 1752 par le comte de Gomegnies et aménagé par son fils, chambellan de l'empereur Joseph II, le charmant **château★** d'Attre *(✆ 068 45 44 60 - www.chateauxduhainaut.be - visites guidées du château (1h) : juil.-août w.-end et j. fériés 13h-17h ; avr.-juin et sept.-oct. dim. et j. fériés 13h-17h - 5,50 €)* a gardé intacte sa décoration intérieure d'une homogénéité remarquable.

Devant l'entrée ont été remontées quatre colonnes provenant de l'ancienne église abbatiale de Cambron. L'entrée est encadrée de deux sphinx à buste de femme.

Le hall d'entrée tenait lieu aussi de chapelle ; un autel est aménagé dans une encoignure. La rampe de l'escalier du vestibule, très décorative, aurait été exécutée d'après les dessins de l'architecte parisien Blondel (18e s.).

Les pièces sont garnies de nombreuses œuvres d'art et de précieuses collections. D'élégantes peintures décorent les lambris du grand salon où se remarquent des gypseries d'une grande finesse dues à des Italiens, les Ferrari. Le salon des Archiducs est tendu de papiers peints, les premiers importés en Belgique (1760) ; une indienne assortie recouvre les fauteuils. Les murs et sièges du salon chinois sont garnis de tentures en soie de Chine.

Traversé par la Dendre, le **parc** est très beau. Près du château se trouve un colombier du 17e s. Le principal intérêt réside dans le rocher artificiel, haut de 24 m, et percé de couloirs souterrains. Il fut élaboré pour l'archiduchesse Marie-Christine d'Autriche qui gouvernait les Pays-Bas avec son époux Casimir de Saxe-Teschen. Elle se tenait dans le pavillon qui couronne le sommet pour chasser.

NOS ADRESSES À ATH ET ENVIRONS

HÉBERGEMENT

Ath

BUDGET MOYEN

Du Parc – *R. de l'Esplanade 12 - ✆ 068 22 85 485 - motel.parc@skynet.be - 11 ch. 102 € - ☕ 6 € - restaurant 21/37 €.* Ouvert sur une esplanade herbeuse, cet hôtel familial tout proche du centre-ville bénéficie d'une certaine quiétude. Chambres assez simples, mais bien tenues. À l'heure du repas, préparations classico-bourgeoises de saison.

Leuze-en-Hainaut

BUDGET MOYEN

La Cour Carrée – *Chaussée de Tournai 5 - ✆ 069 66 48 25 - www.lacourcarree.be - P - fermé 15 j. en fin d'année - 9 ch. 70 € ☕ - rest. 25 €.* Ancienne ferme du 19e s. disposée, comme son nom l'indique, autour d'une cour intérieure carrée. Accueil familial affable, chambres confortables, jardin soigné, salle de restaurant un rien désuète et cuisine classique.

RESTAURATION

POUR SE FAIRE PLAISIR

Viandes etc. – *Marché aux Toiles 5 - ✆ 068 44 59 77 - www.artsetterroir.com - fermé mar. soir et merc. - menus 30/36 €, carte 28/38 €.* Ce restaurant est installé dans deux maisonnettes adossées à l'ancien mur d'enceinte de la ville, visible depuis votre table en pierre bleue. Lumineuse salle à manger de style design. Beau choix de recettes traditionnelles.

SPÉCIALITÉS

Une des spécialités culinaires de la ville d'Ath est la **tarte à masteilles**. Cette douceur ne se déguste en principe que pendant la Ducasse, accompagnée d'un verre de vin de Bordeaux.

En 2013, le parc Pairi Daiza *(voir ci-contre)* lance **cinq bières d'Abbaye**, élaborées à partir d'anciennes recettes des moines de Cambron.

AGENDA

Ath – *Voir l'encadré p. 402.*

Lessines – *Voir l'encadré p. 406.*

Soignies

Zinnik

★

26 503 habitants – Hainaut

S'INFORMER

Indicatif téléphonique *: 067.*

Tourisme Soignies *– R. du Lombard 2 - ✆ 067 34 73 76/77 - www.soignies.be - mar.-vend. 8h30-12h, 13h30-16h15 ; de la Pentecôte au 2e w.-end de sept. : w.-end 14h-18h.*

SE REPÉRER

Carte de région C1 (p. 360-361) *– Cartes Michelin Regional nos 716 F4 et 533 J19.* Dans la vallée de la Senne, Soignies est traversé par les N 6 et N 55.

ORGANISER SON TEMPS

Comptez au moins une heure pour visiter la collégiale et le trésor.

Après un quart de siècle de minutieuse et patiente restauration, Soignies a retrouvé la jeunesse de son imposante collégiale, bel exemple d'art roman. La cité en a profité pour se refaire une beauté, en réaménageant ses deux grandes places. Saint Vincent, patron de la ville, est ici toujours honoré avec ferveur, par une vaste procession le lundi de Pentecôte, appelé « le Grand Tour ». Prévoyez une escapade jusqu'à Enghien, afin de profiter de son magnifique parc arboré et fleuri.

Visiter

★★ Collégiale St-Vincent

✆ 067 33 12 10 - www.collegiale-soignies.be - 8h-18h (hors-sais. 17h), sf pdt les offices - visites guidées l'apr.-midi.

Commencée vers 965 par les deux extrémités, narthex et chœur, de style encore carolingien, elle fut continuée dès le 11e s. dans le style roman scaldien, et s'acheva au 13e s. par la construction de la tour occidentale en style gothique. C'est un édifice sévère, principalement construit en moellons de grès, et sobrement décoré d'arcatures lombardes. Son plan en croix latine s'ordonne autour de la cour carrée du transept, ornée de clochetons d'angle. Au cours des siècles s'y sont greffés différents appendices dont la chapelle gothique de St-Hubert (15e s.) et les vestiges d'un cloître du début du 13e s. avec charpente apparente, tous deux situés sur le flanc sud de l'église.

À l'**intérieur** *(entrée par le bas-côté nord)*, la nef (28 m de haut et 78 m de long) est impressionnante par l'alternance de ses piliers ronds et tréflés, ses vastes tribunes s'ouvrant sur des arcades cintrées de même dimension, et sa charpente romane venue remplacer la voûte gothique lors de la restauration de 1898 qui visait à restituer à l'édifice son aspect primitif. Les seules voûtes d'origine sont celles des bas-côtés et de la travée carrée du chœur. Le mobilier, essentiellement du 17e s., est marqué par les styles Renaissance et baroque, comme l'atteste le jubé masquant le chœur et pris entre les massifs piliers antérieurs de la croisée du transept : sa conception architecturale formée de trois arcades surbaissées portant une tribune procède de la Renaissance, tandis que sa statuaire et sa

La collégiale Saint-Vincent.
SPW, DPat. Guy Focant

décoration sont marquées par le baroque. Dans la niche de l'autel de droite, remarquer la belle Vierge allaitant en pierre blanche polychromée du 14e s. Après avoir traversé la porte ajourée, on atteint le chœur et l'on découvre, au revers de la tribune de l'ambon, un grand bas-relief en marbre blanc représentant la Résurrection du Christ. Derrière le maître-autel s'ouvre une armoire où sont exposés la châsse de St-Vincent et son chef reliquaire du 19e s. qui peuvent descendre sur la table du maître-autel par le biais d'un ingénieux mécanisme.

Dans le couloir longeant le chœur au sud, on peut voir dans un enfeu une **Mise au tombeau** (15e s.) en pierre, aux figures expressives se détachant sur les restes d'un fond de peinture à la détrempe illustrant une scène de la Passion.

Trésor – *De la Pentecôte au 2e dim. de sept. : dim. 14h-18h - 2 €.* Environ 250 pièces : châsses, reliques, calices, ostensoirs, orfèvrerie et vêtements liturgiques sont exposés dans le cloître et l'ancien espace administratif du chapitre, transformés en musée.

À proximité de la collégiale, l'enclos du **Vieux Cimetière** *(accès par la rue Henry-Leroy)*, devenu jardin public, renferme une chapelle à la fois romane et gothique. Parce qu'il servait de lieu de repos aux anciens Sonégiens, ce cimetière est jalonné de pierres tombales et de monuments funéraires dont les plus anciens remontent au 14e s. À remarquer, le calvaire (17e s.), et la porte baroque (au fond du cimetière) ayant fait partie de l'ornementation de la collégiale durant deux siècles.

À proximité Carte de région p. 360-361

Horrues C1

4 km au nord-ouest par la N 57.

L'église **St-Martin**, joli petit édifice roman du 12e s. dont le chœur a été construit au 13e s., a été bâtie en grès local tout comme la collégiale. Dans le bas-côté droit, un élégant retable en pierre, sculpté au 15e s. dans le style gothique, illustre la vision de saint Hubert.

Ronquières C1

13 km à l'est par la N 6 puis la N 533.

Village agréable connu pour sa belle échappée sur le canal de Charleroi, équipé ici d'un remarquable ouvrage technique.

Réalisé en 1968, le **plan incliné de Ronquières★**, long de 1 432 m, permet aux bateaux de franchir aisément la dénivellation du canal (67,58 m). Équipés chacun d'un contrepoids de 5 200 t, deux bacs longs de 91 m, remplis d'eau, transportent d'un bief à l'autre un bateau pesant jusqu'à 1 350 t, en roulant sur un train de 236 galets de 70 cm de diamètre.

L'ensemble est complété en amont par un pont-canal de 300 m et une **tour** de 150 m de haut. L'intérieur de la tour présente un passionnant **parcours audiovisuel** sur la batellerie; **vue** sur la salle des treuils. Du 11e étage, belle vue sur les environs. La visite peut être complétée par une **promenade en bateau-mouche** sur le canal avec franchissement du plan incliné *(✆ 078 05 90 59 - http://voiesdeau.hainaut.be - de mi-mars à fin oct. : 10h-19h (dernière entrée 17h) - parcours 7 €, bateau-mouche 3,50 €, billet combiné 8,50 €).*

Écaussinnes-Lalaing C1

15 km à l'est.

Un imposant **château fort** *(✆ 067 44 24 90 - juil.-août : tlj sf vend. 10h-12h, 14h-18h ; avr.-1er nov. : w.-end et j. fériés 10h-12h, 14h-18h - 5 €)*, perché sur le rocher, domine le bourg et la Sennette. Il a été fondé au 12e s., mais par la suite en partie transformé et agrandi de tours carrées et circulaires. Ses vastes salles aux cheminées sculptées et armoriées abritent des meubles de style, des œuvres d'art, des collections de porcelaines et de verres.

La jolie **chapelle★** *(✆ 067 44 23 26 - visite sur RV)* en brique renferme une Vierge à l'Enfant attribuée au Valenciennois Beauneveu (14e s.). La cuisine conserve son aspect du 15e s.

Le lundi de Pentecôte, depuis 1903, a lieu sur la Grand-Place d'Écaussinnes, au pied du château, un goûter de célibataires dit « **goûter matrimonial** ».

Le Rœulx C1-2

8 km au sud par la N 55. Ne se visite pas.

Héritier fastueux d'une forteresse du 15e s., le **château** des princes de Croÿ, que l'on aperçoit depuis les grilles du parc, présente une façade classique du 18e s. en brique et pierre. Il vit passer des hôtes illustres comme Philippe le Bon, Charles Quint, Philippe II, Marie de Médicis.

Enghien (Edingen) C1

14 km au nord par la N 55.

Office de tourisme – *Parc 5 - ✆ 02 397 10 20 - www.enghien-edingen.be.*
Situé à la frontière linguistique, Enghien est tourné tout entier vers son vaste parc, fleuron des anciens jardins seigneuriaux : les deux principales esplanades de la ville bordent le domaine et un joli porche d'accès depuis la Grand-Place invite à y entrer.

Parc★ – *✆ 02 397 10 25 - avr.-oct. : 10h-18h ; reste de l'année : 10h-16h, w.-end 10h-17h - 3 € (-8 ans gratuit).* Ses premiers aménagements datent du 15e s., mais c'est véritablement au 17e s. avec Charles d'Arenberg qu'il deviendra l'un des plus beaux parcs d'Europe. Le château a été démoli au 19e s., et la tour de la chapelle en est l'unique vestige. Le château actuel, bâti dès 1913, se situe à l'emplacement de l'ancienne orangerie. Au fil de la promenade se succèdent les bois, les pelouses, les parterres de fleurs et les plans d'eau entourant les écuries (18e s.), le pavillon chinois, et le pavillon des Sept-Étoiles.

Église St-Nicolas – Sur la Grand-Place, cette vaste église gothique abrite un carillon de 51 cloches. À l'intérieur, on découvre les beaux vitraux modernes (1964) de Max Ingrand, dont la grande verrière évoque l'Apostolat. La chapelle N.-D.-de-Messine (jadis St-Éloi), partie la plus ancienne de l'édifice, renferme un admirable retable (16e s.) aux origines incertaines, illustrant des scènes de la vie de la Vierge.

Église des Capucins – *Accès par la route de Ninove et, à gauche, rue des Capucins.* Cet édifice de 1616 contient, dans une chapelle, un beau mausolée Renaissance exécuté par le sculpteur de Charles Quint, Jean Mone, pour Guillaume de Croÿ (cardinal-évêque de Tolède). La chapelle opposée est dédiée à N.-D.-de-la-Grâce, dont la statue miraculeuse, offerte par les archiducs Albert et Isabelle à Marie de Médicis, trône sur l'autel. Au maître-autel, un retable en ébène et ivoire (17e s.) encadre une Adoration des Mages dont les 51 personnages sont des portraits de la famille d'Arenberg. Le couvent comprend également plusieurs salles converties en musée de la Maison d'Arenberg : sculptures, peintures, tapisseries, archives…

Maison de Jonathas – *✆ 02 397 10 20 - visite sur RV.* À deux pas de l'église, ce donjon roman du 12e s. a été aménagé en demeure patricienne dès le 16e s., ce qui le différencie de la tour Burbant d'Ath où prédomine l'aspect militaire. Cette maison abrite un petit **musée de la Tapisserie** qui rappelle qu'Enghien posséda d'importants ateliers de lissiers du 15e au 18e s. Remarquez une fort belle série de cinq tapisseries *Verdures avec jeux d'enfants* (16e s.).

VTQVE MOGVNTIACI CÆSV CAPVT EXTVLIT VLNIS ALBANVS

La province de Namur 8

Cartes Michelin Regional n°s 716 et 534

Namur, coupole de la cathédrale St-Aubain.

J.-P. Remy/www.opt.be

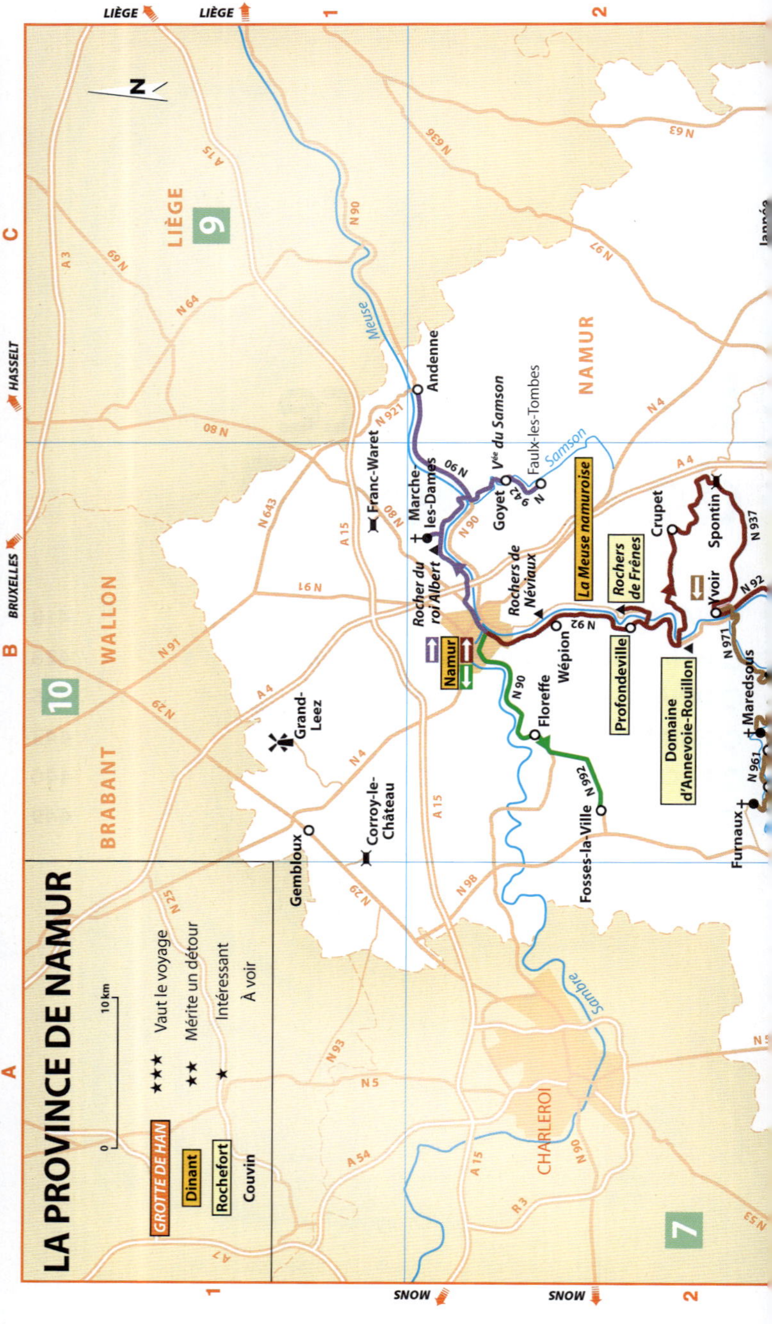
LA PROVINCE DE NAMUR
0
10 km
GROTTE DE HAN ★★★ Vaut le voyage
Dinant ★★ Mérite un détour
Rochefort ★ Intéressant
Couvin À voir
LIÈGE
LIÈGE
HASSELT
BRUXELLES
MONS
MONS
A
B
C
1
2
BRABANT WALLON
10
LIÈGE
9
NAMUR
7
CHARLEROI
Meuse
Sambre
Samson
Andenne
Franc-Waret
Marche-les-Dames
Rocher du roi Albert
Goyet
Vée du Samson
Faulx-les-Tombes
Rochers de Néviaux
La Meuse namuroise
Namur
Wépion
Rochers de Frênes
Profondeville
Crupet
Spontin
Yvoir
Domaine d'Annevoie-Rouillon
Maredsous
Furnaux
Floreffe
Fosses-la-Ville
Grand-Leez
Gembloux
Corroy-le-Château
A 15
A 3
A 4
A 7
A 54
R 3
N 4
N 5
N 25
N 29
N 53
N 63
N 64
N 69
N 80
N 90
N 91
N 92
N 93
N 97
N 98
N 643
N 636
N 921
N 942
N 937
N 971
N 961
N 992

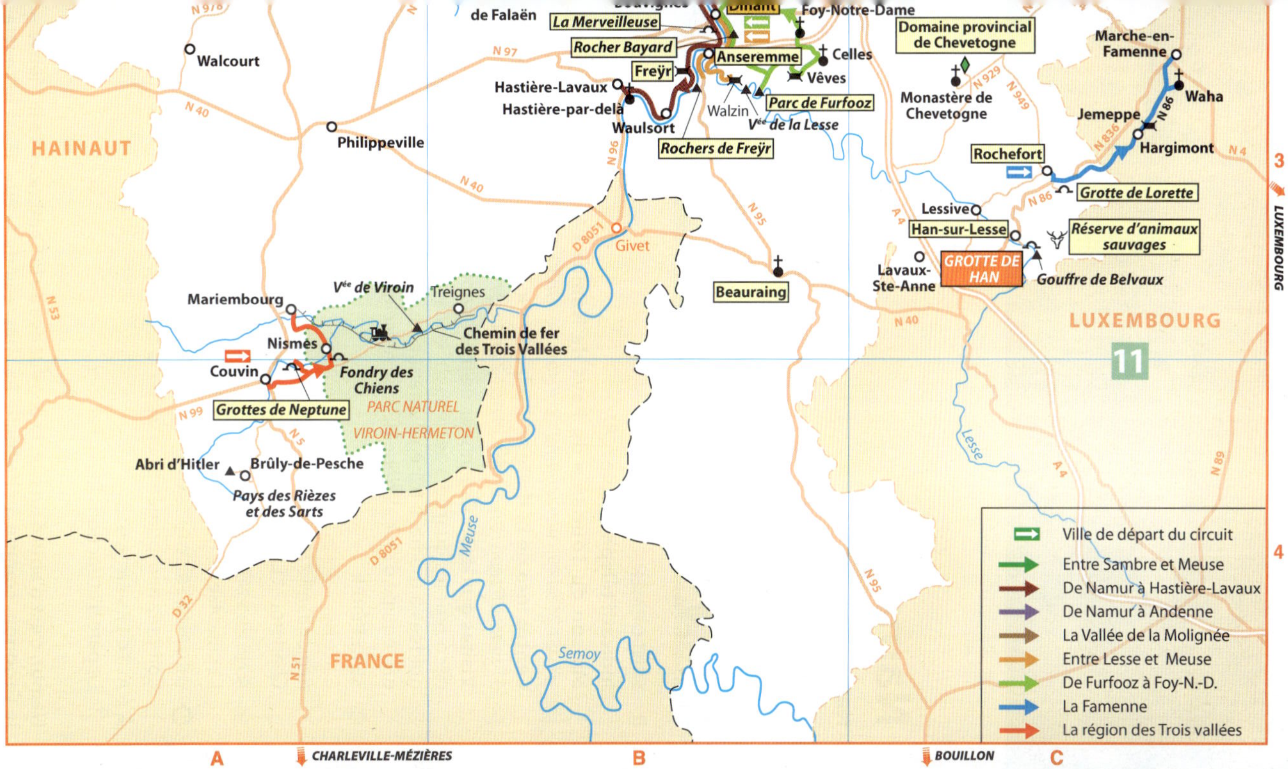

HAINAUT
LUXEMBOURG
FRANCE
11
Walcourt
Philippeville
de Falaën
La Merveilleuse
Rocher Bayard
Freÿr
Anseremme
Foy-Notre-Dame
Celles
Vêves
Parc de Furfooz
Walzin
Vée de la Lesse
Rochers de Freÿr
Hastière-Lavaux
Hastière-par-delà
Waulsort
Domaine provincial de Chevetogne
Monastère de Chevetogne
Marche-en-Famenne
Waha
Jemeppe
Hargimont
Rochefort
Grotte de Lorette
Lessive
Han-sur-Lesse
Réserve d'animaux sauvages
GROTTE DE HAN
Gouffre de Belvaux
Lavaux-Ste-Anne
Beauraing
Givet
Mariembourg
Vée de Viroin
Treignes
Chemin de fer des Trois Vallées
Nismes
Couvin
Fondry des Chiens
Grottes de Neptune
PARC NATUREL VIROIN-HERMETON
Abri d'Hitler
Brûly-de-Pesche
Pays des Rièzes et des Sarts
Meuse
Semoy
Lesse
N 97
N 40
N 96
N 95
N 929
N 949
N 836
N 86
N 4
N 89
A 4
N 53
N 99
N 5
N 51
D 32
D 8051
3
4
A
B
C
CHARLEVILLE-MÉZIÈRES
BOUILLON
LUXEMBOURG
Ville de départ du circuit
Entre Sambre et Meuse
De Namur à Hastière-Lavaux
De Namur à Andenne
La Vallée de la Molignée
Entre Lesse et Meuse
De Furfooz à Foy-N.-D.
La Famenne
La région des Trois vallées

Namur

Namen

★★

109 686 habitants – Namur

NOS ADRESSES PAGE 425

NOS ADRESSES PAGE 425

S'INFORMER

Indicatif téléphonique : *081.*

Maison du Tourisme du Pays de Namur – B1 - *Square Léopold - ✆ 081 24 64 49 - www.namurtourisme.be - 9h30-18h.*

Centre info de la Halle al'Chair – B2 - *R. du Pont 21 - ✆ 081 24 64 48 - 31 mars-30 sept. : 9h30-18h, 1er oct.-29 mars : mar.-dim. 10h-17h.*

Visites guidées – Organisées de mai à sept., des visites permettent de découvrir les quartiers anciens de la ville. Tous les dimanches, visites guidées à thème. Il est également possible de découvrir Namur à son gré, équipé d'un baladeur MP3. Se renseigner à la maison du tourisme.

SE REPÉRER

Carte de région B2 (p. 416-417) et plan de ville (p. 420-421) – *Cartes Michelin Regional nos 716 H4 et 534 O20.* Fille de la Meuse, Namur se trouve entre Charleroi et Liège. On y arrive en empruntant l'A 15/E 42 ou l'E 411.

À NE PAS MANQUER

La citadelle, le musée Félicien-Rops, le trésor du prieuré d'Oignies.

ORGANISER SON TEMPS

Comptez une journée pour visiter la citadelle et les principaux musées.

AVEC LES ENFANTS

Le parc d'attractions Reine Fabiola.

Namur, c'est d'abord un site, la confluence de la Sambre et de la Meuse – le Grognon, comme on l'appelle ici : berceau de la cité, il est le centre politique de la Wallonie, où se dresse un bel édifice pourpre qui abrite le siège du parlement régional. La capitale régionale est aussi une citadelle impressionnante, perchée sur la colline du Champeau, qui

Panorama sur la citadelle et la ville de Namur.
Clément Philippe/ArTerra Picture Library/age fotostock

surplombe de toute sa masse la cité. Le vieux Namur, protégé par la haute silhouette des remparts, offre de belles déambulations, avec ses ruelles piétonnes, ses églises et ses quais à l'ombre des platanes. Et toute fin de journée namuroise se termine par un verre sur la pittoresque place du Marché-aux-Légumes.

Se promener Plan de ville p. 420-421

★ LA CITADELLE

Accès par la route Merveilleuse (1,5 km) partant au pied de la citadelle - 9h-19h (nov.-mars 17h) - gratuit.

Route Merveilleuse B2

On découvre, à droite en montant, la **tour Joyeuse**, vestige de l'ancien château des Comtes. À la pointe nord-est de l'éperon rocheux, dans un virage, une terrasse offre un magnifique **panorama★★** sur la vallée de la Sambre et de la Meuse. Non loin, sur la gauche, un petit chemin descendant vers Namur surplombe les toits d'ardoise et les nombreux clochers.

La route atteint ensuite le **donjon**, passe entre deux **tours** de l'ancien château et franchit le fossé isolant le donjon de la forteresse de Médiane.

Domaine fortifié B2

☎ 081 65 45 00 - www.citadelle.namur.be - visites guidées : avr.-sept. 11h-17h - train touristique ou visite des souterrains ou circuit « La Médiévale » 5 € (-18 ans 4 €), Citadelle Pass (train touristique, souterrains, « La Médiévale ») 9 € (-18 ans 6 €).

Le bastion de Médiane, dont la construction date de la fin du 15e s. et du 16e s., fut renforcé en 1640 par celui de **Terra Nova** réalisé par les Espagnols. Un large fossé sépare les deux appareils. La visite du domaine fait découvrir l'architecture défensive complexe de chacun des bastions, tant à l'extérieur qu'à l'intérieur, avec la traversée de deux souterrains.

Fort d'Orange A2

Près du **parc d'attractions Reine Fabiola**, le fort d'Orange, édifié en 1691 afin de protéger le bastion de Terra Nova, fut reconstruit en partie en 1816 par les Hollandais.

Route des Panoramas A2

Cette route sinueuse descend à travers bois, vers le centre de la ville.

LA PROVINCE DE NAMUR

NAMUR

SE LOGER

B&B
Maison Couleurs Nature 1

Château de Namur 4

La Ferme du Quartier 7

Les Tanneurs 10

New Hôtel de Lives 13

SE RESTAURER

La Mère Gourmandin 1

Le Chapitre 7

Le Pâtanthrope 10

Le Temps des Cerises 13

Parfums de cuisine 15

★ LE CENTRE

Circuit tracé en vert sur le plan de ville (p. 420).
Au départ du Grognon (confluence de la Sambre et de la Meuse), prenez la rue du Pont.

Halle aux viandes B2

R. du Pont 21 - ✆ 081 24 64 48 - www.namurtourisme.be. L'édifice abrite jusqu'à 2014 le Musée archéologique, il sera ensuite transféré dans l'ancienne école des bateliers (voir ci-contre) et la maison du tourisme du Pays de Namur s'installera alors dans la halle aux viandes.

Appelé en wallon « halle al'Chair », ce bel édifice de style mosan du 16e s. abrite, outre le point d'informations touristiques, une **maquette** (1/600) de Namur : il s'agit d'une copie à échelle réduite du modèle réalisé au 18e s. par l'ingénieur de Louis XIV, Larcher d'Aubancourt.

En arrière de la halle se dresse la **Maison de la culture**, édifiée en 1964.

Continuez sur la rue du Pont jusqu'à la place d'Armes.

Place d'Armes B2

Reconstruite après les bombardements de 1944, la place d'Armes est dominée par la façade néoclassique de la bourse (1932). Remarquez, derrière cette dernière, la silhouette de la **tour St-Jacques** : utilisée comme **beffroi** depuis le 18e s., elle est surmontée d'un clocheton octogonal.

Engagez-vous dans la rue Marchovelette, tournez à droite rue de l'Ange puis à gauche rue des Fripiers puis continuez sur la rue St-Jean et la rue Ruplémont.

★ Musée Félicien-Rops B2

R. Fumal 12 - ✆ 081 77 67 55 - www.museerops.be - ♿ - tlj sf lun. 10h-18h (juil.-août tlj) - 3 € (-12 ans gratuit).

Ce musée intéressant est consacré à l'illustre peintre, graveur et dessinateur Félicien Rops, né à Namur (1833-1898). Il présente une belle collection de peintures, lithographies, eaux-fortes *(Les Sataniques)* et dessins, souvent à caractère satirique ou érotique.

UNE VILLE MAINTES FOIS ASSIÉGÉE

L'histoire du comté de Namur est essentiellement guerrière. Sa situation stratégique vaut à la ville de subir une multitude de sièges. Dès l'époque romaine, César vient y investir les Aduatuques qui s'y étaient réfugiés. En 1577, le château est pris par Don Juan d'Autriche. À partir de la fin du 17e s., les attaques se succèdent. Le siège de 1692 dirigé par Vauban en présence de Louis XIV a un grand retentissement. Vauban renforce les fortifications, mais la ville est reprise en 1695 par Guillaume III d'Orange. En 1746, ce sont les armées de Louis XV qui investissent la ville. Celle-ci, en 1748, est rendue à l'Autriche et l'empereur Joseph II démolit ses fortifications. En 1792, les révolutionnaires s'emparent de Namur dont ils sont chassés l'année suivante par les Autrichiens. Le dernier siège de la ville, en 1794, la rend aux Français. En 1815, après Waterloo, l'arrière-garde du corps de Grouchy, installée à Namur, protège brillamment la retraite du gros des forces du maréchal vers la vallée de la Meuse et de Givet-Charlemont. En 1816, les Hollandais reconstruisent la citadelle. Pendant la guerre de 1914-1918, la ceinture de forts, construits à la fin du 19e s., oppose une héroïque résistance à l'ennemi. Cependant, la ville est envahie et, en outre, pillée et incendiée en partie le 23 août 1914. Prise en mai 1940, Namur est touchée jusqu'en 1944 par plusieurs bombardements.

Descendez la rue Fumal, tournez à droite rue des Brasseurs et encore à droite rue Joseph-Saintraint.

★ Musée archéologique B2

Ouverture prévue en 2014.

Le nouveau musée archéologique occupera l'ancienne école des bateliers et sa chapelle des Carmélites, dont on peut voir la façade classique depuis la rue Saintraint. À l'intérieur, les collections d'antiquités romaines et mérovingiennes promettent d'être particulièrement riches ; l'art de la bijouterie et de la verrerie du 1er au 7e s. y sera également représenté par de magnifiques spécimens.

★ Musée de Groesbeeck-de-Croix B2

R. Saintraint 3 - ✆ 081 24 87 20 - www.namurtourisme.be - tlj sf lun. 10h-12h30, 13h15-17h - fermé 25 déc.-1er janv. - 3 €.

Il est installé dans un élégant hôtel du 18e s. construit dans le style Louis XV. On visite de nombreuses salles dont la superbe décoration intérieure s'intègre parfaitement à l'architecture : plafonds garnis de stucs, cage d'escalier monumentale éclairée par une petite lanterne, salon aux cuirs dorés.

Le musée renferme d'intéressants objets d'art (peintures, tapisseries, sculptures, verrerie, orfèvrerie, meubles, clavecin de Ruckers datant du 17e s.). La cuisine somptueusement décorée de carreaux anciens a conservé son énorme fourneau ou « potager » du 18e s. La visite se termine par le jardin joliment aménagé.

Cathédrale St-Aubain B2

Cet édifice de style classique, surmonté d'un dôme, a été construit en 1751 par l'architecte italien Pisoni, à l'emplacement de l'ancienne collégiale St-Aubain, fondée en 1047.

L'intérieur renferme de belles œuvres d'art baroque, provenant pour la plupart d'églises ou abbayes de la région, tels les tableaux de l'école de Rubens surmontant les stalles provenant de l'église St-Loup.

En face de la cathédrale s'élève l'ancien palais épiscopal du 18e s., occupé par le Gouvernement provincial.

★ Musée diocésain et trésor de la cathédrale B1-2

Pl. du Chapitre 1 - ✆ 081 44 42 85 - www.namurtourisme.be - sur RV - 3 €.

Situé à droite de la cathédrale, le musée conserve une belle collection d'objets du culte : précieuse couronne-reliquaire, avec écrin décoré de disques d'émail (vers 1210), autel portatif orné de plaques d'ivoire (12e s.), bras-reliquaire de saint Adrien (vers 1238), statue de saint Blaise (vers 1260-1280) en vermeil, Vierge mosane (vers 1220), splendide « baiser de paix » d'un atelier parisien (début du 14e s.), en argent émaillé et doré, représentant notamment une crucifixion, orfèvrerie, sculptures.

Quittez la rue Joseph-Saintraint par la rue du Collège.

★ Église St-Loup B2

✆ 081 22 80 85 ou 081 74 34 61 - www.eglisesaintloup.be - visites guidées : tlj sf w.-end sur demande préalable à M. Albert Henriette.

Ancienne église du collège des Jésuites, c'est un remarquable édifice de style baroque, construit de 1621 à 1645 sur des plans de Pierre Huyssens. Des colonnes annelées, surmontées d'un entablement de marbre rouge et noir, supportent des voûtes magnifiques en pierre de sable montrant un abondant décor en haut-relief. On admire également le riche mobilier.

Tournez à gauche rue St-Loup, à droite rue Haute-Marcelle, à gauche rue de l'Ange et continuez tout droit sur la rue de Fer.

★ Musée des Arts anciens du Namurois B1

R. de Fer 24 - ✆ 081 77 67 54 - www.namurtourisme.be - tlj sf lun. 10h-18h - fermé 1er janv., 24-25 et 31 déc. - 3 €, 5 € avec le trésor.

Ce musée est installé dans l'**hôtel de Gaiffier d'Hestroy**, élégante demeure du 17e s. Il présente de façon intéressante une collection remarquable d'objets d'art, de sculptures et de peintures réalisés dans le Namurois, du Moyen Âge à la Renaissance.

La collection d'orfèvrerie est particulièrement riche : pyxides et reliquaires d'art mosan. Les magnifiques peintures sur bois, représentant *L'Annonciation* et *La Visitation*, datent d'environ 1400 et dénotent une indéniable influence du gothique international. Le *Couronnement de la Vierge* (nord de la France) est joliment superposé à un fond photographique. Des sculptures sur pierre et bois, dont de très beaux retables, et des objets de dinanderie témoignent de l'intérêt de la production artistique dans la région de Namur.

À noter également de beaux objets de verre ainsi que quelques vitraux. On admirera quatre beaux paysages de Henri Blès, du début du 16e s.

Le musée abrite également le **trésor du prieuré d'Oignies aux sœurs Notre-Dame★★**, qui a été sauvé des bombardements de 1940. On y voit les œuvres d'un délicat orfèvre mosan du début du 13e s., le frère **Hugo d'Oignies** : évangéliaires, reliquaires… La finesse du travail est remarquable, particulièrement dans les médaillons à fond noir, les filigranes et le décor du feuillage où l'on distingue souvent de petites scènes de chasse.

À proximité Carte de région p. 416-417

Franc-Waret B1

▶ *12 km au nord-est. Sortez par 2 du plan en suivant la N 80.*

Entouré de douves, le **château** est une imposante construction du 18e s., flanquée de deux ailes en retour. À l'arrière se dissimulent une tourelle et une tour carrée, vestiges du 16e s.

Gembloux B1

▶ *18 km au nord-ouest de Namur par la N 4.*

Gembloux, centre agronomique, fut célèbre pour son abbaye bénédictine qui, fondée au 10e s. par saint Guibert, eut bientôt un grand rayonnement culturel. Depuis 1860, le domaine de l'abbaye, supprimée lors de la Révolution française, est occupé par la faculté des sciences agronomiques. La ville conserve plusieurs vestiges de ses remparts du 12e s.

Ancienne abbaye – C'est un ensemble de bâtiments construits entre 1759 et 1779 par l'architecte Dewez. On admire la belle ordonnance de la cour d'honneur au fond de laquelle s'élève l'ancien palais abbatial ; les sculptures au fronton rappellent le pouvoir de l'abbé, comte de la terre de Gembloux. Le cloître a été restauré ; il donne accès à une pièce romane, seul vestige de l'abbaye médiévale.

À proximité se trouve l'ancienne **église** abbatiale (18e s.), devenue paroissiale.

Maison du Bailli – Cette ancienne « maison forte » du 12e s. a été très remaniée au 16e s. C'est l'actuel hôtel de ville.

Corroy-le-Château B1

5 km au sud-ouest de Gembloux par la N 29 en direction de Charleroi, puis prenez une petite route à gauche.

Entouré de bois, le **château féodal★** du 13e s. *(℡ 081 63 32 32 - www.chateauxdelameuse.eu - visites guidées (1h) : juil.-août : w.-end et j. fériés 10h-12h, 14h-18h ; mai-juin et sept. : dim. et j. fériés 10h-12h, 14h-18h - 7 €, -10 ans 4 €)* se reflète dans ses douves que l'on franchit par un pont de pierre. Son plan a été copié sur celui des châteaux royaux de Philippe-Auguste et il a conservé une allure toute militaire avec ses sept tours cylindriques et son châtelet.

L'intérieur a été réaménagé au cours des siècles : la chapelle gothique, située à l'entresol de la 7e tour d'enceinte, fut restaurée au 19e s. et les appartements sont décorés de marbre, de toiles peintes, dont certaines sur le thème des fêtes populaires flamandes, et de meubles des 17e et 18e s.

Belle collection de jolités (petites boîtes peintes) de Spa.

Grand-Leez B1

8 km au nord-est de Gembloux. Prenez la N 4 en direction de Namur, puis à hauteur de Lonzée tournez à gauche.

Datant de 1830, le **moulin** Defrenne, le seul en exercice dans la province de Namur, moud encore le blé. C'est un moulin tronconique, à calotte tournante.

NOS ADRESSES À NAMUR

Plan de la ville p. 420-421

HÉBERGEMENT

Namur

PREMIER PRIX

Les Tanneurs – C2 - *R. des Tanneries 13 - ℡ 081 24 00 24 - www.tanneurs.com - P - 32 ch. 40/215 € - ☕ 10 €.* Hôtel confortable et original dans une ancienne tannerie et un enchevêtrement d'habitations du 17e s. dans le vieux centre. Même les chambres les moins chères sont aménagées avec style. Au choix, vous profiterez de la cuisine gastronomique inventive du restaurant ou d'un bistrot plein d'ambiance proposant des grillades.

BUDGET MOYEN

New Hôtel de Lives – C2 en dir. - *Chaussée de Liège 1178 - ℡ 081 58 05 13 - www.newhoteldelives.com - P - 20 ch. 90/140 € ☕.* Près de l'autoroute et le long de la Meuse. Les chambres dans l'ancienne aile sont surannées, mais ont vue sur le fleuve. Privilégiez les chambres plus modernes et plus calmes dans l'aile nouvellement construite. Le restaurant propose une cuisine classique.

POUR SE FAIRE PLAISIR

Château de Namur – A2 - *Av. de l'Ermitage 1 - ☏ 081 72 99 00 - www.chateaudenamur.com - P - 29 ch. 90/200 € - ☕ 15 €, brunch buffet à volonté le dim. 32€.* En haut de la citadelle de Namur trône ce petit château charmant du siècle dernier, dont toutes les grandes chambres ont été rénovées et décorées de façon chaleureuse et contemporaine. La plupart des chambres ont vue sur le jardin environnant ou offrent une magnifique vue sur la Meuse. Le restaurant gastronomique a lui aussi bénéficié d'une nouvelle décoration moderne, mais la qualité des préparations est restée tout aussi brillante.

Thon-Samson

BUDGET MOYEN

B&B Maison Couleurs Nature – C2 en dir. - *R. du Try 13 - ☏ 081 21 06 38 - www.thon-samson.be - 🚭 P - 5 ch. 65/85 € ☕.* Chambres d'hôtes charmantes dans un petit village qui l'est tout autant, à quelques kilomètres seulement de Namur. Les chambres très bien tenues de cette ferme rénovée proposent tout le confort moderne. Le soir, installé à la longue table, vous profiterez d'une délicieuse table d'hôtes. Un séjour calme et très convenable pour un prix doux.

Bouge

BUDGET MOYEN

La Ferme du Quartier – C1 en dir. - *Pl. Ste-Marguerite 4 - ☏ 081 21 11 05 - www.ferme-du-quartier.be - P - fermé dim., j. fériés et juil. - 14 ch. 70/120 € ☕.* Grande ferme ancienne en style mosan qui abrite un petit hôtel. Ne vous attendez pas au grand luxe mais à des chambres petites, simples et tranquilles. Restaurant proposant une cuisine traditionnelle.

RESTAURATION

BUDGET MOYEN

Le Chapitre – A2 - *Pl. du Carillon 1 - ☏ 0485 12 38 06 - http://estaminetlechapitre.skynetblogs.be - fermé midi et dim. - menu 15 €.* Dans ce sympathique estaminet, vous découvrirez ce que sont les « stoemp », les « ravioli al djote » ou les « ravioli à la bière trappiste » ! Petite restauration belge authentique dans le vieux centre de Namur. La carte des boissons propose 100 bières belges différentes, beaucoup en provenance de petites brasseries artisanales.

La Mère Gourmandin – B2 - *R. du Président 13 - ☏ 081 22 72 08 - fermé le soir en sem. et dim. - 25 €.* Située en plein cœur du vieux Namur, cette adresse dissimule, tout au fond de la salle du restaurant, un ravissant jardin d'hiver dont la belle verrière s'ouvre sur une cour verdoyante. Atmosphère intimiste et décontractée. Grandes salades, crêpes garnies, pâtes artisanales et bons desserts gourmands. Dans la même rue, **Le Père Gourmandin**, table et salon de thé bio très en vogue.

Le Pâtanthrope – B2 - *Pl. Chanoine-Descamps 15 - ☏ 081 22 80 43 - www.lepatanthrope.be - mar.-dim. 12h-14h30, 18h30-22h30 - menus 16/36 €.* Cuisine fusion surprenante aux influences à la fois italienne et française. Cadre très agréable où les murs en brique, les lustres en métal, l'abondance de bois et des éléments de décoration modernes apportent un cachet particulier. Service d'une grande cordialité dans une ambiance agréable où l'assiette se mange aussi avec les yeux.

POUR SE FAIRE PLAISIR

Parfums de cuisine – B2 - *R. du Bailly 10 - ☏ 081 22 70 10 - www.parfumsdecuisine.be - fermé* *lun.-dim. - menus 24/46 €.* Ils éveillent l'appétit, les parfums qui s'échappent des cuisines ouvertes de ce bistro-gastro. Petite carte élaborée et menus, où l'on sent la patte d'un chef au parcours étoilé. Service gentil et ambiance sympa.

Le Temps des Cerises – B2 - *R. des Brasseurs 22 - ✆ 081 22 53 26 - www.cerises.be - ▭ - fermé lun., sam. midi et dim. - menu déj. 21 €, carte 25/35 €.* Ce bistrot agréable s'est toujours trouvé dans la rue des Brasseurs, près du musée des Arts anciens. Plats traditionnels et menus à thème régulièrement renouvelés.

PETITE PAUSE

La Maison des Desserts – B2 - *R. Haute-Marcelle 17 - ✆ 081 22 74 51 - www.maison-des-desserts.be - tlj sf lun. 8h30-19h.* Magasin agréable avec belle terrasse à l'arrière où l'on peut acheter et déguster des pralines, des tartes et des glaces, mais aussi des quiches, des salades et autres petits plats.

Choix de terrasses – B2 - *Pl. du Marché-aux-Légumes.* Dès que le temps vire au beau, les terrasses fleurissent sur cette agréable place piétonne. Les chaudes soirées d'été y sont particulièrement appréciées.

EN SOIRÉE

Théâtre de Namur – B2 - *Pl. du Théâtre 2 - ✆ 081 22 60 26 - www.theatredenamur.be - réserv. : lun.-sam. 11h-18h ou sur le site Internet.* Ce beau théâtre, restauré en 1998, propose toutes sortes de spectacles : concerts classiques, opéras, variétés internationales, pièces de théâtre, one man shows…

ACTIVITÉS

Promenades en bateau – En saison, on peut effectuer des promenades en bateau sur la Sambre et la Meuse. Durée : 50mn. Excursions fluviales de Namur à Dinant *(9h)* et à Wépion *(1h45)*. Départ du Grognon.

ACHATS

La Cave de Wallonie – B2 - *Côté Terroirs - r. de la Halle 6 - ✆ 081 22 06 83 - fermé dim.* Boutique spécialisée dans les produits du terroir. On y trouve des liqueurs et des vins de fruits dont l'apéritif local appelé florange (macération d'oranges et d'épices dans le vin). Bons conseils personnalisés.

Parfumerie Guy Delforge – A2 - *Rte Merveilleuse 60 - ✆ 081 22 12 19 - www.delforge.com - lun.-sam. 10h-17h30 (18h avr.- oct.), dim. et j. fériés 14h30-18h.* Guy Delforge, unique créateur-parfumeur belge, vend sa gamme de produits riche de 250 références dans le cadre exceptionnel de la citadelle médiévale. Visite des ateliers le samedi à 15h30, et les autres jours sur rendez-vous.

AGENDA

Fêtes de Wallonie – *Le 3e w.-end de sept.* On peut y admirer des groupes folkloriques traditionnels. Des combats sur échasses sont ainsi donnés par des échasseurs vêtus de costumes du 17e s.

Le Moyen Âge à la citadelle – *Pl. d'Armes - ✆ 081 24 64 49 - www.namurtourisme.be - 2e w.-end de juil.* Reconstitution d'un village médiéval avec animations et produits gastronomiques d'époque. Spectacles pour enfants et concerts.

Festival des arts forains – *Sem. de l'Ascension.*

Festival Verdur Rock – *En juin, à la citadelle.*

La Meuse namuroise

★★

S'INFORMER

Fédération du Tourisme de la Province de Namur – *Av. Reine-Astrid 22 - Boîte 2, 5000 Namur - ✆ 081 77 67 57 - www.paysdesvallees.be - lun.-vend. 9h-12h, 13h-16h30.*

Maison du Tourisme du Pays de Namur – *Voir p. 418.*

SE REPÉRER

Carte de région B2 (p. 416-417) et carte de la Meuse namuroise (p. 430) – *Cartes Michelin Regional nos 716 H4-5, I4 et 534 O21, P20, Q19.* Accès facile par la N 92 qui longe le fleuve entre Namur et Dinant ou par les N 90 et N 959 reliant Namur à Andenne.

À NE PAS MANQUER

Le parc d'Annevoie, les ruines de Poilvache, le château de Freÿr.

ORGANISER SON TEMPS

Comptez quelques jours pour visiter la vallée à fond.

AVEC LES ENFANTS

L'exposition de poupées dans le Petit Chapitre (Fosses-la-Ville), les grottes de Goyet.

Prenant naissance en France, la Meuse, après plusieurs centaines de kilomètres de cheminement, se fraye un sillon étroit et encaissé lors de sa traversée des environs de Namur. C'est ici que le fleuve effectue son tracé le plus pittoresque : les pentes de schiste boisées alternent avec les roches dures qui, mises à nu, encadrent le fleuve, formant de magnifiques escarpements, d'étroites lames, des aiguilles effilées, ou, souvent, de profondes grottes.

Circuits conseillés Carte de la Meuse namuroise p. 430

ENTRE SAMBRE ET MEUSE

Circuit de 18 km – Voir le circuit tracé en vert foncé sur la carte de la Meuse namuroise (p. 430) et la carte de région (p. 416) – Comptez 3h. Quittez Namur par la N 90.

Passé la basse vallée de la Sambre et ses usines, Floreffe constitue une première étape, avant d'entamer la montée sur le plateau d'Entre-Sambre-et-Meuse, avec ses vastes champs de blé ceinturant la cité de Fosses-la-Ville.

Floreffe

Dominant la Sambre, l'**abbaye** *(✆ 081 44 53 03 - www.abbaye-de-floreffe.be - visites guidées (1h) : avr.-sept. à 13h30, 14h30, 15h30, 16h30 et 17h30 (juil.-août suppl. à 10h30 et 11h30) - 2 €)* fut fondée en 1121 par des prémontrés et reconstruite aux 17e et 18e s. La cour d'honneur qui s'ouvre en terrasse est bordée de bâtiments du 18e s. Au-delà d'un jardin, on aperçoit une tour et un bâtiment à portique du 17e s.

L'**église-abbatiale** (13e-18e s.), flanquée d'une tour, est longue de 90 m. Au 18e s., l'intérieur a été transformé par Dewez dans le style néoclassique. Le chœur, immense, comprend les **stalles**★ remarquables, taillées par Pieter

Le Buffet d'Eau dans le parc du domaine d'Annevoie.
EKA/Archibel/age fotostock

Enderlin de 1632 à 1648. Une quarantaine de personnages, la plupart fondateurs d'ordres religieux, sont représentés sur les panneaux supérieurs. Les huit angelots musiciens ou chanteurs surmontant les jouées des extrémités sont particulièrement admirables.
En contrebas de l'abbaye, le **moulin-brasserie**, qui date du 13e s., a été transformé en auberge.

Fosses-la-Ville

Fosses est connu pour ses fêtes, d'une part le cortège carnavalesque des Chinels, sortes de polichinelles facétieux, d'autre part la marche militaire de St-Feuillen qui a lieu tous les sept ans, le dernier dimanche de septembre *(prochaine manifestation en 2019)*.
La ville, fondée autour d'un monastère du 7e s., a subi de nombreux sièges, surtout au 17e s. La **collégiale St-Feuillen**, reconstruite au 18e s., est encore flanquée de sa tour romane de la fin du 10e s. On peut y voir des stalles sculptées de 1524, des sculptures de la fin du 16e s., le buste-reliquaire de saint Feuillen (fin du 16e s.). À l'est de l'église, « crypte » construite hors œuvre en 1086 : c'est la seule de ce type conservée en Belgique.
Le Petit Chapitre à côté de l'église, autrefois résidence d'été des princes-évêques de Liège, abrite une **exposition de poupées** folkloriques, dont les costumes sont faits à la main par Lilette Arnould *(✆ 071 71 46 24 - ♿ - avr.-oct. : tlj sf lun. 9h-17h - 3 €)*.

★★ DE NAMUR À HASTIÈRE-LAVAUX

Circuit de 80 km – Voir le circuit tracé en bordeaux sur la carte de la Meuse namuroise (p. 430) et la carte de région (p. 416-417) – Comptez une journée. Quittez Namur par la N 92 au sud.
D'imposantes parois rocheuses et, perchées au sommet, les ruines de plusieurs châteaux forts donnent à ce trajet un caractère romantique. La présence de ces forteresses souligne l'importance stratégique de la vallée qui a subi de nombreuses invasions.

LA MEUSE NAMUROISE
BRUXELLES
LOUVAIN
HANNUT
ANDENNE, HUY
CHARLEROI
FOSSES-LA-VILLE
FOSSES-LA-VILLE
FURNAUX
FURNAUX
PHILIPPEVILLE
GIVET
BEAURAING
BEAURAING
GESVES
MARCHE-EN-F.
OHEY
CINEY
CINEY
NEUFCHÂTEAU
NEUFCHÂTEAU
★★ Namur
Rocher du roi Albert
Marche-les-Dames
Namêche
MEUSE
Vallée du Samson
Cavernes
Goyet
Grottes
Faulx-les-Tombes
Sambre
Wépion
Rochers de Néviaux
MEUSE
Rochers de Frênes ★
★ Profondeville
Lustin
Crupet
★ Domaine d'Annevoie-Rouillon
Godinne
Bocq
Yvoir
Spontin
Domaine de Champalle
★ Vée de la Molignée
Anhée
Château de Poilvache
Houx
Tour de Géronsart
Château de Montaigle
Bouvignes
Château de Crèvecœur
Fonds de Leffe
★★ Dinant
Citadelle ★
Rocher Bayard ★
★ La Merveilleuse
Anseremme ★
Grottes du Pont d'Arcole
★ Freÿr
Rochers de Freÿr ★
Hastière-Lavaux
Hastière-par-delà
Waulsort
Lesse
N
0
2 km
N 904
N 4
N 91
N 80
N 959
N 90
N 90
N 90
N 92
N 947
GR 575
GR 575
GR 575
GR 126
GR 126
GR 126
N 951
N 928
N 942
N 4
A 4-E 411
N 946
N 92
N 971
N 937
N 92
N 948
N 96
N 936
N 97
N 97
N 910
N 94
N 96
14
15
18
18b
19

Le bassin est plus peuplé que les plateaux d'alentour; au pied du décor sauvage des roches s'étalent de nombreux villages, tandis que villas, hostelleries, guinguettes se pressent le long des rives.

Wépion

Face à cette localité, centre de culture de la fraise, s'observent les imposants **rochers de Néviaux**.

Poursuivez votre chemin.

★ Profondeville

Charmant centre de tourisme, agréablement situé dans un méandre de la Meuse. Sur la rive opposée se dressent les rochers de Frênes.

Par le pont suivant, gagnez la route de Lustin.

★ Rochers de Frênes

Du belvédère aménagé au sommet des rochers *(accès par le café)*, belle **vue★** sur la vallée de la Meuse et Profondeville.

Revenez à la N 92.

Quelques kilomètres avant Annevoie, jolie **vue★** sur le prieuré de Godinne, charmante construction du 16e s. attenante à une église au chœur gothique (16e s.).

★ Domaine d'Annevoie-Rouillon

Le domaine appartient depuis le 17e s. aux Montpellier. Le château et le parc du domaine d'Annevoie constituent un bel exemple du 18e s.

Parc★★ – *✆ 082 67 97 97 - www.annevoie.be - de déb. avr. à déb. nov. : 9h30-17h30 (juil.-août 18h30) - 7,80 € (-18 ans 5,20 €).* Charles-Alexis de Montpellier imagina, à la fin du 18e s., ce parc aux eaux vives, compromis entre les jardins à la française et les jardins romantiques italiens, qui séduit par la multiplicité et la fantaisie de ses bosquets et de ses jeux d'eau. Parmi les frondaisons séculaires, le Buffet d'Eau (face au château), le Petit Canal et enfin, sur la hauteur, le Grand Canal, bordé de tilleuls, sont les principales étapes d'une agréable promenade au cours de laquelle on observera l'originalité de quelques bancs baroques.

Château – *Ne se visite pas.* À droite, la partie ancienne (1627) se signale par le motif de briques roses qui court sous le rebord du toit. Le château a été agrandi en 1775, à l'époque de la création du parc, auquel il s'intègre parfaitement.

À l'entrée de Godinne, traversez la Meuse.

Crupet

Ce village situé entre deux vallons possède un charmant **manoir** des 12e et 16e s., entouré d'eau. C'est en fait une puissante tour carrée portant bretèche sur une face, flanquée d'une tourelle d'angle et coiffée d'un hourd à colombages. Occupé jusqu'en 1621 par les Carondelet, ce château porte les armes de cette famille franc-comtoise sur le fronton du porche d'entrée.

Dans l'**église** de Crupet, à l'entrée à gauche, se trouve la pierre tombale de ces seigneurs, représentés dans leur rigide vêtement d'apparat.

Gagnez Spontin en passant par Durnal.

Spontin

Situé dans la vallée du Bocq, Spontin est connu pour son château et ses sources minérales alimentant une usine d'embouteillage.

Château★ – *✆ 0473 80 50 08 - fermé au public - propriété privée.* Entouré d'eaux vives (le Bocq), c'est un des témoignages remarquables de l'architecture du Moyen Âge en Belgique. Le château montre l'évolution d'un logis seigneurial

du 12e au 17e s. Simple donjon au 12e s., agrandi en château fort au 14e s., il fut restauré à la fin du 16e s. dans le goût de la Renaissance et rehaussé de briques roses et de toits en poivrière. Les communs, qui furent ajoutés en 1622 en dehors des douves, ferment l'actuelle cour d'honneur. Dans la cour d'armes, ornée d'une élégante armature de puits en fer forgé par van Boeckel (19e s.), apparaît l'ancien donjon.
Prenez la N 937 en direction d'Yvoir.

Yvoir

Voir également le circuit proposé au départ d'Yvoir, p. 435.

Ancien centre métallurgique, c'est une villégiature appréciée pour son **île** aménagée en **centre récréatif** *(✆ 082 61 18 67 - www.iledyvoir.be - de déb. mai à déb. oct. : tlj à partir de 10h - accès en bateau 1 €).* On pratique la spéléologie dans les environs, au nord *(renseignements sur www.speleo.be).*

Au sud d'Yvoir, le **domaine de Champalle** comprend les jardins botaniques et un château. Il abrite également le Tropical Butterfly Center et ses serres tropicales aux centaines de papillons exotiques, des poissons d'eau douce et de mer, et des oiseaux multicolores.
Traversez la Meuse en direction d'Anhée.
Avant Anhée commence la **vallée de la Molignée★** *(voir p. 435).*
Suivez la N 92.
Au-dessus du village de Houx, on aperçoit les ruines du **château de Poilvache**, à 125 m au-dessus de la Meuse. Détruit par les Liégeois en 1430, le château est envahi par la végétation. La légende attribue sa construction aux quatre fils Aymon. Appelée d'abord château d'Émeraude, cette forteresse du 10e s. prit le nom de Poilvache au 14e s., à la suite d'une ruse de guerre : des assiégés, sortis en quête de bétail, avaient été capturés par les Dinantais. Ces derniers se revêtirent les uns des vêtements des prisonniers, les autres de peaux de bêtes, et, environnés de troupeaux, pénétrèrent dans la place. Plus loin, se dressent les ruines de la **tour de Géronsart**.
Gagnez Dinant en traversant la Meuse et prenez la N 96 en direction de Bouvignes.

Bouvignes et château de Crèvecœur *(voir p. 438)*

Regagnez Dinant.

★★ Dinant *(voir p. 436)*

Prenez la N 936 en direction de Philippeville.

★ Grotte La Merveilleuse *(voir p. 438)*

Revenez à Dinant et traversez la Meuse. Au-delà du rocher Bayard, sur la rive gauche, on atteint au sud Anseremme.

★ Anseremme *(voir p. 439)*

Suivez la N 96.

★ Château de Freÿr

✆ 082 22 22 00 - www.freyr.be - juil.-août : tlj sf lun. 10h30-12h45, 14h-17h45 ; avr.-juin et sept. : w.-end et j. fériés 10h30-12h45, 14h-17h45 ; oct.-mars : dim. et j. fériés 14h-16h30 - 8 € (-12 ans gratuit).

Cet ensemble monumental (château et jardins), classé comme patrimoine exceptionnel de Wallonie, est situé au bord de la Meuse, en face de rochers (paradis des alpinistes) surplombant le fleuve et dans un **cadre★★** superbe. Le château resta pendant 20 générations aux mains de la même famille.

LES QUATRE FILS AYMON

Depuis la célèbre chanson de geste de Renaud de Montauban, les exploits de Renaud, Alart, Guichard et Richard fuyant, sur leur magnifique **cheval Bayard**, la haine de Charlemagne, dont Renaud avait tué le neveu, ont défrayé bien des chroniques. Les quatre fils du duc Aymes de Dordogne ne se réfugient qu'un temps en Ardenne, au bord de la Meuse, à Château-Regnault, en France, mais les lieux qui évoquent leur légende y sont légion, notamment le long de la Meuse namuroise.

Après la destruction du château fort (1554), un manoir Renaissance fut édifié, puis agrandi en un quadrilatère avec une cour intérieure (début 17e s.). Deux jardins situés le long d'un axe parallèle à la Meuse encadraient les bâtiments. Au milieu du 18e s. le château fut réaménagé pour jouer son rôle de résidence ducale et d'été des Beaufort-Spontin, tandis que les jardins étaient redessinés et agrandis. L'ensemble est encore habité.

Château★ – À l'intérieur de la demeure, qui fut visitée par des hôtes royaux tels que Louis XIV, Stanislas Leszczynski, Marie-Christine d'Autriche et Naru Hito, on peut admirer un décor raffiné et cosmopolite, où fut signé le traité de Freÿr (1675), et où l'on but du café pour la première fois dans le pays. On y découvre la salle à manger centrée sur son imposante cheminée Renaissance, un carrosse pour enfants du 17e s. qui obtint le premier prix à l'Exposition universelle de Paris (1889), deux vestibules dont un aux allures de palais italien avec des toiles de Snyders et un plafond recouvert de fresques, quelques salons classiques, un ensemble de chambres à coucher et une chapelle rococo.

Parc★ – Dès 1760, les jardins Renaissance furent redessinés dans le style classique par le chanoine prévôt Guillaume de Beaufort-Spontin. Ils dégagent une atmosphère envoûtante due à leur parterre, à l'ombre des tilleuls, au chant paisible des fontaines et au parfum des orangers, dont la plupart proviennent de la cour de Lorraine et sont tricentenaires. En hiver, ces arbres sont gardés dans les plus vieilles orangeries des Pays Bas. À partir de 1770, Philippe, frère cadet de Guillaume, agrandit les jardins en dessinant un second axe perpendiculaire au fleuve, qui s'étage le long des côtes de la Meuse jusqu'au Frédéric Salle, un petit belvédère, chef-d'œuvre rococo aux stucs raffinés des Moretti. Le long de ce second axe, se déploie un jardin dans le style de Le Nôtre qui est encadré de jardins intimistes (fin 18e s.) composés de labyrinthes (6 km) de charmilles.

Bientôt, le lit du fleuve se rétrécit et, sur la rive opposée, apparaissent de beaux rochers gris tourmentés qui plongent leur abrupt dans la Meuse : ce sont les célèbres **rochers de Freÿr★**.

Waulsort

Petit centre de villégiature dans un site agréable. De l'importante abbaye de Waulsort fondée au 11e s., il reste le château actuel, ancien palais abbatial.

Gagnez la rive droite.

Hastière-par-delà

« Par-delà » la Meuse, l'église N.-D., vestige d'un ancien prieuré, est de style roman mosan (1033-1035), à l'exception du chœur, gothique. Elle présente des points communs avec St-Hadelin de Celles : importante tour-porche, arcatures lombardes, nef à plafond de bois, grandes arcades sur piliers carrés. Les stalles du 13e s. sont sculptées de motifs très variés. Les fonts baptismaux datent du 14e s. La **crypte**, romane, contient deux sarcophages mérovingiens.

Regagnez la rive gauche.

Hastière-Lavaux

Les **grottes du Pont d'Arcole** *(rte d'Inzemont 2 - ✆ 082 64 44 01 - fermées car la propriété est mise en vente, pas de date de réouverture connue)* possèdent cinq galeries ornées de concrétions et un puits au fond duquel coule une rivière souterraine. La galerie supérieure est ornée de fines stalactites, certaines d'un blanc très pur.

★ DE NAMUR À ANDENNE

Circuit de 35 km – Voir le circuit tracé en violet sur la carte de la Meuse namuroise (p. 430) et la carte de région (p. 416) – Comptez une demi-journée. Quittez Namur par la N 959 et longez la rive droite de la Meuse.

Sur ce tronçon, la Meuse s'élargit et la vallée prend de l'ampleur ; si des rochers subsistent çà et là, les pentes sont en général moins escarpées. De nombreuses carrières, notamment de calcaire et de dolomie, sont exploitées sur les rives.

Rocher du roi Albert

Sur la gauche, on peut voir des roches qui surplombent la Meuse de 70 m. C'est là que le **roi Albert Ier** trouva la mort, le 17 février 1934, suite à une chute sur les rochers. Une croix à mi-pente indique l'endroit où fut retrouvé son corps. La forêt environnante est devenue **parc national**.

Marche-les-Dames

L'**abbaye N.-D.-du-Vivier** a été fondée au début du 13e s. par des cisterciennes. Elle est occupée de nos jours par les petites sœurs de Bethléem. Les bâtiments abbatiaux datent des 13e et 18e s.

À Namêche, traversez la Meuse et prenez la N 942 vers Gesves.

Vallée du Samson

C'est une vallée aux versants boisés et fortement escarpés, percée de grottes et de cavernes.

Goyet

Les **cavernes** donnent un aperçu de la vie des grottes à l'époque préhistorique ; à côté, d'autres **grottes** présentent de belles concrétions *(✆ 081 58 85 45 - vac. scol. : 10h-18h ; hors vac. scol. : merc. et vend.-dim. 10h-18h - 7 €).*

Un peu avant Faulx-les-Tombes apparaît un **château** (19e s.), saisissant pastiche d'une forteresse médiévale.

Faites demi-tour et revenez à la vallée de la Meuse, jusqu'à Andenne.

Andenne

Cette petite ville a pour origine un monastère fondé vers 690 par sainte Begge, trisaïeule de Charlemagne. Au 11e s., ce monastère devint chapitre noble de chanoinesses séculières.

C'est à Andenne qu'a débuté la **guerre de la Vache**. Un paysan avait volé une vache à un bourgeois de Ciney et fut reconnu à la foire d'Andenne alors qu'il tentait de restituer la vache à son propriétaire. Il fut arrêté, puis pendu par les hommes de Ciney. En représailles, le comte de Namur, dont le paysan était l'un des sujets, vint, aidé des Luxembourgeois, assiéger Ciney. Le prince-évêque de Liège, souverain de Ciney, appela à l'aide les Dinantais. La guerre dura deux ans et ravagea le Condroz.

Collégiale Ste-Begge – *085 84 13 60 - www.andennetourisme.be - de déb. juil. à mi-août : dim. et j. fériés 14h-18h ; mai-juin et de mi-août à fin sept. : 1er et 3e dim. 14h-18h ; en dehors de ces j. de visite : sur RV - 3 €.* Édifiée au 18e s. d'après les plans de Dewez, elle a remplacé les sept églises que comptait le monastère ; elle contient le tombeau gothique de la sainte, en pierre bleue *(chapelle à gauche du chœur)*. Le **musée** de la collégiale abrite le trésor des chanoinesses : peintures, sculptures, parchemins et la châsse de sainte Begge (vers 1570-1580), finement ciselée.

★ LA VALLÉE DE LA MOLIGNÉE

Circuit de 24 km – Voir le circuit tracé en marron sur la carte de la Meuse namuroise (p. 430) et la carte de région (p. 416-417) – Comptez 4h. Partez d'Yvoir, 20 km au sud de Namur par la N 947. À hauteur d'Anhée, prenez la N 971.

La Molignée est un petit cours d'eau qui s'écoule dans une charmante vallée champêtre et boisée avant de se jeter dans la Meuse. Les villages aux maisons de pierre bleue se succèdent. Plusieurs abbayes ont choisi ses coteaux pour s'établir.

Château de Montaigle

Les ruines de cette forteresse détruite en 1554 par Henri II se dressent sur une butte escarpée.

Suivez la N 971. À l'ancienne gare de Falaën, prenez à gauche.

Château-ferme de Falaën

082 69 96 26 - de déb. mars à fin nov. : dim. et j. fériés 12h-20h - 3 €.

Autrefois entouré de fossés et défendu par un pont-levis, ce bâtiment du 17e s. construit en brique et en pierre calcaire forme un quadrilatère fermé à chaque angle par une tour élancée. À l'intérieur, petit musée sur les confréries et expositions temporaires.

Abbaye de Maredsous

082 69 82 11 - www.maredsous.be - juil.-août : 8h-19h (dim. 20h) ; reste de l'année : 10h-18h (w.-end 19h).

Elle a été fondée en 1872 par des bénédictins. C'est un vaste ensemble de style néogothique situé sur un plateau boisé dominant la vallée. Les moines, en dehors de leurs heures de prière, ont les activités les plus diverses : enseignement, informatique, recherches théologiques, mais aussi hôtellerie, fromagerie, librairie…

Maredret

Ce village où se trouve également une abbaye est spécialisé dans l'artisanat.

Ermeton-sur-Biert

L'ancien château qui domine le site très boisé de ce bourg a été transformé en couvent.

Après la gare, tournez à droite et passez sous la voie ferrée.

Furnaux

L'église abrite de magnifiques **fonts baptismaux★**, exécutés vers 1135-1150. La cuve romane de style mosan supportée par quatre lions est ornée de scènes de l'Ancien et du Nouveau Testament, en particulier le Baptême du Christ.

Dinant

★★

13 452 habitants – Namur

NOS ADRESSES PAGE 441

S'INFORMER

Indicatif téléphonique : *082.*

Office de tourisme – *Av. Colonel-Cadoux 8 - ✆ 082 22 28 70 - www.dinant-tourisme.com - sept.-juin : 9h30-17h ; juil.-août : 8h30-18h30 ; 2 fév.-31 mars : sam. 9h30-16h, dim. 10h30-14h.*

SE REPÉRER

Carte de région B3 (p. 416-417) et carte des environs (p. 440) – *Cartes Michelin Regional nos 716 H5 et 534 O21.* À 41 km de Namur par la N 92, Dinant se trouve le long de la Meuse.

À NE PAS MANQUER

La citadelle, la grotte la Merveilleuse, la descente de la Lesse en kayak ou en canot.

ORGANISER SON TEMPS

Comptez une demi-journée pour la visite de la ville, une journée entière si vous ajoutez la descente de la Lesse ou une croisière sur la Meuse.

AVEC LES ENFANTS

Le funiculaire vers la citadelle, la plongée dans la grotte La Merveilleuse ou la descente en kayak d'un tronçon écumant de la Lesse.

Bâtie sur la partie la plus étroite et la plus spectaculaire de la Meuse, Dinant est symbolisée par le bulbe qui chapeaute le clocher de la collégiale. De multiples copies miniatures ont été dressées aux angles des immeubles bourgeois et des villas cossues. La ville a donné son nom à la « dinanderie », soit l'art de fondre, de battre et de repousser le laiton (ou cuivre jaune), pratiquée ici dès le 12e s. Prisée par les touristes, Dinant ravira les gourmands avec ses couques, douceurs au miel cuites dans un moule en bois sculpté, qui dessine des empreintes décoratives.

Panorama de Dinant.
J.-P. Remy/www.opt.be

Se promener

Collégiale N.-D.

De l'église élevée au rang de collégiale dès le 10e s., il ne reste aucune trace visible. Transformée au 12e s., elle a fait place à une église romane dont subsiste le portail nord. La construction de l'édifice gothique, au style importé de Bourgogne et de Champagne, s'étale du 13e à la fin du 14e s.

C'est de l'époque du sac de la ville par les armées d'Henri II que date la tour bulbeuse et son gracieux campanile qui, à l'origine, devaient être surmontés d'un beffroi.

Intérieur – *Accès par le portail nord.* Malgré les dimensions restreintes imposées par l'exiguïté de l'emplacement, l'ensemble produit une impression de grandeur et de sobriété caractéristiques de l'école mosane. L'unité du plan en croix latine est obtenue grâce à l'ordonnance de l'élévation, identique dans l'ensemble de l'édifice : les colonnes monostyles aux chapiteaux octogonaux à feuilles strictes de style régional soutiennent de grandes arcades moulurées, un triforium à arcades trilobées, et de hautes fenêtres au remplage flamboyant. Le chœur présente un déambulatoire sans chapelles rayonnantes.

★ Citadelle

Accès par téléphérique, à pied (408 marches) ou en voiture par la N 936, rte de Sorinnes - ✆ 082 22 36 70 - www.citadellededinant.be - avr.-sept. : 10h-18h ; oct.-mars : tlj sf vend. 10h-17h (téléphérique uniquement le w.-end sf vac. scol.) ; janv. : w.-end 10h-16h30 - fermé 1er janv. et 25 déc. - 7,80 € (-12 ans 5,80 €).

UNE HISTOIRE MOUVEMENTÉE

Dinant fut constamment en conflit avec Bouvignes, pour des rivalités de dinanderie, ainsi qu'avec Namur, Liège ou les ducs de Bourgogne. Cela lui valut d'être détruite en 1466 par Charles le Téméraire. Occupant une position clé sur la vallée de la Meuse, Dinant vit défiler de nombreuses armées de conquérants. En 1554, ce sont les troupes du roi de France Henri II ; en 1675 et en 1692, celles de Louis XIV.

La ville est parmi celles qui, en Belgique, ont le plus souffert des deux dernières guerres. En 1914, elle fut mise à sac par les Allemands : 1 100 maisons furent incendiées et 674 civils fusillés. En 1940 et 1944, elle fut bombardée et en partie incendiée.

LES DINANTAIS CÉLÈBRES
Joachim Patinir (ou Patenier), peintre né à Dinant à la fin du 15e s., insère des scènes bibliques dans de vastes paysages évoquant ceux de la Meuse. **Antoine Wiertz** (1806-1865), artiste visionnaire, annonce déjà le symbolisme et le surréalisme en Belgique. Au Dinantais **Adolphe Sax** (1814-1894), on doit l'invention… du saxophone.

Un château fort fut élevé là en 1051. Reconstruit en 1523 par l'évêque de Liège, il fut détruit par les Français en 1703. Sa physionomie actuelle date de l'occupation hollandaise (1818-1821). La citadelle a été transformée en **musée**. En parcourant les différentes pièces, des reconstitutions (parfois sonores), des dioramas, des objets divers et un petit musée d'armes rappellent les aspects les plus marquants de l'histoire de la citadelle et de la ville.

Du haut de l'enceinte, à 100 m au-dessus de la Meuse, très jolie **vue★★** sur la ville, dominée par la collégiale, et sur la vallée de la Meuse, avec Bouvignes.

★ Grotte la Merveilleuse

Rive gauche de la Meuse, route de Philippeville - ☏ 082 22 22 10 - juil.-août : 10h-18h ; avr.-juin et sept.-oct. : 11h-17h ; nov.-mars : w.-end et vac. scol. 13h-16h - fermé 1er janv., 24-25 et 31 déc. - 8 €.

Elle est remarquable par la profusion de ses concrétions, aux formes (draperies, cascades, colonnettes) et aux tonalités (blanc, brun, bleu et rose) diverses, s'étageant sur trois niveaux. Le retour à la surface se fait par une galerie-escalier comptant plus de 120 marches.

À proximité Carte des environs p. 440

★ Rocher Bayard

1 km au sud par la N 92.

Selon la légende, cette aiguille (40 m) aurait été fendue par le cheval Bayard d'un coup de sabot pour échapper à Charlemagne. Il n'existait jadis qu'un étroit sentier qui fut élargi en 1661, puis en 1698 pour les troupes de Louis XIV.

Bouvignes

2 km au nord par la N 96.

La ville, fusionnée avec Dinant, est dominée par les ruines du château de Crèvecœur, qui reçut ce nom après qu'il eut été rasé en 1554 par les troupes du roi de France Henri II. À Bouvignes est né **Henri Blès**, célèbre paysagiste et continuateur de Patinir. Ses tableaux ont la particularité de dissimuler une petite chouette, peinte en guise de signature.

Maison espagnole – Elle se dresse sur la Grand-Place. Ainsi appelée en raison de l'époque de sa construction (16e s.), c'est l'ancien hôtel de ville, à pignons à volutes et fenêtres Renaissance.

Église St-Lambert – *Adressez-vous à M. l'abbé Raty, presbytère de Bouvignes, r. des Potiers 1, Dinant - ☏ 0477 98 00 75.* Des 13e et 16e s., restaurée, elle conserve d'intéressantes œuvres d'art : Christ aux liens (16e s.), chaire et lutrin du 17e s. À côté de l'église, on dégage les vestiges d'un château qui daterait du 11e s.

Château de Crèvecœur – *Accès par la rte de Sommière (4 km) ou par un escalier.* On aperçoit face au départ de l'escalier une porte, vestige des fortifications. Du château, la **vue★★** est fort belle sur la ville, l'église et la Maison espagnole, ainsi que sur la vallée de la Meuse, avec Dinant à l'horizon.

★ Beauraing

20 km au sud par la N 95.

La petite ville de Beauraing est un lieu de pèlerinage célèbre depuis les apparitions de la Vierge à cinq enfants de la localité en 1932 et 1933. À partir de 1943, les sanctuaires se sont multipliés. Dans le jardin, statue de la Vierge, sous l'aubépine des apparitions ; sur le trottoir proche subsistent les pavés où les enfants s'agenouillèrent.

Plus loin, dans la rue, s'ouvre la **crypte St-Jean**. La **chapelle monumentale** aux parois épaisses est éclairée de vitraux posés en 1963-1964. L'esplanade et ses gradins sont dominés par la façade en verre de l'ensemble en béton construit en 1968 par l'architecte Roger Bastin : il comprend la **grande crypte** et l'**église supérieure**, celle-ci pouvant contenir 7 000 fidèles et accueillir les malades grâce à une rampe d'accès.

Circuits conseillés Carte des environs p. 440

★ ENTRE LESSE ET MEUSE

Circuit de 4,5 km au sud par la N 95 – Voir le circuit tracé en orange sur la carte des environs (p. 440) et la carte de région (p. 417).

Au départ d'Anseremme, une route étroite dessert la vallée de la Lesse, d'où apparaissent de petites falaises, au milieu d'un paysage verdoyant. Autre curiosité, le château de Freÿr et son jardin, visible depuis la route principale.

★ Anseremme

Centre de villégiature bien situé au confluent de la Lesse et de la Meuse, ce bourg fusionné avec Dinant s'allonge sur la rive droite du fleuve. **Le pont St-Jean** (16e s.) sur la Lesse et, au sud, dans le Vieil Anseremme, en bordure du fleuve, un **prieuré** du 15e s. *(propriété privée)* et son église, entourée d'un cimetière, sont à signaler.

Vallée de la Lesse

Depuis Anseremme, une route très étroite longe la vallée encaissée et verdoyante de la Lesse, jusqu'au rocher qui porte le château de Walzin.

Descente de la Lesse★ – *Réserv. pour la descente de la Lesse (à Anseremme) : Les Kayaks Bleus, pl. Baudoin-Ier 2 - ✆ 082 22 43 97 - www.lessekayaks.be ; Les Kayaks jaunes, quai de Meuse 1 - ✆ 082 22 61 86.* Il est possible de descendre la Lesse en kayak ou en canot de Houyet à Anseremme. Houyet est accessible par train depuis Anseremme et par autobus.

Vallée de la Meuse

En reprenant la route principale, en direction de Beauraing, belle **vue plongeante★** sur les jardins du château de Freÿr *(panorama signalé par le panneau « Aire de repos »)*. Plus loin, à 700 m, un autre point de vue permet d'admirer une large **perspective★** sur la vallée, avec les aiguilles de Freÿr et le château.

DE FURFOOZ À FOY-N.-D.

Circuit de 30 km – Voir le circuit tracé en vert clair sur la carte des environs (p. 440) et la carte de région (p. 417). Sortez de Dinant par le sud par la N 92, et prenez à gauche la route de Furfooz.

On trouve bientôt dans la montée une route à droite : à quelques mètres de l'embranchement, jolie **vue★** plongeante sur Anseremme.

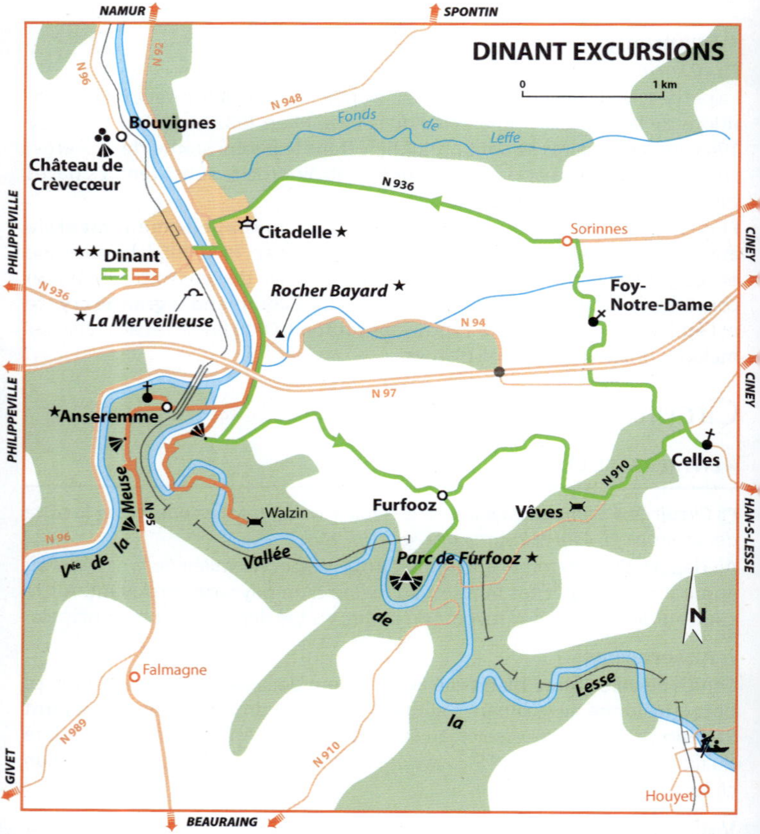

Furfooz

À 500 m au sud du village, le **parc de Furfooz★** *(☎ 082 22 34 77 - www.parcdefurfooz.be - juin-août : 10h-18h ; avr.-mai et sept.-oct. : 10h-17h ; vac. de Noël : 10h-15h - 2,50 €, -12 ans 1 €)* est aménagé dans un massif rocheux calcaire que contourne une boucle de la Lesse. La rivière y a d'ailleurs creusé un lit souterrain exploré depuis 1962. *Suivez le circuit fléché.*

Forteresse naturelle, le site a été occupé jusqu'au 10e s. En témoignent les bains romains, sur hypocauste, reconstitués, et les ruines au sommet du plateau, d'où l'on découvre de belles perspectives sur la vallée de la Lesse.
Le promontoire est truffé de grottes où ont été découvertes des traces de vie préhistoriques.

Vêves

Dominant le hameau, un élégant **château★** *(☎ 082 66 63 95 - www.chateau-de-veves.be - de mi-juil. à fin août : 10h-17h30 ; de déb. avr. à mi-juil. et sept.-oct. : 10h-17h - 7,50 €, enf. 4,50 €)* se détache sur les bois. Il appartient depuis le 12e s. à la lignée des Beaufort, puis à celle des comtes de Liedekerke Beaufort. L'un des seigneurs ayant participé au siège de Dinant en 1466, sa forteresse fut détruite par les Dinantais. Reconstruite aussitôt, puis remaniée à la Renaissance, elle fut réaménagée au début du 18e s.

Dans la cour, on découvre une galerie à arcs surmontée de colombages. Un mobilier français du 18e s. et des souvenirs de famille ornent l'intérieur fidèlement restauré.
Gagnez Celles par la N 910.

Celles

Ce village est situé dans un joli val. À l'entrée nord, un char allemand rappelle l'extrême limite atteinte par l'avance allemande en 1944. L'**église romane St-Hadelin** (11e s.) est un excellent exemple de style mosan, avec sa tour-façade massive flanquée de deux tourelles, sa décoration extérieure faite de bandes lombardes et ses absides en cul-de-four.
À l'intérieur sont à signaler des grisailles (17e s.) d'un vivant modelé, des stalles du 13e s., les plus anciennes de Belgique, et surtout une superbe **dalle funéraire★** (16e s.) en marbre noir de Dinant : Louis de Beaufort et son épouse encadrant un calvaire. L'église conserve deux cryptes du 11e s.

Foy-N.-D.

En 1609 fut découverte à Foy, dans un vieux chêne, une statue de la Vierge dont les dons miraculeux, reconnus par le prince-évêque de Liège, firent de la bourgade un important centre de pèlerinage. L'église date de 1623.
L'intérieur renferme des lambris Louis XIII et un remarquable **plafond★** à caissons, en bois, décoré de 145 peintures du 17e s. dues aux frères Stilmant et à Guillaume Goblet, peintres dinantais.
Offertes par les pèlerins, elles représentent la vie de la Vierge et du Christ, les évangélistes, les docteurs de l'Église et des saints.
Regagnez Dinant par Sorinnes. On passe près de la citadelle.

NOS ADRESSES À DINANT

HÉBERGEMENT

Falmignoul

BUDGET MOYEN

Auberge des Crêtes – *R. des Crétias 99 - ✆ 082 74 42 11 - www.aubergedescretes.be - P - 11 ch. 82 € ☕ - rest. fermé lun.-mar. - menu déj. 25 €, 35/63 €.* Hostellerie familiale située juste à l'extérieur de Dinant. Chambres classiques. La façade en pierre apparente contraste nettement avec les plats raffinés servis au restaurant, dont le chef puise son inspiration dans l'alternance des saisons. L'hôtel est entouré d'un beau jardin.

Anseremme

BUDGET MOYEN

Le Freyr – *Chaussée des Alpinistes 22 - ✆ 082 22 25 75 - www.lefreyr.be - P - 6 ch. 75 € ☕ - menu rest. 25 €.* Établissement situé dans un cadre paisible à l'extérieur du centre, au milieu de la verdure. Les tons rouges de la décoration contrastent joliment avec les murs en pierre grise. Les chambres, aménagées avec soin, donnent sur le grand jardin. Le calme est garanti !

Falmagne

BUDGET MOYEN

B&B Le Gailly – *Pl. du Baty 7 - ✆ 082 74 51 03 - www.legailly.be -*

- 4 ch. 65/80 € - 7,50 €. Joli bâtiment implanté sur la place du village. Les quatre chambres rénovées portent le nom et la palette de couleurs de peintres célèbres. L'hôte et l'hôtesse veillent à l'accueil chaleureux des visiteurs et concoctent le soir d'excellents repas à base de produits de la région.

RESTAURATION

BUDGET MOYEN

Le Galion – *Av. Winston-Churchill 10 - 082 22 56 10 - www.legalion-dinant.be - fermé mar. et merc. (sf en été) - 19/29 €.* Le décor marin mais contemporain de ce restaurant traduit plus la passion des exploitants que le contenu de la carte. À côté de quelques plats de poisson, on trouve ici de bonnes spécialités françaises et italiennes à des prix abordables et une carte des vins richement garnie.

La Broche – *R. Grande 22 - 082 22 82 81 - www.labroche.be - fermé mar. et merc. - menu déj. 20 €, 19/39 €.* Restaurant familial à débusquer au cœur de l'artère commerçante de Dinant, situé entre l'escarpement rocheux et la Meuse. La carte, actuelle, au même titre que le décor de la salle, est résolument orientée « grillades ».

POUR SE FAIRE PLAISIR

Le Jardin de Fiorine – *R. Georges-Cousot 3 - 082 22 74 74 - www.jardindefiorine.be - fermé dim. soir, merc. et jeu. - menu déj. 25 €, menus 32/40 €.* Le nouvel intérieur de cette vieille maison de maître rayonne de chaleur et d'hospitalité. Le chef utilise les meilleurs produits pour proposer une carte sobre mais gastronomique. Le menu « Invitation à la gourmandise » est un hommage aux produits de la région et à la cuisine belge.

PETITE PAUSE

Le Café des Arts – *Pl. Astrid 15 - 082 22 80 94 - 25 € env.* C'est l'une des terrasses installées au pied de la collégiale, près du pont sur la Meuse. On s'y arrête pour manger un morceau ou déguster une des nombreuses bières wallonnes ou flamandes.

ACHATS

Maison Jacobs – *R. Grande 147 - 082 22 21 39 - tlj en saison.* Ce boulanger est l'un des fabricants de la célèbre « couque de Dinant », réputée pour son goût particulier, mais aussi pour les figures qui la décorent.

Les grottes de Han.
Johan De Meester/ArTerra Picture Library/age fotostock

Han-sur-Lesse

★

1 200 habitants – Namur

NOS ADRESSES PAGE 445

S'INFORMER

Indicatif téléphonique : *084.*
Maison du tourisme du Val de Lesse – *R. de Behogne 5, 5580 Rochefort - ✆ 084 34 51 72 - www.valdelesse.be - 1er oct.-Pâques : lun.-vend. 8h-17h, sam. 10h-17h, dim. 10h-16h ; Pâques-30 juin : lun.-vend. 8h-17h, w.-end 9h30-17h ; juil.-août : lun.-vend. 8h-18h, w.-end 9h30-17h.*

SE REPÉRER

Carte de région C3 (p. 416-417) – *Cartes Michelin Regional nos 716 I5 et 534 Q22.*
Au centre de la région boisée de la Famenne, Han-sur-Lesse est accessible par l'A 4/E 411 reliant Bruxelles à Arlon ; prendre la sortie 23, puis la N 86.

À NE PAS MANQUER

Les grottes de Han, la réserve d'animaux sauvages.

ORGANISER SON TEMPS

Réservez au moins une demi-journée pour visiter les grottes et le parc animalier.

AVEC LES ENFANTS

La visite des grottes, le spectacle en 3D au Speleogame, le parcours dans le parc animalier.

Situé au cœur du parc national de Lesse et Lomme (950 ha), le village doit sa notoriété et son succès touristique à sa grotte creusée par les eaux de la Lesse, avec ses concrétions spectaculaires, ainsi qu'à sa réserve d'animaux sauvages qui peuplaient autrefois toute la région.

Se promener

★★★ Grotte de Han

L'entrée de la grotte, située au Trou de Salpêtre, n'est accessible que par tramway. Le retour s'effectue à pied (400 m). R. Joseph-Lamotte 2 - ✆ 084 37 72 13 - www.grotte-de-han.be - visites guidées (1h30) : juil.-août 10h-12h, 13h30-17h30 ; mai-juin 10h-12h, 13h30-16h30 (w.-end et j. fériés 17h) ; avr. et sept.-oct. 10h-16h ; de mi-fév. à fin mars et vac. de Noël 11h30-13h, 14h30-16h ; nov. w.-end 11h30-13h, 14h30-16h - fermé de déb. déc. à mi-fév. sf vac. scol. - 13 €, supercombiné (les 4 attractions du domaine) 25 €.

La grotte calcaire géante creusée par la Lesse sur 15 km offre à la visite le cinquième de son réseau. Elle servit de refuge de la fin du néolithique au 18e s. Très humide, d'une température de 13 °C, elle abrite de gigantesques concrétions dont la progression est en moyenne de 4 à 5 cm par siècle, telle l'élégante stalagmite du **Minaret** haute de 5 m. Exploitées depuis 1856, certaines galeries sont noircies par les torches des premiers visiteurs.

La **salle des Mystérieuses** garde toutefois la magie d'un palais de cristal avec sa très belle stalagmite en forme de tiare.

L'imposante **salle d'Armes**, de 50 m de diamètre, traversée par la Lesse, est animée par un impressionnant son et lumière.

Elle précède la **salle du Dôme** haute de 145 m, où l'on voit un porteur de torche dévaler le prodigieux amoncellement.

De larges barques descendent le cours souterrain de la Lesse et ramènent à la clarté du jour au **Trou de Han** après un dernier coup de canon permettant d'apprécier le pouvoir de résonance de la galerie.

Speleogame

Accessible à la sortie de la grotte, il est situé au 1er étage de « La Ferme » - ♿ - mêmes heures d'ouverture que les grottes de Han - durée 45mn.

Spectacle audiovisuel qui fait découvrir les salles et galeries de la grotte non accessibles aux visiteurs et réservées aux spéléologues.

Musée du Monde souterrain

Mêmes heures d'ouverture que les grottes de Han - 3,50 €.

Ce musée présente les résultats des fouilles régionales, principalement celles pratiquées dans la grotte de Han, au fond de la rivière ou sur les berges : silex taillés néolithiques, remarquable ensemble de poteries, outils, armes et parures dont certaines en or, de l'âge du bronze (1 100 à 700 avant J.-C.), fibules de l'âge du fer, **fragment de diplôme★** d'un vétéran romain composé de deux tablettes de bronze, objets divers des époques gallo-romaine, mérovingienne et médiévale.

★ Réserve d'animaux sauvages

♿ *- mêmes heures d'ouverture que les grottes de Han - 10,50 €.*

À bord d'un petit train routier, dans le magnifique domaine du massif de Boine (250 ha) où vient s'engouffrer la Lesse, la réserve rassemble la faune des forêts d'Ardenne (cerfs, daims, sangliers) et, dans une vaste clairière, les principaux animaux sauvages ayant vécu autrefois dans la région : bisons, ours brun, bouquetins, chamois, loups, tarpans (petits chevaux), aurochs dont l'espèce éteinte a été reconstituée par croisements, et le cheval de Przewalski originaire des steppes.

Au **gouffre de Belvaux**, la Lesse se perd sous un arc rocheux du mont de Boine pour ressurgir au Trou de Han.

À proximité Carte de région p. 416-417

Lavaux-Ste-Anne C3

10 km à l'ouest par la route de Dinant.

Entouré de douves alimentées par les eaux de la Wimbe, le **château féodal★** *(✆ 084 38 83 62 - www.chateau-lavaux.com - merc.-dim. 10h-17h (avr.-nov. 18h) - fermé 1er janv., 24-25 et 31 déc. - 8 € billet combiné château et zone humide)* se présente comme une forteresse encore flanquée aux angles de trois tours massives du 15e s. coiffées de bulbes et d'un donjon du 15e s. Aux 17e et 18e s., les courtines reliant les tours ont laissé place à des corps de logis disposés en U.

L'intérieur abrite le **musée de la Nature** (animaux de la Famenne naturalisés), des tableaux illustrant la **Vie des seigneurs** et une exposition sur la **Vie paysanne en Famenne** (dans les caves).

À l'extérieur, dans la **zone humide**, on peut emprunter un parcours didactique le long de l'étang, des prairies et du marécage.

NOS ADRESSES À HAN-SUR-LESSE

HÉBERGEMENT

Éprave

POUR SE FAIRE PLAISIR

Auberge du Vieux Moulin – *R. de l'Aujoule 51 - ✆ 084 37 73 18 - www.eprave.com - P - 9 ch. 125 € - ☕ 15 €.* Ancien moulin à eau aménagé en superbe hôtel-restaurant. L'ancien presbytère qui lui fait face a été transformé en annexe. Le temps ne s'est pas arrêté dans le petit village, car l'auberge allie le design urbain et le raffinement gastronomique. L'auberge propose une formule très intéressante qui comprend la nuitée, un petit-déjeuner et un dîner.

Rochefort

★

12 333 habitants – Namur

NOS ADRESSES PAGE 448

S'INFORMER

Indicatif téléphonique : *084.*

Maison du tourisme – *R. de Behogne 5 - ✆ 084 34 51 72 - www.valdelesse.be - 1er oct.-Pâques : lun.-vend. 8h-17h, sam. 10h-17h, dim. 10h-16h ; Pâques-30 juin : lun.-vend. 8h-17h, w.-end 9h30-17h ; juil.-août : lun.-vend. 8h-18h, w.-end 9h30-17h.*

SE REPÉRER

Carte de région C3 (p. 416-417) – *Cartes Michelin Regional nos 716 I5 et 534 Q22.* Situé en bordure du parc national de Lesse et Lomme, Rochefort est desservi par l'E 411 (sortie 22) ; prenez ensuite la N 911.

AVEC LES ENFANTS

La visite de la grotte de Lorette.

Dominée par les ruines pittoresques de son château comtal, la petite ville de Rochefort est un centre de villégiature fort apprécié. La région recèle plusieurs forteresses médiévales, ainsi qu'une bière trappiste parmi les plus réputées du pays, celle de l'abbaye N.-D. de St-Remy.

Visiter

★ Grotte de Lorette

✆ 084 21 20 80 - www.grotte-de-han.be - visites guidées (env. 1h) : juil.-août ttes les 45mn de 11h45 à 16h30 ; avr.-juin et sept.-nov. tlj sf merc. à 11h, 12h30, 14h et 15h30, w.-end et j. fériés 11h30, 13h30, 15h et 16h30 - 8 € (-12 ans 5 €).

Découverte en 1865, cette grotte, creusée par la Lomme, présente un aspect plus sauvage que celle de Han ; sa température est plus fraîche : 8 °C. Après un couloir de marbre non poreux, percé artificiellement, apparaissent les premières concrétions. Sur un fond musical, un jeu de lumière fait surgir de l'ombre un chaos étonnant. Plus bas, on aperçoit le cours actuel de la rivière souterraine et ses lits successifs. La petite salle des Arcades est creusée à 80 m sous le château de Beauregard.

La **salle du Sabbat** est la plus impressionnante par ses dimensions : 60 m sur 125 m ; une montgolfière lumineuse lâchée jusqu'au sommet permet d'en apprécier la hauteur (85 m).

On revient par une galerie artificielle s'ouvrant sur une jolie vue de la vallée de la Lomme.

À proximité Carte de région p. 416-417

Chevetogne C3

15 km au nord-ouest par la N 949, puis à gauche par la N 929.

Monastère de Chevetogne – En 1939 s'installe, dans un château du 19e s., une communauté œcuménique célébrant la liturgie dans les rites latin et byzantin. Construite dans le style byzantin de Novgorod, l'**église orientale** (1957) est un édifice carré, précédé d'un vaste narthex et surmonté d'une petite coupole sur tambour. À l'intérieur, murs et voûtes couverts de peintures murales. Au sommet de la coupole domine l'effigie du Christ Pantocrator. L'iconostase, dont la fonction est d'isoler le sanctuaire, est ornée d'icônes. De l'église, on descend à la salle de vente : belle exposition de copies d'objets d'art religieux orthodoxe anciens.

Domaine provincial de Chevetogne★ – *✆ 083 68 72 11 - www.domainedechevetogne.be - de déb. avr. à déb. nov. : 10h-18h (horaires des activités) - 10 €, entrée libre en dehors des horaires des activités.* Autour d'un château et d'un chapelet d'étangs, ce parc récréatif, boisé et fleuri, est remarquablement équipé pour les sports, les distractions et les promenades.

LA FUITE DE LA FAYETTE

En août 1792, La Fayette, accusé d'avoir défendu Louis XVI, quitte l'armée et prend la fuite. Il est hébergé, avec Chateaubriand, à l'ancien hôtel « Au Pélican » de la rue Jacquet, avant d'être arrêté par les Autrichiens. À côté, un monument a été élevé en son honneur.

Lessive C3

6 km au sud-ouest, par Éprave.

Un site boisé au sud du village de Lessive a été choisi pour l'installation de la **station terrienne belge de télécommunications par satellites**. Équipée de trois antennes et d'une tour hertzienne aux dimensions impressionnantes, la station joue, depuis 1972, le rôle d'échangeur entre le secteur spatial et le réseau de télécommunications national.

Château de Jannée C2

19 km au nord par les N 949, N 929 et N 4. ✆ 083 68 82 07 - www.chateaudejannee.com - visite du parc sur RV.

Ce beau château régulier, flanqué de quatre tours carrées, a été édifié sur les ruines d'un ancien donjon du 12e s. : son aspect actuel date des 17e et 19e s. Il est bordé par un vaste **parc** à l'anglaise de 15 ha, face à un étang et encadré par de vénérables arbres. Daims, oies, paons et mouflons y déambulent en liberté.

Circuit conseillé Carte de région p. 416-417

LA FAMENNE

Circuit de 12 km au nord-est par la N 86 tracé en bleu sur la carte de région (p. 417).

Hargimont C3

La petite localité d'Hargimont s'est développée autour de la commanderie des Templiers, fondée à la fin du 12e s. par une donation des ducs de Lorraine. À proximité, l'élégant **château de Jemeppe** a été construit au 17e s., autour d'un donjon massif du 13e s. Entièrement restauré, il est entouré de douves, toujours en eau. À côté du monument classé, remarquez la ferme en pierre calcaire, datant du 18e s.

Suivez la N 86, puis prenez une petite route à droite.

Waha C3

Ce village possède une charmante **église romane** en grès dédiée à saint Étienne et consacrée en l'an 1050. Sa tour (12e s.) est surmontée d'un élégant clocher du 16e s. dont les plans carrés se superposent d'une manière originale. L'intérieur, sobre, aux piliers massifs, conserve d'intéressants objets d'art. Sous le porche se remarquent plusieurs pierres tombales. Au-dessus de l'arc triomphal, beau calvaire de la fin de l'époque gothique (16e s.). Dans le bas-côté droit, fonts baptismaux (1590) portant quatre têtes sculptées. Près de l'entrée du chœur se trouve, scellée à la paroi de l'un des piliers, la pierre dédicatoire de l'église, de 1050. Une vitrine renferme des reliquaires, des livres et missels anciens, des chasubles.
L'église contient également de belles statues d'art populaire : saint Nicolas (15e s.), sainte Barbe (16e s.) et saint Roch, en bois polychrome (17e s.).
Revenez sur la N 86.

Marche-en-Famenne C3

C'est la capitale de la Famenne. En 1577, Don Juan d'Autriche, gouverneur des Pays-Bas, y signa l'Édit perpétuel qui confirmait la pacification de Gand, libérant le pays des troupes espagnoles.

NOS ADRESSES À ROCHEFORT

HÉBERGEMENT

BUDGET MOYEN

Le Vieux Logis – *R. Jacquet 71 - ✆ 084 21 10 24 - www.levieuxlogis.be - fermé dim., de mi-janv. à fin janv., de mi-sept. à fin sept. - 10 ch. 80 €* ☕. Halte idéale pour rayonner dans le parc national de Lesse et Lomme, ce « vieux logis » rochefortois (17e s.) établi au pied du château comtal abrite un hôtel familial de caractère. La proximité de la grotte de Lorette enchantera petits et grands.

RESTAURATION

POUR SE FAIRE PLAISIR

La Calèche – *R. de Béhogne 46 - ✆ 084 21 09 86 - www.malleposte.be - fermé merc. et jeu. - 25/50 € - 23 ch. 110 €* ☕. Ce relais de poste du 17e s. a été complètement transformé pour devenir un restaurant de charme avec grand jardin et terrasse. Menus goûteux de cuisine française et vins appropriés. Une bonne adresse également pour passer la nuit dans des chambres aménagées avec goût et profiter de la piscine et du hammam.

Couvin

13 665 habitants – Namur

NOS ADRESSES PAGE 451

S'INFORMER

Indicatif téléphonique : *060.*

Maison du Tourisme des Vallées des Eaux Vives – *R. de la Falaise 3 - 060 34 01 44 - www.valleesdeseauxvives.be.*

SE REPÉRER

Carte de région A4 (p. 416-417) – *Cartes Michelin Regional n°s 716 G5 et 534 L22.* Couvin est traversé par la N 5 reliant Philippeville à la frontière française et par la N 99 (au départ de Chimay).

ORGANISER SON TEMPS

Comptez une demi-journée.

AVEC LES ENFANTS

La grotte de l'Abîme et les grottes de Neptune, le train touristique du chemin de fer à vapeur des Trois Vallées à Mariembourg.

Cette charmante cité de villégiature, blottie au pied d'un éperon calcaire où s'élevait autrefois un château détruit par le Roi-Soleil, aligne ses toits d'ardoise le long des quais de l'Eau Noire. Réputée pour sa cuisine, Couvin est au cœur d'une région riche en promenades et en rivières propices à la pêche.

Visiter

Grotte de l'Abîme

071 55 88 11 - www.decouvertes.be - visites guidées : juil.-août 10h-12h, 13h30-18h ; mai-juin et sept.-oct. w.-end et j. fériés 10h-12h, 13h30-18h - 8 €, 12 € billet combiné avec les grottes de Neptune.

Dans l'une de ces grottes habitées par l'homme préhistorique et servant de refuge à l'époque romaine et au Moyen Âge, est présenté un spectacle audiovisuel sur la préhistoire en Belgique. Un petit musée complète cette évocation. À l'extérieur, du sommet d'un escalier, jolie vue sur Couvin.

À proximité Carte de région p. 416-417

Philippeville A3

19 km au nord par la N 5 puis la N 40.

Philippeville était jadis réputée pour ses exploitations de marbre rouge. Fondée en 1555 par Charles Quint pour faire face à Mariembourg, tombé aux mains des Français, cette place forte fut appelée Philippeville en l'honneur du fils de l'empereur, le futur Philippe II. Des fortifications, démantelées en 1860, il ne subsiste que les souterrains et un ancien magasin à poudre.

Souterrains – *071 66 23 00 - http://users.swing.be/tourisme.philippeville - visites guidées : juil.-août à 13h30 et 15h ; sept.-juin sur RV - fermé 21 juil., Assomption et 25 déc. - 3 €.*

L'ancienne poudrerie, devenue la **chapelle N.-D.-des Remparts**, a conservé ses murs épais où était aménagé un système de ventilation. On peut visiter une partie des galeries souterraines des 16e et 17e s. qui s'étendent sur 10 km au-dessous de la ville.

Walcourt A3

Depuis Philippeville, 13 km au nord-ouest par la N 40, puis à Silenrieux prenez à droite la N 978.

Dans cette ancienne place forte, se déroule chaque année une procession en l'honneur de N.-D.-de-Walcourt *(dim. qui suit la Pentecôte)* : ce périple autour de la ville, appelé « **Le Grand Tour** », est rehaussé d'une escorte ou « **marche militaire** », comprenant des soldats de l'époque napoléonienne et des zouaves, accompagnés de fifres et de tambours. Au milieu de la journée, autour d'un bouleau, le « Jeu scénique du Jardinet » commémore le miracle de la statue de la Vierge qui, fuyant la basilique incendiée au 13e s., aurait été retrouvée sur un arbre.

Située sur une butte, la **basilique St-Materne★** (13e-16e s.) *(✆ 071 61 13 66 (presbytère) ou 071 61 25 26 (office de tourisme) - 10h-17h - 2,50 €)* est surmontée d'un amusant clocher à bulbe du 17e s. (reconstruit en 1926). L'**intérieur** sobre en pierre grise et brique possède un riche mobilier. Le remarquable **jubé★** (1531), offert, dit-on, par Charles Quint, est de structure gothique, mais sa décoration Renaissance prodigue des statues, des médaillons et des rinceaux. Les stalles (16e s.), très simples, sont sculptées aux miséricordes de motifs satiriques. Dans le bras gauche du transept se trouve la statue de N.-D.-de-Walcourt (10e s.). Conservé au presbytère, le **trésor★** contient de précieux objets d'art : Vierge en argent du 14e s., petit reliquaire-tourelle du 13e s., et surtout croix-reliquaire (13e s.), caractéristique du style du célèbre orfèvre Hugo d'Oignies.

Le pays des Rièzes et des Sarts A4

20 km au sud de Couvin.

Près de la frontière française s'étend une région de landes marécageuses et de forêts. Les rièzes, terres peu fertiles en partie vouées à l'élevage, permettent la fabrication d'un beurre et d'un fromage réputés.

Prenez la N 5 en direction de Rocroi, puis la N 964 ; tournez vers Brûly-de-Pesche.

Brûly-de-Pesche – Dans un bois, près d'une source, lieu de pèlerinage traditionnel à saint Méen, se dissimule l'**abri d'Hitler** *(✆ 060 37 80 38 - juil.-août : 10h30-17h ; avr.-juin et sept. : tlj sf lun. 10h30-17h ; oct. : w.-end 10h30-17h - 4 €).* Du 6 juin au 4 juillet 1940, Hitler fit de cet endroit son quartier général et y dirigea, en compagnie de son état-major, la campagne de France. En toute hâte, il y avait fait construire un petit bunker en béton.

Circuit conseillé Carte de région p. 416-417

LA RÉGION DES TROIS VALLÉES

Circuit de 17 km à l'ouest tracé en rouge sur la carte de région (p. 417). Prenez la N 99 et tournez à gauche à Petigny.

★ Grottes de Neptune A4

À 5 km de Couvin - ✆ 060 31 19 54 - www.grottesdeneptune.be - visites guidées (45mn) : juil.-août 10h30-18h30 ; avr.-juin et sept. 10h30-17h ; oct.-nov. w.-end 12h30-16h - 8 €, 12 € billet combiné avec la grotte de l'Abîme.

L'Eau Noire, appelée ainsi à cause de la pierre noire dont est constitué le fond, disparaît en grande partie dans l'Adugeoir (gouffre) pour ressortir près de Nismes. On visite les trois galeries superposées aux belles concrétions, bien mises en valeur. Si la galerie supérieure a été abandonnée depuis des siècles par l'Eau Noire, celle du centre est inondée lors des crues. La partie inférieure des grottes, où coule la rivière souterraine, permet d'effectuer en barque une agréable promenade au cours de laquelle on admire une spectaculaire **cascade**. En fin de parcours, spectacle son et lumière exceptionnel.
Revenez à Petigny, reprenez la N 99 et tournez à gauche vers Nismes.

Nismes A3

Nismes est une station estivale fréquentée. Ses environs calcaires recèlent de nombreuses curiosités géologiques, dont le **Fondry des Chiens** *(accès par la rue Orgeveau)*, le plus imposant de ces gouffres tourmentés, hérissés de monolithes, qui parsèment le plateau situé à l'est de la ville. Belle vue sur la campagne environnante.
À Nismes, prenez la N 939.

Mariembourg A3

Cette petite ville doit son nom à Marie de Hongrie, gouvernante des Pays-Bas, qui la fit construire en 1542. Dotée d'un plan géométrique et de fortifications, dont il ne reste rien, elle faisait face à la place de Maubert-Fontaine, située en territoire français. Réputé imprenable, Mariembourg fut enlevé dès 1554 par le roi de France Henri II, ce qui obligea Charles Quint à édifier une nouvelle place, Philippeville. Reconquis par les Espagnols en 1559, Mariembourg fut cédé 100 ans plus tard à la France et resta français jusqu'au 25 juillet 1815, date à laquelle les défenseurs de la ville durent capituler devant les Prussiens, non sans recevoir « les honneurs de la guerre ».
Mariembourg est le point de départ du **chemin de fer à vapeur des Trois Vallées** *(✆ 060 31 24 40 - http://cfv3v.in-site-out.com - juil.-août : départ à 11h30, 14h20, 16h50 ; avr.-juin et sept.-oct. : w.-end et j. fériés départ à 11h30, 14h20, 16h50 - 10,50 € AR, enf. 7 € AR)*, un train touristique qui se rend jusqu'à Treignes en suivant la **vallée de Viroin**.

NOS ADRESSES À COUVIN

HÉBERGEMENT

BUDGET MOYEN

B&B Au Milieu de Nulle Part – *R. de la Gare 12 - ✆ 060 34 52 84 - www.nulle-part-ailleurs.be - 5 ch. 90 € - ☕ 12 €.* Malgré leur nom, ces charmantes chambres d'hôtes sont situées dans le centre de Couvin. Chambres confortables. Quelques maisons plus loin, les propriétaires gèrent le restaurant du même nom, axé sur les spécialités régionales.

RESTAURATION

POUR SE FAIRE PLAISIR

Casa Verde – *Pl. Verte 71 - ✆ 060 34 48 22 - www.restaurantcasaverde.be - fermé lun. et mar. (sf été) - 20/36 €.* Une adresse à retenir pour ceux qui recherchent les spécialités françaises et italiennes. Le chef est à juste titre fier de ses pâtes fraîches, de ses pizzas cuites au feu de bois et de ses crèmes glacées. En saison de chasse, des plats de gibier apparaissent sur la carte.

La province de Liège 9

Cartes Michelin Regional n°s 716, 533 et 534

Les 373 marches de la montagne de Bueren à Liège.

Heinz-Dieter Falkenst/imagebroker/age fotostock

LA PROVINCE DE LIÈGE
0
10 km
Liège
★★ Mérite un détour
Stavelot
★ Intéressant
Verviers
À voir
A
B
HASSELT
HASSELT
MAASTRICHT
BRUXELLES
CHARLEROI
BASTOGNE
1
2
3
BRABANT
FLAMAND
6
LIMBOURG
5
10
LIÈGE
NAMUR
8
LUXEMBOURG
11
Visé
Blégny-Trembleu
Liège
Chaudfontai
Sart-
Tilman
Banneux
Notre-Dam
Aigremont
Jehay
Flône
Neuville-
en-Condroz
Amay
St-Séverin
Huy
Meuse
Deig
Monde Sauvage
Sougné-Remouchamp
Comblain-
au-Pont
Aywaille
Nonceve
Modave
Bois
Ocquier
La Roche-en-Ardenne
Canal Albert
Maas
Ourthe
N 3
N 80
N 79
A 13
A 3
N 64
A 15
N 90
N 63
N 641
N 97
A 4
N 4
N 983
N 833

C
HEERLEN
DÜSSELDORF
KÖLN
D
Ville de départ du circuit
L'Ourthe inférieure
Autour de Spa
Vallée de l'Amblève
Vallée de la Salm
Circuit des panoramas
De Verviers à Val-Dieu
De Verviers à Deigné
A 4
N 278
AACHEN
321
Les Trois-Bornes
57
A 44
Cimetière
américain
Val-Dieu
N 627
N 3
Croix de
Charneux
Henri-
Chapelle
A 3
N 68
258
Eupen
Limbourg
N 61
Bge de la Vesdre
Vesdre
Bge de la Gileppe
N 67
DEUTSCHLAND
Pepinster
Verviers
PARC NATUREL
Tancrémont
Theux
N 672
Baraque
Michel
Fagnes
258
Chât. de Franchimont
Parc à gibier
Sart
694
Hautes
Signal de Botrange
La Reid
Spa
N 62
265
Prom.
des Artistes
Reinhardstein
Francorchamps
Robertville
HAUTES FAGNES-
Musée de la
Forêt et des Eaux
Malmedy
Fonds de
Quareux
N 632
Bütgenbach
Stavelot
N 632
Vallée de l'Amblève
Coo
Rocher
de Falize
Faymonville
Trois-Ponts
Bellevaux-
Ligneuville
Amblève
EIFEL
Basse-Bodeux
Wanne
Salm
A 27
Vée de la Salm
265
51
Vielsalm
N 89
N 62
N 827
A 60
N 68
Reuland
A 26
N 68
N 62
N 693
PARC
NATUREL
DES
A 60
DEUX
OURTHES
1
N 7
N
LUXEMBOURG
C
LUXEMBOURG
D
WITTLICH
1
2
3
KOBLENZ
KÖLN

Liège

Luik

★★

195 076 habitants – Liège

NOS ADRESSES PAGE 469

S'INFORMER

Indicatif téléphonique : *04.*

Office de tourisme – Plan II D3 - *Féronstrée 92 - ✆ 04 221 92 21 - www.liege.be/tourisme - lun.-vend. 9h-17h, w.-end 10h-16h30.*

SE REPÉRER

Carte de région B1 (p. 454-455) et plans de ville (p. 458-459) – *Cartes Michelin Regional nos 716 J4, agrandissement plis 17 et 18, et 533 S19.* Important port fluvial, Liège est située au centre d'un gros nœud routier : elle est desservie par les autoroutes E 40 (Bruxelles-Aix-la-Chapelle), E 25 (Luxembourg), A 13 (Anvers) et A 15 (Charleroi).

À NE PAS MANQUER

Palais des Princes-Évêques, coteaux de la citadelle, fonts baptismaux de l'église St-Barthélemy, trésor de la cathédrale St-Paul, église St-Jacques.

ORGANISER SON TEMPS

Prévoyez plusieurs jours pour une visite approfondie.

AVEC LES ENFANTS

Une croisière sur la Meuse.

L'arrivée dans la métropole wallonne, avec son flot de voitures, son labyrinthe de rues et son architecture hétéroclite, vous déroutera sûrement. Situé sur l'axe stratégique de la Meuse, son patrimoine n'a pas été épargné par la Seconde Guerre mondiale. Et la ville présente un caractère fort, populaire et authentique. Le dialecte wallon conserve ici ses lettres de noblesse, le marché de la Batte rythme gaiement les quais chaque dimanche et la ferveur des Liégeois pour leur équipe du Standard, les « Roûch' » (« rouges », en wallon), n'est pas usurpée. Berceau artistique de l'école mosane, la cité des Princes-Évêques a su préserver son plus beau joyau, les coteaux de la citadelle : potagers, maisons en brique et escaliers étroits côtoient toujours bois, clairières, vergers et pâturages…

Se promener Plans de ville p. 458-459

Circuit tracé en vert sur le plan de ville (p. 459).

★★ LA VIEILLE VILLE Plan II

La vaste **place St-Lambert** est le berceau historique de Liège. Ici s'élevait autrefois la cathédrale St-Lambert, démolie lors de la Révolution française. Les travaux effectués sur la place ont permis de mettre au jour des vestiges de ce bâtiment, datant de l'époque de Notger.

Liège dans l'histoire

On situe la naissance de Liège en 705 à la suite de l'assassinat de saint Lambert, évêque de Tongres et Maastricht, pour qui saint Hubert fit élever une chapelle qui devint rapidement un grand lieu de pèlerinage. En 721, il fut décidé d'en faire un évêché, mais c'est seulement à partir du 10e s. que la ville prit une réelle importance.

LA PRINCIPAUTÉ ECCLÉSIASTIQUE (10e-18e s.)

À la fin du 10e s., l'évêque **Notger** fait de ses possessions une principauté dont le territoire relevait du Saint Empire germanique et correspondait aux deux tiers de la Wallonie actuelle. L'histoire de cette dernière ne sera qu'une longue série de luttes : celles des princes pour maintenir leur indépendance, celles des sujets contre leur prince. En 1316, puis en 1343, des privilèges sont obtenus par les Liégeois. Ils leur sont repris en 1408 après un soulèvement des communes de la principauté. Une autre révolte est écrasée par Charles le Téméraire qui fait raser la ville (1468), n'épargnant que les églises ; il est vrai que plus tard, repentant, il offre à Liège le beau reliquaire du trésor de la cathédrale St-Paul.

Au 15e s., le féroce Guillaume de La Marck, nommé « le Sanglier des Ardennes » parce que ses partisans se couvrent de peaux de sangliers, terrorise la principauté et tue de sa main le prince-évêque Louis de Bourbon (1482).

Sous le règne d'Érard de La Marck (1506-1538), la ville retrouve la prospérité. À sa mort, la lutte reprend entre partisans et adversaires du prince-évêque.

Au 18e s., Liège se jette dans le « parti des Lumières » et accueille sans déplaisir la révolution de 1789. La domination des princes-évêques prend fin en 1794 : la ville devient possession française, puis hollandaise jusqu'en 1830.

En août 1914, la résistance héroïque de la citadelle et de la couronne de forts (dont le **fort de Loncin** dont on voit les ruines à 8 km au nord de Liège) permet la concentration des armées belge et française. En 1944-1945, plus de 1 500 V1 et V2 tombent sur l'agglomération.

L'ESSOR ÉCONOMIQUE

Grâce à l'extraction de la houille, découverte au 12e s., de nombreux forgerons ont exercé leur activité à Liège dès le 14e s. La ville s'est bientôt spécialisée dans l'armurerie. Au 19e s., Liège connaît un prodigieux développement industriel, favorisé par sa situation sur une grande voie navigable et sur un riche bassin houiller. Hauts fourneaux et industries lourdes s'installent sur les bords de la Meuse. On y construit la première locomotive européenne et on y expérimente le procédé Bessemer de fabrication de l'acier. La Fabrique nationale d'armes de Herstal est fondée en 1889.

L'essor industriel est interrompu par les deux guerres mondiales qui touchent durement la ville. Cependant, la création du **canal Albert** (1939) reliant la Meuse à l'Escaut a permis à Liège de devenir le 3e port intérieur d'Europe (après Duisbourg et Paris). Un port pétrolier a été aménagé entre 1951 et 1964. Aujourd'hui, le travail des métaux reste une des activités importantes de la région liégeoise. À citer également les industries chimique et plastique, la verrerie (Val-St-Lambert), les cimenteries et les manufactures de caoutchouc.

Voir aussi l'histoire artistique de la ville p. 462.

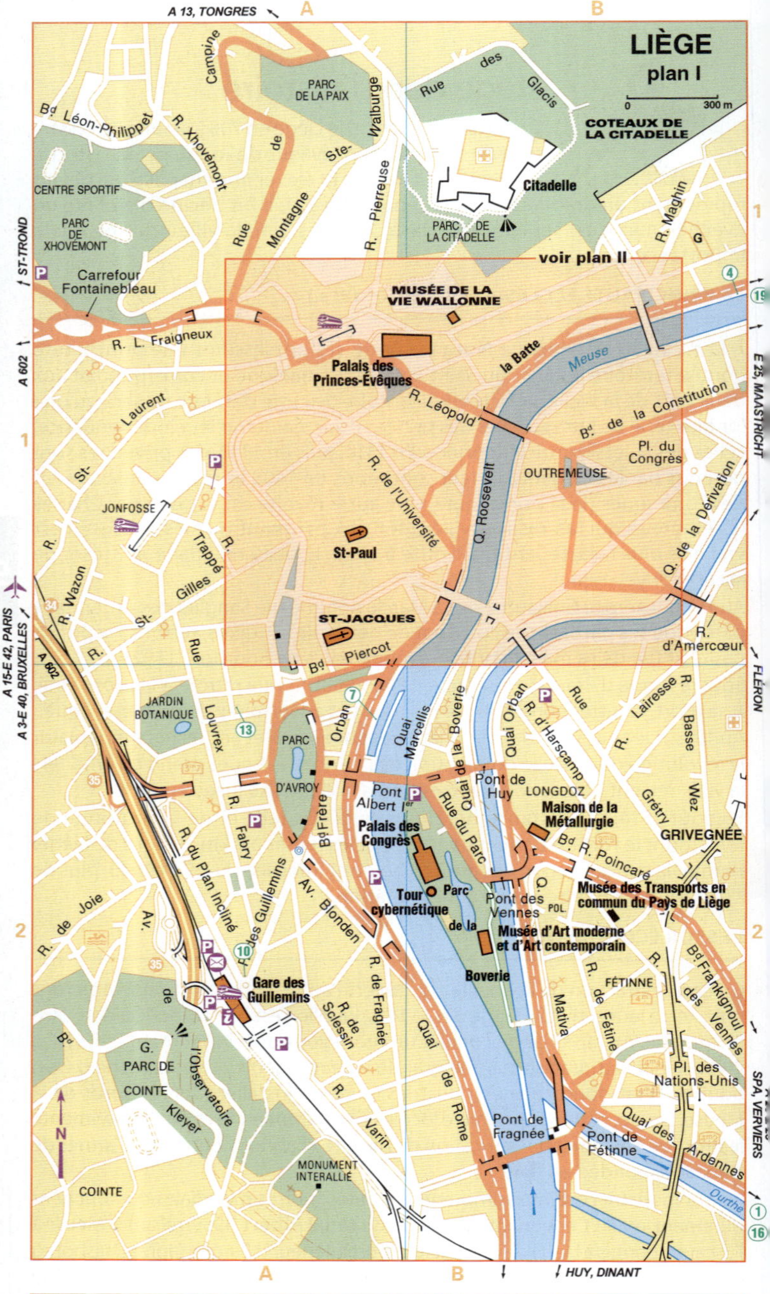

SE LOGER

Château des Thermes 1
Hôtel Bedford 4
L'Embrun 7
L'Univers 10
Le Cygne d'Argent 13
Living Hotel 16
Post Hotel 19

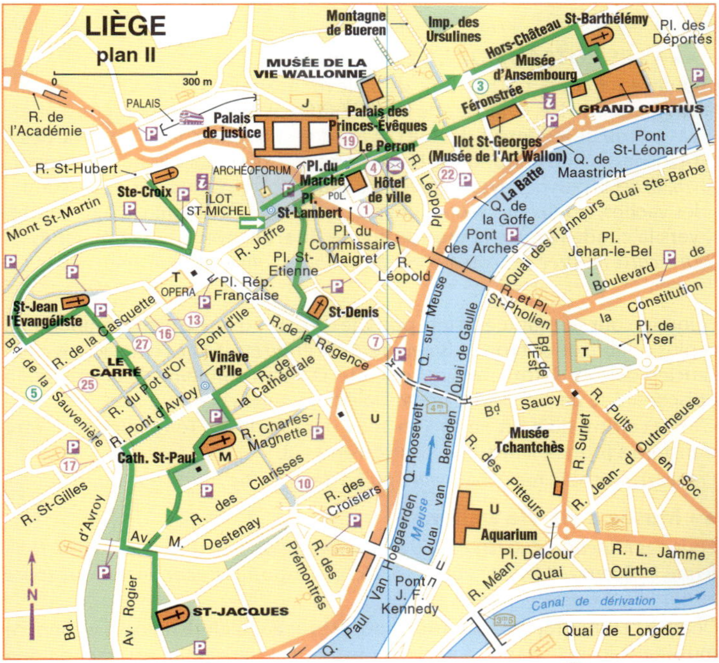

SE LOGER
- Le Hors Château 3
- Les Acteurs 5

SE RESTAURER
- Amon Nanesse 1
- Brasserie As Ouhès 4
- Café Lequet 7
- Grill Saint-Paul 10
- L'Écailler 13
- L'Enoteca 16
- L'Industrie 17
- La Table d'Upignac 19
- Le Bistrot d'en Face 22
- Le Bruit qui court 25
- Tasty World 27

★ Palais des Princes-Évêques C3

Édifié vers l'an mille par l'évêque Notger, il a été rebâti sur l'ordre du prince-évêque Érard de La Marck à partir de 1526. La façade principale a été refaite après son incendie en 1734, l'aile gauche date du 19e s. Actuellement, le bâtiment est occupé par les services provinciaux et le palais de justice.

La **première cour★★** est entourée de galeries aux arcades surhaussées et de 60 colonnes galbées, à la fois massives et élégantes, surmontées de chapiteaux richement ornés. La variété de la décoration des colonnes est extraordinaire. La **cour**, que l'on peut voir par la fenêtre d'un couloir, paraît plus intime.
Engagez-vous dans la rue de Bex pour gagner la place du Marché.

Place du Marché C3

Sur cette place agréable, bordée de nombreux cafés et restaurants, se dressent la **fontaine de la Tradition** (1719) et le très bel **hôtel de ville** du 18e s., aussi appelé La Violette, qui dissimule une jolie façade arrière.

Le principal monument de la place est toutefois le **Perron★**, juché sur une fontaine monumentale. *Les Trois Grâces* de Jean Del Cour, perchées au sommet d'une

★★★ LES COTEAUX DE LA CITADELLE

Quatre parcours permettent de s'élever au-dessus de la cité et de la contempler. « Les coulisses de la ville » (45mn), le plus court, mène à une vaste terrasse au-dessus des toits, avant de s'engouffrer dans l'impasse des Ursulines, la plus profonde de Liège *(voir ci-dessous)*. « La ville aux champs » *(1h30)* est la plus dépaysante, avec ses vergers et ses pâturages où paissent les vaches, à deux pas seulement du centre. Mais le chemin le plus court vers la citadelle reste la **montagne de Bueren**, avec ses 373 marches !
Une carte illustrée des coteaux est disponible à l'office de tourisme.

colonne, sont surmontées d'une pomme de pin et d'une croix. Le monument, le plus célèbre de ce type en Belgique, a été érigé en 1677 à l'emplacement de l'ancien perron, détruit par une tempête. D'abord emblème de la juridiction épiscopale, le perron devint le symbole des libertés communales.
C'est à ce titre qu'il fut enlevé en 1468 par Charles le Téméraire pour être transféré à Bruges. Il ne fut restitué qu'en 1478.
Prenez à gauche la rue des Mineurs, puis à droite la rue Hors-Château.

★★ Musée de la Vie wallonne C3

Cour des Mineurs - ✆ 04 237 90 50 - www.viewallonne.be - tlj sf lun. 9h30-18h - fermé 1er-8 janv., 1er Mai, 1er nov. et 25 déc. - 5 € exposition permanente ou espace St-Antoine, 7 € billet combiné.

Dédié à l'ethnographie, aux arts populaires et au folklore du pays wallon, ce musée est installé dans un ancien couvent des frères mineurs, magnifique ensemble de style Renaissance mosane du 17e s. où se marient avec élégance la brique et la pierre calcaire.

Le musée présente de façon vivante les aspects de la vie wallonne (fêtes, religions, superstitions…), autour d'une muséographie moderne. Voyez en particulier l'original du premier drapeau estampillé du coq wallon (1912), le « chien de charrette » qui servait à porter le lait, la reconstitution d'un cinéma d'après-guerre qui présente les chefs-d'œuvre du cinéma belge ou encore l'« arbre à clous » sur lequel les malades venaient clouer leurs pansements pour se débarrasser de leurs maux.

L'espace St-Antoine occupe l'ancienne église homonyme et sert de cadre aux expositions temporaires, sur un thème d'actualité. Le musée abrite aussi un **théâtre de marionnettes**, une bibliothèque de dialectes, un espace saveurs pour goûter à l'une des nombreuses spécialités locales…

Impasse des Ursulines D3

Elle doit son nom à la communauté religieuse qui occupait l'**ancien béguinage du St-Esprit** dont on peut admirer les belles façades à colombages. À côté, un ancien relais de poste, transféré ici, renferme le studio reconstitué du violoniste Eugène Ysaïe.
Rejoignez la rue Hors-Château.

Rue Hors-Château D3

Cette rue du 11e s. doit son nom au fait qu'elle se trouvait en dehors de l'enceinte fortifiée. Elle renferme encore quelques **impasses** étroites. Par un petit porche flanqué de deux colonnes corinthiennes modernes aux nos 114-116, on accède à la **cour St-Antoine**, joliment restaurée par l'architecte **Charles Vandenhove** à la fin des années 1970. Le monument en pierre bleue est d'Anne et Patrick Poirier.

Église St-Barthélemy D3

✆ 04 250 23 72 - tlj sf dim. mat. 10h-12h, 14h-17h - fonds baptismaux 2 €.
Cette église romane en grès ferrugineux est précédée d'un avant-corps massif surmonté de deux tours, très caractéristique du style rhénan-mosan du 12e s. L'intérieur abrite une remarquable **cuve baptismale★★★** en laiton, attribuée au dinandier Renier de Huy *(voir l'encadré ci-dessous).*
En sortant de l'église, engagez-vous dans Féronstrée.

★★ Grand Curtius D3

Féronstrée 136 - ✆ 04 221 68 40 - www.grandcurtiusliege.be - tlj sf mar. 10h-18h - fermé 1er janv., 1er Mai, 1er-2 et 11 nov., 25 déc. - 9 € (-12 ans gratuit).
Inauguré en 2009, cet ensemble muséal est à la mesure de la cité-phare de l'art mosan. Il regroupe quatre anciens musées, à l'intérieur d'un îlot d'édifices des 16e-18e s., dont le plus emblématique est le palais Curtius (16e s.). Modèle de la Renaissance mosane, avec ses briques rouges et ses fenêtres à croisées, il fut construit par Jean Curtius, riche munitionnaire des armées espagnoles.
Département d'archéologie – Outre les riches collections gallo-romaines comprenant le trésor monétaire de Clavier-Vervoz et la céramique sigillée (caractérisée par un vernis rouge et des décors en relief), l'œuvre la plus remarquable est sans aucun doute l'**Évangéliaire de Notger★★★**, ivoire des environs de l'an mil, orné d'émaux champlevés de la fin du 12e s. et de plaques de cuivre ajoutées postérieurement.
Département d'art religieux et d'art mosan – Les collections montrent l'évolution de l'art religieux dans le diocèse de Liège depuis le haut Moyen Âge et comptent quelques chefs-d'œuvre. Remarquez en particulier la maquette de l'ancienne cathédrale St-Lambert, qui se dressait jadis sur la place du même nom. L'art roman mosan est représenté par de nombreuses sculptures et orfèvreries : la **Vierge d'Évegnée**, statue très primitive (fin 11e s.), le **Christ de Rausa**, sculpture en bois du 13e s., qui montre la transition entre le roman (effigie assise) et le gothique (douceur des traits). Parmi les tableaux gothiques, on remarquera la « **Vierge au papillon** », rare peinture de l'école mosane du 15e s., et la ravissante « **Vierge à la donatrice et sainte Marie-Madeleine** »

9

LES FONTS BAPTISMAUX DE L'ÉGLISE ST-BARTHÉLÉMY, UN JOYAU DE L'ART MOSAN ?

Cette cuve baptismale fut réalisée entre 1107 et 1118 pour l'église N.-D.-aux-Fonts. Reposant à l'origine sur 12 bœufs (il n'en reste que 10), symboles des apôtres, la cuve présente 5 scènes dont la principale est le baptême de Jésus dans le Jourdain; autour, on reconnaît la prédication de saint Jean-Baptiste, le baptême des Catéchumènes, le baptême du centurion Corneille et celui du philosophe Craton.
Sur le fond lisse se détachent les personnages en haut-relief. Avec leurs formes stylisées, leur attitude d'une grande souplesse, ils atteignent une perfection plastique qui évoque l'art antique. Seul le couvercle, orné de représentations des apôtres et des prophètes, a malheureusement disparu.
Depuis quelque temps, les avis divergent sur l'origine et l'auteur des fonts baptismaux. Certains prétendent qu'il s'agirait de Renier de Huy. D'autres attribuent la cuve à Lambert Patras, un batteur de Dinant. Certains spécialistes doutent même de l'origine mosane de la pièce et pensent qu'elle serait l'œuvre d'artistes byzantins. Quoi qu'il en soit, personne n'a pu à ce jour élucider cette épineuse question.

(1475) attribuée au Maître de Ste-Gudule. La **Vierge de Berselius** en bois, exécutée en 1530 par l'artiste souabe Daniel Mauch, montre un Enfant Jésus remuant et des angelots surgissant des jupes d'une ravissante madone.

Département d'armes – Il présente de façon attrayante une des plus riches collections d'armes portatives, principalement des armes à feu du Moyen Âge à nos jours, ainsi qu'une importante collection de médailles napoléoniennes et de décorations.

Département des arts décoratifs – Attardez-vous en particulier devant la **Vierge de Dom Rupert**, sculpture en grès houiller du 12e s., d'allure encore byzantine, et le **Mystère d'Apollon**, tympan en pierre sculpté du 12e s. Remarquez également le superbe **piano Pleyel** Art nouveau, dessiné par Gustave Serrurier-Bovy, avec ses touches en ivoire.

Département du verre – Il montre une importante **collection d'objets de verre★**, des origines à nos jours. Voyez le bel ensemble de vases Art nouveau et Art déco de Gallé, Lalique, Daum et Val-St-Lambert.

Donation baron et baronne François Duesberg – Les salons d'apparat accueille une très belle **collection de pendules★★** et d'objets liés à l'art de la table, donnée par les fondateurs du musée de Mons *(voir p. 366)*.

★ Musée d'Ansembourg (musées d'Archéologie et d'Arts décoratifs) D3

Féronstrée 114 - ✆ 04 221 94 02 - www.liege.be - mar.-sam. 13h-18h, dim. 11h-18h - fermé 1er janv., 1er Mai, 1er-2 et 11 nov., 24,-26 et 31 déc. - 5 €.

Tout contribue à donner à l'intérieur de ce bel hôtel du 18e s., édifié à la demande du commerçant et banquier Michel Willems, une atmosphère raffinée : plafonds ornés de stucs, murs tendus de cuirs de Malines, de tapisseries d'Audenarde, meubles caractéristiques de l'ébénisterie liégeoise, cuisine décorée de carreaux de Delft.

Féronstrée D3

Cette rue commerçante très fréquentée tient son nom des « férons » ou forgerons qui travaillaient ici au Moyen Âge.

LIÈGE, PLAQUE TOURNANTE DE L'ART

Sous Notger commence à se développer l'école mosane. Aux 10e et 11e s., elle s'illustre surtout par les ivoires, puis à partir de la seconde moitié du 11e s., ainsi qu'aux 12e et 13e s., elle produit de véritables chefs-d'œuvre dans les domaines de l'orfèvrerie, dans les émaux et surtout dans la fonte ou la dinanderie.

À la Renaissance, **Lambert Lombard** (1505-1566) se distingue dans la peinture et l'architecture. **Jean Del Cour** (1627-1707), formé à l'école romaine et parfois appelé le Bernin liégeois, est le plus fécond des sculpteurs du 17e s. Ses innombrables statues aux draperies mouvementées, parmi lesquelles de gracieuses madones, ornent les églises et les fontaines de la ville.

Du 16e au 18e s., l'architecture est à l'honneur. Le style classique triomphe, mais en conservant ses particularités locales (utilisation de la brique éclairée par des cordons de pierre blanche et les croisées de fenêtre en pierre).

Le 18e s. est la grande époque de l'ébénisterie liégeoise qui s'inspire du style rocaille ; la sculpture décorative du meuble est exécutée dans la masse.

La musique brille avec les compositeurs **André-Modeste Grétry** (1741-1813), **César Franck** (1822-1890) et le violoniste **Eugène Ysaïe** (1858-1931).

Le décorateur et ébéniste **Gustave Serrurier-Bovy** (1858-1910) est l'un des principaux représentants de l'Art nouveau belge.

L'église Saint-Barthélemy.
Clément Philippe/ArTerra Picture Library/age fotostock

Musée de l'Art wallon D3

Féronstrée 86 - ✆ 04 221 89 11 - www.museeartwallon.be - tlj sf lun. 13h-18h, dim. 11h-18h - fermé 1er janv., 1er Mai, 1er-2 et 11 nov., 25-26 déc. - 5 € (-18 ans 3 €).

Ce musée est consacré aux œuvres de peintres et sculpteurs bruxellois et wallons ayant participé aux grands mouvements artistiques européens du 16e s. à nos jours. La visite commence au 4e étage et s'effectue de façon chronologique. On découvre notamment des œuvres d'Henri Blès dit Civetta, de Lambert Lombard, Jean Del Cour, Léonard Defrance, Antoine Wiertz, Félicien Rops, Henri Evenepoel, Constantin Meunier et, pour le 20e s., Anto Carte, Pierre Paulus, Léon Navez, Auguste Mambour, Pol Bury, Jo Delahaut, René Magritte et Paul Delvaux. Salle d'expositions temporaires.

Revenez à la place St-Lambert. Prenez à gauche la rue Gérardrie, puis la rue St-Étienne qui mène à la place St-Denis.

Église St-Denis C3

Au cœur d'un quartier commerçant, cette église, fondée par l'évêque Notger au 10e s. et modifiée à plusieurs reprises par la suite, conserve la base d'un important avant-corps du 12e s.

À l'intérieur, réaménagé au 18e s., se trouve dans le bras droit du transept un **retable★** en bois de style brabançon du début du 16e s., illustrant la Passion du Christ avec une multitude de personnages ; à la prédelle, un peu plus tardive, est représentée la vie de saint Denis.

Prenez la rue de la Cathédrale pour gagner la place Vinâve d'Ile.

Place Vinâve d'Ile C4

Sur cette place située au cœur du quartier commerçant réservé aux piétons se dresse, au-dessus d'une fontaine, une *Vierge à l'Enfant* de Del Cour.

Le Carré C3-4

C'est ici que les étudiants du campus du Sart Tilman se retrouvent le soir dans les nombreux cafés, bars et petits restaurants (entre les rues du Pot-d'Or, St-Adalbert et le boulevard de la Sauvenière).

Cathédrale St-Paul C4

04 232 61 31 - www.cathedraledeliege.be - 8h-17h.
Cet édifice gothique possède trois nefs élancées et un triforium. Les superbes rinceaux dans la nef et le transept datent du 16e s. ; les collatéraux et les chapelles n'ont été décorés qu'au siècle dernier. L'église comporte quelques belles œuvres d'art dont une *Sedes Sapientiae* (fin 12e s.-début 13e s.), une magnifique chaire de vérité du milieu du 19e s., de Guillaume Geefs, comprenant un Lucifer diabolique, et un émouvant *Christ au tombeau* italianisant de Jean Del Cour.
Trésor★★ – *Accès par le cloître - 04 232 61 32 - www.tresordeliege.be - ♿ - tlj sf lun. 14h-17h - 5 €.* Ce complexe sur plusieurs étages contient le majestueux **buste-reliquaire de saint Lambert** (avant 1512), réalisé en vermeil. Haut de 1,59 m, il surmonte un socle très ouvragé illustrant des scènes de la vie du saint. Tous les 50 ans, le reliquaire est ouvert afin de vérifier si le crâne du saint est toujours intact. Le **reliquaire de Charles le Téméraire★★**, en or rehaussé d'émaux et de vermeil, a été offert par le duc en 1471 et le représente près de saint Georges dont, détail frappant, le visage est identique au sien. Deux ivoires du 11e s., l'un byzantin, l'autre mosan, sont également à remarquer.

Place St-Paul, prenez la rue St-Remy afin de gagner la place St-Jacques.

★★ Église St-Jacques C4

04 222 14 41 - www.fabrice-muller.be - 9h-12h - visites guidées sur RV.
De style gothique flamboyant, l'église conserve à l'ouest un narthex roman, vestige de l'abbatiale bénédictine du 11e s. Sur le porche nord a été plaquée une intéressante façade Renaissance (1558) attribuée à Lambert Lombard. Sous le porche, un bas-relief de 1380 représente le Couronnement de la Vierge. À l'**intérieur**, on est frappé par la somptueuse décoration architecturale. Les **voûtes de la nef★★** aux multiples nervures forment des compartiments prismatiques au milieu desquels sont peints des portraits en médaillons. À chaque croisement des nervures se trouve une clé de voûte sculptée. Le long des colonnes sont fixées de grandes statues en tilleul peint, pour la plupart œuvres de Del Cour. Le chœur a reçu une décoration de style ogival flamboyant d'une richesse extraordinaire et s'orne de vitraux du 16e s. offerts par les grandes familles de la ville.

GEORGES SIMENON, « L'ENFANT D'OUTREMEUSE »

L'écrivain Georges Simenon naît le 13 février 1903 au n° 24 de la rue Léopold. Très vite, la famille s'installe rue Pasteur, l'actuelle rue Simenon, dans le quartier d'Outremeuse. À l'âge de 16 ans, Simenon travaille déjà comme reporter à la *Gazette de Liège*. Très jeune, il quitte sa ville natale pour s'établir successivement à Paris, aux États-Unis et en Suisse. Simenon est l'auteur d'un grand nombre de romans psychologiques. De style simple et direct, ses romans évoquent une atmosphère captivante et dépeignent avec minutie les relations humaines toujours complexes. Le Liégeois est également le père du légendaire commissaire Maigret, fumeur de pipe invétéré. Liège joue un rôle particulièrement évocateur dans divers de ses romans, dont *Pédigrée, Je me souviens* et *Le Pendu de St-Pholien*. Les Liégeois sont à juste titre fiers de leur écrivain célèbre, qui mourut en 1989 à Lausanne. Une rue, un hôtel et une auberge de jeunesse portent aujourd'hui son nom. Un buste en son honneur orne la place du Congrès. Derrière l'hôtel de ville, une statue du commissaire Maigret a été érigée sur une place qui porte désormais son nom.
Un itinéraire Simenon est disponible à l'office de tourisme.

DJUS-D'LA-MOÛSE

On visitera de préférence le quartier populaire d'Outremeuse (Djus-d'la-Moûse ou au-delà de la Meuse) à l'occasion des fêtes folles du 15 août. C'est dans Outremeuse, proclamée République libre d'Outremeuse par ses habitants en 1927, qu'André Grétry et Georges Simenon ont passé leur jeunesse. Mais Djus-d'la-Moûse est surtout le quartier de **Tchantchès**, qui a son monument sur la place de l'Yser, à l'extrémité de la rue Surlet. Dans les rues avoisinantes, on remarque plusieurs niches ou potales, abritant des saints ou des madones. Digne rivale du Carré sur le plan festif, la rue **En Roture** est un peu le « ventre » d'Outremeuse. Son enfilade de façades mignonnes abrite une ribambelle de petits restaurants, quelques bars musicaux et lieux de culture alternative. Une double grille en garde l'accès, du côté de la commerçante rue Puits-en-Sock, à hauteur du n° 44.

Dans la chapelle à gauche du chœur se trouve un retable comprenant une Pietà du 15e s. Au bas de la nef, un superbe buffet d'orgues (17e s.) repose sur une tribune.

Vous pouvez prolonger ce circuit en vous rendant à la gare des Guillemins, par le boulevard d'Avroy et rue des Guillemins.

★ Gare des Guillemins Plan I A2

Cette audacieuse structure immaculée et aérienne, constituée de fer, de verre et de béton, est signée Santiago Calatrava : une galerie commerciale dessert les quais, en passant sous les voies, et, au-dessus, les trains sont chapeautés par un auvent géant, déjà surnommé par les habitants « la casquette ». Un nouvel axe urbain permettra bientôt de rejoindre directement, à pied, la rive gauche.

De l'église St-Jacques, prenez l'avenue Maurice-Destenay, à droite dans l'avenue Rogier, à droite dans la rue du Pont-d'Avroy, tournez à gauche dans la rue d'Amay puis la rue St-Jean-en-Île et par la rue du Diamant, on gagne la place Xavier-Neujean.

Collégiale St-Jean-l'Évangéliste C3

✆ 0474 49 36 86 - de mi-juin à mi-sept. et vac. de Pâques : tlj sf lun. mat. et vend. mat. 10h-12h, 14h-17h, dim. 14h-17h30 - visites guidées tte l'année sur réserv.

Cette église, dont la forme – octogone surmonté d'une coupole – est inspirée de la cathédrale d'Aix-la-Chapelle, a été édifiée par le prince-évêque Notger à la fin du 10e s. Son avant-corps fut surélevé vers l'an 1200 et la nef reconstruite au 18e s. À l'intérieur, la rotonde et le chœur ont été décorés dans le style néoclassique à la fin du 18e s.

Une sacristie abrite un calvaire avec de belles **statues★** en bois de la Vierge et de saint Jean, du 13e s. Dans une chapelle latérale, on admirera une magnifique Vierge à l'Enfant ou **Sedes Sapientiae★** sculptée dans le bois vers 1220, remarquable par la représentation des draperies fluides et la féminité du visage.

Le cloître a été ajouté au 16e s., puis a subi des modifications au 18e s. Sa galerie sud conserve du 16e s. une belle voûte dont les nervures et les liernes dessinent d'élégantes rosaces.

Par le boulevard de la Sauvenière, gagnez la rue Haute-Sauvenière.

Collégiale Ste-Croix C3

✆ 0476 29 47 18 - visites uniquement sur RV.

Précédée d'un avant-corps de style roman, cette église des 13e et 14e s. est de type halle avec trois nefs d'égale hauteur. Elle présente la particularité de posséder deux chœurs opposés, celui qui est situé à l'ouest servant actuellement de baptistère.

9

LA RIVE DROITE

Musée Tchantchès Plan II D4

R. Surlet 56 - ✆ 04 342 75 75 - www.tchantches.be - ♿ - mar. et jeu. 14h-16h - fermé juil., 1er janv., lun. de Pâques, Ascension, Pentecôte, 1er et 11 nov. - 1 €.

Ce musée est consacré à Tchantchès (nom wallon pour François), héros du théâtre de marionnettes liégeois, symbolisant le Liégeois typique. Le musée rassemble les costumes qui lui ont été offerts et une collection de marionnettes du Théâtre royal ancien impérial. On peut y assister à des **spectacles**.

Aquarium Plan II D4

Quai van Beneden 22 - ✆ 04 366 50 21 - www.aquarium-museum.ulg.ac.be - ♿ - juil.-août et vac. de Pâques : 10h-18h ; reste de l'année : 9h-17h, w.-end et j. fériés 10h-18h - fermé 1er janv., 24-25 et 31 déc. - 6 €.

L'institut de zoologie de l'université possède un bel aquarium. Dans les bassins, situés au sous-sol du bâtiment, on admire des poissons provenant du monde entier ainsi que l'univers surprenant des requins et récifs coralliens.

Parc de la Boverie Plan I B2

À l'extrémité sud de l'île, arrosée par la Meuse d'un côté et par le canal de la Dérivation de l'autre, se trouve le parc de la Boverie. Le **palais des congrès**, dont la longue façade se reflète dans les eaux du fleuve, voisine avec une **tour cybernétique** de 52 m de haut conçue par Nicolas Schöffer, où un jeu de pales mobiles matérialisent les changements atmosphériques.

★ Musée d'Art moderne et d'Art contemporain Plan I B2

Parc de la Boverie - ✆ 04 343 04 03 - www.mamac.be - ♿ - tlj sf lun. 13h-18h, dim. 11h-16h30 - fermé 1er janv., 1er Mai, 1er-2 et 11 nov., 24-26 et 31 déc. - 5 € (-18 ans 3 €).

Installé dans un bâtiment de style Louis XVI (1905), le musée possède un ensemble remarquable de peintures et de sculptures de la fin du 19e s. à nos jours. Parmi les œuvres de l'école française, remarquez *Le Sorcier d'Hiva-Oa* de Gauguin et la célèbre *Famille Soler*, caractéristique de la période bleue, de Picasso. La peinture belge est bien représentée avec van Rysselberghe, Claus, Ensor, Wouters, Khnopff, Evenepoel et les expressionnistes flamands. Le musée expose également des œuvres d'artistes contemporains : Magnelli, Arp, Ubac. Le sous-sol renferme un **cabinet des estampes**.

Maison de la Métallurgie Plan I B2

Bd Raymond-Poincaré 17 - ✆ 04 342 65 63 - www.mmil.be - lun.-vend. 9h-17h, w.-end 14h-18h - fermé j. fériés et w.-end de nov. à mars - 5 €.

Dans de vastes ateliers du 19e s. ont été installés une forge wallonne avec un haut fourneau à charbon de bois du 17e s. et deux énormes « makas » (marteaux hydrauliques) du 18e s. La production traditionnelle des « férons » liégeois est exposée ici : plaques ou « taques » de cheminées, chenets. Une autre salle présente l'histoire des énergies grâce à une riche collection de machines, maquettes et moteurs. Au 1er étage, une intéressante collection de madrépores a été rapportée d'une expédition à la grande barrière de corail d'Australie.

Musée des Transports en commun du Pays de Liège Plan I B2

R. Richard-Heintz 9 - ✆ 04 361 94 19 - www.infotec.be - ♿ - mars-nov. : lun.-vend. 10h-12h, 13h30-17h, w.-end et j. fériés 14h-18h - 3 €.

Ce bel ensemble de véhicules retrace l'évolution des trams et autobus depuis le tramway à traction chevaline jusqu'à nos jours.

À proximité Carte de région p. 454-455

★★ Blégny-Trembleur B1

À 12 km de Liège, en pleine campagne, le domaine est desservi par l'autoroute E 40 (sortie 36) ; ensuite suivez les panneaux.

Au 16e s., les moines de l'abbaye de Val-Dieu exploitaient déjà le charbon en surface. Mais c'est au cours du 19e s. que furent creusés les puits actuels. À l'époque, femmes et enfants y travaillaient, et des chevaux étaient descendus dans les galeries où ils demeuraient parfois jusqu'à leur mort pour assurer la traction des wagonnets. Dès sa fermeture en 1980, le charbonnage de Blégny-Trembleur, le dernier du bassin de Liège, a été maintenu en état pour être visité comme témoignage de la vie des mineurs.

Mine – *04 387 43 33 - www.blegnymine.be - visites guidées (2h) : de déb. avr. à mi-sept. lun.-sam. à 11h, 13h30 et 15h30, dim. et j. fériés suppl. à 14h30 (juil.-août : également à 12h30, 14h30 et 16h30) ; de mi-fév. à déb. avr. et de mi-sept. à fin nov. w.-end et j. fériés mêmes heures - 9,30 € (-12 ans 6,50 €).*

La visite est d'autant plus intéressante et émouvante qu'elle est guidée par d'anciens mineurs évoquant leurs conditions de travail. Un film présente le charbonnage et la vie des mineurs.

Puits Marie – Dans ce puits se visitent les installations de surface telles qu'elles servaient encore en 1980. Il comprend la lampisterie, les vestiaires bains-douches, la station des compresseurs où était produit l'air comprimé qui servait pour la ventilation et les marteaux-piqueurs, la scierie pour préparer les étais.

Puits n° 1 – La tour en béton haute de 45 m a été reconstruite pendant la guerre. Les wagonnets remontaient jusqu'à mi-hauteur pour parvenir à la station de triage et les pierres étaient déposées sur le terril.

Par ce puits s'effectue la descente pour la **visite des installations souterraines**. La cage de mine s'arrête dans une galerie à -30 m, et par des escaliers métalliques aménagés pour suivre une taille, on parvient à la galerie suivante à -60 m. Le simple fait d'entendre le bruit assourdissant de la ventilation et d'un marteau-piqueur actionnés par le guide, de voir l'exiguïté de la taille ruisselante d'eau dans laquelle les mineurs étaient couchés permet d'imaginer les conditions pénibles dans lesquelles travaillaient les « gueules noires » sans interruption pendant 8 heures.

Très jeunes, ils pouvaient être atteints de silicose, de rhumatismes, de surdité. À cela s'ajoutaient les risques du coup de grisou, des chutes de pierres ou de la poche d'eau qui pouvait tout noyer.

Trains touristiques – *45mn - de déb. avr. à mi-sept. : départ à 13h30, 14h30, 15h30 et 16h30 ; w.-end et j. fériés jusqu'à déb. nov. mêmes heures - 3 €.* Deux trains

CHARBONNAGE ET EXPLOITATION

Ce charbonnage comprend deux puits pour assurer la ventilation des galeries qui étaient ici sur huit étages descendant jusqu'à la profondeur de 530 m. À partir de ces galeries, l'exploitation se faisait par la méthode de la « taille chassante » qui consiste à avancer parallèlement à la ligne de la plus grande pente de la veine de charbon. Ces veines pouvaient être exploitées jusqu'à une épaisseur minimum de 30 cm. Les mineurs travaillaient en trois postes de 8 heures. Le poste du matin était chargé de l'abattage, qui consiste à arracher le charbon au marteau-piqueur, le poste de l'après-midi effectuait le soutènement avec des rondins en bois ou des étançons métalliques, et enfin le poste de nuit procédait aux opérations de remblai (remplissage du vide par des pierres) ou de foudroyage (faire tomber la voûte pierreuse).

touristiques circulent par les vergers de la Basse-Meuse et leur environnement pittoresque, et vers la vieille petite ville de Dalhem, au passé très riche.

Sart Tilman B2

10 km au sud.

Sur ce plateau boisé, l'**université de Liège** possède un domaine de 740 ha et un centre de recherches métallurgiques. Le château de Colonster (17e s.), à l'extrémité est du domaine, a été transformé en centre de congrès et abrite le Fonds Simenon (archives, manuscrit et bibliothèque de l'écrivain). Le parc abrite un **musée en plein air**.

Chaudfontaine B2

10 km au sud-est, par la N 61 en direction de Verviers.

Dans la vallée de la Vesdre, Chaudfontaine est, depuis la fin du 17e s., une station thermale très fréquentée. Ses sources chaudes (36,6 °C), les seules en Belgique, sont employées dans le traitement des rhumatismes. Parmi les atouts de Chaudfontaine figurent une piscine d'eau thermale à toit ouvrant et un **casino** avec minigolf.

Source O rama – *Parc des Sources - ✆ 04 364 20 20 - www.sourceorama.com - tlj sf sam. 9h-17h, dim., j. fériés et vac. scol. 10h-18h - fermé 1er janv. et 1er-15 sept. - 10 €, enf. 7 €.* À travers 15 attractions utilisant les techniques multimédia les plus avancées, Source O Rama vous invite à découvrir les mystères de l'eau douce.

Château d'Aigremont B2

16 km à l'ouest, par l'autoroute E 42 que l'on quitte à l'échangeur n° 4. Visite individuelle seulement lors des Journées du patrimoine - ✆ 04 336 16 87.

Situé comme celui de Chokier au sommet d'un rocher à pic dominant la Meuse, le château d'Aigremont aurait été élevé par les quatre fils Aymon. Ce fut au 15e s. l'un des repaires de Guillaume de La Marck. Il a été reconstruit au début du 18e s. en brique et pierre de taille.

L'intérieur, garni de beaux meubles du 18e s., a pour plus bel ornement sa cage d'escalier à fresques en trompe-l'œil, recréant l'architecture du palais italien. La cuisine est tapissée de carreaux de Delft représentant plus de 1 000 motifs. Les terrasses portent un joli jardin à la française.

Neuville-en-Condroz et St-Séverin B2

27 km au sud-ouest, en direction de Dinant.

Neuville-en-Condroz – Dans le cimetière américain des Ardennes, un magnifique parc soigné précède le mémorial et la pelouse où sont enterrés 5 310 Américains morts pendant la Seconde Guerre mondiale, la plupart lors de la bataille des Ardennes. L'ensemble des stèles blanches dessine une immense croix grecque. À l'intérieur du mémorial, des cartes gravées évoquent la fameuse bataille.

St-Séverin – L'**église★** de ce bourg, harmonieux édifice roman du 12e s., est un ancien prieuré de l'abbaye de Cluny ; la tour de croisée octogonale s'inspire d'ailleurs du clocher de l'Eau Bénite à Cluny. Pour admirer le bel étagement de volumes, se placer dans le jardin du presbytère.

À l'intérieur, le plafond de la nef centrale, les voûtes du transept et du chœur sont à la même hauteur, celles de l'abside et des chapelles orientées sont beaucoup plus basses. Dans la grande nef intervient un décor discret : alternance de colonnes ou groupes de colonnettes et de piliers, et, au-dessus de ceux-ci, colonnettes géminées torsadées.

Les **fonts baptismaux★**, en pierre, de la fin du 12e s., sont originaux : la cuve supportée par 12 colonnettes entourant un fût central est sculptée de lions placés dos à dos ; aux angles, quatre têtes d'inspiration syrienne.

Visé (Weset) B1

17 km au nord par l'E 25 en direction de Maastricht.

Sur les bords de la Meuse, Visé est un centre touristique très fréquenté pour sa spécialité gastronomique : l'oie préparée avec une sauce à l'ail. La ville est fière de ses trois guildes : arbalétriers, arquebusiers et francs-arquebusiers que l'on voit défiler lors des fêtes. La **collégiale** de Visé abrite dans le bras droit du transept la **châsse de saint Hadelin★**, œuvre mosane du 12e s., en argent repoussé. Les pignons provenant d'une châsse plus ancienne (1046) représentent le Christ d'un côté foulant l'aspic et le basilic (animal fabuleux), de l'autre couronnant les deux saints amis, Remacle et Hadelin. Certaines des scènes des panneaux latéraux, illustrant la vie de saint Hadelin, sont attribuées à Renier de Huy. Saint Hadelin fut le fondateur, au 7e s., du monastère de Celles, près de Dinant, dont la communauté fut transférée à Visé au 14e s.

Circuit conseillé Carte de l'Ourthe inférieure p. 537

★ L'OURTHE INFÉRIEURE

Circuit de 95 km tracé en vert foncé sur la carte de région (p. 454-455) et décrit dans La Roche-en-Ardenne (p. 536) – Comptez une journée.

De Liège à La Roche-en-Ardenne, dans la province du Luxembourg, la vallée de l'Ourthe est riante et douce, bordée çà et là de rochers escarpés, parfois creusés de grottes calcaires.

NOS ADRESSES À LIÈGE

Plans de la ville p. 458-459

TRANSPORTS

Bus – Le centre de Liège est quadrillé par les bus du TEC *(www.infotec.be)*. Les bus n° 1 et 4 permettent de voir les principales curiosités. Le billet « libre parcours d'un jour » vous permet de faire un nombre illimités de trajets durant une journée sur tout le réseau du TEC *(3,40 €/j. ou 6,80 €/3 j.)*.

Tramway – Une première ligne de tramway (entre Jemeppe et Herstal et passant par la gare TGV et la place Saint-Lambert) est programmée pour 2017.

HÉBERGEMENT

Liège

PREMIER PRIX

Les Acteurs – Plan II C4 - *R. des Urbanistes 10 - ✆ 04 223 00 80 - www.lesacteurs.be - 16 ch. 60/75 € - ☕ 7 €.* Hôtel pour petits budgets, central, entièrement rénové. Chambres simples et fonctionnelles avec salle de bains. Accueil chaleureux d'une équipe de jeunes collaborateurs.

BUDGET MOYEN

L'Embrun – Plan I A2 - *Port des Yachts 49 - ✆ 04 221 11 20 - www.penichehotel.com - 💳 - 10 ch. 71/101€ - ☕ 8 €.* Cette péniche amarrée dans le port des yachts, près du pont Albert-Ier, abrite un petit hôtel flottant. Huit cabines doubles avec lavabo et quatre salles de bains, ainsi que deux chambres disposant de leurs propres sanitaires. Réservation absolument nécessaire.

L'Univers – Plan I A2 - *R. des Guillemins 116 - ✆ 04 254 55 55 - www.univershotel.be - 51 ch. 77/109 € ☕.* Cet hôtel est situé à proximité directe de la gare ferroviaire spectaculaire des

Guillemins. Les chambres sont modernes et fonctionnelles. Espace petit-déjeuner et bar agréables.

Le Cygne d'Argent – Plan I A2 - *R. Beeckman 49 - ✆ 04 223 70 01 - www.cygnedargent.be - P - 20 ch. 80/87 € - ☕ 9 €.* Hôtel agréable près du centre-ville et du jardin botanique. Les chambres ont été rafraîchies et offrent tout le confort moderne. Belle salle à petit-déjeuner.

Le Hors Château – Plan II D3 - *Hors Château 62 - ✆ 04 250 60 68 - www.hors-chateau.be - P - 9 ch. 95/125 € - ☕ 12 €.* Les boutiques alentour sont tout aussi branchées que cet hôtel récent installé dans un bâtiment médiéval transformé, au centre. Les poutres anciennes sont bien mises en valeur dans les chambres modernes aux couleurs et à l'aménagement actuels. Bar à tapas au rez-de-chaussée.

Hôtel Bedford – Plan I B1 - *Quai St-Léonard 36 - ✆ 04 228 81 11 - www.bedfordhotelliege.com - P - 148 ch. 95/235 € ☕.* Hôtel moderne le long de la rive animée de la Meuse mais à distance de marche du centre-ville. Les chambres fonctionnelles offrent tout le confort et l'hôtel dispose d'un restaurant, d'un bar, d'un jardin intérieur et d'une salle de fitness. L'espace petit-déjeuner voûté est situé dans la partie la plus ancienne du bâtiment qui abritait autrefois une filature.

Chaudfontaine

BUDGET MOYEN

Living Hotel – Plan I B2 en dir. - *Esplanade 2 - ✆ 04 239 60 60 - P - 34 ch. 110/125 € ☕.* Hôtel design près du Casino et des sources de Chaudfontaine. Aménagement minimaliste aux couleurs chaudes. Un menu fusion est proposé dans le restaurant plein d'ambiance. Le lobby combine réception et brasserie. Les grandes fenêtres donnent sur l'environnement verdoyant.

UNE FOLIE

Château des Thermes – Plan I B2 en dir. - *R. Hauster 9 - ✆ 04 367 80 67 - www.chateaudesthermes.be - P - 42 ch. 200/390 € ☕.* Hôtel château luxueux, à proximité des sources de Chaudfontaine. Belles chambres dotées de tous les équipements. Les chambres les plus récentes sont situées dans la nouvelle aile. Les hôtes peuvent utiliser les thermes et la piscine ou choisir parmi des dizaines de massages et de traitements de remise en forme professionnels.

Herstal

BUDGET MOYEN

Post Hotel – Plan I B1 en dir. - *R. Hurbise 160 - ✆ 04 264 64 00 - www.posthotel.be - P - 98 ch. 85/180 € ☕.* Cet hôtel contemporain, situé à la lisière de la ville, non loin de l'autoroute, dispose de chambres très confortables. Outre une taverne et un bar, il possède également une piscine et un centre de remise en forme.

RESTAURATION

Lors d'un passage à Liège, on dégustera le *pékèt* (genièvre), servi de préférence dans un « plat cou », petit verre sans pied. Pour préparer une délicieuse **salade liégeoise**, il vous faut des haricots verts, des pommes de terre, du lard, un oignon, un peu de persil et du vinaigre de vin. Parmi les autres plats traditionnels figurent les **boulets-frites** (boulettes de viande passées à la friture), le **matoufèt** (une sorte de crêpe au lard), le lapin à la liégeoise, servi avec une sauce au sirop, et le **rodge tripe**, du boudin noir avec des rondelles de pomme. Les **rognons à la liégeoise** sont préparés au *pékèt* et aux baies de genévrier.

PREMIER PRIX

Tasty World – Plan II C3 - *R. de la Casquette 17 - www.tastyworld.be - ☎ 04 223 26 00 - lun.-vend. 10h-17h, sam. 11h-17h - 5/10 €.* Nouveau concept de restauration rapide : savoureux sandwichs végétariens avec des produits frais, préparés à la demande, à déguster dans un bel intérieur rehaussé de stucs.

Café Lequet – Plan II D4 - *Quai-sur-Meuse 17 - ☎ 04 222 21 34 - ⊠ - fermé mar. - menus 5/17 €.* Ce bistrot liégeois typique est un must, non seulement pour ses « boulets-frites » omniprésents mais aussi pour l'ambiance conviviale qui y règne. Une véritable institution de la culture liégeoise. Le dimanche matin, pendant la Batte (grand marché dominical), l'endroit est plein à craquer.

BUDGET MOYEN

Grill Saint-Paul – Plan II C4 - *R. St-Paul 39 - ☎ 04 221 02 02 - www.grill saintpaul.be - menus 15/25 €.* Un classique du quartier, tenu par Stefano, d'origine italienne : le St-Paul ne désemplit jamais à l'heure du repas. Bon rapport qualité-prix, avec service soigné et cuisine de grillades, à déguster dans une jolie salle aux poutres apparentes.

L'Enoteca – Plan II C3 - *R. de la Casquette 5 - ☎ 04 222 24 64 - www.enoteca.be - fermé. sam. midi et dim. - 21/26 €.* Accueil et service cordiaux, excellente cuisine du sud, lunch à prix doux et large choix de vins italiens : quatre bonnes raisons de rendre visite à cet établissement moderne à proximité du Carré et de l'Opéra. Le chef est à l'ouvrage dans la cuisine ouverte.

POUR SE FAIRE PLAISIR

Amon Nanesse – Plan II C3 - *R. du Stalon 1 - ☎ 04 250 67 83 - www.maisondupeket.be - 20/35 €.* Les murs en brique et le grand foyer ouvert sont garants d'une ambiance authentique intime et agréable. Les plats typiques de la région figurent à la carte. Prix attrayants et service chaleureux.

Brasserie As Ouhès – Plan II C3 - *Pl. du Marché 21 - ☎ 04 223 32 25 - www.as-ouhes.be - 20/39 €.* Cette vieille bâtisse abritait déjà un restaurant il y a 300 ans. As Ouhès signifie « Aux oiseaux » en wallon et la carte propose aussi bien des plats typiques liégeois que français élaborés à partir de produits de qualité. Intérieur surprenant avec jeux de lumière, anciennes photos et lambris.

L'Industrie – Plan II C4 - *R. St-Gilles 6 - ☎ 04 223 08 54 - fermé dim. et lun. - 24/40 €.* Une institution liégeoise : ce bistrot belge concocte les meilleures frites de la ville. Elles accompagnent parfaitement des moules, un vol-au-vent ou un jambonneau grillé au miel. Cadre authentique du début du 20e s. et ambiance conviviale.

Le bruit qui court – Plan II C4 - *Bd de la Sauvenière 142 - ☎ 04 232 18 18 - www.bruitquicourt.be - fermé dim. midi - 29 €.* Une valeur sûre à Liège. Restaurant branché avec musique « lounge », aménagement minimaliste et original dans une ancienne banque. Carte variée proposant à la fois des plats français, des salades et des pâtes.

La Table d'Upignac – Plan II C3 - *Pl. du Marché 17 - ☎ 04 222 00 17 - www.latabledupignac-deliege.be - fermé mar. - 30/40 €.* Tout près du « Perron » dans la halle aux grains joliment restaurée : une brasserie proposant deux salles sympathiques où les préparations au foie de canard et d'oie occupent une place centrale. Agréable terrasse en été.

Le Bistrot d'en face – Plan II D3 - *R. de la Goffe 8-10 - ☎ 04 223 15 84 - www.lebistrotdenface.be - fermé sam. midi et lun.-mar. - menus*

25/50 €. Un superbe bistrot niché dans une ruelle perpendiculaire aux quais, derrière les anciennes halles aux viandes. La cuisine, maîtrisée, est inspirée des plats de la région de Lyon.

L'Écailler – Plan II C3 - *R. des Dominicains 26 - ✆ 04 222 17 49 - www.ecailler.be - 25/70 €*. Dans une rue piétonne près de la place St-Lambert restaurée. Magnifique cadre Art nouveau pour cette brasserie spécialisée dans les préparations savoureuses et créatives à base de poisson et de crustacés frais. Accueil et service extrêmement aimables. Vaste et intéressante carte des vins.

PETITE PAUSE

Café Randaxhe – Plan II D4 - *Chaussée des Prés 61 - ✆ 04 341 19 29 - www.caferandaxhe.be - à partir de 8h*. Situé sur la « Grand-Place » d'Outremeuse, ce vieux café liégeois, paisible et authentique, est fréquenté par des habitués. Dicton wallon du mois, accroché au-dessus du comptoir.

Le Temps des Cerises – Plan I A2 - *R. du Laveu 32 - ✆ 04 252 07 00 - www.tdcerises.be - fermé dim.* Derrière sa vitrine alléchante, cette boulangerie dispose de deux grandes tables pour déguster quiches, soupe du jour ou petit-déjeuner gourmand. Excellente odeur de pain chaud, concocté juste derrière la palissade.

Taverne Saint-Paul – Plan II C4 - *R. St-Paul - ✆ 04 223 72 17 - tlj sf dim. à partir de 10h*. La plus vieille taverne de Liège, désuète et sympathique. On peut s'y attarder au comptoir en faisant son choix dans la vaste gamme de bières.

Le Coin du monde – Plan II C3 - *Pl. St-Lambert 90 - ✆ 04 222 14 00 - tlj sf dim. 9h-19h* . Salades, fajitas et petits pains d'origines variées (Danemark, Tunisie, Grèce…). La grande spécialité est la « piadina », une espèce de crêpe à la garniture corsée. Il y a aussi des gaufres, de la glace, des plats de dégustation et des sucreries.

Exki – Plan II C4 - *Pl. Cathédrale 8-10 - ✆ 04 221 42 49 - www.exki.be - lun.-sam. 8h-20h*. L'accent est mis sur la fraîcheur des produits. Sur la carte figurent des jus de fruits frais, des céréales pour petit-déjeuner, des sandwichs sans mayonnaise, du yaourt, des salades, des tartes aux fruits et aux légumes, des potages froids et chauds.

Pistache et Chocolat – Plan II C3 - *Pl. du Marché 23 - ✆ 0479 75 86 71 - www.pistacheetchocolat.be - tlj sf lun. 12h-22h (hiver 18h)*. Parmi la vingtaine de parfums, myrtille et pistache sont vraiment irrésistibles. Vaste choix de coupes glacées. En hiver, gaufres et crêpes. Terrasse estivale à côté de la fontaine.

La Maison du Pékèt – Plan II C3 - *R. de l'Épée 4 - ✆ 04 250 67 83 - www.maisondupeket.be - tlj de 8h à l'aube*. Fruités, flambés, en cocktails ou nature, les *pékèts* dans tous leurs états, servis à l'intérieur d'une très ancienne maison mosane, qui forme un vrai dédale de salles.

EN SOIRÉE

Taverne Tchantchès et Nanesse – Plan II D4 - *R. Grande-Bêche 35 - ✆ 04 755 836 91 - www.taverne-tchantches.be - lun.-sam. à partir de 17h, merc.-vend. 12h-14h30*. Cette très ancienne maison patricienne héberge une taverne et un restaurant. C'est sans doute le meilleur endroit pour humer l'atmosphère typique de Liège. On peut aussi y admirer les célèbres marionnettes. La carte comprend différentes bières et des vins et naturellement du *pékèt*.

Café Lequet – Plan II D3 - *Quai sur Meuse 17 - ✆ 04 222 21 34 - fermé mar. et dim. soir - 25 €.* Dans cette brasserie, chacun peut commander des plats rappelant l'époque de nos grands-mères. Un endroit où l'on peut s'attarder longtemps le soir.

Pot au Lait – Plan II C4 - *R. Sœurs-de-Hasque 9 - ✆ 04 222 07 94 - www.potaulait.be - lun.-vend. à partir de 10h, sam. à partir de 12h, dim. et j. fériés à partir de 14h, fermeture entre 2h et 4h - 22 €.* Au fond d'une impasse aux murs tagués de grandes fresques amusantes, ce rendez-vous bien connu des noctambules liégeois a quelque chose de sombre et de féerique à la fois. Inénarrable.

ACTIVITÉS

Matchs de football du Standard de Liège – *Stade Maurice-Dufrasne (Sclessin) - ✆ 04 252 21 22 - www.standard.be.* Assister à un match du Standard de Liège est un événement en soi. L'équipe est l'une des plus combatives de la Jupiler Pro League (le championnat belge) et l'une des plus titrées (dix fois champion). De plus, le Standard possède les supporteurs les plus ardents du pays. Le stade est accessible en bus depuis la gare des Guillemins.

Randonnées – Pour les adeptes de la marche : le nouveau GR 412, le Sentier des terrils, relie Blégny à Bernissart (en Hainaut).

Balades en bateau – *Blégny - 1h - ✆ 04 387 43 33 - avr.-oct. : 11h, 13h, 15h et 16h30 - 6 €.* Départ de la Passerelle. Pour plus d'informations, s'adresser au Domaine touristique de Blégny. On peut aussi opter pour une croisière d'une journée vers Maastricht *(vend.)* ou Huy *(merc.)*.

ACHATS

Marché de la Batte – Plan II D3 - *Quais de Maastricht et de la Batte.* Le dimanche matin, tout Liégeois se doit d'aller au marché de la Batte, où se vendent vêtements, brocante, fruits et légumes…

Petites puces de Saint-Gilles – Plan I A2 en dir. - *Bd Louis-Hiller - sam. 6h-13h.* On prétend que c'est sur ce marché aux puces et à la brocante que l'on fait les meilleures affaires. Autre possibilité : la brocante de St-Pholien, le vendredi de 6h à 13h, bd de la Constitution et pl. Jehan-le-Bel.

Marché de Noël – Plan II C3 - *Pl. du Marché et pl. St-Lambert - ✆ 04 221 92 21 - www.liege.be - 11h-20h en déc.* Des échoppes en bois sont dressées sur les deux places pour accueillir le plus grand marché de Noël de Wallonie. On y vend toutes sortes d'articles de Noël et des denrées hivernales.

Cristalleries du Val St-Lambert – *R. du Val 245, 4100 Seraing - ✆ 04 330 38 00 - www.val-saint-lambert.com - 10h-17h - 6 €.* Pour tout savoir sur la tradition du cristal « made in Belgium », un produit de luxe s'exportant dans le monde entier. La saga débuta en 1825 par la première mise à feu d'un four sur le site de l'abbaye du Val St-Lambert. Parcours pédagogique, atelier de démonstration, salle d'expo-vente et boutique d'articles de second choix.

Crémerie Saint-Remy – Plan II C4 - *R. St-Remy 23 - ✆ 04 221 00 04 - jeu.-sam. 10h-18h.* Cette fromagerie propose une sélection de fromages de Herve (du doux au piquant), mais aussi beaucoup d'autres fromages wallons.

Huy

Hoei

★

21 121 habitants – Liège

NOS ADRESSES PAGE 478

NOS ADRESSES PAGE 478

S'INFORMER

Indicatif téléphonique : *085.*

Maison du tourisme – A2 - *Quai de Namur 1 - ✆ 085 21 29 15 - www.pays-de-huy.be.*

SE REPÉRER

Carte de région A2 (p. 454-455) et plan de ville (p. 476) – *Cartes Michelin Regional n°s 716 I4 et 533 Q19.* À mi-chemin entre Namur et Liège, Huy se situe dans la vallée de la Meuse. On y arrive par la N 90 qui longe la rivière.

À NE PAS MANQUER

La collégiale N.-D., le fort, la Grand-Place.

ORGANISER SON TEMPS

Prévoyez au moins une demi-journée.

AVEC LES ENFANTS

La visite de la forteresse haut perchée, le parc de la Sarte au mont Mosan, une croisière sur la Meuse.

Charmante cité assise en bord de Meuse, Huy (prononcez « houy ») possède quatre merveilles, que les anciens appellent toujours de leur dialecte « li pontia », le pont gothique, reconstruit en 1956 ; « li bassinia », la fontaine de la Grand-Place ; « li tchestia », le château fort qui surplombe la ville ; et « li rondia », la rosace de la collégiale, qui a retrouvé sa splendeur. Le pays de Huy est célèbre pour ses orfèvres, dont vous pourrez admirer les œuvres à l'intérieur des édifices religieux et des forteresses.

Se promener Plan de ville p. 476

Circuit tracé en vert sur le plan de la ville.

★ Collégiale N.-D. A2

Près de la Meuse - tlj sf lun. 9h-12h, 14h-17h.

C'est un vaste édifice rayonnant du 14e s. Des tendances flamboyantes apparaissent dans les fenêtres hautes, terminées à la fin du 15e s. Une imposante tour ornée d'une belle rosace *(li rondia)*, d'un diamètre de 9 m, précède la collégiale. Le chevet est flanqué de deux tours carrées, fait exceptionnel en Belgique.

L'intérieur à trois nefs est d'une belle envolée que confirment les fenêtres lancéolées du chœur s'élançant à 20 m de haut, décorées de vitraux modernes. Les voûtes ont été refaites au 16e s. et sont peintes d'arabesques Renaissance. Sous le chœur s'étend une crypte romane.

Trésor★ – *✆ 0496 02 70 65 - juil.-sept. : w.-end 14h-17h ; avr.-juin et oct. : 1er w.-end 14h-17h ; reste de l'année : sur RV - 3 €.* Il abrite, outre d'intéressantes statues

Moment de quiétude à Huy.
Y. Duhamel/MICHELIN

de saints en bois (14e et 16e s.), une riche collection d'orfèvrerie mosane comprenant notamment quatre magnifiques **châsses** des 12e et 13e s. : celles des saints Domitien et Mengold, patrons de la ville, très endommagées, attribuées à Godefroy de Huy ; la châsse de saint Marc (probablement du 13e s.), remarquable pour ses figurines pleines de vie dont les lignes souples sont rehaussées par des émaux champlevés ; la châsse de la Vierge (vers 1265) dont les personnages en cuivre repoussé s'inscrivent dans un décor extrêmement riche.

Portail du Bethléem – *Longez la nef sur la droite pour y parvenir.* Ce portail du 14e s., situé à côté du chevet, donnait autrefois sur le cloître. Il présente un tympan où figurent la Nativité (à gauche les bergers, à droite les Rois mages) et, au-dessus, le Massacre des Innocents. La fluidité des étoffes et le pittoresque de certains détails sont bien rendus.

Prenez le quai de Namur qui longe la Meuse.

★ Fort A2

Accès à pied ou par le téléphérique allant à la Sarte - ✆ 085 21 29 15 (office de tourisme) ou 085 21 53 34 - juil.-août : 11h-19h ; avr.-juin et sept. : lun.-vend. 9h-12h30, 13h-16h30, w.-end et j. fériés 11h-18h (dernière entrée 1h av. fermeture) - 4 €.

La forteresse a été construite de 1818 à 1823 par les Hollandais, sur l'emplacement de l'ancien château des princes-évêques *(li tchestia)* démantelé en 1717. Entre 1940 et 1944, elle servit de prison pour résistants et otages. Plus

UNE CITÉ D'ORFÈVRES

Huy vit naître les fameux orfèvres mosans du 12e s. : **Renier de Huy**, auteur probable des fonts baptismaux de St-Barthélemy à Liège, et Godefroy de Claire, nommé aussi **Godefroy de Huy**. Depuis le 7e s., les étains sont une spécialité locale. En 1095, **Pierre l'Ermite** prêcha ici la première croisade. Il vint terminer sa vie dans le couvent de Neufmoustier où il fut enterré en 1115. Les vestiges du cloître, au nord de la rue de Neufmoustier (accès par avenue Delchambre), abritent son mausolée (1857).

de 7 000 personnes y ont été internées. On visite *(circuit fléché)* les locaux qui ont servi de cachots, la salle des interrogatoires et le **musée de la Résistance et des Camps de concentration**. Du glacis, **vues★★** splendides sur la vieille ville, la Meuse et les environs ; au nord-est, centrale nucléaire de Tihange (1975).

Ancien hospice d'Oultremont A2

Au pied de la citadelle, le bâtiment en brique à la belle tour-escalier, édifié au 16e s. par le chanoine Gérard d'Oultremont, abrite l'**office de tourisme**. En face, sur la rive opposée, on aperçoit la **maison Batta** de style Renaissance.
Prenez la rue du Pont-des-Chaînes qui part de la collégiale. Prenez le pont, à gauche, continuez sur la rue Neuve et tournez à droite sur la rue St-Pierre.

Église St-Pierre A1

Fonts baptismaux romans ornés d'animaux symboliques (lion, dragon).
Revenez à la rue Neuve, passez le pont,continuez sur l'avenue des Ardennes. Par la petite rue Mounie à gauche, on gagne la Grand-Place.

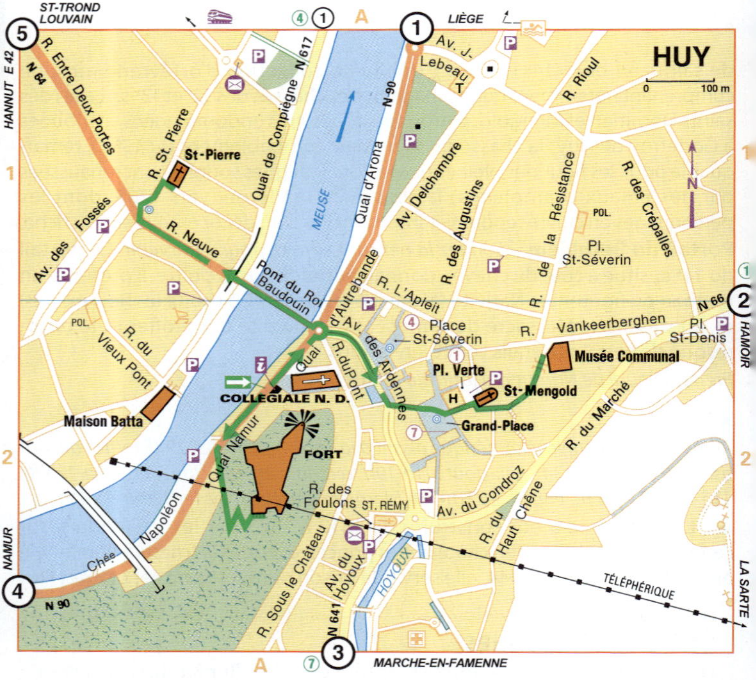

SE LOGER

B&B Château de Bonne-Espérance... ①
Hôtel Restaurant Le Castel du Val d'Or... ⑦
Hôtel Sirius... ④

SE RESTAURER

Arabelle Li Cwerneu... ⑦
La Tête de Chou... ①
La Tour Colombes... ④

Grand-Place A2

Sur cette place bien agréable se dresse *li bassinia*, belle **fontaine** du 18e s. surmontée de petits personnages en bronze, datant de 1406 et 1597. L'élégant hôtel de ville date de 1766.

Par de charmantes ruelles tortueuses, on gagne la **place Verte** où s'élève la jolie petite église gothique **St-Mengold**, accueillant aujourd'hui un centre culturel.

Engagez-vous dans la rue des Frères-Mineurs jusqu'au Musée communal.

Musée communal A2

085 23 24 35 - ♿ - de mi-mai à mi-oct. : 14h-16h (w.-end 18h sur RV) ; reste de l'année : sur RV - gratuit.

Installé dans les bâtiments et le cloître de l'ancien couvent des Frères mineurs (17e s.), il contient d'importantes collections illustrant l'histoire et le folklore local : intérieur régional orné d'une belle cheminée en grès de 1621, pièces archéologiques, estampes de la ville, céramiques fabriquées à Huy au 19e s., étains, objets d'art religieux parmi lesquels on remarque le **Christ★** du 13e s. nommé « le beau Dieu de Huy ».

À proximité Carte de région p. 454-455

Amay B2

8 km au nord-est en longeant la Meuse par la N 617.

Collégiale St-Georges et Ste-Ode – D'origine romane, l'église fut rénovée au 18e s. Le trésor abrite un chef-d'œuvre d'orfèvrerie mosane : la **châsse★** en cuivre doré et argent de sainte Ode et saint Georges, réalisée vers 1230. Un **sarcophage mérovingien★** (sous le chœur) porte l'inscription Santa Chrodoara, mais pourrait être celui de sainte Ode.

À 2 km d'Amay, entre le rocher et la Meuse, se dresse l'**abbaye de Flône**, des 17e et 18e s. Dans l'église, beaux fonts baptismaux romans du 12e s.

★ Château de Jehay B2

12 km au nord-est en longeant la Meuse par la N 617, puis par la N 614. 085 82 44 00 - www.chateaujehay.be - de déb. avr. à fin oct. : tlj sf lun. 14h-18h, w.-end et j. fériés 11h-18h - 2,50 € parc, 5 € château et parc - possibilité de visite guidée sur réserv.

Il offre une vision très romantique avec ses façades extérieures à damiers de pierres blanches et brunes se reflétant dans les douves.

L'édifice actuel date des 16e et 17e s., bel exemple de manoir fortifié mosan, mais l'occupation du site est très ancienne : les fouilles ont permis de retrouver les restes d'une cité lacustre datant du mésolithique (vers 10 000 av. J.-C.). Le dernier propriétaire du château, sculpteur et archéologue, a redessiné les jardins.

L'intérieur contient de riches **collections** comprenant des meubles, des tapisseries, des tableaux, de la porcelaine et de l'orfèvrerie. Remarquez dans le fumoir un très bel ensemble d'argenterie et d'orfèvrerie et une tête humaine réduite par les Jivaros, dans la bibliothèque une tapisserie de Bruxelles d'après Teniers, et dans le salon Queen Ann un rare clavecin du 18e s. Les caves du 13e s. abritent le **Musée archéospéléologique**. À proximité se dresse l'église St-Lambert du 16e s.

★ Château de Modave A2

14 km au sud par la N 641. 085 41 13 69 - www.modave-castle.be - 1er avr.-15 nov. : tlj sf lun. 10h-18h (ouvert lun. en juil.-août) - dernière entrée 17h - 7,50 €.

L'arrivée sur le château de Modave montre l'importance de ses bâtiments, mais ne laisse pas deviner son site en surplomb sur le Hoyoux.

Ce château, dont certaines parties remontent au 13e s., est pour son aspect actuel l'œuvre du comte de Marchin qui le restaura et l'aménagea entre 1652 et 1673. Il fut ensuite la propriété d'autres familles avant d'être acquis par la Compagnie intercommunale bruxelloise des eaux en 1941. Cet achat était lié au captage des eaux, qui servent à alimenter Bruxelles, sur le domaine du château. C'est à Modave que fut construite par Rennequin Sualem, en 1667, la roue hydraulique qui servit de modèle à la « machine de Marly ».
La façade classique est précédée d'une vaste cour d'honneur. À l'intérieur, on visite des pièces élégamment meublées. Remarquer les extraordinaires stucs polychromes de **Jean-Christian Hansche**. Ceux de la salle des gardes représentent l'arbre généalogique des comtes de Marchin avec tous leurs blasons, ceux du salon d'Hercule décrivent les travaux du héros. Le magnifique escalier à vis en chêne de la Tour ronde date du 17e s.
De la terrasse de la chambre du duc de Montmorency, belle **vue★** sur la vallée du Hoyoux en contrebas. À l'étage, chambre de la duchesse de Montmorency qui fut propriétaire du château à la fin du 18e s. Dans les caves : maquette de la roue hydraulique.
À 7 km au sud-est de Modave se trouve l'**église romane de Bois** (10e s.). Elle a conservé de belles **fresques★** (fin 14e-début 15e s.) illustrant le couronnement de la Vierge, la vie du Christ et les légendes de saint Lambert et de saint Hubert.
À 3,5 km de Bois-et-Borsu, le village d'**Ocquier** groupe ses maisons de pierre grise autour de l'église romane St-Remacle.

NOS ADRESSES À HUY

Plan de la ville p. 476

HÉBERGEMENT

Huy

BUDGET MOYEN

B&B Château de Bonne-Espérance – A1 en dir. - *R. Bonne-Espérance 36 - ✆ 085 31 08 88 - www.chateau-de-bonne-esperance.be -* 🚭 🅿 *- 3 ch. 75 €* ☕. Petit château bénéficiant d'une situation tranquille joliment transformé en chambres d'hôtes. Les chambres possèdent chacune un aménagement différent et une salle de bains moderne. Depuis le jardin et la véranda, où le petit-déjeuner est servi, vous profitez d'une vue magnifique sur le grand jardin et les bois environnants.

Hôtel Sirius – A1 en dir. - *Quai de Compiègne 47 - ✆ 085 21 24 00 - www.hotelsirius.be -* 🅿 *- fermé de mi-déc. à mi-janv. - 26 ch. 95/250 €* ☕. Hôtel moderne et confortable juste en dehors du centre, sur la rive gauche de la Meuse. Certaines chambres ont vue sur le fleuve. De grandes chambres familiales sont disponibles pour les familles.

Ocquier

BUDGET MOYEN

Hôtel Restaurant Le Castel du Val d'Or – A2 en dir. - *Grand-Rue 62 - ✆ 086 34 41 03 - www.castel-valdor.be - P - fermé 3 sem. en janv. -15 ch. 81/106 € - ☕ 14 €.* Bâtiment romantique du 17e s. qui servit jadis de relais postal. Les chambres présentent un aménagement fonctionnel. Restaurant agréable avec mur en pierre apparente et poutres en bois où tant le déjeuner que le repas du soir prennent des airs de festins gastronomiques.

RESTAURATION

BUDGET MOYEN

La Tour Colombes – A2 - *R. l'Apleit 9 - ✆ 085 31 52 00 - www.tourcolombescuisinefrancaisehuy.be - fermé lun., sam. midi et dim. soir. - menu le midi 20/26 €.* Si vous désirez manger à un jet de pierre de l'église N.-D., ce restaurant vous propose une excellente carte traditionnelle assortie d'un grand choix de produits régionaux.

POUR SE FAIRE PLAISIR

La Tête de Chou – A2 - *R. Vierset-Godin 8 - ✆ 085 23 59 65 - www.latetedechou.be - 💳 - tlj sf lun., sam. midi et dim. 12h-13h30, 19h-21h - 25/30 €.* Cuisine à base de produits régionaux; petite salle moderne. Possibilité de manger en terrasse en été. Attention : nombre de tables limité.

Arabelle Li Cwerneu – A2 - *Grand-Place 2 - ✆ 085 25 55 55 - www.licwerneu.be - fermé le midi et dim.-lun. - 50/85 €.* La vieille façade d'un bâtiment du Moyen Âge sur la place du marché dissimule un restaurant contemporain où la chef pleine de promesses, Arabelle Meirlaen, vous présente des plats raffinés et innovants. Attendez-vous à une nouvelle expérience culinaire.

PETITE PAUSE

Café Le Parc – A1 - *Av. Albert-Ier 3 - ✆ 085 21 15 06 - tlj sf lun. à partir de 7h30.* Café populaire typique où l'on s'arrête pour boire une bière (large choix) et bavarder.

ACTIVITÉS

Mont mosan, La Sarte
Accès à La Sarte par le téléphérique - ✆ 085 23 29 96 - ♿ - fin mars-fin sept. : 10h-20h - 6 €. Au terminus du téléphérique se trouve le parc de récréation La Sarte.

Excursions en bateau
✆ 085 21 29 15 - mai-août : tlj sf lun., 14h, 15h et 16h (w.-ends sept. mêmes heures) - 4 €. Visite de Huy en bateau (1h).

AGENDA

Ça Jazz à Huy – *Maison du Tourisme, quai de Namur 1 - ✆ 085 21 29 15 - www.pays-de-huy.be.* Festival de jazz se déroulant la dernière semaine de juillet. Des musiciens internationaux et locaux se produisent sur la Grand-Place, dans le cadre exceptionnel du fort de Huy et dans divers cafés et restaurants.

Spa

10 558 habitants – Liège

NOS ADRESSES PAGE 486

S'INFORMER

Indicatif téléphonique : *087.*

Office de tourisme – *Pouhon Pierre-Le-Grand, r. du Marché 1A - 087 79 53 53 - www.spa-info.be/tourisme - avr.-sept. : 9h-18h, w.-end et j. fériés 10h-18h (reste de l'année 17h).*

SE REPÉRER

Carte de région C2 (p. 454-455) et carte des environs (p. 482-483) – *Cartes Michelin Regional nos 716 K4 et 534 U20.* Spa se trouve sur le tracé de l'A 27/E 42. Depuis la sortie 8, la N 629 mène au centre.

À NE PAS MANQUER

Le quartier thermal.

ORGANISER SON TEMPS

Comptez une demi-journée.

Avec son cadre enchanteur de collines boisées et ses sources renommées depuis l'Antiquité, Spa est une station thermale idéale : établissement de bains décoré de grandes fresques, Casino – le plus ancien du monde – paré de façades néoclassiques, et « pouhon » (source minérale en wallon) abrité sous un élégant pavillon octogonal. La cité de villégiature des grandes cours est située au cœur de vastes forêts plantées de hêtres, de pins, d'épicéas, de mélèzes et d'aulnes, qui prennent des tonalités somptueuses à l'automne, et que vous pourrez découvrir à travers ses nombreux sentiers balisés.

Découvrir

Les sources

Spa possède de nombreuses sources : outre le Pouhon Pierre-le-Grand et le Pouhon Prince de Condé, citons la Géronstère, la Sauvenière, la Fontaine de Groesbeek, la Source de Barisart, le Tonnelet et la Source de la Reine fournissant de l'eau non gazeuse. Ses eaux ferrugineuses, bicarbonatées, limpides et gazeuses sont employées essentiellement en bains et boissons pour soigner les affections cardiaques, rhumatismales et les troubles respiratoires.

DES HÔTES DE MARQUE

Les eaux de Spa sont connues depuis l'époque romaine. À partir du 16e s., les bobelins (curistes, de « bibulus » en latin, grand buveur) ne se comptent plus : têtes couronnées comme Marguerite de Valois (la reine Margot), Christine de Suède, Pierre le Grand, Marie-Henriette, écrivains comme Marmontel et Victor Hugo. Pendant la Première Guerre mondiale, le Kaiser Guillaume II vint s'y installer avec son état-major et c'est ici qu'il abdiqua en 1918. Deux ans plus tard, la conférence de Spa réunissait les Alliés et les Allemands pour une commission d'armistice.

Fontaine du Tonnelet, typique de l'architecture thermale de Spa.
De Meester Johan/ArTerra Picture Library/age fotostock

Le quartier thermal

L'architecture thermale de la fin du 19e s. et du début du 20e s. est particulièrement bien représentée à Spa. Succès des styles néoclassique et rocaille, utilisation des armatures métalliques et grandes fresques peintes.

Les plus beaux exemples sont : l'**Établissement des bains** construit de 1862 à 1868, le **Casino** dont le bâtiment actuel (1919) a remplacé la « Redoute » construite au 18e s., l'élégante galerie Léopold II (1878) donnant sur la place Royale et le **Pouhon Pierre-le-Grand** abrité sous un pavillon néoclassique (1880). Rens. : *087 79 53 53 (office de tourisme) - ♿ - avr.-oct. : 10h-12h, 13h30-17h ; reste de l'année : lun.-vend. 13h30-17h, w.-end et j. fériés 10h-12h, 13h30-17h.*

Se promener

Musée de la Ville d'eaux

Villa Royale, av. Reine-Astrid 77B - 087 77 44 86 - www.spavillaroyale.be - mars-nov. : 14h-18h - 3 € (-12 ans 1 €) avec le musée spadois du Cheval.

Il occupe le bâtiment central de la villa royale qui appartenait à la reine Marie-Henriette, princesse des Habsbourg et seconde reine des Belges décédée à Spa en 1902.

Le musée renferme une riche **collection de « jolités »★**, bibelots de bois peint et spécialité de la ville. Des documents anciens et du mobilier provenant de l'établissement thermal témoignent du passé illustre de la ville.

Musée spadois du Cheval

Dans les écuries de la villa Marie-Henriette. Mêmes conditions de visite que pour le musée de la Ville d'eaux.

Ce musée présente à travers ses collections le « passé équestre » de Spa qui vit passer les plus beaux équipages d'Europe et organisa les premières courses.

À proximité Carte des environs ci-dessous

★ Promenade des Artistes

Sortez par la route de la Sauvenière, la N 62.

À gauche se trouve le faubourg de Neubois où l'empereur Guillaume II installa en 1918 son quartier général. Au carrefour où est située la **source de la Sauvenière**, prendre à droite le chemin des Fontaines. La **source de la Reine** se dissimule dans les bois, à gauche. À 1,3 km du carrefour, un petit ruisseau, la Picherotte, descend vers Spa. Le sentier qui longe ce vallon escarpé, parsemé de rochers, ombragé de magnifiques arbres, a été baptisé promenade des Artistes. En continuant le chemin des Fontaines, on gagne la **source de la Géronstère**.

Musée de la Forêt et des Eaux « Pierre Noë »

5 km au sud de Spa. Domaine de Berinzenne - 087 77 18 38 - www.berinzenne.be - - mar.-vend. 10h-17h, w.-end et j. fériés 14h-18h - fermé 24-25 et 31 déc., 1er janv. et 10 janv.-8 fév. - 4,50 € (-12 ans 3 €).

Situé au cœur de la forêt spadoise, le musée, entièrement rénové, est installé dans une ancienne ferme. Il présente la flore, la géologie et les métiers de la forêt. La faune y est présentée dans de grands dioramas reproduisant le milieu naturel des animaux de l'Ardenne.

Sart

5 km au nord-est par la N 629.

Dominée par l'église flanquée d'une tour du 15e s., entourée d'austères maisons de pierre, la place du Marché s'orne d'un perron, symbole des libertés en pays liégeois.

Vallée de la Hoëgne

8 km au nord-ouest par la N 62.

Château de Franchimont – *Allée du Château 17 - 087 53 04 89 - www.chateau-franchimont.be - mai-sept. : 10h-18h ; avr., oct., Pâques et Toussaint : w.-end et j. fériés 11h-17h ; reste de l'année : sur RV - 3 € (enf. 1,50 €).*

Sur une butte dominant la vallée de la Hoëgne, les ruines du château de Franchimont rappellent le souvenir des princes-évêques de Liège qui y résidèrent en été à partir du 16e s. et des 600 hommes massacrés en 1468 par les troupes de Charles le Téméraire, en tentant de défendre les approches de Liège.

Les altières murailles du donjon sont protégées par une enceinte pentagonale munie de casemates à chaque angle. Le centre d'accueil donne accès à un petit musée. À droite, un escalier mène à une terrasse panoramique.

Theux – Un hôtel de ville des 17e et 18e s. et de vieilles maisons entourent la place où se dresse un perron du 18e s. surmonté d'une pomme de pin.

Non loin s'élève l'**église Sts-Hermès-et-Alexandre**. À l'emplacement d'une chapelle mérovingienne et d'une église carolingienne, dotée d'une tour occidentale dont on a retrouvé les vestiges, furent édifiées vers l'an 1000 une nef romane, et peu après une tour fortifiée, actuellement surmontée d'un hourd. Le chœur est gothique (vers 1500). On remarque sous le porche des bénitiers gothiques sculptés. L'intérieur est particulier : avec ses trois nefs séparées par de hautes arcades sur piliers, c'est la seule église-halle à plafond plat d'époque romane subsistant entre la Loire et le Rhin. Le plafond de la nef centrale a été orné au 17e s. de 110 caissons peints de personnages et

de scènes de la vie du Christ. Dans une chapelle à gauche du chœur, *Vierge de Theux* (fin 15e s.) et fonts baptismaux romans intéressants, à quatre têtes d'angle et dragons.

La Reid

5 km à l'ouest par la N 697.
À l'ouest du village a été aménagé le **parc à gibier★**. Dans un beau cadre forestier, on peut y voir la faune ardennaise et des spécimens de provenances diverses.

Circuit conseillé Carte des environs p. 482-483

★ AUTOUR DE SPA

Circuit de 75 km tracé en bleu foncé sur la carte des environs et sur la carte de région (p. 455) – Comptez 2h. Sortez au sud-est par la N 62, dir. Malmedy.
Ce circuit dévoile les paysages les plus escarpés et les plus élevés du pays, aux confins est de la Belgique francophone : à travers la grande forêt ardennaise, vous remonterez les hautes vallées de l'Amblève et de la Warche.

Francorchamps

Le village est connu pour son circuit national de vitesse de 7 km, au sud de la localité. Une petite église moderne est à signaler.
Empruntez le circuit de vitesse pour gagner Stavelot. Le **parcours★** *traverse un magnifique paysage.*

★ Stavelot *(voir p. 488)*

De Stavelot à Malmedy, on suit de nouveau le circuit de Francorchamps, dans un cadre très agréable. À gauche, les collines où est situé le village de **Rivage** portent encore de vieilles fermes traditionnelles à colombages.

★ Rocher de Falize

6 km au nord-est. Après le viaduc vers Malmedy, prenez une petite route à droite, puis à nouveau à droite.
Magnifique aiguille dont l'à-pic surplombe la vallée de la Warche. En face, sur la hauteur, une flèche signale la présence de l'abbaye de Wavreumont, fondée en 1950 par des bénédictins venus de Louvain.

★ Malmedy

Maison du Tourisme des Cantons de l'Est – *Pl. Albert-Ier 29A - ✆ 080 33 02 50 - www.cantons-de-lest.be - 10h-18h, dim. 10h-17h (juil.-sept. à partir de 9h).* **Royal Syndicat d'Initiative** – *Pl. du Châtelet 9 - ✆ 080 79 96 35 - www.malmedy.be - lun.-vend. 8h-12h, 13h-17h.*
Malmedy, au confluent de la Warche et de la Warchenne, occupe un joli **site★**, à 340 m d'altitude, au centre d'une vallée entourée de collines boisées.
Jusqu'en 1794, la ville formait avec Stavelot une principauté abbatiale.

Malmedy, où l'on parle un dialecte wallon, fut prussienne de 1815 à 1919. Rattachée à la Belgique en 1919 par le traité de Versailles, la ville redevient allemande de 1940 à 1944. Pendant l'offensive des Ardennes en décembre 1944, un bombardement américain détruit par erreur le centre de la cité. Guillaume Apollinaire séjourna à Malmedy en 1899. Un monument lui a été élevé en 1935 sur l'ancienne route de Francorchamps.

Cathédrale Sts-Pierre-Paul-et-Quirin – Ancienne abbatiale bénédictine, cette église de 1782 présente une façade encadrée de deux hautes tours. L'**intérieur** est intéressant par son mobilier (chaire sculptée du 18e s., confessionnaux de la fin du 17e s.) et par ses objets d'art : Vierge de Delcour (17e s.), châsse de saint Quirin en bois, avec dorures, de 1698, bustes-reliquaires en argent de saint Géréon et de ses compagnons, soldats romains (18e s.).

Bellevaux-Ligneuville – *9 km au sud de Malmedy par la N 62.* Dans la haute vallée de l'Amblève, ce village conserve une jolie maison à colombages, typique de la région, la maison Maraite (1592).

Faymonville – *10 km au sud-est de Malmedy par les N 62 et N 632.* À la suite d'une légende très ancienne, les habitants de ce village sont nommés « turcs ». Cette appellation est illustrée par le croissant turc qui figure sur le drapeau de la localité et par la grande **parade carnavalesque** du Lundi gras.

Bütgenbach – *15 km à l'est de Malmedy par les N 62 et N 632.* Grand centre touristique de la région germanophone, Bütgenbach, au cœur massif de l'Eifel, propose de nombreuses possibilités de sports d'hiver et de sports nautiques, grâce à son barrage sur la Warche, qui forme une vaste retenue de 120 ha.

9

Robertville

10 km au nord-est de Malmedy par la N 681.

Robertville fait partie du territoire du parc naturel Hautes Fagnes-Eifel. Cette commune est connue pour son **barrage**, créé en 1928, qui domine la Warche à 55 m. Sa retenue forme un **lac★** de 62 ha qui fournit de l'eau potable à Malmedy et alimente une centrale électrique à Bévercé.

Le lac, entouré d'une forêt, offre de nombreuses activités sportives.

On a une belle **vue★** sur la retenue à l'entrée de Robertville.

★ Château de Reinhardstein

Accès par un sentier partant du barrage ou par la première route à gauche après le barrage (panneaux), et 800 m à pied au-delà du parking.

Dans son cadre somptueux de forêts de conifères, le donjon entouré de murailles, se dressant sur un éperon rocheux, donne l'impression de n'avoir pas changé depuis des siècles.

Pourtant, au début des années 1960, il n'y avait que des ruines à cet endroit. Le professeur Overloop a opéré une véritable résurrection en reconstruisant ce « burg » d'après les gravures du 17e s. qui le représentaient du temps de sa splendeur ; il était alors la propriété de la famille Metternich.

À l'intérieur, les pièces aux murs et dallages de pierre sont décorées de meubles anciens, de tapisseries, d'armures, d'armes et d'œuvres d'art. La salle des Chevaliers et la chapelle retiennent l'attention.

NOS ADRESSES À SPA

HÉBERGEMENT

Spa

BUDGET MOYEN

Le Relais – *Pl. du Monument 22 - ✆ 087 77 11 08 - www.hotelrelais-spa.be - 11 ch. 75/129 €* ☕. Dans le centre, derrière une façade fleurie en été, Le Relais offre des chambres bien entretenues. Restaurant de spécialités belges aux accents ardennais.

L'Auberge – *Pl. du Monument 4 - ✆ 087 77 48 33 - www.auberge-spa.be - 32 ch. 99/149 €* ☕ *-* 🅿. Au centre de la ville à proximité des thermes et du casino. L'hôtel propose des chambres modernes munies de tout le confort ainsi qu'un restaurant de style brasserie servant une cuisine française.

B&B La Vigie – *Av. Professeur-Henrijean 129 - ✆ 087 77 34 97 - www.lavigie.be -* 🅿 *- 4 ch. 105/135 € -* ☕ *10 €*. Chambres d'hôtes stylées dans un environnement calme en dehors du centre. La villa distinguée a été entièrement rénovée en accordant beaucoup d'attention à un aménagement contemporain où luxe et ambiance règnent dans les vastes chambres.

Bévercé

BUDGET MOYEN

Maison Géron – *Rte de la Ferme-Libert 4 - ✆ 080 33 00 06 - www.geron.be -* 🅿 *- 13 ch. 80/110 €* ☕. À 3,5 km de Malmedy, au bord d'une jolie route serpentant vers les Hautes Fagnes, corpulente maison bourgeoise postée en face d'une mignonne chapelle. Chambres classiques, jolie véranda moderne et terrasse d'été côté jardin. Accueil gentil.

Bütgenbach

POUR SE FAIRE PLAISIR

Hôtel Le Vieux Moulin – *Mühlenstrasse 32 - ✆ 080 28 20 00 - www.levieuxmoulin.be -* 🅿 *- 9 ch. 130/180 €* ☕. Un couple de Bruxellois a transformé un ancien moulin à eau en charmant petit hôtel à la touche urbaine et raffinée. Bien situé pour les promenades dans les bois ou pour pêcher dans l'étang à truite. Repas soigné servi le soir. Accueil chaleureux.

RESTAURATION

Spa

BUDGET MOYEN

Café de l'Europe – *Pl. Royale 4 - ✆ 087 22 11 27 - www.cafedeleurope.be - tlj sf lun. 10h-23h, salon de thé 14h-18h - menu midi 13 €, 15/25 €*. Brasserie moderne et accueillante de style anglais au centre de la ville. Choix de salades, de plats belges et, bien entendu, également de moules en saison.

POUR SE FAIRE PLAISIR

La Belle Époque – *Pl. du Monument 15 - ✆ 087 77 54 03 - fermé lun.-merc., 3 premières sem. de juin et 2 sem. en déc. - menus 25/50 €*. Patronne amicale et spontanée à l'accueil, cuisine traditionnelle artisanale et ambiance brasserie Belle Époque (murs carrelés, banquettes, miroirs, tables en marbre).

UNE FOLIE

L'Art de Vivre – *Av. Reine-Astrid 53 - ✆ 087 77 04 44 - www.artdevivre.be - tlj sf lun. midi et merc.-jeu. 12h-14h, 19h-21h - menus 35/75 € - réserv. conseillée*. Restaurant gastronomique dans une maison du 19e s. aménagée avec charme. Gastronomie française classique raffinée dans un cadre élégant. Pendant les mois d'été, vous profiterez également du jardin et d'une vue sur le grand jardin d'herbes aromatiques sélectionnées avec soin par le chef pour parfumer ses plats exquis.

Malmedy

BUDGET MOYEN

À la Truite argentée – *Bellevue 3 (par l'av. Monbijou) - ✆ 080 78 61 73 - www.alatruite argentee.be - juil.-sept. : tlj sf merc. ; oct.-juin : tlj sf merc.-jeu. - menu déj. 20 € (lun.-vend.), 32 €.* Cette auberge tenue par un couple est LA bonne adresse malmedienne pour se régaler de truites. Des viviers du jardin, elles n'ont qu'un saut à faire pour se coucher dans la poêle ! Généreux menu traditionnel.

UNE FOLIE

Albert Ier - *Pl. Albert-Ier 40 - ✆ 080 33 04 52 - fermé merc. soir et jeu. (sf pdt l'été), la période du carnaval et les deux premières sem. de juil. - menus 50/56 €, 35/50 €.* Vous trouverez sur la place du marché de Malmedy le meilleur restaurant italien des environs. Préparations classiques des différentes régions d'Italie et belle carte des vins. Également 6 chambres doubles.

Bévercé

POUR SE FAIRE PLAISIR

Ferme Libert – *Rte de la Ferme-Libert 33 - ✆ 080 33 02 47 - www.fermelibert.be - dernière commande 20h30 - 25/45 €.* Taverne-restaurant accueillante dominant le village de Bévercé. Grand choix de plats traditionnels et régionaux, nombreux menus, atmosphère rurale ardennaise et vue plongeante sur la vallée. Chambres de mise simple, mais bien tenues.

PETITE PAUSE

La Gâterie – *Pl. du Monument 18 - ✆ 087 77 48 80 - 8h-18h.* Dans un intérieur classique, on vous gâte avec le petit-déjeuner, des gaufres, des crêpes, du café, de la glace maison et autres délices.

ACTIVITÉS

Le **lac de Warfaaz** *(2,5 km au nord-est)* est apprécié pour la pêche et le pédalo. En outre, l'hiver, le ski de fond et le ski alpin sont pratiqués au Thier des Rexhons (au sud).

EN SOIRÉE

Casino de Spa – *R. Royale 4 - ✆ 087 77 20 52 - www.casinodespa.be - de 11h à l'aube.* Ouvert en 1763, puis reconstruit en 1920, l'édifice abrite la plus ancienne salle de jeux du monde.

ACHATS

Les « **baisers de Malmedy** », meringues fourrées de crème fraîche, sont une excellente pâtisserie locale.

AGENDA

Francofolies de Spa – *En juil. - www.francofolies.be.* Le grand rendez-vous de la chanson francophone, à l'instar de celles de La Rochelle.

Festival de théâtre – *En août - www.festivaldespa.be.*

Stavelot

★

6 792 habitants – Liège

NOS ADRESSES PAGE 493

S'INFORMER
Indicatif téléphonique : *080.*
Office de tourisme – *Galerie vitrée de l'abbaye - ✆ 080 86 27 06 - www.stavelot.be/tourisme - 10h-13h, 13h30-17h.*

SE REPÉRER
Carte de région C2 (p. 454-455) et carte de la vallée de l'Amblève (p. 490-491) – *Cartes Michelin Regional nos 716 K4 et 534 U20.* Située sur l'Amblève, l'ancienne principauté est desservie par l'A 27/E 42. Prenez la sortie 11, puis la N 68.

À NE PAS MANQUER
La châsse de St-Remacle (église St-Sébastien), l'ancienne abbaye.

ORGANISER SON TEMPS
Comptez une demi-journée. Pour assister au carnaval, prévoyez une demi-journée en plus.

AVEC LES ENFANTS
Le cortège haut en couleur du carnaval.

Blotti dans la vallée verdoyante de l'Amblève, ce bourg vous charmera pour ses rues sinueuses et pentues, ses vieux pavés et ses belles fontaines. À l'origine de la cité, l'abbaye fondée par saint Remacle, qui resplendit de ses façades pourpres. Muse inspiratrice de Guillaume Apollinaire, Stavelot fait apparaître, à l'heure du carnaval, d'étranges personnages, les « Blancs-Moussis », habillés de grands manteaux blancs à capuchons.

Se promener

Place St-Remacle

La **fontaine du Perron**, datant de 1769, symbolise, comme à Liège, les libertés de la ville.

En bas de la place St-Remacle, prenez à gauche.

Église St-Sébastien

9h-18h. Pour la visite guidée du trésor et de la châsse de saint Remacle : ✆ 0474 08 65 25.

UNE ANCIENNE CAPITALE ECCLÉSIASTIQUE

Fondée vers 650, par saint Remacle, en même temps que celle de Malmedy, l'abbaye suit bientôt la règle bénédictine. Elle devient avec Malmedy, sa rivale, le siège d'une petite principauté ecclésiastique.

À l'instar des princes-évêques de Liège, les princes-abbés vivent dans une parfaite indépendance et ne relèvent que de l'Empire. Mais, en 1795, Stavelot est rattaché à la France.

Construite au 18e s., elle abrite dans le chœur la monumentale **châsse de saint Remacle★★** du 13e s. D'école mosane, longue de 2,07 m, en métal doré rehaussé de filigranes et d'émaux, elle est entourée de statuettes : saint Remacle, saint Lambert, les apôtres, d'une facture plus archaïque, et, aux extrémités, le Christ et la Vierge ; sur le toit, scènes du Nouveau Testament. Le **trésor** abrite le buste-reliquaire (17e s.) de saint Poppon, ancien abbé de Stavelot, présentant dans sa main droite une maquette de l'église abbatiale.
Au fond de la place St-Remacle, en haut à droite.

APOLLINAIRE, LE WALLON
Guillaume Apollinaire (1880-1918) passe l'été 1899 à Stavelot à la pension Constant, l'actuel hôtel Ô Mal Aimé situé 12, rue Neuve. Il tombe amoureux de la jolie Marie (Mareye) Dubois. De sa rencontre, il tire un poème en wallon conservé au musée.

Rue Haute
C'est une des rues les plus pittoresques de Stavelot. Elle mène à une charmante placette où l'on peut voir une vieille fontaine et plusieurs maisons anciennes à colombages.

★ Ancienne abbaye
✆ 080 88 08 78 - www.abbayedestavelot.be - ♿ - 10h-18h - fermé 1er janv., Mi-Carême et 25 déc. - 8,50 € pour les 3 musées et l'exposition.
De l'esplanade aménagée en haut de l'ancienne abbaye, on a une très belle vue plongeante sur les vestiges archéologiques de l'église abbatiale du 11e s. Entourant le jardin du cloître, les bâtiments conventuels, réaménagés au 18e s., sont occupés par trois musées.
Musée historique de la Principauté de Stavelot-Malmedy – *Au rdc.* De nombreux panneaux explicatifs, des présentations audiovisuelles, objets divers et reconstitutions en trois dimensions illustrent de façon claire et captivante les périodes-clés qui ont marqué l'histoire de l'abbaye.
Au Moyen Âge, la principauté ecclésiastique fut, sous la direction de l'abbé Wibald, un important centre d'art mosan dont témoignent encore plusieurs chefs-d'œuvre stavelotains actuellement dispersés dans le monde entier.
Musée Guillaume-Apollinaire – *Au 1er étage.* Un petit musée fort sympathique invite à la découverte de l'œuvre du célèbre poète français. Le salon de poésie permet même d'écouter quelques poèmes d'Apollinaire.
Musée du Circuit de Spa-Francorchamps – Dans les caves voûtées de l'ancienne abbaye, une exposition présente l'histoire du circuit de vitesse de Spa-Francorchamps de 1896 à nos jours. Voitures de course et motos victorieuses, photos, films ainsi qu'une maquette rappellent les grands moments du fameux circuit.

Circuits conseillés

★★ VALLÉE DE L'AMBLÈVE Carte de la vallée p. 490-491

Circuit de 46 km tracé en rouge sur la carte de la vallée de l'Amblève et sur la carte de région (p. 454-455) – Comptez 2h. Quittez Stavelot par la N 68 vers le sud-ouest (Trois-Ponts).

Trois-Ponts
Royal Syndicat d'Initiative – *Pl. Communale 1 - ✆ 080 68 40 45 - www.troisponts-tourisme.be - lun.-merc. 10h-12h30, 13h-16h, mar. 9h-12h30, 13h-16h,*

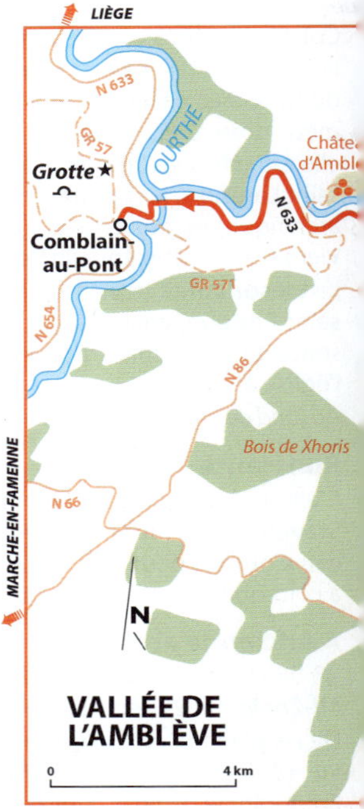

vend. 10h-12h30, 13h-17h, sam. 9h-12h30, 13h-17h ; juil.-août : mêmes horaires, plus jeu. 9h-12h30, 13h-16h, dim. 10h-15h.

Village pittoresque à la confluence de la Salm et de l'Amblève, la bourgade dissimule quatre ponts, dont un, le plus joli de tous, dénommé « pont des Soupirs » : en bois, il enjambe le ruisseau du Baleur, abrité sous les arbres. Afin de profiter des beautés naturelles alentour, prenez la route des Panoramas ; si vous venez en saison, le mieux est de la parcourir à dos d'âne *(rens. au syndicat d'initiative)*.

Prenez à droite la N 633.

L'Amblève prend sa source aux confins du parc naturel Hautes Fagnes-Eifel. Capricieuse et champêtre à ses débuts, elle creuse ensuite dans son cours inférieur une large vallée en V : elle y forme d'amples méandres entre des versants couverts d'un épais tapis de verdure.

Gagnez Coo par la N 633.

Coo

Dans un cadre montagneux, cette station de villégiature très touristique s'enorgueillit d'une magnifique **cascade★**. Au 18e s., l'Amblève traçait ici un long méandre dont les racines se rejoignaient presque sous l'effet de l'érosion. Les moines de Stavelot ont complété le travail de la nature et une cascade finit par se former, à cause de la dénivellation.

De la tour construite au sommet de la **montagne de Lancre** *(accessible par un télésiège)*, on découvre un vaste **panorama★** sur la vallée de l'Amblève et l'ensemble des installations électriques de pompage de Coo-Trois-Ponts.

Quittez Coo par la N 633 en direction de La Gleize et de Stoumont.

Peu après **Stoumont**, village perché au-dessus de l'Amblève, se trouve à gauche le belvédère Le Congo, offrant un remarquable **point de vue★** sur la vallée, si inhabitée et boisée, l'été, qu'elle a été comparée à la forêt équatoriale. À partir de Targnon, la route accompagne la rivière jusqu'à son confluent avec l'Ourthe. Juste après le village de Targnon, à gauche, la N 645 remonte la riante **vallée de la Lienne**.

Suivez la N 633.

★ Fonds de Quareux

Un petit pont passant sous le chemin de fer permet d'atteindre *(à pied)* la rive de l'Amblève. La rivière dévale ici en bouillonnant sur un lit encombré de gros blocs de quartzite résistant, détachés du massif rocheux environnant.

Nonceveux

Localité établie sur la rive gauche, dans un méandre. La rive droite est devenue un centre de villégiature.

En suivant à pied le torrent du **Ninglinspo** *(départ du grand parking à droite, à l'entrée de l'agglomération)*, on atteint la Chaudière *(15mn)*, cuvette de pierre rougeâtre où se déversent deux petites cascades.

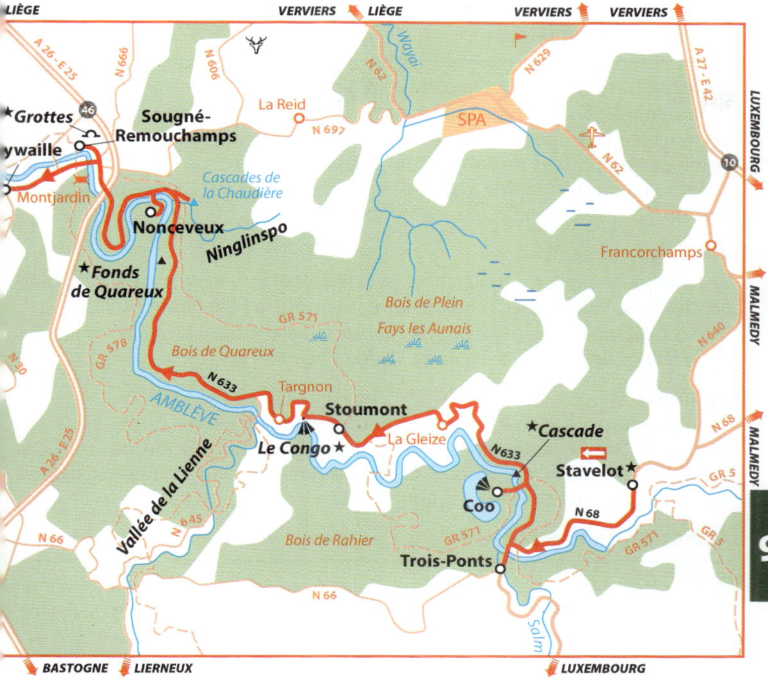

Avant de s'engager sous le viaduc de Remouchamps, on aperçoit, à gauche, le château de Montjardin, perché dans la verdure et dominant la rivière. *Poursuivez en direction de Sougné-Remouchamps.*

Sougné-Remouchamps

Remouchamps est un centre de villégiature agréable sur les bords de l'Amblève, où l'on fête la marguerite le dernier week-end de juin.

Découvertes en 1828, aménagées en 1912, les **grottes★★** *(✆ 04 360 90 70 - www.grottes.be - visites guidées (1h15) : fév.-nov. 10h-17h30 (dernière entrée 16h15) ; déc.-janv. w.-end et vac. de Noël 10h-16h (dernière entrée 16h) - 9,50 €, incluant le musée)* offrent un parcours intéressant avec retour en barque, à travers les galeries creusées par le Rubicon, affluent de l'Amblève, et dont les 80 derniers mètres ont dû être creusés à la dynamite. L'entrée circulaire servit d'abri préhistorique ; un large couloir mène à un précipice où l'on descend les escaliers pour rejoindre la rivière.

Cascade figée, gours pétrifiés de la Grande Galerie haute de 20 m, descente vers le Rubicon sous une voûte de stalactites étincelantes, « **Cathédrale** » de 40 m avec de belles cascades de cristaux aux trois couleurs se succèdent jusqu'au pont des Titans.

C'est alors que s'amorce la descente vers l'embarcadère où les barques vont glisser au fil de l'eau sur 1 km jusqu'à la salle du Précipice, sous des voûtes étranges aux parois colorées.

Sur une hauteur en aval d'**Aywaille** se dressait jadis le château d'Amblève où, selon la légende, auraient séjourné les quatre fils Aymon.

On atteint bientôt Comblain-au-Pont et le confluent avec l'Ourthe.

Comblain-au-Pont *(voir p. 539)*

VALLÉE DE LA SALM Carte de région p. 454-455

Circuit tracé en violet sur la carte de région (p. 455). Après avoir rejoint Trois-Ponts par la N 68, continuez 13,5 km au sud toujours par la N 68.

Cette vallée champêtre constituait autrefois une principauté sur laquelle régnaient les princes de Salm et qui dépendait du duché de Luxembourg. La Salm, sinueuse et rapide, dans une vallée encaissée, est longée par la route bordée de beaux arbres.

Vielsalm C3

Le 20 juillet, le sabbat des Macralles (sorcières) se déroule le soir dans un bois proche de la localité. Il est suivi, le lendemain, de la Fête des myrtilles.

Si vous n'êtes pas pressé, vous pouvez faire un crochet jusqu'à Reuland. Continuez sur la N 68. À Beho, prenez à gauche la N 827, puis la N 62.

Reuland D3

Ce village pittoresque est dominé par les ruines de son « Burg » du 11e s. Du donjon, **vue★** ravissante sur les maisons blanches aux lourdes toitures d'ardoise, groupées autour du clocher à bulbe. Reuland se trouve dans les limites du parc naturel Hautes Fagnes-Eifel.

★ CIRCUIT DES PANORAMAS Carte de région p. 454-455

Circuit de 44 km au départ de Trois-Ponts tracé en vert clair et orange sur la carte de région (p. 455). Une brochure détaillée est disponible auprès de l'office du tourisme de Trois-Ponts (p. 489).

Cet itinéraire touristique balisé est formé de deux boucles et serpente à travers les collines, offrant des panoramas étendus, des vues tantôt sur l'Amblève, tantôt sur la Salm.

Au sud-est, la « **boucle de Wanne** » *(23 km - orange)* C2 suit la Salm dans son cours inférieur. La route quitte la forêt aux abords de Henumont, avant de descendre puis remonter à Wanne parmi d'agréables paysages. On gagne ensuite Aisomont ; avant ce village a été aménagée à droite une piste de ski (Val de Wanne). Puis on descend sur Trois-Ponts.

À l'ouest, par la « **boucle de Basse-Bodeux** » *(21 km - vert clair)* C2-3, on s'élève entre les vallées de la Salm et du Baleur (direction Basse-Bodeux), puis on tourne à gauche vers Mont-de-Fosse. Après St-Jacques, Fosse et Reharmont, traverser la nationale pour gagner Haute-Bodeux. Un peu avant d'atteindre Basse-Bodeux, tourner à gauche. La route traverse une belle forêt près des deux bassins supérieurs de la centrale d'accumulation par pompage. On redescend sur Trois-Ponts en traversant le hameau de Brume.

NOS ADRESSES À STAVELOT

HÉBERGEMENT

Stavelot

POUR SE FAIRE PLAISIR

Hôtel La Maison – *Pl. St-Remacle 19 - ✆ 080 88 08 91 - www.hotellamaison.info - 12 ch. 110/128 € ☕ - rest. 25/55 €.* Charmant petit hôtel sur la place du marché de Stavelot. Le bâtiment date du 17e s. et est érigé en style liégeois typique. Chambres confortables proposant tous les équipements nécessaires. Restaurant de bon goût.

Hôtel Dufays – *R. Neuve 115 - ✆ 080 54 80 08 - www.bbb-dufays.be - 6 ch. 115/125 € ☕.* Imposante maison de maître rénovée au centre de la petite ville, à distance de marche de l'ancienne abbaye. Chaque chambre est aménagée selon un thème différent, avec une décoration et un mobilier adaptés. La salle petit-déjeuner confortable offre une belle vue sur le cadre verdoyant.

Coo

BUDGET MOYEN

Val de la Cascade – *Petit-Coo 1 - ✆ 080 68 40 78 - www.valdelacascade.be - P - 20 ch. 71 € (auberge), 90 € (hôtel) - ☕ 12 € - rest. 11h30-14h30, 18h-21h30 - 30/40 €.* Face à la célèbre cascade de Coo, où l'Amblève chute et bouillonne bruyamment en contrebas. Chambres sobres mais impeccables et restaurant doté d'un intérieur rustique. Repas traditionnels riches et cave à vin bien fournie. Terrasse en été.

RESTAURATION

Stavelot

UNE FOLIE

Le Val d'Amblève – *Rte de Malmedy 7 - ✆ 080 28 14 40 - www.levaldambleve.be - fermé lun. et de mi-déc. à mi-janv. - 60 €.* Ce bel hôtel-restaurant installé dans une grande villa blottie dans un parc se trouve à distance de marche du centre. Cuisine franco-belge classique dans un environnement charmant.

Trois-Ponts

POUR SE FAIRE PLAISIR

La Métairie – *Wanne 4 - ✆ 080 86 40 89 - www.lametairie.be - fermé lun. et mar. - menu déj. 20 €, 31/45 €.* Vieille bâtisse dans le centre du village de Wanne, où le chef mitonne de fines préparations à base de produits de saison issus de la région. Carte limitée mais raffinée. L'hostellerie dispose de 6 chambres d'hôtel et d'une terrasse en été.

PETITE PAUSE

Boulangerie-Pâtisserie artisanale-Brasserie Maréchal – *Av. Ferdinand-Nicolay - ✆ 080 86 22 82 - tlj sf lun. 6h-19h.* Petits pains fourrés, excellentes pâtisseries, quiches, crêpes et glaces. Belle sélection de cafés et de bières. Cadre agréable avec terrasse côté rue et vue sur l'abbaye.

Pizzeria Brasserie Le Casino – *Av. Ferdinand-Nicolay 27 - ✆ 080 86 23 57 - tlj en sais.* Large choix de pizzas et petite restauration. Grande terrasse côté rue.

AGENDA

Chaque année, Stavelot voit défiler plus de 1 500 participants lors du carnaval endiablé du Laetare. Le cortège aux très nombreux chars est animé par des centaines de **Blancs-Moussis** au long nez rouge et au très grand habit blanc à capuchon.

Eupen

18 925 habitants – Liège

NOS ADRESSES PAGE 496

S'INFORMER

Indicatif téléphonique : *087.*
Tourist Info Eupen – *Marktplatz 7 - ✆ 087 55 34 50 - www.eupen.be - lun.-vend. 9h-17h, sam. 9h-15h (juil.-août : dim. 9h-15h).*

SE REPÉRER

Carte de région C1 (p. 454-455) – *Cartes Michelin Regional nos 716 K4 et 534 V19.* Près de la frontière allemande, Eupen se situe sur un versant de la vallée de la Vesdre, aux confins des Hautes Fagnes et du pays de Herve. Depuis Liège et Aix-la-Chapelle, accès par l'autoroute E 40 ou par les N 61, N 67 et N 68.

À NE PAS MANQUER

La ville haute, le barrage sur la Vesdre.

ORGANISER SON TEMPS

Une heure et demie suffit pour visiter la ville haute et le Musée communal. Si vous vous rendez au barrage, prévoyez alors une demi-journée.

AVEC LES ENFANTS

Les enfants apprécieront la visite du barrage et du lac, surtout s'ils peuvent escalader le belvédère et s'amuser dans la plaine de jeux.

Avec son parlement et son joli palais gouvernemental, Eupen est la paisible capitale de la communauté germanophone de Belgique. Située dans la vallée de la Vesdre, elle doit son développement et sa vocation industrielle à l'arrivée de riches lainiers du pays de Gand, au 18e s., attirés par ses eaux : vous apprécierez ses belles maisons patriciennes datant de cette époque, ainsi que l'église St-Nicolas, avec ses amusantes tours à bulbes verts et ses autels baroques exubérants.

Se promener

Musée de la ville d'Eupen (Stadtmuseum Eupen)

Gospertstrasse 52 - ✆ 087 74 00 05 - mar.-vend. 9h30-12h, 13h-16h, sam. 14h-17h, dim. 10h-12h, 14h-17h - fermé 25 déc.-1er janv., j. fériés et 3e w.-end de juin - 1,50 €.
Installé dans une pittoresque maison du 17e s., il a trait à l'horlogerie, à l'histoire de la ville, à l'évolution de la mode et contient un atelier d'orfèvre et une collection de poteries de Raeren.

À proximité Carte de région p. 454-455

★ Barrage de la Vesdre (Wesertalsperre) C1

5 km. Quittez Eupen au sud-est par la N 67 et tournez à gauche.

En amont de la ville, au confluent de la Vesdre et de la Getzbach, ce barrage inauguré en 1950 est l'un des plus grands ouvrages de cet ordre en Belgique avec celui de la Gileppe et le complexe de l'Eau d'Heure.

Du type barrage-poids, il est haut de plus de 63 m et long de près de 410 m, avec une épaisseur de 55 m à la base. Sa capacité est de 25 millions de m^3.

Destiné, comme à Gileppe, à l'alimentation en eau des environs d'Eupen ainsi que de la région liégeoise, il est équipé d'une station de traitement des eaux et d'une petite centrale électrique. On peut y pratiquer la voile (Yacht Club de la Vesdre), mais la navigation à moteur, la pêche et la baignade y sont interdites.

Henri-Chapelle C1

11 km au nord-ouest par la N 67, puis à gauche la N 3.

À 4,5 km au nord de **Henri-Chapelle**, à Vogelsang-Hombourg, se trouve un **cimetière américain**, endroit fleuri de roses et de rhododendrons, remarquablement entretenu, où reposent 7 989 soldats américains morts en 1944-1945 en Ardenne ou en Allemagne. Sur une pelouse légèrement inclinée, des croix de marbre blanc (ou des stèles gravées d'une étoile de David pour les Israélites) forment des arcs de cercle convergeant vers le mémorial.

À l'intérieur du mémorial, un petit **musée** *(✆ 087 68 71 73 - 9h-18h ; nov.-mars : 9h-17h)* présente, gravés dans le marbre, le récit et les cartes de la fin de la campagne américaine.

De la terrasse face au cimetière, **panorama★** sur le plateau de Herve, aux prairies bordées de haies, campagne vallonnée au peuplement très dense mais dispersé.

★ Les Trois Bornes (Drielandenpunt) C1

18 km au nord par la N 68.

Après avoir quitté la N 68 à Kettenis, on traverse Walhorn puis Astenet où se trouve un petit sanctuaire dédié à la mémoire de Catherine de Sienne. Après Kelmis-La Calamine, via le sanctuaire marial de Moresnet-Chapelle et son calvaire monumental situé dans un cadre de verdure, on rejoint Gemmenich. De là, une route en lacet mène au plateau boisé où se rejoignent les frontières des Pays-Bas, de Belgique et d'Allemagne. Avant 1918 s'y ajoutait la frontière du petit territoire neutre de Moresnet, aujourd'hui belge. À 321 m d'altitude, c'est aussi le point culminant des Pays-Bas.

Le sommet de la **tour Baudouin** *(✆ 043 306 10 19 - www.drielandenpunt.be - ♿ - avr.-oct. : 10h-18h ; reste de l'année (quand le temps le permet) : 11h-17h - 3 €)*, haute construction métallique, offre un beau **panorama★** sur la région, l'agglomération d'Aix-la-Chapelle et les forêts de l'Eifel en Allemagne, et, à l'horizon, Maastricht dans un paysage de collines boisées.

À 500 m au-delà, sur la route de Vaals (Pays-Bas), un beau **point de vue★** s'ouvre à droite sur la plaine allemande et Aix-la-Chapelle.

NOS ADRESSES À EUPEN

HÉBERGEMENT

Eupen

POUR SE FAIRE PLAISIR

Ambassador Boston Hotel – *Haasstrasse 81 - 087 74 08 00 - www.ambassador-bosten.be - P - 28 ch. 109/185€.* Cet hôtel à la limite de la ville est dirigé par la même famille depuis 1896. Grandes chambres classiques et vaste buffet petit-déjeuner. Restaurant gastronomique Le Gourmet de cuisine française.

Amel

PREMIER PRIX

B&B Zum Goldhahn – *Montenau 149 - 0474 25 83 13 - www.zumgoldhahn.be - 5 ch. 55/70 € (mini 2 nuits).* Au pied des Hautes Fagnes. Intérieur simple mais convivial au cœur de la verdure. Idéal pour les promeneurs ou les motocyclistes. Grand jardin avec terrasses. Possibilité de dîner le soir.

RESTAURATION

Eupen

BUDGET MOYEN

Arti'Choc – *Haasstrasse 38 - 087 55 36 04 - www.artichoc-eupen.be - tlj sf merc.-jeu. 12h-20h30 - déj. 13 €, menu 33 €.* Sur la place de la ville basse, table conviviale au charmant décor bistrot-rustico-actuel. Le menu-choix noté à l'ardoise remporte tous les suffrages. Terrasse sur le trottoir.

POUR SE FAIRE PLAISIR

Brasserie Delcœur – *Gosperstrasse 22-24 - 087 56 16 66 - www.delcoeur.be - tlj sf jeu. 12h-14h30, 18h-21h30, sam. 18h-21h30 - menu déj. 23 €, 33/52 €.* Une propriété séculaire avec cour intérieure vous propose des plats simples mais classiques et de qualité.

St-Vith

UNE FOLIE

Zur Post – *Hauptstrasse 39 - 080 22 80 27 - www.hotelzurpost.be - fermé lun., mar. midi et dim. soir - menu le midi 45 €, le soir 69 € - 8 ch. 99/145 €.* Un sommet gastronomique. Dans son restaurant intime rénové, Eric Pankert réalise des merveilles grâce à sa touche inventive personnelle. Également, 8 chambres charmantes.

PETITE PAUSE

Bäckerei-Konditorei-Eiscafé Saive – *Aachener Strasse 65 - 087 59 67 50 - tlj sf lun. 8h-18h.* Boulangerie à la décoration contemporaine. Large choix de glaces, de gâteaux, de cafés et autres boissons. Bon accueil.

ACHATS

Chocolaterie Jacques – *Industriestrasse 16 - 087 59 29 67 - www.chocojacques.be - 10h-17h - fermé w.-end, 25 déc.-1er janv. et pdt les j. de carnaval.* Dans la salle de dégustation, appelée « La Maison du chocolat », on peut acheter tous les produits, y compris ceux qu'on trouve difficilement dans le commerce ou qui font l'objet de promotions.

AGENDA

Carnaval à Eupen – De caractère rhénan, le carnaval est préparé dès la mi-novembre. Le samedi apparaît le prince Sa Folie au chef orné de plumes de faisan. Le dimanche après-midi a lieu le cortège des enfants. La fête atteint son point culminant la veille du Mardi gras avec le défilé du **Rosenmontag** (Lundi des Roses).

L'hôtel de ville de Verviers.
Matthias Krüttgen/Fotolia.com

9

Verviers

56 020 habitants – Liège

NOS ADRESSES PAGE 503

S'INFORMER

Indicatif téléphonique : *087.*
Maison du tourisme du Pays de Vesdre – C1 en dir. - *R. Jules-Cerexhe 86 - ✆ 087 30 79 26 - www.paysdevesdre.be - avr.-oct. : 9h-17h ; nov.-mars : tlj sf lun. 9h-17h.*

SE REPÉRER

Carte de région C1-2 (p. 454-455) et plan de ville (p. 498) – *Cartes Michelin Regional nos 716 K4 et 533 U19.* À proximité des Fagnes, on atteint Verviers par l'A 27/E 42 (sortie 4).

À NE PAS MANQUER

Le musée des Beaux-Arts et de la Céramique, le centre touristique de la Laine et de la Mode.

ORGANISER SON TEMPS

Comptez 2h pour visiter la ville.

Si vous arrivez en train, vous serez impressionné par l'imposante gare de Verviers-Central, posée au-dessus des voies. La cité, jadis « métropole de la laine », est située sur les rives de la Vesdre, rivière pauvre en minéraux, idéale pour les activités industrielles. Désormais « capitale wallonne de l'eau » avec ses deux compagnies de distribution et ses fontaines, Verviers est une base idéale pour découvrir les Hautes Fagnes et leurs paysages sauvages de landes et de tourbières.

SE LOGER Hôtel des Ardennes.. 1

Se promener Plan de ville ci-dessus

Circuit tracé en vert sur le plan de la ville.

Hôtel de ville D

Construit au 18e s. et situé sur une butte, cet élégant édifice aux nombreuses fenêtres rehaussées est précédé d'un **perron**.

★ Musée des Beaux-Arts et de la Céramique D

087 33 16 95 - lun., merc. et sam. 14h-17h, dim. 15h-18h - fermé 1er janv. - 2 €.

Installé dans un ancien hospice des vieillards du 17e s., il abrite de riches collections de porcelaines, faïence belge et étrangère, grès anciens de Raeren, des peintures et sculptures du 14e s. à nos jours, notamment un *Paysage avec St-Christophe*, aux tons bleuâtres, et un très joli panneau attribué à Pietro Lorenzetti.

Des gravures liégeoises du 16e s. à nos jours sont classées dans un meuble à tiroirs. À l'étage, collection d'œuvres modernes (Tytgat, Magritte).

Musée d'Archéologie et du Folklore D

087 33 16 95 - mar. et jeu. 14h-17h, sam. 9h-12h, dim. 10h-13h - fermé 1er janv. - 2 €.

Situé dans un hôtel particulier du 18e s., aux meubles de styles variés (Louis XIII et Charles X), il renferme un ensemble hollandais (Grand Salon) et des souvenirs du violoniste Henri Vieuxtemps ; au 1er étage, un salon Louis XV liégeois ; au 2e étage, des objets provenant des fouilles de la région.

Une intéressante section de **dentelles**★ est présentée par tiroirs et des agrandissements photographiques permettent d'apprécier la finesse du travail.

Église N.-D. C

Reconstruite au 19e s., elle est depuis le 17e s. le siège d'un pèlerinage à la Vierge noire des Récollets, dont la statue, lors d'un tremblement de terre (1692), se retrouva dans une attitude étrangement modifiée.

Centre touristique de la Laine et de la Mode C

087 30 79 20/14 33 - www.aqualaine.be - ♿ - tlj sf lun. 10h-17h - fermé 1er janv. et 25 déc. - 6 € (-18 ans 4 €).

Construite au début du 19e s., l'ancienne manufacture Dethier, joliment restaurée, abrite un musée dynamique évoquant le passé prestigieux de Verviers comme métropole de la laine.

Le centre permet au visiteur de suivre à l'aide d'un audioguide le processus de fabrication du drap de laine.

Le 2e étage accueille des métiers, machines, outils, gravures et présentations audiovisuelles illustrant le travail de la laine, du fil et du tissu.

Le 1er étage présente l'histoire de la mode, de l'Antiquité à nos jours (extraits de films, mannequins, planches de BD).

À proximité Carte de région p. 454-455

★ Limbourg C1

7,5 km au nord-est par la N 61.

Perchée sur un rocher au-dessus de Dolhain qui s'étale dans la vallée de la Vesdre, Limbourg fut la capitale d'un duché jusqu'au 13e s. : après la bataille de **Worringen**, en 1288, le Limbourg est rattaché au Brabant dont il partage le destin jusqu'à la fin du 18e s.

Importante place forte, Limbourg fut maintes fois assiégée, notamment par Louis XIV.

Ses remparts, sa vieille église St-Georges, de style gothique, ses ruelles tranquilles et sa place centrale pavée et plantée de tilleuls forment un ensemble très pittoresque.

★★ Barrage de la Gileppe C1

13 km à l'est par la N 61, puis la N 620.

Il a été édifié sur cet affluent de la Vesdre, de 1869 à 1876, et surélevé de 1967 à 1971. Haut de 67 m, long de 320 m sur une base rocheuse de 235 m, il a vu sa capacité doubler et s'élever à 26 millions de m^3. Il alimente la région en eau potable et industrielle.

Du belvédère, **vue★★** splendide sur ce vallon boisé, le lion qui domine la crête du barrage et la retenue *(activités sportives interdites sur le lac et ses rives).*

★★ Hautes Fagnes CD2

20 km à l'est. Prenez l'E 42/E 421 qui longe la partie ouest des Fagnes.

Entre Eupen et Malmedy s'étend la région des Hautes Fagnes. Ce plateau balayé par le vent, nostalgique et désolé, allonge à l'infini ses tourbières humides, ses marais et ses vastes étendues de landes, dominées par des champs de molinie créant en été de magnifiques taches violacées.

Il existe çà et là encore quelques masses noires des plantations d'épicéas, ou quelques bouquets de feuillus (hêtres, chênes, bouleaux).

Pratiquement déserte de nos jours, cette région connut jadis une importante occupation humaine : on a retrouvé des vestiges d'une chaussée dont l'origine remonterait au 7e s., la Via Mansuerisca.

La réserve – *Visite du lever au coucher du soleil. Fermeture d'une partie de la réserve naturelle domaniale de mi-mars à mi-juin pour la protection de la nidification des oiseaux; certaines pistes de la zone C restent également fermées de mi-juin à fin juil. (zone accompagnée le reste du temps). Pour plus de renseignements, adressez-vous au Centre nature de Botrange, rte de Botrange 131, 4950 Robertville - ✆ 080 44 03 00 - www.botrange.be.*

En 1957 fut créée la réserve naturelle domaniale des Hautes Fagnes. Couvrant plus de 4 200 ha, c'est une aire où sont protégés intégralement la faune, la flore, le sol et le paysage. La plupart des tourbières sont incluses dans la réserve. L'altitude du plateau n'est guère élevée, mais son climat rigoureux permet la reproduction de nombreux spécimens de la flore et de la faune de régions montagnardes, voire boréales.

Deux dangers menacent les tourbières. Le piétinement, en paralysant leur développement, entraîne, à long terme, leur destruction : c'est pourquoi il est interdit de s'écarter des sentiers balisés autorisés. Certaines zones de la réserve ne sont d'ailleurs pas accessibles en dehors des visites guidées. L'incendie, fatal à ce milieu, s'y produit fréquemment; une très grande prudence est recommandée, surtout en période sèche *(drapeaux rouges : accès interdit)*.

Un parc naturel – Depuis 1971, la réserve est englobée dans le **parc naturel Hautes Fagnes-Eifel**. Celui-ci, qui comprend en outre les lacs de Robertville et Bütgenbach, de la Gileppe et d'Eupen, la vallée de l'Our et l'Eifel, communique avec le parc naturel allemand du Nordeifel.

L'ensemble, nommé **Deutsch-Belgischer Naturpark**, représente un territoire de 2 400 km^2, dont 700 km^2 en Belgique, et rejoint au sud le parc naturel germano-luxembourgeois.

Centre nature de Botrange – *✆ 080 44 03 00 - www.botrange.be - ♿ - 10h-18h - gratuit sf pour l'exposition permanente (3 €).* Un joli bâtiment en pierre accueille un centre d'information, une exposition permanente sur les Hautes Fagnes, des spectacles audiovisuels et une librairie.

Signal de Botrange (694 m) – C'est le point culminant de la Belgique. Il est dominé par une tour de 24 m non accessible (1933) flanquant une auberge très animée (boissons et petite restauration) et un grand parking.

Derrière l'auberge se trouve la **butte Baltia**, une butte artificielle avec table d'orientation à exactement 700 m d'altitude.

De l'autre côté de la N 676 s'étend la magnifique **Fagne wallonne** (600 ha) avec belvédère. La plus grande partie des coupe-feu qui entourent la fagne sont accessibles.

Sentier de découverte nature★ – *1h30 à pied, de préférence avec de bonnes chaussures de marche. Départ : près de l'auberge Mont Rigi, prenez la direction de la Baraque Michel, mais tournez à gauche sur un chemin asphalté après quelques dizaines de mètres.* Cette agréable promenade, suivant les caillebotis au-dessus des tourbières, permet de ressentir l'immensité du paysage qui se déroule à perte de vue, et de découvrir de près les oiseaux et la flore des Fagnes : sorbiers, myrtilles, bruyères, bouleaux, résineux.

La Baraque Michel – Un des lieux touristiques les plus fréquentés des Hautes Fagnes, avec hôtel-restaurant-café né d'une petite auberge construite au début du 19e s. par le réfugié rhénan Michel Schmitz. C'est le principal accès à la réserve naturelle.

La **chapelle de Fischbach** a été construite par le chevalier Fischbach après que Michel Schmitz eut sauvé son beau-père de la fagne. Le **Boultè** est une colonne ancienne couronnée d'une pomme de pin et d'une croix, vraisemblablement une balise du 16e s.

Sentier de découverte nature dans les Hautes Fagnes.
Y. Duhamel/MICHELIN

Circuits conseillés Carte de région p. 454-455

DE VERVIERS À VAL-DIEU

Circuit de 15 km au nord tracé en bleu clair sur la carte de région (p. 455). Sortez par la E 42. À Battice, prenez la N 627, puis à droite vers Charneux. À Charneux, dirigez-vous vers Thimister et tournez à gauche 1 km après un petit pont.

Croix de Charneux C1

Cette grande croix en béton a été édifiée sur une colline de 269 m d'où la vue sur la région est belle.

À côté subsiste la coupole d'un poste d'observation (1932-1935) du fort de Battice qui défendait Liège.

En continuant vers le nord, gagnez le Val-Dieu.

Abbaye du Val-Dieu C1

Située dans la charmante vallée de la Berwinne, cette abbaye, fondée vers 1216, est occupée par des cisterciens depuis 1844.

La vaste cour de la ferme abbatiale précède l'ancien quartier des hôtes de 1732, à gauche duquel s'étendent les bâtiments abbatiaux et l'église. Reconstruite en 1934, celle-ci conserve un chœur gothique. À l'intérieur, belles stalles Renaissance.

DE VERVIERS À DEIGNÉ

Circuit de 11 km au sud-ouest tracé en rose sur la carte de région (p. 455). Quittez Verviers par la N 61.

Pepinster C2

L'**église** néogothique des Sts-Antoine-Ermite-et-Apolline (1893) a été bâtie en moellons de grès du Condroz *(R. Neuve - ✆ 087 46 01 06 - sam. 9h-17h, dim.*

11h-18h - visites guidées : le w.-end à 16h - sam. accueil et commentaires, dim. conférence). La simplicité des lignes et des matériaux ne laisse pas présager de la richesse de la décoration intérieure qui recèle plus de 593 personnages peints ou sculptés. Remarquez aussi l'exceptionnel chemin de croix composé de tapisseries réalisées en 1909 d'après d'anciennes tapisseries de Bruxelles des années 1500 à 1515.

Prenez la N 666.

Tancrémont C2

Une chapelle, lieu de pèlerinage, abrite une belle **statue★** du Christ en bois, fort vénérée.

Découverte dans la terre vers 1830, cette effigie couronnée, vêtue d'une robe à manches traduisant une influence orientale, remonterait au 12e s.

Banneux-N.-D. C2

C'est un lieu international de pèlerinage à la Vierge des Pauvres depuis les huit apparitions faites à Mariette Beco, âgée de 11 ans, pendant l'hiver de 1933.

La source miraculeuse, les chemins de croix, les chapelles sont dispersés dans la forêt de pins avoisinante.

Deigné C2

À Deigné a été aménagé le **parc safari du Monde Sauvage** *(✆ 04 360 90 70 - www.mondesauvage.be - ♿ - de mi-mars à mi-nov. : à partir de 10h (fermeture variable selon la sais.) - 19 €, -12 ans 15 €).* La partie de ce parc où hippopotames, zèbres, chameaux, girafes, buffles, rhinocéros et gazelles vivent en liberté se visite en voiture ou en petit train *(toutes les heures à côté de la ferme).*

La section composée d'enclos et d'îlots se parcourt à pied. Le parc comprend en outre un bassin avec des otaries, une ferme pour enfants avec une plaine de jeux, une volière exotique et une salle de projection pour films en trois dimensions.

NOS ADRESSES À VERVIERS

Plan de la ville p. 498

HÉBERGEMENT

BUDGET MOYEN

Hôtel des Ardennes – C - *Pl. de la Victoire 15 - ✆ 087 22 39 25 - www.hotelverviers.com - 10 ch. 70 € - ☕ 6 €.* Un hôtel de confort simple, mais bien commode pour les utilisateurs du rail, car situé à un petit jet de vapeur de la gare. Les chambres, fonctionnelles et bien tenues, sont distribuées sur trois étages et l'établissement possède également un café au rez-de-chaussée. On petit-déjeune sur des banquettes sous le regard des trophées de chasse.

RESTAURATION

Bellevaux-Ligneuville

POUR SE FAIRE PLAISIR

Du Moulin – *Grand-Rue 28 (Ligneuville) - ✆ 080 57 00 81 - www.hotel-du-moulin.eu - tlj sf merc.-jeu. 12h-13h30, 19h-21h - fermé mars et de fin août à mi-sept. - 35/45 €.* Cet adorable relais gourmand occupe une construction régionale massive élevée au 19e s. Belle démonstration de cuisine au goût du jour, cave rabelaisienne, décor intérieur cossu, agréable terrasse d'été et chambres pimpantes.

PETITE PAUSE

La Boule rouge – C - *Pont Saint-Laurent 10 - ✆ 087 33 39 50 - henrylince@skynet.be - fermé dim. midi.* En plein centre de Verviers, une brasserie incontournable qui réunit aussi bien la jeunesse locale que les plus anciens. La raison de ce succès ? Peut-être le choix de plus de 180 bières proposées aux amateurs... Propose également de la restauration classique de brasserie midi et soir *(comptez autour de 20 €).*

SPÉCIALITÉS

À Verviers n'oubliez pas de goûter la succulente **tarte au riz**, le **gâteau de Verviers**, sorte de cramique brioche et le **leftgot**, un boudin de foie aux raisins.

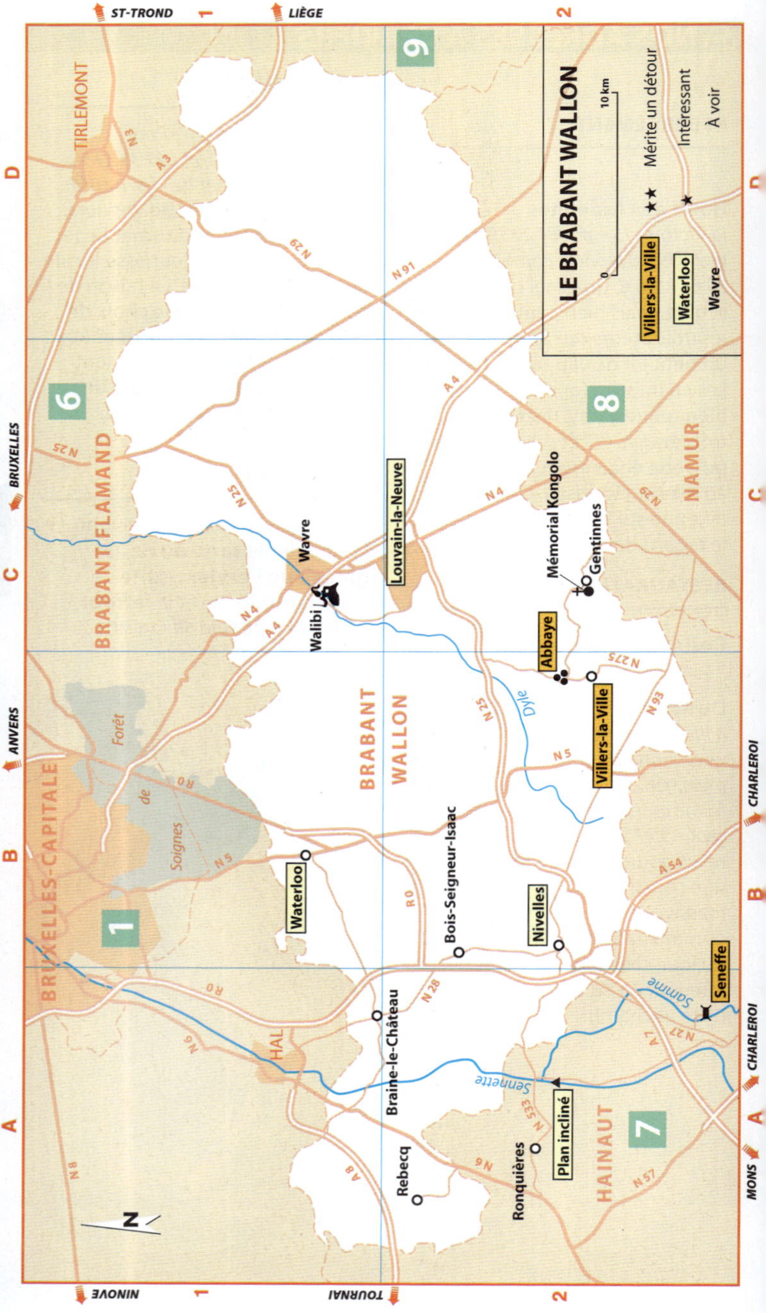
LE BRABANT WALLON
0
10 km
Villers-la-Ville
★★ Mérite un détour
Waterloo
★ Intéressant
Wavre
À voir
ST-TROND
LIÈGE
BRUXELLES
ANVERS
CHARLEROI
MONS
NINOVE
TOURNAI
TIRLEMONT
BRUXELLES-CAPITALE
BRABANT FLAMAND
BRABANT WALLON
HAINAUT
NAMUR
HAL
Forêt de Soignes
Wavre
Walibi
Louvain-la-Neuve
Mémorial Kongolo
Gentinnes
Abbaye
Villers-la-Ville
Waterloo
Bois-Seigneur-Isaac
Nivelles
Braine-le-Château
Rebecq
Ronquières
Plan incliné
Seneffe
Dyle
Samme
Sennette
N3
A3
N29
N91
A4
N25
N4
N5
R0
N275
N93
A54
N28
N6
N8
A8
N533
N57
A7
N27
1
2
A
B
C
D
1
6
7
8
9
N

Le Brabant wallon 10

Cartes Michelin Regional n°s 716 et 533

Attention, de nombreux sites et localités appartenant géographiquement au Brabant wallon sont traités dans le chapitre Bruxelles et ses environs, entre les pages 129 et 133.

Waterloo

★

29 702 habitants – Brabant wallon

NOS ADRESSES PAGE 509

S'INFORMER

Indicatif téléphonique : *02.*

Maison du Tourisme – *Chaussée de Bruxelles 218 - 02 352 09 10 - www.waterloo-tourisme.be - juin-sept. : 9h30-18h ; oct.-mai : 10h-17h.*

SE REPÉRER

Carte de région B1 (p. 504) – *Cartes Michelin Regional nos 716 G3 et 533 L18.* Au sud de Bruxelles, les monuments et le champ de bataille se trouvent sur le territoire de Waterloo, Braine-l'Alleud, Lasne et Genappe. Accès depuis Bruxelles par la N 5.

À NE PAS MANQUER

Champ de bataille de Waterloo, hameau du Lion.

ORGANISER SON TEMPS

Une journée entière est nécessaire pour visiter tous les souvenirs de 1815.

AVEC LES ENFANTS

Le champ de bataille de Waterloo.

« *Waterloo ! Waterloo ! Waterloo ! morne plaine ! ...* » Comme a si bien su l'exprimer Victor Hugo dans ses *Châtiments*, c'est le 18 juin 1815 que les Alliés anglo-hollandais, commandés par le duc de Wellington, et les Prussiens, dirigés par le feld-maréchal Blücher, surnommé le maréchal « En-Avant », mirent un terme à l'épopée napoléonienne.

Se promener

LE CHAMP DE BATAILLE

Bon à savoir – Il est recommandé de visiter le **musée Wellington** *(voir p. 508)* avant de se rendre sur le champ de bataille, pour mieux comprendre les événements.

Champ de bataille de Waterloo, hameau du Lion

Rte du Lion 315 - 02 385 19 12 - www.waterloo1815.be - avr.-sept. : 9h30-18h30 ; reste de l'année : 10h-17h - de 6 à 12 € selon la formule.

Conseil – Le **Pass 1815** *(12 €)* permet de visiter le hameau du Lion, le dernier quartier général de Napoléon et le musée Wellington.

Le paysage du champ de bataille a subi de nombreuses transformations depuis 1815 (une autoroute et une nationale le traversent), il est constellé de bâtiments historiques et de monuments commémoratifs. En entrant par le Centre du visiteur (billetterie, boutique de souvenirs), vous découvrirez un

LE RÉCIT D'UNE DÉROUTE

Menacée d'encerclement par le traité de Vienne du 25 mars, la France voyait le danger se préciser, surtout au nord où deux armées alliées étaient déjà présentes. **Napoléon**, à marches forcées, s'avance à leur rencontre et conçoit le plan audacieux de les écraser séparément.

Le 14 juin, il s'arrête à Beaumont. Le 16, l'Empereur remporte sa dernière victoire sur Blücher, à **Ligny**, au nord-est de Charleroi. Le maréchal Ney s'est battu sans succès contre les Anglais aux Quatre-Bras. Le 17, Napoléon part à la rencontre de Wellington, arrive dans la plaine du mont St-Jean et, la nuit tombée, occupe la **ferme du Caillou**. Wellington a installé son quartier général au village de **Waterloo**. Le 18 juin, le mauvais temps ayant retardé l'arrivée de certaines troupes françaises, le combat ne s'engage que vers midi.

Tandis que près du relais de la **Belle Alliance** sont installés l'artillerie française et le poste d'observation de Napoléon, la ferme au Goumont dite **Hougoumont** est le lieu d'une rencontre meurtrière entre les Anglais et les Français, qui durera jusqu'à la nuit. Puis c'est le tour de la **ferme de la Haie-Sainte**, remportée par les Français après des combats acharnés, et de la **ferme de la Papelotte**.

Napoléon attend le renfort de 30 000 hommes de Grouchy, devant arriver de Wavre à l'est. Mais Blücher, ayant regroupé ses troupes et échappant à Grouchy, tourne la droite française pour opérer sa jonction avec l'armée anglaise : les premières troupes prussiennes s'emparent alors de **Plancenoit**.

Napoléon, cerné, envoie la Vieille Garde à la rencontre des troupes anglaises. À la nuit tombante, dans un champ de bataille jonché de 49 000 morts et blessés, s'effectue la retraite des troupes françaises, en déroute malgré les efforts héroïques de Ney. Dans la nuit, Napoléon disparaît vers Genappe et Wellington rencontre Blücher à la Belle Alliance.

spectacle audiovisuel qui illustre le déroulement de la bataille au moyen d'une maquette électronique de 10 m. Un **court-métrage**, tiré du film *Waterloo* du réalisateur russe Bondartchuk, met en scène des enfants au cœur de la bataille *(âmes sensibles, s'abstenir).*

Panorama de la bataille de Waterloo

Inauguré en 1912, il est un exemple remarquable de ces Panoramas qui permettaient aux visiteurs de découvrir paysages et événements historiques avant l'arrivée du cinéma.

Une toile circulaire de 110 m de long et de 12 m de haut, due au peintre Louis Dumoulin, décrit la situation des combats, vers 16h, le 18 juin 1815. Sur une plate-forme centrale, le visiteur se retrouve au cœur de l'action, entouré de fantassins et cavaliers qui s'affrontent en grandeur nature.

Musée de Cire

Dans un bâtiment situé au pied du célèbre Lion, les personnages emblématiques de la bataille sont présentés à travers une série de scènes réalistes : Napoléon Ier, le duc de Wellington, le prince d'Orange ou le célèbre Cambronne, fidèlement représentés par les artistes du musée Grévin de Paris.

Butte du Lion

Le Lion est juché sur un cône de terre de 169 m de diamètre que les Hollandais ont élevé, entre 1823 et 1826, à l'endroit présumé où le futur roi des Pays-Bas, le prince d'Orange, fut blessé, sur le territoire de Braine-l'Alleud.

Le Lion pèse 28 t et fut transporté depuis les ateliers de Seraing (près de Liège), d'abord par bateau à vapeur et ensuite sur un chariot tiré par 20 chevaux.

On peut grimper les 225 marches pour profiter d'un point de **vue** superbe (45 m) sur le champ de bataille.

Prenez la N 5 en direction de Charleroi pour atteindre le dernier quartier-général de Napoléon à 4 km.

Dernier quartier-général de Napoléon

4 km par la N 5, direction Charleroi. Ferme du Caillou, chaussée de Bruxelles 66, 1472 Vieux-Genappe - ☏ 02 384 24 24 - ♿ - avr.-oct. : 10h-18h30 ; reste de l'année : 13h-17h - fermé 1er janv. et 25 déc. - 2 €.

Située tout au sud du champ de bataille, l'ancienne ferme du Caillou fut le quartier général de Napoléon à la veille des combats. La chambre de l'Empereur conserve un de ses lits de camp et quelques souvenirs (masque mortuaire en bronze de l'Empereur à Ste-Hélène).

Les autres salles abritent des autographes de généraux français relatifs à la campagne de 1815, des cartes, et des reliques du champ de bataille.

Dans le jardin, outre un ossuaire datant de 1912, on remarquera la présence du véritable balcon de l'hôtel des Colonnes où séjourna Victor Hugo en 1861 pour écrire le chapitre des *Misérables* concernant la bataille.

Dans le verger, un monument rappelle l'ultime veillée du bataillon de la Garde impériale.

Reprenez la N 5 en direction de Waterloo.

LA VILLE

Du 15e au milieu du 17e s., ce hameau se forme le long de la voie reliant Genappe à Bruxelles.

Musée Wellington

Chaussée de Bruxelles 147 (N 5) - ☏ 02 357 28 60 - www.museewellington.com - avr.-sept. : 9h30-18h ; reste de l'année : 10h-17h - fermé 1er janv. et 25 déc. - 5 €.

Le quartier général de Wellington occupe une vieille auberge brabançonne datant de 1705, ancien relais de poste, au cœur de Waterloo. Le duc de Wellington y séjourna les 17 et 18 juin 1815. Le soir de la bataille, il y rédigea son communiqué de victoire paru dans le *Times* de Londres. C'est ainsi que le nom de Waterloo fut associé à cette terrible bataille.

De salle en salle, on découvre le rôle des différentes nations impliquées dans le combat, à travers documents, gravures, armes et souvenirs authentiques. Dans la dernière salle, les phases successives de la bataille sont illustrées par une série de diagrammes lumineux, et par une collection d'armes, qui recèle quelques exemplaires rares.

Église St-Joseph

En face du musée Wellington.

À l'origine, cette église n'était qu'une chapelle forestière (1690) de plan central. Toujours debout, elle sert d'entrée à la nouvelle église qui renferme de nombreuses dalles commémoratives d'officiers et de soldats tombés à Waterloo.

NOS ADRESSES À WATERLOO

VISITE

Battlefield Tour – Le champ de bataille en véhicule touristique avec explications sonores. *Départs à 10h45, 11h45, 13h30, 14h30 et 15h30 (w.-end et j. fériés) ; avr.-sept. : tlj départ à 10h45, 11h45, 13h30, 14h30, 15h30, 16h30 et 17h30 - durée 50mn - 5,50 € (2,60 € avec le Pass 1815).*

HÉBERGEMENT

BUDGET MOYEN

Hôtel Le 1815 – *Rte du Lion 367 - ☎ 02 387 01 60 - www.le1815.be - P - 15 ch. 90/170 € ☕ - menu rest. 20/40 € - fermé lun., sam. midi et dim. soir.* Cet hôtel de charme est tourné vers la plaine où fut livrée la célèbre bataille. Chaque chambre, luxueusement équipée, porte le nom d'un général français, anglais ou hollandais qui participa au combat. Le restaurant, rénové et doté de couleurs chaudes, propose une cuisine française et méditerranéenne.

RESTAURATION

BUDGET MOYEN

Le Chypre – *R. François-Libert 39 - ☎ 02 353 16 51 - www.lechypre.be - tlj sf mar.-merc. 12h-14h30, 18h30-22h30 - menus 15/32 €.* Le nom est une référence à l'origine des propriétaires, qui proposent depuis des années une carte superbe où se côtoient des mets chypriotes, grecs et français. Cadre accueillant et classique au cœur de la petite ville.

Le Jardin des Délices – *Chaussée de Bruxelles 253 - ☎ 02 354 80 33 - www.lejardindesdelices.be - tlj sf dim. soir et lun.-mar. 11h-14h30, 18h-22h30 - déj. 13 €, menu 28 €.* Restaurant discret établi dans le centre et présentant une cuisine française raffinée. L'intérieur a été entièrement rénové ; l'atmosphère y est agréable et contemporaine. Terrasse en été.

Le Seigneur – *Chaussée de Tervuren 389 - ☎ 02 354 07 50 - fermé dim. et lun. - menu le midi à 9 €, 30 € le soir.* Décor tendance et chic où une clientèle jeune vient luncher ou dîner à des prix abordables. Cuisine du monde, fusion et pâtes. Le week-end, le bar reste ouvert jusqu'aux petites heures.

AGENDA

Animations d'été – Au hameau du Lion, l'Histoire prend également vie à Pâques et pendant les week-ends de juillet et août. Des animations (artilleurs, tirs au canon, parades d'infanterie, exercices de cavalerie) et des reconstitutions en costumes d'époque font revivre les armées napoléoniennes de façon spectaculaire et authentique. Ces animations à caractère pédagogique s'adressent à tous les publics. Elles sont comprises dans le prix d'entrée.

Villers-la-Ville

★★

10 310 habitants – Brabant wallon

NOS ADRESSES CI-CONTRE

S'INFORMER

Indicatif téléphonique : *071.*

Office de tourisme – *R. de l'Abbaye 55 - ✆ 071 88 09 80 - www.villers.be - avr.-oct. : 10h-18h ; nov.-mars : tlj sf mar. 10h-17h.*

SE REPÉRER

Carte de région B2 (p. 504) – *Cartes Michelin Regional nos 716 G4 et 533 M19.*
Situé sur la Thyle, Villers se trouve à mi-chemin entre Bruxelles et Charleroi. Accès par la N 25, puis la N 275.

ORGANISER SON TEMPS

Prévoyez 2h pour visiter le village.

Isolée à l'orée des bois, l'abbaye cistercienne de Villers déploie ses ruines pleines de grâce au milieu d'un environnement préservé et empreint de quiétude. Un cadre prisé, en été, pour les représentations théâtrales et les concerts.

Se promener

★★ Ruines de l'abbaye

✆ 071 88 09 80 - www.villers.be - avr.-oct. : 10h-18h ; reste de l'année : tlj sf mar. 10h-17h - fermé 1er janv., 24-25 et 31 déc. - 6 €. Suivez le circuit fléché.

Dès 1147, saint Bernard avait posé les fondations de l'abbaye. Mais c'est seulement de 1198 à 1209 que furent construits église et cloître. Le couvent, ravagé au 16e s. par les Espagnols et les Gueux, s'entoura d'une enceinte fortifiée en 1587. En 1789, les Autrichiens mirent à sac les bâtiments qu'occupèrent les Français en 1795. Face à l'entrée des ruines, un restaurant occupe le **moulin** à eau (13e s.).

Cour d'honneur – Elle est bordée de bâtiments du 18e s., en ruine : à droite, le palais abbatial.

Cloître – Immense, il est d'une élégance robuste avec ses arcades surmontées d'un oculus. Les bâtiments qui l'entourent sont disposés suivant la formule presque immuable des maisons cisterciennes : à l'est, la **salle capitulaire** refaite au 18e s., non loin de laquelle se voit le gisant de Gobert d'Aspremont (13e s.) ; au-dessus, les dortoirs également refaits au 18e s. ; au sud, le chauffoir, le réfectoire, perpendiculaire au cloître, et la cuisine ; à l'ouest, les celliers au-dessus desquels se trouvent les dortoirs des convers dont le nombre s'élevait à 300 au 13e s.

Église – Datant du début du 13e s., elle s'est effondrée en 1884. Elle est d'une sobriété à la fois robuste et émouvante, tout à fait cistercienne. L'abside et le transept étaient éclairés par des oculi de l'école d'Île-de-France, d'un effet original. Sortant de l'église par la façade, on visite l'**hôtellerie/brasserie** (13e s.), puis on contourne le chevet pour traverser le **quartier abbatial** des 17e et 18e s.

Villers-la-Ville, ruines de l'abbaye.
HUYSMANS/Archibel/age fotostock

Église N.-D. de la Visitation

R. du Sart 20 - ✆ 071 87 72 85 - www.paysdevillers-tourisme.be - visite : adressez-vous à la cure au rue de Sart 20 ou, en cas d'absence du curé, au n° 28.
Elle abrite en particulier deux beaux **retables** brabançons des 15e et 16e s. ; une chaire du 17e s. ; un Christ au tombeau de 1607 ; des portraits des abbés de Villers ; le monument funéraire des seigneurs de Marbais (17e s.). Les 11 vitraux modernes sont signés F. Crickx et G. Massinon.

À proximité Carte de région p. 504

Gentinnes C2

▶ *10 km à l'est. Traversez Mellery avant d'arriver à Gentinnes.*
À Gentinnes est installé depuis 1904 un centre d'études et de formation de futurs missionnaires de la congrégation des Pères du St-Esprit. Le **Mémorial-Kongolo** est une chapelle élevée en 1967 à la mémoire de 21 missionnaires belges de cet ordre massacrés en 1962, lors d'une révolte, à Kongolo au Zaïre. Leurs noms sont gravés sur la façade ainsi que ceux de 196 autres victimes, religieux ou laïques, catholiques ou protestants.

NOS ADRESSES À VILLERS-LA-VILLE

RESTAURATION

POUR SE FAIRE PLAISIR

Le Cigalon – *R. Arsène-Tournay 40 - ✆ 0475 53 17 37 - www.cigalon.be - tlj sf dim. soir et lun.-mar. 22h30-16h, 18h30-22h30 - menus 35/65 €, 30/40 €.* Ce restaurant, à l'intérieur provençal, est situé à brève distance des ruines remarquables de l'abbaye. Cuisine bourgeoise accompagnée de quelques bons vins français.

Louvain-la-Neuve

★

31 301 habitants (Ottignies et Louvain-la-Neuve) – Brabant wallon

S'INFORMER

Indicatif téléphonique : *010.*

Office de tourisme – *Pl. de l'Université 1, Galerie des Halles - ✆ 010 47 47 47 - www.tourisme-olln.be - lun.-vend. 9h-17h, sam. 11h-17h, dim. (juil.-août) 11h-15h.*

Maison du Tourisme des Ardennes brabançonnes – *R. de Nivelles 1, 1300 Wavre - ✆ 010 23 03 52 - www.mtab.be.*

SE REPÉRER

Carte de région C2 (p. 504) – *Cartes Michelin Regional nos 716 G4 et 533 M18.* 27 km au sud-est de Bruxelles par l'A 4. En train : 2 trains/h au départ de la gare centrale de Bruxelles (de 45mn à 1h15 de trajet).

ORGANISER SON TEMPS

Comptez une demi-journée.

UNE VILLE DANS LA VILLE

Depuis la scission en 1968 de l'Université catholique fondée à Leuven (Louvain) en 1425, la section francophone de l'université s'est installée à Louvain-la-Neuve, à l'exception des étudiants en médecine dont la faculté est implantée à **Woluwe-St-Lambert** (Bruxelles), sur le site de **Louvain-en-Woluwe**. Le transfert a été réalisé entre 1972 et 1979. L'Université catholique de Louvain (UCL) compte 18 300 étudiants dont 14 000 à Louvain-la-Neuve.

Au cœur de la ville, le **centre urbain** a été conçu comme lieu de rencontre et d'animation, réservé exclusivement aux piétons ; la circulation automobile, ferroviaire et les parkings sont en sous-sol. À proximité de la ville ont été aménagés un parc scientifique regroupant des entreprises et des laboratoires de recherche, et le complexe du Cyclotron. Le site naturel a été respecté. Les quartiers sont établis sur le plateau de Lauzelle qui domine la petite vallée de la Malaise. Cette dernière est recouverte par une dalle de béton portant les rues et les bâtiments du centre-ville parmi lesquels l'édifice central de l'université, les **Halles universitaires**.

L'architecture contemporaine a été mise au service d'un urbanisme qui s'inspire des cités médiévales et garde une échelle humaine. Des rues étroites, de petites places, des escaliers, des bâtiments en retrait ménagent des surprises et évitent toute monotonie.

Depuis la création de la ville, plusieurs éléments décoratifs ont fait leur apparition : une fontaine (place de l'Université), œuvre d'une étudiante, et plusieurs peintures murales dont la grande fresque de R. Somville qui égaie de ses couleurs bleu, blanc, gris et rouge un mur des Halles universitaires, côté rue des Wallons. Dans la gare souterraine, peinture murale de Th. Bosquet représentant une ville universitaire au 16e s. et agrandissements des peintures consacrées aux gares de Paul Delvaux.

Bibliothèque de l'Université catholique.
Clément Philippe/ArTerra Picture Library/age fotostock

Ville nouvelle, fondée dans les années 1970, Louvain-la-Neuve est dédiée à l'Université catholique (et francophone) de Louvain. Édifiée sur le plateau de Lauzelle, la cité s'ordonne autour d'une vaste dalle centrale, entièrement piétonne : vous pourrez y voir plusieurs fresques murales en référence au 9e art. C'est en effet ici que le musée Hergé a ouvert ses portes : à l'intérieur d'un édifice audacieux, vous plongerez dans l'univers tintinesque.

Se promener

★★ Musée Hergé

R. du Labrador 26 - ✆ 010 48 84 21 - www.museeherge.com et www.tintin.com - ♿ - mar.-vend. 10h30-17h30, w.-end 10h-18h - 9,50 € (-14 ans 5 €).

Les tintinophiles auront noté l'adresse… la même que celle du jeune reporter. On accède au bâtiment, signé Christian de Portzamparc, par une passerelle qui invite au voyage en compagnie de Tintin. Les volumes, la façade qui évoquent des cases de BD, les couleurs, la lumière et la scénographie sont étonnants.

La visite audioguidée joue avec le succès planétaire de **Tintin**, qui occulte souvent la diversité de l'œuvre de Georges Remi (1907-1983), dit Hergé. Grâce à une scénographie remarquable et des originaux renouvelés régulièrement, vous saurez tout sur Tintin, sa « naissance » en 1929, son évolution, ses compagnons et ses aventures inachevées. Vous retrouverez aussi Totor, Quick et Flupke et d'autres héros qui peuplèrent *Le Petit Vingtième* et le *Journal de Tintin* (une publication voulue par Hergé où bien des talents de la BD ont fait leurs armes). On découvre également l'enfance du maître, sa passion pour les chats siamois, son intérêt pour la publicité et surtout ses méthodes et **techniques de travail**. Il apprivoise les genres pour créer son style et défendre la ligne claire, un dessin au graphisme particulièrement soigné. Il s'inspire de ses proches, d'anonymes ou de célébrités pour imaginer 228 personnages. Il mêle les faits d'actualité, les modes, les découvertes scientifiques et ses rêves de voyages pour créer le décor et le scénario. Chaque album témoigne d'une époque et de l'évolution de l'auteur. Ses collaborateurs aussi sont évoqués. Ainsi Raymond Leblanc ou Edgar P. Jacobs *(Blake et Mortimer)*, son collaborateur lors du passage à la couleur et de la professionnalisation du métier.

Musée de Louvain-la-Neuve

(Institut supérieur d'archéologie et d'histoire de l'art de l'UCL)

Pl. Blaise-Pascal 1 - ☏ 010 47 48 41 - www.muse.ucl.ac.be - mar.-vend. 10h-18h, w.-end 14h-18h - fermé j. fériés et 24 déc.-2 janv. - 3 € (-26 ans 2 €).

Ses collections comprennent des antiquités égyptiennes, grecques et romaines, des sculptures et masques représentatifs des arts primitifs africains et océaniens, des œuvres d'art religieux (sculptures dont un *Christ des Rameaux* du 16e s.), des porcelaines…

Le **legs Charles Delsemme★** représente la même universalité ; « par sa diversité, par sa transcendance, cette collection forme un tout voulu », écrivait le donateur dans son testament. Remarquez un masque théâtral japonais, une figure féminine de la Renaissance, des dessins de Picasso, des tableaux de Delvaux et Magritte.

À proximité Carte de région p. 504

Wavre (Waver) C1

6 km au nord par la N 238.

Wavre (prononcez « ouavre ») est située parmi les collines, dans la vallée de la Dyle. Devant l'hôtel de ville, installé dans une ancienne église, la statuette du Maca, gamin rieur, symbolise l'esprit frondeur des habitants.

Walibi – *☏ 010 42 15 00 - www.walibi.be - ♿ - avr-oct. - 33 € (27 € sur Internet), -12 ans 29 €.* Ce parc d'attractions, pour tous les âges, est le plus fréquenté du pays : sur plus de 60 ha, il propose plus de 40 attractions et spectacles. Il doit son succès à la présence de célèbres personnages de BD, tels Lucky Luke ou Boule et Bill.

Nivelles

Nijvel

★

26 918 habitants – Brabant wallon

NOS ADRESSES PAGE 519

S'INFORMER

Indicatif téléphonique : *067.*

Tourisme Nivelles – *R. de Saintes 48 - 067 84 08 64 - www.tourisme-nivelles.be - 9h-17h.*

Maison du Tourisme du Roman Païs – *R. de Saintes 48 - 067 22 04 44 - www.tourisme-roman-pais.be.*

SE REPÉRER

Carte de région B2 (p. 504) – *Cartes Michelin Regional nos 716 G4 et 533 L19.* Nivelles se trouve sur le tracé de l'E 19 (Bruxelles-Mons) et de l'A 54 (Charleroi).

À NE PAS MANQUER

La collégiale Ste-Gertrude.

ORGANISER SON TEMPS

Quelques heures suffisent pour visiter la ville.

AVEC LES ENFANTS

La plaine de jeux dans le parc de la Dodaine.

Berceau de la dynastie carolingienne, Nivelles s'ordonne autour d'une grande collégiale romane, à l'avant-corps monumental : elle est consacrée à sainte Gertrude, fille de Pépin le Vieux – arrière-grand-père de Pépin le Bref –, première abbesse d'une prestigieuse liste de chanoines issus de la noblesse. La cité, en grande partie reconstruite après les bombardements de 1940, conserve quelques vestiges de remparts et vit au rythme de son célèbre jaquemart doré, Jean de Nivelles.

Se promener

★★ Collégiale Ste-Gertrude

067 84 08 64 (office de tourisme) - lun.-sam. 9h-17h, dim. 14h-17h - visites guidées à 14h, w.-end suppl. à 15h30 - 6 €.

L'abbatiale de style roman ottonien fut consacrée en 1046 par l'évêque de Liège en présence de l'empereur germanique Henri III. Son plan à deux transepts et deux chœurs opposés est l'expression architecturale du bicéphalisme de tradition carolingienne qui existait dans le Saint Empire, représentant la complémentarité de l'empereur et du pape.

Le chœur oriental est surélevé au-dessus d'une crypte à voûtes d'arêtes. Le chœur occidental, représentant l'autorité impériale, fait partie de l'avant-corps qui fut construit au 12e s.

L'**avant-corps** ou « Westbau » de style roman tardif se divise en cinq niveaux accessibles par deux tourelles d'escalier et frappe par son aspect massif. Il comporte une abside, deux chapelles-tribunes (chapelle Ste-Agathe et chapelle Ste-Gertrude), un petit espace où étaient confinés les prisonniers de passage, une vaste salle haute (19 m), dite « salle impériale », et est couronné d'un clocher octogonal abritant un carillon.

Les deux portes de l'avant-corps sont décorées de sculptures romanes du 12e s. : saint Michel au portail de droite en entrant et l'histoire de Samson au portail de gauche.

Au sud de l'église, le pignon du transept le plus élevé, nommé pignon St-Pierre, est décoré d'arcatures romanes.

Intérieur – Il frappe par ses dimensions et sa simplicité. La longue nef centrale (102 m) avait été couverte de voûtes d'ogives au 17e s. et parée d'une série d'éléments décoratifs au cours du 18e s. Une restauration lui a rendu son aspect primitif tout en lui assurant une protection grâce à un plafond de béton imitant le bois.

Remarquez la gracieuse **Vierge de l'Annonciation★**, statue en bois polychrome du 15e s., le panneau en chêne dit « de Charles-Quint », les belles stalles Renaissance, un retable du 16e s. dit « de Thonon » (artiste originaire de Dinant) en marbre et albâtre, la chaire de vérité, exécutée en chêne et en marbre, évoquant la rencontre de Jésus avec la Samaritaine au puits de Jacob, de Laurent Delvaux (18e s.), dont on peut aussi admirer différentes sculptures.

Dans le chœur oriental, un coffre-armoire en laiton du 16e s. surmonte le mausolée de sainte Gertrude. Une châsse contemporaine (1982), œuvre de Félix Roulin, a remplacé le magnifique reliquaire gothique du 13e s. (dont la « salle impériale » renferme une copie) en grande partie détruit par l'incendie dû aux bombardements de mai 1940.

La chapelle Ste-Gertrude présente encore une série de fragments du reliquaire dévoré par les flammes. On observera également dans cette chapelle le « trou » de sainte Gertrude par lequel, selon la légende, ne peuvent passer que des personnes « en état de grâce ». La galerie qui relie la chapelle de sainte Gertrude à celle de sainte Agathe offre une magnifique vue sur la nef monumentale.

Crypte et sous-sol archéologique – Sous le chœur oriental, la crypte du 11e s. constituait le point d'arrivée des pèlerins qui faisaient leurs dévotions juste en dessous de la châsse de sainte Gertrude. Le sous-sol archéologique, situé sous la nef, comprend les ruines des cinq églises qui ont précédé l'église romane entre le 7e et le 10e s.

Cloître – Du 13e s., il reliait l'église aux bâtiments monastiques dont il ne reste rien, et témoigne de l'existence d'un chapitre de chanoinesses et de chanoines

UNE ABBAYE PUISSANTE

Nivelles, berceau de la dynastie carolingienne, s'est développé autour d'une abbaye fondée vers 650 par Itte d'Aquitaine, femme de Pépin de Landen dit « le Vieux », maire du palais des rois d'Austrasie et ancêtre de Charlemagne. Leur fille, sainte Gertrude, deviendra la première abbesse d'une communauté religieuse mixte, qui se transformera en chapitre noble de chanoinesses et de chanoines dès le 9e s. Bientôt les chanoinesses, toutes d'origine noble, mèneront un train de vie fastueux. L'abbaye est très puissante jusqu'à sa suppression en 1798.

La collégiale Sainte-Gertrude.
EKA/Archibel/age fotostock

ayant peu à peu remplacé les moines et moniales des premiers temps. Seule la partie nord a gardé toute son authenticité. En été, le cloître accueille des concerts de carillon ; en hiver s'y tient un marché de Noël.

À proximité de la collégiale, on peut voir le perron (19e s.) surmonté d'une effigie de saint Michel (l'un des patrons de la ville), le palais de justice de style néogothique, et la **porte de Saintes** commémorant le jumelage de Nivelles avec cette ville de Charente-Maritime.

10

Musée communal d'Archéologie, d'Art et d'Histoire

R. de Bruxelles 27 - ✆ 067 88 22 80 - mar.-vend. 9h30-12h, 14h-17h, 2e et 4e dim. du mois 9h30-12h, 14h-17h - fermé 1er janv., Pâques, 27 sept. et Noël - 2 €.

Installé dans une maison du 18e s., ce musée présente d'intéressantes collections d'art régional et complète admirablement la visite de la collégiale. On y admire en particulier quatre statues d'apôtres en calcaire provenant du jubé gothique de cette dernière, une somptueuse tapisserie de Bruxelles (16e s.) et une belle collection de « bozetti » (projets en terre cuite) baroques du sculpteur Laurent Delvaux (1696-1778), dont les trois allégories pour la façade en hémicycle des appartements de Charles de Lorraine à Bruxelles.

Au 2e étage, on découvre les salles d'archéologie s'échelonnant de la préhistoire à la civilisation gallo-romaine.

Parc de la Dodaine

Au sud de la ville.

Son jardin aux parterres fleuris, et orné de sculptures entourant une pièce d'eau, ainsi que son grand étang composent un cadre attrayant à ce parc doté d'une plaine de jeux pour enfants et de multiples installations sportives.

En suivant l'avenue de la Tour-de-Guet vers l'ouest, qui mène vers l'autoroute, on peut voir sur la droite la **Tourette**, une charmante tour carrée du 17e s.

À proximité Carte de région p. 504

Rebecq A2

20 km au nord-ouest par la N 533 et la N 6.

Un train touristique tracté par une petite locomotive relie l'ancienne gare de Rebecq à la halte de Rognon, dans la vallée de la Senne *(☏ 067 63 82 32 (office de tourisme) - www.rail-rebecq-rognon.eu - ♿ - visites guidées (1h) : de fin avr. à fin sept. dim. et j. fériés à 14h30, 16h et 17h30 ; juil.-sept. suppl. le sam. à 15h - 5 €).*

Ronquières *(voir p. 412)* A2

9 km à l'ouest par la N 533.

Bois-Seigneur-Isaac B2

5 km au nord par la N 28.

Dans l'**abbaye**, la chapelle du Saint-Sang (16e s.) est décorée dans le style baroque : on remarque au maître-autel des sculptures et un bas-relief de Laurent Delvaux (Mise au tombeau).

La sacristie à voûte gothique conserve un ostensoir-reliquaire contenant un corporal (linge sacré) teinté du sang du Christ ; fruit d'un miracle eucharistique lorsque en 1405 le sang coula d'une hostie consacrée sur le linge d'autel, il est devenu un objet de pèlerinage.

Face à l'abbaye, le **château** de Bois-Seigneur-Isaac (18e s.) *(☏ 067 84 07 10 - www.bois-seigneur-isaac.be - visites guidées (45mn) : les 2 derniers dim. de juin, le 1er dim. de juil. et le 2e w.-end de sept. (Journées du patrimoine) départ ttes les 30mn de 14h à 18h - 7 €, -15 ans 5 €)* est un vaste édifice contenant de précieuses collections.

Braine-le-Château (Kaastelbrakel) A1

12 km au nord par la N 28.

Près d'un moulin à eau *(expositions)*, le château, entouré d'eau, appartint aux comtes de Hornes. Sur la Grand-Place voisine, le **pilori** a été érigé en 1521 par Maximilien de Hornes, chambellan de Charles Quint. L'église abrite son mausolée en albâtre, réalisé par Jean Mone.

★★ Seneffe A2

8 km au sud-ouest par la N 27.

Une longue allée mène au **château de Seneffe** *(R. Plasman 7-9 - ☏ 064 55 69 13 - www.chateaudeseneffe.be - château : tlj sf lun. non férié 10h-18h (dernière entrée 17h30) ; jardins : avr.-sept. 8h-20h, oct.-mars : 8h-16h - fermé 1er janv., 24-25 et 31 déc. - 5 € château, gratuit pour les jardins)*, construit entre 1763 et 1768 d'après les plans de Laurent Benoît Dewez, à la demande du comte Depestre, négociant originaire d'Ath qui avait fait fortune dans la banque et les finances.

Le fronton de la sobre façade néoclassique est décoré du blason polychrome de Depestre et de son épouse. Deux galeries, aboutissant chacune à un élégant pavillon, flanquent le corps de logis. Le parvis est délimité par une superbe grille en fer forgé. Le parc d'une superficie de 22 ha accueille un petit théâtre palladien, une orangerie, une glacière et quelques dépendances. Laissé à l'abandon pendant des années, l'édifice a subi une restauration importante et abrite aujourd'hui les **collections d'orfèvrerie** de la Communauté française. Claude D'Allemagne, collectionneur passionné, et son épouse Juliette Rémy offrirent une partie de leur vaste collection au musée. Les vitrines exposent de très beaux objets d'orfèvrerie : coupes, pots, chandeliers, fermoirs de livres, vaisselle de table, dont quelques jolies soupières (1766) de J.-F. Beghin, aux couvercles finement ciselés.

L'intérieur doit beaucoup à ses splendides **parquets** en bois précieux. Le petit cabinet rond, jouxtant la salle de Compagnie et la salle de Billard, en possède un magnifique exemple en forme de fleur. Les murs des salons sont somptueusement revêtus de lambris et de stucs.

Grâce à l'exposition permanente « Faste & intimité », le visiteur pourra découvrir les différentes facettes de la vie dans un château au 18e s., avec d'un côté les appartements d'apparat et de l'autre les appartements privés. Le hall d'honneur avec son grand escalier dessert les deux zones de l'habitation. Parmi les salles d'apparat, le grand salon – renommé pour l'exposition « l'assemblée des femmes » – restitue l'ambiance d'un salon intellectuel au siècle des Lumières, lorsque politiques et philosophes se lançaient dans des débats enflammés *(projection d'un spectacle filmé sur le sujet)*.

L'accès à l'étage, où sont organisées à intervalles réguliers des expositions temporaires, se fait par un escalier monumental orné de splendides marqueteries.

NOS ADRESSES À NIVELLES

HÉBERGEMENT

BUDGET MOYEN

Chambres d'hôtes La Ferme des Églantines – *Chemin de Fontaine-l'Évêque 8 - ✆ 067 84 10 10 - www.fermedeseglantines.be - 5 ch. 75/80 € ☕ - rest. 25 €.* Ferme située dans un endroit calme juste à l'extérieur du centre historique de Nivelles et transformée en chambres d'hôtes. Chambres agréables et confortables. Accueil chaleureux. Le soir, des plats belges et exotiques sont servis à la table d'hôtes.

Ferme de Grambais – *Chaussée de Braine-le-Comte 102B - ✆ 067 87 44 20 - www.fermedegrambais.be - P - fermé de déb. janv. à mi-janv. - 10 ch. 90/100 € - rest. fermé dim. soir, lun. - 32 €.* Reposante étape campagnarde à 5mn de Nivelles, cette ancienne ferme ordonnée autour d'une cour carrée dispose de dix petites chambres réunies dans les dépendances. Vous y dormirez au calme et passerez à table dans un cadre rustique.

RESTAURATION

POUR SE FAIRE PLAISIR

Le Champenois – *R. des Brasseurs 14 - ✆ 067 21 35 00 - www.lechampenois.be - fermé 2 sem. à Pâques, 3 sem. en août, sam. midi, dim. soir et merc. - déj. 15 €, menus env. 40 €.* Deux pièces en mouchoir de poche, chaleureuses et feutrées (arrière-salle plus intime). Petite carte et menus en phase avec l'époque, à déguster les yeux dans les yeux.

SPÉCIALITÉS

Tarte al djote – Cette succulente tarte au fromage, aux bettes, fines herbes et oignons se mange chaude, accompagnée d'une bière locale ou bien d'un verre de vin rouge.

AGENDA

Traditions – Au début de l'automne se déroule le **tour de sainte Gertrude**, institué dès le 13e s. le dimanche suivant le jour de la St-Michel (ancien patron de la ville). Le grand tour, long de 14 km, suit un trajet à travers les champs : le char du 15e s. portant la châsse de la sainte est tiré par six chevaux. Au retour, la procession des géants (Argayon, Argayonne et leur fils Lolô) se joint au cortège tout comme les chanoinesses en costumes du 17e s.

La province de Luxembourg 11

Cartes Michelin Regional n°s 716 et 534

Château de Durbuy.

J.-P. Remy/www.opt.be

LA PROVINCE DE LUXEMBOURG
0
10 km
Vʳᵉ de la Semois
★★ Mérite un détour
St-Hubert
★ Intéressant
Arlon
À voir
Ville de départ du circuit
L'Ourthe supérieure
L'Ourthe inférieure
De Gaume en Ardenne
De Bouillon à Bohan
Liège
Tilff
Esneux
Comblain-au-Pont
Xhignesse
Hamoir
Château de Logne
Tohogne
Durbuy
Bomal
Aisne
Barvaux
Wéris
Érezée
Hotton
Grottes de Hotton
Ourthe
La Roche-en-Ardenne
Ste-Marguerite
Parc forestier du Deister
Le Hérou
Houffalize
Salm
Amblève
Vesdre
Meuse
Lesse
Grupont
Fourneau St-Michel
LIÈGE
NAMUR
DEUTSCHLAND
PARC NATUREL HAUTES FAGNES-EIFFEL
PARC NATUREL DES DEUX OURTHES
KOBLENZ
AACHEN
MAASTRICHT
HASSELT
PHILIPPEVILLE
9
8
A
B
C
1
2

Parc à gibiers
St-Hubert
Le Mardasson
Bastogne
Redu
Val de Poix
Euro Space Center
Transinne
LUXEMBOURG
DE L'OUR
Parc naturel de la Haute-Sûre
Sûre
Our
Gorges du Petit-Fays
Vresse-s-Semois
Bohan
Membre
Rochehaut
Vée de la Semois
Les Hayons
Saut des Sorcières
Botassart
Corbion
Bouillon
Cordemoy
Herbeumont
PARC NATUREL HAUTE-SÛRE FORÊT D'ANLIER
GRAND-DUCHÉ DU LUXEMBOURG
Parc naturel de la vallée de l'Attert
1
Alzette
Musée du Scoutisme
Arlon
Chiny
Lacuisine
Florenville
SEDAN
Meuse
Orval
Montauban 340
LUXEMBOURG
FRANCE
Montquintin
Virton
Torgny
CHARLEVILLE-MÉZIÈRES
ECHTERNACH
TRIER
SAARBRÜCKEN
LONGUYON
LONGUYON
METZ
METZ
A
B
C
3
4
N
N 40
N 95
N 89
A 4
A 26
N 84
N 85
N 865
N 83
N 58
A 203
N 43
D 8043
N 88
N 87
N 879
N 82
N 81
N 4
N 6
A 6
N 5
A 4
A 13
D 981
D 643
D 618
N 52
A 3
A 1
N 7
N 11
N 15
A 7

Arlon

Aarlen

28 435 habitants – Luxembourg

NOS ADRESSES CI-CONTRE

S'INFORMER

Indicatif téléphonique : *063.*

Office de tourisme – *R. des Faubourgs 2 - ✆ 063 21 63 60 - www.ot-arlon.be - 8h30-17h, w.-end et j. fériés 9h-16h - fermé 1er janv., 1er nov. et 15 déc.*

SE REPÉRER

Carte de région C4 (p. 522-523) – *Cartes Michelin Regional nos 716 K6 et 534 T24.* Près du Grand-Duché et de la France, la ville est accessible par l'E 411 reliant Bruxelles à Luxembourg-ville, par la N 81 qui vient de Longwy ou par la N 4 au départ de Bastogne.

À NE PAS MANQUER

Le Musée archéologique luxembourgeois, les thermes.

ORGANISER SON TEMPS

Comme les principales curiosités ne sont pas très éloignées les unes des autres, il est possible de les visiter en une demi-journée.

Bâtie sur la colline du Knipchen (« petite butte » en luxembourgeois), Arlon offre un beau panorama depuis le parvis de l'église St-Donat, perchée au sommet de la butte, à 450 m d'altitude. La vue s'étend, au-delà des toits d'ardoise de la ville, sur les trois pays environnants : le Luxembourg, la France et l'Allemagne. Sa position stratégique en fit une importante cité romaine, Orolaunum, dont on peut encore voir les vestiges de thermes et de superbes bas-reliefs.

Se promener

★ Musée archéologique luxembourgeois

R. des Martyrs 13-16 - ✆ 063 21 28 49 - www.ial.be - mar.-sam. 9h-12h, 13h30-17h30, dim. et j. fériés (de mi-avr. à mi-sept.) 13h30-17h30 - fermé vac. de Noël, 1er et 11 nov. - 4 € (gratuit le 1er dim. du mois).

La **section lapidaire gallo-romaine★★**, remarquable, comprend notamment un ensemble unique de monuments funéraires. Provenant de la ville ou de la région, ils sont sculptés de bas-reliefs représentant des personnages mythologiques (Bacchus, Hercule) ou allégoriques (danseuses), ou illustrant des scènes qui nous fournissent des renseignements précis sur la vie quotidienne aux trois premiers siècles de notre ère.

On remarquera surtout le magnifique **Relief des voyageurs** d'une expressive beauté et le très beau monument de Vervicius, découvert en 1979-1980 (avec, entre autres, une scène de combat entre Achille et Hector).

Tour romaine

✆ 063 21 64 47 - visite : adressez-vous au Café d'Alby, Grand-Place 1 - tlj sf lun. - 0,50 €.

La tour romaine *(Grand-Place)* faisait partie des remparts. Ceux-ci furent édifiés sur une large assise constituée de fragments de monuments démantelés, notamment de magnifiques bas-reliefs qui ont enrichi le Musée archéologique luxembourgeois. L'une de ces sculptures, représentant Neptune, est restée en place dans la muraille, sous la tour *(accès par une échelle métallique)*.

Thermes

Visite libre - gratuit.
Près du **vieux cimetière** *(r. des Thermes-Romains)* aux belles croix de pierre subsistent quelques **vestiges de thermes** romains du 4e s. ainsi que les fondations de la plus ancienne **basilique** chrétienne de Belgique (5e s.).

À proximité Carte de région p. 522-523

Musée du Scoutisme international C4

5 km au nord d'Arlon, accessible par la N 81.
R. du Maitrank 49, 6700 Bonnert - ✆ 063 22 15 53 - www.museescout.be - juil.-août : w.-end 14h-16h ; reste de l'année sur RV - fermé w.-end de Pentecôte et j. fériés - 4 €.
Le musée est constitué de la collection scout élaborée depuis près de trente ans par un Arlonais passionné. Il occupe cinq salles d'exposition sur trois étages et propose un large éventail d'objets relatifs au scoutisme autant belge qu'international ainsi que des écrits de son fondateur Baden-Powell, des traces des jamborees mondiaux, des anciens calendriers scouts, cartes postales, uniformes, insignes et décorations. Les grands illustrateurs scouts de la bande dessinée comme Hergé, Joubert, Peyo et Mitacq y trouvent également une place importante.

NOS ADRESSES À ARLON

HÉBERGEMENT

Arlon

BUDGET MOYEN

L'Écu de Bourgogne – *Pl. Léopold 10 - ✆ 063 22 02 22 - www.ecudebourgogne.com - 14 ch. 68/78 €* ☕. Malgré les nombreuses transformations et rénovations, cet hôtel en centre-ville a conservé son caractère rustique. Tant les chambres que la brasserie sont aménagées dans un style campagnard.

Hostellerie du Peiffeschof – *Chemin du Peiffeschof 111 - ✆ 063 41 00 50 - www.peiffeschof.be - P - 9 ch. 96/146 € - ☕ 11 €.* Hôtel de charme à la situation calme en lisière de la ville dans un environnement verdoyant. Chambres contemporaines équipées de tout le confort moderne, dont le Wi-Fi. Agréable brasserie Zinc *(voir p. 526)*.

Aubange

BUDGET MOYEN

Hostellerie Le Claimarais – *R. de Claimarais 30 - ✆ 063 37 11 02 - www.claimarais.be - P - 9 ch. 80/95 €* ☕. Dans un environnement calme à l'écart du centre et à proximité des frontières luxembourgeoise et française. Le château de Claimarais a été transformé il y a quelques années en petit hôtel. Les chambres présentent un aménagement contemporain. Restaurant classique, carte française.

RESTAURATION

BUDGET MOYEN

Zinc – *Chemin du Peiffeschof 111 - ✆ 063 41 00 50 - www.peiffeschof.be - P - fermé merc. soir, sam. midi et dim. - menu midi 22,90 €, soir 27 €.* Joli bistrot moderne dont la carte classico-contemporaine à l'accent régional est notée sur un grand écriteau. Lunch attrayant en deux services avec dessert optionnel. Belle terrasse en bois côté jardin.

POUR SE FAIRE PLAISIR

Or Saison – *Av. de la Gare 85 - ✆ 063 22 98 00 - www.orsaison.be - tlj sauf lun., sam. midi et dim. 12h-13h30, 19h30-21h - menu midi 29 €, soir 45/55 €.* Restaurant aménagé de façon sobre mais raffinée et accueil particulièrement agréable des époux César. Le chef se laisse inspirer par les saisons pour proposer une carte courte mais gastronomique : cuisine française à l'accent italien. La carte des vins est également franco-italienne.

PETITE PAUSE

Maison Knopes – *Grand-Place 24 - ✆ 063 22 74 07 - www.wallux.com/maison-knopes-arlon - mar.-sam. 9h-18h30, dim.-lun. 14h-18h30.* On s'arrête ici pour boire un verre, calmer une petite faim ou prendre le petit-déjeuner, avec vue sur la Grand-Place. Intérieur sobre, tables en bois et vaste terrasse.

ACHATS

Maison Pomba (« Au Saint-Nicolas ») – *Grand-Rue 18 - ✆ 063 22 42 99 - tlj.* La spécialité de la maison est la praline au Maitrank *(voir ci-dessous)*, mais on trouve aussi des pralines classiques, du chocolat et des tartes, grandes et petites, le tout à consommer sur place ou à emporter.

AGENDA

Maitrank – *Dernier w.-end de mai.* Le Maitrank, ou « boisson de mai », est un vin blanc sec parfumé de quelques brins de reine des bois (aspérule odorante) cueillis avant floraison, corsé de cognac, sucré et servi frais avec une tranche d'orange. Depuis 1954 se déroulent vers la fin mai de grandes fêtes populaires organisées par la confrérie du Maitrank.

Saint-Hubert

★

5 787 habitants – Luxembourg

NOS ADRESSES PAGE 530

S'INFORMER

Indicatif téléphonique : *061.*

Maison du Tourisme du Pays de St-Hubert – *R. St-Gilles 12 - ✆ 061 61 30 10 - www.saint-hubert-tourisme.be - 9h-17h30 - fermé 25 déc. et 1er janv.*

SE REPÉRER

Carte de région B3 (p. 522-523) – *Cartes Michelin Regional nos 716 J5 et 534 L22.* St-Hubert est accessible par l'A 4/E 411 reliant Bruxelles à Arlon. Prenez la sortie 25, puis la N 89.

ORGANISER SON TEMPS

Comptez une demi-journée pour une promenade (balisée de panneaux intéressants) à travers la petite ville et la visite des musées du Fourneau St-Michel.

AVEC LES ENFANTS

Le parc à gibier de St-Hubert.

Dominé par son imposante basilique, St-Hubert est situé au cœur d'une région couverte de forêts. Cette jolie cité de villégiature et de pèlerinage, lieu de naissance du peintre Pierre Joseph Redouté – « le Raphaël des fleurs » –, porte le nom du patron des chasseurs et des forestiers, les deux activités ancestrales de la région. Afin de profiter des beaux paysages naturels environnants, n'hésitez pas à faire un tour au domaine du Fourneau St-Michel, avec ses maisons traditionnelles et son environnement encore intact.

11

LA LÉGENDE DE SAINT HUBERT

Un Vendredi saint de l'an 683, **Hubert**, gendre du comte de Louvain, chasse dans les forêts. Les chiens lancent un grand cerf. Sur le point d'être forcée, la bête se retourne et dans sa ramure apparaît une image éblouissante du Christ en croix.

Une voix reproche alors à saint Hubert sa passion immodérée pour la chasse et lui dit d'aller trouver son ami Lambert, évêque de Tongres-Maastricht, pour être instruit dans la prière et le sacerdoce.

À Rome, Hubert apprend le martyre de Lambert dont le pape lui propose la succession. Hubert refuse, alléguant son indignité. Un ange descend alors du ciel et lui remet l'étole blanche, insigne de l'épiscopat, tissée d'or par la Vierge elle-même.

Hubert, devenu évêque de Maastricht, transfère alors à Liège le siège épiscopal.

Se promener

★ Basilique St-Hubert

Pl. de l'Abbaye 1 - ✆ 061 61 23 88 - 9h-18h (hiver 17h) - fermé 1er janv. - gratuit - visite guidée 1 €.

C'est l'ancienne église de l'abbaye bénédictine fondée au 7e s. Les reliques de saint Hubert transférées ici au 9e s. attirèrent de tout temps de nombreux pèlerins.

Plusieurs bâtiments se sont succédé à cet emplacement, et de l'église romane subsiste la crypte. L'église actuelle, de style gothique brabançon, a été reconstruite en 1526 à la suite d'un incendie.

En contournant l'église par la droite, on peut voir cet ensemble flamboyant, mais la façade a été modifiée au 18e s. Ainsi les deux tours et la façade, au fronton sculpté d'une scène évoquant le miracle de saint Hubert, sont de style baroque.

Intérieur★★ – Imposant avec ses 25 m de haut, l'intérieur à cinq nefs présente le plan des églises de pèlerinage avec son déambulatoire et ses chapelles rayonnantes. On est d'abord frappé par les coloris de l'appareil où se mêlent pierre rose, gris et ocre sous des voûtes en brique qui datent de 1683. Dans le transept gauche, le mausolée de saint Hubert (1847) par Guillaume Geefs est une majestueuse figure un peu hautaine.

Dans le chœur sont disposées de belles **stalles** (1733) dont les panneaux évoquent la vie de saint Hubert *(à droite)* et celle de saint Benoît *(à gauche)*. La Vierge du maître-autel est de l'école du sculpteur liégeois Delcour.

Dans le transept droit, sur l'autel de saint Hubert, se trouve la sainte Étole tissée de fils d'or au 10e s. Dans la 1re chapelle du déambulatoire, à droite, un retable, aux 24 émaux peints (Limoges) d'après la *Passion* de Dürer, a subi la fureur des huguenots.

La **crypte** romane, sous le chœur, contient des tombes d'abbés dont les visages ont été polis par les pèlerins. Les voûtes sont du 16e s. Avant de sortir, admirer les orgues baroques.

Palais abbatial

Sur le côté gauche de la place quand on fait face à la basilique.

Construit en 1728, ce palais à la façade élégante et au fronton décoré de rinceaux abrite le service des Affaires culturelles de la province. À l'intérieur, très belles boiseries.

À proximité Carte de région p. 522-523

★★ Fourneau St-Michel B2

À une poignée de kilomètres au nord par la N 849. Musées du Fourneau St-Michel, 6870 St-Hubert - ✆ 084 21 08 90 - www.fourneausaintmichel.be - juil.-août : 9h30-17h30 ; mars-juin et sept.-nov. : tlj sf lun. (sf j. fériés) 9h30-17h - fermé déc.-fév. - 5 € par musée, 7 € billet combiné pour les deux musées.

Fourneau St-Michel se trouve dans la verdoyante vallée de la Masblette entre des collines boisées. Une fondation bénédictine occupait autrefois ce ravissant vallon. Au 18e s., le dernier abbé de St-Hubert, Nicolas Spirlet, y créa un complexe métallurgique.

En 1966, ce site devint domaine provincial et il fut décidé de créer les Musées provinciaux luxembourgeois.

Intérieur de la basilique Saint-Hubert.
Johan De Meester/ArTerra Picture Library/age fotostock

Musée de la Vie rurale en Wallonie★★ – *On peut y accéder par deux entrées différentes. Comptez env. 3h pour effectuer cette agréable promenade avec possibilité de se restaurer à l'auberge du Prêvost (18e s.) ou à la cafétéria Les Tahons (plaine de jeux).* Occupant une superficie de 80 ha, ce musée de plein air est constitué d'habitations rurales anciennes, représentatives des différentes régions de la Wallonie, dispersées le long d'un itinéraire d'environ 2 km. On y trouve aussi une petite école, une chapelle murée, une imprimerie, des hangars à tabac, un lavoir, une maison des artisans. Une grande bâtisse traditionnelle des Ardennes accueille le musée du Cheval de trait ardennais ainsi qu'une exposition des instruments que ce puissant cheval de labour tractait.

11

Musée du Fer et de la Métallurgie ancienne★ – L'ancienne maison du maître de forges abrite un musée sur la métallurgie ancienne et les techniques artisanales qui y sont liées. Objets réalisés dans ce métal (taques, serrures, objets religieux, pièges…) et outils utilisés par les artisans (cloutier, forgeron, charron, tonnelier) sont exposés. Le haut fourneau, la forge avec ses différents types de soufflets permettent de comprendre comment était obtenu le fer aux 18e et 19e s. La halle à charbon abrite le musée de l'Histoire de la forêt d'Ardenne.

Parc à gibier B3

2 km au nord (dir. Nassogne). R. St-Michel 125, 6870 St-Hubert - 061 25 68 17 - juil.-août : 10h-18h30 ; mars-juin et sept.-déc. : tlj sf jeu. 10h30-17h ; janv.-fév. : w.-end 10h30-17h - 3,50 €.

Chevreuils, mouflons et sangliers peuvent être observés le long de trois circuits fléchés. La route traverse de belles forêts de hêtres et de résineux ; la forêt du roi Albert, puis le bois de St-Michel.

Val de Poix B3

9 km à l'ouest jusqu'à Smuid.

Une vallée tranquille et agreste où coule un petit ruisseau, affluent de la Lomme. À 3 km de St-Hubert, à gauche de la route, près d'un petit étang, se dresse une maison à colombages.

Grupont B2

12 km au nord-ouest par la N 803.

Grupont conserve une pittoresque **maison espagnole** dite aussi maison du Bourgmestre, à colombages et encorbellement, datée de 1590.

Redu-Transinne A3

20 km à l'ouest par la N 808.

La Maison du Tourisme du Pays de la Haute-Lesse – *Pl. de l'Esro 60, 6890 Redu - 061 65 66 99 - www.haute-lesse-tourisme.be - mars-oct. : 9h-18h ; nov.-fév. : 9h30-16h30.*

Dans une magnifique région vallonnée et boisée, le village de Redu accueille une station spatiale européenne de télémesure et de télécommande de satellites. Le bourg est également un paradis pour les amoureux de livres anciens. Une trentaine de bouquinistes y ont ouvert boutique. Le village vit à l'heure du livre et, en été comme pendant les week-ends, les visiteurs se pressent dans les rues. Quelques artisans et restaurateurs ont suivi.

Euro Space Center★ – *Situé au bord de l'autoroute E 411 à la sortie 24 - 061 65 64 65/01 33 - www.eurospacecenter.be - juil.-août : 10h-17h ; avr.-juin et sept.-oct. : tlj sf lun. 10h-16h ; reste de l'année : se renseigner - 11 € (-12 ans 8 €).*

Les techniques audiovisuelles les plus récentes ont été utilisées pour présenter la grande aventure de l'espace : projection de films sur les missions spatiales dans l'auditorium, explications sur le futur laboratoire Columbus dans l'holorama, évocation de l'histoire astronomique et des trous noirs dans le planétarium, visite de plusieurs vaisseaux et lanceurs, dont Ariane 4 et 5, reproduits grandeur nature, et, pour terminer, des sensations fortes dans le Space Show qui vous entraîne au moyen de sièges mobiles dans une terrible bataille de vaisseaux de l'espace. Ce centre sert aussi d'entraînement pour des jeunes qui veulent s'initier à l'espace (stages de plusieurs jours).

NOS ADRESSES À ST-HUBERT

HÉBERGEMENT

St-Hubert

BUDGET MOYEN

L'Ancien Hôpital – *R. de la Fontaine 23 - 061 41 69 65 - www.ancienhopital.be - P - 6 ch. 65/140 € - rest. fermé mar. et merc.* Bâtiment historique au centre qui servit jadis d'hôpital et de résidence secondaire royale. Derrière la vieille façade, les propriétaires ont créé un intérieur jeune et urbain. Les chambres sont somptueusement aménagées et le rez-de-chaussée abrite un bar à vin confortable. Le petit-déjeuner est un festin.

Hôtel 2G – *Pl. du Marché 7 - 061 61 10 93 - www.hotel2g.net - P - 14 ch. 80/160 €.* Sur la place du marché central. Hôtel simple de style ardennais. Les chambres sont propres mais les moins chères d'entre elles ne possèdent pas de salle de bains privative. Restaurant dans une salle rustique.

Nassogne

BUDGET MOYEN

Le Beau Séjour – *R. de Masbourg 30 - ✆ 084 21 06 96 - www.lebeausejour.be - P - 24 ch. 95/115 €* ☕. Charmante auberge ardennaise aux murs en pierres brutes dans un environnement champêtre et tranquille. Chambres confortables, attentives aux moindres détails. Piscine couverte, sauna et massages et beau jardin. Restaurant gastronomique dans un cadre distingué.

RESTAURATION

St-Hubert

BUDGET MOYEN

Le Cor de Chasse – *Av. Nestor-Martin 3 - ✆ 061 61 16 44 - www.lecordechassesainthubert.be - fermé mar. hors sais., 1re quinzaine de mars et 2e quinzaine de juin et de sept. - menu midi 14 €, soir 28/34 €.* Auberge à proximité immédiate de l'église St-Gilles-aux-Prés. Pendant la saison de la chasse, le gibier est le grand succès de la maison. Plats classiques et correctement tarifés.

POUR SE FAIRE PLAISIR

Le Basilic – *Pl. de l'Abbaye 8 - ✆ 061 50 48 58 - www.le-basilic.be - fermé lun. et merc. soir - menus 34/45 €.* Choix entre la brasserie moderne au rez-de-chaussée ou le restaurant gastronomique au premier étage. Cuisine franco-belge et plats régionaux dans un cadre attrayant et central.

Nassogne

UNE FOLIE

La Gourmandine – *R. de Masbourg 2 - ✆ 084 21 09 28 - www.lagourmandine.com - tlj sf lun.-mar. 11h-14h30, 18h-22h30 - menu midi 25 €, 45/60 €.* Dans le beau village de Nassogne, entre Libramont et St-Hubert. Magnifique vue sur les environs. Restaurant classique à la cuisine franco-belge soignée et inventive proposant à la fois plats de viande et de poisson.

PETITE PAUSE

La Cave de Saint-Hubert – *Pl. du Marché 13 - ✆ 061 32 13 91 - horaires variables selon les sais.* Cave à l'ambiance conviviale proposant une large gamme de bières régionales et autres. Quelques plats coupe-faim.

AGENDA

Juillet musical – Chaque été, dans le cadre du Festival de Wallonie, concerts dans la ville et les villages voisins.

Journées internationales de la Chasse et de la Nature - La ville des chasseurs – *1er w.-end de sept.* Dès le samedi après-midi, les sonneries de trompes de chasse retentissent. Le dimanche, après la messe solennelle et la bénédiction des animaux, a lieu l'après-midi un grand cortège historique qui raconte la vie de saint Hubert et l'histoire de l'abbaye. Plus de 500 personnes en costumes y participent.

Saint-Hubert – *3 nov.* Grande messe solennelle suivie par la bénédiction des animaux et des animations diverses.

La Roche-en-Ardenne

★

4 320 habitants – Luxembourg

NOS ADRESSES PAGE 540

S'INFORMER

Indicatif téléphonique : *084.*

Syndicat d'initiative – *Pl. du Marché 15 - ✆ 084 36 77 36 - www.la-roche-tourisme.com - 9h30-17h (juil.-août 18h) - fermé 25 déc. et 1er janv.*

SE REPÉRER

Carte de région B2 (p. 522-523) et cartes de l'Ourthe supérieure et de l'Ourthe inférieure (p. 535 et 537) – *Cartes Michelin Regional nos 716 J5 et 534 S21.* Au cœur d'une très belle région verdoyante, La Roche-en-Ardenne se trouve sur la N 89.

ORGANISER SON TEMPS

Une heure suffit pour découvrir l'essentiel de la petite ville. En revanche, comptez deux ou trois jours pour profiter de la région, qui présente les paysages parmi les plus agréables du pays.

Couronnée par les ruines romantiques d'un château médiéval, cette station estivale très appréciée se blottit dans un méandre de l'Ourthe, à l'entrée d'un vaste parc naturel. La région, avec ses belles vallées encaissées et ses versants couverts de forêts denses, forme un écrin de choix pour une immersion en pleine nature.

LA BATAILLE DES ARDENNES ET LE SIÈGE DE BASTOGNE

Le 16 décembre 1944, les Allemands déclenchent une contre-offensive sur le front allié, sous la direction du général von Rundstedt qui cherche à reprendre Anvers. L'effet de surprise, le mauvais temps persistant (brouillard, neige) assurent à leurs troupes un succès immédiat. Le général von Manteuffel se dirige vers la Meuse, formant dans les lignes adverses un saillant (d'où le nom parfois donné à la bataille) dont Bastogne, tenu par les Américains et encerclé, devient une position-clé.

Le 22 décembre, le général **McAuliffe**, commandant la place, est réveillé en sursaut et invité à se rendre. Sa réponse abrupte : « Nuts » (littéralement : « des noix ») à cet ultimatum décide du siège de Bastogne.

Le 23 décembre, le ciel s'est dégagé, permettant à l'aviation de ravitailler Bastogne. Néanmoins, le jour de Noël, l'avance allemande atteint sa pointe maximum. Les Alliés vont mettre tout en œuvre pour reprendre le dessus. La 3e armée, sous les ordres du général Patton, contre-attaque sur le flanc sud-est et pénètre dans Bastogne le 26 décembre. L'aviation alliée parvient à empêcher le ravitaillement en carburant des blindés allemands. Début janvier 1945, c'est l'arrivée au nord de la 1re armée.

Le 25 janvier, le saillant de l'armée allemande est réduit à néant.

Se promener

Château

Accès par un escalier en face de l'hôtel de ville - ☏ 084 41 13 42 - www.chateaudelaroche.be - juil.-août : 10h-18h30 ; avr.-juin et sept.-oct. : 11h-17h ; nov.-mars : lun.-vend. 13h-16h, w.-end et vac. Noël et carnaval 11h-16h30 - fermé par temps de neige et/ou de verglas, 1er janv., 2-3 avr. et 25 déc. - 5 € (enf. 3 €).

À l'extrémité de l'éperon rocheux du Deister, les ruines romantiques de cet imposant château du 11e s., hérissées de sapins centenaires, dominent la ville. Après le siège de 1680 par Louis XIV, les fortifications furent renforcées. Le château fut démoli sur ordre de Joseph II, au 18e s.

Les grès de La Roche – Terroir et Traditions

R. Rompré 28, par la pl. du Bronze - ☏ 084 41 18 78 - www.gresdelaroche.be - avr.-oct. : tlj sf lun. (sf. j. fériés) 10h-17h ; reste de l'année : w.-end, j. fériés et vac. scol. 11h-17h - fermé de déb. janv. à déb. fév. - 5 € (-12 ans 3 €).

Cette fabrique produit des objets en grès, au décor gravé rehaussé de bleu, spécialité de La Roche. On découvre l'ancien four à bois, puis on visite des ateliers de tournage et de décoration ainsi que le musée de la fabrique.

À proximité Carte de région p. 522-523

Chapelle Ste-Marguerite B2

▶ *Suivez l'Ourthe vers Houffalize et prenez une route en montée à gauche.*

La chapelle est accrochée à la colline de Deister, au-dessus du château. Plus haut, un belvédère accessible par un petit sentier suivant la crête de l'éperon offre un superbe **panorama★★** sur la ville.

Parc forestier du Deister B2

▶ *Poursuivez la route au-delà de la chapelle Ste-Marguerite jusqu'au sommet de la côte.*

Sur le plateau du Deister s'étend, sur 15 ha, le **parc forestier** aménagé pour la promenade.

Houffalize C2

▶ *25 km à l'est par la N 860.*

Au cœur de l'Ardenne, à 370 m d'altitude, ce centre de villégiature animé occupe un joli **site★** dans la verdoyante vallée de l'Ourthe orientale. Détruit en 1944 pendant la bataille des Ardennes, le bourg a été reconstruit. Les routes qui viennent du sud et de l'ouest offrent de beaux points de vue sur ses toits d'ardoise.

Bastogne B3

▶ *40 km au sud-est par la N 89 puis la N 4.*

i Maison du Tourisme du Pays de Bastogne – *Pl. McAuliffe 60 - ☏ 061 21 27 11 - www.paysdebastogne.be - mi-juin-mi-sept. : 9h-12h30, 13h-18h ; mi-sept.-mi-juin : 9h30-12h30, 13h-17h30.*

Située sur le plateau ardennais, à 515 m d'altitude, Bastogne est une ancienne place forte dont il subsiste une tour du 14e s., la porte de Trèves, près de l'église St-Pierre. La cité est réputée depuis des siècles pour son excellent jambon d'Ardenne, ainsi que pour ses noix.

Depuis la célèbre réplique du général McAuliffe *(voir l'encadré ci-contre)*, la traditionnelle Foire aux noix en décembre comprend des cérémonies commémoratives du siège de Bastogne.

À l'entrée de la ville, sur chaque grand axe, les tourelles de chars exposées indiquent les limites de l'encerclement en 1944.

Grand-Place (Place McAuliffe) – Près du buste du général McAuliffe, on peut voir un char d'assaut américain ainsi qu'une borne de la Voie de la Liberté qui, de Ste-Mère-Église, en Normandie, à la sortie de Bastogne, jalonne l'itinéraire des armées américaines.

Église St-Pierre – Cette église-halle du 15e s., de style gothique flamboyant, est précédée d'une tour carrée (11e-12e s.) à mâchicoulis. L'**intérieur★** est remarquable. Les voûtes ont été peintes en 1536 : scènes de l'Ancien et du Nouveau Testament, effigies des saints patrons des corporations ou des confréries religieuses. On peut voir également une chaire baroque exécutée par le sculpteur Scholtus, une *Mise au tombeau* en bois (16e s.), d'une facture encore gothique, des fonts baptismaux romans aux angles portant quatre têtes sculptées, un beau lustre en fer battu, ou « couronne de lumière » (16e s.).

Bastogne War Museum★ – *Colline du Mardasson - ✆ 02 549 60 49 (rens.) - www.bastognewarmuseum.be - 10h-17h, w.-end et vac. scol. 10h-18h30 - 12 € (6-18 ans 8 €, parcours jeune public prévu via des pictogrammes appropriés). Fermé pour réaménagement complet du site, ouverture prévue au printemps 2013.* Ce tout nouveau lieu de mémoire consacré à la Seconde Guerre mondiale est impressionnant tant par sa structure en étoile de plus de 1 600 m² que par sa scénographie, originale et interactive. Immersion garantie au cœur de la bataille des Ardennes grâce à un parcours audioguidé, émaillé de « scénovisions » (spectacles multisensoriels et 3D), qui fait vivre l'histoire de quatre personnages pris dans le conflit. Vous passerez d'une forêt trouée d'obus à un estaminet reconstitué, autant de mises en scène destinées à mettre en lumière les causes et les conséquences de la guerre. Expositions temporaires, cafétéria et boutique compléteront votre visite.

Le Mardasson★ – *3 km à l'est par la N 874.* Sur une colline a été érigé en 1950 un gigantesque monument en l'honneur des soldats américains ayant péri dans la bataille des Ardennes. À proximité se trouve la dernière borne de la Voie de la Liberté. En forme d'étoile à cinq branches, le mémorial « Le Mardasson » est gravé des noms des différents bataillons et du récit de la bataille. La terrasse au sommet offre une **vue panoramique** sur Bastogne et ses environs : à l'extrémité de chaque branche de l'étoile, une table d'orientation indique les principaux épisodes de la lutte. La crypte, décorée par Fernand Léger, abrite trois autels.

Circuits conseillés

★★ L'OURTHE SUPÉRIEURE Carte de l'Ourthe supérieure ci-contre

▶ *Circuit de 36 km tracé en vert foncé sur la carte de l'Ourthe supérieure et sur la carte de région (p. 522) – Comptez 4h. Quittez La Roche-en-Ardenne au sud-est par la N 834 en direction de Bastogne.*

En amont de La Roche-en-Ardenne, l'Ourthe supérieure est une rivière torrentueuse, s'écoulant dans des paysages sauvages d'une grande beauté. La route, alternant entre vallée et plateau, offre de superbes points de vue sur la campagne. Au-delà de Nisramont, le cours d'eau se divise en deux : l'Ourthe orientale, née près du village d'Ourthe à la frontière luxembourgeoise, et l'Ourthe occidentale, venue d'Ourt, village situé au sud de St-Hubert.

La route gravit les pentes du plateau d'où l'on bénéficie de vues dégagées sur la campagne vallonnée.

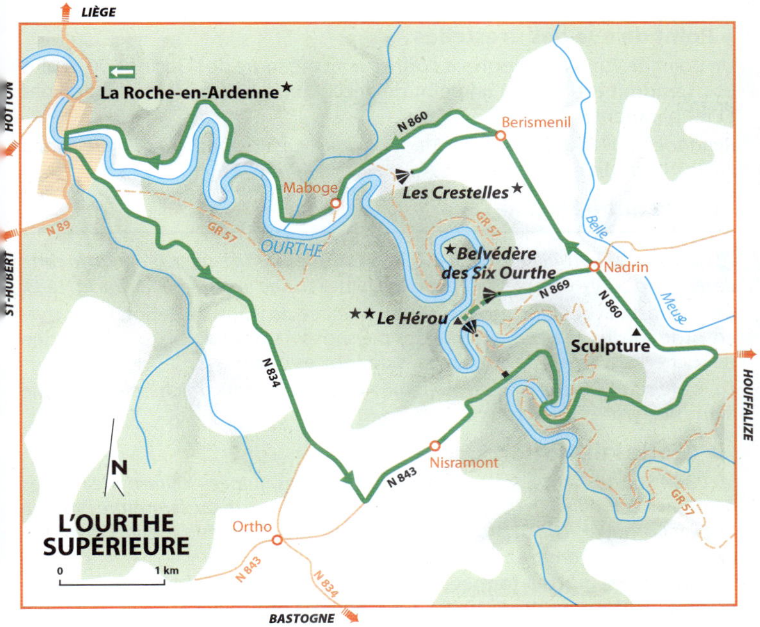

Tournez à gauche vers Nisramont. Franchissez le pont sur l'Ourthe et prenez à gauche vers Nadrin.

À gauche de la route s'élève une **sculpture en marbre** représentant un portique stylisé en forme de cromlech. Cette œuvre du sculpteur portugais João Charters de Almeida fut réalisée en 1991 à l'occasion du festival Europalia Portugal.

À Nadrin, prenez à gauche la N 869. Laissez la voiture sur le parking du Belvédère des Six Ourthe.

★ Belvédère des Six Ourthe

084 44 41 93 - fermé janv. et mar. hors sais. - 1 €.

Une **tour** a été construite à la racine du Hérou, éperon schisteux de 1 400 m de longueur. Du sommet de la tour *(120 marches)*, on contemple un grandiose panorama d'une beauté sauvage, un des plus caractéristiques de l'Ardenne. Autour des éperons boisés, l'Ourthe a creusé une vallée aux méandres compliqués. Elle s'y engage, avant de disparaître derrière les buttes, puis de réapparaître, scintillante en plusieurs endroits, ce qui a valu au belvédère son nom de Six Ourthe.

★★ Le Hérou

Comptez 30mn AR pour être en vue de l'abrupt.

D'agréables sentiers de promenade balisés, dont le GR 57, parcourent cette masse formidable dont le sol rocheux, masqué par une abondante végétation, apparaît dans l'abrupt qui plonge dans la rivière à l'est.

Au pied du Hérou, la rivière s'écoule dans un paysage sauvage.

Regagnez Nadrin, puis prenez à gauche vers Berismenil. Prenez la 2e route à gauche dans Berismenil, en direction des Crestelles.

★ Point de vue des Crestelles

Un point de vue assez étonnant s'offre sur un méandre de l'Ourthe 200 m plus bas. L'endroit est devenu un point de départ privilégié pour les deltaplanes et les parapentes.

Regagnez la N 860. On traverse Maboge (jolie vue du pont), puis l'on revient à La Roche-en-Ardenne.

★ L'OURTHE INFÉRIEURE Carte de l'Ourthe inférieure ci-contre

Circuit de 95 km tracé en bordeaux sur la carte de l'Ourthe inférieure et sur la carte de région (p. 522) – Comptez une journée. Quittez La Roche-en-Ardenne par la N 833.

En contraste avec l'Ourthe supérieure, la vallée de l'Ourthe depuis La Roche-en-Ardenne jusqu'à Liège forme des paysages riants et doux, çà et là bordée de rochers escarpés, parfois creusés de grottes calcaires.

La route suit l'Ourthe jusqu'à Melreux. Après Hampteau, un chemin à gauche mène aux grottes de Hotton.

★★ Grottes de Hotton

✆ 084 46 60 46 - www.grottesdehotton.be - visites guidées (60mn) : de Pâques à la Toussaint : 10h-17h (juil.-août 18h), dernier départ 1h av. fermeture ; vac. de Noël et Carnaval : 11h, 12h30, 14h et 15h30 ; reste de l'année : w.-end 12h30, 14h et 15h30 - 9 € (-12 ans 6 €).

Une partie des grottes, formées par une rivière qui s'est enfouie progressivement, a été découverte de 1958 à 1964. Seule la grotte des Mille et Une Nuits constituant la fin du réseau prospecté est ouverte au public.

La succession des salles étroites offre des concrétions extrêmement variées. La délicatesse de leurs formes, macaronis transparents, excentriques, draperies ondulées, est remarquable, mais c'est surtout la splendeur de leurs coloris naturels qui retient l'attention : blanc pur de la calcite, rouge, orange éclatant, rose délicat des traces de fer.

Dans la galerie de l'Amitié, cette féerie est accentuée par le reflet limpide des « gours ».

Au terme du parcours, un balcon domine de 28 m un gouffre où gronde une lointaine chute d'eau, au fond du grand couloir du Spéléo-Club.

Hotton

Dans la plaine de Famenne, ce bourg typique aligne ses toits d'ardoise au bord de l'Ourthe qui forme ici une île.

En amont, sur la route d'Érezée, moulin à eau du 18e s. En aval du pont, un barrage retient un plan d'eau.

Suivez la N 833.

★ Durbuy

On retrouve l'Ourthe vers Durbuy. Situé dans une belle région de forêts, Durbuy est l'un des lieux de villégiature les plus agréables de l'Ardenne. Cette bourgade, qui fut érigée au titre de ville dès 1331, fut jusqu'en 1977, date à laquelle elle fusionna avec d'autres communes, la plus petite ville du monde avec moins de 400 habitants.

Durbuy a conservé son caractère ancien avec son dédale de ruelles médiévales, son château du 17e s., son vieux pont, sa halle aux blés à colombages.

Au charme de ses rues et de ses maisons en pierre, où de nombreux artisans et artistes se sont installés, s'ajoute la beauté du site au pied d'une paroi rocheuse présentant un plissement très spectaculaire, la Falize.

Gagnez Barvaux par la N 983.

HASSELT
Liège
A 15
N 3
Aigremont
MEUSE
Chaudfontaine
N
Sart-Tilman
A 26-E 25
N 61
N 90
Tilff
Vesdre
Bois de Neuville
Musée de l'Abeille
N 63
Neuville-en-Condroz
N 633
SPA
Esneux
St-Séverin
N 678
GR 57
N 638
Bois d'Esneux
OURTHE
N 666
A 26-E 25
Amblève
Grotte
Comblain-au-Pont
Les Tartines (Rochers)
N 633
STAVELOT
N 66
N 86
N 654
Inférieure
N 66
Xhignesse
Hamoir
Bois de Xhoris
N 66
GR 57
N 638
My
Château de Logne
Vieuxville
Néblon
Tohogne
Bomal
N 66
STAVELOT
Rochers de Glawans
N 806
Durbuy
N 86
Aisne
Aisne
Barvaux
GR 57
A 26-E 25
STAVELOT
N 983
Wéris
L'Ourthe
N 86
Bois Soplaimont
N 833
Érezée
N 651
N 807
Melreux
Tramway touristique de l'Aisne
Hotton
Hampteau
Aisne
Grottes de Hotton
OURTHE
BASTOGNE
Dochamps
N 833
N 89
Bois de St Jean Chanoine
GR 57
L'OURTHE INFÉRIEURE
La Roche-en-Ardenne
0
4 km
N 860
ST-HUBERT
BASTOGNE
MARCHE-EN-FAMENNE
11

Barvaux
Autre centre touristique de la vallée de l'Ourthe qui coule, en aval, au pied des fameux **rochers de Glawans**.
2 km après Barvaux, prenez une route à gauche vers Tohogne.

Tohogne
Ce village possède une **église romane** bien restaurée dans laquelle on peut admirer quelques œuvres d'art, dont une cuve baptismale de l'école mosane du 13e s. et un calvaire du 14e s.
Revenez à la N 86.
Les amateurs de vieux tramways et de monuments mégalithiques peuvent faire un crochet dans la vallée de l'Aisne. À Bomal prenez la N 806 en direction d'Aisne.

Aisne
Ce village qui a donné son nom à la rivière possède des sources thermales. On remarque, à gauche, la gigantesque muraille de grès de la **Roche à Frêne**.
La route emprunte la vallée de l'Aisne.

Érezée
Depuis Érezée, le pittoresque **tramway touristique de l'Aisne** *(✆ 086 47 72 69 - www.tta.be - de déb. avr. à mi-oct. - 7 € AR Érezée-Forge)* remonte la vallée de l'Aisne jusqu'à Dochamps au milieu de paysages splendides et par les petits villages d'Amonines et de Forge-à-la-Plez.
Prenez la N 841 pour gagner Wéris.

Wéris
À Wéris, la charmante **église Ste-Walburge**, fondée au 11e s., repose sur des piliers d'ardoise ; à droite du maître-autel, tabernacle sculpté du 16e s., nommé « théothèque ». Wéris conserve plusieurs mégalithes, en particulier un **dolmen**, dont les blocs sont taillés dans le poudingue local *(au nord-ouest, en allant vers Barvaux, non loin de la route à gauche).*
Regagnez Bomal en passant par Barvaux.

Bomal
Le petit village est situé au confluent de l'Aisne et de l'Ourthe. Jolie **vue★** sur la vallée resserrée par un bloc rocheux derrière lequel sont perchées les ruines du château de Logne.

Château de Logne
✆ 086 21 20 33 - www.chateau-logne.be - visites guidées : juil.-août départ ttes les h de 11h à 18h ; avr.-oct. w.-end et j. fériés 13h-18h - spectacle de fauconnerie à 14h et 16h - 7 € visite et spectacle (enf. 6 €).
Propriété des moines de Stavelot puis de la puissante famille de La Marck, ce « nid d'aigle » était l'un des premiers châteaux adaptés aux armes à feu. Il fut détruit en 1521 sur l'ordre de Charles Quint.
Les objets trouvés lors des fouilles qui se poursuivent dans son enceinte sont exposés dans le **Musée archéologique** à Vieuxville. Le village de Logne est un important centre de tourisme sportif.
Après My, tournez à gauche.

Hamoir
Petite cité sur les bords de l'Ourthe. Sur la place centrale se dresse une statue de Jean Delcour, né ici en 1627. L'hôtel de ville occupe un charmant manoir du 17e s. dissimulé sur la rive gauche dans un joli parc.
4 km AR depuis Hamoir.

Dolmen et menhir à Wéris.
Clément Philippe/ArTerra Picture Library/age fotostock

Xhignesse
L'église St-Pierre, de style roman mosan, est remarquable par son abside ornée d'arcatures aveugles surmontées de niches.
Suivez la N 654.

Comblain-au-Pont
Cette localité est située au confluent de l'Ourthe et de l'Amblève que surplombe un imposant rocher nommé les Tartines, en raison de sa forme en tranches bien particulière.

11

À 1 km à l'ouest se trouve sur une petite colline la **grotte**★ de Comblain *(✆ 04 369 41 33 - www.comblainaupont.be - visites guidées (1h) : à 10h30, 12h30, 14h, 15h30 et 17h - mai-juin : w.-end et j. fériés ; juil.-août et vac. de Pâques et de Noël : tlj - 8 €).*
Poursuivez votre chemin.

Esneux
Cette petite ville s'étage sur un versant contourné par une boucle de l'Ourthe.
Empruntez la N 633 pour gagner Tilff.

Tilff
Tilff possède un **musée de l'Abeille** *(✆ 04 388 22 63 - www.sitilff.be - juil.-août : 10h-12h, 14h-18h ; avr.-juin et sept. : w.-end et j. fériés 14h-18h ; reste de l'année : sur RV - 2,50 €)* situé dans une ancienne ferme du château. On y trouve une intéressante documentation sur l'apiculture, des collections d'instruments, de ruches (dans certaines, on peut observer des abeilles en activité), et des documents sur la biologie de l'abeille.
De Tilff, vous n'êtes plus qu'à 15 km de Liège que vous pouvez rejoindre par l'autoroute A 26 ou bien en longeant l'Ourthe depuis l'autre rive.

★★ **Liège** *(voir p. 456).*

NOS ADRESSES À LA ROCHE-EN-ARDENNE

HÉBERGEMENT

La Roche-en-Ardenne

BUDGET MOYEN

Moulin de la Strument – *Petite Strument 62 - ✆ 084 41 15 07/13 80 - www.strument.com - P - fermé janv. - 8 ch. 85/91 €* ☕. Cette grande auberge était jadis un moulin à eau, adossé à une colline et à son bois de pins, et à distance de marche du centre. Accueil hospitalier, belles chambres, salle petit-déjeuner avec cheminée. Le restaurant sert des préparations régionales.

Hostellerie Linchet – *Rte de Houffalize 11 - ✆ 084 41 13 27 - www.hostellerie-linchet.be - P - 13 ch. 100/150 €* ☕. Hors du centre de La Roche, avec une magnifique vue sur la vallée de l'Ourthe. Michèle Linchet dirige depuis des années cette hostellerie traditionnelle, tandis que sa fille Sophie réalise des prouesses gastronomiques dans le restaurant classique. Les chambres confortables ont vue sur la rivière ou sur les bois environnants.

Jupille

BUDGET MOYEN

Les Tilleuls – *Clos Champs 11 - ✆ 084 47 71 31 - www.les-tilleuls.be - P - fermé janv. - 8 ch. 89/123 €* ☕. Au milieu de la verdure, en surplomb d'un méandre de l'Ourthe, les hôtes peuvent profiter d'un séjour agréable et de bons repas au restaurant. En saison, du gibier est au menu. Un grand jardin (avec terrasse en été) et pièce d'eau entourent la villa.

Bastogne

BUDGET MOYEN

Hôtel Collin – *Pl. McAuliffe 8-9 - ✆ 061 21 43 58 - www.hotel-collin.com - 16 ch. 90/125 €* ☕. Hôtel familial moderne dans le centre-ville, situé sur une place où un char américain rappelle la Seconde Guerre mondiale. Les chambres spacieuses sont aménagées de façon contemporaine, la brasserie « Café 1900 » est en style Art nouveau.

RESTAURATION

La Roche-en-Ardenne

BUDGET MOYEN

L'Ardennais – *R. Chamont 8 - ✆ 084 41 15 64 - fermé merc. - menus 12/22 €*. Restaurant situé au centre, le long de l'Ourthe et à l'ambiance de salle de séjour. La carte propose des plats simples de l'Ardenne.

Jupille

POUR SE FAIRE PLAISIR

Relais de l'Ourthe – *R. du Moulin 3 - ✆ 084 47 76 88 - www.relais-ourthe.be - menus 28/45 €*. Au centre du pittoresque village de Jupille. Restaurant intime dans une ancienne ferme transformée. La carte propose une cuisine française. L'hostellerie comporte également 8 chambres charmantes, une piscine et un grand jardin.

Bastogne

POUR SE FAIRE PLAISIR

Wagon Restaurant Léo – *R. du Vivier 4-6 - ✆ 061 21 14 41 - www.wagon-leo.be - fermé lun. - menus déj. 19,90 €, soir 33/42 €.* Une valeur sûre à Bastogne : à l'origine, le père Léo vendait des frites dans une ancienne voiture de chemin de fer. Tant la voiture que la carte ont entre-temps profondément évolué mais l'endroit est toujours indiqué pour apprécier une cuisine belge traditionnelle dans un cadre original d'agréable voiture ferroviaire.

Rendeux

POUR SE FAIRE PLAISIR

Au Moulin de Hamoul – *R. de Hotton 86 - ✆ 084 47 81 81 - www.moulindehamoul.com - tlj sf dim. et mar. soir et lun. 12h-13h30, 19h-20h30 - menus midi 25/30 €, soir 35/54 €.* Une situation idyllique le long de l'Ourthe. Dans ce restaurant gastronomique à l'aménagement contemporain, le chef prépare des plats inventifs au gré des saisons. Un lieu est prévu pour les fumeurs.

PETITE PAUSE

Café Le Central – *R. du Purnalet 4 - ✆ 084 46 82 82 - fermé lun.* Café à l'ambiance sympathique. Large choix de bières wallonnes, flamandes et luxembourgeoises. On peut également demander une glace ou un sandwich.

SPÉCIALITÉS

N'oubliez pas de goûter les baisers de La Roche, meringues fourrées de crème, qui rivalisent avec les excellentes tartes aux fruits ou au sucre. La traditionnelle poterie de grès bleu est réputée.

Boucherie Josse – *R. du Pont 9 - ✆ 084 41 12 20 - www.boucherie-josse.be - tlj en sais.* Large choix de charcuteries ardennaises telles que jambons, saucisson de sanglier… Également gibier en saison, fromages et sandwichs garnis.

AGENDA

Foire aux noix de Bastogne – *Fin déc.* Cette foire, vieille de 150 ans, marquait jadis le moment du réengagement du personnel domestique. Ceux qui étaient repris portaient un foulard rouge à pois blancs autour du cou et offraient des noix aux jeunes filles. Le hasard voulut que le célèbre « Nuts » prononcé le 22 décembre 1944 par le général McAuliffe correspondît avec cette coutume. Après la guerre, le folklore fusionna avec la commémoration militaire.

Vallée de la Semois

★★

Luxembourg-Namur

NOS ADRESSES PAGE 548

SE REPÉRER
Carte de région A3-B4 (p. 522-523) et carte de la vallée de la Semois (p. 544-545) – *Cartes Michelin Regional nos 716 H6, J7 et 534 P, Q, S, T24.* À proximité de la frontière française, la Semois dessine des méandres dans un paysage pittoresque et verdoyant. Accès depuis Bouillon par la N 89.

À NE PAS MANQUER
Une descente de la Semois à Chiny, le panorama depuis le clocher de Florenville, le tombeau du Géant à Botassart.

ORGANISER SON TEMPS
Prévoyez au moins une journée pour découvrir les plus beaux endroits de la vallée.

AVEC LES ENFANTS
Une descente de la Semois au départ de Chiny, la Ferme des Fées aux Hayons.

Prenant naissance sur un paisible plateau cultivé, la Semois, affluent de la Meuse, dessine, en aval de Florenville, de grands méandres encaissés, avec ses villages perchés où vous jouirez de beaux points de vue. Située aux confins méridionaux de la Belgique, cette vallée isolée et pittoresque est la patrie de l'illustre chevalier Godefroy de Bouillon, une région encore empreinte de mythes, avec ses fées, ses sorcières et sa pierre à marier.

Circuits conseillés Carte de la vallée de la Semois p. 544-545

★ DE GAUME EN ARDENNE

Circuit de 65 km – Voir le circuit tracé en orange sur la carte de la vallée de la Semois et sur la carte de région (p. 523) – Comptez une demi-journée. Départ de Chiny, env. 50 km à l'ouest d'Arlon par la E 25 puis la N 894 et 35 km au nord-ouest de Virton par la N 88 puis N 894.

Chiny

La Semois, en contournant Chiny, s'insinue momentanément dans le massif ardennais boisé. La vallée prend un aspect plus encaissé et plus sauvage, qu'il n'est possible d'apprécier qu'en bateau.

★ Descente en barque de Chiny à Lacuisine

8 km. Embarcadère à l'ouest du village, au lieu-dit « La Scierie » - ✆ 061 31 17 43 ou 0495 54 93 72 - www.passeurs-reunis.be - ♿ - juil.-août : 9h-12h, 13h-18h ; avr.-juin et sept.-oct. : w.-end 9h-12h, 13h-18h - 12 € (-10 ans 5 €).

Le parcours en bateau *(durée 1h15)* suit le défilé du Paradis en laissant la côte de l'Écureuil et le rocher du Pinco à droite, et le rocher du Hât à gauche. On peut revenir à pied *(45mn)* par des pistes balisées à travers bois.

FÉES ET SORCIÈRES DES HAYONS

Ce petit village proche de Bouillon fut jadis habité par des fées et des sorcières. À la **Ferme des Fées** *(Mont de Zatrou 1 - ✆ 061 46 89 17 - www.fermedesfees.be - juil.-août : tlj sf mar. 10h-12h30, 13h30-18h ; sept.-juin : tlj sf mar.-merc. 10h-12h30, 13h30-18h)*, on peut en voir et en acheter ainsi que des elfes, des nymphes des bois, d'autres personnages de légende et des friandises. Ces êtres magiques sont habillés selon la mode du 19e s. Soyez rassuré, ces figurines sont quatre fois plus petites que leurs illustres prédécesseurs vivants. Leurs attributs permettent de reconnaître les activités qu'elles sont censées exercer.

Lacuisine

Ici, le cours bouillonnant s'est assagi ; l'eau coule, calme, entre les rives bordées de prairies ; on peut voir un ancien moulin à eau.

★ Point de vue sur le défilé de la Semois

2 km au nord. Route de Neufchâteau puis, à 800 m au nord de la bifurcation vers Martué, juste après avoir passé un chemin à gauche, prenez un sentier à droite.

En suivant dans les bois les balises blanc et orange, on arrive, après un quart d'heure de marche, à un promontoire équipé d'un banc ; le site procure une vue plongeante sur le méandre boisé et sauvage où coule la rivière souvent couverte de fleurs blanches.

Gagnez Florenville par la N 85.

Florenville

Proche de la frontière, et perché sur une « côte » gréseuse dominant la vallée de la Semois, c'est un centre de villégiature et d'excursions.

Derrière le chevet de l'église se trouve une terrasse, équipée d'une table d'orientation. Cet endroit permet de découvrir la vallée de la Semois qui trace une très large courbe dans une vaste plaine dont les terres servent à l'agriculture.

L'église, dévastée en 1940, a été reconstruite. Du **belvédère** *(✆ 061 31 12 29 - juil.-août : tlj sf dim. mat. 10h-12h, 14h-18h - 1 €)* au sommet, **vue** sur les toits d'ardoises, la large vallée de la Semois et la campagne environnante *(220 marches)*.

Prenez la N 83.

★ Point de vue sur Chassepierre

À 5 km de Florenville, un belvédère (où se trouve un globe métallique symbolisant la paix) offre une belle vue sur les toits d'ardoises du village dont les maisons se serrent sur un bloc rocheux, près de l'église à bulbe (1702) ; non loin, la Semois serpente dans la plaine.

Suivez la N 83. Au-delà de Ste-Cécile, on tourne à droite vers Herbeumont.

Avant de traverser la rivière, on aperçoit à droite de la route l'ancien prieuré de Conques (18e s.), qui était au Moyen Âge une dépendance de l'abbaye d'Orval. Il est actuellement occupé par un hôtel.

Gagnez Herbeumont par la N 884.

Herbeumont

Les ruines de son château fort du 12e s. se dressent au sommet d'une butte. Il a été détruit par les troupes de Louis XIV.

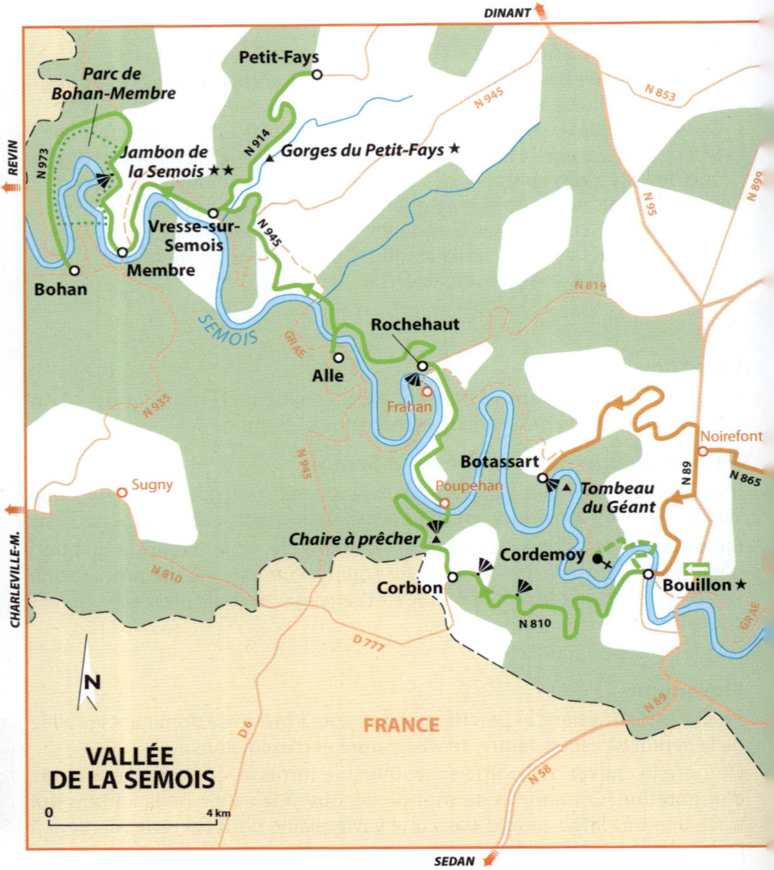

Du sommet, **vue★★** magnifique sur un double méandre de la rivière encerclant le **tombeau du Chevalier**. Ainsi nommé en raison de sa forme évoquant les tombes médiévales, c'est un éperon boisé très allongé autour duquel la Semois trace une boucle dans un paysage magnifique.

En arrivant sur Mortehan, on suit la rivière. En montant, avant un virage à droite, jolies vues sur un paysage vallonné et sauvage, et, à 2 km d'un belvédère situé à la pointe des **roches de Dampire, vue★** sur une belle boucle de la Semois.

2 km après Dohan, prenez à droite la route des Hayons.

Juste après **Les Hayons** *(voir l'encadré p. 543)*, beau **coup d'œil★** sur la Semois dont la vallée se dessine dans un ample paysage boisé.

Saut des Sorcières

C'est en fait une suite de petites cascades entre des étangs.

Revenez sur la N 865. Par Noirefontaine, on gagne Botassart.

Botassart

À 2 km au-delà du hameau, un belvédère aménagé offre un **point de vue★★** remarquable sur un site des plus célèbres et des plus caractéristiques de la

VALLÉE DE LA SEMOIS

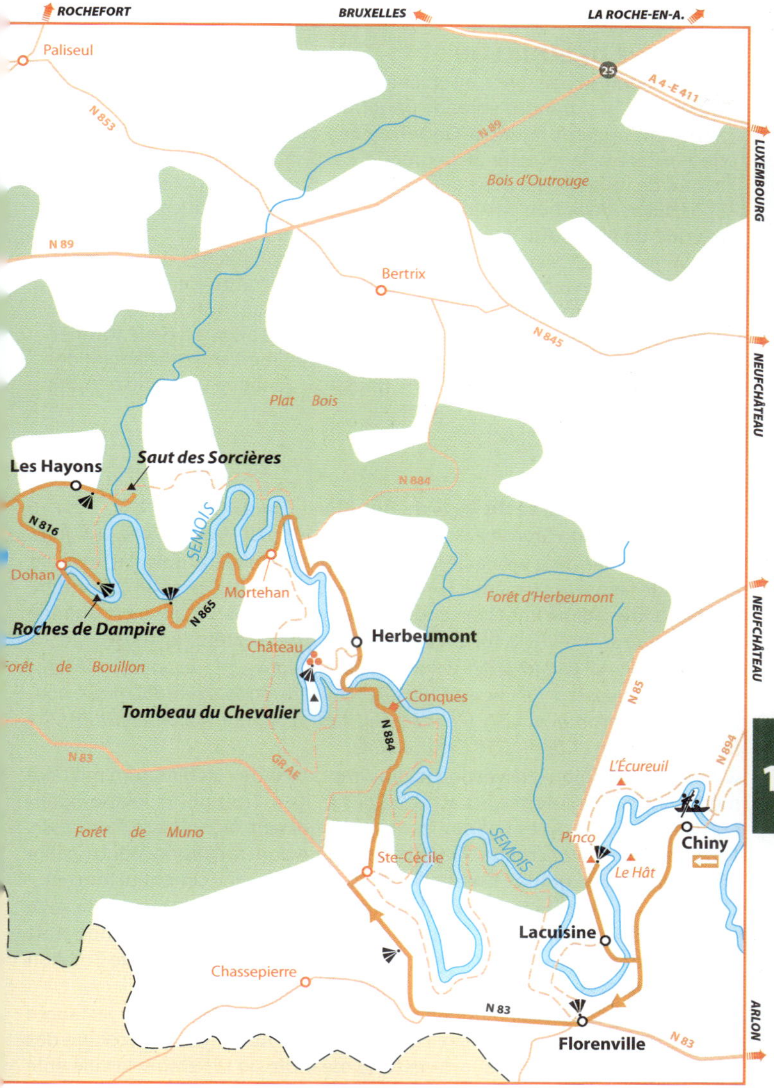

Semois : la rivière forme une magnifique boucle autour d'une longue colline boisée nommée **tombeau du Géant**, car ses pentes rappellent, comme celles du tombeau du Chevalier, les parois d'un sarcophage ; ses bords sont soulignés d'une couronne de pâturages d'un vert plus pâle.
Revenez sur vos pas pour descendre à Bouillon.

★★ DE BOUILLON À BOHAN

Circuit de 59 km – Voir le circuit tracé en vert clair sur la carte de la vallée de la Semois (ci-dessus) et sur la carte de région (p. 523) – Comptez une demi-journée.

LE DUCHÉ DE BOUILLON

Bouillon doit sa naissance à son château fort qui occupait une position-clé sur une des grandes voies de pénétration de Belgique.

Son nom évoque la figure de **Godefroy de Bouillon** qui assura, par la prise de Jérusalem, la réussite de la première croisade (1096-1099) : refusant le titre de roi qu'on lui accordait, il choisit celui, plus humble, d'avoué du St-Sépulcre. Avant de partir en 1096, il avait vendu son duché au prince-évêque de Liège. Au 15e s., l'un des gouverneurs du duché de Bouillon est Évrard de La Marck, prince de Sedan. Usurpé par ses descendants, le titre ducal revient en 1594, par héritage, au vicomte Henri de La Tour d'Auvergne, père du grand Turenne. Confisqué par Louis XIV, le château est rendu ensuite à cette famille, mais Vauban est chargé de le fortifier. Au 18e s., la ville devient un centre de tendances libérales se réclamant des Encyclopédistes ; l'imprimeur Pierre Rousseau divulgue un grand nombre d'œuvres de Voltaire et de Diderot.

★ Bouillon

Maison du Tourisme du Pays de Bouillon – *Quai des Saulx 12 - ✆ 061 46 52 11 - www.bouillon-tourisme.be - 10h-18h, dim. 10h-17h - fermé 25 déc. et 1er janv.*

La petite capitale de la vallée de la Semois, dont les toits d'ardoise se pressent au bord de la rivière formant ici une large boucle, se situe près de la frontière française. Très animé en saison et durant les week-ends, Bouillon est dominé par la masse sévère de sa forteresse, dressée sur une arête rocheuse.

Château★★ – *✆ 061 46 42 02 - www.bouillon-initiative.be - juil.-août : 10h-19h ; avr.-juin et sept. : 10h-18h (w.-end 18h30) ; oct. : 10h-17h (w.-end 18h) ; mars, nov., vac. de Noël et carnaval : 10h-17h ; déc.-fév. : lun.-vend. 13h-17h, w.-end 10h-17h - fermé 1er janv. et 25 déc. - 6,50 € (enf. 4,50 €).*

C'est, en Belgique, le vestige le plus important de l'architecture militaire médiévale. Son existence est attestée dès le 10e s. Trois ponts-levis empierrés dès le 17e s., séparés par des fortins, défendaient l'accès de la forteresse. *Suivre les flèches numérotées.* Après le deuxième pont, on monte par l'escalier de Vauban, d'une grande pureté de ligne, construit sans ciment ni mortier.

On voit la « salle dite primitive » aux murs énormes du 12e s., puis la salle Godefroy de Bouillon, du 13e s., creusée dans le roc, abritant une grande croix encastrée dans le sol. Des mannequins évoquent le départ de G. de Bouillon en croisade.

On débouche sur la cour d'honneur. De la **tour d'Autriche**, qui fut restaurée en 1551 par le prince-évêque de Liège Georges d'Autriche, on découvre des **vues★★** magnifiques sur la forteresse, le méandre de la Semois, la ville et le vieux pont au nord.

En traversant le grand souterrain servant à la fois de couloir de communication et d'entrepôt, on regagne l'entrée. Au passage, la présence de la citerne et du puits profond de 54 m montre que l'eau n'était pas rare.

En saison, **spectacle de fauconnerie** et **visite nocturne** à la torche : *1er mars-11 nov. : tous les w.-ends de l'année et vac. d'hiver* ; exposition sur la fauconnerie au Moyen Âge.

Musée ducal★ – *✆ 061 46 41 89 - de Pâques à mi-nov. : 10h-18h ; oct.-nov. et vac. scol. : 10h-17h - fermé de déc. à mi-avr. (sf vac. scol.), 1er janv. et 25 déc. - 3,50 €.*

La **section Histoire et Folklore**, située dans une maison du 18e s. au charme suranné, évoque les souvenirs des ducs de Bouillon, le folklore et l'artisanat

Le tombeau du Géant dans une boucle de la rivière Semois.
B. Rieger/hemis.fr

régional : reconstitution d'un intérieur ardennais (chambre, cuisine du début du 19e s. notamment), du cabinet de travail de Pierre Rousseau. Au grenier : ateliers d'un tisserand, d'un sabotier.

La **section Godefroy de Bouillon** occupe la demeure restaurée d'un conseiller à la cour et évoque l'époque des croisades et du Moyen Âge. En dehors des souvenirs rapportés d'Orient par les croisés, une maquette fait revivre l'attaque d'un château fort, et un modèle réduit de la forteresse de Bouillon donne une excellente idée de sa puissance au 12e s. Une 3e section est consacrée au patrimoine industriel de la région.

11

Archéoscope Godefroid de Bouillon – *061 46 83 03 - www.archeoscope bouillon.be - ♿ - juil.-août : 10h-17h30 ; mai-juin et sept. : 10h-17h ; mars-avr. : 10h-16h ; oct.-nov. : tlj sf lun. 10h-16h ; fév. et déc. : tlj sf lun. 13h-16h, w.-end 10h-16h - fermé janv. (sf vac. scol.) - 6,25 € (enf. 4,95 €).*

Situé au bord de la Semois dans un ancien couvent des Sépulcrines (17e s.), l'Archéoscope fait revivre l'histoire de la première croisade et de Godefroy de Bouillon en particulier à travers un spectacle audiovisuel. Maquettes et photos offrent un aperçu des fortifications dans la région de Bouillon. Remarquez également le couloir des Nonnes avec ses six chambrettes.

Cordemoy – *3 km à l'ouest par une route étroite.* Au-delà du vieux pont gothique (pont de la Poulie), on suit la rive de la Semois, très encaissée. Dans un site paisible se dresse l'**abbaye N.-D.-de-Clairefontaine** (*061 22 90 80 - pas de visite, mais on peut assister à la messe dim. et j. fériés à 10h30*), construite en 1935 dans un style néogothique. Elle perpétue le souvenir d'une abbaye cistercienne fondée, près d'Arlon, par Ermesinde, fille du comte de Luxembourg, et qui fut incendiée en 1794.

Quittez Bouillon par la route de Corbion, au-delà du tunnel.

À 5 km, belvédère avec vue sur l'abbaye N.-D.-de-Clairefontaine - Cordemoy. Puis, 3 km plus loin, panorama sur les crêtes boisées entaillées par la vallée, notamment le tombeau du Géant.

On atteint Corbion par la N 810.

Corbion

Accessible par un sentier, la **Chaire à prêcher** *(signalée)* est un belvédère naturel. La **vue★** embrasse un vaste panorama sur Poupehan, village dominant la Semois.
Suivez la N 893.

Rochehaut

De ce village perché, très jolie **vue★★** : la rivière enserre un promontoire ourlé de prairies ; les maisons du village de Frahan s'étagent sur les pentes.
Sur la rive opposée, **Alle** est situé à la racine d'un méandre coupé.
Prenez à droite la route du Petit-Fays.

★ Gorges du Petit-Fays

La route grimpe en longeant ces gorges très sauvages et noyées dans la végétation.
La N 819 conduit à Vresse-sur-Semois.

Vresse-sur-Semois

Ici, on retrouve la Semois où vient se jeter le ruisseau du **Petit-Fays**. Vresse était autrefois un important centre de la culture du tabac. C'est aujourd'hui un rendez-vous pour les vacanciers et pour de nombreux artistes. Entre Vresse et Bohan subsistent çà et là de typiques **séchoirs à tabac** en bois.
Prenez la N 914 en direction de Membre.

Membre

Près de cette localité commence le **parc de Bohan-Membre**. Il s'étend sur 177 ha, traversé par la Semois et encerclé par une route pittoresque.
Dans Membre, tournez à droite.
À 3 km, beau point de **vue★★** sur le site nommé **Jambon de la Semois**, échine étroite et boisée.

Bohan

Ce hameau de villégiature est connu pour sa **pierre à marier**, constituée de deux blocs de quartz et de schiste, réputés pour leurs vertus de fécondité.

NOS ADRESSES DANS LA VALLÉE DE LA SEMOIS

HÉBERGEMENT

Bouillon

BUDGET MOYEN

Hôtel La Ferronnière – *Voie Jocquée 44 - ✆ 061 23 07 50 - www.laferronniere.be - 7 ch. 98/135 € ☕ - rest. 25/33 €.* Cette maison de maître du 19e s. a été transformée en petit hôtel de charme aux chambres spacieuses. L'établissement est situé un peu en dehors de Bouillon et sa terrasse offre une vue splendide sur la ville historique. Restaurant de caractère aux plats originaux.

Noirefontaine

POUR SE FAIRE PLAISIR

Auberge du Moulin Hideux – *6831 Noirefontaine - ✆ 061 46 70 15 - www.moulinhideux.be - 12 ch. 105/205 € - ☕ 20 €.* Maison-moulin historique restaurée bénéficiant d'une situation calme et nichée dans les bois. Tant les chambres que les salons rayonnent le luxe et le confort. Avant de vous joindre au dîner gastronomique, vous pourrez profiter du grand jardin, de la piscine ou du terrain de tennis. Une adresse pour épicuriens.

Rochehaut

POUR SE FAIRE PLAISIR

Au Naturel des Ardennes – *Rte de Alle 4 - ✆ 061 46 65 16 - www.aunatureldesardennes.be - P - 12 ch. 132/150 € ☕ - rest. 70 €.* Belle maison en pierre dissimulée dans la forêt. Chambres traditionnelles et bien tenues. Cuisine savoureuse.

RESTAURATION

Bouillon

BUDGET MOYEN

La Vieille Ardenne – *Grand-Rue 9 - ✆ 061 46 62 77 - ⊠ - fermé merc. - menus 12/25 €.* Agréable petit restaurant également apprécié par les habitants de Bouillon. Collection remarquable de pots à bière suspendus au plafond. La carte propose surtout des plats régionaux et un bon choix de bières belges.

Il Castellino – *R. du Collège 44 - ✆ 061 51 33 03 - www.il-castellino.be - 11h-23h (été 10h-0h) - menus 18/23 €.* Restaurant italien spacieux mais plein d'ambiance au centre de la ville. Outre les préparations de pâtes classiques, la carte propose également des spécialités de l'Ardenne. Terrasse en été.

Rochehaut

POUR SE FAIRE PLAISIR

Taverne de la Fermette – *R. de la Cense - ✆ 061 46 10 00 - www.aubergedelaferme.be - fermé dim. soir et lun. midi - menu à partir de 35 €.* Ancien et nouveau se combinent avec élégance dans cette ferme restaurée qui propose également quelques belles chambres. La cuisine régionale à base de produits frais et de saison y est mise à l'honneur. Atmosphère conviviale et accueil cordial. Vaste carte des vins.

PETITE PAUSE

Pâtisserie Michels – *Pl. St-Arnould 9 - ✆ 061 46 62 09 - tlj en saison.* Très grand choix de délicieuses tartes, surtout aux fruits, et d'autres pâtisseries. Également de la crème glacée et les produits dérivés. Grande terrasse côté rue et salle de dégustation au 1er étage.

ACHATS

Le Marché de Nathalie – *Grand-Rue 22 - ✆ 061 46 89 40 - 11 juil.-31 août : 10h-22h ; reste de l'année : tlj sf merc. 10h-20h.* Près de 300 sortes de bières, dont la Brasserie de Bouillon, de fabrication artisanale.

Boutique La Gourmandise – *R. de la Maladrerie 8 - ✆ 061 46 78 48 - fermé lun. hors sais.* Grand choix de pralines de la marque belge Ovidias, chocolats et sucreries.

Virton

11 543 habitants – Luxembourg

S'INFORMER

Indicatif téléphonique : *063.*

Maison du tourisme de Gaume – *R. des Grasses-Oies 2B - ✆ 063 57 89 04 - www.soleildegaume.be - 9h-18h.*

SE REPÉRER

Carte de région B4 (p. 522-523) – *Cartes Michelin Regional n°s 716 J7 et 534 S25.* Virton est accessible depuis Montmédy par la D 981 et la N 871 ou par l'A 4/E 25 qui va de Namur à Arlon. Prenez la sortie 29, puis la N 87.

ORGANISER SON TEMPS

Prévoyez 1h30 pour visiter le village.

Capitale du pays de Gaume, Virton, aux confins de la Lorraine française, est réputée pour la clémence de son climat. Cette ancienne cité de forges se développe autour d'une église à colonnade constituée de jolies pierres brunes. Cette région de tradition romane – à la différence de sa voisine arlonaise – abrite les ruines de la légendaire abbaye d'Orval, l'un des plus puissants monastères cisterciens du Moyen Âge.

Se promener

Musée gaumais

R. d'Arlon 38-40 - ✆ 063 57 03 15 - www.museesgaumais.be - juil.-août : 9h30-12h, 14h-18h ; mars-déc. : tlj sf mar. 9h30-12h, 14h-18h - fermé janv.-mars, 25 déc. et 1er janv. - 5 € (-12 ans gratuit).

Installé dans l'ancien couvent des Récollets qui possède un jaquemart, ce musée régional est consacré à l'archéologie et à l'ethnographie locales. On peut y voir des reconstitutions d'intérieurs (cuisine gaumaise) et d'ateliers d'artisans. Parmi les collections d'art populaire industriel, on remarquera celle des pièces de fonte ornementales (taques, chenets), rappelant que la Gaume était jadis connue pour ses forges.

À proximité Carte de région p. 522-523

Montauban B4

10 km au nord. Prenez la N 82 en direction d'Arlon, puis, dans Ethe, une route à gauche vers Buzenol.

Au sud de Buzenol, près d'anciennes forges installées au bord du ruisseau, ce promontoire boisé de 340 m d'altitude a été occupé pendant les époques préhistorique et romaine et au Moyen Âge. On y voit les vestiges des différentes fortifications.

Le petit **musée des Sculptures romaines** renferme de nombreux bas-reliefs gallo-romains découverts sur le site. Le plus célèbre représente la partie avant du « vallus », moissonneuse celtique décrite par Pline l'Ancien. Sa reconstitution a pu être effectuée d'après un bas-relief du Musée luxembourgeois d'Arlon où figure le conducteur d'un « vallus ».

De Virton à Torgny B4

9 km au sud par la route de Montmédy. Tournez à droite à Dampicourt.

Montquintin – Le village est perché sur une crête à plus de 300 m d'altitude. Près de l'église, une ferme de 1765 abrite le **musée de la Vie paysanne** *(☏ 063 57 03 15 - juil.-août : 14h-18h ; mars-juin et sept.-oct. : sur RV - 1,50 €)*. Ce témoin de l'architecture rurale traditionnelle évoque la vie d'antan en Gaume. Outre l'habitation, on visite la grange et l'étable surmontée du fenil abritant des véhicules ruraux et des instruments agricoles.

Rejoignez la route de Montmédy puis prenez à gauche vers Torgny.

Torgny – C'est la localité la plus méridionale de Belgique. Très fleuries, ses maisons en pierre un peu dorée, parfois crépies, au toit de tuiles romaines, s'alignent sur le versant bien exposé d'une vallée dont le climat, particulièrement doux, permet la culture de la vigne.

★★ Abbaye d'Orval B4

21 km au nord-ouest par la N 88.

Idéalement isolée pour répondre au vœu cistercien, cette abbaye fut l'un des monastères de l'ordre les plus riches d'Europe, installée au milieu d'une région fertile, propice à l'exploitation agricole et forestière, et dès le 18e s., à la sidérurgie.

Les ruines – *☏ 061 31 10 60 - www.orval.be - ♿ - juin-sept. : 9h30-18h30 ; mars-mai et oct. : 9h30-18h ; nov.-fév. : 10h30-17h30 - 5,50 € (-15 ans 3 €) - possibilité de visite guidée (2h) l'apr.-midi en juil.-août et les dim. de sept.* Après une présentation audiovisuelle sur la vie au monastère *(20mn)*, le circuit fait découvrir les ruines du Moyen Âge et du 18e s. Près de la fontaine Mathilde, les ruines gothiques de l'**église N.-D.** se dressent dans un cadre de verdure. La rosace du bras gauche du transept, les chapiteaux romans, gothiques ou Renaissance des piliers sont remarquables. Dans le chœur se trouve le tombeau de Wenceslas, premier duc de Luxembourg. Le chœur à chevet plat cistercien ayant été jugé trop petit, on lui adjoignit une abside au 17e s. On visite ensuite le cloître, rebâti au 14e s., et les caves du 18e s. Le musée de la pharmacie des moines est précédé d'un jardin de plantes médicinales.

11

LA LÉGENDE ET L'HISTOIRE

Le nom de l'abbaye, Orval (Val d'or), et ses armoiries, d'argent et représentant un ruisseau d'azur d'où sort une bague ornée de trois diamants, rappellent la légende selon laquelle la comtesse Mathilde, duchesse de Lorraine, protectrice de l'abbaye, avait perdu dans une source son anneau nuptial. Celui-ci lui fut rendu par une truite miraculeuse.

À la fin du 12e s. est construite, dans le style gothique mais avec des réminiscences romanes, l'église N.-D. Elle est modifiée au 16e s. et au début du 17e s. En 1637, l'abbaye, incendiée et pillée par les huguenots, doit être reconstruite. Au 18e s., le monastère est si prospère qu'on entreprend une nouvelle construction. À peine réalisée, celle-ci est de nouveau dévastée par les sans-culottes (1793). L'abbaye est supprimée en 1796.

La résurrection du monastère a été entreprise en 1926 par les moines cisterciens de l'abbaye de Sept-Fons. Le monastère, achevé en 1948, a été construit à l'emplacement des bâtiments du 18e s. Sobre et élégant, dans une pierre chaude et dorée, il reproduit le plan traditionnel cistercien.

Devant la cour des retraitants se dresse la façade de la nouvelle église abbatiale, d'une grande pureté de lignes, où s'inscrit une monumentale Vierge à l'Enfant.

1/ ORGANISER SON VOYAGE AU LUXEMBOURG

M. Barraud/Ojo Images/Photononstop

Aller au Luxembourg

Bon à savoir – Certaines rubriques du chapitre « Organiser son voyage au Luxembourg » sont communes à celui de la Belgique. Des renvois de pages vous sont indiqués le cas échéant.

Par la route

Paris se situe à 370 km de Luxembourg, Lille à 310 km, Reims à 230 km, Strasbourg et Bruxelles à 220 km et Metz à 60 km de la capitale du Grand-Duché.

Autoroutes – L'E 25 et l'E 44 contournent la ville. Plusieurs autoroutes rejoignent ensuite le centre. L'A 3 rejoint la gare. L'A 1 dessert l'aéroport. Vous ne paierez pas de péage au Luxembourg. Infos sur le réseau et le trafic autoroutier : www.cita.lu.

En train

Vous pouvez rejoindre Luxembourg depuis Paris (gare de l'Est) en TGV ou ICE. Le trajet direct en TGV dure 2h10 en moyenne. Luxembourg est également directement relié à Metz (50mn de trajet), Reims (1h30), Strasbourg (2h) et Mulhouse (3h10). Marseille et Nice sont accessibles en train de nuit. De Bruxelles, comptez 3h de voyage.

Chemins de fer luxembourgeois – ✆ (352) 2489 2489 - www.cfl.lu et www.tgv-europe.com.

SNCF – ✆ 3635 - www.voyages-sncf.com.

En avion

Aéroport de Luxembourg – ✆ (352) 24 64 0 - www.lux-airport.lu. L'aéroport de Luxembourg-Findel est à 6 km à l'est de Luxembourg-ville. Comptez en taxi 35 € pour rejoindre le centre. Le bus 16 vous dépose en 10mn dans la ville haute (arrêt « Royal ») ou à la gare. La ligne 9 dessert aussi en 15mn la ville haute (arrêt « Hamilius ») et la gare.

COMPAGNIES RÉGULIÈRES

Air France – En France : ✆ 3654 (0,34 €/mn) ; au Luxembourg : ✆ 27 30 20 06 - www.airfrance.com. La compagnie effectue les liaisons Luxembourg-Paris.

Luxair – ✆ (352) 2456 4242 - www.luxair.lu. La compagnie luxembourgeoise dessert depuis la capitale les aéroports français de Paris (1h de vol) et Nice (1h35), puis Genève (55mn)...

Swiss International Air Lines – En Suisse : ✆ 848 700 700 ; en France : ✆ 0 892 232 501 ; au Luxembourg : ✆ 34 2080 83 70 - www.swiss.com. La compagnie dessert Luxembourg à partir de Zurich.

Avant de partir

Fiche d'identité

Nom officiel : Grand-Duché de Luxembourg.
Superficie : 2 586 km².
Population : 512 353 habitants dont 221 336 étrangers (43,2 %).
Capitale : Luxembourg (99 852 hab.).
Langues officielles : luxembourgeois, français et allemand (3 langues nationales).
Régime politique : monarchie constitutionnelle et démocratie parlementaire.
Grand-duc : Henri de Luxembourg (depuis 2000).
Premier ministre : Jean-Claude Juncker (depuis janvier 1995 : aussi ministre du Trésor du Grand-Duché).

Météo

Le Grand-Duché jouit d'un climat tempéré, sans pic de chaleur ni froid excessif. La meilleure période pour s'y rendre est de mai à août (mois les plus ensoleillés). En été, la température moyenne est de 18-20 °C. Au printemps et à l'automne, les forêts prennent des couleurs magnifiques : c'est le meilleur moment pour randonner autour de la capitale, et tout particulièrement dans la Petite Suisse luxembourgeoise. L'hiver à Luxembourg est doux, les températures se maintenant en général au-dessus de 0 °C.

Adresses utiles

EN CAS DE PROBLÈME

Police fédérale – ✆ 113.
Service d'incendie et service de secours médical – ✆ 112.

OFFICES NATIONAUX

En France
En l'absence d'office de tourisme en France, contactez celui de Luxembourg ou consultez www.visitluxembourg.lu.

Au Luxembourg
Office national de tourisme – Boîte postale 1001, 1010 Luxembourg - ✆ 042 82 82 10 - www.visitluxembourg.lu.

À Bruxelles
Office national de tourisme – Av. de Cortenbergh 75, 1000 Bruxelles - ✆ 02 646 03 70 - www.visitluxembourg.be.

OFFICES RÉGIONAUX

Au Luxembourg
LCTO (Luxembourg City Tourist Office) – Pl. Guillaume-II 30, L-1648 Luxembourg - ✆ 22 28 09 - www.lcto.lu.
Office régional de tourisme de la région du Müllerthal - Petite Suisse luxembourgeoise – BP 152, L-6402 Echternach - ✆ 72 04 57 - www.mullerthal.lu.
Office régional du tourisme des Ardennes luxembourgeoises (ORTAL) – Villa Simon, av. Nicolas-Kreins 8, BP 76 L-9501 Wiltz - ✆ 26 95 05 66 - www.ardennes-lux.lu.
Entente touristique de la Moselle luxembourgeoise – 115 rte du Vin, L-5416 Ehnen - ✆ 75 84 12 - www.visitmoselle.lu.
Entente touristique du Sud – Av. des Hauts-Fourneaux, L-4001 Esch-sur-Alzette - ✆ 26 17 56 65 - www.sud.lu.

Formalités

Voir p. 13.

Téléphoner au Luxembourg

Pour téléphoner vers le Grand-Duché, composez le 00352 + le numéro. Pour téléphoner du Luxembourg vers la France, composez le 0033 + l'indicatif de la zone sans le 0 + le numéro.
Voir aussi « Téléphone » p. 558.

Se loger

NOTRE SÉLECTION

Les établissements sont classés par catégories de prix *(voir tableau p. 14)*. Tous les tarifs indiqués dans la partie « Découvrir » correspondent au **prix d'une chambre double en haute saison**.
Retrouvez notre sélection dans « Nos adresses à » de la partie « Découvrir le Luxembourg ».

LES TYPES D'HÉBERGEMENT

Auberges de jeunesse

Elles disposent de tarifs préférentiels pour les membres mais les non-membres sont évidemment acceptés (la carte, valable un an, peut être obtenue auprès de n'importe quelle auberge affiliée). Toutes sont accessibles aux voyageurs individuels, aux familles et aux groupes. Il n'existe pas de limite d'âge.
Centrale des auberges de jeunesse luxembourgeoises – 2 r. du Fort-Olisy, L-2261 Luxembourg - 026 27 66 40 - www.youthhostels.lu.

Campings

Il existe plus de 100 terrains aménagés. Liste disponible auprès des services touristiques et, pour les campings privés, sur **www.camping.lu**. Quelques terrains se trouvent autour de la capitale, et surtout dans la Petite Suisse luxembourgeoise.

Hôtels

Le petit-déjeuner est généralement compris, mais il arrive que les petits établissements ne pratiquent pas cette formule. Dans ce cas, le prix du petit-déjeuner est indiqué après celui des chambres.

Hébergement rural

Pour des infos sur les différentes formules de séjour à la campagne : **Association pour la promotion du tourisme rural au Grand-Duché de Luxembourg** – 042 82 82 20 - www.gites.lu.

Se restaurer

Pour répondre à toutes les envies, nous avons sélectionné des restaurants typiques, mais aussi classiques ou exotiques, ainsi que des lieux plus simples où vous pouvez grignoter une salade composée, une tarte salée, une pâtisserie ou déguster des produits régionaux sur le pouce.
Bon à savoir – Pour ce qui concerne les horaires de repas, ils sont peu ou prou les mêmes qu'en France, les Luxembourgeois déjeunant et dînant toutefois un peu plus tôt. Signalons que le rapport qualité-prix n'est pas toujours favorable, mais de nombreux établissements proposent des menus en semaine à midi à un prix, pour le coup, intéressant. L'heure de l'apéritif sonne à 18h tapantes, du mercredi au samedi.

NOTRE SÉLECTION

Les gammes de prix indiqués sont calculées sur la base d'**une entrée-plat** ou d'**un plat-dessert**, sans les boissons. Les restaurants sélectionnés sont classés selon quatre types de budget *(voir tableau p. 14)*.
Retrouvez notre sélection dans « Nos adresses à » de la partie « Découvrir le Luxembourg ».

Sur place de A à Z

AMBASSADES ET CONSULATS

Ambassade de Belgique – 4 r. des Girondins - ✆ 44 2746 1 - www.diplomatie.belgium.be.
Consulat de France – 8b bd Joseph-II - ✆ 45 73 72 1 - www.consulfrance-luxembourg.org.
Ambassade de Suisse – 25a bd Royal - ✆ 22 74 74 1 - www.eda.admin.ch.

ARGENT

L'euro est la monnaie officielle.

Banques

Les banques sont ouvertes de 8h30 à 12h30 et de 13h30 à 16h30. Elles sont fermées le samedi et le dimanche, ainsi que le Vendredi saint et le 24 décembre après-midi.

Cartes de crédit

Les principales cartes de crédit internationales (Mastercard, Visa, Eurocard, American Express, Diners Club) sont acceptées dans les commerces, hôtels et restaurants.

HANDICAP

Un certain nombre de lieux décrits dans le guide sont accessibles aux handicapés et signalés par le signe ♿. Contactez les fédérations luxembourgeoises de tourisme *(voir p. 555)*.

HORAIRES

Magasins – La plupart d'entre eux sont ouverts entre 9h30/10h et 18h/18h30. Certains font une pause à l'heure du déjeuner. Tous sont fermés le dimanche, et parfois le lundi.

INTERNET

Il est possible de se connecter à Internet dans les cybercafés. Sachez également que la grande majorité des hôtels disposent d'accès Wi-Fi.

JOURS FÉRIÉS

Fêtes civiles ou religieuses – Le 1er janvier (Nouvel an), les dimanche et lundi de Pâques (date variable en mars-avr.), le 1er Mai (fête du Travail), l'Ascension, les dimanche et lundi de Pentecôte (dates variables en mai-juin), le 23 juin (fête nationale), le 15 août (Assomption), le 1er novembre (Toussaint), le 25 décembre (Noël) et le 26 décembre.
Fêtes d'usage – Le lundi de carnaval (en février), le mardi de Pentecôte (en mai-juin), le lundi de kermesse (en septembre, lors de la Schueberfouer), le 2 novembre (fête des morts) et le 24 décembre (veille de Noël).

MUSÉES ET MONUMENTS

Jours d'ouverture – Leur jour de fermeture est le lundi ou le mardi.
Gratuité – L'entrée aux nocturnes de certains musées est libre. C'est le vendredi 18h-21h à la villa Vauban ; le mercredi 18h-20h au Mudam ; le jeudi 17h-20h au musée national d'Histoire et d'Art ; le jeudi 18h-20h au musée d'Histoire de la ville de Luxembourg ; le jeudi 18h-20h au Casino Luxembourg. L'entrée est gratuite aussi de 18h à 1h lors de la Nuit des musées (en octobre).
Voir aussi «S'informer » dans « Découvrir le Luxembourg » p. 586.

PARC ET RÉSERVES NATURELLES

Dans le Grand-Duché de Luxembourg, il en existe plusieurs dont les **parcs naturels de la Haute-Sûre** *(voir p. 618)* et de l'**Our** *(voir p. 625)* et la **réserve naturelle**

Haff Réimech, située dans la vallée de la Moselle luxembourgeoise *(voir p. 608)*.

POSTE

Poste centrale – 25 r. Aldringen (pl. Hamilius) - ✆ 47 65 44 51 - www.pt.lu - lun.-vend. 9h-18h, sam. 10h-17h. Autre point de vente à la gare centrale (lun.-vend. 9h-18h).
Timbres – En vente dans les bureaux de poste, les tabacs et chez les marchands de journaux.

PRESSE

Vous trouverez aisément la presse française comme *L'Équipe*, *Le Républicain lorrain*, *Libération*, *Le Figaro* et *Le Monde*, ainsi que les quotidiens belges *Le Soir* et *La Libre Belgique*. Deux quotidiens luxembourgeois payants sont en langue française : *La Voix* (expositions, programme des cinémas) et *Le Quotidien*. *Le Jeudi* est hebdomadaire et présente un panorama de l'actualité culturelle. *D'Letzebuerger Land*, hebdomadaire bilingue d'information, paraît le vendredi.

SOUVENIRS

Veianer Kränzercher (pâtisserie en forme de couronne de pâte à choux), cassis, pralines, bières, vins de Moselle.
De plus amples détails dans les chapitres consacrés à la gastronomie et au vin *(voir p. 569)*.

TABAC

Il est interdit de fumer dans les restaurants, à l'intérieur des cafés où l'on sert à manger entre 12h et 14h et entre 19h et 21h (le reste du temps, c'est autorisé), dans les galeries marchandes, les écoles, les autobus, les trains…

TÉLÉPHONE

Numéros de renseignements nationaux – ✆ 11817.
Voir aussi « Téléphoner au Luxembourg » p. 556.

VOITURE

Voir « Aller au Luxembourg » p. 554.

Routes à péage

Il n'y a pas de péage au Luxembourg.

Code de la route

La vitesse est limitée à 50 km/h en agglomération, à 90 km/h hors agglomération et à 130 km/h sur autoroute (110 km/h en cas de pluie). Le taux d'alcoolémie autorisé est fixé, comme en France, à 0,5 g/l. Le triangle de sécurité réglementaire (norme ECE 27R) et le gilet de détresse (norme CE) sont obligatoires à l'intérieur du véhicule, comme les pneus neige l'hiver. Les phares de jour ne sont ni recommandés ni obligatoires.

Assistance en cas de panne ou d'accident

Automobile Club du Grand-Duché de Luxembourg – ✆ 450 045 1 (infos) ou 26 000 (dépannage) - www.acl.lu.
L'Automobile Club assure une assistance en cas de panne.
Voir aussi « En cas de problème » p. 555.

Mémo

Agenda

FÉVRIER

Carnaval dans de nombreuses villes du pays dont **Echternach**, **Vianden** et **Wormeldange**. Le dimanche qui suit le carnaval, **Buergbrennen** : des croix en bois sont brûlées à travers le pays pour, symboliquement, « brûler l'hiver ».

LUNDI DE PÂQUES

Nospelt-Luxemburg – Emais'chen *(voir p. 607)*. C'est la fête populaire des disciples d'Emmaüs. La tradition veut que les jeunes amoureux s'échangent des objets en terre cuite, comme ces petits oiseaux siffleurs (« Peckvillercher »), vendus à cette occasion. Cette fête amusante a lieu le lundi de Pâques, dans la vieille ville, près du palais grand-ducal. Rens. : www.lcto.lu.

LE MARDI DE PENTECÔTE

Luxembourg – Durant le All American Music Festival, plusieurs concerts gratuits les dimanche et lundi de Pentecôte, place Guillaume-II. Rens. : www.allamerican.lu.
Echternach – Les messes se succèdent du dimanche au mardi de Pentecôte. La fameuse procession d'Echternach défile le mardi matin *(voir l'encadré p. 613)*. Rens. : www.willibrord.lu.

MARS-MAI

Luxembourg – Le festival du Printemps musical jette un pont entre la musique dite « sérieuse » et la musique dite « légère », avec une attention particulière pour le jazz et les musiques du monde. Rens. : www.printempsmusical.lu.

MAI

Luxembourg – Pèlerinage de l'Octave en l'honneur de Notre-Dame-de-Luxembourg, patronne du pays et de la ville. L'événement dure 15 jours et se conclut, le 5e dimanche après Pâques, par une procession solennelle. Un marché et des attractions sont réunis place Guillaume-II.

MAI-JUIN-JUILLET

Echternach – Festival international de musique classique. Rens. : www.echternachfestival.lu.

JUIN

Luxembourg – Le 22 juin, veille de la fête nationale, grand feu d'artifice et concerts le soir. Le 23, manifestations officielles. Rens. : www.vdl.lu.
Roeser – À la fin du mois, festival pop-rock-electro, Rock-A-Field, qui propose des grands noms de la scène internationale actuelle.
Luxembourg – Lancement de Summer in the City : festivités d'été avec concerts, animations de rue, événements rock et blues/jazz, festival de rue et cinéma en plein air…
Principaux rendez-vous de l'été :
- Festival Rock um Knuedler,
- Festival de rue StreetArtnimation,
- Festival Meyouzik (musique world),
- Blues'n Jazzrallye, soit une soirée marathon de concerts gratuits dans les quartiers Grund et Clausen,
- Fête de la musique le 21 juin.
Rens. : www.summerinthecity.lu.

JUILLET

Wiltz – Wiltz Festival (théâtre et musique).

JUILLET-AOÛT

Luxembourg – Le palais Grand-Ducal ouvre ses portes au public. C'est le seul moment de l'année où il est possible de visiter la résidence luxembourgeoise du grand-duc.

FIN AOÛT-DÉBUT SEPTEMBRE

Luxembourg – La Schueberfouer est l'une des plus grandes fêtes foraines d'Europe. De fin août à début septembre, sur la place du Glacis, les attractions attirent chaque année 2 millions de personnes. C'est une institution, dont l'origine remonte à 1340, lorsque Jean l'Aveugle crée la première Foire de Luxembourg. Rens. : www.fouer.lu.

Esch-sur-Alzette – Festival Terres Rouges axé sur les arts de la rue *(voir p. 607)*. Sur trois jours, le 1er w.-end de septembre. Rens. : www.festival-terresrouges.lu.

SEPTEMBRE

Vallée de la Moselle – Fête du vin et du raisin à Grevenmacher, Schwebsange. Rens. : www.grevenmacher.org.

Vallée de la Moselle – Riesling Open à Ehnen, Wormeldange, Ahn et Machtum. Intronisation de la « reine du Riesling », dégustations, soirées musicales. Trois jours mi-septembre. Rens. : www.rieslingopen.com.

OCTOBRE-NOVEMBRE

Luxembourg – Festival Live at Vauban de musiques rock, pop, blues et jazz. Rens. : www.liveatvauban.lu.

DÉCEMBRE

Luxembourg – Festivités traditionnelles de la Saint-Nicolas, illuminations, marché de Noël sur la place d'Armes, concerts gratuits, animations. Rens. : www.winterlights.lu.

Bibliographie

« Le Luxembourg en toutes lettres » p. 567.

HISTOIRE

Histoire du Luxembourg, Jean-Marie Kreins (Paris, PUF, coll. Que Sais-je ?)

Histoire du Luxembourg, (Le destin européen d'un « petit pays »), Gilbert Trausch (Toulouse, Éditions Privat)

ART ET ARCHITECTURE

L'Art au Luxembourg (De la Renaissance au début du XXIe siècle), Alex Langini (Luxembourg, Éditions Schortgen)

LX architecture - au cœur de l´Europe, Architecture contemporaine au Luxembourg, Ulf Meyer, Alain Linster (Luxembourg, Fondation de l´Architecture et de l´Ingénierie, DOM Publishers)

LITTÉRATURE

Dictionnaire des auteurs luxembourgeois, Germaine Goetzinger, Claude D. Conter (Mersch, CNL Centre national de littérature)

2/ COMPRENDRE LE GRAND-DUCHÉ DE LUXEMBOURG

Symbole de paix devant la Cour de justice de l'Union européenne.
Falkenstein/Premium/age fotostock

Le Luxembourg aujourd'hui

Discret sur la scène médiatique internationale (politique, faits divers, sports), le Grand-Duché est avant tout connu du reste du monde pour sa situation économique enviable… qui n'a rien d'un cliché. Le revenu par habitant est en effet l'un des plus élevés au monde. Tandis que l'acier reste l'un des fleurons de son économie, son secteur bancaire prospère depuis les années 1970 grâce à un système fiscal particulièrement attractif. Mais que le visiteur se rassure, le Luxembourg est bien plus qu'un quartier d'affaires. La petite capitale modelée par un relief très particulier, bruisse des conversations multilingues de résidents et citoyens issus de plus de 150 nationalités. Son architecture éclectique, la qualité des infrastructures et de la programmation culturelle, lui ont valu le titre de capitale européenne de la culture en 1995 et 2007. À quelques pas de là, de paisibles villages se lovent au creux de collines verdoyantes ou couvertes de vignes, autour de belles églises d'époques variées, au pied de forts et de châteaux. Le Grand-Duché, outre la concentration des curiosités propre aux petits États, conserve un certain charme provincial, à la lisière des mondes germanique et latin.

TRILINGUISME

Le Grand-Duché fait partie de ces pays où le visiteur ne sait parfois pas quelle langue employer pour aborder les autochtones… car, au Luxembourg, situé entre l'Allemagne, la Belgique et la France, trois langues sont parlées. Le luxembourgeois ou **Lëtzebuergesch**, dialecte francique-mosellan, est depuis 1984 la langue nationale. Le **français** est la langue culturelle et administrative. L'**allemand**, proche du luxembourgeois, est utilisé comme langue de base à l'école. Si ces trois langues, avec l'anglais, y sont enseignées, on veille attentivement à ce que les jeunes enfants étrangers parlent le luxembourgeois à l'école.

ORGANISATION POLITIQUE

Le Grand-Duché est une monarchie constitutionnelle (la Constitution date du 17 octobre 1868 et a été révisée à plusieurs reprises), où le pouvoir exécutif est détenu par le grand-duc qui délègue ses prérogatives au Premier ministre qu'il choisit. Ce dernier désigne alors ses ministres afin d'organiser son gouvernement. Le pouvoir législatif appartient à la Chambre des députés dont les 60 membres sont élus tous les cinq ans au suffrage universel direct. Trois partis dominent traditionnellement la vie politique : le Parti chrétien social (PCS ou CSV), le Parti ouvrier socialiste luxembourgeois (POSL ou LSAP) et le Parti démocratique (PD). Issu du premier d'entre eux, Jean-Claude Juncker occupe le poste de Premier ministre depuis 1995.

UNE ÉCONOMIE DE CHIFFRES ET D'ACIER

L'**acier** a fait la fortune du Grand-Duché. Après le démantèlement de sa forteresse, la capitale amorce à partir de 1878 une forte croissance économique en exploitant ses sous-sols. La **Banque nationale** est créée en 1873, sur le modèle de la banque nationale de Belgique. À partir de 1900, l'explosion urbanistique (création du quartier de la Gare, de l'avenue de la Liberté et du plateau Bourbon) favorise en même temps l'accroissement démographique ainsi que l'immigration, condition du maintien de cette croissance économique. Le Grand-Duché s'installe dans la modernité. Les **richesses minières** du sud (Esch-sur-Alzette, Rodange, Hollerich, Rumelange, Dudelange...), l'afflux de **capitaux allemands** et la **main-d'œuvre étrangère**, italienne et allemande principalement, contribuent à faire de la sidérurgie luxembourgeoise l'une des plus importantes d'Europe. Cet essor consolide d'autres activités – tannerie, ganterie, brasserie, faïencerie, tabac... L'ARBED (Aciéries Réunies de Burbach-Eich-Dudelange), fondé en 1911 par le Luxembourgeois Émile Mayrisch (1862-1928) et le Belge Gaston Barbanson (1876-1946), et plus connu aujourd'hui sous le nom d'ArcelorMittal, possède son siège à Luxembourg. Et si la sidérurgie qui a assuré à elle seule la prospérité du pays jusque dans les années 1975-1980 souffre, le secteur représente aujourd'hui encore 6500 emplois et environ 10 % du PIB. Dans les années 1970, le Luxembourg, soucieux de diversifier son économie, met en place un système fiscal qui favorise l'implantation des banques. Le pays en compte près de 150, dont les sièges se concentrent dans le quartier ouest de la vieille ville et sur le plateau de Kirchberg. Le pays est également le plus important centre mondial de fonds d'investissement après les États-Unis. Le secteur financier emploie ainsi plus de 26000 salariés et représente presque 50 % du PIB (en 2011).

Acier concurrencé, finance volatile... vers de nouvelles orientations

La place financière locale fut certes touchée par la chute des bourses en 2008, mais elle a néanmoins su conserver sa position privilégiée. Sous la pression internationale, le pays a signé plusieurs conventions lui permettant de rejoindre la « liste blanche » de l'OCDE concernant la transparence et les échanges d'informations fiscales. Mais on reste ici particulièrement hostile aux projets européens de taxation des transactions financières. Sans tourner le dos aux deux mamelles de son économie, le Grand-Duché prend depuis le début du siècle de nouvelles orientations, en privilégiant notamment l'économie de la connaissance. L'Université est inaugurée en 2003 et un vaste pôle de développement (recherche, biotechnologies, développement durable) est situé à Belval-Ouest. Parmi les autres activités privilégiées et encouragées, le secteur des assurances, l'e-commerce, l'audiovisuel et la logistique.

LE CHOIX DE L'EUROPE

Luxembourg devient en 1952 le premier siège de la Haute Autorité de la **Communauté européenne du charbon et de l'acier** (CECA). Cet organisme, qui ouvrira la voie à une fédération européenne, regroupe six nations : Allemagne, Belgique, France, Italie, Luxembourg et Pays-Bas. L'homme d'État français **Robert Schuman** en est le promoteur, **Jean Monnet** (1888-1979), l'animateur.
Après le traité de Rome de 1957, qui institue la Communauté économique européenne (CEE) et la Communauté européenne de l'énergie atomique (CEEA ou Euratom), Luxembourg conserve la Haute Autorité de la CECA, la **Cour de justice** et le **secrétariat des Assemblées parlementaires**.

Les institutions européennes

Réunies dans un quartier hors norme, le Kirchberg, les institutions européennes sont présentes à Luxembourg, comme elles le sont à Bruxelles et Strasbourg. Près de 10 000 fonctionnaires (10 % de la population) œuvrent à la bonne marche de l'Union. Siège en 1952 de la Haute Autorité de la Communauté européenne du charbon et de l'acier, Luxembourg s'enorgueillit, à juste titre, d'avoir été la première « capitale de l'Europe ». Qui fait quoi aujourd'hui ? Voici une courte explication du fonctionnement des institutions européennes à Luxembourg, qui vous sera utile lors de vos pérégrinations dans le quartier Kirchberg…

SECRÉTARIAT GÉNÉRAL DU PARLEMENT EUROPÉEN

L'organe d'expression démocratique et de contrôle politique de l'Union européenne (UE) participe également au processus législatif. Les sessions plénières se tiennent à Strasbourg une semaine par mois. Les sessions supplémentaires se tiennent à Bruxelles. Le travail administratif quotidien du Parlement est assuré par le **Secrétariat général**, basé à Luxembourg et Bruxelles. Ses membres sont élus au suffrage universel tous les cinq ans. Le Parlement est né de la fusion de l'assemblée commune de la Communauté européenne du charbon et de l'acier (CECA), de l'assemblée de la Communauté économique européenne (CEE) et de l'assemblée de la Communauté européenne de l'énergie atomique (CEEA).

COUR DE JUSTICE DE L'UNION EUROPÉENNE

Son **siège** est à Luxembourg. Le rôle de la Cour de justice de l'UE est d'assurer, avec le Tribunal de première instance, le respect du droit européen, ainsi que l'interprétation et l'application correcte des traités. Elle est composée d'un juge par État et de huit avocats généraux, désignés par les gouvernements pour un mandat de six ans.

CONSEIL DES MINISTRES

Le Conseil, ou Conseil des ministres, est l'organe suprême de décision de l'UE. Il tient ses **sessions** à Luxembourg trois mois par an, en avril, juin et octobre. Le siège est à Bruxelles. Le Conseil est composé des ministres des gouvernements nationaux de l'UE. Chaque pays membre en exerce la présidence, par rotation, pour une durée de six mois. Le Conseil dispose du pouvoir législatif, qu'il partage avec le Parlement européen. Il exerce également avec lui le pouvoir budgétaire. Le Conseil arrête les accords internationaux négociés au préalable par la Commission.

COMMISSION DE L'UNION EUROPÉENNE

La Commission, dont le siège est à Bruxelles, représente les intérêts de l'UE. Elle dispose du monopole de l'initiative dans le domaine législatif : ses propositions sont adressées au Parlement européen et au Conseil. En 2014, le nombre de ses membres devra correspondre aux deux tiers du nombre d'États membres. Un système de rotation sera introduit. Différents **services** de la Commission sont à Luxembourg, notamment l'office statistique Eurostat, des bureaux de traduction et des administrations de directions générales.

BANQUE CENTRALE EUROPÉENNE

Si le siège de la BCE est à Francfort, certains de ses **services** sont présents à Luxembourg. La Banque centrale européenne gère la politique monétaire de l'UE et la stabilité de l'euro.

BANQUE EUROPÉENNE D'INVESTISSEMENT

La BEI est l'établissement financier de l'UE qui accorde des prêts et des garanties pour la mise en valeur des régions moins développées, pour la modernisation ou la conversion d'entreprises ou le développement de projets d'intérêt commun à plusieurs États membres. Le **siège** se situe à Luxembourg.

COUR DES COMPTES

Créée en 1975, la Cour des comptes de l'UE vérifie la régularité et la bonne gestion financière de la zone euro. Elle est composée d'un représentant par État membre, désigné pour six ans. Le **siège** de la Cour des comptes est à Luxembourg.

OFFICE DES PUBLICATIONS

Son **siège** est à Luxembourg. L'Office des publications de l'UE assure l'édition des publications des institutions des Communautés européennes et de l'Union européenne. Il publie aussi quotidiennement un *Journal officiel de l'Union européenne* en plus de vingt langues. Si vous souhaitez en savoir plus, l'Office des publications édite ***L'ABC du droit de l'Union européenne***, de K.-D. Borchardt, et ***12 leçons sur l'Europe***, de P. Fontaine. Ces ouvrages sont disponibles gratuitement à la Maison de l'Europe, à deux pas du palais Grand-Ducal.

LE LUXEMBOURG EN TOUTES LETTRES

Figure emblématique de la littérature d'expression luxembourgeoise, **Michel Rodange** (1827-1876) est l'auteur de *De Renert*, inspiré du *Roman de Renart*. Autres grands auteurs classiques de cette époque : **Michel Lentz** (1820-1893) et **Edmond de la Fontaine** (1823-1891), plus connu sous le pseudonyme de Dicks. C´est au tournant du 20e s. qu´une littérature créative germanophone se développe, notamment avec **Nikolaus Welter** (1871-1951) et **Batty Weber** (1860-1940). Après la guerre de 1914-1918, émerge une littérature féconde d'expression française avec **Nicolas Ries** (1876-1941) et **Marcel Noppeney** (1877- 1966) et plus tard **Edmond Dune** (1914-1988). Dans les années 1950 puis 1960 apparaissent de nouveaux courants qui posent les jalons de la future création littéraire du Luxembourg, emmenée par **Anise Koltz** (née en 1929), **Roger Manderscheid** (1933-2010) ou encore **Guy Rewenig** (né en 1947).
Le début des années 1980 est considéré comme l'émergence de la littérature luxembourgeoise contemporaine avec de nouveaux auteurs et un regain de la création francophone. Citons, par exemple, **Lambert Schlechter** (né en 1941), **Jean Portante** (né en 1950), **Jean Sorrente** (né en 1954), ainsi que les auteurs écrivant en luxembourgeois **Pol Greisch** (né en 1930), **Jhemp Hoscheit** (né en 1951) et l'écrivain multilingue **Nico Helminger** (né en 1953) que suivront dans les années 1990 les germanophones **Jean Krier** (né en 1949) et **Guy Helminger** (né en 1963).La création littéraire du pays couvre tous les genres littéraires : prose, poésie, théâtre, roman historique, roman policier… et présente une littérature pour enfants particulièrement riche en langue luxembourgeoise.

Après 1965, en compensation de la perte de la Haute Autorité, Luxembourg accueille les institutions communautaires à caractère judiciaire et financier, comme la **Cour de justice**, la **Cour des comptes**, la **Banque européenne d'investissement** ou le **Secrétariat général du Parlement européen** (*p. 587*). La capitale accélère alors l'audacieuse urbanisation du plateau de Kirchberg, où s'installent les prestigieuses institutions. En œuvrant à la coopération transfrontalière avec ses voisins, le Grand-Duché est depuis des décennies un laboratoire de l'Europe des régions et des états. Le « petit » Luxembourg, membre fondateur et très actif, s'affirme sur la scène internationale (politique, sécurité, défense, aide et coopération) au sein de l'Union dont il a assuré la présidence tournante en 2005, assurant l'accord sur la révision du Pacte de stabilité et de croissance ainsi que la signature du traité d'adhésion de la Roumanie et de la Bulgarie.

FRONTALIERS ET EXPATRIÉS : LE PAYS DU MELTING-POT

Près de 45 % des 512 353 habitants du Grand-Duché sont étrangers et 65 % de la population active est étrangère. La majorité (86 %) est issue des pays de l'Union européenne – du Portugal (37 %), de France (14 %), d'Italie (9 %), de Belgique (8 %) et d'Allemagne (6 %). La capitale compte plus de **150 nationalités** (66 % de sa population). Aux résidents étrangers s'ajoutent 140 000 **travailleurs frontaliers** (ou « navetteurs » – dont 52 % de Français) qui, matin et soir, traversent les frontières du Grand-Duché. Ces mouvements de population quotidiens génèrent certes d'homériques embouteillages en ville… mais la mixité d'origines a formidablement modifié et enrichi les habitudes culturelles locales.

LE RENOUVEAU DE LA CULTURE LUXEMBOURGEOISE

Les années 1980 et 1990 ont offert à la culture, et aux artistes luxembourgeois, une embellie, voire un sérieux coup d'accélérateur. L'offre culturelle et les lieux ont en effet fait florès dans la capitale. Pour ses habitants, ses frontaliers et ses expatriés, c'est une aubaine. Fort de ce renouveau, le pays s'est également doté d'une Université en 2003, la seule du Grand-Duché. Des facilités fiscales permettent à des sociétés luxembourgeoises de coproduire des films de cinéma, des spectacles de danse contemporaine et des pièces de théâtre notamment au Grand Théâtre de la ville. Autres hauts lieux culturels, la Philharmonie et sa programmation internationale, le Casino Luxembourg, à la fois lieu d'art contemporain et résidence d'artistes, ainsi que le Mudam, le nouveau musée d'Art moderne. De nombreux galeristes exposent des artistes émergents ou internationaux, toutes disciplines confondues (arts visuels, arts plastiques, photographie…), à Luxembourg-ville mais aussi à Dudelange, petite ville à une quinzaine de kilomètres au sud. Luxembourg a été par deux fois élu Capitale européenne de la culture, en 1995 et 2007. Le musée d'Histoire de la ville de Luxembourg (MHVL), le musée national d'Histoire et d'Art (MNHA), les concerts de l'Atelier et de la Rockhal à Esch-sur-Alzette, entre autres, complètent une offre déjà imposante. Outre ce bouillonnement culturel, la capitale restaure, progressivement, son autre fleuron touristique et culturel : sa forteresse de Vauban.

Gastronomie

Bons vivants comme leurs voisins belges, les Luxembourgeois savent apprécier les mérites d'une table bien garnie. Ne quittez pas le Luxembourg sans avoir goûté aux viandes fumées et aux délicieux vins de la vallée de la Moselle luxembourgeoise...

Délices de la table

Le Grand-Duché comptabilise 11 restaurants étoilés (dont un établissement 2 étoiles) au guide Michelin 2013. Le cochon de lait en gelée, le jambon d'Ardenne fumé ou cru, les viandes fumées font partie des spécialités du cru. Le plat national est le **Judd mat Gaardebounen**, collet de porc fumé aux fèves des marais. En saison, on peut manger du gibier. Tout cela s'arrose de **vin de Moselle** ou de bière. Les **liqueurs** luxembourgeoises (mirabelle, quetsche, cassis, prune, poire, sureau et marc) sont renommées. On déguste la tarte aux quetsches en septembre et, en saison, les **Veianer Kränzercher**, petites couronnes de pâte à choux. Le **kachkéis** est un fromage paysan au sel (cancoillotte).

Les vins de la vallée de la Moselle

La vallée de la Moselle luxembourgeoise est le paradis de la grappe ! Quelques visites de dégustation peuvent faire l'objet d'une belle journée le long de la Moselle (*p. 608*).
Le vignoble grand-ducal couvre près de 1 300 ha entre Schengen et Wasserbillig et s'étend sur 42 km. Son sol est calcaire au nord, argileux au sud, et ses vins, qui s'exportent fièrement, se dégustent aussi dans tous les bars et restaurants de la capitale.
Le vignoble se répartit en neuf cépages principaux, plus les crémants et les vins de spécialité. Un classement de la Marque nationale leur attribue quatre mentions qualitatives : « appellation contrôlée », « vin classé », « premier cru » ou « grand premier cru ».
Près de 40 % du vignoble sont dédiés à la culture de l'auxerrois, du pinot blanc et du pinot gris, tandis que 12,3 % sont consacrés à celle du riesling. Voici quelques conseils pour les apprécier.

AUXERROIS

Doux sans être trop sucré, moelleux sans être trop gras, l'auxerrois est un vin charpenté, au bouquet affirmé. À déguster avec quelques fines tranches de jambon fumé, des plats un peu rustiques ou encore une simple assiette de fromages à croûte résistante (comme l'emmental par exemple). Il convient également très bien à l'apéritif. L'auxerrois est un vin de garde.

PINOT BLANC

Ce blanc, issu des mutations successives du pinot gris, reste élégant et souple. D'une fraîcheur plus prononcée que le pinot gris, il est toutefois moins doux que le chardonnay. Arômes de poire et de fruits jaunes. Le pinot blanc peut être utilisé pour l'élaboration des crémants.

PINOT GRIS

Issu du pinot noir, le pinot gris est un vin fin, suave, léger, mais soutenu par son aspect corsé et charnu. Ses arômes équilibrés vont du coing aux fruits exotiques. Populaire, le pinot gris s'accommode aisément à table.

RIESLING

Sacré « roi des vins » au Luxembourg, le riesling est reconnu et estimé pour son bouquet typé, fruité, sec et corsé. C'est un vin généreux et joyeux, qui réunit à la fois le sucré et l'acide, et offre en bouche un large éventail d'arômes – agrumes, abricot, melon, tilleul, fleur de sureau… L'accord idéal semble se faire avec les fruits de mer, mais, la fraîcheur du cépage mettant en valeur les plats relevés, on peut aussi le déguster avec des grillades, des mets épicés ou encore de la cuisine asiatique. Selon le sol, le riesling peut être plus ou moins minéral, plus ou moins gras ou fruité. C'est le meilleur cépage pour élaborer des vendanges tardives et des vins de glace.

CHARDONNAY

Le chardonnay luxembourgeois est connu pour sa vivacité. Droit en bouche, minéral, nerveux et très frais, il est, selon son terroir, plus ou moins vivace, plus ou moins volumineux, et donne des notes florales ou fruitées, de noisette, de brioche ou d'amande grillée. Le chardonnay se marie bien avec les poissons de rivière ou un plat peu gras accompagné d'une pointe de fenouil. C'est un vin adapté pour la production du crémant.

GEWÜRZTRAMINER

Vin blanc racé, à la fois sec et moelleux, le gewürztraminer luxembourgeois séduit à la fois le nez et la bouche. Élégant, très fruité et parfumé – arôme de rose –, il est surtout servi en apéritif, mais il accompagne aussi foie gras, fromages ou desserts. Ce cépage est adapté pour les vendanges tardives et les vins de paille.

RIVANER ET ELBLING

Le rivaner est le plus connu des vins de table, reconnaissable à sa douceur et son parfum.

PAYSAGES ET RÉGIONS DU LUXEMBOURG

Carte des paysages p. 50.

Au nord, l'**Oesling** (les Ardennes luxembourgeoises), plateau qui fait la jonction entre les Ardennes et l'Eifel, culmine à 559 m (Buurgplaatz). Tout comme les Ardennes, cette région peu peuplée en raison de son climat rigoureux se consacre au tourisme.

Au sud, le **Gutland** (ou Bon Pays), de climat plutôt doux, car moins élevé, s'incline légèrement vers la Lorraine française. Formée de couches superposées de grès et de calcaire, alternant avec de l'argile et de la marne, la région se prête à l'agriculture. Le vignoble luxembourgeois se situe dans le sud-est du Gutland, sur les coteaux regardant la Moselle. Des industries se sont établies aux alentours de Esch-sur-Alzette. Entre les roches dures du massif ancien et les roches tendres, l'érosion a créé des « côtes », longues crêtes abruptes, orientées est-ouest, de tracé irrégulier et couvertes de forêts de hêtres. Celle du nord traverse le pays d'Arlon à Echternach en longeant le nord de la Petite Suisse luxembourgeoise. Celle du sud s'étend le long de la frontière et se prolonge en Belgique jusqu'au sud de Virton.

Vignes et jardins devant l'Abbaye de Neumuenster.
Reinhard Schmid/Sime/Photononstop

Honnête et spontané, avec sa note minérale légère et sa faible acidité, c'est un cépage classique, intemporel.
Quant à l'elbling, sa vivacité accentue sa légèreté et sa fraîcheur. Ce vin peu alcoolisé a du caractère, mais il est sans chichis. À déguster au comptoir, coude levé, ou à utiliser en cuisine.

PINOT NOIR

S'il est vinifié en blanc, obtenu par pressage direct sans macération, sa couleur jaune pâle est rehaussée de reflets argentés. Ce pinot laisse une belle vivacité en bouche avec des notes de pomme. Jeune, il accompagne parfaitement coquillages et poissons. Vinifié en rosé, l'élégant bouquet du pinot révèle des notes de framboise ou de fraise des bois ; il se marie alors avec des grillades et des poissons grillés. Quant au pinot rouge, il donne une grande complexité aromatique, avec des notes de mûre sauvage ou de cassis.

CRÉMANTS

L'appellation existe depuis 1991. La Moselle luxembourgeoise produit d'élégants crémants, qui peuvent être des monocépages, des assemblages ou des millésimés. Fraîcheur, finesse, vivacité distinguent ces vins effervescents. Leur caractère dépend aussi des assemblages, offrant ainsi une grande variété aux amateurs. Ils accompagnent sans ciller tous les plats.

VINS DE SPÉCIALITÉ

Ce sont au Luxembourg des vins portant la mention « Vendanges tardives », « Vin de paille » ou « Vin de glace ». Leurs arômes proviennent du moment de la récolte, de l'état du raisin et de la fabrication. Ainsi le vin de glace est issu d'une récolte effectuée par une température de -7 °C au moins. La vinification du vin de paille est pratiquée sur des vendanges séchées sur grilles ou lit de paille… Ces procédés exigent savoir-faire et délicatesse. Les vins de spécialité sont produits en petite quantité.

Histoire

Le petit territoire luxembourgeois (57 km d'est en ouest, 82 km du nord au sud) a toujours attiré ses puissants voisins. Le Grand-Duché a tout autant subi les aléas de leurs successions dynastiques. Son territoire actuel ne représente que le quart de la superficie de l'ancien Duché de Luxembourg.

963 – Le comte Sigefroid acquiert un castel appelé « Lucilinburhuc ». Premier château fort sur le rocher du Bock.

1083 – Fondation de l'abbaye de Munster par Conrad Ier, comte de Luxembourg.

1200 – Construction d'une enceinte avec tours et portes fortifiées.

1244 – La comtesse Ermesinde octroie à Luxembourg des lettres de franchise.

1320 – Agrandissement de l'enceinte. À la fin du Moyen Âge, la ville compte 5 000 habitants.

1354 – L'empereur germanique Charles IV, fils de Jean l'Aveugle, élève le comté au rang de duché. Son demi-frère Wenceslas est le premier duc de Luxembourg.

1443 – Prise de Luxembourg par le duc de Bourgogne Philippe le Bon.

DUCHÉ DES HABSBOURG

1477 – Mariage de Marie de Bourgogne avec l'archiduc Maximilien d'Autriche : le duché passe aux mains des Habsbourg.

1515 – Le territoire est intégré aux Dix-Sept provinces des Bourguignons.

1542-1544 – Prise de la ville par les Valois (François Ier), puis les Habsbourg (Charles Quint). Destruction de l'abbaye d'Altmünster et du château du Bock.

1544 – Construction par Charles Quint d'une forteresse bastionnée.

1545 – Le comte Pierre-Ernest de Mansfeld est gouverneur du Luxembourg. Son palais est à Clausen.

1555 – Charles Quint cède le duché à son fils, Philippe II. Le Luxembourg passe aux Habsbourg d'Espagne.

1559 – Le traité de Cateau-Cambrésis met fin pour un temps aux querelles entre la France et les Pays-Bas espagnols.

1598 – Les Jésuites s'établissent à Luxembourg.

1636 – La peste et la famine emportent les deux tiers de la population.

PÉRIODE FRANÇAISE

1659 – La partie sud du duché est cédée à la France (traité des Pyrénées).

1684 – Occupation française. Siège et prise du Luxembourg par Créqui. Vauban reconstruit la forteresse.

1687 – Louis XIV se rend à Luxembourg.

1697 – Le Roi-Soleil est contraint de rendre Luxembourg aux Espagnols (traité de Ryswick).

1714 – Après la guerre de Succession d'Espagne, le Luxembourg passe aux Habsbourg d'Autriche (traité de Rastatt). Au 18e s., la ville compte 8 000 habitants (artisans, commerçants, notables et clergé) et une garnison de 4 000 hommes.

1781 – Visite de l'empereur Joseph II d'Autriche à Luxembourg.

1795 – Annexion du Luxembourg par la France. Supression des institutions. Une grande partie du territoire luxembourgeois devient le « département des Forêts ». La présence française dure vingt ans.

1804 – Visite de Napoléon à Luxembourg.

NAISSANCE DU GRAND-DUCHÉ

1815 – Création du Grand-Duché (congrès de Vienne) et avènement de la dynastie des Orange-Nassau jusqu'en 1890. Guillaume Ier, roi des Pays-Bas, est grand-duc de Luxembourg.
1830 – Indépendance de la Belgique. Tout le territoire luxembourgeois, à l'exception de la capitale, soutient le jeune État. Les garnisons prussiennes maintiennent la forteresse.
1839 – Les deux tiers du Luxembourg deviennent belges. Le pays acquiert ses frontières actuelles (traité de Londres).
1842 – Adhésion à l'Union douanière allemande (Zollverein) jusqu'en 1918. Découverte de gisements de minerai de fer (« minette ») dans le sud du pays.
1854 – Fondation de la Société des sciences naturelles (futur musée national d'Histoire naturelle) sous le patronage du prince Henri des Pays-Bas.
1858 – Construction de la gare.
1867 – Bismarck et Napoléon III regardent en direction du Grand-Duché, déclaré « perpétuellement neutre ». La forteresse est démantelée pour éviter tout conflit entre la Prusse et la France.

ESSOR DE LA SIDÉRURGIE

1870 – Le Grand-Duché mise sur les richesses de ses sous-sols. La ville s'entoure de parcs publics. Création d'un siège épiscopal à Luxembourg.
1890 – Le Grand-Duché passe à la maison de Nassau-Weilburg. Accession au trône d'Adolphe Ier de Luxembourg.
1911 – Création de l'ARBED, aujourd'hui ArcelorMittal.
1914 – Occupation allemande « pacifique » pendant le conflit mondial.
1920 – Le Luxembourg rejoint les pays signataires de la Société des Nations.
1922 – Accords économiques avec la Belgique.
1940 – L'Allemagne nazie viole la neutralité du territoire jusqu'en 1944. Terreur, déportations. Après la guerre, la langue luxembourgeoise devient un symbole de la Résistance.
1944 - Libération par les troupes américaines du général Patton.
1949 – Le Grand-Duché abandonne sa neutralité et adhère à l'OTAN.

VERS L'UNION EUROPÉENNE

1952 – Luxembourg obtient le siège provisoire de la Haute Autorité de la Communauté européenne du charbon et de l'acier (CECA).
1966 – Début de l'urbanisation du quartier Kirchberg, futur quartier des institutions européennes.
1970 – Au cours de la décennie, le pays devient une importante place financière et le siège d'un grand nombre de banques et de compagnies d'assurance.
1973 – Début de la crise sidérurgique.
1985 – Signature des accords de Schengen (entrés en vigueur en 1995).
1994 – L'Unesco inscrit les vieux quartiers et les fortifications de la capitale au Patrimoine mondial.
1995 – La ville est Capitale européenne de la culture.
2003 – Fondation de l'Université de Luxembourg, seule université du pays. Elle compte près de 5 000 étudiants.
2007 – Luxembourg est pour la 2e fois Capitale européenne de la culture. Le TGV-Est dessert la ville.
2009 – Lors des élections législatives, le CVS (Parti chrétien-social) du Premier ministre Juncker l'emporte avec 38 % des voix.
2011 – Le PIB/hab. du Luxembourg (122 000 dollars) est le PIB le plus élevé au monde.
2012 – Mariage du prince Guillaume, grand-duc héritier du Luxembourg, et de la comtesse Stéphanie de Lannoy.

Architecture

Au cours des siècles, le Luxembourg a vu affluer sur son territoire des peuples porteurs de grands courants artistiques : Romains, Français, Allemands, Bourguignons, Autrichiens, Espagnols, Hollandais y ont laissé leurs empreintes. Les influences étrangères prédominant, on ne peut donc parler de style typiquement luxembourgeois. La capitale s'apparente ainsi à une vitrine où sont posés çà et là des échantillons d'architecture civile, militaire et religieuse de différents styles et époques. Une coexistence parfois déstabilisante, mais ici assumée et réussie. Si Echternach est la seule autre cité dont l'histoire remonte au Moyen Âge, on trouve dans le reste du pays des villages qui s'enorgueillissent d'un édifice phare précieusement conservé et mis en valeur. Là une demeure viticole, là un château, une abbaye ou une église…

De la préhistoire à la période carolingienne

Dans la province du Luxembourg belge, quelques mégalithes (Wéris) subsistent de l'époque préhistorique. Les fouilles pratiquées dans les villes occupées par les Romains ont fourni une multitude d'objets attestant de l'habileté des artisans : poterie, verrerie, monnaies, bronzes, statuettes en terre cuite et bijoux. Le **pays des Trévires** (Arlon et Luxembourg) a livré d'innombrables statues, des stèles votives, des monuments funéraires dont des bas-reliefs. On verra à Echternach une villa présentant des phases de construction allant du 1e au 5e s.

Du 5e au 10e s., dans les régions dominées par les Francs Saliens (Tournai) et les Francs Ripuaires (Arlon et Luxembourg), le mobilier funéraire comprenait des armes en fer damasquiné, des bijoux et des broches en bronze ou en or, sertis de verroterie. Peu de monuments architecturaux de cette période ont été conservés. Les seuls exemples qui subsistent encore sont aujourd'hui en Belgique, l'église mérovingienne d'Arlon (5e s.) et le complexe abbatial de Nivelles avec ses trois églises du 7e s.

Charlemagne, installé à Aix-la-Chapelle, introduit le christianisme dans son empire. Il est à la source d'un renouveau culturel qui se manifeste dans l'art de la miniature. En proche Wallonie, les églises carolingiennes de Lobbes et de Theux sont caractéristiques par leur avant-corps, leur plafond en bois, leurs piliers carrés, la tribune située à l'ouest de la nef.

Le Moyen Âge et la Renaissance

Le Luxembourg traverse le Moyen Âge dans une certaine pauvreté. Cependant, des églises rurales et des abbayes témoignent de la présence et de l'influence d'ordres religieux tels que les Franciscains, les Bénédictins et les Dominicains. Une poignée de bourgades se retrouvent dotées de belles églises romanes ou gothiques. Ainsi l'église Saint-Laurent à Diekirch (nef droite romane, nef gauche gothique), l'église de Rindschleiden (gothique tardif) ou celle de Vianden *(voir ci-après)*. Quelques manoirs et châteaux traduisent l'ambition de seigneurs et propriétaires terriens. Une centaine seront élevés sur l'actuel territoire du Grand-Duché dont 76 peuvent encore être admirés, en ruine, ou rénovés à diverses époques.

Ainsi les châteaux de la vallée de l'Eisch, les ruines de Beaufort, le château de Larochette ou celui de **Vianden** édifié à l'emplacement d'un fortin du 9e s., durant les 12e et 13e s. en pleine transition entre roman et gothique. Dans le village, l'église des Trinitaires (1248) représente l'un des fleurons de l'art gothique au Luxembourg. L'abbaye d'Echternach rayonna durant la même période. Sur la place principale de cette localité, le Dënzelt (ancien palais de justice) est un bel édifice du 15e s. Quant au château perché de Bourscheid, il montre encore un donjon du 11e s. et une cheminée gothique. Sa partie inférieure date du 14e s.
La Renaissance apparaît au Luxembourg au 16e s. Le plus bel exemple en est le palais Grand-Ducal dont l'aile droite flanquée de gracieuses tourelles date de ce siècle *(voir p. 594)*. Ailleurs dans le pays, le village viticole de Ehnen conserve, dans son joli quartier ancien, un riche patrimoine Renaissance.
À cette époque, on remanie également les châteaux existants, moins défensifs, plus habitables, ainsi à Koerich et Clervaux (12e s., remanié au début du 17e s.).

L'architecture militaire du 17e s.

Le patrimoine fortifié de Luxembourg fait aujourd'hui partie de l'identité nationale, au même titre que la langue luxembourgeoise, langue officielle depuis 1984. La prise de conscience de ce trésor de pierres s'amorce dans les années 1980. Depuis, des chantiers se sont chargés de déterrer, rénover ou restaurer la forteresse. Plus qu'une renaissance, c'est un devoir de mémoire. L'histoire de la ville est en effet étroitement liée à celle de sa forteresse, ou plutôt de « ses » forteresses, qu'elles aient été ardennaise, espagnole, française, autrichienne ou prussienne. Toutes les armées d'Europe ont laissé une trace, ou plus, dans la mémoire collective des Luxembourgeois. La gigantesque forteresse de Vauban – qu'on qualifia de **« Gibraltar du nord »** – leur offre, après plus d'un siècle d'abandon, un héritage grandiose.

LA CONQUÊTE DU ROI-SOLEIL ET LE GÉNIE DE VAUBAN

En 1679, lorsque **Louis XIV** (règne 1654-1715) tente, par un biais juridique (la politique dite « des réunions »), d'annexer le territoire, le duché appartient alors à Charles II d'Espagne, souverain des Pays-Bas. Ne parvenant pas à ses fins, le Roi-Soleil organise le siège de Luxembourg qui durera trois ans, au cours desquels le duché sera progressivement grignoté, bombardé, pillé, et la population affamée. L'attaque finale est lancée après l'hiver. Le maréchal François de Créqui (1629-1687), secondé par Vauban (1633-1707), choisit d'attaquer la forteresse par le nord et l'est, c'est-à-dire par Grünewald, Bonnevoie, la forteresse du Bock et le plateau du Rham, dans le quartier du Grund. Luxembourg, en feu, capitule le **4 juin 1684**. « Il n'y a peut-être pas dix maisons qui ne soient criblées de coups de canon ou crevées de bombes », écrit Sébastien Le Prestre, marquis de Vauban, à son ministre. Les vaincus rejoignent les Pays-Bas. Le duché appartient aux Français, temporairement…
Louis XIV, qui maintient sa politique expansionniste, protège les frontières de son royaume en élevant plusieurs places fortes (ou « ceinture de fer »), qui contrôlent aussi les cours d'eau. Le duché du Luxembourg se trouve ainsi doté (en quatre ans) d'une vaste forteresse conçue et supervisée par Vauban. L'ingénieur fait construire des entrepôts, des poudrières et un hôpital. Il subsiste aujourd'hui quatre **casernes** : sur le plateau du Rham, le boulevard Roosevelt (la caserne dite « des Jésuites ») et dans le quartier Pfaffenthal *(p. 590)*. Vauban érige

aussi la **citadelle du Saint-Esprit**, qui domine de ses 40 m de hauteur l'embouchure des deux vallées, de l'Alzette et de la Pétrusse. Vauban rehausse les bastions existants, en ajoute, érige des forts, creuse des fossés, s'adapte à la morphologie naturelle du site en consolidant ses faiblesses.
L'ingénieur militaire français, expert en art de la guerre, a su avec talent dépasser les limites des connaissances les plus modernes et les plus avancées en matière d'ouvrages fortifiés.
Il a mis au point une stratégie d'attaque rationnelle, méthodique (on parle d'un **« siège à la Vauban »**). Ses fortifications rasantes sont constituées d'une succession d'enceintes et de fossés destinés à piéger ou ralentir les assaillants. Ainsi des demi-lunes, des bastions, glacis, redans, contre-gardes, tenailles, refuges, redoutes, caponnières… Tout cet échiquier défensif, aimable comme un poing fermé, était tracé à la règle et au compas. Vauban invente également le « cavalier de tranchée », le « tir à ricochet », les tranchées convergeant en zigzag vers les bastions les plus faibles… Il déclara à propos de sa forteresse de Luxembourg qu'elle était l'une des meilleures d'Europe. Mais l'architecte avait de quoi être nostalgique : à peine dix ans plus tard (1697), le **traité de Ryswick** est signé, Louis XIV restitue le duché à l'Espagne et les Hollandais prennent la forteresse.

Églises baroques du 18e s.

Au Luxembourg, un style oscillant entre le baroque, le rococo et un classicisme retenu domine alors l'architecture civile et religieuse. Dans la capitale, la cathédrale Notre-Dame, édifiée à partir du 17e s. comporte divers éléments assurant la transition entre la période Renaissance et baroque. Ce dernier style (ici baroque flamand) s'affiche également dans le riche mobilier de l'église Saint-Jean dans la ville basse. Même richesse au sein de l'église à bulbe des récollets à Troisvierges (chaire, confessionnaux). À Koerich, dans la proche vallée d'Eisch, l'église perchée (1748) possède un remarquable mobilier baroque signé par des artistes et artisans locaux. Les amateurs d'intérieurs en style rococo se précipiteront à l'église Saint-Michel de Mondorf-les-Bains: mobilier Louis XV, tribune sculptée, chaire surprenante... Là encore, ce somptueux décor est l'œuvre d'artisans locaux qui très vite surent copier (puis innover) aux contact d'artistes venus de l'étranger. L'orangerie proche de l'abbaye d'Echternach est également un bel édifice rococo.

Démantèlement et expansion économique

La capitale se dote peu à peu d'édifices plus imposants tel l'hôtel de ville (1830). L'architecte local, Jean-François Eydt (1809-1884), élève quelques belles demeures dont la villa Vauban. Mais le changement radical débute en 1867. La garnison du Grand-Duché est alors prussienne, **Bismarck** lorgne sérieusement du côté du Luxembourg, tout comme le fait **Napoléon III**… Avant que les affaires ne se gâtent encore, le pays, par le traité de Londres, est déclaré perpétuellement neutre.
La **forteresse de Vauban** est démantelée, la ville démilitarisée. Ce démantèlement, achevé en 1883, va déclencher un extraordinaire développement – urbanistique, démographique et économique. La superficie de la capitale passe de 22 à 177 hectares. En abandonnant sa forteresse, en s'ouvrant au monde, Luxembourg vivra une prospère révolution industrielle.
De nouveaux quartiers voient le jour en suivant les concepts urbanistiques de l'époque. On élargit les rues, crée des places et

des parcs. L'acier et le verre font leur apparition (Casino Luxembourg, 1882). En privilégiant les belles pierres de tailles sculptées des carrières locales (Gilsdorf, Larochette…), on érige des édifices monumentaux (Palais municipal, Caisse d'Épargne…). Le passage de la vieille ville au « reste du monde » est facilité via, notamment, l'imposant pont Adolphe (1903), qui sera l'un des derniers grands ponts en arc à maçonnerie de pierre construit sur le continent.
Les capitales européennes (Paris, Berlin, Vienne) sont mimées sur le plateau Bourbon, autour de la gare actuelle, où l'on découvre de beaux immeubles Art nouveau, historicistes ou Art déco. Ces styles en vogue ne sont pas l'apanage de la capitale. La sidérurgie enrichit les cités du sud du pays et finance la construction de commerces, de cités ouvrières et de quartiers résidentiels huppés dans des zones alors exclusivement rurales. Les cadres dirigeants des sociétés prospèrent et élèvent de belles demeures. Ainsi sur la belle avenue des Bains à Mondorf-les-Bains et à Esch-sur-Alzette dont le centre-ville est bordé d'édifices Art nouveau et Art déco. Cette période est aussi celle de la redécouverte du patrimoine local. On érige des monuments aux soldats, personnages historiques et célébrités. Le palais Grand-Ducal ou la cathédrale Notre-Dame sont agrandis, les châteaux (Beaufort, Larochette) restaurés. On rénove et construit « néo ». Ainsi l'abbaye néo-romane Saint-Maurice-et-Saint-Maur à Clervaux ou la belle gare de Luxembourg-Ville (1813) de style néo-baroque mosellan.

Une vitrine d'architectes

Tous les quartiers de la capitale (gare, fortifications…) attirent des projets urbanistiques et architecturaux ambitieux. Le plateau de Kirchberg, à l'origine hôte des institutions européennes, est ainsi le terrain d'expression de grands noms de l'architecture mondiale contemporaine. Ils transforment progressivement le quartier dit « européen » en une zone également résidentielle et culturelle. Ils ont signé de remarquables musées, salles de concerts, institutions européennes ou sièges bancaires. Parmi ces réalisations, il faut voir notamment celles de **Christian de Portzamparc** (la Phiharmonie), de **Ieoh Ming Pei** (le Mudam, édifice moderne au sein du fort Vauban), de **Ricardo Bofill** (la place de l'Europe et ses deux tours), de **Jean-Michel Wilmotte** (le musée de la Forteresse), de **Dominique Perrault** (l'extension de la Cour de justice européenne et ses tours jumelles), ou encore celles du **cabinet Ingenhoven** (extension de la Banque européenne d'investissement), de **Claude Vasconi** (Chambre de commerce et siège de la banque Dexia à Esch-Belval), de **Gottfried Böhm** (siège de la Deutsche Bank), de **Richard Meier** (siège de l'HypoVereinsBank), d'**Arquitectonica** (siège dans la ville haute de la Banque de Luxembourg)… Et un nouveau bâtiment pour la Commission européenne est envisagé pour 2019. Ces témoignages affirment l'ambition architecturale, mais aussi internationale, du Grand-Duché. Une ambition qui prévaut également en province, où nombre de bourgades s'enrichissent de réalisations architecturales (centres culturels, auberges de jeunesse…). Parallèlement, après avoir magnifiquement fait revivre ses forteresses à partir des années 1980 *(voir p. 568)*, le Luxembourg restaure son patrimoine, minier et industriel notamment. Le village d'Useldange redonne vie à ses maisons en pierre de taille. Les sites miniers de Rumelange et Rodange sont devenus des musées et les friches industrielles de Belval se meuvent en un pôle universitaire et multifonctions.

Les personnalités luxembourgeoises

Du marquis de Vauban aux frères Schleck, de Robert Schuman à la chef étoilée Léa Linster, ces personnalités ont marqué l'histoire du Grand-Duché ou ont participé à son rayonnement international.

Histoire et politique

Jean l'Aveugle

Comte de Luxembourg et roi de Bohême, Jean Ier du Luxembourg (1296-1346) est un chef de guerre, un fin diplomate et un prince ambitieux. Il cherche à reconstituer la Grande-Bohême, à reconquérir le Limbourg et soutient Louis de Bavière contre les Habsbourg. Dans la capitale, il construit un troisième mur d'enceinte et crée en 1340 la Foire de Luxembourg. La même année, il devient aveugle (suite à une infection, puis une opération ratée), d'où son surnom. Fils de l'empereur Henri VII, en épousant en 1310 Élisabeth Přemyslide, il accède au trône de Bohême. Il marie ensuite sa fille, Bonne, au futur roi de France Jean II le Bon. Son premier fils deviendra empereur, sous le nom de Charles IV. Jean l'Aveugle est tué à la bataille de Crécy. Son cénotaphe est visible dans la cathédrale.

Vauban

Grand bâtisseur de forteresses, Sébastien le Prestre, marquis de Vauban (1633-1707), a fait ses premières armes sous les ordres de Condé. Après la Fronde, il entre au service de Louis XIV en tant qu'ingénieur militaire. Vauban conduit plus d'une quarantaine de sièges. Ses célèbres forteresses sont conçues pour retenir le plus longtemps possible les assaillants tout en épargnant la vie des assiégés et des populations civiles. C'est le réformateur français de l'art de la guerre. À la fin de sa vie, le maréchal publie un programme de réforme des privilèges fiscaux *(La Dîme royale)*, traduit en anglais. Il meurt d'une embolie pulmonaire.

La grande-duchesse Charlotte

Fille de Guillaume IV et de Marie-Anne de Bragance, Charlotte (1896-1985) accède au trône après l'abdication de sa sœur Marie-Adélaïde en 1919. Elle épouse son cousin, Félix de Bourbon-Parme. De ce mariage naît Jean de Luxembourg, qui régnera de 1964 à 2000 (son fils Henri est l'actuel grand-duc). C'est au cours de la Seconde Guerre mondiale que la grande-duchesse marque durablement la mémoire du pays. Les troupes allemandes envahissent en 1940 le Grand-Duché, les Pays-Bas et la Belgique, violant la neutralité du Luxembourg. La grande-duchesse, ainsi que quatre membres de son gouvernement, rejoignent Paris, Londres, puis Montréal. Hitler place le pays sous tutelle allemande et en organise la germanisation. La sœur de Charlotte, Antonia, sera déportée et torturée à Dachau. L'indépendance nationale bafouée, tout retour de Charlotte est exclu. Depuis son exil, elle organise des réseaux de résistance. Après la chute du IIIe Reich, la grande-duchesse rentre au Luxembourg et devient le symbole de l'indépendance nationale et de l'unité retrouvée.

Robert Schuman

Né à Luxembourg, dans le quartier Clausen, d'un père lorrain et d'une mère luxembourgeoise, Robert Schuman (1886-1963) étudie en Allemagne puis s'installe à Metz comme avocat. Il devient citoyen français après la Première Guerre mondiale, puis est élu à la Chambre des députés à Paris. Sous l'Occupation, il fait partie du premier gouvernement de Pétain. Il est ensuite arrêté par la Gestapo et mis en résidence surveillée en Allemagne, d'où il s'évade et entre dans la clandestinité. Robert Schuman est successivement ministre des Finances (1947), président du Conseil (MRP) de 1947 à 1948, ministre des Affaires étrangères (1948-1952), Garde des sceaux (1955) et président de l'Assemblée parlementaire européenne (1958-1960) à Strasbourg. Son destin s'accélère pendant la Guerre froide. Le Comité de coopération économique européenne (CCEE) est créé en 1947, l'Organisation européenne de coopération économique (OECE) en 1948, pendant qu'est mis en place le plan Marshall. Robert Schuman, inspiré par Jean Monnet, propose le 9 mai 1950 la création d'une Communauté européenne du charbon et de l'acier (CECA). Le « plan Schuman » est approuvé par l'Allemagne, la Belgique, la France, l'Italie, les Pays-Bas et le Luxembourg. La capitale du Grand-Duché en devient le premier siège. La CECA, toute première organisation basée sur des principes supranationaux, est à l'origine de l'actuelle Union européenne. Entrée en vigueur en 1951 pour une durée de cinquante ans, la CECA a été dissoute en 2002.

Arts et sciences

Edward Steichen

L'un des meilleurs portraitistes du 20e s. quitte son sol natal luxembourgeois à l'âge de 2 ans lorsque sa famille émigre aux États-Unis. Edward Steichen (1879-1973) rencontre Rodin et les avant-gardes européennes à Paris, lorsqu'il s'y installe vers 1900. Le photographe travaillera pour *Vogue*, *Life* ou *Vanity Fair*. Son œuvre la plus connue reste l'exposition « The Family of Man », qu'il a organisée en 1955 au Museum of Modern Art de New York et qui rassemblait 503 clichés de 273 photographes issus de 68 pays, offrant aux visiteurs un regard exceptionnel sur l'homme. Après une tournée mondiale, la dernière version de l'exposition a été offerte à l'État luxembourgeois (visible au château de Clervaux, qui rouvrira ses portes au printemps 2013).

Gabriel Lippmann

Scientifique français, né de parents français dans le quartier Hollerich de Luxembourg, Gabriel Lippmann (1845-1921) reçoit le prix Nobel de physique en 1908 pour son procédé révolutionnaire de reproduction photographique des couleurs.

Sport

Charly Gaul et les frères Schleck

Charly Gaul (1932-2005) a été vainqueur du Tour d'Italie 1956 et 1959, et vainqueur du Tour de France 1958. Fränk Schleck (né en 1980) a entre autres remporté l'Amstel Gold Race 2006 et le Tour de Suisse 2010. Son frère Andy (né en 1985) a été vainqueur de Liège-Bastogne-Liège 2009, du Tour de France 2010 et a également terminé deuxième du Tour d'Italie 2007, et deuxième du Tour de France 2009 et 2011. En 2011, les deux frères sont montés sur le podium du Tour de France – fait unique dans l'histoire.

Gastronomie

Léa Linster

Née au Luxembourg en 1955, c'est la seule femme à avoir remporté jusqu'à présent le prestigieux concours Bocuse en 1989. La chef étoilée possède son restaurant à Frisange. Elle a ouvert un second lieu à Kayl, le Pavillon Madeleine by Léa Linster.

3/ DÉCOUVRIR LE GRAND-DUCHÉ DE LUXEMBOURG

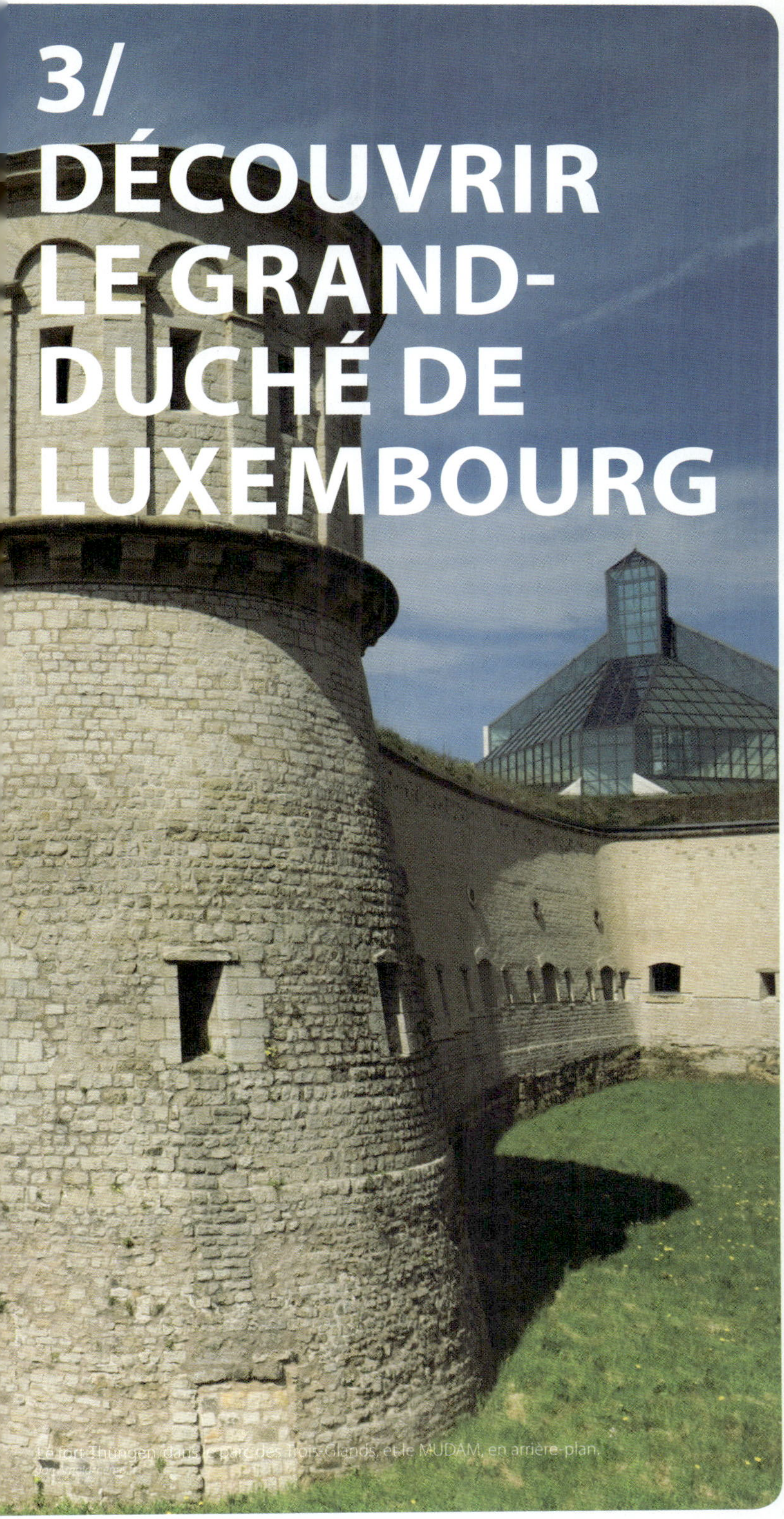

Le fort Thüngen, dans le parc des Trois-Glands, et le MUDAM, en arrière-plan.

Le Grand-Duché de Luxembourg 1

Cartes Michelin Regional nos 716 et 717

Vue de la ville de Luxembourg.

Jon Arnold/hemis.fr

LE GRAND-DUCHÉ DE LUXEMBOURG
MÜLLERTHAL
★★★ Vaut le voyage
Luxembourg
★★ Mérite un détour
Clervaux
★ Intéressant
Schengen
À voir
0
10 km
Ville de départ du circuit
Vallée de l'Eisch
La route du vin
Petite Suisse luxembourgeoise
Haute vallée de la Sûre
Basse vallée de la Sûre
Vallée de l'Our
A
B
C
1
2
LIÈGE
MALMEDY
NAMUR
A4
BELGIQUE
DEUTSCHLAND
PARC NATUREL DES DEUX OURTHES
PARC NATUREL DE L'OUR
PARC NATUREL HAUTE-SÛRE
Parc naturel de la Haute-Sûre
9
11
Troisvierges
Hachiville
Clervaux
Munshausen
Dasburg
Stolzembourg
Bivels
Lohmühle
Vianden
Centrale hydroélectrique
Bassins du mont St-Nicolas
Grenglay
Brandenbourg
Château de Bourscheid
Ettelbrück
Diekirch
Deiwelselter
Reisdorf
Château de Beaufort
Hallerbach
Berdorf
Wolfschlucht
Echternach
Rosport
Esch-sur-Sûre
Vée de la Sûre
Vée de la Clerve
Insenborn
Lac de la Haute-Sûre
Hochfels
Rindschleiden
Our
Clerve
Sûre
Wiltz
N 7
N 10
N 12
N 15
N 17
N 23
N 26
N 27
N 4
N 84
A 26
B 7
CR 324
CR 333
CR 364
CR 308

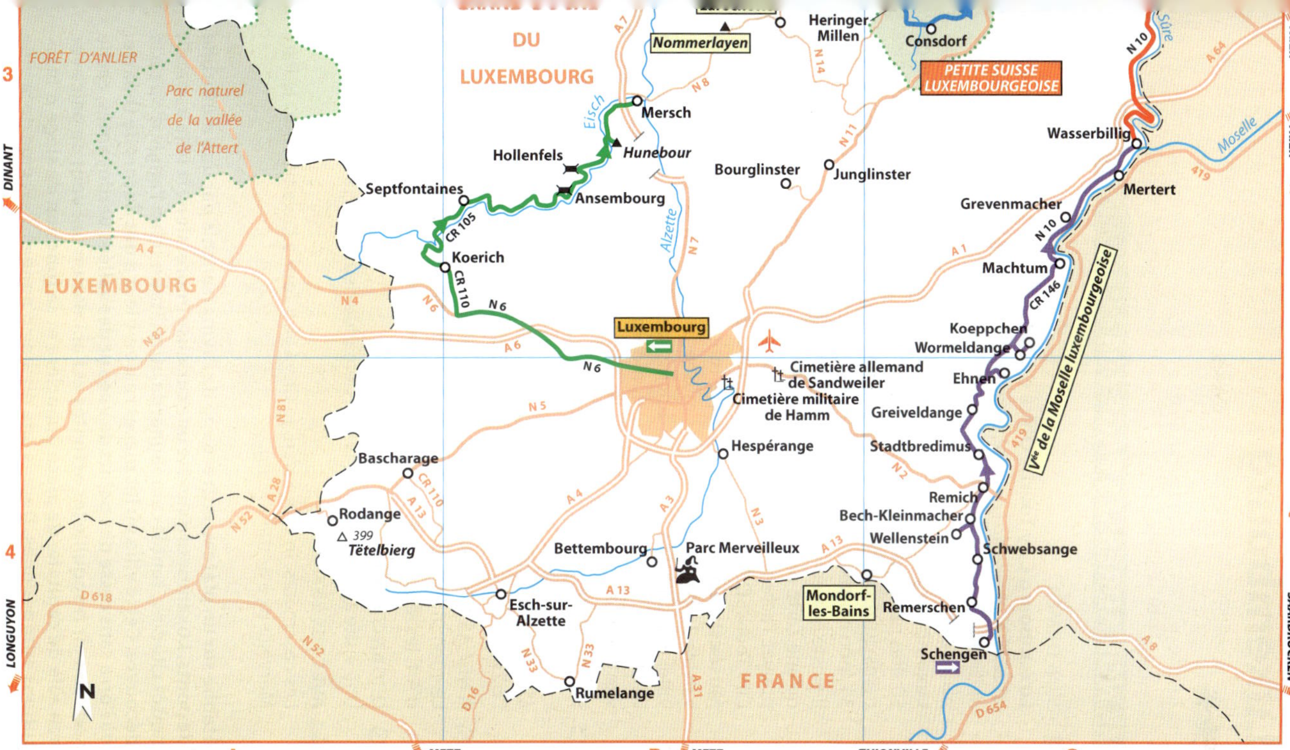

DU
LUXEMBOURG
FORÊT D'ANLIER
Parc naturel de la vallée de l'Attert
LUXEMBOURG
Nommerlayen
Heringer Millen
Consdorf
PETITE SUISSE LUXEMBOURGEOISE
Mersch
Eisch
Hollenfels
Hunebour
Bourglinster
Junglinster
Septfontaines
Ansembourg
Alzette
Koerich
CR 105
CR 110
N 6
Luxembourg
Cimetière allemand de Sandweiler
Cimetière militaire de Hamm
Hespérange
Bascharage
Rodange
399
Tëtelbierg
Bettembourg
Parc Merveilleux
Esch-sur-Alzette
Rumelange
FRANCE
Mondorf-les-Bains
Wasserbillig
Mertert
Grevenmacher
Machtum
Koeppchen
Wormeldange
Ehnen
Greiveldange
Stadtbredimus
Remich
Bech-Kleinmacher
Wellenstein
Schwebsange
Remerschen
Schengen
Vée de la Moselle luxembourgeoise
Moselle
Sûre
TRIER
SAARBRÜCKEN
DINANT
LONGUYON
METZ
THIONVILLE
A
B
C
3
4
N

Luxembourg

★★

99 852 habitants (ville) – 157 397 habitants (canton de Luxembourg)

NOS ADRESSES PAGE 604

S'INFORMER

Luxembourg City Tourist Office (LCTO) – Plan II D - *Pl. Guillaume-II 30 - ☏ 22 28 09 - www.lcto.lu - avr.-sept. : lun.-sam. 9h-19h, dim. et j. fériés 10h-18h ; reste de l'année : lun.-sam. 9h-18h, dim. et j. fériés 10h-18h.* Vous pouvez y réserver des places de spectacle, des excursions dans la région, des visites individuelles…

LuxembourgCard – La LuxembourgCard permet d'entrer dans plus de 50 sites participants (dans tout le Grand-Duché) et d'utiliser les bus et les trains du réseau public national gratuitement. Elle coûte 27 €, est valable 3 j., non consécutifs, pendant un an, et n'est pas nominative.

Il existe également une LuxembourgCard pour 1 j. (11 €), 2 j. (19 €), ainsi qu'une carte pour les familles à 22 €, 38 € ou 54 €, pour 1, 2 ou 3 j. Vous pouvez l'acheter au guichet d'un musée participant ou au Luxembourg City Tourist Office. Rens. : *www.luxembourgcard.lu.*

Muséeskaart – Ce pass, ou carte inter-musées, est un laissez-passer valable 3 j. consécutifs dans les musées et centres d'art de Luxembourg-ville. Elle s'achète (7/9 €) au guichet des lieux participants (liste sur *www.museumsmile.lu*) ou au Luxembourg City Tourist Office. Elle est très vite amortie.

SE REPÉRER

Carte de région B3-4 (p. 584-585) et plans de ville (p. 588-589) – *Cartes Michelin Regional nos 716 L7 et 717 V25.* On arrive à Luxembourg-ville par l'E 25 depuis Thionville, par l'A 6 (l'A 4/E 25/E 411 en Belgique) depuis Arlon.

À NE PAS MANQUER

Le chemin de la Corniche, les casemates, le musée national d'Histoire et d'Art, les réussites architecturales du Kirchberg.

ORGANISER SON TEMPS

Une visite approfondie de la ville demande deux jours pleins.

AVEC LES ENFANTS

Les casemates, le City Safari, le City Labo Tour à Luxembourg ; le Parc Merveilleux à Bettembourg.

Établie sur un plateau entrecoupé de ravins franchis par une multitude de ponts, Luxembourg suscite une curieuse impression : la ville apparaît tantôt citadine, tantôt campagnarde ou militaire selon l'angle d'où on la découvre. Cette ville où les places ressemblent à des décors de théâtre, où l'on a sans cesse des points de vue sur des vallées verdoyantes, cache sous son air tranquille les activités et l'animation qui vont de pair avec son rôle de capitale, de place financière et sa fonction de siège d'institutions européennes. Depuis une dizaine d'années, le visage de la ville évolue : des musées aux formes et aux collections étonnantes ont fait leur apparition ou ont été rénovés et le quartier du Kirchberg est devenu un terrain de jeu pour les grands noms de l'architecture mondiale.

Luxembourg dans l'histoire

L'histoire de la ville se confond avec celle du pays. À l'époque romaine, Luxembourg est situé à l'intersection de deux voies, l'une allant de Trèves à Reims par Arlon (actuelle Grand-Rue), l'autre reliant Metz à Aix-la-Chapelle. Le rocher du Bock est déjà fortifié. Au 10e s., un château est édifié près de la ville haute, sur le Bock, par le comte Sigefroi qui s'intitule comte de Luxembourg. La ville haute reçoit sa première enceinte qui sera doublée au siècle suivant.

Au 12e s., la ville passe avec le comté de Luxembourg sous la domination de Henri V l'Aveugle, comte de Namur. Son petit-fils **Henri VII** devient **empereur germanique** en 1308. La maison de Luxembourg occupe le trône impérial jusqu'en 1437. Au 14e s., une troisième enceinte est construite autour de la ville haute tandis que les villes basses sont fortifiées.

UN TERRITOIRE CONVOITÉ

Au 15e s., le Luxembourg passe à la maison de Bourgogne. Il échoit ensuite à Charles Quint (1555) qui fortifie la ville, puis à Philippe II.

La ville devient française en 1684, après le siège conduit par **Vauban** qui en consolide les fortifications. Retombée en 1698 aux mains des Espagnols, elle est occupée de nouveau en 1701 par les Français, à leur tour remplacés par les Autrichiens de 1714 à 1795. Malgré le renforcement des fortifications et le creusement des casemates, la ville se rend à Carnot en 1795 et fait partie du département des Forêts jusqu'en 1814. Après la défaite napoléonienne, le traité de Vienne érige le duché en **grand-duché**, relevant de la Confédération germanique, mais appartenant à la maison d'Orange-Nassau et gouverné par Guillaume Ier, roi des Pays-Bas. La ville est alors occupée par une garnison prussienne qui quitte Luxembourg en 1867 : le traité de Londres ayant proclamé la neutralité du pays, les trois ceintures de fortifications sont démantelées.

En 1914 et 1940, le Luxembourg, neutre, fut envahi par les armées allemandes, puis libéré le 10 septembre 1944 par l'armée américaine du général Patton.

LES INSTITUTIONS EUROPÉENNES

Luxembourg devient en 1952 le siège de la CECA, Communauté européenne du charbon et de l'acier, premier organisme devant ouvrir la voie à une fédération européenne, regroupant six nations : Belgique, Luxembourg, Pays-Bas, Allemagne, Italie, France. L'homme d'État français **Robert Schuman** (1886-1963), né à Luxembourg *(voir p. 579)*, en est le promoteur, **Jean Monnet** (1888-1979) l'animateur.

Depuis la signature du traité de Rome en 1957, Luxembourg héberge le **Secrétariat du Parlement européen** dont les sessions se tiennent à Strasbourg et à Luxembourg. En 1966 est inauguré le Centre européen, destiné à réunir les divers services du secrétariat du Parlement européen.

Depuis 1967, date de la fusion des exécutifs des trois communautés – CECA, Euratom, U.E. – en une Commission siégeant à Bruxelles, des institutions se sont installées sur le Kirchberg : Banque européenne d'investissement, services de la Commission de l'Union européenne, École européenne, Cour de justice (créée en 1952) et Cour des comptes de l'Union Européenne. L'Office des publications officielles de l'Union européenne est quant à lui implanté à Luxembourg-Gare. Depuis 1965, le Conseil des ministres, organe suprême de décision de l'Union européenne, tient ses sessions à Luxembourg trois mois par an (avril, juin, octobre). *« Les institutions européennes » p. 566.*

LUXEMBOURG
plan I
0
400 m
A
B
ETTELBRUCK
ECHTERNACH
1
2
WILTZ
ARLON
LONGWY
E 25 ESCH-SUR-ALZETTE
E 25, THIONVILLE
THIONVILLE
MONDORF-LES-BAINS
N
R. F. Seimetz
Square Édouard André
LIMPERTSBERG
CIMETIÈRE ISRAÉLITE
Av. Victor Hugo
du Bois
R. G. Schneider
R. des Glacis
N 52
Av. Henri VII
Pasteur
R.
Av. de la Faïencerie
Aée Scheffer
CHAMP DES GLACIS
Grand Théâtre de la ville de Luxembourg
Bd Robert-Schuman
Rd-Pt R.-Schuman
Mont R. Schuman
Pont Vauban
Bd de la Foire
Côte d'Eich
N 7
CR 218
Rue Laurent Menager
Rue de Stavelot
R. St. Mathieu
Avenue
Pont Grande-Duchesse-Charlotte
Fort Thüngen
MUDAM
CLAUSEN
Banque européenne d'investissement
Cour de justice européenne
La Chaise
Bd des Bons Malades
Konrad
Commis européen
R. Fort Niedergrünewald
Safe & Sorry
Philharmonie
Centre R. Schuman
Pl. de l'Europe
TOUR MALAKOFF
Aée P.-de-Mansfeld
N 1
Montée de Clausen
R. Vauban
Alzette
N 12
N 6
Bd Joseph II
Bd Royal
Av. de la Porte Neuve
Pce Henri
Av. E.Reuter
Villa Vauban
Charlotte
Duchesse
Pl. W. Churchill
Av. Monterey
Bd du
PALAIS Gd-DUCAL
CATHÉDRALE N.-DAME
Rue de Trèves
Alzette
N 5
Av. du 10-Septembre
Boulevard
N 4
Av. Guillaume
Bd Grande
N 51
N 5A
Av. Marie Thérèse
R. de la Semois
Av. de la Pétrusse
voir plan II
Bd du Gal Patton
G
N 2
Viaduc
R. de Prague
Bd d'Avranches
R. du Laboratoire
R. A. Lumière
R. Ste-Zithe
N 3
Pl. des Martyrs
R. M.-Rodange
Av. de la Gare
N 50
Av. du Gal de Gaulle
R. d'Esch
Pétrusse
Boulevard de la Pétrusse
2
Pl. de Nancy
Route d'Esch
R. E. Lavandier
Rue de Strasbourg
R. d'Anvers
POL.
Av. de la Liberté
R. de la Vallée
R. J.-B. Merkels
N 56a
Rue Fischer
R. du Commerce
Pl. de la Gare
R. des Trévires
Fraternité
Bd de la Charles
R. de Bonnevoie
Rue A.
Rue de Hollerich
N 56
HOLLERICH
N 4
N 3
3
4

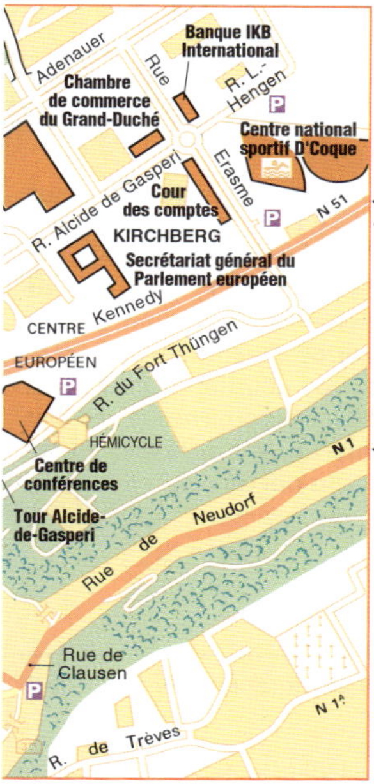

SE LOGER

Le Châtelet.......................................②

Les Jardins du Président..................④

SE RESTAURER

Mansfeld..①

Clé de Sol...③

1

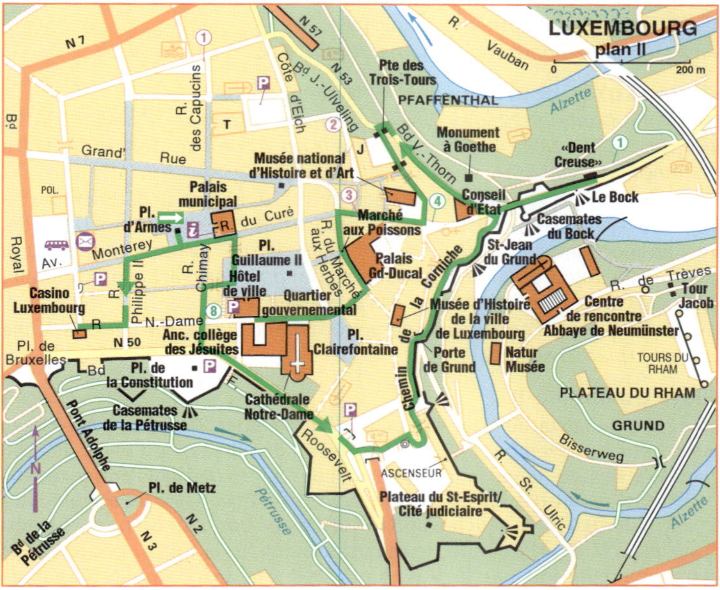

SE LOGER

Luxembourg City Hostel.....①

Hôtel Parc Beaux-Arts........④

Simoncini.........................⑧

SE RESTAURER

Apoteca...........................③

Art Café...........................①

Chiggeri...........................②

Musée d'Histoire de la Ville de Luxembourg.........M1

UN SITE EXCEPTIONNEL
La ville et les fortifications occupent le sommet d'un rocher de grès aux bords escarpés, que contournent deux rivières, l'Alzette et la Pétrusse. La vieille ville est séparée de la nouvelle au sud par la profonde entaille du ravin de la Pétrusse que franchissent des ponts, tel le fameux **pont Adolphe** (1899-1903), d'une hardiesse impressionnante. Au nord, elle est reliée au plateau de Kirchberg par le pont **Grande-Duchesse-Charlotte** (1964), peint en rouge, qui enjambe l'Alzette. Trois quartiers occupent les vallées : Grund, Clausen et Pfaffenthal. Au détour des corniches se révèlent de magnifiques **points de vue** sur les différents aspects de la ville. En saison, le site est mis en valeur par les illuminations nocturnes.

Se promener Plans de ville p. 588-589

★★ VERS LA VIEILLE VILLE Plan II

Circuit tracé en vert sur le plan de ville (p. 589). Comptez une demi-journée.

Place d'Armes D
Carrée et ombragée, c'est le centre animé de la ville. En saison, elle est garnie de terrasses de café. À l'arrière du kiosque, une colonne en l'honneur de Michel Lentz, auteur du texte de l'hymne national, et d'Edmond de la Fontaine, auteur et compositeur luxembourgeois. La place est dominée par le **palais municipal**, élevé en 1907, qui appartient au complexe du Cité-Cercle (centre de conférences, bibliothèque municipale…).
Prenez l'avenue Monterey puis tournez à gauche pour rejoindre la rue N.-D.

Casino Luxembourg (Forum d'art contemporain) D
41 r. Notre-Dame - ☎ 22 50 45 - www.casino-luxembourg.lu - tlj sf mar. 11h-19h (jeu. 20h, w.-end 18h) - 4 € (entrée gratuite le jeu. à partir de 18h) - visite guidée en français : w.-end à 15h.
Reconnaissable à son pavillon de verre et d'acier adjoint au bâtiment historique, le casino a été construit entre 1880 et 1882 sous influence baroque. Ancien lieu phare de la vie culturelle et mondaine de la ville de Luxembourg, il accueille aujourd'hui des expositions temporaires d'art contemporain, quelques pièces permanentes et des artistes en résidence.
Revenez à la place d'Armes puis empruntez la rue du Curé, où un passage donne accès à la place Guillaume-II.

Place Guillaume-II D
Ici se dresse la statue équestre de Guillaume II des Pays-Bas (1792-1849), grand-duc de Luxembourg. Côté sud, l'**hôtel de ville** édifié à partir de 1830 dans le style néo-Renaissance. Les deux lions qui en gardent l'entrée depuis 1939 sont l'œuvre d'Auguste Trémont (voir aussi les lions sur les armoiries du Luxembourg). À leur gauche, une **fontaine** en l'honneur du poète luxembourgeois Michel Rodange ; le renard trônant sur la fontaine rappelle le personnage de son livre le plus connu *De Renert*, inspiré par le *Roman de Renart*. Côté est, on aperçoit le palais Grand-Ducal.
Prenez la rue Chimay qui mène à la place de la Constitution.

Place de la Constitution D
Sur cet ancien bastion Beck s'élève l'obélisque du monument du souvenir, rehaussé d'une statue, la « Gëlle Fra » (femme dorée). Symbole de la liberté et

de la résistance du peuple luxembourgeois, le monument du souvenir fut érigé en 1923 à la mémoire des soldats morts lors de la Première Guerre mondiale. En 2010, la « Gëlle Fra » s'est envolée pour Shanghai où elle est restée pendant six mois, dans le cadre de l'Exposition universelle, trônant fièrement devant le pavillon luxembourgeois, avant de retrouver sa place sur l'obélisque.

De la place, **vues★★** remarquables sur le ravin de la Pétrusse, aménagé en jardins, et sur le pont Adolphe. C'est là que se situe l'entrée des casemates de la Pétrusse.

Casemates de la Pétrusse – *Pl. de la Constitution - ✆ 22 28 09 - visites guidées (50mn) : vac. de Pâques, de Pentecôte, d'été 11h-16h - 3 €.* Initiées par les Espagnols qui creusèrent la roche au 17e s., puis utilisées en 1746 par les Autrichiens pour améliorer les défenses sur le flanc sud du plateau, elles forment un réseau souterrain ouvrant sur la vallée de la Pétrusse.

Par le boulevard Roosevelt, gagnez le plateau St-Esprit.

Sur le boulevard Roosevelt, on longe les bâtiments de l'**ancien collège des jésuites** comprenant la nouvelle partie de la cathédrale N.-D.

Plateau du St-Esprit / Cité judiciaire E

Sur cette formidable citadelle dessinée par Vauban se trouve le monument de la Solidarité nationale. De la crête de la citadelle, **vues★★** sur les vallées de la Pétrusse et de l'Alzette ainsi que sur le plateau de Rham et la ville basse de Grund avec l'église St-Jean. Une grande partie du plateau est occupée par la Cité judiciaire (la succession de bâtiments s'est achevée en 2008), qui regroupe entre autres le tribunal et la Cour constitutionnelle. En face du Parquet (repérez, devant la façade, de hauts vases colorés), après des portes vitrées, un **ascenseur** emmène touristes et Luxembourgeois vers la ville basse.

Du plateau, devant la tour octogonale, tournez à droite dans la rue du Saint-Esprit. Suivez la direction des Archives nationales pour rejoindre la Corniche.

1

★★ Chemin de la Corniche E

Appelée « le plus beau balcon d'Europe » pour ses **vues★★**, cette promenade passe d'abord devant la vieille bâtisse abritant les Archives nationales, puis atteint le chemin qui suit les anciens remparts, en bordure de l'escarpement de l'Alzette, et parvient à l'immense **porte de Grund** (1632).

Ce chemin est bordé d'élégantes façades de maisons nobiliaires faisant face à la vallée où se situe la ville basse du Grund avec la flèche de l'église St-Jean.

★ Musée d'Histoire de la ville de Luxembourg (MHVL) E

14 r. du Saint-Esprit - ✆ 47 96 45 00 - www.mhvl.lu - tlj sf lun. 10h-18h (jeu. 20h) - fermé 1er janv., 1er nov. et 25 déc. - 5 €, gratuit le jeu. à partir de 18h - visite guidée « Histoire du Luxembourg pour les nuls » le dim. à 15h (en français). L'ascenseur panoramique du musée permet de sortir côté chemin de la Corniche.

De conception remarquable, ce musée, inauguré en 1996, est installé dans quatre maisons restaurées depuis peu, datant des 17e, 18e et 19e s. Les origines des bâtiments remontent au Moyen Âge ; au 18e s., ils abritèrent un refuge de l'abbaye d'Orval. Les concepteurs ont eu l'ingénieuse idée de mêler les expositions sur l'histoire de Luxembourg avec ce qui fait l'intérêt premier de la ville, son site géographique. Ainsi, le musée semble littéralement incrusté dans la roche, entre ville haute et ville basse, et prendre l'ascenseur hydraulique qui permet de rejoindre le début de l'exposition procure au visiteur une impression saisissante. Bornes interactives, présentations audiovisuelles, documents anciens, plans manuscrits, sceaux, armes, heaumes, dont un magnifique morion gravé (16e s.), et peintures retracent l'évolution de la ville depuis ses origines à nos jours.

Six jolies maquettes en érable (1/666) illustrent le développement de la cité. Remarquez également la belle reconstitution, en 360°, de la place aux Herbes telle qu'elle apparaissait au 17e s., réalisée par le Français Antoine Fontaine. L'accent est mis sur la ville-forteresse que se disputent les puissances européennes. Le parcours insiste également sur les aspects économique (entre autres ARBED), politique (indépendance du Luxembourg en 1890), religieux (culte marial) et culturel (de nombreux artistes se sont passionnés pour la ville fortifiée) de la capitale du Grand-Duché.
Les étages supérieurs sont consacrés aux expositions temporaires, et notamment aux changements remarquables qu'a subis la société depuis le siècle dernier (naissance de la bourgeoisie moderne, vie quotidienne dans la capitale, loisirs et scolarité).

Le Bock E

Cet éperon rocheux relié jadis à la ville par un pont-levis (actuel pont du Château) a été un peu aplani par la création de la montée de Clausen. Il supporte les ruines du château de Luxembourg *(la plate-forme panoramique est en accès libre)*, édifié au 10e s., démoli en 1555 et transformé en fortin au 17e s. Détruit en 1684, lors du siège de la ville par les Français, il fut reconstruit par Vauban. En 1745, les Autrichiens entreprirent l'aménagement des fortifications et creusèrent des casemates. Le Bock a été rasé en 1875 : il ne subsiste en surface que la tour nommée « **Dent Creuse** ». Du sommet des ruines, **vues★★** sur le plateau du Rham où était située une villa gallo-romaine. À gauche, la massive porte carrée est la **tour Jacob** ou Dinselpuert, ancienne porte de Trèves, qui faisait partie de l'enceinte du 14e s. Les bâtiments à droite sont des casernes construites par Vauban (hospices). Au pied du Bock, côté nord, s'étend l'ancien couvent du St-Esprit (17e s.).

★★ Casemates du Bock E

✆ 22 28 09 - mars-oct. : 10h-17h - 3 €. Comptez 20 min pour la visite. Attention : escaliers parfois très raides.

On peut parcourir une section de ce labyrinthe défensif creusé par les Autrichiens en 1745 dans le grès constituant le sol de la ville. C'est l'infime partie d'un réseau de 23 km qui permettait la communication entre les différents ouvrages de la forteresse. Ces couloirs servirent aussi d'abri pendant la Seconde Guerre mondiale. Dans la crypte archéologique, des vestiges relatent l'histoire du site. Certaines ouvertures offrent des vues sur le ravin et sur le quartier du Rham.
À l'entrée de la ville haute, à droite, un **monument** a été érigé en l'honneur de plusieurs célébrités qui séjournèrent à Luxembourg, notamment Goethe en 1792. À proximité se trouve le bâtiment à portique du **Conseil d'État**.

Boulevard Victor-Thorn E

Il offre des **vues★** sur la vallée de l'Alzette où se blottit le faubourg de Pfaffenthal et que franchit le **pont Vauban**. Au-dessus, le pont Grande-Duchesse-Charlotte relie la ville au plateau de Kirchberg où se dresse le Centre européen.

Porte des Trois Tours E

Située à l'emplacement de la deuxième enceinte de la ville, elle est composée en fait d'une porte flanquée de deux tours.
On entre ensuite en ville par la première **porte de Pfaffenthal** (17e s.).

★★ Musée national d'Histoire et d'Art (MNHA) E

Pl. du Marché-aux-Poissons - ✆ 47 93 30-1 - www.mnha.lu - tlj sf lun. 10h-18h (jeu. 20h) - fermé 1er janv., 1er nov. et 25 déc. - 5 € (gratuit le jeu. à partir de 17h).

Ce remarquable musée offre un riche condensé de l'histoire du pays. L'excavation monumentale réalisée par Christian Bauer en 2002 a permis la naissance d'un nouvel espace s'ajoutant à l'existant, comparable à un bloc monolithique renfermant notamment une cafétéria, une bibliothèque et une salle pour les expositions temporaires. La visite chronologique se déroule sur dix niveaux depuis les entrailles du musée jusqu'aux espaces lumineux de la section des beaux-arts. Vous remarquerez au passage un magnifique escalier tournant à décor Renaissance de 1580.

Section préhistoire et protohistoire – Elle présente de nombreux vestiges préhistoriques originaux (outils en pierre, poteries, ossements), des reconstitutions d'habitats (une tente paléolithique et une maison néolithique) et des objets en bronze et en fer. La muséographie est réussie puisque l'ensemble est fondu dans la roche, renforçant l'immersion du visiteur dans la réalité de « l'homme des cavernes ».

Section gallo-romaine★ – Installée principalement au rez-de-chaussée, elle est très riche. Les fouilles effectuées dans le sud du pays (Dalheim, Titelberg) ont révélé une intense occupation à l'époque romaine. Les objets sont bien mis en valeur : bronzes, terres cuites, verreries délicates. De nombreux monuments funéraires sont à comparer avec ceux de Trèves et d'Arlon. Les petites stèles en forme de maison, qui abritaient peut-être des urnes et les pierres sculptées de quatre divinités, étaient très répandues au sud du Luxembourg. L'époque mérovingienne a laissé en particulier des armes et de beaux bijoux. Le **cabinet des médailles** ou trésor présente des pièces rares de toutes les époques et le remarquable **masque en bronze de Hellange** datant du 1er s. Remarquez la superbe **mosaïque** représentant Homère et ses muses (61,3 m^2), réalisée autour de 240 apr. J-C. et attardez-vous sur la riche partie consacrée à la numismatie.

Section des beaux-arts – Une série de sculptures religieuses (11e-18e s.) se trouvent réparties dans diverses salles de cette section, ainsi que dans la section gallo-romaine et dans la section de la vie luxembourgeoise.

L'**art ancien** *(3e étage)* est représenté essentiellement par les œuvres provenant de trois collections : la collection Edmond Reiffers (peintures italiennes du 13e au 16e s.), la collection Wilhelmy-Hoffmann (écoles du nord et œuvres flamandes des 16e et 17e s. ; remarquez une *Charité* de Cranach l'Ancien et une copie du retable de Hachiville. L'une des œuvres phares de la partie consacrée à l'art ancien est *Bacchus, Vénus et l'Amour* (vers 1531) de Rosso Fiorentino, l'un des premiers maniéristes florentins avec le Pontormo.

L'**art moderne** *(1er et 2e étages)* comprend, outre quelques sculptures (Rodin, Maillol, Lobo, Hadju), des toiles, des tapisseries figuratives ou abstraites de l'école de Paris (Bertholle, Bissière, Borès, Chastel, Estève, Fautrier, Gilioli, Lurçat, Pignon, Soulages, Tàpies, Vieira da Silva) et des œuvres du peintre expressionniste luxembourgeois Joseph Kutter (1894-1941).

Arts et traditions populaires – *Accès par le 1er étage du musée d'Histoire et d'Art. Actuellement en travaux, sa réouverture au public n'est pas prévue avant fin 2013-début 2014.* Cette section, aménagée dans quatre anciennes maisons bourgeoises, évoque la vie au Luxembourg du 17e au 19e s.

Marché aux Poissons E

Jadis carrefour de voies romaines, cette place, ancien Marché-aux-Poissons, est entourée de demeures anciennes. La maison dite « sous les piliers » présente, au-dessus d'un portique Renaissance, des baies de style gothique flamboyant et une niche de même style abritant une statue de sainte Anne, la Vierge à l'Enfant. Plus à gauche se trouve une pittoresque maison à tourelle en encorbellement, avec une inscription reprenant la devise nationale, *Mir wölle bleiwe wat mir sin* (« Nous voulons rester ce que nous sommes »).

★ Palais Grand-Ducal E

17 r. du Marché-aux-Herbes - ✆ 22 28 09 - visites guidées (45mn) : de mi-juil. à fin août tlj sf merc. - tour en français à 14h30 et 15h30 - pour plus d'informations, renseignez-vous auprès du Tourist Office. Le visiteur individuel doit acheter son ticket d'entrée au Luxembourg City Tourist Office, pl. Guillaume-II 30 - 7 €.

L'aile gauche, ancien hôtel de ville, remonte au 16e s. Sa façade flanquée de gracieuses tourelles est décorée de bas-reliefs aux motifs géométriques.

L'aile droite, ou « la Balance », a été ajoutée en 1741 et l'aile arrière, donnant sur le jardin, en 1891. L'édifice situé à droite de la Balance (1859) abrite la Chambre des députés.

Depuis 1895, une grande partie des activités officielles se déroulent dans ce palais. Dans la salle des gardes sont conservées de belles armes. L'escalier d'honneur, dont l'élégante balustrade s'orne du monogramme d'Adélaïde-Marie, épouse du grand-duc Adolphe, mène aux appartements.

L'ancienne salle des Nobles, ou **salon des Rois**, où sont exposés les portraits des grands-ducs du passé, est utilisée pour les audiences officielles.

Dans la salle à manger, quatre tapisseries, offertes par Napoléon après son séjour au palais en 1804, illustrent l'histoire de Télémaque, fils d'Ulysse et de Pénélope.

Place Clairefontaine DE

Sur cette jolie place inclinée s'élève le monument dédié à la grande-duchesse Charlotte, qui régna sur le Luxembourg de 1919 à 1964. La grande-duchesse est, depuis la Seconde Guerre mondiale, un symbole national : en 1943, de Londres, elle participe à la Résistance et soutient le pays occupé par les Allemands. Remarquez son drapé comme une flamme et, au sol, un tracé à la Vauban.

★ Cathédrale Notre-Dame D

Deux accès à la cathédrale : par la r. Notre-Dame ou par le bd Roosevelt - lun.-sam. 8h-19h, dim. et j. fériés 13h-19h - entrée libre - messe en italien le dim. à 11h dans la crypte.

Avec ses fines flèches du 20e s., cette ancienne église des jésuites date du 17e s. et a été agrandie dans le courant du 20e s. Le portail ouest de la nouvelle partie de la cathédrale a été décoré par le sculpteur luxembourgeois Auguste Trémont, qui y a gravé des figures humaines, de nombreuses représentations animales et un décor végétal. Trémont a également réalisé les battants en bronze des portes.

Les trois nefs de la même hauteur sont un bon exemple d'église-halle. L'ensemble reste gothique, mais les piliers sont ornés d'originales arabesques en relief et la tribune au-dessus de l'entrée est finement travaillée dans un style mi-Renaissance mi-baroque.

À gauche de la nef, on remarque la tribune réservée à la famille grand-ducale, au-dessus de laquelle figurent des vitraux réalisés par Oberberger, représentant des personnages de la maison comtale médiévale. Le chœur, de style néogothique, a été ajouté au 20e s. et embelli par les très beaux vitraux réalisés par Louis Barillet. Remarquez également ceux d'Émile Probst, représentant des scènes bibliques.

La statue miraculeuse de la Consolatrice des Affligés (patronne nationale depuis 1678) fait l'objet d'une dévotion toute particulière, et un grand pèlerinage a lieu pendant les troisième et quatrième semaines après Pâques.

En sortant par la porte à droite du chœur, on accède à la chapelle du Trésor et à la crypte. La première contient le cénotaphe de Jean l'Aveugle, mort à Crécy en 1346 *(voir p. 578)*. Ce tombeau réalisé en 1688 représente une Mise au tombeau. La crypte, gardée par deux lions en bronze réalisés par Auguste Trémont, abrite d'intéressantes œuvres d'art moderne.

Côté rue Notre-Dame, le **portail principal**, d'abord restauré dans les années 1980 puis encore en 2005, présente un beau tympan de bois sculpté par Andris

Newbecker. À gauche et à droite, les statues de saint Ignace, fondateur de la Compagnie de Jésus, et saint François-Xavier. Le collège des Jésuites, contigu à la cathédrale, est devenu Bibliothèque nationale (mais celle-ci doit déménager au Kirchberg, au lieu dit « Bricherhaff ». *Début des travaux fin 2013/début 2014*). *De la cathédrale, on rejoint la place d'Armes.*

LE KIRCHBERG Plan I

Comptez 2h.

Sur le plateau de Kirchberg, traversé par une route nationale, se sont installées les institutions européennes, ce qui a entraîné un important mouvement d'urbanisation. En pleine mutation, le quartier a vu s'édifier des ouvrages audacieux réalisés par les grands noms de l'architecture mondiale, dont le MUDAM et la superbe Philharmonie sont les exemples les plus marquants. Les prouesses urbanistiques devant s'insérer dans une identité de quartier, il est prévu de doter le Kirchberg de logements et de lieux de vie (bars, restaurants).

Bon à savoir – Si l'architecture vous intéresse, l'office de tourisme met à disposition une brochure *Architecture et Art dans l'espace public au Kirchberg*, qui propose des circuits de visite.

★ Pont Grande-Duchesse-Charlotte B1

En acier, symbole de la Communauté européenne du charbon et de l'acier (CECA), hardiment peint en rouge, il a été inauguré en 1966. Il franchit l'Alzette sur 300 m.

Avant d'emprunter le pont conduisant au Kirchberg, remarquez à gauche le **Grand Théâtre de la ville de Luxembourg**. Construit en 1964, il présente une longue façade dont les baies forment une composition géométrique.

À l'entrée du pont, à droite, le monument érigé en l'honneur de Robert Schuman a été réalisé par l'architecte Robert Lentz (1966).

Prenez à la sortie du pont la 2e route à droite vers le Centre européen. Deux tours élancées composent la « porte de l'Europe », au débouché du pont Grande-Duchesse-Charlotte.

Place de l'Europe B1

Centre névralgique du quartier, la place de l'Europe, triangulaire, a été réalisée par le Catalan Ricardo Bofill. Malgré un aspect un peu froid, c'est en y déambulant que l'on saisit mieux l'évolution et la modernité du Kirchberg.

★★ Philharmonie B1

26 32 26 32 - www.philharmonie.lu - ♿ - visites guidées pour des groupes de 5-6 pers. - 40 €/groupe - renseignements sur place ou au 26 02 27 510 - la caisse du soir est ouverte 1h avant le début des concerts. *Voir aussi « Nos adresses » p. 607.*

Réalisée par le Français Christian de Portzamparc et inaugurée en 2005, la Philharmonie est un ouvrage majestueux de forme elliptique, orné de 823 colonnes de 30 cm de diamètre chacune. Le joyau de la place de l'Europe, conçu comme « un lieu de repos quand on vient de l'extérieur », présente à l'intérieur des tubes de néons colorés, coincés entre des tours, qui réchauffent un ensemble blanc épuré. Deux salles de concert proposent au public un programme riche, axé sur la diversité (concerts pour enfants, orchestres, solistes, musiques du monde) : le Grand Auditorium de 1 300 places présente une acoustique remarquable et la salle de musique de chambre (308 places) est pensée comme une allégorie d'un théâtre grec avec des panneaux en bois qui favorisent la réverbération.

Bon à savoir – En sortant de la Philharmonie, vous pouvez faire une pause au bar de l'hôtel Meliá, sorte de bloc de granit posé sur la place de l'Europe. Atmosphère tranquille lounge et vue sur les bâtiments du Kirchberg.

1

Les artistes du Kirchberg

La partie orientale du plateau du Kirchberg, séparée du quartier européen par un parc, accueille de nombreuses banques étrangères et luxembourgeoises, ainsi que LuxExpo, le parc des expositions du Grand-Duché. Le secteur est très international – à l'heure du déjeuner, s'y entendent toutes les langues du monde. Le matin et l'après-midi, les avenues du Kirchberg sont désertes, offrant des visions surréelles entre terrains vagues, charmant arboretum, superbes édifices signés Gottfried Böhm ou Richard Meier et, en plein air, des œuvres d'artistes internationaux.

Conseil – Pour ce circuit, circulez à vélo ! Le parc, les pistes cyclables et les artères (plates) se prêtent très volontiers à ce genre de balade. Comptez 1h30.

PARC CENTRAL

Point de départ : le complexe sportif.

Le **Centre national sportif D'Coque** (1982) accueille des athlètes de toutes les disciplines et des compétitions de haut niveau. Il est doté de deux piscines olympiques, d'un hôtel et de plusieurs centres d'entraînement. Une sculpture de **Marta Pan** est visible dans le lac artificiel voisin. Un peu plus loin, le gros bloc de béton peint en vert, dit **Kyosk** (architecte Polaris), propose en été pique-nique, boissons et pétanque. Ce poumon vert est fréquenté le week-end par les familles du quartier, qui courent ou s'y prélassent, et, en semaine, par les fonctionnaires des institutions européennes, les employés des banques et les étudiants de l'École européenne et des facultés du Kirchberg. Il est traversé par une **ancienne voie romaine★**, dont une agréable voie cyclable, toute droite, suit le tracé sur plus d'1 km. La piste parcourt, dans sa première partie, l'**arboretum★** du Kirchberg.

Traversez le parc via la piste cyclable, vers l'est. Au bout, prenez à droite, empruntez la r. Jean-Monnet à gauche.

★★ DEUTSCHE BANK

R. Jean-Monnet.

Sur la droite, « sertie » par des cheminées d'usine à l'ancienne, la spectaculaire Deutsche Bank a, sous d'autres angles (faites le tour), des airs de vaisseau spatial au décollage. La « DB » est la première banque à s'être installée sur le plateau en 1991 ; c'est l'architecte allemand **Gottfried Böhm** qui lui a donné ce cachet, à la fois futuriste et industriel. À l'entrée, sur la rampe d'accès, une sculpture de **Markus Lüpertz** (*Clitunno*, 1990).

Au bout de la rue Jean-Monnet (côté ouest) s'anime l'autre visage du quartier, avec une galerie commerciale, le complexe de cinémas et de loisirs Utopolis et, derrière, LuxExpo, le parc des expositions du Grand-Duché.

Tournez à droite, r. Alphonse-Weicker. Descendez quelques mètres et arrêtez-vous près de la sculpture.

★★ SARREGUEMINES (sculpture de Frank Stella)

L'atmosphère du parvis, où se pose cette sculpture pour le moins échevelée, est le fruit d'une collaboration (1993) : celle de Frank Stella et **Richard Meier**, deux amis et, surtout, deux stars. Le peintre et sculpteur américain Frank Stella a dynamité réservoirs de récupération et éléments de ferraille. S'ensuit un mouvement en spirale, assez doux (l'artiste en parle comme d'une « fumée de cigare »), qui vient en contrepoint aux deux formidables édifices minimalistes, l'un rond, l'autre rectangulaire, de l'Américain Richard Meier. C'est le siège de la HypoVereinsBank.

Descendez jusqu'à l'av. Kennedy, traversez, puis remontez-la vers l'ouest.

La Deutsche Bank.
Stefan Kiefer/imagebroker/age fotostock

1

★ **GRANDE FLEUR QUI MARCHE** (sculpture d'après Fernand Léger)

Sur l'av. Kennedy, entre les nos 40 et 42.
Le Français Fernand Léger est le peintre de la vie moderne, de la beauté urbaine, de l'accélération des villes. Il réalise une *Fleur qui marche* en 1952. Celle-ci (2003), fortement agrandie, mais toujours joyeuse et volontaire, s'inspire de l'original.
Rejoignez le 50 av. Kennedy. Descendez les marches et prenez à droite après la première allée.

ÉLÉMENT D'ARCHITECTURE CONTORSIONNISTE IV (sculpture de Jean Dubuffet)

Dans les jardins de la Banque du Luxembourg, cette sculpture (1969, 7 m de haut) du Français Jean Dubuffet est issue de la série « L'Hourloupe » (1962-1974). En l'observant lentement, elle apparaît comme une « prolifération cellulaire ».

★★★ **EXCHANGE** (sculpture de Richard Serra)

Au bout de l'av. Kennedy, sur le rond-point.
Le « clou » du Kirchberg, de 35 t et 20 m de haut. L'œuvre (1996) de l'Américain Richard Serra est brutale, puissante mais elle paraît aussi en équilibre. De l'intérieur, sentiment d'insécurité, en tout cas d'une perte de repères intéressante.
Reprenez l'av. Kennedy en sens inverse, sur la piste cyclable de droite.

★★ **BIRD CAGE** (installation de Su-Mei Tse)

Sur l'av. Kennedy, après la r. Albert-Borschette, perpendiculaire. L'installation est entre deux immeubles du complexe K2.
L'artiste luxembourgeoise Su-Mei Tse, lauréate en 2003 du Lion d'Or à la Biennale de Venise, a réalisé cette cage à oiseaux géante (2008), dont la structure en néons s'éclaire la nuit parce que les bureaux sont vides et que tout le monde… s'est envolé.
Revenez vers le centre historique.
Plus loin, sur la droite, voyez les quatre cheminées de la **centrale de cogénération** (Paul Bretz, 2001) qui permet d'alimenter une partie du plateau en chauffage.

Centre européen du Kirchberg BC1

À droite de la Philharmonie quand on arrive sur la place de l'Europe, la **tour Alcide-de-Gasperi** de 22 étages (1965) est occupée par le secrétariat du Parlement européen; le Conseil des ministres y siège trois mois par an. Il a été complété par un bâtiment de trois étages, long de 300 m, entièrement vitré et surmonté d'un grand auvent métallique, le **Centre de congrès et de conférences**.
À gauche de la Philharmonie quand on arrive sur la place de l'Europe, le massif **Centre Robert-Schuman** a été érigé entre 1970 et 1973.

★★★ Musée d'Art moderne Grand-Duc-Jean (MUDAM) B1

Parc Dräi Eechelen 3 - ✆ 453 78 51 - www.mudam.lu - sam.-lun. 11h-18h, merc.-vend. 11h-20h - fermé 1er janv., 1er nov. et 25 déc. - 5 €, gratuit le merc. à partir de 18h.

À deux pas de l'époustouflante Philharmonie, le MUDAM est un lieu d'art contemporain ouvert à tous les domaines de la création actuelle. Entièrement conçu par des artistes, dont la vocation est d'être à l'écoute de la création internationale et de l'évolution des pratiques artistiques.
Le bâtiment est l'œuvre de Ieoh Ming Pei. La difficulté principale de l'architecte sino-américain fut d'aménager un espace contemporain au milieu d'anciennes fortifications construites par Vauban au 17e s., dont le fort grandiose d'Obergrünewald. Si Ieoh Ming Pei a dû réduire l'espace initialement prévu, il a pu disposer de tous les matériaux qui font du MUDAM une réussite architecturale : pierres de Bourgogne, bois du Canada, béton et verre. Le musée est complété par un jardin paysager aménagé par **Michel Desvigne**, qui concourt à créer une ambiance zen.
Le MUDAM présente au public des expositions temporaires et quelques pièces permanentes, parmi lesquelles une étonnante et dérangeante **chapelle gothique**★★★ ornée d'images subversives, réalisée par l'artiste belge **Wim Delvoye** ou la captivante fontaine d'encre de l'artiste luxembourgeoise **Su-Mei Tse**.
Faites aussi un tour à la cafétéria, dessinée comme une forêt minimaliste et monochrome, avec une grange ultracontemporaine signée des frères Bouroullec.
Derrière le musée, le **fort Thüngen** du 18e s., avec ses tours surmontées de pierres en forme de gland abritera à terme le musée de la Forteresse. Il est installé dans le **parc des Trois-Glands** qui relie la place de l'Europe et ouvre à l'ouest sur un panorama de la ville.
Un petit belvédère domine Clausen et son église : sur la gauche, une **maison à tourelle** est celle où naquit Robert Schuman. À droite, **vue**★ sur la ville de Luxembourg, le Bock et le quartier du Rham avec ses tours.
Revenez vers le Centre européen et passez sous l'autoroute pour gagner la Cour de justice.

★★ Cour de justice de l'Union européenne B1

45 bd Konrad-Adenauer. Aucun bâtiment des institutions européennes n'ouvre ses portes au grand public, excepté celui-ci au moment de la Fête de l'Europe.

Le bâtiment à quatre étages de la CJCE, construit en 1970, étale ses structures d'acier peint en marron foncé sur une vaste terrasse où se remarquent deux sculptures de Henry Moore et Lucien Wercollier.
Les élargissements des Communautés puis de l'Union européenne nécessitant toujours plus d'espace pour son personnel, la Cour de justice a été construite en plusieurs étapes. La dernière (1994-2008) est l'œuvre de l'architecte français Dominique Perrault. Il a donné une nouvelle structure toute de verre au vieux palais et ajouté deux tours dorées, reliant l'ensemble par une longue galerie au toit également en verre. Le but de ces constructions est de donner au bâtiment une forme permettant des évolutions harmonieuses plutôt que d'y accoler une nouvelle annexe.
À proximité, le **bâtiment Jean Monnet**, aux parois de verre fumé, abrite des services administratifs de la Commission européenne.

★★ Banque européenne d'investissement B1

98-100 bd Konrad-Adenauer.

Créée en 1957 lors du traité de Rome, la Banque européenne d'investissement (BEI) s'installe sur le plateau de Kirchberg en 1973. Le tout premier bâtiment, conçu par l'architecte anglais Denys Lasdun, a été agrandi dans les années 1990. En 2008, la « banque de l'Europe » passe à la vitesse supérieure et se dote d'une seconde extension. Celle-ci, gigantesque coque spectaculaire, paraît au premier regard entièrement transparente, sans arêtes. Sa structure répond aux critères les plus exigeants en matière de réduction de consommation énergétique : elle a d'ailleurs obtenu la certification « Breeam » (équivalent du concept français de « haute qualité environnementale »).

Son concepteur, le cabinet d'architecture allemand Ingenhoven, l'un des leaders du design écologique, est largement reconnu pour la qualité de ses architectures « vertes ».

★ La Chaise (sculpture de Magdalena Jetelová) B1

Sur le boulevard, l'œuvre monumentale (2000) de Magdalena Jetelová. Cette artiste d'origine tchèque a posé plusieurs de ses *Stuhl* (« chaise », en allemand) démesurées dans l'espace urbain. La question se pose : liberté ou pouvoir ? La chaise s'est-elle échappée ou la bureaucratie a-t-elle triomphé ?

1

LES VILLES BASSES

Une promenade en voiture en longeant la rive droite de l'Alzette, à travers les villes basses du bas Grund, Pfaffenthal et Clausen, permet de découvrir un tout autre aspect de la ville avec ses quartiers les plus populaires, ses maisonnettes, ses brasseries où sont encore confectionnées les bières locales. De ces quartiers installés au fond des ravins, des points de vue très différents s'offrent sur la ville ancienne et ses fortifications.

★ Natur Musée (Musée national d'Histoire naturelle) Plan II E

25 r. Münster - ✆ 46 22 33 1 - www.mnhn.lu - ♿ - tlj sf lun. 10h-18h - fermé 1er janv., 1er Mai, 1er nov. et 25 déc. - 4,50 € (famille 9 €).

Superbement situé dans le quartier ancien du Grund inscrit sur la liste du Patrimoine mondial de l'Unesco, l'hospice St-Jean (14e s.) abrite le musée national d'Histoire naturelle, l'une des plus anciennes institutions culturelles du pays. Fondé en 1850, c'est en 1996 qu'il investit le Grund, avec son Centre de recherche scientifique. Le MNHN est également chargé de la gestion scientifique de l'arboretum du Kirchberg *(voir p. 596)*. Servant à l'origine d'asile et d'orphelinat, l'hospice fut transformé en prison de femmes au 19e s. Au rez-de-chaussée, des bornes interactives et des vitrines didactiques fournissent des informations sur le corps humain dans toute sa complexité, l'évolution de l'homme de la cellule œuf à la naissance, la position que l'homme occupe dans le monde. Des dioramas aux animaux naturalisés et des écrans interactifs présentent les différentes régions luxembourgeoises. Le 1er étage est consacré aux planètes de notre système solaire, au big bang, ainsi qu'à la parenté entre homme et animal. Pièces majeures du musée : les minéraux et les fossiles, dont un ichthyosaure, et l'« homme de Loschbour » (plus ancien squelette humain trouvé sur le territoire).

Sur l'Alzette, le délicat **jardin du musée** permet d'observer, outre la rivière, les plantes des grandes régions luxembourgeoises – Gutland, Moselle, Oesling ou Terres rouges.

Église St-Jean-du-Grund Plan II E

R. Münster. L'église faisait partie de l'abbaye de Neumünster. Aujourd'hui, l'entrée (sur la gauche) est indépendante. Visite interdite lors des offices.

Cette église appartint jusqu'à la Révolution française à l'abbaye bénédictine de Munster. L'édifice actuel date de 1705. L'intérieur est rehaussé par les trois retables du chœur, de style baroque flamand. Sont à signaler également : un chemin de croix en émail de Limoges du 16e s., signé Léonard Limosin, des orgues du 18e s., des fonts baptismaux gothiques, et, dans une chapelle à gauche de la nef, une gracieuse Vierge noire à l'Enfant, de l'école de Cologne, sculptée vers 1360 et objet d'une grande vénération.

★ Centre de rencontre Abbaye de Neumünster Plan II E

28 r. Münster - ✆ 26 20 52 1 - www.ccrn.lu - ♿ - lun.-vend. 11h-19h, w.-end et j. fériés 11h-18h - entrée libre.

Depuis 2004, Neumünster est un centre culturel programmant des cycles de concerts, dont une session de jazz le dimanche matin *(gratuit)*, des rencontres diverses et des expositions temporaires.

Histoire du lieu – Cette abbaye du 17e s., établissement public aujourd'hui, se fait aussi l'écho d'une histoire douloureuse. L'administration française y installe au 18e s. une prison et une caserne militaire. L'abbaye devient ensuite un orphelinat puis un hôpital militaire, redevient un centre pénitenciaire pour hommes (désormais le bâtiment Robert-Bruch), puis une prison nazie. Le scénariste et réalisateur français Marcel Jullian (1922-2004) y est incarcéré pendant la Seconde Guerre mondiale. Neumünster reste une maison d'arrêt jusque dans les années 1980. La salle Robert-Krieps (maintenant un théâtre de près de 300 places) est l'ancien atelier des détenus, qui fabriquaient sièges, reliures… Le cloître abrite les sculptures de l'artiste luxembourgeois **Lucien Wercollier** (1908-2002). *Le Prisonnier politique* est l'une de ses œuvres les plus emblématiques. L'artiste fut non seulement emprisonné ici, mais déporté dans plusieurs camps de concentration. Son travail de recherche sur la forme épurée, sensuelle, est influencé par Constantin Brancusi. Cette exposition permanente est agrémentée de jolies vues sur les bâtiments conventuels, restaurés.
Longez l'Alzette (10mn).

★ Clausen Plan I B1

Au Moyen Âge, Clausen était un quartier modeste d'artisans et, surtout, de brasseurs. Aujourd'hui, la promenade est devenue chic. Les rives sont entretenues, de petits ponts enjambent la rivière, le charme est indéniable. Faites une pause et repérez la haute cheminée : c'est un ancien site brassicole industriel, reconverti en quadrilatère pour noctambules, les **Rives de Clausen** *(voir p. 606)*.

Villa Vauban (Musée d'Art de la ville de Luxembourg) Plan I A2

*Av. Emile-Reuter 18 - ✆ 47 96 45 70 - **www.villavauban.lu** - ♿ - tlj sf mar. 10h-18h, vend. 10h-21h - 5 €, gratuit le vend. à partir de 18h - visite **guidée en français le vend. à 18h** - **audioguide pour enfants**.*

L'intérieur raffiné du 19e s. de la villa Vauban abrite des expositions (permanentes et temporaires) qui puisent en partie dans les collections léguées à la ville de Luxembourg par trois notables du 19e s. (les banquiers franco-luxembourgeois J.-P. Pescatore et Leo Lippmann, et Eugénie Dutreux-Pescatore) concernant la peinture belge, hollandaise et française du 17e s. et du 19e s.

Après quelques tableaux attribués à Canaletto (salle 3), on remarque parmi les toiles flamandes des œuvres de David Teniers le Jeune, du 17e s. *(Scène d'intérieur, Un fumeur devant une cheminée)*.

La riche collection hollandaise du 17e s. comprend plusieurs scènes de genre (*L'Empirique* de Gérard Dou, *La Fête des Rois* de Jan Steen) et une marine de van de Capelle. La peinture française du 19e s. est représentée notamment par Delacroix *(Jeune Turc caressant son cheval)*, Courbet *(Marine)* et Jules Dupré *(Marine)*.

Depuis mai 2010, une extension a été ajoutée à la villa sous forme de « galeries » composées de plaques de cuivre. Le contraste est ainsi saisissant entre le

classicisme bourgeois de la villa et la modernité de l'extension. À l'intérieur, le mariage est réussi entre les différents matériaux (bois et pierre) et l'épure des salles. L'impression laissée aux visiteurs est celle de la générosité des espaces, avec des enfilades de couloirs qui donnent de la profondeur à l'ensemble.
Des ateliers pédagogiques sont ponctuellement organisés autour de la restauration d'œuvres et des métiers d'art.

À proximité Carte de région p. 584-585

Cimetières militaires B4

5 km à l'est. Sortez par le bd du Général-Patton.
Parmi les 13 cimetières américains de la Seconde Guerre mondiale aménagés outre-Atlantique, celui de **Hamm** (Luxembourg American Cemetery), aux portes de la capitale, rappelle la gratitude du Grand-Duché pour ses libérateurs. Au milieu des bois, cet ensemble impressionnant de 20 ha, dominé par une chapelle-mémorial érigée en 1960, groupe 5076 tombes. Face aux croix blanches alignées en arc de cercle, celle du général Patton, mort en décembre 1945, se dresse identique aux autres.
Plus à l'est *(accès par la route de Contern)*, le **cimetière allemand de Sandweiler**, inauguré en 1955, se découvre au détour d'une allée forestière. Sur 4 ha s'ouvrent de vastes pelouses plantées d'arbres où des groupes de cinq croix trapues, en granit sombre de la Forêt-Noire, sont disséminés. Une croix monumentale surmonte la fosse commune où reposent 4829 soldats sur les 10885 inhumés dans cette nécropole.

De Luxembourg à Bettembourg B4

15 km au sud, direction Thionville.
Hespérange (Hesper) est un pittoresque bourg situé au bord de l'Alzette et dominé par les ruines de son château des 13e et 14e s. entre lesquelles se sont édifiées de petites habitations précédées de jardinets.
Bettembourg possède un important parc récréatif, le **Parc Merveilleux** *(☎ 51 10 48-1 - www.parc-merveilleux.lu - ♿ - de déb. avr. à mi-oct. : 9h30-18h - 8 €, enf. 5 €)*. Des animaux, de nombreuses attractions pour enfants, en particulier des reconstitutions de contes de fées, animent ce vaste jardin de 30 ha.

De Luxembourg à Junglinster B3

13 km au nord, direction Echternach.
Par une belle route tracée au cœur d'une épaisse forêt, on atteint Eisenborn, sur l'Ernz Blanche, et à droite **Bourglinster**, pittoresque village au pied d'un vieux château restauré.
Junglinster possède une charmante **église** du 18e s. en pierre crépie de beige, rehaussée de peintures aux tons pastel. Elle est entourée d'un ancien **cimetière** dont les croix, pour la plupart du 19e s., conservent un aspect archaïque.

Esch-sur-Alzette B4

19 km au sud-ouest par l'A 4.
Esch City Tourist Office – *Pl. de l'Hôtel-de-ville - ☎ 54 16 37 - www.esch.lu/tourisme - lun.-vend. 9h-17h, sam. (de la Pentecôte au 1er w.-end de sept.) 13h-17h.*
Deuxième ville du Grand-Duché, Esch-sur-Alzette est la capitale des « Terres rouges », région qui doit son nom à la présence de minerais de fer en son sous-sol. Jadis grand centre sidérurgique du pays, cette ville cosmopolite – plus de 53 % des 30000 habitants sont des étrangers, et la ville regroupe 115 nationalités – connaît une importante activité commerciale. La rue de l'Alzette dans le centre-ville est bordée de belles demeures de style Art nouveau et Art déco. Un parcours « Promenade architecturale » *(5,4 km)* permet de les découvrir *(brochure disponible au Esch City Tourist Office)*.

Parc de la ville – *Par la route de Dudelange, puis prenez la 1re rue à droite après le tunnel.* Ce vaste parc fleuri de 57 ha est étagé sur la colline qui domine la ville à l'est de la gare. Au sommet (alt. 402 m), dans le centre de plein air **Galgenberg**, petit parc à gibier.

Musée de la Résistance – *Pl. de la Résistance - ✆ 54 84 72 - jeu., w.-end et j. fériés 15h-18h - gratuit.* Ce petit musée a été édifié en 1956, au cœur de la ville, pour commémorer l'héroïsme des Luxembourgeois face à l'occupant (1940-1944) : le travail dans les mines et les usines, la grève générale de 1942, la lutte des maquisards, les déportations sont évoqués par des bas-reliefs, des fresques, des statues et des documents.

Rumelange B4

6 km au sud-est de Esch-sur-Alzette par la N 33.

Près de la frontière, cette cité minière possède un intéressant **musée national des Mines★** *(R. de la Bruyère - ✆ 56 56 88 - www.mnm.lu - visites guidées : avr.-juin et sept. : jeu.-dim. 14h-16h30 ; juil.-août : tlj sf lun. mêmes heures - 8,50 €, enf. 5 €)*, récemment rénové. Une partie des mines de fer exploitées jusqu'en 1958 dans la colline traversée par la frontière est accessible au public. La visite de 900 m de galeries (par 10-12 °C de température), qui se fait partiellement en petit train, documente sur les différentes opérations d'extraction et sur l'évolution des techniques et du matériel utilisés depuis l'origine de la mine.

Rodange A4

12 km au nord-ouest de Esch-sur-Alzette. Prenez la N 31, la route de Differdange, puis la N 5.

Située au point de rencontre des frontières belge, luxembourgeoise et française, cette petite localité industrielle est dominée par le **Tëtelbierg**, colline d'où un sentier pédestre descend vers le site d'archéologie industrielle de **Fond-de-Gras**. Dans un très joli cadre naturel sont disséminées plusieurs vieilles machines et anciens trains de mine. Là se situe aussi l'entrée de la mine abandonnée de Gras. À Fond-de-Gras, deux trains touristiques circulent encore sur les vieilles voies de marchandises : le **Train 1900** part de la gare de Rodange, tandis que le **Minièresbunn** roule de Dhoil à Rodange via Fond-de-Gras *(✆ 26 50 41 24 - www.fond-de-gras.lu - mai-sept. : dim. apr.-midi et j. fériés, trains suppl. certains j. en juil.-août).*

Bascharage A4

14 km au nord-ouest de Esch-sur-Alzette par l'A 13 ou la CR 110.

La **Brasserie nationale Bofferding**, installée dans cette localité, fabrique de la bière blonde, distribuée principalement dans le Grand-Duché *(visite sur RV, 10 pers. mini - ✆ 23 63 641 - www.bofferding.lu - 4 € - prévoyez 2h).*

★ Mondorf-les-Bains C4

29 km au sud-est de Luxembourg par la E 29 puis la N 16.

Syndicat d'initiative – *Av. des Bains 26 - ✆ 23 66 75 75 - www.mondorf.info - mar.-sam. 9h-12h, 13h-18h, dim. 14h30-18h30.*

Près de la frontière française, Mondorf-les-Bains est une ville d'eaux fréquentée dont les sources, sortant à 24 °C, conviennent surtout aux affections hépatiques, intestinales et rhumatismales. Édifié à l'est de l'ancien village, son établissement thermal est équipé d'installations modernes. L'avenue des Bains qui mène au domaine thermal présente de belles façades de style Art nouveau.

Domaine thermal★ – *www.mondorf.lu.* Un parc de 50 ha, libre d'accès, a été aménagé sur le flanc d'une colline et agrémenté d'espaces ouverts, de parterres de fleurs et de beaux arbres. Dans ce parc se dresse l'établissement, réparti

en quatre sections, dont un luxueux hôtel (℘ 23 66 65 55). Au centre du parc se trouve le pavillon de la source Kind (1963).
Église St-Michel – Sur une colline dominant le vieux bourg, cette église au crépi rose, élevée en 1764 et entourée d'un cimetière, possède un riche **mobilier★** Louis XV. Orgues sur tribune sculptée d'emblèmes musicaux, confessionnaux, autels, chaire étonnante sont en harmonie avec les stucs et fresques peints en trompe-l'œil par Weiser (1766), originaire de Bohême.

Circuit conseillé Carte de région p. 584-585

★ VALLÉE DE L'EISCH

Circuit de 46 km tracé en vert sur la carte de région (p. 585) – Comptez 2h.
La rivière déroule ses replis sinueux au milieu des prairies, des forêts et de hautes murailles rocheuses boisées. La route longe la rivière, permettant de découvrir les six châteaux qui subsistent dans cette vallée appelée aussi vallée des Sept Châteaux. Un sentier pédestre et un itinéraire cycliste la parcourent aussi de Koerich à Mersch.

Koerich B3

19 km au nord-ouest par la N 6.
Perchée sur la colline, l'**église** possède un beau mobilier baroque, en particulier dans le chœur. Près de la rivière se dressent les ruines du **château** féodal remanié à la Renaissance (remarquer la cheminée).
Prenez la CR 110, puis à la bifurcation, prenez à droite la CR 105.

Septfontaines B3

Pittoresque localité accrochée aux pentes qui dégringolent vers l'Eisch et dominée par les ruines de son **château** (13e-15e s.).
L'**église** abrite une intéressante Mise au tombeau.
Dans le **cimetière** autour de l'église ont été placées plusieurs stèles d'un chemin de croix baroque élégamment sculpté. Au pied du château coulent les sept fontaines qui ont donné leur nom au village.
Poursuivez par la CR 105.

Ansembourg B3

Le bourg possède deux **châteaux** : sur la colline, celui du 12e s. a été remanié aux 16e et 18e s.; dans la vallée, le château du 17e s., ancienne demeure d'un maître de forges, est précédé d'un portail à tourelles et entouré de beaux jardins à la française du 18e s., accessibles au public. On aperçoit ensuite, au sommet d'une crête, le **château de Hollenfels**, agrandi au 18e s. autour d'un donjon du 13e s. Il est occupé par une auberge de jeunesse.
Après le pont sur l'Eisch, prenez un chemin à droite.

Hunebour B3

Au pied d'un haut rebord rocheux, le Hunebour est une source située dans un **cadre★** ombragé reposant.
Continuez sur la CR 105.

Mersch B3

Son château féodal, très restauré, est un haut édifice carré précédé d'un portail flanqué de petites tourelles. À proximité se dresse la **tour St-Michel**, à bulbe, vestige d'une église disparue.

1

NOS ADRESSES À LUXEMBOURG

Plans de la ville p. 588-589

TRANSPORTS

Réseau

Les bus permettent de relier la gare, la ville haute et le plateau de Kirchberg.

Tarifs et forfaits

Ticket « courte durée » – Acheté 1,50 € à bord, il est valable 2h à partir de son oblitération et ce, quels que soient le bus et le nombre de trajets effectués.

Ticket « longue durée » – Acheté 4 € à bord, il est valable depuis le moment de son oblitération jusqu'au lendemain matin 8h et ce, quels que soient la durée du parcours et le nombre de trajets.

Ticket « week-end » – Ce billet, valable pour 5 pers. maximum, s'achète 6 € à bord. Il est valable soit un sam., soit un dim., soit un j. férié légal à partir de son oblitération jusqu'au lendemain 3h et ce, quel que soit le nombre de voyages.

Infos – Pour acheter carnets ou abonnements, rendez-vous à la gare centrale (Centrale de la mobilité) ou dans la galerie marchande du centre Hamilius, place Hamilius, dans la ville haute. Rens. : *☎ 24 65 24 65 - www.mobiliteit.lu ou www.vdl.lu.*

Vélo

À la borne – Un système très pratique de vélos à location courte durée a été mis en place dans toute la ville. Le prix est imbattable : 1 € la location de 1 à 7 j. Les 30 premières minutes sont gratuites, chaque heure commencée est ensuite facturée 1 €. Informations sur les bornes Vel'Oh ou sur *www.veloh.lu*. Carte de crédit indispensable. Conseils : veillez toujours à bien entendre le « bip » sonore à chaque remise du vélo et passez prendre le plan des stations Vel'Oh au Luxembourg City Tourist Office.

VTT et MTB – Un seul point de location en ville : *8 r. Bisserwee (☎ 47 96 23 83 - avr.-sept. : lun.-vend. 8h-12h, 13h-20h, w.-end et j. fériés 10h-12h, 13h-20h ; oct.-mars : lun.-vend. 7h-15h)*. La boutique se trouve juste après le petit pont du Grund, sur la droite. Comptez 20 €/j. D'autres tarifs et forfaits sont disponibles. Au choix : VTT, MTB, vélo de ville, tandem, vélo enfant. Les sièges enfants et les casques sont payants.

Circuits balisés – Deux plans (gratuits) des circuits VTT du Grand-Duché et des pistes cyclables en ville sont disponibles au Luxembourg City Tourist Office *(voir p. 586)*.

Taxi

La moindre course vous coûtera une dizaine d'euros.

VISITES GUIDÉES

City Promenade – Un tour à pied d'env. 2h pour découvrir la ville, avec un guide. Billets disponibles au Luxembourg City Tourist Office *(Pâques-6 nov. : tlj à 12h (français/allemand) et 14h (anglais/allemand) ; hors saison : lun., merc. et w.-end à 13h (français/anglais/allemand) - 9 €, enf. 4,50 €).*

City Labo Tour – Un parcours scientifique qui amusera les enfants et leur fera découvrir de manière ludique l'histoire de la ville. Rens. à l'office de tourisme *(mi-juil.-mi-sept. : mar., jeu. et w.-end départ à 14h30 pl. Guillaume-II - 6 €).*

Petit train touristique – Le Pétrusse Express effectue un circuit d'1h à travers la ville basse et la vallée de la Pétrusse *(avr.-oct. : 10h-18h - vente des billets et départ pl. de la Constitution - 8,50 € (-15 ans 5 €) - www.sightseeing.lu).*

HÉBERGEMENT

Luxembourg

PREMIER PRIX

Luxembourg City-Hostel – Plan II E - *2 r. du Fort-Olisy - ✆ 22 68 89 20 - www.youthhostels.lu - 50 ch. 22,90 €/pers. avec suppl. pour ch. individuelle ou double.* Reconnaissable à sa grande façade rouge, cette auberge de jeunesse est sans conteste l'établissement le plus économique de la ville. Blotti contre les ruines du château du « Bock », il est situé à quelques minutes à pied du centre.

POUR SE FAIRE PLAISIR

Le Châtelet – Plan I A2 - *2 bd de la Pétrusse - ✆ 40 21 01 - www.chatelet.lu - P - 48 ch. 105-175 €* ☕. Hôtel familial à 10mn de marche du centre et de la gare. Il se distingue par la tourelle d'angle typique de sa façade. Chambres modernes et confortables. Sauna.

Simoncini – Plan II D - *6 r. Notre-Dame - ✆ 22 28 44 - www.hotelsimoncini.lu - 35 ch. 120/170 €* ☕. Près de la place Guillaume-II, cet hôtel neuf conjugue confort moderne et ambiance arty minimaliste. Chambres compactes, plus tranquilles aux étages supérieurs. Quelques chambres avec miniterrasse.

UNE FOLIE

Hôtel Parc Beaux-Arts – Plan II E - *1 r. Sigefroi - ✆ 26 86 76 1 - www.parcbeauxarts.lu - P - 10 suites 425/490 €* ☕. Hôtel de charme aménagé dans un bel immeuble du 19e s. situé près du palais Grand-Ducal. Vastes chambres avec salon et équipement moderne. Un lunch à prix abordable est servi à midi.

Clausen

UNE FOLIE

Les Jardins du Président – Plan I B1 - *2 pl. Ste-Cunégonde - ✆ 26 09 07 1 - www.jardinspresident.lu - P - 7 ch. 350/400 € - ☕ 15 € - rest. (mar.-sam. à partir de 19h) menu 50 €.* Situé au calme, dans la ville basse, cet hôtel donne l'impression d'être à la campagne. Doté d'un restaurant gastronomique, il est ceinturé d'un beau jardin. Les chambres cosy sont décorées à l'anglaise ou à la française et dégagent un confort raffiné.

RESTAURATION

Luxembourg

BUDGET MOYEN

Art Café – Plan II D - *1a r. Beaumont - ✆ 26 27 06 52 - 16/30 €.* Brasserie entièrement placée sous le signe du théâtre. Les sièges eux-mêmes ont été recouverts de l'ancien rideau du Théâtre municipal. On peut y commander une salade, un plat au wok ou une quiche.

Clé de Sol – Plan I B1 - *1 pl. de l'Europe - ✆ 26 68 73 94 - www.cle-de-sol.lu - lun.-vend. 11h30-14h30, 18h-23h (les soirs de concerts) - 16/30 €.* Le restaurant de la Philharmonie propose une cuisine inventive dans un intérieur design original. Plats constamment renouvelés flattant les papilles.

POUR SE FAIRE PLAISIR

Chiggeri – Plan II D - *15 r. du Nord - ✆ 22 99 36/82 36 - www.chiggeri.lu - resto-café : 10h-1h, service continu (11h le w.-end) ; rest. : 12h-14h, 18h-22h - 30/50 €.* Dans une magnifique maison de maître, un restaurant gastronomique doublé d'un café-restaurant où l'on peut s'attarder pour prendre un verre le soir. Terrasse très ensoleillée. Remarquable carte des vins.

Apoteca – Plan II E - *12 r. de la Boucherie - ✆ 26 73 77-1 - www.apoteca.lu - rest. : tlj sf sam. midi et dim. 12h-14h, 19h30-22h30 ; bar : mar.-sam. 17h-1h (6h vend.-sam.) - 30/50 €.* Ce restaurant est rempli chaque soir d'un public jeune appréciant la bonne chère. Cuisine fusion. Les murs sont couverts de graffitis et un DJ assure l'ambiance pendant le week-end. Également petite restauration au bar.

Clausen

POUR SE FAIRE PLAISIR

Mansfeld – Plan I B1 - *3 r. de la Tour-Jacob - ✆ 43 90 11 - www.visionh.lu - tlj sf sam. midi et dim. 12h-14h, 19h-22h30 - 30/50 €.* Ce restaurant populaire au décor accueillant propose des plats luxembourgeois et internationaux très goûteux. La qualité de la cuisine et du service contribuent à l'ambiance sympathique des lieux. Terrasse l'été.

Esch-sur-Alzette

POUR SE FAIRE PLAISIR

Postkutsch – *8 r. Xavier-Brasseur - ✆ 54 51 69 - www.postkutsch.lu - fermé lun., sam. midi et dim. soir - menus 26/137 €.* Tant la décoration que la carte sont d'inspiration classique, mais les menus sont régulièrement adaptés à la saison. Un cadre agréable pour un excellent repas. Mémorable chariot de fromages affinés.

Frisange

UNE FOLIE

Léa Linster – *17 rte de Luxembourg - ✆ 26 66 84 11 - www.lealinster.lu - dîner seult sf w.-end, fermé lun.-mar., 2 sem. en août, 24 déc.-10 janv. et 1 sem. fin fév.-début mars - menus 95 €/125 €.* Une cuisinière médiatique *(voir p. 579)* règne avec bienveillance sur cette institution locale (1 étoile au Guide Michelin) pétrie de caractère et de savoir-faire. Le long menu baptisé « Bocuse d'Or » est un pur plaisir pour les gastronomes (avec notamment : foie gras maison ; homard cuit au court-bouillon, sauce à l'estragon ; selle d'agneau en croûte de pommes de terre cuites au four, sauce au romarin…).

PETITE PAUSE

Kaempff-Kohler, Espace Fromages & Vins – Plan II D - *Pl. Guillaume-II 18 - ✆ 26 86 861 - www.kaempff-kohler.lu - tlj sf dim. 8h-18h30, sam. jusqu'à 18h - menu dégustation comprenant une assiette d'excellents fromages et du vin de qualité.* Terrasse dans la rue piétonne. Dans les établissements voisins appartenant au même propriétaire, on peut acheter ou consommer des plats de poisson, des pâtisseries, des vins…

La Table du Pain – Plan II D - *Av. Monterey 19 - ✆ 24 16 08 - www.tabledupain.lu - 7h-19h.* Excellentes tartes et quiches servies dans un intérieur chaleureux. Vente à emporter.

Esch-sur-Alzette

Namur – *R. de l'Alzette 64 - ✆ 54 17 78 - fermé dim.* Large choix de tartes, gâteaux, glaces et salades, le tout de première qualité. Terrasse dans la rue piétonne. Service aimable.

EN SOIRÉE

Vinoteca – Plan II E - *6 r. Wiltheim - ✆ 22 68 38 43 - www.vinoteca.lu - mar.-vend. 10h30-15h et 17h30-1h, sam. 10h30-1h.* Que ce soit l'hiver dans le sous-sol voûté ou l'été sur la terrasse avec l'une des plus jolies vues sur la vallée, le cadre est idéal pour une dégustation de vins autour de tapas. Un magasin y est attenant.

Le Café des Artistes – Plan II E - *Montée du Grund 22 - ✆ 46 13 27 - merc.-sam. soir.* Idéalement situé dans le quartier du Grund tout éclairé à la nuit tombée et particulièrement animé en fin de semaine, ce café attire un mélange étonnant d'âges et de nationalités. Un pianiste et une chanteuse assurent le fond musical vers 22h30.

Les Rives de Clausen – Plan I B1 - Soirées jeunes, étudiantes et hétéroclites. Le lieu se trouve sur un ancien site industriel (la brasserie Mousel et Clausen), complètement réaménagé en 2008 autour d'une cour intérieure en restaurants et bars de nuit *(jusqu'à 3h les vend. et sam.)*. Vous pouvez boire un verre chez **Ikki** *(✆ 49 69 40 - www.ikki.lu)* ou au **King Wilma** *(✆ 691 11 23 39 - www.kingwilma.lu)* par exemple. Les Rives de Clausen sont à 10 min à pied du Bock (par la montée de Clausen) ou accessibles depuis le Grund en longeant la rivière Alzette. Les Luxembourgeois viennent à partir de 22h.

ACHATS

Commerces – Réservées aux piétons, les rues commerçantes autour de la place d'Armes (Grand-Rue, rue des Capucins, rue Chimay…) incitent à la flânerie. Le quartier de la gare se prête également au shopping. De nombreux magasins sont fermés le dimanche et le lundi matin.

Scarabaeus – Plan II E - *R. de la Boucherie 11 - ✆ 26 26 22 01 - www.scarabaeus.lu - mar.-sam. 10h-18h30, lun. 12h-19h.* Librairie spécialisée dans la spiritualité, mais on y trouve aussi des accessoires et des cadeaux variés.

Extrabold – Plan I A2 - *Av. de la Liberté 24 - ✆ 26 64 96 03 - www.extrabold.eu - mar.-sam. 10h-18h.* Galerie et concept-store hyper pointu dédié au street wear et au street art. Les fétichistes du créneau, proposé ici par un trio de graphistes, devraient trouver leur bonheur, tant du côté des vêtements que des sérigraphies, assez abordables.

Esch-sur-Alzette

Cado & Déco – *R. de l'Alzette 103 - ✆ 54 73 39 - lun.-sam. 9h-12h, 14h-18h.* Boutique intéressante de cadeaux, notamment des objets en pierre, en bois et en verre.

La Cave « Rommes » – *R. des Jardins 54 - ✆ 54 05 91 - www.rommes.lu - mar.-sam. 9h-18h, lun. 14h-19h.* Large choix de vins luxembourgeois, bourgognes, champagnes, mousseux et cigares.

ACTIVITÉS

www.agendalux.lu – Propose une sélection de concerts, spectacles et manifestations, dont certains dans des cadres magnifiques.

Utopolis – Plan I C1 en dir. - *Av. J.-F.-Kennedy 45 - ✆ 22 46 11 - www.utopolis.lu.* Au Kirchberg, vaste complexe voué au 7e art et aux loisirs. Boutiques, restaurants et bars à thème, dont le Bistropolis et le Coyote Café (où vous croiserez Alien et Predator), se regroupent autour d'un cinéma « high tech ».

Philharmonie – Plan I B1 - *Pl. de l'Europe - billetterie : ✆ 26 32 26 32 - www.philharmonie.lu.* La Philharmonie de Luxembourg vaut le détour, grâce à un programme de haut niveau (Riccardo Muti, Chucho Valdès, Souad Massi…).

Cinémathèque – Plan II D - *Pl. du Théâtre 17 - ✆ 47 96 30 46 - www.cinematheque.lu.* Programmation variée dans un cinéma un brin rétro.

AGENDA

Festivals et festivités – La fête populaire ancestrale de l'**Emais'chen**, où les jeunes amoureux s'échangent des objets en terre cuite, se déroule le lundi de Pâques sur la place du Musée. À partir de la fin août a lieu, sur la place du Glacis, la grande kermesse du Luxembourg ou **Schueberfouer** *(www.fouer.lu)* qui remonte à l'an 1340.

Printemps Musical – *www.printempsmusical.lu.* Festival annuel se déroulant les premières semaines de mai et qui jette un pont entre la musique « sérieuse » et la musique « légère », avec une attention spéciale pour le jazz.

Esch-sur-Alzette

Festival Terres rouges – *www.festival-terresrouges.lu - fin août-début sept.* Festival de rue international (théâtre de rue, clowns, danse acrobatique…).

Vallée de la Moselle luxembourgeoise

★

NOS ADRESSES PAGE 611

S'INFORMER
Entente touristique de la Moselle luxembourgeoise – *115 rte du Vin, 5416 Ehnen - ✆ 75 84 12 - www.visitmoselle.lu.* Toutes les informations concernant sports et loisirs, culture, caves, vins et visites guidées.

SE REPÉRER
Carte de région C3-4 (p. 584-585) – *Cartes Michelin Regional nos 716 M6-7 et 717 X25-26.* Accès depuis Mondorf-les-Bains par la CR 152, depuis Luxembourg par l'E 29 et la N 2.

À NE PAS MANQUER
Les vignobles et des dégustations dans les caves à vin.

ORGANISER SON TEMPS
Prévoyez une demi-journée pour parcourir la route du Vin.

AVEC LES ENFANTS
Les jouets anciens au musée de Bech-Kleinmacher.

Depuis la frontière française jusqu'à Wasserbillig, la Moselle (du romain Mosella, petite Meuse), dont la largeur atteint une centaine de mètres, sépare le Luxembourg de l'Allemagne. Un paysage lumineux, de nombreux coteaux plantés de vignes et de pittoresques villages viticoles sont les principaux attraits du parcours. Dans les principales caves coopératives, on peut déguster les bons crus de la Moselle luxembourgeoise : vins blancs (rivaner, auxerrois, pinot blanc, pinot gris, riesling, gewürztraminer, elbling), crémants, vins mousseux et quelques vins rosés (pinot noir).

Circuit conseillé Carte de région p. 584-585

LA ROUTE DU VIN

Circuit de 46 km tracé en violet sur la carte de région (p. 585) – Comptez une demi-journée. Vous pouvez aussi passer par les petites routes légèrement en retrait, moins rapides mais plus agréables.

Schengen C4
C'est dans ce village-frontière, première localité viticole de la Moselle luxembourgeoise (caves), que, le 14 juin 1985, se réunirent à bord du bateau de plaisance *Marie-Astrid* les représentants des gouvernements luxembourgeois, allemand, français, belge et néerlandais. Ils signèrent alors les **accords de Schengen** reconnaissant l'abolition progressive des frontières intérieures entre ces États. Au début des années 1990, l'Italie, l'Espagne, le Portugal et la Grèce se sont joints à cette convention, entrée en vigueur en 1995.
Centre européen Schengen – *R. Robert-Goebbels - ✆ 26 66 58 10 - www.schengen-tourist.lu - Pâques-sept. : mar.-vend. 10h-18h, w.-end et j. fériés 11h-18h ;*

LA MOSELLE NAVIGABLE
Faisant suite à une convention internationale signée par la France, l'Allemagne fédérale et le Grand-Duché de Luxembourg, des travaux de canalisation, achevés en 1964, ont considérablement amélioré la navigabilité de la rivière. Elle est ainsi devenue accessible aux bateaux de 3 200 t entre Thionville et Coblence. Les deux barrages de Grevenmacher et de Stadtbredimus, équipés chacun d'une écluse et d'une centrale hydro-électrique, interrompent le cours de la rivière. Afin de ne pas défigurer les sites, ils ont été construits au ras de l'eau.

hors saison : mar.-vend. 10h-17h, w.- end et j. fériés 14h-17h - gratuit. Ce musée relate la naissance et l'élargissement de l'espace Schengen. Il pose une définition de la notion de frontière et amorce une réflexion sur la libre circulation des personnes. À côté du musée, la silhouette de l'ancien château de Schengen est connue : **Victor Hugo** en a peint la tourelle lors de son séjour, le 13 septembre 1871.
Des jeux interactifs pour les enfants complètent l'exposition.

Remerschen C4
Un peu à l'écart de la rivière, ce bourg est situé au pied des coteaux du Kreitzbierg, couverts de vignes sur échalas, dont un calvaire, desservi par un escalier raide, escalade la pente.

Schwebsange C4
À droite de la route, dans un jardin, a été installé un pressoir du 15ᵉ s. et un broyeur à fruits. Quelques pressoirs sont également à signaler, face à l'église, ainsi qu'une charmante fontaine des Enfants aux raisins où se déroule chaque année début septembre la Fête du vin. Schwebsange possède l'unique port de plaisance du Grand-Duché.

Bech-Kleinmacher C4
Les anciennes maisons de vignerons « A Possen » (1617) et « Muedelshaus » ont été transformées en **Musée folklorique et viticole** *(2 r. Keeseschgassel - 23 69 73 53 - www.musee-possen.lu - Pâques-oct. : tlj sf lun. 11h-19h ; nov.-avr. : vend.-dim. et j. fériés 14h-19h - dernière entrée 18h - fermé en janv.-fév. - 4 €).* De petites pièces au mobilier rustique (cuisine à feu ouvert) y évoquent la vie d'antan. Les activités traditionnelles sont présentées dans des ateliers, une laiterie, un musée viticole et une cave conservant une cuve à fouler le raisin.
Prenez la route du Vin qui passe devant le musée.

Wellenstein C4
À l'entrée de ce beau village, entouré de 70 ha de vignobles, se trouvent les plus grandes **caves coopératives** du Grand-Duché *(13 r. des Caves - 26 66 14 1 - www.vinsmoselle.lu - - visites guidées et dégustation (1h) : mai-oct. 10h-18h ; reste de l'année : sur RV - 3,50 €).*
La route gravit le **Scheuerberg** (vues sur les vignobles), puis descend sur Remich (vues sur la Moselle).
À Remich, regagnez la Moselle.

Remich C4
Les rives de la Moselle ont été aménagées en une longue promenade ombragée de plusieurs kilomètres réservée aux piétons. La ville possède également plusieurs caves. À la sortie nord de la ville, les **caves St-Martin** *(53 rte de Stadtbredimus - 23 69 97 74 - www.cavesstmartin.lu - - avr.-oct. : tlj sf lun. 10h-11h30, 12h30-17h ; reste de l'année : sur RV - 4 € (45mn, visite et dégustation))* creusées dans le roc sont consacrées à l'élaboration d'un vin champagnisé.
Ici, la rive de la Moselle, aménagée, constitue une longue promenade pour piétons.

1

Stadtbredimus C4

Importantes caves coopératives.

Peu après Stadtbredimus, prenez à gauche la route de Greiveldange.

Elle offre, à la montée, de belles **vues★** sur le méandre de la Moselle, le coteau luxembourgeois abrupt couvert d'échalas, et la rive allemande, vers Palzem, plus adoucie mais également plantée de vignobles. Après **Greiveldange** qui possède une grande cave coopérative fondée en 1929, revenez dans la vallée.

Ehnen C4

Ce village de vignerons cerné par les échalas conserve un quartier ancien aux rues pavées, au centre duquel se dresse l'église Saint-Roch, de plan circulaire, construite en 1826 et flanquée d'une tour romane fortifiée. Sur la route principale une maison vigneronne a été aménagée en **musée du Vin** *(✆ 76 00 26 - tlj sf lun. 9h30-11h30, 14h-17h ; nov.-mars : sur RV - 3,50 €, enf. 1,50 €)*. Des outils, en usage jusqu'aux années 1960, et des photos illustrent agréablement les travaux de la vigne et du vin mosellans d'autrefois. Les métiers annexes (tonnelier) sont également évoqués et la visite se termine par une dégustation.

Wormeldange C3

C'est la capitale du riesling luxembourgeois. À la sortie à gauche se situent ses grandes **caves coopératives** *(115 rte du Vin - ✆ 76 82 11 - www.vinsmoselle.lu - visites guidées (1h) : mai-oct. tlj sf dim. et j. fériés 13h-18h ; reste de l'année : sur RV - 2 €)*.

Au sommet du plateau, au lieu-dit **Koeppchen**, à l'emplacement d'un ancien burg, se dresse la chapelle St-Donat. Belle **vue** sur le fleuve et Wormeldange.

Machtum C3

Petite localité située dans un coude de la rivière. Sur une pelouse sont disposés un pressoir et un broyeur à fruits. À la fin du méandre se trouve le grand **barrage-écluse** de Grevenmacher, doté d'une centrale électrique.

Grevenmacher C3

Entourée de vignobles et de vergers, cette petite ville est un important centre viticole doté de caves coopératives et d'une cave privée.

Les **caves coopératives** sont situées au nord de la localité *(R. des Caves 12 - ✆ 75 01 75 - www.vinsmoselle.lu - ♿ - mai-oct. : tlj sf lun., dim. et j. fériés 10h-12h, 13h-17h ; reste de l'année : sur RV - 1,75 €)*.

Au sud du pont, les **caves Bernard Massard** *(✆ 750 54 51 - www.bernard-massard-lu - ♿ - visites guidées (1h) : avr.-oct. : tlj sf lun. 9h30-18h ; reste de l'année : sur RV - à partir de 4 €)*, fondées en 1921, produisent du vin mousseux méthode champenoise. La visite des caves inférieures est complétée par la projection d'un film documentaire sur le Grand-Duché, la Moselle, le travail de la vigne et l'élaboration du vin mousseux.

Le **centre culturel Kulturhuef** abrite un petit musée de l'Imprimerie et un musée du Jeu de cartes *(54 rte de Trèves - ✆ 26 74 64 1 - www.kulturhuef.lu - mar.-dim. 14h-18h - gratuit)*.

Dans le **jardin des Papillons** *(✆ 75 85 39 - www.papillons.lu - avr.-mi-sept. : 9h30-17h - 6,50 €, enf. 3,50 €)*, au climat tropical, se trouvent des centaines de papillons exotiques, ainsi que des caméléons, des tortues et des oiseaux.

Mertert C3

Port fluvial actif, relié à Wasserbillig par un sentier pour piétons bien aménagé au bord de la Moselle.

Wasserbillig C3

Au confluent de la Moselle et de la Sûre, ce nœud routier international est aussi un centre touristique. C'est le point de départ des promenades en bateau.

NOS ADRESSES DANS LA VALLÉE

VISITES

Promenades à pied – Le sentier de la Moselle longe, sur 40 km, le cours de la rivière, du Stromberg à Wasserbillig.

Promenades en bateau – Descente de la Moselle entre Wasserbillig et Schengen pour admirer le paysage viticole.

Bureau Bateau M.S. « Princesse Marie-Astrid » – *10 rte du Vin, 6701 Grevenmacher - ✆ 75 82 75 - www.marie-astrid.lu.*

Promenades en vélo – Pratique, convivial et écologique… **Rentabike Miselerland** est le nouveau service régional de location de vélos. Rens.: *✆ 621 21 78 08 - www.rentabike-miselerland.lu - 7 €/j.*

HÉBERGEMENT

Stadtbredimus

BUDGET MOYEN

Hôtel Restaurant de l'Écluse – *29 rte du Vin - ✆ 23 61 91 1 - www.hotel-ecluse.lu - P - 18 ch. 90/105 €* . Cet hôtel familial reçoit depuis deux générations ses clients près de l'écluse de la Moselle. Chambres petites et fonctionnelles, certaines avec balcon. L'hôtel possède aussi un restaurant et un jardin.

Remich

BUDGET MOYEN

Hôtel Restaurant de l'Esplanade – *5 Esplanade - ✆ 23 66 91 71 - www.esplanade.lu - P - 18 ch. 80/95 € - rest. fermé lun.-mar. (27/42 €).* À quelques minutes du centre, un hôtel aux chambres sobrement aménagées, dont certaines donnent sur la rivière. Salle à manger à la décoration classique. Cuisine luxembourgeoise et française.

Hôtel des Vignes – *29 r. de Mondorf - ✆ 23 69 91 49 - www.hotel-vignes.lu - P - fermé de mi-déc. à mi-janv. - 24 ch. 112 € - rest. 35/68 €.* Implanté au milieu des vignes, cet hôtel est synonyme de charme, de qualité et d'hospitalité. Depuis le restaurant et la plupart des chambres, luxueuses, on jouit d'une vue superbe sur la vallée de la Moselle.

RESTAURATION

Stadtbredimus

BUDGET MOYEN

Auberge du Château – *11 rte du Vin - ✆ 26 66 41 49 - www.auberge-chateau.lu - fermé lun. - déj. 12/15 €, menus 32/42,50 €.* Une halte agréable pour déguster une cuisine française et luxembourgeoise bien maîtrisée.

Remich

BUDGET MOYEN

Pro Arte – *55 r. de Macher - ✆ 26 66 07 80 - www.proarte.lu - 11h30-14h, 18h-23h (fermé lun. oct.-avr.) - menu 20 €.* Situé le long de la Moselle, ce restaurant italien dispose en été d'une belle terrasse. L'établissement est réputé dans les environs pour ses pizzas fraîches, mais les pâtes et les plats de poisson sont également préparés avec grand soin.

PETITE PAUSE

Boulanger Fischer – *Grand-Rue 50, Wasserbillig - ✆ 74 82 90 - lun.-vend. 7h-17h, w.-end jusqu'à 11h30.* Boulangerie disposant d'un petit salon. Petites pizzas et sandwichs.

1

Petite Suisse luxembourgeoise

★★★

NOS ADRESSES PAGE 617

S'INFORMER

Syndicat d'initiative et du tourisme d'Echternach – *Parvis de la Basilique 9-10 - ✆ 72 02 30 - www.echternach-tourist.lu - lun.-sam. 10h-18h, dim. 10h-12h.*

Office régional du tourisme de la région du Müllerthal – *6402 Echternach - ✆ 72 04 57 - www.mullerthal.lu.* Toutes les infos pour les randos dans la région sont à prendre ici.

SE REPÉRER

Carte de région C2-3 (p. 584-585) – *Cartes Michelin Regional nos 716 L6-M6 et 717 X24.* Appartenant au Parc naturel germano-luxembourgeois, cette région, où éperons rocheux alternent avec forêts étendues, se situe entre Echternach, Beaufort, Larochette et Consdorf. Accès depuis Echternach par la N 10.

À NE PAS MANQUER

Echternach et ses musées, les châteaux de Beaufort et de Larochette, la randonnée Müllerthal Trail, les rochers spectaculaires de la région.

ORGANISER SON TEMPS

Prévoyez au moins une journée.

AVEC LES ENFANTS

Une promenade par les massifs rocheux.

La Petite Suisse luxembourgeoise, nommée ainsi pour son paysage accidenté et verdoyant, est riche en beautés naturelles. La présence de rochers étranges dissimulés au cœur de la forêt fait le charme du paysage. Forêts touffues de hêtres, charmes, pins, bouleaux, chênes, sous-bois couverts de fougères, bruyères, myrtilles, mousses, torrents bouillonnants dévalant leur lit encombré de rochers, pâturages humides, telle est la physionomie de la Petite Suisse luxembourgeoise.

Circuit conseillé Carte de région p. 584-585

Circuit de 34 km au départ d'Echternach tracé en bleu sur la carte de région (p. 584-585) – Comptez une journée.

★ Echternach C2

Située sur la Sûre, aux confins de l'Allemagne, la petite ville jouit d'une position attrayante. Centre touristique animé, elle est la capitale de la Petite Suisse luxembourgeoise. Le bourg est dominé par son abbaye, fondée en 698 par saint Willibrord. Cet Anglo-Saxon, nommé archevêque des Frisons par le pape, réside à Utrecht aux Pays-Bas, puis se retire à Echternach où il meurt en 739. La rue des Redoutes, la rue Hoovelecker Burchmauer et la rue Brimmeyer (près d'un hospice) conservent quelques tours des remparts du Moyen Âge.

Place du Marché★ – Sur l'un des côtés de cette pittoresque place bordée de maisons traditionnelles se dresse l'ancien palais de justice ou **Dënzelt**, charmant édifice du 15e s., avec arcades, statues et tourelles d'angle. La croix de justice est une reconstruction du monument d'origine médiévale.

LA PROCESSION DANSANTE D'ECHTERNACH

La procession dansante d'Echternach est un cortège religieux, qui a lieu chaque année, le mardi de Pentecôte. Sur une mélodie se rapprochant d'une polka, les participants, alignés en rangées de cinq à six personnes, se tiennent par le bout de leurs mouchoirs et sautillent à travers les rues de la ville, pour arriver à la basilique, où se trouve la tombe de saint Willibrord. Si la manifestation revêt aujourd'hui un caractère essentiellement folklorique, elle était dans les temps anciens – son origine reste encore discutée mais une légende la situe autour du 8e s. – très suivie par les pèlerins qui espéraient guérir de maladies touchant le système nerveux, dont la danse de St-Guy et l'épilepsie. On raconte encore que les pèlerins emportaient avec eux des cercueils car certains n'arrivaient jamais jusqu'à Echternach. En 2010, la procession a été inscrite sur la liste représentative du Patrimoine culturel immatériel de l'Humanité par l'Unesco.

Abbaye★ – Ce monastère bénédictin, qui eut un grand rayonnement culturel au Moyen Âge grâce à son célèbre scriptorium, fut abandonné en 1797. Les bâtiments abbatiaux (1727-1731) constituent avec la basilique et les dépendances un ensemble majestueux, qui abrite aujourd'hui le lycée.

Basilique St-Willibrord – Elle fut édifiée au 11e s. à l'emplacement d'une église carolingienne dont elle conserve la crypte. Détruite en grande partie en décembre 1944 lors de la bataille des Ardennes, elle a retrouvé, après sa reconstruction, son allure d'origine. Dans la crypte, une châsse néogothique en marbre surmonte le sarcophage en pierre contenant les reliques de saint Willibrord. La voûte en berceau du chœur présente des vestiges de fresques illustrant des scènes de la vie de la Vierge. Dans la nef latérale se trouve un centre de documentation qui illustre l'histoire de la procession dansante *(voir l'encadré ci-dessus).*

Musée de l'Abbaye – *✆ 72 74 72 - juil.-août : 10h-18h ; du dim. des Rameaux à la Toussaint : 10h-12h, 14h-17h - 3 €.* Installé en sous-sol, il évoque le riche passé d'Echternach depuis l'époque romaine, la personnalité de saint Willibrord et surtout le rôle du scriptorium de l'abbaye dont les moines réalisèrent de très beaux manuscrits enluminés du 9e au 11e s. Une exposition montre les différentes étapes de l'élaboration de ces manuscrits dont on peut voir quelques fac-similés. Le plus célèbre était le *Codex Aureus Epternacensis*, célèbre évangéliaire d'or d'Echternach (11e s.), conservé aujourd'hui au Musée germanique de Nuremberg. Dans l'atelier d'écriture, les scribes copiaient scrupuleusement les textes, tandis que les enlumineurs dotaient les manuscrits de somptueuses miniatures et de lettrines très fines. Comme les premiers moines étaient originaires des îles anglo-saxonnes, le style du scriptorium d'Echternach est proche de l'enluminure insulaire, caractérisée par de nombreux entrelacs de motifs abstraits.

En face de l'abbaye, un square abrite une belle orangerie, dont les statues de la façade représentent les quatre saisons. Au nord-est, un parc s'étend jusqu'à la Sûre, près de laquelle s'élève un élégant pavillon de style Louis XV.

Trifolion – *Porte St-Willibrord 2 - ✆ 26 72 39 1.* Le centre culturel d'Echternach offre une salle de spectacle se prêtant à de nombreuses manifestations, dont le festival international d'Echternach *(étalé sur plusieurs mois mais l'essentiel en mai-juin).* C'est également la résidence de l'European Baroque Union Orchestra.

Villa romaine – *1 km par la N 11, direction Luxembourg. Quittez Echternach par la rue de Luxembourg ; suivez les panneaux Lac/See. À la sortie de la ville, tournez à gauche sur un grand parking - ✆ 47 93 30 214 - avr.-sept. : tlj sf lun. 10h-12h, 13h-17h -*

1,50 €. Il s'agit de vestiges d'un important palais romain dont les phases de construction s'étendent du 1er au 5e s. On y accède par l'**Infoforum**, un petit musée didactique sur la vie des Romains.

★★ Wolfschlucht (Gorge du Loup) C2

En voiture, au départ de la gare routière, prenez la direction Luxembourg, puis au 1er feu à droite et après le cimetière, tournez à nouveau à droite vers le lieu-dit Troosknepрechen. Accès à pied par le Müllerthal Trail Route 2 ou le Müllerthal Tour 1 ; en partance du panneau des promenades près de la gare routière.

Promenade à pied (45mn AR). Le sentier suit le tracé du Müllerthal Trail, route 2. Il monte au pavillon du **belvédère de Troosknepchen** : belles **vues★** sur Echternach dans sa vallée. En suivant les indications du Müllerthal Trail, on atteint, à travers la forêt de hêtres, la gorge du Loup.

À l'entrée, à gauche, se dresse un grand roc pointu surnommé l'aiguille de Cléopâtre. Un escalier traverse de part en part cette crevasse impressionnante et sombre, découpée entre deux parois rocheuses ruiniformes de 50 m de haut.

À la sortie de la gorge, à droite et à gauche, des escaliers conduisent à des belvédères d'où l'on a une jolie vue sur la Sûre qui coule dans un paysage verdoyant et sur les collines boisées en face.

Sortez d'Echternach par la N 10 en direction de Diekirch. Prenez tout de suite à gauche vers Berdorf.

À 1 km de la bifurcation, la route est longée par le Müllerthal Trail qui, descendant de la gorge du Loup, conduit vers le Perekop.

Le Perekop C2

Ce rocher ruiniforme d'environ 40 m de haut surplombe la route, à droite. Un escalier aménagé dans une crevasse mène au sommet : vue sur les bois.

Promenade à pied★★ – Au Perekop, le Müllerthal Trail suit le ruisseau Aesbach et mène après 30mn de marche vers les formations rocheuses spectaculaires de Hohllay et Breechkaul, avec l'amphithéâtre. La route, émergeant des bois, fait découvrir Berdorf, sur le plateau.

Berdorf C2

Berdorf est un centre d'excursions situé sur un plateau dont les rebords en « côtes » dominent les vallées de la Sûre et de l'Ernz Noire. Une école d'escalade s'y trouve. Dans l'église, le maître-autel a pour socle un bloc sculpté romain où sont représentées quatre divinités : Minerve, Junon, Apollon et Hercule.

De nombreux circuits pédestres peuvent être empruntés au départ de Berdorf. Ils sont indiqués par des panneaux installés au centre du village.

À PIED, LES SENTIERS BALISÉS DU MÜLLERTHAL TRAIL

De nombreuses promenades pédestres balisées permettent de parcourir la Petite Suisse luxembourgeoise et d'en découvrir les plus beaux recoins. Pour faciliter et sécuriser les randonneurs, toute la région est traversée par le Müllerthal Trail *(www.mullerthal-trail.lu)*, soit trois grandes boucles, baptisées Route 1, Route 2 et Route 3 *(respectivement de 40, 33 et 37 km)*, et par des Müllerthal Tours, soit des boucles plus petites. Grâce à eux, vous pouvez par exemple faire en 4h le Tour 1 *(une boucle de 12 km entre Echternach et Berdorf)* ou, toujours en 4h, le Tour 2 *(qui serpente dans la vallée de Müllerthal)*. Ces deux randonnées nécessitent une bonne condition physique. Plans et brochures à retirer à l'office du tourisme d'Echternach.

Le Perekop, le long du Müllerthal Trail.
Clément Philippe/ArTerra Picture Library/age fotostock

Le **circuit pédestre B2** (4,9 km), qui est au nord-ouest de Berdorf, suivant le rebord de la « côte », et qui peut descendre vers Grundhof à Kasselt, est ici particulièrement remarquable. Il concentre des points de vue et des formations rocheuses que l'on peut également atteindre par des routes venant de Berdorf :
Île du Diable★★ – Laissez la route de Grundhof à gauche et continuez dans le centre récréatif Martbusch. Prenez à gauche un chemin pédestre longeant à droite le terrain de camping *(sentier de la nature)*. En traversant à pied d'agréables pinèdes, on atteint *(5mn)* le rebord de la « côte » : vues magnifiques sur les vallées et sur un arrière-pays boisé et sauvage où se situe Beaufort.
Sieweschlëff★ (Les Sept Gorges) – *Prenez la route de Hammhof (ferme de Hamm) vers Echternach*. Suivez les **promenades B8 et B15**. Là où elles se divisent, à la fin du chemin rural macadamisé, suivez à gauche le sentier indiqué par « Sept Gorges » *(3mn)*.
Kasselt★ – Du même point, suivez le circuit B8 sur 500 m. Un promontoire de 353 m d'altitude offre une vue étendue sur la vallée de la Sûre, qui forme un méandre à son confluent avec l'Ernz Noire, sur le hameau de Grundhof et sur le plateau de Beaufort.

★ Werschrumschluff et Chaire C2

1 km au sud de Berdorf par la route de Grundhof. À Berdorf, prenez la dir. Grundhof.
À gauche de la route, un rocher surplombant la chaussée porte le nom de **chaire à prêcher** (« Predigtstuhl » en allemand et « Predigstull » en luxembourgeois). Au-delà, on peut parcourir les **Werschrumschluff★**, immenses crevasses entre de hautes parois rocheuses.
La route descend rapidement vers Grundhof. À Vugelsmullen (ou Vogelsmuhle), prenez à droite, puis aussitôt après à gauche vers Beaufort.

Beaufort C2

Située sur une éminence, c'est une petite localité où est fabriquée une liqueur au cassis nommée Cassero. Vous la goûterez au château.

DES ROCHERS MULTIFORMES

Le grès de Luxembourg, conglomérat de sable et de calcaire, appartenant à l'une des principales « côtes » du Gutland, a été sculpté par la nature de façon étonnante. Striées par l'érosion, les roches présentent souvent l'aspect d'une muraille ruiniforme. Lorsque, désagrégé par l'eau, le plateau gréseux s'est fendu, formant des « diaclases », d'énormes blocs se sont détachés et se sont mis à glisser sur leur assise argilocalcaire vers la vallée. La nappe d'eau qui s'est formée à la partie inférieure du grès a donné naissance à des sources nombreuses. Entre les parois du bloc peut apparaître alors une sorte de gorge ou de crevasse dite « **Schluff** » ; si les parois sont inclinées, il se crée une véritable grotte *(schlucht)*.
Une quinzaine de promenades pédestres balisées permettent de parcourir la Petite Suisse et d'en découvrir les plus beaux recoins.

★ Château de Beaufort B2

✆ 72 04 57 - avr.-oct. : 9h30-17h30 ; juil.-août : 10h-18h - 3 €.

Dans un vallon boisé, près d'un étang, s'élèvent les ruines romantiques de ce château fort (12ᵉ-16ᵉ s.) dont Victor Hugo écrivait en 1871 : « *Il apparaît à un tournant, dans une forêt, au fond d'un ravin ; c'est une vision. Il est splendide.* » Le château ancien est une énorme tour-donjon se rattachant à une forteresse. Une restauration en 1930 en a dégagé les abords et consolidé les accès. Le château voisin a été construit en 1647 par le seigneur de Beaufort. Le sentier pédestre qui s'amorce en face du château conduit vers le Hallerbach.

★ Hallerbach C2

À travers les bois, ce torrent dévale parmi les éboulis moussus où s'égrènent de charmantes cascatelles *(30mn AR environ)*.

Retournez en voiture à Vugelsmullen, puis tournez à droite. Vous entrez dans le Müllerthal.

★★★ Müllerthal (Vallée des Meuniers) C3

Il s'agit de la **vallée de l'Ernz Noire**. La rivière y coule, coupée de cascades, entre deux rives tapissées de prairies, et encaissées entre des versants boisés où surgissent de spectaculaires amoncellements de grès *(voir l'encadré ci-dessus)*.

Arrivé au village, prenez la première à droite, puis directement à gauche.

Heringer Millen (Moulin de Heringer) C3

Le moulin de Heringer (17ᵉ s.) dans la localité de Müllerthal a été restauré et transformé en centre pour visiteurs *(dispose également d'un café et d'un petit musée ouvert d'avr. à oct.)*.

À partir du moulin s'offrent des possibilités de randonnées diverses, entre autres vers l'un des emblèmes de la région, la cascade du Schiessentümpel *(45mn AR env.)*.

À la sortie du village de Müllerthal (200 m), tournez à gauche vers Consdorf. Pour remonter sur le plateau, la route emprunte une petite vallée bordée de part et d'autre par un pittoresque alignement de rochers. Après le charmant village de Consdorf, regagnez Echternach par Lauterborn.

À proximité Carte de région p. 584-585

★ Larochette B3

En bordure de la Petite Suisse luxembourgeoise, Larochette est traversée par la N 14 vers Diekirch et par la N 8 en direction de Mersch.

Dans la vallée de l'Ernz Blanche, la petite ville de Larochette est dominée par de hautes parois rocheuses en grès de Luxembourg dont l'une porte les ruines impressionnantes de deux châteaux. Ce centre de villégiature agréable est un excellent point de départ pour découvrir la région dotée de paysages boisés et de nombreux sentiers de promenade.

Château – *Accès par la route de Mersch - ✆ 26 87 02 06 - de Pâques à oct. : 10h-18h - 2,50 €.* Construit sur un éperon rocheux, le château remonte au 14e s. Un logis et une baille furent insérés respectivement au 18e et 20e s. Le donjon à cinq étages est le plus bel exemple d'habitation médiévale de la région. Une auberge de jeunesse est aménagée dans la localité.

Les rochers de grès – *Circuit de randonnée L5 au départ de la mairie de Larochette (6,7 km), env. 2h, niveau de difficulté moyen.* En sortant des forêts de conifères, on trouve à gauche une réserve naturelle : dans les landes à genêts se dissimule, à environ 150 m de la route, le **Champignon**, beau rocher en grès de Luxembourg. En descendant sur **Nommern**, vues sur la localité.

À Nommern, prenez la route de Larochette.

Dans un virage à gauche s'amorce le sentier du circuit autopédestre n° 2. Il permet d'atteindre, dans la forêt, les magnifiques roches dites **Nommerlayen★**, murs de grès aux formes les plus variées, dispersés parmi les arbres et les restes d'un camp romain (Aalbuurg).

On rentre à Larochette par la N 8.

NOS ADRESSES AUTOUR DE LA PETITE SUISSE

HÉBERGEMENT

Scheidgen

BUDGET MOYEN

Hôtel de la Station – *Rte d'Echternach 10 - ✆ 79 08 91 - www.hoteldelastation.lu - P - fermé 15 nov.-1er avr. - 25 ch. 90/120 € - rest. (fermé lun.-mar.) 50 €.* Vous serez hébergé dans des chambres bien tenues. Leur bonne isolation phonique fait vite oublier la rumeur de la route passante. Jardin arboré. Salle à manger typiquement luxembourgeoise.

RESTAURATION

Reuland

POUR SE FAIRE PLAISIR

Reilander Millen – *Rte Juglinster-Müllerthal - ✆ 26 87 38 62 - fermé mi-août-mi-sept., lun. (sept.-mai) - 40 €.* Un moulin du 18e s. et sa vallée boisée servent d'écrin à ce restaurant. On prend place dans une jolie salle rustique où une carte assez succincte, mais appétissante et recomposée au fil des saisons, s'emploie à combler votre appétit. Bonne sélection de vins.

Müllerthal

POUR SE FAIRE PLAISIR

Le Cigalon – *R. Ernz-Noire 1 - ✆ 79 94 95 - www.lecigalon.lu - fermé lun.-mar. - 40/70 € - hébergement fermé janv.-fév. (ch. double 105/158 €).* Blottie dans un environnement forestier, hostellerie dont les chambres et le restaurant sont agencés dans l'esprit provençal, « Cigalon » oblige ! Cuisine gastronomique classique, bien maîtrisée. Belle terrasse et parc dévoilant une vue plaisante sur les alentours verdoyants. Salle de fitness.

ACTIVITÉS

Randonnées – La région s'est dotée d'un sentier de grande randonnée : le Müllerthal Trail *(voir l'encadré p. 614)*.

AGENDA

Procession dansante d'Echternach – *Voir l'encadré p. 613.*

Vallée de la Sûre

★★

S'INFORMER

Tourist Info Esch-sur-Sûre – *14 r. de l'Église - ✆ 26 88 95 41 - www.esch-sur-sure.lu/tourisme - juin-août : tlj sf lun., mar. et j. fériés 10h15-16h45.*
Maison du Parc naturel de la Haute-Sûre – *15 rte de Lultzhausen, 9650 Esch-sur-Sûre (à 700 m du Tourist Info) - ✆ 89 93 31 1 - www.naturpark-sure.lu.*
Office régional du tourisme des Ardennes luxembourgeoises – *✆ 26 95 05 66 - www.ardennes-lux.lu.*

SE REPÉRER

Carte de région AB2 (p. 584-585) et carte de la vallée de la Sûre (p. 620-621) – *Cartes Michelin Regional nos 716 K6-L6-M6 et 717, plis 3-4.*
Au cœur des Ardennes luxembourgeoises, la vallée de la Sûre est accessible par la N 15 reliant Bastogne en Belgique à Ettelbrück.

À NE PAS MANQUER

Le lac de la Haute-Sûre, le barrage, Esch-sur-Sûre.

ORGANISER SON TEMPS

Prévoyez une journée entière.

AVEC LES ENFANTS

Possibilités sportives et récréatives, sur le lac et dans les environs.

La Sûre, née en Belgique entre Neufchâteau et Bastogne, traverse le Grand-Duché jusqu'à la Moselle et la frontière allemande dont elle marque les limites de Wallendorf à Wasserbillig. Une grande partie de la vallée peut être parcourue en suivant des sentiers pédestres balisés.

Circuits conseillés Carte de la vallée de la Sûre p. 620-621

★★ LA HAUTE VALLÉE

Circuit de 68 km – Voir le circuit tracé en orange sur la carte de la vallée de la Sûre et sur la carte de région (p. 584) – Comptez une demi-journée.
C'est la partie la plus spectaculaire où la rivière entaille profondément le massif ancien de l'Oesling. La vallée, dans laquelle s'enfonce la route, est suivie également par le sentier pédestre de la Haute-Sûre qui relie Martelange, à la frontière, à Ettelbrück, 60 km plus loin.

★ Hochfels

Des abords du chalet situé sur cette crête de 460 m d'altitude, on a une **vue plongeante** sur la vallée sinueuse aux versants boisés. Par Boulaide, on gagne Insenborn, en traversant la Sûre à **Pont-Misère** dans un joli paysage.
En remontant sur le plateau, on découvre de jolies **vues** sur une partie du lac de la Haute-Sûre, en aval du pont, puis sur la rivière en amont, au pied du Hochfels, avec Boulaide à l'horizon.

Insenborn

Située sur le **lac de la Haute-Sûre★**, cette localité est un centre de sports nautiques *(voile, planche à voile, canotage, baignade, pêche, plongée sous-marine)* qui y sont autorisés en amont de Lultzhausen.

Paysage de la vallée de la Sûre.
M. Mehlig/Mauritius/Photononstop

D'Insenborn à Esch-sur-Sûre, la route longe le lac de la Haute-Sûre : **points de vue★** remarquables sur ses rives sinueuses et verdoyantes couvertes de genêts et hérissées de sapins.

Barrage d'Esch-sur-Sûre

Haut de 48 m, d'une capacité de 62 millions de m^3, le barrage comprend une usine hydroélectrique située à la base ; il se complète de deux barrages secondaires : celui de Bavigne *(au nord-ouest)* et celui de Pont-Misère *(en amont)*, destinés à régulariser les crues de la rivière.

On a une bonne **vue★** sur le lac depuis la route de Kaundorf, dans un virage à 800 m au-delà du barrage.

★ Esch-sur-Sûre

C'est une localité pittoresque dont les maisons étagées, couvertes d'ardoise, composent un joli site à l'intérieur d'un méandre presque recoupé, autour d'un promontoire portant les ruines d'un château.

Depuis la tour de guet circulaire au sommet de la colline, **vue★** superbe sur le site avec, au premier plan, le donjon et la chapelle du château. Celui-ci remonte au 10e s. et fut démoli en 1795. Le bourg conserve quelques vestiges de son enceinte médiévale. D'Esch-sur-Sûre à Göbelsmuhle, on retrouve la Sûre par endroits, dans des gorges très boisées.

Après avoir pénétré dans le parc naturel de la Haute-Sûre et avoir traversé Göbelsmuhle, on arrive en vue du château de Bourscheid, perché sur la hauteur.

Prenez la route à gauche au départ de Lipperscheid.

★★ Point de vue de Grenglay

15mn à pied AR par un chemin à travers champs signalé « Point de vue ».

Du haut de cet escarpement impressionnant, un belvédère permet d'admirer un beau **point de vue** sur le site du château de Bourscheid, perché sur un long promontoire contourné par un méandre de la Sûre.

Revenez à la N 27, puis prenez à droite la route vers le château de Bourscheid.

★ Château de Bourscheid

℘ 99 05 70 - www.bourscheid.lu - de déb. avr. à mi-oct. : 9h30-18h ; reste de l'année : 11h-16h - 5 € (-12 ans 3 €, -6 ans gratuit) avec audioguide.

À 150 m au-dessus de la Sûre se dressent les **ruines**★ du château de Bourscheid. Du vieux burg ou château supérieur, il subsiste un donjon du 11e s. et une cheminée gothique.

Le château inférieur comprenant la maison de Stolzembourg a été édifié au 14e s. et maintes fois remanié jusqu'au 18e s. Au 19e s., la maison tombait en ruine ; restaurée depuis 1972, elle abrite un musée qui présente les résultats des fouilles du château (poteries, fragments architecturaux) et des expositions temporaires. Au rez-de-chaussée, on remarque des reproductions de dessins du château.

Des tours d'enceinte et du donjon, **points de vue**★ variés sur la vallée et le plateau.

À 800 m au-delà du château, on peut gagner, sur un terrain de camping (tout de suite à gauche de l'entrée), une petite terrasse aménagée procurant un joli **coup d'œil**★★ sur les ruines et la vallée.

Regagnez la vallée.

La rivière descend désormais vers le sud en direction d'Erpeldange. Le **cadre**★ de bosquets et de prairies est ravissant.

★ LA BASSE VALLÉE

Circuit de 70 km – Voir le circuit tracé en rouge sur la carte de la vallée de la Sûre (ci-dessous) et sur la carte de région (p. 584-585) – Comptez une demi-journée.

La Basse-Sûre est moins austère et plus champêtre. Au sortir du massif ardennais, les versants de la Sûre s'adoucissent et les prairies se font plus larges. La route longe presque continuellement la rivière jusqu'à son confluent avec la Moselle.

Après Erpeldange, on remarque au-delà du pont sur la Sûre, vers Ettelbrück, le monument au général Patton.

Ettelbrück

Au confluent de la Sûre et de l'Alzette, c'est un nœud routier et ferroviaire, ainsi qu'un centre commercial et agricole.

Diekirch

Prenez la CR 53 jusqu'à Sëlz, puis la N 17 et la N 19.

Diekirch, centre culturel et commercial, est situé aux confins du Gutland et de l'Oesling, dont le Herrenberg (394 m d'alt.), dominant la ville, représente le premier contrefort. La localité est connue pour sa brasserie produisant la fameuse bière de Diekirch. C'est aussi un agréable centre touristique doté d'un quartier réservé aux piétons. Les berges de la Sûre ont été aménagées en parc et les environs de la ville comptent de nombreuses promenades balisées.

Musée d'histoire de Diekirch – *R. du Curé 13 - ✆ 80 87 90 1 - www.mhsd.lu - tlj sf lun. 10h-18h - 5 € (-20 ans 3 €, -12 ans gratuit).* Ce nouveau musée, situé près de la vieille église St-Laurent, renferme en particulier des **mosaïques romaines** du 3e s. Le plus remarquable de ces pavements (3,50 m sur 4,75 m) montre au centre une tête de Méduse, à deux faces. Il organise aussi des ateliers et des expositions temporaires.

Église St-Laurent – *Accès à pied au départ de l'église décanale par l'Esplanade et la 4e rue à droite - ✆ 80 30 23 - tlj sf lun. 10h-18h.* Dans les vieux quartiers, cette petite église se dissimule derrière une couronne de maisons. Dès le 5e s. se trouvait ici un lieu de culte. La nef droite, romane, est construite sur un édifice romain ; la nef gauche, gothique, renferme des fresques des 15e s. (au-dessus de l'autel) et 16e s. (dans le chœur). On a découvert dans le sous-sol de l'église, en 1961, lors de fouilles, une trentaine de sarcophages, datant pour la plupart de l'époque mérovingienne.

Deiwelselter (autel du Diable)
2 km au sud par la route de Larochette.
Après un virage en épingle à cheveux et avant la route de Gilsdorf, empruntez à droite le sentier de la promenade D. Il mène, à travers bois, à ce petit monument dont les pierres proviendraient d'un ancien dolmen.
En dehors du bois, on a de belles vues sur la ville.

Brandenbourg
9 km par la route de Reisdorf à l'est, puis la première à gauche.
Dans la vallée de la Blees, affluent de la Sûre, vous découvrirez une pittoresque localité dominée par les ruines d'un château du 12e s. qui couronnent une colline.

Reisdorf
Ce coquet village est bâti au débouché de la jolie vallée de l'Ernz Blanche.
Peu après, l'Our se joint à la Sûre, près de Wallendorf.
Par la N 10, on gagne Echternach.

★ **Echternach** *(voir p. 612)*
Poursuivez votre chemin sur la N 10.

Barrage de Rosport
En aval de Rosport, la Sûre forme une gigantesque boucle. Elle est retenue par un important barrage équipé d'une centrale hydroélectrique, alimentée par une conduite forcée installée à la racine du méandre. Le cours de la rivière est ainsi accéléré par une dénivellation artificielle.
À **Wasserbillig**, la Sûre se jette dans la Moselle.

À proximité Carte de région p. 584-585

★ **Rindschleiden** A2
13 km au sud de Esch-sur-Sûre par la N 27, puis la N 15, la N 12 et la CR 308.
Au sud d'Esch-sur-Sûre, dans un havre de paix, ce hameau se niche au creux d'un vallon verdoyant, autour de son église d'origine romane dont l'intérieur est remarquable pour ses peintures murales. Dans un petit jardin proche de l'église, le puits miraculeux de saint Willibrord est le but d'un pèlerinage annuel. À côté ont été placés d'anciens fonts baptismaux, datés du 15e s.
Église★ – Le chœur de l'église a été modifié à l'époque gothique tardive. La nef fut agrandie au 16e s. et pourvue de trois voûtes d'égale hauteur. À l'**intérieur**, toutes les voûtes, ainsi que les parois du chœur, sont couvertes de **fresques**. Datant de la 1re moitié du 15e s. (chœur) et du 16e s. (nef), elles représentent, dans des teintes claires, rehaussées d'un contour noir, une multitude de personnages, saints ou personnages royaux, et des scènes religieuses. On remarque également des statues en bois des 17e et 18e s., et des sculptures en pierre : l'armoire eucharistique surmontée d'un oculus (15e s.), des clés de voûte, des chapiteaux et des statues à la retombée de la voûte (16e s.).

Munshausen B1
24 km au nord de Esch-sur-Sûre par la N 27, puis la N 12, la CR 325 et la CR 326.
Musée en plein air A Robbesscheier – *92 17 45 1 (tourist center) - www.touristcenter.lu - 10h-18h (hiver 17h) - de 2 à 12 € en fonction des activités choisies.*
Le musée vivant du cheval de trait ardennais permet de découvrir la vie et le travail des Luxembourgeois d'autrefois. Nombreux animaux de la ferme et machines anciennes. Également des ateliers *(sur réserv.)* : pâtisserie, battage du foin, récolte du miel, tonte des moutons… ou promenade en calèche.

Vianden

★★

1 768 habitants

NOS ADRESSES PAGE 625

S'INFORMER

Syndicat d'initiative – *1A r. du Vieux-Marché - ✆ 83 42 57 1 - www.tourist-info-vianden.lu - été : lun.-vend. 8h-12h, 13h-17h, w.-end et j. fériés 10h-14h ; reste de l'année : lun.-vend. 9h-12h, 13h-17h, sam. 10h-14h. Animation touristique : renseignement au ✆ 84 93 25/27.*

SE REPÉRER

Carte de région B2 (p. 584-585) – *Cartes Michelin Regional nos 716 L6 et 717 W23.* Accès par la N 10 (depuis Clervaux) ou la N 17 en venant de Diekirch. Les collines dominant la ville à l'ouest offrent de belles vues sur le site de Vianden. Ainsi, par la route du mont St-Nicolas, on atteint un belvédère, accessible par télésiège et par un sentier partant du château : vaste panorama sur la ville, le château et la vallée.

À NE PAS MANQUER

Le château.

ORGANISER SON TEMPS

La visite de la petite ville demande une demi-journée.

Dans un site remarquable, la petite ville de Vianden se dresse au bord de l'Our. Accrochées aux pentes, les vieilles maisons sont dominées par la silhouette impressionnante du château des comtes de Vianden. Victor Hugo y séjourna quelque temps en 1871 après avoir été expulsé de Belgique.

Se promener

★★ Château

✆ 84 92 91 ou 83 41 08 1 - www.castle-vianden.lu - avr.-sept. : 10h-18h ; mars et oct. : 10h-17h ; janv.-fév. et nov.-déc. : 10h-16h - fermé 1er janv., 2 nov. et 25 déc. - 6 € (6-12 ans 2 €) - possibilité de visites guidées sur RV.

Construit par les comtes de Vianden, le château fut propriété de la famille d'Orange-Nassau dès 1417, excepté un court intermède, au début du 19e s., pendant lequel il fut racheté par un spéculateur qui le dévasta. En 1977, le grand-duc Jean le céda à l'État luxembourgeois, et depuis, il a fait l'objet d'une remarquable restauration lui rendant son aspect de la fin du 18e s.

Les fouilles ont permis de découvrir un fortin construit sous le Bas-Empire et une première enceinte médiévale carolingienne élevée au 9e s. L'apogée des comtes de Vianden se situe du 12e au 13e s., et c'est de cette période, transition entre roman et gothique, que datent la plupart des bâtiments du château.

Visite – Un parcours fléché conduit le visiteur dans un dédale de couloirs, d'escaliers et de terrasses. Le château comprend le Petit Palais (12e s.) et l'impressionnant Grand Palais qui abrite la gigantesque **salle des Chevaliers**. Au-dessus, la salle des Comtes comprend une belle collection de tapisseries. Les salles romanes du premier édifice présentent des fenêtres en ogive gothique (salle d'armes et salle byzantine).

1

Une exposition dans la crypte archéologique évoque les étapes de construction du château. Du chemin de ronde et du jardin, jolies **vues★**.

Musée d'Art rustique

Grand-Rue 96-98 - ☏ 83 45 91 - Pâques à oct. : tlj sf lun. 11h-17h - 3 € (enf. 1,50 €).
Dans une vieille maison bourgeoise, c'est un ravissant intérieur régional garni d'un mobilier rustique. On y voit une belle collection de « taques » de cheminée et une collection de poupées.

Église des Trinitaires

Grand-Rue.
De style gothique, cette ancienne abbatiale à deux nefs date du 13e s. La nef gauche abrite le gisant de Marie de Vianden. Joli cloître (13e s.) restauré.

Pont sur l'Our

De ce pont protégé par une statue de saint Jean Népomucène, protecteur des ponts, la vue sur la ville et le château est agréable.

Maison de Victor Hugo

R. de la Gare 37 - ☏ 26 87 40 88 - www.victor-hugo.lu - tlj sf lun. 11h-17h - 4 € (enf. 2,50 €) - visite guidée sur RV.
Après plusieurs passages à Vianden, Victor Hugo, exilé, séjourna ici en 1871 du 8 juin au 22 août. Transformée en musée, la demeure reconstruite après la Seconde Guerre mondiale présente la vie et l'œuvre du grand écrivain. En face de la maison, buste de Victor Hugo par Rodin.

À proximité Carte de région p. 584-585

Barrage de Lohmühle B2

1 km au nord.
Il constitue le bassin inférieur d'une importante installation hydroélectrique. La retenue, d'une capacité de 10 millions de m³, s'allonge sur 8 km. Sur la rive droite, au pied du barrage, se blottit l'**église Neuve**, construite en 1770 dans l'ancien quartier des pestiférés.

Centrale hydroélectrique de pompage B2

5 km au nord du barrage, au-delà de Bivels.
Creusée dans la roche, la salle des machines assure la liaison souterraine entre les bassins supérieurs du mont St-Nicolas et la retenue inférieure de l'Our. Aux heures creuses, l'eau de la retenue est pompée dans les bassins supérieurs et réutilisée aux heures de pointe. La production annuelle d'énergie peut atteindre 1 600 millions de kWh. La **galerie des visiteurs** abrite des maquettes et des tableaux lumineux explicatifs.

Bassins supérieurs du mont St-Nicolas B2

5 km à l'ouest par la route de Diekirch, puis à droite.
Après le carrefour, on jouit d'une belle **vue★★** sur le château et les toits de la ville. Entourés de 4,6 km de digue, les **bassins supérieurs** forment un lac artificiel étranglé en son milieu et profond de 14 à 35 m.
On accède par un escalier à une section de la digue : **vue** sur le bassin et sa tour de prise d'eau, reliée au bord par une passerelle. Du pied des bassins, **vue★** sur la vallée de l'Our, creusée dans le plateau cultivé de l'Oesling et sur les collines en Allemagne.

Circuit conseillé Carte de région p. 584-585

★★ VALLÉE DE L'OUR

Circuit de 20 km jusqu'à Dasburg en Allemagne tracé en noir sur la carte de région (p. 584).

Des environs d'Ouren en Belgique à Wallendorf, l'Our forme frontière entre l'Allemagne et le Grand-Duché. Il creuse dans le massif ancien une vallée profonde et sinueuse, parfois resserrée entre des rochers abrupts.

Quittez Vianden par le nord.

La route passe d'abord sur la crête du **barrage de Lohmühle** B2 *(voir ci-contre).*

Bivels B2 – Ce village occupe un **site★** remarquable au centre d'une gigantesque boucle de l'Our.

Centrale hydroélectrique de pompage B2 *(voir ci-contre).*

Stolzembourg B2 – Au-dessus du village se perchent les ruines romantiques d'un château.

Dasburg B1 – Bourg coquet, agréablement situé sur le versant allemand.

1

NOS ADRESSES À VIANDEN

HÉBERGEMENT

BUDGET MOYEN

Victor Hugo – *R. Victor-Hugo 1 - ✆ 83 41 60 1 - www.hotel-victor-hugo.lu - 20 ch. 74,50/84,50 € ☕ - rest. 35 €.* L'enseigne rappelle que l'auteur des *Misérables* passa quelque temps à Vianden. Choix de préparations au goût de Monsieur Tout-le-monde. Dès l'arrivée des beaux jours, la salle à manger d'esprit brasserie s'agrandit, à l'arrière, d'une agréable terrasse.

Heintz – *Grand-Rue 55 - ✆ 83 41 55 - www.hotel-heintz.lu - P - fermé oct.-avr. - 30 ch. 65/110 € - ☕ 8 € - rest. (vend.-lun. soir) menus 30/35 €.* Juste à côté de l'église des Trinitaires, hôtellerie traditionnelle exploitée de longue date en famille. Les chambres situées à l'arrière profitent d'un balcon avec vue sur la colline. Par beau temps, jardinet et terrasse d'été invitent au farniente.

RESTAURATION

BUDGET MOYEN

Auberge Aal Veinen Beim Hunn – *Grand-Rue 114 - ✆ 83 43 68 - www.hotel-aal-veinen.lu - tlj sf lun.-mar. (sf en été) 12h-15h, 18h-22h - fermé fin nov.-fin janv. - menus 17,50/34,50 €.* Auberge typique proche du château historique. Le restaurant propose des grillades dans un cadre rural et convivial. Les 9 chambres *(80 €)* de l'auberge ont été rénovées récemment. Pour ceux qui ne connaissent pas le luxembourgeois, le nom signifie : « Le Vieux Vianden - Au Coq ».

PETITE PAUSE

Ancien Cinéma Café Club – *Grand-Rue 23 - ✆ 26 87 45 32 - www.anciencinema.lu - tlj sf mar. 15h-1h, dim. 11h-1h.* À la fois cinéma ouvert à tous et galerie d'art, ce lieu est idéal pour une collation ou un verre avant ou après la montée au château. À noter : il dispose d'une bibliothèque bien fournie.

Clervaux

★

1 208 habitants

NOS ADRESSES CI-CONTRE

S'INFORMER
Syndicat d'initiative et de tourisme – *Grand-Rue 11 - ✆ 92 00 72 - www.tourisme-clervaux.lu - 10h-18h (nov.-fév. 15h).*

SE REPÉRER
Carte de région B1 (p. 584-585) – *Cartes Michelin Regional n°s 716 L5 et 717 V22.* Niché dans un paysage idyllique et vallonné, Clervaux se trouve près de la Belgique. Accès depuis Bastogne par la N 874 et la N 18 ou par la N 7 au départ de Luxembourg. De la route venant de Luxembourg, deux belvédères offrent de bonnes **vues★★** d'ensemble sur le site de la ville.

À NE PAS MANQUER
Le château.

ORGANISER SON TEMPS
La visite de la petite ville demande environ deux heures.

AVEC LES ENFANTS
Le château de Clervaux.

Clervaux est un important centre touristique, bâti dans un site remarquable au cœur de la région très boisée de l'Oesling. Ses toits d'ardoise se groupent sur un promontoire formé par la Clerve, autour de son château féodal et de l'église paroissiale Sts-Côme-et-Damien, construite en 1910 dans le style roman rhénan. À l'ouest, sur la colline, l'abbaye de St-Maurice-et-St-Maur domine la vallée de ses toits enfouis dans les arbres. Clervaux est intégré dans le parc naturel germano-luxembourgeois.

Se promener

★ Château
Cette forteresse du 12e s. a été remaniée au 17e s. Elle est flanquée de plusieurs tours : au sud, la tour de Bourgogne, surmontée d'un tout petit clocheton, et la tour de Brandebourg, plus trapue, à droite. Détruit en grande partie lors de la bataille des Ardennes, le château a été restauré après la Seconde Guerre mondiale.
Dans l'aile Renaissance, **exposition de maquettes★** des manoirs et forteresses du Grand-Duché *(✆ 92 96 86 - mai-sept. : tlj sf lun. 11h-18h ; mars-avr. et oct.-déc. : w.-end 11h-18h - 2,50 €, enf. 0,50 €).* Les 1er et 2e étages abritent l'exposition de photographies **The Family of Man★**. Cet ensemble de photos en noir et blanc a été rassemblé par Edward Steichen, artiste américain d'origine luxembourgeoise *(voir p. 579).* Plusieurs thèmes universels (naissance, mort, travail…) évoquent de manière très émouvante « l'humanité » des années 1950 *(www.family-of-man.public.lu - fermé pour rénovation, réouverture prévue au printemps 2013).*
Dans l'aile sud se trouve le petit **musée de la Bataille des Ardennes** *(✆ 26 91 06 95 - mai-sept. : tlj sf lun. 11h-18h ; mars-avr. et oct.-déc. : w.-end et j. fériés 11h-18h - 2,50 €, enf. 0,50 €).*

Abbaye St-Maurice-et-St-Maur

Fondée en 1910 par des bénédictins de Solesmes (abbaye française de la vallée de la Sarthe), c'est un vaste ensemble néoroman en schiste brun reconstruit en 1945. L'**église abbatiale** est précédée d'une belle tour octogonale d'aspect roman bourguignon, rappelant le clocher de l'Eau-Bénite de l'ancienne abbaye de Cluny. L'intérieur, qui a la sobriété caractéristique des édifices romans, s'éclaire de vitraux chatoyants. À gauche, près de l'entrée, une Pietà du 15e s. Le maître-autel a été réalisé par le sculpteur français Kaeppelin. Dans les croisillons, deux retables rhénans du 16e s., mais encore gothiques, finement travaillés, se font face. Dans la crypte, une exposition fait connaître la vie monastique jusqu'au 21e s.

À proximité Carte de région p. 584-585

Vallée de la Clerve B1-2

11 km au sud jusqu'à Wilwerwiltz.
Agréable vallée où la rivière, qui a donné son nom à Clervaux, coule parmi les prairies au pied de collines boisées.

De Clervaux à Troisvierges par Hachiville

23 km au nord-ouest par la N 18, suivez la N 12 puis une route à gauche.
Hachiville A1 – Près de la frontière belgo-luxembourgeoise, Hachiville est un village typique de l'Oesling. Dans l'église paroissiale, on verra le **retable** sculpté au début du 16e s. dans le style brabançon. Il représente, en des scènes d'une facture pittoresque, les joies et les souffrances de la Vierge.
À 2 km au nord-ouest, dans les bois, la **chapelle-ermitage**, construite près d'une source, est, depuis 500 ans, un lieu de pèlerinage à la Vierge.
De Hachiville, rejoignez la N 12 et prenez-la en direction de Troisvierges.
Troisvierges B1 – Située sur le plateau à plus de 400 m d'altitude, traversée par la Woltz (qui devient la Clerve à Clervaux), la localité est dominée par une **église** à bulbe, édifiée par les récollets au 17e s. L'intérieur est orné d'un beau mobilier baroque : chaire, confessionnaux. La nef est séparée du chœur par deux autels monumentaux. Dans le retable de gauche, des niches abritent les statues de trois Vierges – l'Espérance, la Foi, la Charité – que l'on vénère lors d'un pèlerinage. Au maître-autel, *Érection de la Croix*, de l'école de Rubens.

NOS ADRESSES À CLERVAUX

HÉBERGEMENT / RESTAURATION

BUDGET MOYEN

Hôtel Koener – *Grand-Rue 14 - ℘ 92 10 02 - www.hotelkoener.lu - P 10 €/j. - 48 ch. 105/130 € ☕.* Hôtel familial situé dans la rue piétonne, près du château de Clervaux. L'établissement a été entièrement rénové et certaines chambres sont équipées d'un Jacuzzi. Outre un restaurant et une brasserie, l'hôtel comprend une piscine et un centre de fitness.

Roder

BUDGET MOYEN

Hôtel-Restaurant Kasselslay – *Maison 21 - ℘ 95 84 71 - www.kasselslay.lu - P - 6 ch. 130/150 € ☕ - rest. (fermé lun.-mar.) menus 40/62 €.* Petit hôtel situé au calme, au cœur du parc naturel. Les chambres ont reçu comme noms ceux des herbes utilisées dans le restaurant gastronomique. L'endroit idéal pour profiter de la nature et de la cuisine luxembourgeoise et française.

VOUS CONNAISSEZ LE GUIDE VERT,
DÉCOUVREZ LE GROUPE MICHELIN
MICHELIN
1
2
3

L'Aventure Michelin

Tout commence avec des balles en caoutchouc ! C'est ce que produit, vers 1880, la petite entreprise clermontoise dont héritent André et Édouard Michelin. Les deux frères saisissent vite le potentiel des nouveaux moyens de transport. L'invention du pneumatique démontable pour la bicyclette est leur première réussite. Mais c'est avec l'automobile qu'ils donnent la pleine mesure de leur créativité. Tout au long du 20e s., Michelin n'a cessé d'innover pour créer des pneumatiques plus fiables et plus performants, du poids lourd aux voitures de course, en passant par le métro et l'avion.

Très tôt, Michelin propose à ses clients des outils et des services destinés à faciliter leurs déplacements, à les rendre plus agréables... et plus fréquents. Dès 1900, le guide MICHELIN fournit aux chauffeurs tous les renseignements utiles pour entretenir leur automobile, trouver où se loger et se restaurer. Il deviendra la référence en matière de gastronomie. Parallèlement, le Bureau des itinéraires offre aux voyageurs conseils et itinéraires personnalisés.

En 1910, la première carte routière MICHELIN remporte un succès immédiat ! En 1926, un premier guide régional touristique invite à découvrir les plus beaux sites de Bretagne. Bientôt, chaque région de France a son Guide Vert. La collection s'ouvre ensuite à des destinations plus lointaines de New York en 1968... à l'Islande en 2012.

Au 21e s., avec l'essor du numérique, le défi se poursuit pour les cartes, les guides et les services numériques MICHELIN qui continuent d'accompagner le pneumatique. Aujourd'hui comme hier, la mission de Michelin reste l'aide à la mobilité, au service des voyageurs.

MICHELIN AUJOURD'HUI

- 69 sites de production dans 18 pays
- 113 400 employés de toutes cultures, sur tous les continents
- 6 000 personnes dans le centre de Technologie Michelin
- Une présence commerciale dans plus de 170 pays

Avancer monde où la

Mieux avancer, c'est d'abord innover pour mettre au point des pneus qui freinent plus court et offrent une meilleure adhérence, quel que soit l'état de la route.

LA JUSTE PRESSION

BONNE PRESSION

- Sécurité
- Longévité
- Consommation de carburant optimale

-0,5 bar

- Durée de vie des pneus réduite de 20% (- 8000 km)

-1 bar

- Risque d'éclatement
- Hausse de la consommation de carburant
- Distance de freinage augmentée sur sol mouillé

ensemble vers un mobilité est plus sûre

C'est aussi aider les automobilistes à prendre soin de leur sécurité et de leurs pneus. Pour cela, Michelin organise partout dans le monde des opérations **"Faites le plein d'air"** pour rappeler à tous que la juste pression est vitale.

L'USURE

COMMENT DETECTER L'USURE ?

Vos pneus MICHELIN sont munis d'indicateurs d'usure : ce sont de petits pains de gomme moulés au fond des sculptures et d'une hauteur de 1,6mm.
Lorsque la profondeur des sculptures est au même niveau que les indicateurs, les pneus sont usés et doivent être remplacés.

Les pneus constituent le seul point de contact entre le véhicule et la route, un pneu usé peut être dangereux sur chaussée mouillée.

PNEU NEUF

PNEU USÉ
(1,6 mm de sculpture)

Ci-contre, la zone de contact réelle photographiée sur chaussée mouillée.

Mieux avancer,
c'est développer une mobilité durable.

INNOVATION ET ENVIRONNEMENT

Chaque jour, Michelin innove pour réduire la quantité de matières premières utilisée dans la fabrication des pneumatiques, et 99,8% des pneus produits dans le Groupe le sont dans des usines certifiées ISO 14001. La conception des pneus MICHELIN permet déjà d'économiser des milliards de litres de carburant, et donc des millions de tonnes de CO_2.

De même, Michelin choisit d'imprimer ses cartes et guides sur des « papiers issus de forêts gérées durablement ». L'obtention de la certification ISO 14001 atteste de son plein engagement dans une éco-conception au quotidien.

Un engagement que Michelin confirme en diversifiant ses supports de publication et en proposant des solutions numériques pour trouver plus facilement son chemin, dépenser moins de carburant.... et profiter de ses voyages !

Chattez avec Bibendum

Rendez-vous sur : www.michelin.com

Découvrez l'actualité des produits et services et l'histoire de MICHELIN.

QUIZZ

Michelin développe des pneumatiques pour tous les types de véhicules. Amusez-vous à identifier le bon pneu...

Résultat : A-6 / B-4 / C-2 / D-1 / E-3 / F-7 / G-5

INDEX GÉNÉRAL BELGIQUE

Bruxelles : villes, curiosités et régions touristiques.
Verhaeren Émile : noms historiques ou termes faisant l'objet d'une explication.
Les sites isolés (châteaux, abbayes…) sont répertoriés à leur propre nom.
Les villes dont le nom diffère en français figurent dans les deux langues.

Voir aussi l'index général du Luxembourg p. 636.

A

INDEX GÉNÉRAL BELGIQUE

B

N

O

P

R

S

T

U

V

W

X

Y

Z

LUXEMBOURG

LEXIQUE NÉERLANDAIS

En néerlandais, chaque lettre se prononce séparément. Les voyelles longues sont nettement distinguées des courtes et s'identifient par leur doublement : aa, ee, oo, uu.
d se prononce « t » en fin de mot, **e** se prononce en fin de mot, **g** se prononce devant le e ou le i, **h** est toujours aspiré, **j** se prononce comme « y », **v** après p ou t se prononce « f », **z** après p ou t se prononce « s ».
Combinaisons de sons :
ee « é » prolongé, **ie** « i » long (comme « île »), **ij** « ei » (comme « soleil »), **isch** « iss », **oe** « ou », **ui** « euil » (comme « seuil »)

DÉPLACEMENTS ET INDICATIONS

Aller-retour .... **Retourtje**
Aller simple .... **Enkeltje**
Bicyclette .... **Fiets**
Défense de fumer .... **Verboden te roken**
Entrée .... **Ingang**
Entrée interdite .... **Geen toegang**
Fermé .... **Gesloten**
Horaire .... **Uurrooster**
Jours fériés .... **Feestdagen, vakantiedagen**
Quai .... **Perron**
Rez-de-chaussée .... **BG (Begane grond)**
Sortie .... **Uitgang**
Sous-sol .... **K (kelderverdieping)**
Voiture .... **Auto, wagen**

VOCABULAIRE USUEL

Oui/non .... **Ja/nee**
Bonjour (matin) .... **Goedemorgen**
Bonsoir .... **Goedenavond**
Au revoir .... **Tot ziens**
À tout à l'heure .... **Tot straks**
À demain .... **Tot morgen**
Merci .... **Dank U, bedankt**
S'il vous plaît .... **Alstublieft**
Excusez-moi .... **Excuseer mij**
Je ne comprends pas .... **Ik begrijp het niet**
Français .... **Frans**
Néerlandais .... **Nederlands**

EN VILLE

Aéroport .... **Luchthaven**
Allée .... **Steeg**
Avenue .... **Laan**
Bureau de poste .... **Postkantoor**
Bureau de tourisme .... **Toeristen informatie**
Caisse .... **Kassa**
Canal .... **Gracht**
Église .... **Kerk**
Gare .... **Station**
Hôtel de ville .... **Stadhuis**
Maison .... **Huis**
Marché .... **Markt**
Passage clouté .... **Zebrapad**
Périphérique .... **Ring (weg)**
Pharmacie .... **Apotheek**
Place .... **Plein**
Police .... **Politie**
Pont .... **Brug**
Rond-point .... **Rotonde**
Rue .... **Straat**

AU RESTAURANT

Déjeuner .... **Lunch, middagmaal**
Dîner .... **Diner, avondmaal**
Entrée .... **Voorgerecht**
Plat du jour .... **Dagschotel**
Plat principal .... **Hoofdgerecht**
Dessert .... **Nagerecht**
Boisson .... **Drank**
Bon appétit ! .... **Eet smakelijk !**
À votre santé ! .... **Gezondheid !**
L'addition .... **De rekening**
Pourboire .... **Drinkgeld**
Bière .... **Bier**
Beurre .... **Boter**
Café .... **Koffie**
Fromage .... **Kaas**
Lait .... **Melk**
Légumes .... **Groenten**
Pain .... **Brood**
Poisson .... **Vis**
Sucre .... **Suiker**
Thé .... **Thee**
Viandes .... **Vlees**

À L'HÔTEL

Chambre simple .... **Eenpersoonskamer**
Chambre double .... **Tweepersoonskamer**
Petit-déjeuner .... **Ontbijt**
Salle de bains .... **Badkamer**
Toilettes .... **Toilet, WC**
Réception .... **Receptie**
Service compris .... **Service inbegrepen**
TVA .... **BTW**

CARTES ET PLANS

CARTE GÉNÉRALE

CARTES DES RÉGIONS

PLANS DE VILLE

CARTES THÉMATIQUES

PLANS DE SITES

CARTES DES CIRCUITS

LÉGENDE DES CARTES ET PLANS

Curiosités et repères

- Itinéraire décrit, départ de la visite
- Église
- Mosquée
- Synagogue
- Monastère - Phare
- Fontaine
- Point de vue
- Château - Ruine ou site archéologique
- Barrage - Grotte
- Monument mégalithique
- Tour génoise - Moulin
- Temple - Vestiges gréco - romains
- Temple : bouddhique - hindou
- Autre lieu d'intérêt, sommet
- Distillerie
- Palais, villa, habitation
- Cimetière : chrétien - musulman - israélite
- Oliveraie - Orangeraie
- Mangrove
- Auberge de jeunesse
- Gravure rupestre
- Pierre runique
- Église en bois
- Église en bois debout
- Parc ou réserve national
- Bastide

Sports et loisirs

- Piscine : de plein air - couverte
- Plage - Stade
- Port de plaisance - Voile
- Plongée - Surf
- Refuge - Promenade à pied
- Randonnée équestre
- Golf - Base de loisirs
- Parc d'attractions
- Parc animalier, zoo
- Parc floral, arboretum
- Parc ornithologique, réserve d'oiseaux
- Planche à voile, kitesurf
- Pêche en mer ou sportive
- Canyoning, rafting
- Aire de camping - Auberge
- Arènes
- Base de loisirs, base nautique ou canoë-kayak
- Canoë-kayak
- Promenade en bateau

Informations pratiques

- Information touristique
- Parking - Parking - relais
- Gare : ferroviaire - routière
- Voie ferrée
- Ligne de tramway
- Départ de fiacre
- Métro - RER
- Station de métro (Calgary, ...) (Montréal)
- Téléphérique, télécabine
- Funiculaire, voie à crémaillère
- Chemin de fer touristique
- Transport de voitures et passagers
- Transport de passagers
- File d'attente
- Observatoire
- Station service - Magasin
- Poste - Téléphone
- Internet
- H H B — Hôtel de ville - Banque, bureau de change
- J J POL. — Palais de justice - Police
- GNR — Gendarmerie
- T T U U M — Théâtre - Université - Musée
- Musée de plein air
- Hôpital
- Marché couvert
- Aéroport
- Parador, Pousada (Établissement hôtelier géré par l'État)
- A — Chambre d'agriculture
- D — Conseil provincial
- G — Gouvernement du district, Délégation du Gouvernement Police cantonale
- L — Gouvernement provincial (Landhaus)
- P — Chef lieu de province
- Station thermale
- Source thermale

Axes routiers, voirie

- Autoroute ou assimilée
- Échangeur : complet - partiel
- Route
- Rue piétonne
- Escalier - Sentier, piste

Topographie, limites

- Volcan actif - Récif corallien
- Marais - Désert
- Frontière - Parc naturel

Comprendre les symboles utilisés dans le guide

LES ÉTOILES

★★★ **Vaut le voyage** ★★ **Mérite un détour** ★ **Intéressant**

HÔTELS ET RESTAURANTS

9 ch.	Nombre de chambres		Piscine
7,5 €	Prix du petit-déjeuner en sus	CC	Paiement par cartes de crédit
50 €	Prix de la chambre double, petit-déjeuner compris		Carte de crédit non acceptée
bc	Menu boisson comprise	P	Parking réservé à la clientèle
	Air conditionné dans les chambres	Tram	Station de tramway la plus proche
	Restaurant dans l'hôte	M	Station de métro la plus proche
	Établissement servant de l'alcool (à l'étranger)		

SYMBOLES DANS LE TEXTE

	À faire en famille		Randonnée à vélo
	Pour aller au-delà		Facilité d'accès pour les handicapés
	Promenade à pied	A2 B	Repère sur le plan

Note au lecteur

Michelin a apporté le plus grand soin à la rédaction de ce guide et à sa vérification. Toutefois les informations pratiques (formalités administratives, prix, adresses, numéros de téléphone, adresses Internet...) doivent être considérées comme des indications du fait de l'évolution constante de ces données.

Il n'est pas totalement exclu que certaines d'entre elles ne soient plus, à la date de parution du guide, tout à fait exactes ou exhaustives. N'hésitez pas à nous signaler toute omission ou inexactitude que vous pourriez constater ainsi qu'à nous faire part de vos avis et suggestions sur les adresses contenues dans ce guide.

Avant d'entamer toute démarche formalités, administratives ou douanières notamment, vous êtes invité à vous renseigner auprès des organismes officiels. Ces informations ne sauraient, de ce fait, engager notre responsabilité.

Collection Le Guide Vert sous la responsabilité de Philippe Orain

Édition
Florence Dyan, Archipel studio

Rédaction
Serge Guillot, Gaelle Redon, François Sichet, Luc Decoudin, Renaud Dechamps, Bram de Vos (Éditions LANNOO SA), Dirk De Moor & Johan Van Praet (read me - a content company), Julien Van Remoortere

Cartographie
Stéphane Anton, Michèle Cana, Denis Rasse, Cristina Ferecatu, Mirela Bunea, APEX Cartographie, DzMap Algérie

Relecture
Hélène Nguyen

Remerciements
Didier Broussard

Conception graphique
Christelle Le Déan

Régie publicitaire et partenariats
business-solutions@tp.michelin.com
Le contenu des pages de publicité insérées dans ce guide n'engage que la responsabilité des annonceurs.

QR Codes
QR Code est une marque déposée de Denso Wave Incorporated.

Contacts
Michelin
Guides Touristiques
27 cours de l'Île Seguin - 92100 Boulogne-Billancourt
Service consommateurs : tourisme@tp.michelin.com
Boutique en ligne : www.michelin-boutique.com

Écrivez-nous

Parution 2013

Michelin Travel Partner
Société par actions simplifiées au capital de 11 288 880 EUR
27 Cours de l'Ile Seguin - 92100 Boulogne Billancourt (France)
R.C.S. Nanterre 433 677 721

Dépôt légal : 01-2013 – ISSN 0293-9436
Imprimeur : Printer Trento, Trento (Italie)
Imprimé en Italie : 03-2014

Usine certifiée 14001
Sur du papier issu de forêts gérées durablement (100% PEFC)